# 北京顺义年鉴

# BEIJING SHUNYI NIANJIAN

2015

北京市顺义区党史区志办公室　编

中 华 书 局

图书在版编目（CIP）数据

北京顺义年鉴．2015／北京市顺义区党史区志办公室编．
--北京：中华书局，2015.12
ISBN 978-7-101-11392-1

Ⅰ．北… Ⅱ．北… Ⅲ．顺义区－2015－年鉴
Ⅳ．Z521.3

中国版本图书馆 CIP 数据核字(2015)第 281890 号

责任编辑：李晓燕

北京顺义年鉴 2015
北京市顺义区党史区志办公室编
★
中华书局出版
（北京市丰台区太平桥西里 38 号 100073）
http: // www. zhbc. com. cn
E-mail: zhbc@zhbc. com. cn
北京市艺辉印刷有限公司
★
787＊1092 1/16 30.25 印张 7 插页 605 千字
2016 年 3 月第 1 版 2016 年 3 月第 1 次印刷
印数：1500 册 定价：140.00 元

ISBN 978-7-101-11392-1

# 《北京顺义年鉴》编纂委员会

**主　任**
卢映川

**副主任**
李向英

**委　员**
梁　军　贾崇民

# 《北京顺义年鉴（2015 年卷）》
# 编辑部

**主　编**　梁　军
**副主编**　贾崇民
**编　辑**　刘秀娟　高树林　兰　岚　沈西宁

# 编 辑 说 明

一、《顺义年鉴》（以下简称“年鉴”）是一部综合性、资料性工具书和文史资料。在中共顺义区委和区人民政府领导下，由区地方志编纂委员会主持编纂，区党史区志办公室负责实施编纂。

二、本年鉴以马列主义、毛泽东思想、邓小平理论、“三个代表”重要思想为指导，以“与时俱进、内容客观、资料详实、服务大众”为宗旨，坚持科学发展观及实事求是的原则，提供最新的数字、情况和信息。

三、本年鉴全面记述上一年顺义经济和社会发展各方面的基本情况和重大事件，对区域内中央、市属等其它单位亦进行记述，以反映顺义的全貌。2015 年年鉴记述时限为 2014 年 1 月 1 日至 2014 年 12 月 31 日。凡在本书中直书月、日的，均指 2014 年的日期，文中“本年”、“年内”一律指 2014 年。

四、本年鉴采用分类编纂体例，用文章和条目两种形式，以条目为主，用规范的语体文、记述体直陈其事，文字力求言简意赅。全书设类目、分目、子目、条目四个层次。条目的标题统一用黑外加【 】标明。类目、分目、子目的标题分别用不同字号的字体加以区别。

五、本年鉴的文字内容，设有特载、专记、大事记、中国共产党北京市顺义区委员会、顺义区人民代表大会及其常务委员会、顺义区人民政府、顺义区政协、北京天竺综合保税区、纪检·监察、民主党派、群众团体、政法·军事、综合经济管理、大型国有企业和上市公司、商业·旅游、农业、地方企业、金融·保险、城乡建设及管理、科技·教育、文化·卫生计生·体育、社会生活、街道·镇、人物、统计表、附录共 26 个类目， 20 个分目，184 个子目，1387 个条目。全书除文字外，还配以地图、照片、表格，力求具体、形象、生动地反映顺义区的面貌。

六、本年鉴设有彩页。

七、本年鉴收录顺义区党、政、军、团体、街道、镇和部分企业负责人及顺义区域内有关单位负责人名录，以 2014 年任职为限，其中有任免情况的分别予以注明。收录 2014 年市级以上各类先进人物、先进集体名单，以各单位提供的材料为准。

八、选入本年鉴的文章和条目，除部分资料由年鉴编辑人员直接收集外，其它均由各部门、各单位确定的专人撰写或提供，并经部门、单位主管领导审核。区属组织机构等部门、区域内有关单位负责人名单由区委组织部提供。统计资料由区统计局提供，照片由各有关单位提供。

九、本年鉴的编辑工作得到各撰稿单位及各方面的热情关怀和大力支持，在此深表谢意。由于水平有限，对本书的疏漏之处及不足，恳请各界批评指正。

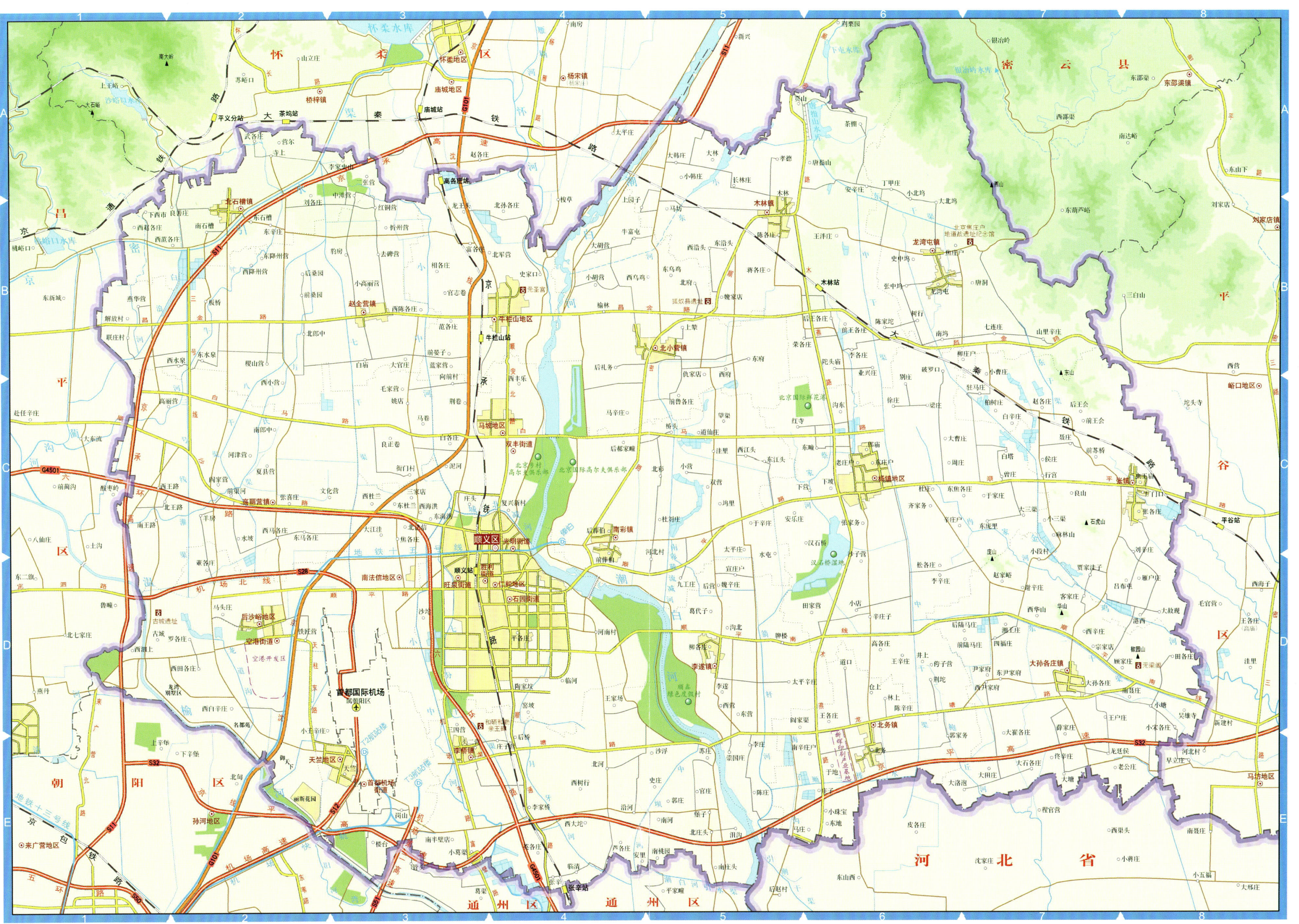


高度表 0 50 100 200 300 400 500 600 700m

# 目　录

## 特　　载

顺义区委工作报告…………………………王　刚　1
顺义区第四届人大常委会工作报告……胡尚云　9
政府工作报告……………………………卢映川　14
中国人民政治协商会议北京市顺义区第四届委员会常务委员会工作报告………………田建国　26
坚持从严治党要求 强化监督执纪问责坚定不移推进党风廉政建设和反腐败斗争………肖韵竹　33
北京市顺义区人民法院工作报告………郭铁相　41
北京市顺义区人民检察院工作报告……张　豫　46
关于顺义区 2014 年国民经济和社会发展计执行情况与 2015 年计划草案的报告（书面）
…………………………………………董建华　51
顺义区 2014 年财政预算执行情况和 2015 年财政预算（草案）报告（书面）…………赵殿江　63

## 专　　记

让每一个人前行的路上洒满阳光………卢映川　75

## 大 事 记

2014 年顺义区大事记 ……………………………76

## 中国共产党北京市顺义区委员会

**综　　述**……………………………………………106
**重要会议和活动**
召开顺义区群众路线教育实践活动动员大会……111
召开区委四届七次全会…………………………111
李伟到顺义调研群众路线教育实践活动进展情况
…………………………………………………111
中央第二巡视组领导到顺义调研………………111
郭金龙到顺义区调研……………………………111
召开区委四届八次全会…………………………111
中央第二巡回督导组到顺义区调研……………111
召开顺义区群众路线教育实践活动总结大会……111
苟仲文到顺义区调研……………………………112
召开区委四届九次全会…………………………112
李士祥到顺义区调研……………………………112
**组织工作**
概　况……………………………………………112
群众路线教育实践活动…………………………112
党的建设制度改革………………………………112
领导班子和干部队伍建设………………………112
基层服务型党组织建设…………………………113
人才队伍建设……………………………………113
基层党内民主制度建设…………………………113
**宣传工作**
概　况……………………………………………113
强化党员干部理论武装…………………………114
创新开展“五个宣讲”…………………………114
深入组织理论调研………………………………114
文化工作…………………………………………114
新闻宣传…………………………………………114
动态新闻宣传……………………………………115
新媒体建设………………………………………115
**统战对台工作**
概　况……………………………………………115
迎新春台胞联谊会………………………………115
中国国民党副主席到顺义区参访………………116
市委统战部领导到顺义区调研…………………116
杭州市江干区统战部交流参观…………………116
党外代表人士培训班……………………………116
春季台胞登山踏青活动…………………………116
顺义区涉台教育进党校…………………………116
**政策研究工作**
概　况……………………………………………116
全面提高调研工作制度化水平…………………117
全区调研工作深入开展…………………………117
加强前瞻性、战略性课题研究…………………117
调研成果转化……………………………………117
统筹推进全区各领域改革工作…………………117
**机构编制工作**
概　况……………………………………………118

行政审批制度改革工作取得阶段性成果…………118
事业单位分类改革工作基本完成………………118
政府机构改革…………………………………118
“三大板块”整合……………………………118
城管执法体制…………………………………118
重点领域机构编制保障………………………118
监督检查………………………………………119
“实名制”管理………………………………119

**保密工作**

概　况…………………………………………119
市局检查工作…………………………………119
保密法制宣传教育培训………………………119
保密法制宣传月活动…………………………120
参加全市保密法竞答活动……………………120
完善保密干部管理制度………………………120
建立保密督导工作制度………………………120
严格保密资质管理……………………………120

**精神文明建设**

概　况…………………………………………120
践行社会主义核心价值观……………………121
迎接首都文明区复查…………………………121
农村精神文明“十个一”工程………………121
“清洁空气蓝天行动”计划…………………121
召开顺义区第五届道德模范颁奖典礼………121
开展百姓宣讲活动……………………………121
2014“北京榜样”主题活动…………………121
四位一体教育平台……………………………121
公共文明引导…………………………………122
学雷锋志愿服务………………………………122
拓展军警民共建载体…………………………122

**党校工作**

概　况…………………………………………122
干部培训………………………………………122
科研咨政………………………………………123
新校（院）建设………………………………123
信息化建设……………………………………123
拓展办学………………………………………123

**党史工作**

概　况…………………………………………123
编写中共顺义区（县）历史大事记…………124
召开纪念建党93周年座谈会…………………124
认真做好政协委员提案办理工作……………124
开展第三届“党史宣传周”活动……………124

**老干部工作**

概　况…………………………………………124
离退休干部思想政治建设和党支部建设……124
党建工作水平明显提高………………………125
多种形式提高老干部生活待遇………………125
老干部大学建设向全国示范校目标不断迈进……125
活动管理科学化　活动内容多样化…………125

**区直属机关工委工作**

概　况…………………………………………126
规范党员发展和管理服务工作………………126
在职党员回社区………………………………126
“过政治生日、争做十表率”………………126
基层党组织换届选举…………………………127
机关文化建设…………………………………127
基础性工作……………………………………127
一助一帮扶工作………………………………127

**区委社会工作**

概　况…………………………………………127
2014年社区建设工作部署会议………………128
第3期社区工作者培训班开班………………128
2014年（助理）社会工作师考前培训班………128
2014年度购买专业社工岗位工作完成…………128
第4期“万名社区工作者”培训班圆满结束……128

## 顺义区人民代表大会常务委员会

概　况…………………………………………129
顺义区第四届人民代表大会第四次会议…………129
区第四届人大常委会第十三次会议……………129
区第四届人大常委会第十四次会议……………129
区第四届人大常委会第十五次会议……………130
区第四届人大常委会第十六次会议……………130
区第四届人大常委会第十七次会议……………130
区第四届人大常委会第十八次会议……………130
区第四届人大常委会第十九次会议……………131
听取并审议决定重大事项……………………131
监督工作………………………………………131
代表工作………………………………………132

## 顺义区人民政府

**综　　述**……………………………………133

**法制工作**

概　况…………………………………………137
组建区政府法律顾问团………………………137

开展行政规范性文件审查备案工作……………………137
重大合同审核备案……………………………………137
行政规范性文件清理…………………………………138
行政执法调研…………………………………………138
法治教育培训…………………………………………138
依法行政制度建设……………………………………138
行政复议和行政诉讼…………………………………138

## 外事工作

概　况…………………………………………………139
因公出国（境）精细化管理…………………………139
APEC 商务旅行卡 ……………………………………139
国际语言环境建设工作水平不断提高………………140
涉外管理………………………………………………140
接待讲解平台基本形成………………………………140
外联服务………………………………………………140

## 信访工作

概　况…………………………………………………141
领导干部接访机制创新………………………………141
强化信访疑难案件依法终结…………………………141
全力推动涉法涉诉问题信访剥离……………………142
“一轴两翼”工作模式深入推进……………………142
全面引导群众依法逐级信访…………………………142

## 信息工作

概　况…………………………………………………143
电子政务外网服务……………………………………143
顺义网城及网站集群公共服务能力…………………143
无障碍服务正式运行…………………………………143
网上办事服务…………………………………………143
电子政务办公服务平台………………………………144
领导决策系统建设与应用……………………………144
电子政务外网准入……………………………………144
政务信息资源共享利用………………………………144
技术支撑与服务创新…………………………………144

## 应急工作

概　况…………………………………………………145
全区公共安全形势总体平稳…………………………145
失联客机应急服务……………………………………145
北京国际车展应急保障工作…………………………145
应急演练工作…………………………………………145
防灾减灾宣教…………………………………………145
更新社区科普宣传栏 80 幅…………………………145
录播公共安全宣传节目………………………………145
修订全区突发事件信息管理办法……………………145

## 总部企业高管人员服务

概　况…………………………………………………146
服务企业规范化………………………………………146
企业及高管人才数据库………………………………146
总部企业五月鲜花文艺汇演…………………………146
企业优秀人才数据库…………………………………146
企业奖励………………………………………………146
各类人才项目申报评选………………………………146
解决企业实际困难……………………………………147
高管人才个性化服务…………………………………147

## 安全生产监督工作

概　况…………………………………………………147
标准化系统培训………………………………………147
宣传咨询日活动………………………………………147
有限空间交叉执法……………………………………148
“职业卫生监督执法年”活动………………………148
涉氨整治工作…………………………………………148

## 食品药品监督管理工作

概　况…………………………………………………148
行政执法………………………………………………148
创新监管依法履职……………………………………149
应急管理和重大活动保障到位………………………149
部门联动发挥合力……………………………………149
社会共治齐抓共管……………………………………149

## 市场经营管理工作

概　况…………………………………………………150
14 个便民农贸市场升级改造工程……………………150
顺义区创卫复审期间农贸市场保障任务……………150
石门苑东侧前景路临时夜市正式启动………………150
协助南彩镇政府完成彩俸小区周边环境整治………150
后沙峪观林阁小区便民社区菜店开张营业…………151

## 投资促进工作

概　况…………………………………………………151
区政府与大连万达签署合作协议……………………151
北京甘肃企业商会走进顺义活动……………………151
第十八届京港会………………………………………151
驻京中外知名企业投资顺义行………………………152
第六届投资北京洽谈会………………………………152

## 档案工作

概　况…………………………………………………152
举办大型展览…………………………………………152
对农村档案员进行培训………………………………152
天津市和平区档案局到局（馆）参观考察…………152
改善服务环境…………………………………………152
对新农村建设档案进行测评…………………………153

开展“走进档案”活动……153
档案保管工作检查……153
**地方志工作**
概　况……153
完成《顺义区志》试写稿……153
编写临空经济发展文史集萃……153
顺义年鉴编纂……154
年鉴材料报送……154

## 政协北京市顺义区委员会

概　况……155
半年全体会议……155
四届四次会议……155
第四届常务委员会第十一次会议……155
第四届常务委员会第十二次会议……156
第四届常务委员会第十三次会议……156
第四届常务委员会第十四次会议……156
义诊活动……156
视察环卫设施建设情况……156
视察公共交通情况……156

## 北京天竺综合保税区

概　况……157
经济指标……157
招商引资……157
项目建设……158
全面深化改革……158
蒋孝严先生率台湾参访团参观天竺综保区……158
跨境电子商务平台……158
人民网数据中心项目落户综保区……158
天竺综保区公交专线正式运营通车……158
天竺综保区工会工作委员会正式建立……159
全国首家文化类融资租赁公司获批入驻天竺综保区……159
参展第二届北京国际商品交易博览会……159
国家对外文化贸易基地（北京）开园……159
《合作框架协议》签订……159
入区企业一般纳税人资格试点启动……159
宝石交易中心设立，宝石交易标准发布……159
厦门投洽会……160
利氏兄弟公司2014年秋季拍卖会成交额1600万元……160
深化改革创新发展纲要通过专家评审……160

## 纪检·监察

概　况……161
廉政谈话……161
区纪委四届四次全会暨全区党风廉政建设和反腐败工作会……161
夏建成调研……161
反腐倡廉宣传教育工作联席会……161
王海平调研……162
卢映川调研……162
肖韵竹蹲点调研……162
纪律检查体制改革专项小组第一次全体会……162
肖韵竹调研……162
内设机构调整……162
张才雄作报告……162
叶青纯调研……163
王刚做客北京纪检监察网在线访谈……163
张丽红作培训……163
反腐倡廉实景警示教育基地启动仪式……163
张岚调研……163
张丽红作讲座……163
成立纪检监察信息中心……163

## 民主党派

概　况……164
民革北京市顺义区总支部成立……164
致公顺义支部联合朝阳支部组织活动……164
农工党顺义支部举行大型义诊活动……164
民革顺义总支举办公益活动……164

## 群众团体

**顺义区总工会**
概　况……165
开展群众性经济技术创新活动……165
职工素质教育工程……165
工资集体协商……165
劳动争议调解和法律援助……165
民主管理和“厂务公开”……166
职工帮扶机制……166
职工互助保障计划……166

工会组建与会员发展……………………………166

**共青团顺义区委员会**

概　况……………………………………………166
两节送温暖………………………………………166
中韩大学生志愿者交流营………………………166
登山长走大会……………………………………166
微信体系建设试点单位…………………………167
青年联合会………………………………………167
公益徒步嘉年华…………………………………167
青年公益联盟正式成立…………………………167
青年汇……………………………………………167

**顺义区妇女联合会**

概　况……………………………………………167
“三八”节活动…………………………………168
“妇女之家”建设………………………………168
家庭创建…………………………………………168
妇女就业培训……………………………………168
普法及维权工作…………………………………168
帮扶救助…………………………………………169

**顺义区工商业联合会**

概　况……………………………………………169
第三届非公企业健身运动会……………………169
非公党建调研……………………………………169
民营企业招聘周…………………………………169
顺义区民间商会…………………………………169
基层商会组织……………………………………169
青年企业家队伍…………………………………170
女企业家队伍……………………………………170
老企业家队伍……………………………………170
政策服务…………………………………………170
培训服务…………………………………………170
人才服务…………………………………………170
交流服务…………………………………………170
精品课堂…………………………………………170

**顺义区科学技术协会**

概　况……………………………………………170
“全民科学素质行动计划刚要共建协议”………171
北京科技周主场大型科普展览…………………171
健康知识教育讲座………………………………171
青少年科技活动…………………………………171
顺义区科技套餐工程都市型现代农业示范基站…171
“枢纽型”组织建设……………………………171
科普影视展映……………………………………171
“2014 年科普行”活动走进社区　……………172
科普惠农兴村计划………………………………172
科普益民计划……………………………………172

**顺义区残疾人联合会**

概　况……………………………………………172
残保金征缴………………………………………172
扶贫与助残………………………………………172
康复工作…………………………………………172
职业康复中心建设………………………………173
教育与就业………………………………………173
为孤残儿童送“康复上门”……………………173
助残日系列活动…………………………………173

**顺义区红十字会**

概　况……………………………………………173
募捐救助…………………………………………173
订单式培训………………………………………174
舞彩浅山红十字救援队组建……………………174
弘扬红十字精神…………………………………174

**顺义区文学艺术界联合会**

概　况……………………………………………174
建立了《顺义区文学艺术网》…………………174
建立了对优秀作品的奖励机制…………………175
召开顺义区戏剧曲艺家协会第一次代表大会……175
举办首届潮白河笔会……………………………175
举办“视觉北京”摄影展………………………175
承办第五届北京国际标准舞大赛………………175
开展名人名家系列活动…………………………175
开展文艺进校园、社区活动……………………176
参加市文联组织的 2014 年优秀节目演出…………176
举办弘扬宪法精神建设法治中国顺义区国家宪法日暨全国法治宣传日活动……………………176
举办宝坻书画艺术作品展………………………176
举办“最美顺义”摄影比赛活动………………176

## 政法·军事

政　　法

**综　　述**…………………………………………177

**综合治理**

概　况……………………………………………178
着力提升群众安全感满意度……………………178
村庄社区化平安建设……………………………178
推广石园街道综治工作“六色魔方”典型经验…179
综治宣传…………………………………………179

城乡结合部重点地区专项治理行动……………………179
重点敏感时期安保维稳……………………………179
## 公安工作
概　况…………………………………………179
反恐防恐………………………………………180
养犬管理………………………………………180
非法运营整治…………………………………180
缉枪治爆管刀工作……………………………180
治安突出问题打击整治………………………180
交通秩序大整治………………………………180
健全完善道路交通设施………………………180
消防宣传培训…………………………………180
出入境管理……………………………………181
全面开展经侦专项打击工作…………………181
## 检察工作
概　况…………………………………………181
共建“阳光企业”工作启动……………………181
对非京籍涉罪未成年人作附条件不起诉…………181
检察工作宣传…………………………………182
涉罪未成年人再学习再就业…………………182
市人大常委会调研“两法衔接”工作……………182
为国学教师虐童案被害人申请爱心救助金………182
预防巡展进驻区爱国主义教育基地……………182
## 审判工作
概　况…………………………………………182
惩罚犯罪保障人权……………………………182
改革示范法院…………………………………182
建立“案中判后追踪”机制……………………182
监督行政机关依法行政………………………183
制定《关于在互联网公布裁判文书的实施细则（试行）》
…………………………………………………183
落实党风廉政建设责任制……………………183
12368 人工语音服务分平台开通………………183
顺义区反腐倡廉实景警示教育基地成立…………183
## 司法工作
概　况…………………………………………183
为马航失联事件家属提供法律服务……………184
“基层法律顾问”工作动员会……………………184
荣获“全国‘六五’普法中期先进区”称号……184
“生态保护法制教育基地”正式挂牌成立………184
“北京市级民主法治示范村”……………………184
开展农民工专项维权季活动…………………184
首届“国家宪法日”宣传活动…………………184
# 军　　事
## 人民武装
概　况…………………………………………185
召开民兵预备役会……………………………185
探索青年民兵之家试点建设…………………185
民兵队伍发挥作用明显………………………185
学生军训………………………………………185
涉军人员安置工作……………………………185
征兵宣传多措并举……………………………186
“优秀现役军人”评选活动……………………186
国防教育………………………………………186
扶贫帮困助学兴教活动………………………186
## 人民防空
概　况…………………………………………186
人防工程建设审批规划………………………186
结建工程跟踪检查……………………………186
政务服务品牌创建……………………………187
人防工程安全管理……………………………187
人防工程防汛度汛……………………………187
应急保障………………………………………187
宣传教育培训…………………………………187
民防应急志愿者与社会服务…………………187
## 双拥工作
概　况…………………………………………188
两节慰问工作…………………………………188
区领导过军事日………………………………188
为部队办实事…………………………………188
士兵学历培训…………………………………188
随军家属安置…………………………………188
退役士兵安置工作……………………………188
文化拥军………………………………………189
退役士兵安置…………………………………189
国防教育………………………………………189
驻区部队拥政爱民……………………………189
双拥共建活动…………………………………189
# 综合经济管理
## 发展与改革
综　　述………………………………………190
## 国有资产监督管理
综　　述………………………………………192
## 工商行政管理
概　况…………………………………………195
各类市场主体总量……………………………195

注册资本改革发展情况……195
无证照经营的监管整治……195
无证照经营治理……195
工商年报……195
成品油质量监管……196
品牌创建……196
房地产经纪人监管……196
消费者权益保护……196
商品质量监管……196
推进个体工商户转型升级……196
红盾护农……196
净化准入市场……197
规范网络交易行为……197

**财　　政**

概　况……197
财源建设……197
政府采购……197
财政投资评审……197
实施区镇财政体制改革……198
深化国库集中支付改革……198
预算管理……198
政府债务管理……198

**国家税务**

概　况……198
税源管理……199
纳税服务……199

**地方税务**

概　况……199
税收收入……200
税收职能……200
征管改革……200
税收环境……200

**审　　计**

概　况……201
预算执行审计……201
经济责任审计……201
内部审计……201
市区联合审计……201
积极完成交办事项……202

**统　　计**

概　况……202
经济普查……202
提高统计服务水平……202
统计法制建设……202
统计基础工作创新……203

**质量技术监督**

概　况……203
工业产品质量监督……203
标准化管理……203
计量监督……203
特种设备监察……204
行政审批……204

**投资服务中心**

概　况……204
全程办事代理……204
政务服务创新……205
政务公开……205
多措并举完善管理服务……205

**北京临空经济核心区**

概　况……205
经济指标……206
招商引资……206
规划建设……206
企业服务……206
信息宣传……206
自有企业……206
安全管理……207

中关村科技区顺义园

概　况……207

**北京林河经济开发区**

概　况……208
招商引资……208
土地入市……208
重点工程建设……208
区域合作共建……208
闲置资源利用……208
资源升级改造……208
园区获新型工业化示范基地……208

**中关村临空国际高新技术产业基地**

概　况……209
3家企业成功摘牌……209
数码视讯项目竣工……209
数据通信成功签约……209
园区被认定科技成果转化基地……209
加快推进规划建设……210
经济指标……210

**北京市板桥创意天承产业基地**

概　况……210

运通京承国际汽车广场项目全面运营……………210
“尚·壹号”商务办公楼项目竣工……………210
二期土地 F1-01 地块完成入市交易……………210
**北京汽车生产基地管理委员会**
概　况……………210
经济指标稳步增长……………211
北汽研发基地地下停车场项目取得进展……………211
望泉寺公租房项目进展顺利……………211
汽车基地转型升级取得新的成就……………211
**北京北方印刷产业基地管理委员会**
概　况……………211
经济发展持续增长　税收再创新高……………211
园区重点实体企业稳步发展……………211
引进 5 家楼宇企业……………212
4 家节水型企业创建……………212
园区范围内实现全路段夜间照明……………212
新增绿化面积 2980 平方米……………212

## 大型国有企业和上市公司

**北京首钢冷轧薄板有限公司**
概　况……………213
主要指标……………213
产品认证……………213
高端产品生产……………213
新钢种开发……………214
技术创新……………214
体系建设……………214
六西格玛管理……………214
TPM 管理……………214
节能环保……………214
**燕京啤酒集团**
概　况……………214
燕京独家冠名中国足协杯……………215
产品结构不断优化……………215
燕京品牌价值突破 660 亿元……………215
燕京奖励中国女足 50 万元……………215
第 23 届燕京啤酒节……………215
纳豆激酶课题通过市科委验收……………215
燕京啤酒天猫官方旗舰店上线……………215
能源消耗监测项目通过成果鉴定……………215
安全标准化二级评审…………123
**北京顺鑫控股集团有限公司**
概　况……………216
新名称新使命……………216
投控模式拉开帷幕……………216
资本运作取得突破……………216
重点项目高效推进……………216
品牌建设再谱新篇……………216
**北京空港科技园区股份有限公司**
概　况……………217
开启资本运作工作……………217
公司 2014 年第一期短期融资券成功发行……………217
项目申报获得贴息款项……………217
储备项目开发……………217
引领分子公司科学发展……………217
**北京市顺义大龙城乡建设开发总公司**
概　况……………217
裕龙君汇项目获全国人居“双金奖”……………218
区领导检查供暖工作……………218
“北京市建筑结构长城杯金质奖”……………218
首次获评“北京市建设行业 AAA 诚信企业”……218
无人值守换热站监控系统亮相北京国际节能环保展览会……………219
**首安工业消防有限公司**
概　况……………219
研发动态……………219
营销与工程……………220
日本消防协会访问首安……………220
品牌建设……………220
消防行业信用评级 AAA 级认定……………220

## 商业·旅游

商　业
**综　述**……………221
**对外经贸**
概　况……………223
提升外资审批服务质量……………223
协同海关对进出口企业评级认定……………223
完善进出口企业损害预警机制……………223
审核外商投资企业年报 678 家……………223
外商投资企业服务工作……………223
全区总部经济发展……………223
**顺义区供销合作社**
概　况……………223
获“全国供销社系统百强县级社”称号……………224
方建华同志获“首都劳动奖章”……………224

嘉盛鸿公司赵全营市场重装开业……………………224
认真开展新《安全生产法》培训活动……………224
## 北京鑫海韵通百货有限公司
概 况……………………………………………………224
强化营销………………………………………………224
强化标准化运营………………………………………225
顾客、供应商维护……………………………………225
节能减排………………………………………………225
安全保障………………………………………………225
## 北京国泰中百商业有限公司
概 况……………………………………………………225
品牌战略………………………………………………226
营销活动………………………………………………226
招商调整………………………………………………226
安全管理………………………………………………226
节能改造………………………………………………226
## 烟草专卖
概 况……………………………………………………227
市场监管与案件查处…………………………………227
依法行政………………………………………………227
行政许可………………………………………………227
3·15 宣传活动 ………………………………………227
普法宣传………………………………………………227
品牌宣传………………………………………………228
## 旅 游
概 况……………………………………………………228
媒体营销………………………………………………228
展会宣传………………………………………………228
顺义旅游导览图项目…………………………………228
5.19 中国旅游日活动…………………………………228
安全技能大赛…………………………………………229
舞彩浅山餐饮服务人员培训…………………………229
专家入户诊断式培训…………………………………229
行业评定、复核评审…………………………………229
旅游安全管理…………………………………………229
## 顺义宾馆
概 况……………………………………………………229
消防演习………………………………………………229
“共产党员献爱心”捐助活动………………………229
游泳救生演练…………………………………………230
## 汉石桥湿地
概 况……………………………………………………230
新建一处人工湿地……………………………………230
生态系统国家定位观测研究站获得批复……………230
首个“世界野生动植物日”宣传活动………………231
顺义区生态保护法制教育基地挂牌…………………231
“北京市第二批环境教育基地”命名授牌………231
## 国际鲜花港
概 况……………………………………………………231
北京郁金香文化节……………………………………232
国际长走大会…………………………………………232
市级科技合作基地……………………………………232
科普之旅开放单位……………………………………232
北京花卉服务产业科技创新联盟成立………………232
首届“鲜花港杯”诗歌征集活动……………………232
北京菊花文化节………………………………………232
花卉进社区……………………………………………232
鲜花港并入顺义区绿色生态板块……………………232
鲜花港挂牌 AAAA 级景区……………………………233

# 农 业

## 综 述……………………………………………234
## 农村经济管理
概 况……………………………………………………237
农村集体土地清查工作有序开展……………………237
加快农村财务管理规范化建设………………………237
农村在线审计…………………………………………237
土地流转………………………………………………238
农村集体经济产权制度………………………………238
减负惠农政策…………………………………………238
农民合作社建设………………………………………238
## 种 植 业
概 况……………………………………………………238
粮食高产创建…………………………………………239
都市型现代农业万亩示范区…………………………239
蔬菜提质增效…………………………………………239
蔬菜种苗生产…………………………………………239
农业面源污染控制……………………………………239
农业执法………………………………………………239
农村新能源建设与管理………………………………240
## 动物卫生监督
概 况……………………………………………………240
规模猪场粪污治理工程………………………………240
动物检疫监督执法……………………………………240
APEC 期间动物源性食品安全保障 …………………240
清查动物产品经营性冷库……………………………240
饲料标签专项整治……………………………………241

动物防疫责任……241
重大动物疫病的免疫密度达 100%……241
重大动物疫病监测面达 100%……241
兽医体系效能评估……241
**水　　产**
概　况……241
发展工厂化养殖……241
渔业高产高效基地建设……242
科学增殖放流……242
确保水产品质量安全……242
推广名优新品种……242
维护保障养殖者权益……242
**林　　业**
概　况……242
平原造林……243
和谐广场修缮更新工程……243
义务植树活动……243
公园管理……243
花卉产业……243
果品产业……243
种苗产业……243
林政资源管理……243
森林火灾防控……243
野生动物保护……244
检疫执法……244
公安执法……244
**水　　务**
概　况……244
水务改革……244
治河工程……245
治污工作……245
节水管理……245
安全度汛……245
供水保障……245
水资源管理……245
水政执法……246
**农　　机**
概　况……246
农业机械化总体水平提质减量……246
国补农机装备向非粮产业倾斜……246
农作物秸秆禁烧工作方案出台……246
市级万亩示范区农机配套工程竣工……247
重要农时季节农机作业……247
农机安全生产无重特大事故发生……247
农业部部长调研三夏农机生产……247
**长青林场**
概　况……247
森林资源培育和抚育管理……248
环境综合整治……248
安全生产……248
**气　　象**
概　况……249
气象服务……249
综合气象观测……249
主要气候特征……249
气候综合评价……249
防灾减灾……249
防雷检测服务……249
行政执法……249
**北京顺义绿色生态产业功能区**
概　况……250

## 顺义区工业企业

**综　　述**……251
**顺义粮油总公司**
概　况……252
仓储管理……252
不动产运营业务……253
机动车驾考培训业务……253
便民餐饮业务……253
**北京市顺义区地方工业公司**
概　况……253
招商工作……254
安全生产及综合治理……254
碧辉苑物业加强停车管理……254
超转人员医药费报销……254
中絮棉纺厂盘活资产创效益……254
自管楼维护……254
**北京通达实业总公司**
概　况……255
服务顺义区重大活动……255
京顺检测场改扩建检测大厅……255
京顺检测场设立党员志愿服务岗……255
顺利通修理厂创新服务树品牌……255
联合出租公司位列全市前十……255
通达停车管理中心实施精细化管理……255
**北京市煤炭总公司顺义分公司**

概 况……256
职工代表大会……256
优质燃煤替代工程……256
恒锋市政工程公司
概 况……256
项目部和机械队改革……256
厂务公开……257
三位一体认证审核……257
裕安路（裕民大街——双裕街）道路工程……257
顺烟东路（顺于路——晨光二号路）道路工程…257
顺烟东路排水工程……257
金街规划路（站前东街——府前街）道路工程…257
金街规划路市政工程排水工程……257
双峰建材集团公司
概 况……257
土地资产盘活利用前期准备……257
安全管理……258
北京市顺义建筑工程公司
概 况……258
各项指标完成情况……258
干部人才梯队建设……258
提升招投标软实力 增强企业核心竞争力……258
公司荣誉……259
顺义区建筑工程总公司
概 况……259
施工面积百万平方米……259
工程施工安全有序……259
创建鲁班精品工程、满意工程……259
建立工作流程……260
北京市天竺房地产开发公司
概 况……260
“煤改气”工程启动……260
定向回迁安置房销售完成……260
北京国际商品交易博览会……260
定向安置房完工……261
绿茵公司……261
展会保障……261
顺义区建筑企业集团公司
概 况……261
技术质量管理……261
安全管理……262

金融·保险

金 融
金融服务
概 况……263
银政合作逐步加强……263
金融产业贡献潜能开始放量……263
招商引资成果喜人……263
首都融资租赁产业园雏形初现……264
首都产业金融中心创新发展……264
重点金融项目建设……264
双展连台凸显首都新兴金融聚集区……264
融资性担保公司现场检查……264
非融资性担保公司摸底工作启动……264
应急打非工作有序推进……264
首都商业保理试点获批……265
多层次资本市场建设……265
资本市场外部环境进一步完善……265
中国银行股份有限公司北京顺义支行
概 况……265
经营项目……265
业务发展……266
内控管理与安保工作……266
中国光大银行北京顺义支行
概 况……266
年度荣誉……266
支行发展情况……267
支行网点建设……267
支行经营重点……267
支行发展方向……267
保 险
中国人民财产保险股份有限公司北京市顺义支公司
概 况……267
经营理念……268
保险业务……268
中国人寿保险顺义支公司
概 况……268
品牌价值……268
2014年经营情况……268
深化社区经营……269
国寿合伙人……269
政府项目稳定发展……269
银保渠道业务……269

城乡建设及管理

城乡建设
综 述 ……270
规划管理
概 况……272
规划编制……272
服务区域经济发展……272
完善市政基础设施……273
规划监督检查……273
新城建设
概 况……273
新城核心区市政基础设施建设……273
新城核心区住宅建设……274
马坡组团防汛水务……274
新城招商引资……274
马坡组团剩余地块土地一级开发项目……274
推动项目进展相关砍伐及拆迁工作……274
新农村建设
概 况……274
新型农村社区建设……274
农宅抗震节能建设……275
“减煤换煤、清洁空气”行动……275
公共基础设施建设……275
美丽乡村建设……275
空港建设管理服务
概 况……275
樱花园小区飞机噪声治理工作……276
机场外围排水保障工作……276
机场净空工作……276
信访维稳……276
城管监察
概 况……276
拆违情况……276
治砂情况……276
重大活动保障……277
机构改革……277
调研交流……277
工作创新……277
专项整治……277
网格化指挥中心……277
市政管理
综 述 ……278
国土资源管理
概 况……280
坚守耕地红线……280
土地市场管理……280
存量土地盘活……280
用地审批效率和服务水平提高……280
土地登记规范化管理……281
严厉打击违法占地、违法建设、非法盗采砂石…281
地质灾害防治 矿产资源年检……281
交通运输
概 况……281
200 部新能源电动出租车正式投入运营……282
部署出租旅游客运行业反恐工作……282
开展“春雷一号”专项联合治超行动……282
组织水运行业开航检查……282
清明客运保障……282
安全生产标准化培训……282
区间线路服务国际登山长走大会……282
完成“五一”小长假运输保障任务……282
公交专线服务天竺综合保税区……283
开展辖区内出租汽车年度审验……283
开展水域游船行业安全应急实战演练……283
开展轨道交通安全检查……283
严厉打击非法运输砂石车辆……283
外勤执法人员配备执法记录仪……283
北务综合检查站组织开展治超夜查……283
增加公交站点方便居民出行……283
国庆期间交通运输保障任务……283
125 辆新能源公交车年底前投运……284
1600 辆公租自行车投运……284
公路建设
概 况……284
顺平南线七分干渠桥改建工程……284
龙塘路（机场东路—右堤路）预防性养护工程…284
怀昌路（怀柔界－昌平界）大修工程……284
顺密路（魏家店村－中干渠路）大修工程……284
左堤路（河南村闸桥－杨燕辅路）改建工程……285
李魏路（龙塘路—顺平南线）大修工程……285
裕安路北延新建工程……285
路政管理……285
路网管理系统外场设施建设……285
环卫服务
概 况……286
扫雪铲冰……286
应对空气重度污染日……286
转运站会议召开……286

非法小广告专项治理……286
大风天气环境作业……286
城区部分街道实施快速保洁……287
迎接市爱卫会创卫复审……287
**环境保护**
概 况……287
大气污染防治……287
主要污染物减排……287
环境监察……288
环境监测……288
环评审批……288
创新管理……288
排污申报和收费……288
环保宣传……288
**园林绿化**
概 况……288
中山东西街绿化移改工程……288
机场北线回民营桥环境整治工程—绿化工程……289
顺义区高速路出入口及周边环境整治工程……289
潮白柳园、减河五彩园为民服务项目……289
仁和公园为民服务项目……289
国庆花卉布置工程……289
城区公园文化活动……289
**自来水公司**
概 况……289
保障供水 服务社会……290
民生合作……290
水厂建设……290
水源地建设……290
管线铺设……290
售水网点建设……290
科技创新……290
**供电工作**
概 况……290
电网规划与建设……291
安全生产……291
农电工作……291
科技与信息化……292
**北京顺义燃气控股有限责任公司**
概 况……292
气源保障持续稳定……292
消隐改造工程持续推进……292
管线检测普查……292
服务保障得以提高……292
液化气送气下乡工程……293
完成公司制改造……293
企业战略稳步推进……293
供气范围持续扩大……293
**联通顺义分公司**
概 况……293
经营管理……294
窗口服务……294
网络维护……294
网络建设……294
安全生产……294
**邮 政**
概 况……295
企业经营成果……295
金融业务……295
函件业务……295
报刊发行业务……295
集邮业务……295
电商业务……295
速物专业……296
生肖文化季项目……296
国际车展项目……296
服务三农项目……296
**防震减灾**
概 况……296
地震监测预报……296
区内地震监测台网……296
地震目录……297
震害防御……297
中小学校舍安全改造……297
应急救援……297
防震减灾科普宣传……297

**科技·教育**

科 技
**科技工作**
概 况……298
高新技术企业发展喜人……298
顺义区3家科技企业获评2014年北京市科学技术奖……298
扎实推进“百家创新型科技企业培育计划”……298
扎实开展农民实用技术培训……298
积极推动知识产权工作……298

广泛开展科普宣传……299
科研机构建设取得新突破……299

教　育

综　述……299

学前教育

概　况……302
学前教育网络招生平台创建……302
幼儿园文化建设专题讲座……302
开展项目合作推动专业化发展……302
首次开展区级示范园评选活动……302

中小学教育

概　况……303
参加全国中学生田径锦标赛喜获佳绩……303
中小学课外活动校外兼职教师资源库建立……303
教育系统资产产权登记……303
中小学建设三年行动计划工程……303
新疆内高班工作……304
校安工程……304
多方位保障特殊学生教育权利……304
优化教育资源配置增强学位供给能力……304

职业及成人教育

概　况……304
“3+2”中高职衔接改革试点……304
职高综合高中班改革试点……305
电大顺义分校分校迁址……305
顺义区职业教育中心建成并投入使用……305
顺义电大社会化培训基地建设初见成效……305
顺义汽职高采取措施提高学生就业质量……305

民办教育

概　况……306
强化政策支持民办教育发展……306
民办学校行政许可审批……306
民办教育年审……306
15 所民办幼儿园年度考核……306
民办学校评优评先工作……306
私办园清理取缔工作……306

特殊教育

概　况……307
综合课程改革启动……307
“名师献课”活动……307
随班就读教师培训……307
特教专家到校对学生进行跟踪评估指导……307
举办区资源教室专题研讨活动……307
第六届随班就读堂教学评优活动……307
特殊支持教育中心成立……308

教育督导

概　况……308
依法履行教育职责情况考核……308
市级学前教育专项督导……308
北京市全面实施素质教育综合督导……309

牛山一中

概　况……309
全国未成年人生态道德教育示范学校……309
“小院士”课题评选获奖……309
“名师堂”……310
数字校园工程竣工……310
牛栏山一中实验学校宿舍楼竣工……310
牛栏山一中实验学校小学部招生……310
创建 IT 育英班……310
心理健康中心建成……310

顺义一中

概　况……311
艺术处走班分科课堂教学改革……311
“思辨・青春”第一届校园辩论赛……311
联盟干部教师参加国学经典师资研习营……311
“高一英语・中澳交流”活动……312

杨镇一中

概　况……312
在 2014 年全国中学生田径锦标赛获学校团体第二名……312
全国航空特色校称号……312
第 12 届全国学生运动会创佳绩……312
教学楼 A 建成投入使用……313
“杨镇一中杯”全国班主任高峰论坛……313
第 48 届国际少儿田径运动会……313

北京现代职业技术学院

概　况……313
校区搬迁……314
数字资源教学一体化平台建成……314
实训基地调整建设完成……314

社区教育中心

概　况……315
等级考试……315
南彩镇群众路线教育实践活动集中学习……315
学习型组织创建工作专家指导会……315
顺义电大迁新址……315
残疾人青壮年扫盲培训……316
顺义学习网四项措施满足市民学习需求……316

新型职业农民培育工程……316
北京市建设学习型城市工作示范区……316
**教育研究考试中心**
概　况……316
“临空杯”青年教师“成长课”大赛……317
北京教育学院顺义分院挂牌……317
顺义区首届汉字听写大赛……317
数字校园建设……317
“减负”案例研究交流会召开……317
学科骨干教师培训项目……317

## 文化·卫生计生·体育

文　化
**综　述**……318
**广播电视**
概　况……320
新媒体部技术框架……320
顺义时讯改版……320
政务·民声栏目播出……320
广播电台实现节目直播……320
设置资讯服务板块……320
增强栏目可看服务性……321
承办顺义第五届道德模范典礼……321
制作总结大片……321
中心创收……321
**文化创意产业**
概　况……321
广告会展业成为文创支柱行业……321
时尚文体休闲产业发展态势喜人……322
创意农业转型升级……322
市级文创功能区、人才培养基地认定……322
第二届北京惠民文化消费季……322
第九届北京文博会……322
区级专项资金扶持……322
市级专项资金申报……322
卫生计生
概　况……322
**卫　生**
医疗工作……323
对口支援……323
采供血液管理……323
麻醉药品及特殊药品管理……323
科研工作……323
医疗设备管理……323
医学教育……324
新型农村合作医疗……324
**疾病控制**
传染病防治……324
慢性非传染性疾病防治……325
地方病防治……325
精神卫生管理……325
学校卫生……325
计划免疫……325
职业卫生……325
放射卫生……326
健康教育与健康促进……326
**卫生监督**
公共场所卫生监督……326
生活饮用水卫生监督……326
医政执法工作……326
行政处罚……326
**爱国卫生**
概　况……327
爱国卫生月……327
病媒生物防制……327
禁控烟工作……327
国家卫生区复审工作……327
农村改水……327
**妇幼保健**
妇女保健……327
儿童保建……328
女工保健……328
计划生育技术管理……328
婚前保健……328
**人口与计划生育**
社会抚养费征收……328
奖励扶助、特别扶助工作进展顺利……328
兑现各种计生家庭奖励政策……328
政府购买服务惠及死亡特扶家庭……328
执行“单独两孩”政策……329
召开顺义区人口调控座谈研讨会……329
开展死亡特扶家庭慰问活动……329
创建全国计划生育基层群众自治县级示范项目…329
三种保险工作进展顺利……329
举办计生家庭劳动力全员就业工程专场招聘会…329
参加“最美北京人”宣讲活动……329
试点“流动人口电子婚育证”办理、核查工作…329

举办流动人口计划生育服务管理示范村居命名大会……329
开展关爱女孩行动……329
开展计划生育优质服务……329
开展免费孕前优生健康检查……330
拓宽药具服务……330
开展亲子阅读活动……330
为村居人口学校配备图书……330
村级计生家庭养老保障制度平稳推进……330
顺义区医院
概　况……330
医疗工作……330
临床路径管理……330
预约挂号管理……330
新项目……331
科研工作……331
医疗支援……331
北京中医医院顺义医院
概　况……332
医疗工作……332
预约挂号……332
新技术……332
科研工作……332
科研工作……332
体　　育
概　况……332
全民健身服务体系日益完善……333
竞技体育成绩优异……333
产业环境进一步优化……333
第六次全国体育场地普查……333
奥运水上运动中心
概　况……333
招商引资……333
开展各项活动 场馆运行平稳……333
场馆赛后利用工作……334

## 社会生活

流动人口管理
概　况……335
流动人口和出租房屋管理的工作职责……335
推进人口调控工作……335
规范出租房屋管理……336
特殊时期维稳安保……336
基层基础工作……336
民政工作
概　况……336
长效机制建设……337
民政法制……337
信息宣传……337
社会救助
概　况……337
超转工作……338
城乡医疗救助……338
大病救助……338
教育救助……338
五保供养……338
社救建房……338
临时救助……339
民生保险……339
流浪乞讨人员救助……339
社区建设
概　况……339
社区服务总中心……339
96156 服务……340
社区义工……340
基层政权建设
概　况……341
优抚安置
概　况……341
双拥工作……341
优待抚恤……342
见义勇为……342
老龄工作
概　况……342
养老机构……343
“九养”政策……343
“敬老月”活动丰富多彩……343
为老服务社会化……343
民间组织管理
概　况……344
登记体制……344
品牌建设典型突出……344
政府购买社会组织服务……344
第六届社会组织人才专场招聘会……344
社会福利
福利企业……344
福利企业与国有大中型企业帮扶合作机制建立…344

福利企业优惠政策……………………………………345
福利彩票……………………………………………345

## 殡葬管理

概　况……………………………………………345
殡葬管理体制………………………………………345
殡葬监管执法机制…………………………………345

## 婚姻登记

概　况……………………………………………346

## 行政区划

概　况……………………………………………346

## 民族宗教侨务

概　况……………………………………………346
市民委领导调研……………………………………347
市九届民族运动会…………………………………347
全国民族团结进步模范个人………………………347
民族村经济社会发展取得新进展…………………347
爱国主义教育参观活动……………………………347
接待国宗局培训班学员……………………………347
加强宗教活动场所安全监管………………………347
走访慰问……………………………………………347
60 岁以上侨胞免费体检……………………………347
顺义区侨务关爱资金………………………………347
社区侨务工作获国家、市级称号…………………347
侨务普法知识宣传月………………………………348

## 人力资源和社会保障

概　况……………………………………………348
就　业……………………………………………348
职业技能培训………………………………………348
社会保障……………………………………………348
社保经办服务………………………………………349
高层次人才引进和培养……………………………349
公务员队伍管理……………………………………349
事业单位人事制度改革……………………………349
劳动合同制度………………………………………349
劳动关系调处………………………………………349

人民生活

## 农村居民收入支出情况

概　况……………………………………………350
城市化推进农村居民就业增收……………………350
农村居民消费不断升级……………………………350

## 城镇居民收入支出情况

城镇居民收入持续增长……………………………350
城镇居民消费………………………………………350

# 街道·镇

街　　道

## 光明街道办事处

概　况……………………………………………351
环境整治……………………………………………351
社区服务……………………………………………351
社区建设……………………………………………351
社区平安……………………………………………352
社区文化……………………………………………352

## 胜利街道办事处

概　况……………………………………………352
清除城市“牛皮癣”………………………………353
首家“人大代表之家”挂牌………………………353
节能宣传周活动……………………………………353
“志愿北京”环境志愿者注册……………………353
清理楼门雨搭专项行动……………………………353
关爱流动人口………………………………………353
粉刷老旧社区楼道墙壁……………………………353
流动人口服务管理…………………………………353
“党群 1+n”工作…………………………………354
安装老年人便利设施………………………………354
“六型社区”示范社区创建验收…………………354

## 石园街道办事处

概　况……………………………………………354
联勤联动百人巡防队启动仪式……………………354
社区服务中心新楼投入使用………………………354
“道德讲堂”系列活动启动………………………355
石园街道心理咨询室正式运行……………………355
综治文化百米宣传长廊……………………………355
楼门文化进社区彰显多维效益……………………355
“学习型城市示范区”评估验收…………………355

## 旺泉街道办事处

概　况……………………………………………355
“错时”消防安全检查……………………………356
交通秩序整治………………………………………356
社区老年餐桌启动…………………………………356
共产党员献爱心捐献………………………………356
社区环境整治………………………………………356
为社区困难人群上门服务…………………………357

## 双丰街道办事处

概　况……………………………………………357
重点工程……………………………………………357
党建工作……………………………………………357

便民服务……357
辖区环境……358
**空港街道办事处**
概　况……358
“心桥信箱”……358
母亲节活动……359
老旧小区综合试点改造……359
4 项措施推进大辖区环境建设……359
五项措施做好 APEC 会议期间辖区社会面防控工作……359
街道管理体制改革成效初显……359
群租违法建设联合执法行动……360
**镇**
**仁和镇**
概　况……360
产业结构优化……360
企业转型……360
城市化建设……360
环境整治……361
生态保护……361
社会保障……361
社会管理……361
道德模范……361
文体赛事……361
**马坡镇**
概　况……362
产业结构不断优化……362
企业向“高精尖”发展……362
新城建设……362
新农村建设……362
环境整治……362
城乡环境……362
就业质量……362
社会保障……363
城乡文明……363
**南法信镇**
概　况……363
“智慧顺义”顶层设计汇报会……363
专场招聘会举办……363
联合执法清理整治北法信村市场……364
“村居法律顾问”下乡……364
劳动力就业培训班……364
征兵宣传……364
公众满意度调查……364
南法信地区第四届党员代表大会第四次会议……364
**李桥镇**
概　况……364
新农村建设……365
环境建设……365
劳动就业……365
社会保障……365
医疗卫生……365
司法服务……365
燃气下乡……365
群众文化……365
回迁安置……365
低保救助……366
家财保险……366
双拥优抚……366
合作医疗……366
农业休闲……366
**天竺镇**
概　况……366
招商引资……366
中共天竺地区第四届代表大会第三次会议召开……366
第十六届人民代表大会第五次会议召开……367
劳动就业……367
家庭医生式服务……367
环境改造……367
综合整治……367
**后沙峪镇**
概　况……367
经济发展……367
基础设施……368
教育事业……368
医疗卫生……368
社会保障……368
就业工作……368
文化生活……368
社会治安……368
生态环境……369
**高丽营镇**
概　况……369
精神文明建设……369
统筹推进产业转型……369
服务企业资源整合……369
公共设施建设……369
水系治理取得成效……369
环境治理……369
“新农村”惠民政策……370

社会治理机制……………………………………370
群众文化活动……………………………………370
循环水务项目推进………………………………370
网格化信息机制…………………………………370
养老补助…………………………………………370

## 杨　　镇

概　况……………………………………………370
“送图书下乡”…………………………………371
第四届杨各庄“药王节”庙会…………………371
“迎新春 促就业”春风行动专场招聘会…………371
“新京报 绿行动”大型植树公益活动…………371
全民健康徒步活动………………………………371
副市长林克庆到杨镇调研………………………371
北京市非遗“杨镇一街龙灯会”得到传承………371

## 赵全营镇

概　况……………………………………………371
环境整治…………………………………………372
招商引资…………………………………………372
新农村建设………………………………………372
就业服务…………………………………………372
社会保障全覆盖…………………………………372
加大投入让孩子享受正规教育…………………372
《村规民约》修订完善…………………………372

## 牛栏山镇

概　况……………………………………………373
生态环境…………………………………………373
城市管理…………………………………………373
环境建设…………………………………………373
社会保障…………………………………………373
社会事业…………………………………………373
项目建设…………………………………………373
基础设施建设……………………………………374
新农村建设………………………………………374

## 南 彩 镇

概　况……………………………………………374
重点项目引进……………………………………374
新农村建设………………………………………374
生态环境…………………………………………374
就业培训工作……………………………………374
社会保障…………………………………………374
人大建议落实处…………………………………374
曲美家具荣获红星奖……………………………375
河北村民俗园开园………………………………375

## 北小营镇

概　况……………………………………………375
重点项目建设……………………………………375
招商引资…………………………………………375
基础设施建设……………………………………375
大气治理…………………………………………375
环境建设…………………………………………376
社会保障…………………………………………376
社会事业…………………………………………376
“我的小院我做主”启动………………………376
补选镇级党委委员………………………………376

## 李 遂 镇

概　况……………………………………………376
重大产业项目……………………………………376
工业园区建设……………………………………377
企业经济运行……………………………………377
环境整治…………………………………………377
生态环境…………………………………………377
环境保护…………………………………………377
基础设施建设……………………………………377
新农村建设………………………………………377
就业服务…………………………………………377
社会保障…………………………………………377
公共服务…………………………………………378
公共安全保障……………………………………378

## 木 林 镇

概　况……………………………………………378
发展环境有效提升………………………………378
服务设施进一步完善……………………………378
农业重点工程……………………………………378
农产品丰产丰收…………………………………379
农村环境质量提升………………………………379
新农村建设………………………………………379
农村基础设施……………………………………379
就业服务深化……………………………………379
社会保障…………………………………………379
公共服务…………………………………………379

## 龙湾屯镇

概　况……………………………………………380
生态环境…………………………………………380
安全监管…………………………………………380
浅山开发…………………………………………380
新农村建设………………………………………380
社会保障…………………………………………380
文化建设…………………………………………380

## 张　　镇

概　况……………………………………………381

区级重点工程顺利完成……381
环境建设分梯次进行……381
产业结构调整……381
小流域综合治理……381
镇中心再生水厂建设……381
白马路拆迁……381
市级农村社会服务管理创新试点建立……381
村级公益性公墓建设……382
浅山开发建设……382
基层组织建设……382
健康活动室的建立……382
公共安全保障……382

**大孙各庄镇**

概　况……382
新农村建设……382
生态环境建设……382
社会保障体系……383
文艺汇演……383
“薛庄根雕”文化艺术节……383
东华山村获“最美乡村”称号……383
绿奥蔬菜品牌建设……383
人大代表之家……383

**北石槽镇**

概　况……383
市领导到北石槽视察……384
环境建设……384
劳动就业……384
社会保障……384
新农村建设……384
安保维稳工作……385
集中办公区集中监管体制……385

**北 务 镇**

概　况……385
招商引资成效显著……385
新农村建设……385
都市型现代农业……385
环境整治……386
生态环境建设……386
劳动力就业……386
社会保障体系……386
教育卫生事业……386
人口计生……386

## 人　　物

**组织机构负责人名单**

一、区委机关……387
二、人大机关……388
三、政府机构……388
四、政协机关……389
五、综保区机关……390
六、群众团体……390
七、政法军事……390
八、镇、街道办事处……390
九、事业单位……391
十、企业单位……392
十一、双管单位……393

**全国先进集体及先进个人**

先进集体……393
先进个人……394

**北京市先进集体及先进个人**

先进集体……394
先进个人……394

## 统 计 表

2014 年顺义区国民经济和社会会发展主要指标统计表……395

## 附　　录

中共北京市顺义区委文件……399
中共北京市顺义区委办公室文件……400
中共北京市顺义区政府文件……402
中共北京市顺义区政府办公室文件……404
顺义区社区居委会……406
各镇村民委员会名录……407
顺义区教育机构名录……414
顺义爱国主义教育基地……424
境域公交客运线路名录……426
顺义区主要旅游景区（点）名录……438
顺义区律师事务所……441
公证处……441
顺义区卫生机构……442
区文物保护单位名录……444
区域古树名木名录……445
顺义区国税纳税前 100 名企业……447
地税纳税前 100 名企业……451
顺义区驰名商标名录……455

# 顺义概况

顺义区是北京市区县之一，位于北京东北郊，城区距市区30公里。北邻北京市怀柔区、密云县，东界北京市平谷区，南与河北省三河市、北京市通州区接壤，西南、西与北京市朝阳区、昌平区相邻。地理位置北纬40° 00′ ~40° 18′，东经116° 28′ ~116° 58′，镇域东西长45公里，南北宽30公里，总面积1020平方公里。地势北高南低，东北边界屏障燕山，境内平原为河流洪水携带沉积物质造成，表面堆积物主要是砂、亚砂土，面积占95.7%。北部山地最高点海拔为637米，境内最低点海拔为24米，平均海拔35米。潮白河等河流分流其间，均呈南北走向，地下水源丰富，年均可开采量4亿立方米，部分地区蕴藏有地热资源。全境属温带大陆性半湿润季风气候，四季分明。年平均气温11.5℃，年日照时数2746小时，年相对湿度58%，无霜期195天左右，年均降雨量610毫米。境内建有首都机场，大秦电气化铁路穿越北境，京承铁路、京承高速公路穿越西境，国道、市道、区道公路纵横交错，形成便捷交通网络。

顺义历史悠久，新石器时代，潮白河沿岸已有人类活动，秦以前属冀、属幽、属燕。汉高祖十二年（公元前195年）在今顺义区后沙峪镇古城村北置安乐县、顺义区北小营镇北府村南狐奴山下置狐奴县。唐乾元元年（758年）在今顺义境设顺州。明洪武元年（1368年）改顺州为顺义县。新中国成立后，成立顺义县，归河北省通州专区管辖。1958年4月，顺义县划归北京市为顺义区，1960年1月设北京市顺义县，1998年3月经国务院批准撤县设区为顺义区。

2014年，顺义区下辖19个镇（其中7个镇加挂地区办事处牌）和6个街道办事处，共426个村民委员会、99个居民委员会。全区户籍人口60.1万，常住人口100.4万。顺义作为北京东部发展带的重要节点、重点发展新城之一，是首都国际航空中心核心区，是服务全国、面向世界的临空产业中心和现代制造业基地，是北京东北部面向区域、具有核心辐射带动作用的现代化综合新城。

2014年，顺义区先后获得“全国'六五'普法中期先进区”“首都社会管理综合治理先进区县”“北京市充分就业区”等荣誉称号。

# 特　　载

## 顺义区委工作报告

### ——2014 年 12 月 13 日区委四届九次全会

中共顺义区委书记 王　刚

## 一、关于 2014 年工作

2014 年，在市委、市政府的坚强领导下，区委常委会全面贯彻落实党的十八大、十八届三中、四中全会精神以及习近平总书记系列重要讲话特别是视察北京时的重要讲话精神，贯彻落实市委十一届四次、五次全会精神，贯彻落实区委四届六次、七次、八次全会精神，立足区域功能定位，大力发扬接力精神，深入落实“把握三个阶段性特征、推动四个转型升级”工作总要求，统筹推进区域经济、社会、城市、生态建设等工作，严格落实党建主体责任，扎实开展党的群众路线教育实践活动，全面深化重点领域改革，总体保持了区域经济社会平稳健康发展的良好态势。

一年来，区委常委会充分发挥总揽全局、协调各方领导核心作用，集中精力抓大事、议大事、定大事，重点抓了三项工作。

一是讲政治、抓方向，深入学习宣传贯彻中央、市委精神。

党的十八届三中全会开启了全面深化改革的新征程，四中全会通过了全面推进依法治国的决定；习近平总书记围绕改革发展稳定等发表了一系列重要讲话，特别是就做好首都工作发表了重要讲话；市委就学习宣传贯彻中央精神和加快推动首都各项事业发展作出了许多重大部署，为我们在新起点实现新的奋斗目标指明了方向、增添了动力。区委常委会把学习宣传贯彻中央和市委精神作为首要政治任务，以引领首都郊区科学发展排头兵的标准，统筹抓好全区各级党员干部的传达、学习、贯彻、落实。通过深入学习，各级党员干部进一步强化了政治意识，切实增强了为实现中华民族伟大复兴“中国梦”贡献力量的责任感和使命感，增强了服从、服务新时期首都城市战略定位和京津冀协同发展大局的思想自觉和行动自觉，确保了在思想上政治上行动上始终与中央、市委保持高度一致。

二是强职能、抓大事，认真研究决定区域发展重大问题。

区委常委会认真履行全委会闭会期间

的委员会职权，切实承担起推动区域科学发展的领导责任。我们牢固树立大局观念，始终站在首都发展大局谋划顺义的发展，集中主要精力认真研究决定事关区域发展的基础性、全局性、前瞻性的重大问题和群众关心关注的热点难点问题，截至目前共召开34次区委常委会，审议议题109个。坚持对需要提交常委会讨论的重大问题、重点工作以及干部调整建议议题进行积极协调、专题研究、充分酝酿，截至目前共召开区委专题会13次，涉及全面深化改革、区镇财政管理体制改革等20个重大问题；召开干部工作专题酝酿会7次。我们坚持主动沟通，统筹协调区人大常委会、区政府、区政协和天竺综保区管委会，使全区四套区级班子和天竺综保区班子各司其职，各负其责，相互配合。支持区人大常委会依法履职，对加强和改进镇人大工作出台了指导性意见。支持区政协围绕区域发展重大问题，深入开展协商议政。加强同民主党派、无党派人士团结合作，扎实做好民族、宗教、台港澳事务和侨务工作。支持工会、共青团、妇联等人民团体依照各自章程认真履职，在推动发展、服务群众方面发挥积极作用。

三是强统筹、抓重点，扎实推进三条主线各项工作。

区委常委会坚持把全面深化改革、党的群众路线教育实践活动和基层服务型党组织建设作为全年工作的三条主线，系统谋划、统筹推进，用三条主线凝聚全区思想，引领和带动全区各项工作稳步开展。

深入开展党的群众路线教育实践活动。在市委的正确领导下，在市委活动办和市委第十督导组全程督导、指导下，区委常委会严格贯彻“主题不变、镜头不换”的总要求，按照“五下、五上、五体现”的总体思路，即“情感要下去，认识要上来，作风要体现出来；身子要下去，问题要上来，能力要体现出来；沟通要下去，团结要上来，合力要体现出来；措施要下去，标准要上来，务实要体现出来；服务要下去，满意要上来，效果要体现出来”，紧紧围绕解决“四风”突出问题、解决群众反映强烈的切身利益问题、解决联系服务群众“最后一公里”问题这三项重点任务，坚持把学习教育、反对“四风”、整风精神、领导带头、开门搞活动、问题导向贯穿始终，精心组织全区四套区级班子和综保区班子、139个处级班子、2002个基层党组织和53986名党员参加教育实践活动。区委常委会各位同志充分发挥表率作用，带头加强学习，带头听取意见，带头开好民主生活会，带头整改落实，引领全区教育实践活动深入推进。全区处级以上领导干部针对征求到的“四风”方面意见和批评意见，梳理出11897项整改任务，目前立行立改任务已全部整改完成，近期整改任务将于年底前按期完成。深入开展“四风”突出问题专项整治，目前已按期完成26项，剩余5项将按计划于2015年年底前完成。不断完善作风建设常态化机制，制定实施全区制度建设计划，目前各项制度建设进展顺利。通过参加教育实践活动，广大党员干部得到了一次党性锤炼，理想信念更加坚定，宗旨意识更加牢固，担当意识更加强烈，同时也推动解决了一批群众关心关注的热点难点问题，真正实现了干部受教育、群众得实惠、发展上水平。

全面深化重点领域改革。区委常委会认为，全面深化改革是在更高水平上推进区域科学发展的必然要求。一年来，我们始终坚持顶层设计、问题导向、底线思维，成立区委全面深化改革领导小组、11个改革专项小组和区委改革办公室；制定出台《关于认真学习贯彻中央市委全会精神全面深化改革的意见》，提出了2014年至2020

年10个方面共45项改革举措，并对2014年各项改革任务进行了具体部署，目前，各项改革进展顺利，重点领域改革实现良好开局，取得关键突破。我们顺利进行了功能区资源整合和功能调整，制定出台了《顺义区推进经济功能区转型和创新发展的指导意见》，临空经济核心区正式挂牌成立、运转有序，先行先试的示范效应初步显现，科技创新和绿色生态板块整合工作稳步推进，机构设置正式获得市编委批复，并根据需要配强了领导班子；转变政府职能，深入开展行政审批制度改革，全区共取消行政审批事项28项、承接行政审批事项51项，外事服务平台基本形成，政务服务和机关后勤服务平台建设扎实推进；深化国有资产管理体制改革和国有企业改革，完成区燃气公司公司制改造；深化天竺综保区改革，推动区内企业一般纳税人试点、跨境电子商务试点等重点工作；深化城市管理体制改革，空港街道管理体制改革试点工作基本完成；深化纪律检查体制机制改革，支持纪检监察机关调整内设机构，精简议事协调机构，推动“转职能、转方式、转作风”；深化党的建设制度改革，建立履行党建工作责任制述职长效机制，完善了党政领导班子和领导干部考核评价体系，规范了基层党组织换届选举工作。新型城镇化改革、社会事业改革等其他各项改革也正在扎实有序推进。

着力加强基层服务型党组织建设。区委常委会坚持从巩固党的执政基础的高度，来认识和推动基层党建工作。认真开展软弱涣散基层党组织集中整顿工作。坚持自加压力，按照高于市级标准一倍的比例确定整顿对象，通过区级领导挂点联系、成立基层党组织建设专项督导组等措施，顺利完成88个软弱涣散基层党组织整顿任务。扎实推进55家区级基层服务型党组织试点建设，制定出台试点工作方案，目前试点工作取得阶段性成效。加大基层党组织保障力度，村和社区公益金补助标准、正常离任党组织书记生活补贴标准不断提高。强化对基层党组织书记的管理，促进其履职行为更加规范。抓住作为全国党代表任期制工作八个联系点之一的有利契机，围绕党代表选拔培训、履职尽责、宣传展示三个平台建设，围绕党代表参与决策、参与党内监督、参与党的自身建设、联系服务党员群众四个作用发挥，制定出台联系点工作意见和党代表资格管理办法等制度，建立了区委常委约谈区党代表工作制度，实现党代表有序参与常态化、作用发挥经常化。

下面，报告区委常委会一年来开展的其他主要工作。

一是着力提高经济发展的质量和效益。

区委常委会认真落实中央、市委关于调整疏解非首都核心功能、推动京津冀协同发展等方面的要求，科学把握经济发展新常态，实现了经济稳中有进、稳中提质。我们坚持在不断扩大经济总量中持续优化产业结构，积极构建“高精尖”经济格局。国家对外文化贸易基地正式开园，天竺综保区政策功能平台优势得到充分发挥；金融、科技、文化创意等高端服务业对经济增长的贡献率不断提高，一批战略性新兴产业正式落户。我们着力处理好“舍”与“得”的关系，坚决调整疏解不符合区域发展功能定位的产业，制定区域产业发展负面清单，全年调整退出企业44家。在全区上下的共同努力下，2014年地区生产总值按不变价预计增长7.3%左右；公共财政预算收入突破100亿元大关，预计完成110.3亿元，同比增长12.5%；预计完成全社会固定资产投资420亿元，实现社会消费品零售额336亿元，投资消费协调拉动的格局进一步显现；

万元地区生产总值能耗、水耗预计分别下降4.03%和5.8%，主要污染物排放量进一步减少。

二是统筹推进城乡一体化建设。

区委常委会认为，贯彻落实新时期首都城市战略定位、建设国际一流和谐宜居之都的要求，必须高标准推进现代化综合新城建设，必须切实把完善功能、提升品质和建设良好的人居环境摆在新城建设更加突出的位置。我们扎实推进以人为核心的新型城镇化，统筹新城、重点镇、新型农村社区三个梯次建设。围绕重点新城功能定位，加快推进重点公共服务设施建设，文化中心影剧院等新城重大功能项目主体结构完工。统筹推进交通综合治理、老旧小区和回迁小区物业管理等工作，全区城市精细化管理水平不断提升。强化政策、资金、资源集成，统筹城乡基础设施和公共服务设施的均衡配置，加快推动优质公共服务资源向农村地区辐射、延伸，农村地区群众的生产生活条件得到进一步改善。围绕促进河东河西均衡发展，加快推进浅山区综合开发进程，涵养生态、富民惠民效果日益显现。

三是以解决群众关心的民生问题为重点扎实推进社会建设。

我们坚持把让群众过上幸福美好生活作为一切工作的出发点和落脚点，使全区广大群众共享改革发展成果。我们坚持就业是民生之本，不断加强和改进就业工作，城乡劳动力二三产业就业率继续保持在95%以上，城镇居民人均可支配收入和农村居民人均纯收入预计分别增长9.5%和10.8%。我们坚持践行群众路线、回应群众期盼，加大对医疗卫生事业的资金投入和政策倾斜，计划三年内投入15亿元，有效提升全区医疗卫生服务水平。我们坚持充分发挥社会保障的兜底作用，不断完善覆盖城乡全体居民的社会保障体系，城乡低保标准提高到650元，大病救助封顶金额提高到16万元。加快推进回迁安置房以及保障性住房建设，今年共实现7个村、10076人回迁，前进村、太平村回迁等历史遗留问题取得积极进展。进一步加强和创新社会治理，不断完善社会组织“枢纽型”工作体系，成功争创“全国社会组织建设创新示范区”；建立“基层法律顾问制度”，进一步发挥了法律服务在社会治理中的作用。把修订和完善村（居）规民约作为加强社会治理的重要抓手，在修订过程中，注重发挥群众主体作用；在内容上，注重综合运用市场、行政、法律、道德、舆论等多种手段，使基层社会治理水平得到进一步提升。目前，全区426个村、96个居委会村（居）规民约全部修订完成。

四是全力推动人口资源环境协调发展。

我们坚持把调控人口规模作为必须完成的硬指标，把节约、集约利用资源作为保障发展的硬措施，把优良的环境作为实现更好发展的硬条件，着力打好人口调控、资源保护和生态环境建设攻坚战。我们认真落实“控制人口无序过快增长”的要求，深化以产引人、以房控人、以证管人的人口调控机制，通过创新实施资源补偿机制、开展违法群租房屋专项整治等措施，引导人口合理流动，预计全年常住人口较去年增长1.6%，低于年度调控目标。我们深入落实“天更蓝、地更绿、水更净”的要求，以最大的精力、最大的财力、最大的努力、最大的能力，切实加强生态环境特别是大气污染治理各项工作，全区空气质量不断改善。继续抓好平原造林绿化工程，林木绿化率同比提高3.63%。着力提升环境建设制度化水平，出台《顺义区关于进一步加强环境建设工作意见》及问责办法等文件，坚决执行环境问题“一票否决”制。持续加强城乡环境综合治理，始终保持对违法建设“零容忍”的高压态势，截至目前共拆除违法建设2635宗、106万平方米，腾退土地2493亩。严格落实最严格的土地和水资源管理措施，确保土地集约、节约利用，确保科学管水、用水、治水、节水。

五是全力维护社会环境和谐稳定。

区委常委会严格落实“维护首都安全稳定是第一位政治责任”的要求，切实履行维护区域安全稳定的职责。时刻绷紧反恐维稳这根弦，扎实做好重点群体、重点部位稳控，实现了国庆65周年、党的十八届四中全会、APEC会议等重点时期安保维稳工作万无一失。扎实推进“平安顺义”建设，积极推进重大决策社会稳定风险评估工作制度化建设，不断扩大评估覆盖面，努力从源头有效预防风险。按照化解矛盾有“硬目标、硬任务、硬措施、硬联系、硬队伍”的要求，严格落实领导干部接访、下访制度，加大对各类重点社会矛盾纠纷的排查化解力度，全区信访形势总体平稳可控。着力构筑全覆盖、立体化社会面防控体系，扎实推进治安重点地区排查整治，严厉打击各类违法犯罪，群众安全感、满意度不断提高。坚持安全发展理念，保持了安全生产的良好势头。

六是严格落实党要管党、从严治党主体责任。

区委常委会不断深化对“党的建设永远在路上”的认识，全面落实管党治党各项任务。我们进一步强化政治纪律、组织纪律，制定出台《关于严格组织纪律规范下级党组织向上级党组织报告工作的意见》。加强各级领导班子思想政治建设，加强和改进干部教育培训工作，切实增强了各级领导干部的党性修养和能力素质。坚持着眼事业发展需要选干部、配班子，注重加强年轻干部多岗位锻炼，注重加大重要部门、关键岗位干部轮岗力度，全年共调整二级班子干部266名。按照中央、市委的统一要求，深入开展清理规范党政领导干部在企业兼职（任职）、清理超职数配备干部等工作，共清理兼任职干部122名，消化超职数配备干部37名。加大干部选拔任用监督检查力度，完成对30名“一把手”的离任检查。加强对人才工作的领导，出台《顺义区加强党管人才工作的意见》。进一步强化了作风建设，修订完善《顺义区关于进一步规范因公出国（境）管理的实施细则》等制度，制定《顺义区党政机关国内公务接待管理办法》等文件，作风建设制度体系进一步健全。我们严格落实党风廉政建设主体责任，坚持定期听取党风廉政建设专题汇报，层层传导压力、落实责任；强化顶层设计，制定出台《顺义区贯彻落实<建立健全惩治和预防腐败体系2013-2017年工作规划>的实施细则》，努力构建科学有效、健全完善的惩防体系；强化廉政教育，全年共对143名新提拔和新调整岗位的处级干部集中进行廉政谈话；强化惩腐高压态势，严肃查处腐败案件；全力支持区纪检监察机关依法开展工作，确保区纪检监察机关聚焦主责主业。积极配合市委开展巡视工作，切实提高思想认识、强化工作保障，各项工作正在稳步推进。

一年来，区委常委会高度重视自身建设。认真学习贯彻中央、市委各项决策部署，不断强化政治意识、大局意识、责任意识，自觉与中央、市委保持高度一致，确保政令畅通。切实加强制度建设，重新修订《中国共产党北京市顺义区第四届委员会常务委员会工作规则》，进一步提升了区委常委会工作的规范化、制度化、科学化水平。认真贯彻民主集中制，坚持“三重一大”事项上常委会制度，坚持人大常委会党组、政协党组主要领导列席区委常委会制度，坚持会前沟通和会上讨论相结合，坚持重大事项集体领导，区委决策的科学化、民主化水平不断提高。带头严格落实中央八项规定、市委实施意见和区委制度体系，严格践行焦裕禄精神和“三严三实”要求，不断加强党性修养，始终恪尽职守。

以上报告的是区委常委会一年来的主要工作。这些工作的开展和成绩的取得，是市委正确领导的结果，是全区群众共同奋斗的结果，是广大党员干部扎实工作的结果。

在总结工作的同时，区委常委会也对我区当前改革发展稳定中面临的一些新情况新问题进行了深刻分析，认真查找了工作中的不足和差距：经济发展方面，运用法治思维和法治方式深化改革、推动发展力度还需进一步加大，着力疏解非首都核心功能、加快构建“高精尖”的经济结构还有很多工作要做。新城建设方面，基础设施和公共服务设施的建设水平与重点新城定位还不相适应，生态环境与群众追求更高品质宜居生活的需求还有差距。社会建设方面，城乡居民收入水平还需要进一步提高，卫生、文化等社会事业均衡化、优质化发展还需进一步加强，社会治理精细化水平还需提升。党的建设方面，党建主体责任还需进一步强化，干部人才队伍结构有待优化，人才服务保障地区发展的能力有待增强，基层党建创新需要深入推进，反腐倡廉建设仍需深入。对存在的问题和不足，我们必须高度重视，增强责任意识、担当精神，采取切实有效措施着力克服和解决。

## 二、关于2015年工作

2015年是全面深化改革的关键之年，是全面推进依法治国的开局之年，也是全面完成“十二五”规划的收官之年。刚刚闭幕的中央经济工作会，深入分析国际国内经济形势，对经济发展新常态进行了系统阐述，并明确了明年经济工作的主要任务。郭金龙书记在传达中央经济工作会议精神时也强调，要把思想和行动统一到中央关于经济发展新常态科学判断上来，统一到关于明年经济工作的总体要求上来，统一到全面深化改革、转方式调结构、京津冀协同发展等部署要求上来，更加奋发有为的做好首都工作。这既是我们做好明年经济工作的重要遵循，同时也为我们统筹做好各方面工作开拓了思路、指明了方向。

做好明年的工作，区委常委会认为，必须全面贯彻落实党的十八大、十八届三中、四中全会和中央经济工作会议精神，全面贯彻落实习近平总书记系列重要讲话特别是视察北京时的重要讲话精神，按照市委、市政府的统一部署，正确认识新常态，主动适应新常态，科学引领新常态，自觉服从、服务新时期首都城市战略定位和京津冀协同发展大局，统筹谋划事关改革发展稳定的基础性、全局性、长远性问题；必须坚持稳中求进工作总基调，坚持以提高经济发展质量和效益为中心，把转方式调结构放到更加重要的位置；必须围绕解决发展面临的突出问题，加快推进全面深化改革，进一步释放改革红利；必须注重运用法治思维和法治方式推进地方治理体系和治理能力现代化，进一步提高依法执政、依法行政水平；必须进一步强化民生导向，把解决群众关心关注的热点难点问题作为我们工作的出发点和落脚点，让发展成果更多更公平更优质惠及全区最广大群众；必须进一步落实党要管党、从严治党责任，以党建工作科学化水平的不断提高，为区域发展提供坚强保障。

统筹考虑各方面因素，经区委常委会研究，建议2015年经济社会发展的主要目标确定为：地区生产总值按不变价计算增长7%；公共财政预算收入增长7%；万元地区生产总值能耗、水耗分别下降4.13%和6%，PM2.5年均浓度力争下降5%左右；城乡劳动力二三产业就业率保持在95%以上；城镇居民人均可支配收入增长9%左右；农村居民人均纯收入增长10%左右。经济增长目标比2014年有所下调，主要是适应经济发展新常态的现实需要，兼顾我区转型升级的发展实际和实现可能，为调整疏解非核心功能、全面深化改革、调控人口规模留出空间。环境指标有所提高，是为了进一步强化对生态环境建设的引导和约束作用，促进绿色发展。城乡居民收入增长计划与2014年基本持平，目的是促进城乡居民收入平稳增长，同时也能够确保圆满完成"十二五"规划预期目标。这些指标是比较适宜的，关键是更加明确了发展的重点和导向。为此，2015年要在以下几个方面有所作为。

（一）在规划谋划上要有新作为。

"十三五"时期是确保全面建成小康社会宏伟目标顺利实现、确保转变经济发展方式取得实质性进展、确保全面深化改革在重要领域和关键环节取得决定性成果的关键五年。编制一个具有科学性、前瞻性的"十三五"规划，对区域发展具有重要指导和实践意义，必须作为明年各项工作的重中之重。要认真贯彻落实中央、市委重大决策部署，牢牢把握发展新常态，自觉站位首都发展和京津冀协同发展大局，立足区域功能定位和发展阶段性特征，科学提出未来五年的发展思路、目标和举措。要进一步完善社会参与和论证制度，广泛征求人大代表、政协委员、党代表和各界人士的意见建议，集思广益，凝聚共识，确保以民主开放的作风，保障规划编制工作高质量完成。

（二）在推动"四个转型升级"上要有新作为。

加快推动"四个转型升级"是把握区域发展阶段性特征、积极适应发展新常态的核心要求和根本抓手，必须持之以恒的坚持下去。要围绕首都国际航空中心核心区建设，进一步突出创新驱动，加快构建"高精尖"经济结构，增强战略性新兴产业和服务业的支撑作用，推动形成多点支撑和投资、消费协调拉动的经济发展格局。要围绕服务首都国际一流和谐宜居之都建设，坚持以人为本，着力提高城市建设特别是基础设施建设质量，提升城市服务管理精细化水平；坚持各地区协调发展、协同发展、共同发展，加快浅山区综合开发，打造城乡一体化升级版；坚持可持续发展，继续加大生态环境建设和环境整治力度，努力实现人口资源环境相协调。要围绕加强和创新社会治理，切实转变自上而下的传统思维，注重发挥群众主体作用，加强社会责任建设，特别是要着力强化基层自治，充分发挥村（居）规民约在管理、约束、引导等方面的作用，注重综合运用市场、行政、法律、道德、舆论等手段，引导广大群众参与到环境建设、安全生产等各项工作中来。

（三）在全面深化改革上要有新作为。

改革开放只有进行时、没有完成时。做好明年工作，必须继续把改革作为区域发展的第一动力，持之以恒的推进全面深化改革各项工作。要着力加强改革顶层设计，统筹改革力度、发展速度和社会可承受度，切实抓好"十三五"时期全面深化改革前期路径研究和总体规划编制，科学设计2015年年度改革计划及改革要点，积极稳妥、系统有序推进各项改革。要继续深化重点领域改革和配套的体制机制改革，加快推进经济功能区改革、国有企业改革、区镇财政管理体制改革、社会治理体制改革、城市管理体制改革等各方面的改革。

要强化改革的统一领导和统筹协调，充分发挥全面深化改革领导小组和各改革专项小组的作用，确保各项改革任务落到实处。

（四）在保障和改善民生上要有新作为。

保障和改善民生是发展的根本目的，广大群众对于美好生活的向往就是我们的奋斗目标。特别是在党的群众路线教育实践活动中，我们认真查摆出了一些群众关心关注的问题，也制定了整改措施并向群众作了公布，这是我们对群众作出的庄重承诺，必须保质保量、不打折扣的兑现。要自觉站在践行群众路线、满足群众需求的高度，加快推动解决医疗卫生、拆迁回迁等重大民生问题，切实让群众感受到教育实践活动带来的新变化、新气象。要按照守住底线、突出重点、完善制度、引导舆论的基本思路，着力加大民生投入，完善“托底”政策，保障基本民生，同时也要尽力而为、量力而行，根据经济发展和财力状况逐步提高人民生活水平。

（五）在维护社会安全稳定上要有新作为。

“首都稳、全国稳”，必须以高度的政治自觉和责任担当，坚决维护社会安全稳定。要始终绷紧安全稳定这根弦，强化维稳第一责任，牢固树立底线思维，切实做到守土有责、守土负责、守土尽责。要坚持下先手棋、打主动仗，确保将问题解决在萌芽状态；要坚持抓早、抓小、抓了、抓好，扎实开展领导干部接访下访活动，切实从源头上预防和减少矛盾纠纷。要注重强化群众的法治意识，创新对群众宣传教育方式，健全和畅通群众诉求反映渠道，引导群众依法表达合理诉求。要注重运用体制制度优势，发挥好专群结合、群防群治的重要作用，充分调动广大群众积极参与社会稳定防控，形成全民维稳的强大声势。

（六）在加强党的建设上要有新作为。

要进一步强化党的意识，把抓好党建作为最大的政绩，切实担当起管党治党的主体责任。要进一步强化政治意识，及时深入学习领会、贯彻落实中央、市委精神，确保在思想上政治上行动上始终与中央、市委保持高度一致。要进一步巩固和深化教育实践活动成果，毫不松懈地抓好整改落实，以改进作风新成效赢得群众满意。要着眼事业发展需要选干部、配班子，为区域发展转型升级提供坚强的组织保障。要把从严管理贯穿干部队伍建设全过程，教育引导广大党员干部自觉践行“三严三实”。要进一步加强基层服务型党组织建设，继续加大软弱涣散基层党组织集中整顿力度，深入推进基层服务型党组织试点工作，进一步提升基层党组织服务能力。要进一步加强党建工作创新，扎实推进全国党代表任期制联系点工作。要切实履行好党风廉政建设党委主体责任和纪委监督责任，着力健全廉政风险防控机制，着力强化党风廉政教育，着力加大腐败案件查处力度，努力形成干部清正、政府清廉、政治清明、社会清新的良好局面。

同志们，做好明年工作任务繁重、责任重大。我们要严格落实中央、市委各项决策部署，把握新常态、谋求新发展，大力发扬接力精神，按照“把握三个阶段性特征、推动四个转型升级”的工作总要求，开拓创新，真抓实干，为“建设绿色国际港、打造航空中心核心区”做出新的更大贡献，为首都建设国际一流的和谐宜居之都做出新的更大贡献。

# 顺义区第四届人大常委会工作报告

## ——2014年12月27日顺义区第四届人民代表大会第四次会议

顺义区人大常委会主任 胡尚云

各位代表、同志们：

我受第四届区人大常委会委托，向大会报告工作，请予审议。

## 2014年工作回顾

2014年，区人大常委会在区委的领导下，深入学习贯彻党的十八大、十八届三中、四中全会和区委全会精神，以保证人民通过人民代表大会行使国家权力为主线，认真执行区四届人大三次会议决议，紧紧围绕全区改革发展大局，依法履行职能。全年共召开常委会7次、主任会议16次；开展视察、执法检查9次；听取和审议“一府两院”专项工作报告10项，任免国家机关工作人员161人次，圆满完成了四届人大三次会议确定的各项工作任务。

### 一、坚持人大制度更加自觉

一年来，常委会深入贯彻习近平同志系列重要讲话精神，特别是对人大工作的重要论述，对人民代表大会制度的认识更加深刻，推动人大工作与时俱进更加自觉。

常委会以全新的视角审视人大工作，认为：顺义设立人大常委会33年来，按照宪法和法律赋予的权力认真履职，为顺义各阶段的发展，做出了应有贡献。尤其是近几年，依照坚持党的领导、人民当家作主、依法治国有机统一的总体要求，正确处理与党委和“一府两院”的关系，人大工作有了明显改观。一是毫不动摇地坚持党的领导。在政治思想上与区委保持高度一致，坚决维护区委“总揽全局、协调各方”的领导核心地位；在实际工作中主动接受和依靠区委领导，重要工作、重要会议、重大活动向区委请示报告；贯彻区委主张，努力使区委意图通过法定程序，成为全区人民的意志，保证了区委决策部署在全区的有效落实。区委对人大工作高度重视，今年以一号文件转发了人大党组“关于加强镇人大工作的指导性意见”，人大制度在我区得到新的实践。二是支持政府工作于依法监督之中。依法监督政府工作，支持政府依法行政，助推经济和社会各项事业科学发展，是宪法赋予人大的重要职能。人大，代表人民依法监督政府，说该说的话，做该做的事，为政府提高社会治理能力、更好开展工作提供制度保障；政府接受人大监督，就是接受人民监督，是政府为人民服务、对人民负责的具体体现。人大和政府思想上互相沟通、感情上互相交流、工作上互相支持，取得了应有效果。三是人大与时俱进，主动作为。习近平同志指出：“坚持和完善人民代表大会制度，必须保证和发展人民当家作主”。区人大作为地方国家权力机关，充分发挥人民代表大会制度优势，贯彻党的群众路线，密切联系代表和群众，倾听群众呼声，回应群众期盼，及时向区委、政府转达民意，反映诉求，为区委科学决策和政府改进工作，发挥了桥梁、纽带作用。

随着全区上下对人民代表大会制度认识的不断深入，党委支持和保证人大依法履职更加主动，“一府两院”接受人大监督更加自觉，人民当家作主权力的落实更加突出。在坚持和完善人民代表大会制度的道路上，目前，虽然程度不同地存在人大的法律地位和实际状况有落差，代表的主体地位和实际作用还不尽相符等问题，但是，只要我们坚定中国特色社会主义的道路自信、理论自信、制度自信，毫不动摇地坚持和完善人民代表大会制度，就会更好地组织和动员人民，为又好又快的和谐发展做出新的贡献。

**二、坚持依法监督更加有力**

一年来，常委会围绕顺义科学发展、法律法规实施、国家权力运行和社会民生的突出问题，依法履行监督职能，监督效力不断增强。

一是围绕推进转型升级加强监督。

当前，顺义发展正处在转型升级的关键阶段。区委以科学发展观为指导，认真分析宏观形势，科学研判顺义发展的阶段性特征，提出了“把握三个阶段性特征、推进四个转型升级”的工作总要求。同时，把推进改革、推进转型升级、破解体制机制障碍作为工作重点，提出了整合经济功能区、国有企业改革、政府职能转变等一系列重大举措。区人大紧紧围绕区委的中心工作开展监督，听取和审议政府上半年计划执行情况，视察重大产业项目、重点工程建设，专题调研全区土地储备及利用情况，加强对政府全口径预算的审查监督，建议政府做好促进四个转型升级的顶层设计，在推进转型升级中发挥了应有作用。

二是围绕代表议案办理加强监督。

四届人大三次会议上，代表联名提交了《关于加快顺义区卫生事业发展的议案》。这个议案，是一个涉及面广、群众普遍关切、办理难度又较大的议案。区委区政府高度重视，区委书记亲自挂帅，区长、常务副区长、主管副区长直接抓，制定了《顺义区医疗卫生服务水平提升三年行动计划（2014-2016年）》，确定了60项折子工程，召开了全区动员大会进行部署。这样高规格、高水准、高效率地办理代表议案，在顺义历史上还是第一次，充分体现了区委区政府对代表议案的重视程度。常委会为推动议案的落实，两次开展专题调研、组织代表座谈、召开常委会专题审议，推动议案办理，保证了阶段目标的实现。

三是围绕解决民生问题加强监督。

常委会关注群众对环境卫生、交通出行、物业管理、食品安全、拆迁村回迁等问题的期待，听取审议区政府环境整治工作报告，视察争创学习型城市示范区、职教中心建设和使用、市政工程建设情况，专题调研食品安全领域行政执法情况、中医院托管情况、菜市场建设情况，对《北京市大气污染防治条例》、《北京市实施〈中华人民共和国道路交通安全法〉办法》进行执法检查，从转变治理观念、强化质量管理、加大执法力度、加强综合考核、拓宽资金渠道等方面提出意见建议，区政府高度重视，认真研究，逐项落实，取得明显进展。

四是围绕促进社会公平正义加强监督。

为了推动政府依法行政和“两院”公正司法，常委会审议政府依法行政工作、法院执行工作、检察院开展行政执法与刑事司法衔接工作情况报告，专题听取了法院落实新刑事诉讼法工作情况汇报，对司法机关队伍建设、执法行为、案件执行、信访工作等方面情况进行深入调研，提出了提高政府公信力和维护司法权威的建议。“一府两院”认真对待人大的监督意见，狠抓整改落实，依法行政、公正司法的能力进一步增强。

## 三、坚持服务代表更加主动

人大代表由人民选举，并代表着人民的利益和愿望。常委会结合开展群众路线教育，重新认识人大制度优势，对各级人大组织都是联系人民群众的最好平台形成共识。服务代表、密切与代表的联系，支持和保障代表依法履职更加主动。

一是畅通联系代表渠道。

充分利用人大网络平台，让代表意见建议及时表达；建立情况通报制度，为代表在知情知政前提下参与常委会工作提供服务；组织代表学习培训，提高代表依法履职能力；完善常委会领导联系代表、代表联系选民制度，增强了代表为人民行权履职的责任感和使命感。

二是建立“人大代表之家”。

代表之家是人大代表在闭会期间开展活动、履行职责的场所，是学习交流、联系群众的平台。今年，常委会在四镇一街道先行试点的基础上，全面推进人大代表之家建设，在各镇及部分街道建立了51个“人大代表之家”，实现了市区镇三级代表全覆盖。

三是认真办理代表建议。

对代表提交的88个建议件，常委会和区政府高度重视。政府常务会专题研究部署办理工作，实现了对口交办。常委会跟踪督办，及时听取办理情况，举行承办单位、督办单位与代表“三方见面会”，协调解决办理难题。目前，所有建议件全部办复。建议办理质量的提高，不仅为基层为群众解决了一些实际问题，而且激发了代表发表意见、建议的积极性。

四是完善代表就重要工作直接征求群众意见制度。

鼓励代表深入群众，征求群众对市、区政府2015年拟办实事和市人大监督项目的意见建议；征求代表、群众对区政府、区人大常委会工作的意见，汇集民意，凝聚力量，为谋划好明年工作奠定基础。

## 四、坚持自身建设更加扎实

常委会结合党的群众路线教育，着力强化作风建设，依法履职能力和水平不断提高。

一是强化为民履职理念。

人大及其常委会代表人民行使国家权力，秉承一切为了人民的理念，切实倾听群众呼声，反映群众问题，解决群众难题。通过代表建议平台，协调政府及相关部门，使北石槽、赵全营代表反映的区级功能区占地租金、李遂提出的重点镇财政困难、北务改造蔬菜大棚等问题得到了满意解决。

二是针对“四风”问题立行立改。

认真落实中央八项规定，坚决执行区委关于改进工作作风、密切联系群众的相关要求，改进视察、执法检查方式，规模小了，人数少了，效果实了；深入基层，贴近群众；转变会风，压缩会议，取消了原计划主办的全国12市县人大工作研讨会。

三是认真贯彻落实区委一号文件。

常委会为加强对镇人大工作的指导，经过去年一年的调研，提出了关于加强镇人大工作的指导性意见，区委今年以一号文件形式转发了这个意见。各镇党委和人大认真组织学习贯彻落实，按照文件要求，进一步理顺了党委、人大、政府的关系，规范了镇人大工作。常委会及时组织研讨交流，促进了镇人大工作水平的提高。

四是砺炼作风提升素质。

坚持用科学理论武装头脑，不断完善机关学习制度，改进机关作风。坚持学思结合，想清楚人大是干什么的；学研结合，弄明白人大制度的理论基础；学用结合，用科学理论指导工作实践，提高了常委会组成人员、机关干部政治素质、思想水平和履职能力，形成了常委会议大事、各委室重干事、机关上下干实事的良好风气。

各位代表、同志们：

一年来，常委会顺利完成了四届三次会议确定的各项任务，工作取得了新的进展和成就。这是在区委正确领导下，全体常委会组成人员和人大代表辛勤工作的结果，是"一府两院"、各镇街人大密切配合、共同努力的结果，也是社会各界和广大人民群众关心、支持的结果。在此，我代表区人大常委会，向各位代表和所有关心、支持人大工作的同志们、朋友们，表示崇高的敬意和衷心的感谢！

面对新形势，新任务，我们也清醒认识到，常委会工作与区委要求和群众期望还有一定差距。依法监督工作还需进一步加强，重大事项决定权的行使还需深入研究，代表履职的服务保障工作还需进一步改进。我们将在今后工作中认真加以解决，也诚恳希望各位代表和同志们提出宝贵意见。

## 2015年的主要工作

2015年是贯彻党的十八届四中全会"依法治国"精神的开局之年，也是推动全区"四个转型升级"的关键一年。我们要在市人大常委会的指导和区委的领导下，认真落实市委人大工作会议、区委四届九次全会精神，按照"议大事、抓重点、求实效"的工作要求，依法有效行使各项职权，进一步提升人大工作水平。

**一、贯彻四中全会精神，推进人大工作**

依法治国是坚持和发展中国特色社会主义的本质要求和重要保障，是实现国家治理体系和治理能力现代化的必然选择。党的十八届四中全会作出了《关于全面推进依法治国若干重大问题的决定》，对人大工作提出了新要求。2015年，区人大常委会将按照区委的统一部署，认真学习、深刻领会、全面贯彻四中全会精神，始终坚持党的领导、人民当家作主和依法治国有机统一，围绕区委中心工作，找准人大工作与深化改革的契合点，把依法治国贯穿到依法履职的各项实践中，着力推动区委重大决策部署的贯彻落实，力求在依法履职上有新突破，在助推发展上有新贡献，在促进民生改善上有新成效。围绕深入学习贯彻四中全会精神，常委会将聘请专家学者专题解读全会决定，组织专题研讨会，进一步增强人大代表在推进顺义民主法制建设中的积极性。

**二、坚持依法履职，增强监督效力**

2015年，常委会将把推进改革、建设法治顺义和人民群众关心、关注的热点、难点问题作为监督重点，综合运用法定监督形式，通过依法行使监督权，助推"一府两院"工作迈向新阶段。一是围绕促进转型升级加强监督。关注宏观经济运行，听取审议国民经济和社会发展计划执行情况、"十二五"规划落实和"十三五"规划制定情况，支持政府做好年度计划与"十二五"规划、"十二五"规划和"十三五"规划的衔接工作，推进规划的顺利实施；听取和审议区政府关于促进河东河西地区均衡发展情况报告，跟踪监督重大产业项目、重点工程建设情况，对经济功能区整合与发展、产业结构调整、增长方式转变等情况进行视察，助推转型升级；深入推进全口径预算监督工作，进一步完善预算监督机制。二是围绕促进民生改善加强监督。抓住代表普遍关注的住宅小区物业管理、拆迁村回迁、节水型城市示范区建设、医联体建设、文化中心建设、环境治理等问题，组织执法检查、工作视察，持续推动民生改善；继续对顺义区卫生事业发展议案的办理进行跟踪监督，力促我区医疗服务水平尽快提升；听取审议《顺义2013——2017清洁空气行动计划》落实情况报告，推进大气质量改善；对村规民约制定落实等工作开展专题调研。三是围绕促进公正司法加强监督。听取和审议区政府依法行政工作情况报告，为推进依法行政营造良好的法治氛围；围绕环境保护法、安全生产法、民办教育促进法贯彻执行情况开展执法检查，保证法律法规在我区的贯彻落实；加强对两院的监督，专题调研两院工作，听取两院专项工作报告，确保审判权和检察权的正确行使；加强人大信访案件的综合分析，加大对重要信访问题的督办力度，维护群众合法权益；严格按照领导干部选拔任用条例和法定程序，行使好人事任免权；加强备案审查制度和能力建设，切实做好规范性文件备案审查工作，促进依法行政和公正司法提升到新水平。

**三、突出代表主体地位，做好代表工作**

全面落实代表执行职务的各项保障措施，把代表履职的积极性保护好、引导好、发挥好。开好人代会，进一步完善代表大会相关工作机制，保证代表充分行权履职；坚持邀请代表列席常委会、参加执法检查和工作视察等制度，切实发挥代表作用；完善“人大代表之家”建设，加强市、区、镇三级代表联系，更好地反映人民意愿、维护人民利益；坚持代表建议办理“三方见面会”的做法，切实提高督办质量和建议落实率；继续做好市人大代表顺义团的服务工作，充分发挥市人大代表的作用。

**四、加强自身建设，提升履职能力**

切实加强机关文化建设，打造学习型机关，努力提高全体干部专业素质，不断提升人大工作水平，促进人大依法监督工作更加法制化、规范化、专业化；认真落实市、区人大工作会议精神，围绕深化改革，规范人事任免程序，稳步推进常委会讨论决定重大事项工作；加强对镇人大、人大街工委工作的指导，推动人大整体工作上台阶、上档次。

各位代表、同志们：

首都新的功能定位赋予顺义新的发展机遇，也对人大及其常委会的工作提出了新的要求。人大工作要与时俱进，必须适应新常态，必须符合顺义区当前发展的阶段性特征，必须契合民意需求。我们要在区委领导下，振奋精神，扎实工作，努力开创人大工作新局面，为实现“建设绿色国际港，打造航空中心核心区”的目标，做出新的更大贡献！

# 政府工作报告

## ——2014年12月26日顺义区第四届人民代表大会第四次会议

顺义区人民政府区长 卢映川

各位代表：

现在，我代表顺义区人民政府，向大会报告政府工作，请予审议，并请各位政协委员提出意见。

## 一、2014年工作回顾

今年以来，面对宏观经济下行压力不断加大、人口资源环境矛盾日益凸显的复杂形势和落实首都城市战略定位、推进转型发展的新要求，在市委、市政府和区委的坚强领导下，我们紧紧依靠全区人民，积极调结构、促改革、惠民生，全区经济社会总体上保持了平稳健康发展的良好态势，一些重要方面取得了新的成效。初步预计，全区地区生产总值按不变价计算比上年增长7.3%左右；公共财政预算收入完成110.3亿元，增长12.5%；城镇居民人均可支配收入和农村居民人均纯收入分别增长9.5%和10.8%；城镇登记失业率控制在1.5%以内，较好地完成了区四届人大三次会议审议批准的年度目标任务。

一年来，我们认真落实区人大各项决议，切实把握三个阶段性特征和四个转型升级要求，紧密结合群众路线教育实践活动的开展，坚持问题导向，着力推进区域治理和科学发展，着力解决广大市民关心关注的突出问题，着力转变施政方式、规范行政行为，努力在解决实际问题上取得扎实成效，主要做了以下工作：

（一）环境治理与生态文明建设全面推进，城乡环境得到新的改善。

我们全面落实清洁空气行动计划，大气治理取得积极进展。30项年度重点任务如期完成，全年环境投入达34.4亿元。狠抓源头治理，全年否决不符合环保要求的项目480个。积极开展燃煤锅炉清洁能源改造，完成城东、城西、城南供热中心及33家企业煤改气工程，累计完成锅炉改造1628蒸吨，占全市的30%。农村减煤换煤深入推进，液化石油气下乡基本实现农村覆盖。全年削减煤炭使用量36万吨，完成五年行动计划的50%。加强工业污染防治，治理挥发性有机物排放企业7家，减排720吨。强化机动车污染治理，新增新能源公交车125辆，淘汰老旧机动车2.17万辆。加强露天污染防治，划定禁止露天烧烤区域，大型建筑工地实现在线监控全覆盖。对企业环保执法力度进一步加大，征收排污费1704万元，增长434%；处罚138起，罚款338万元，增长473%。

我们大力推进垃圾综合治理，城乡生活环境状况进一步改善。坚持城乡一体推进、生活垃圾与建筑垃圾同步进行，完善农村地区垃圾清运机制，全面推行建筑垃圾清运合同制管理，垃圾清运基本实现全覆盖、全消纳。加大垃圾坑和垃圾堆放点整治力度，完成247处垃圾乱倒点治理，开展18处非正规垃圾填埋场整治。深入开展生活垃圾分类，全区81%的居民小区达标。严格督促企业、商户和社会单位落实“门前三包”责任，环境共建共享的基础进一步增强。

我们积极实施污水处理设施提升和中小河道治理计划，水环境治理取得积极效果。加快推进污水处理及再生水利用设施建设，马坡再生水厂投入运行，北小营等7个镇级再生水厂加快建设，新增污水处理能力9.24万吨，新建污水管线50公里、再生水管线40公里。加强污水源头治理，205处河道排污口治理全面启动。深入开展中小河道治理，完成蔡家河、方氏渠治理工程，金鸡河、小中河治理进展顺利。在全市率先实施完成南水北调水源回补工程，为水资源涵养储备创造了有利条件。

我们继续大力实施平原造林工程，全区又添大尺度新绿。7.47万亩平原造林年度任务圆满完成，东郊森林公园顺义项目区基本建成，新扩建129处村级休闲绿地，全区林木绿化率达34.48%，比去年提高3.63个百分点。自2012年平原造林工程实施以来，全区累计造林已达16万亩，提前并超额完成了市政府下达的任务，为全区未来留下了一笔丰厚的生态财富。

我们紧密结合迎接建国65周年、APEC会议保障及国家卫生区复审等重点工作，深入开展环境专项整治，一些重点区域环境状况得到明显改善。累计投入26亿元，完成296项市、区两级环境建设台账任务，高标准实施APEC会议沿线和机场北线回民营桥周边环境整治工程，解决了一些多年就想解决的环境老大难问题。针对首都机场和城区周边违法建设日益增多的严峻形势，我们采取坚决果断措施，开展专项整治，有效扼制了违法群租房蔓延的势头。全年累计拆除违法建设2635宗、106万平方米，腾退土地2493亩。我们定期开展群众环境满意度调查，群众反映的热点难点问题得到及时有效整改。

（二）结构调整与产业转型升级加快进行，发展质量和效益不断提高。

我们深入落实转型发展要求，系统谋划、积极推进产业转型升级。研究制定了产业项目全要素综合评价办法，实行负面清单管理，从源头上把好项目准入关。建立高科技产业投资基金，探索资本运作方式，积极改进产业扶持办法，完善项目发现机制，促进新兴产业培育。北京增材制造技术研究院等63个战略性新兴产业项目先后落户，国家地理信息产业园入驻企业达到25家。新兴金融业加快发展，成功争取到商业保理试点，全区金融机构累计达到200家，实现税收30亿元，增长40%。企业上市力度不断加大，智创联合在新三板正式挂牌，北汽股份在香港成功上市。加大落后产业淘汰力度，全年调整退出企业44家，超额完成全市下达的任务。

我们认真落实航空中心核心区发展战略，与首都机场集团签署战略合作协议，推动临空经济再造。加快综保区创新发展，国家对外文化贸易基地正式开园，引进北京文化科技融资租赁公司等企业40家，注册资本21亿元。保税功能区全年实现进出口总值38亿美元，增长13%。积极实施功能区整合，临空服务板块组建完成，科技创新、绿色生态板块构建进展顺利。功能区全年实现公共财政预算收入57亿元，增长11.2%，占到全区的51.6%。积极落实创新驱动战略，新认定国家级高新技术企业47家，市级企业技术中心3家。品牌培育取得新成果，成功争创8件中国驰名商标、

5件北京市著名商标。

我们积极促进消费扩大和投资结构调整，经济增长的动力结构进一步优化。全年社会消费品零售额预计完成336亿元，增长13%，消费拉动作用不断增强。全社会固定资产投资预计完成420亿元，与上年基本持平。投资结构持续优化。北汽越野车等9个项目建成投产，中信外包等32个项目加快建设，为未来发展奠定了坚实基础。坚持多渠道融资，国资中心成功发行14亿元中期票据和1亿元短期融资券。

（三）城乡建设与管理统筹并重，综合服务能力进一步增强。

我们把改进城市管理摆在更加重要位置，从解决广大市民关心关注的突出矛盾和生活不便入手，努力使城市更好地服务于人们生活。积极开展交通综合治理，改善市民出行环境。制定实施了客货分流方案，在中心城区和马坡组团设定大型货车限行区域和施划货运通道，努力减少货车对城区交通的影响。优化公共交通设施，发展公共自行车租赁，在城区主要小区、地铁站等区域，投放公共自行车3000辆，积极解决出行“最后一公里”问题。加强停车规范管理和行车秩序整治，实施交通拥堵点治理，完成城区停车诱导系统、红绿灯绿波带系统工程，早晚高峰城区交通拥堵状况得到缓解。针对老旧小区和回迁小区物业管理问题，我们积极展开试点和全面调研，制定了规范社区物业管理实施办法。先后完成6个老旧小区、71万平方米的建筑节能综合改造，9554户居民从中受益。

我们扎实推进新城建设。配合北京城市总体规划修改，完成新城规划实施评估。加快重大功能性项目建设，文化中心影剧院、体育中心等6项重点项目完成主体工程。白马路东延、左堤路改建等6条道路完工，顺平辅线俸伯桥开工建设，站前北街延长线等15条道路工程加快推进，完成乡村公路大修75公里，交通出行环境进一步优化。强化电力保障，米各庄变电站增容和胜利小区、石园西区电力改造工程竣工，西府、梁庄110千伏变电站土建工程完工，庄子营110千伏变电站土建工程开工。加强土地开发、入市调控，完成马头庄、平各庄拆迁，17宗土地成功入市交易，土地储备溢价基金收益达到183亿元，完成年度计划的153%。

我们不断深化新农村建设。赵全营镇现代农业万亩示范区建设基本完成，成为首都现代农业发展新亮点。积极推进“菜篮子”工程，完成老旧设施农业改造4600亩，新增设施农业500亩。完成1.8万户农宅抗震节能改造及新建翻建，农村居住环境进一步改善。土地规模经营不断深化，新增流转面积8200亩。土地承包经营权登记颁证试点正式启动。提高低收入村公益事业专项补助金标准，村级事务运转能力得到增强。浅山开发加快推进，步道服务设施改造提升工程基本完成，富民效果开始显现。

（四）各项惠民政策措施有效落实，民生服务持续改善。

我们始终把改善民生作为工作的出发点和落脚点，强化各项惠民政策落实，促进发展成果共享。全年公共财政用于民生保障的支出达到144亿元，占82%。

我们认真回应广大群众关切，下决心推进医疗卫生短板问题解决，制定出台了三年行动计划，全面展开医疗卫生提升行动。区医院急诊病房楼项目竣工，全区首家三甲医院—地坛医院顺义院区正式开诊，北京中医医院托管区中医院取得良好成效，实现了门诊人数、床位周转率和单次门诊费用、病人住院天数两升两降。积极实施区级医院环境清洁、医疗秩序、服务态度“三个好起来”工程，群众就医满意度明显提高。

我们继续做好就业服务，加强对偏远地区农民就业帮扶，协助淘汰退出企业分流人员就业，城乡劳动力二三产业就业率继续稳定在95%以上，实现全市充分就业区“三连冠”。转非工作平稳推进，完成征地转非1906人，就业转非1500人。

我们积极完善社会保障。提高新农合人均筹资标准到每人每年1000元，参合农民医疗保障水平进一步提高。累计投入3.98亿元，用于社会救助领域建设，城乡低保标准统筹提高到每月650元，大病救助最高封顶金额提高到16万元，有效保障了低收入群体和特殊病困群体生活，群众得到了更多实惠。出台加快养老服务业发展实施意见和考评奖励办法，促进养老服务设施和环境进一步改善，全区百名老人拥有床位数达到4.4张。制定农村公益性墓地建设意见，农村殡葬服务不断加强。

针对各方关注的安居和回迁问题，我们加强保障房和回迁安置房建设，全年开复工447万平方米、4.5万套，竣工161万平方米、1.4万套。积极开展公开摇号分配，全区保障房轮候家庭全部实现配售配租。加大拆迁村民回迁安置力度，实现7个村、10076人回迁，前进村、太平村回迁房建设等历史遗留问题解决取得积极进展。7个自住型商品房地块完成土地供应，配建面积35.7万平方米。

我们继续改善教育文化体育等基本公共服务，全年新建、改扩建幼儿园6所，完成38所村办园建设，新增学位6000个，学前教育供求不足矛盾得到明显缓解。完成18所学校校舍安全工程的新建、翻建项目，中小学办学条件进一步改善。积极实施学区管理和高中招生新政策，教育公平水平进一步提升。成功争创北京市学习型城市示范区。新职教中心投入使用，职业教育资源整合启动实施。加强基层公共文体设施建设，一些镇村空白点问题得到解决。积极开展文化惠民和全民健身活动，丰富了群众的精神文化生活。23项实事如期完成。

我们积极改进和加强市场监管，努力为广大市民创造放心的工作和生活环境。深入推进安全生产示范城市创建，安全生产事故起数下降60%。持续开展食品药品安全专项整治，食品、药品抽检合格率分别达到98%和100%。各类突发事件得到及时有效处置，城市运行安全平稳。深化治安防控体系建设，加强矛盾调处和信访积案化解，全区治安形势良好。

（五）深化改革全面展开，重点领域和关键环节改革取得新的突破。

今年是全面深化改革的开局之年，我们认真落实市委、市政府和区委决定及部署，针对制约全区发展的突出体制机制问题，全面启动了改革攻坚战。

我们深入开展行政审批制度改革，取消行政审批事项28项，承接市政府下放审批事项51项，初步完成新一轮政府机构改革和事业单位分类改革方案。着眼于不同区域功能定位，研究制定了区镇财政管理体制改革方案，建立区内异地生产经营企业属地留成财力分享机制，促进区域分工协调发展与基层公共事务财政保障能力增强。积极完善功能区开发实施体制机制，出台转型和创新发展指导意见。加快实施区属国有企业改革，燃气公司、大龙公司、自来水公司、恒锋市政公司的公司制改造工作基本完成。扎实搞好空港街道管理体制改革试点，基本实现规划、职能、保障三个到位，为全区街道体制改革积累了经验。积极推进村（居）规民约建设，在完善基层自治机制上迈出了新的步伐。与此同时积极开展综合监管执法机制改革、政府绩效考评机制完善等改革方案研究，形成了初步成果。

（六）深入开展党的群众路线教育实践活动，政府科学施政、有效施政能力进一步增强。

我们密切结合党的群众路线教育实践活动，致力于科学施政、有效施政，在转变施政方式、推进治理能力现代化方面进行了积极探索。

我们围绕群众和社会关切，狠抓工作作风转变。注重从小事做起，从具体事情抓起，以看得见、摸得着的变化取信于民。坚决改进会风文风，厉行勤俭节约，全区性大会同比减少50%，文件简报减少11%，“三公经费”下降10%。严格落实“七个严禁”，采取明察暗访、委托社会中介调查等多种方式，持续治理慵懒散、推诿扯皮、工作不落实、服务不到位等问题，取得初步成效。

我们积极推进施政方式创新，在加强依法行政同时，强化公共沟通互动机制建设。建立了政府信息定期发布和向市民报告工作制度，多渠道推进政府信息权威发布，认真做好重大政策措施解读。深化政务信息公开，全区80个职能部门全部实现部门预算公开。多形式推进政民交流互动，开展政务民声对话8次、网络访谈3期、在线交流3次，并通过走进直播间、接听便民电话等方式，当面倾听群众声音，群众反映的问题做到了件件有回应。健全政府决策公众参与机制，建立了基层群众代表列席政府常务会议制度，通过新闻媒体就重大政策措施公开征求意见10次，有效增进了社会理解与沟通。

我们积极推进政府科学管理和调控，健全完善政府投资项目年度计划管理机制，实行先评估后决策，提高了政府资金使用效率和规范管理水平。建立财政年度预算稳定调节基金，促进公共预算精细化管理，提高了预算绩效。建立政府性债务动态监管机制，全区政府债务实现稳中有减。建立土地收益调节基金，改进土地宏观调控，为城市可持续建设发展提供资金保障。

各位代表，一年来，我们高度重视民主法制和精神文明建设，自觉接受人大监督，积极听取政协意见，认真支持配合法院、检察院加强司法建设，人事人才、广播电视、民族宗教侨务、对台、档案工作切实加强，国防后备力量建设和工会、共青团、妇女、儿童、残疾人等各项事业都取得了新成绩。

这些成绩的取得，是市委、市政府和区委正确领导、全区人民团结奋斗的结果，是区人大、区政协监督支持、社会各界共同努力的结果。在此，我代表区政府，向全区人民，向各位人大代表、政协委员，向各民主党派、工商联和社会各界人士，向驻区中央、市属单位、部队和企业，表示衷心的感谢！

在看到变化和进步的同时，我们更清醒地认识到，处在转型发展过程中，全区发展仍然面临一些突出的矛盾和问题，主要表现在：受宏观经济下行压力不断加大等多方影响，今年一些经济指标增速低于年初预期，产业转型升级任务十分艰巨；大气治理虽经千方百计努力，由于不利气象条件影响，全年控制目标未能如期实现，各项措施效果的根本显现尚需时日；一些镇村人口无序流入增势明显，违法建设问题突出，人口资源环境面临严峻挑战；各类环境秩序问题时有发生，长效机制尚未根本形成；拆迁村民回迁安置、老旧小区和回迁小区物业管理等问题积累矛盾多、解决难度大，城市精细化管理和公共服务还存在许多不令人满意的地方。政府自身建设也还存在很多不足，一些领域体制机制不顺，基础管理薄弱，一些部门和工作人员责任心不强、工作不扎实，效率不高、服务不好、作风简单、消极避责等情况不同程度存在。我们要直面问题，秉承为民务实宗旨，在新的一年采取切实有力措施积极加以解决。

## 二、2015年重点工作安排

2015年是“十二五”规划的收官之年，也是“十三五”发展的谋划之年。党的十八届四中全会描绘了法治中国新蓝图，对推进依法治理作出了战略部署；全国发展步入新常态，全市落实首都城市战略定位，深入实施转型发展，需要我们主动适应经济新常态，加大结构转型升级力度，加快向高精尖结构迈进；实现人口资源环境可持续协调发展，对城市科学建设、精细管理、区域社会治理创新提出了更高要求。我们正处于十分重要的转型发展关头，需要从理念、视角、方式全面转型，大力探索创新，在全面完成“十二五”战略目标的同时，为开启新的五年发展航程奠定扎实基础。

根据区委四届九次全会部署，2015年政府工作的总体要求是：全面贯彻落实党的十八大和十八届三中、四中全会、中央经济工作会精神，以邓小平理论、“三个代表”重要思想、科学发展观和习近平总书记系列重要讲话，特别是视察北京重要讲话精神为指导，紧紧围绕“建设绿色国际港，打造航空中心核心区”的奋斗目标，积极主动适应发展新常态，全面推进发展和管理转型，着力深化结构调整和加强战略性新兴产业培育，推进创新发展、绿色发展；着力强化城市科学建设和精细管理，提升城市品质；着力深化改革推进人口资源环境科学调控，提升区域治理能力；着力强化政策落实和突出问题的解决，更好地服务于市民生活；努力在推进“四个转型升级”上取得新的实效，全面完成“十二五”发展目标，为“十三五”发展谋好篇、布好局。

全区经济社会发展的主要预期目标是：地区生产总值按不变价计算增长7.5%左右；一般公共预算收入118.6亿元，增长7.5%左右；万元地区生产总值能耗、水耗分别下降4.13%和6%；PM2.5年均浓度力争下降5%左右；城乡劳动力二三产业就业率保持在95%以上；城镇居民人均可支配收入和农村居民人均纯收入分别增长9%、10%左右。

围绕上述目标，我们将重点做好以下六个方面工作：

### （一）深入推进城乡环境治理和生态文明建设，进一步提升环境质量和绿色发展能力。

环境改善是最大的公共福利。我们要继续坚定不移地推进大气、垃圾、水环境治理和生态建设，努力塑造宜居城市和美丽乡村。

深入开展大气治理。继续抓好清洁空气行动计划的年度任务落实，采取更加严格有效的治理措施，确保空气质量持续改善。安排77亿元，重点开展7方面、38项防治工程。继续实施煤改气工程，改造燃煤锅炉952蒸吨。全面推进农村减煤换煤和取暖煤改电工程，努力实现农村优质燃煤替代全覆盖。全年削减煤炭使用量28万吨。加大机动车排放治理，淘汰老旧机动车1.6万辆。深化重点行业污染治理，全年削减挥发性有机物排放660吨。加强环境监督管理和执法检查，定期开展施工扬尘、露天烧烤集中整治活动，强化重点行业和重点企业排放监管，从严处罚违法违规行为。认真落实重污染天气应急处置预案，提高预报预警和防范应对能力。

全面实施垃圾规范化管理，深入推进垃圾减量化、资源化和无害化。继续推进城区生活垃圾分类，完成旺泉街道所辖社区生活垃圾分类，使全区居民小区生活垃圾分类达标率达到85%以上。完善农村地区生活垃圾管理机制，加强清运环节监督、检查和考核，提高垃圾清运能力和质量，实现农村生活垃圾清运全覆盖和日产日清。严厉打击垃圾乱倒行为，坚决遏制偷倒、乱倒垃圾现象。加快生活垃圾焚烧二期工程、餐厨垃圾处理厂等垃圾处理设施建设，扎实推进循环经济园发展。

大力加强水环境治理，确保年内实现跨界河流断面达标。加快污水处理设施建设，完成区污水处理厂升级改造及北石槽、北小营再生水厂工程，启动牛栏山、李遂再生水厂和引温入潮一期升级改造项目，新增污水处理能力8万吨。实施配套管网工程，新增污水及再生水管线134公里。加快中小河道治理，完成小中河、金鸡河治理任务，启动实施箭杆河等11条116公里河道治理工程。全面完成205处河道排污口治理，彻底杜绝污水直排入河。实施潮白河牛栏山橡胶坝上游水源保护工程，切实加强区域环境整治，确保南水北调回补水源区良好环境。

持续推进生态建设。继续实施平原造林工程，全年完成2万亩造林任务。尤其是加大对废弃坑塘、砂石坑和一些河道的生态修复，为子孙后代留下更多的生态空间。实施三北防护林五期封山育林项目，开展荒山造林，新增彩叶造林500亩。加快推进温榆河绿道和舞彩浅山郊野公园建设，完成顺安路、白马路东延等骨干路网绿化改造，打造高标准的生态景观廊道。深入挖掘绿化潜力，围绕沟、路、河、渠积极实施见缝插绿或提升改造，增加小微绿地面积，拓展绿色发展空间。

违法建设是影响全区可持续发展和公共利益的突出问题，新的一年要坚持零容忍，继续采取坚决措施依法打击和控制，确保新生违法建设零增长，积极探索长效管控机制。认真落实属地和部门监管责任，对新生违法建设管控不力的要严肃执纪、严格问责。严厉打击非法盗采砂石行为，对涉及犯罪的依法追究刑事责任。继续加强环境整治，认真落实好市、区两级303项环境建设任务，对主要街道户外广告、牌匾标识、工地围挡进行专项治理，开展城乡停车秩序规范整治，强化门前三包责任制，创造良好的生产生活环境秩序。

（二）加强战略性新兴产业培育，加快向高精尖结构迈进。

当前，顺义正处于结构转型的关键阶段，必须加快结构转型进程，推动产业发展向创新创造转型升级，进一步增强经济发展后劲。

大力推进航空中心核心区建设。全面落实与首都机场集团签订的战略合作协议，进一步完善基础设施和公共服务配套，促进航空及关联产业集聚发展。加快天竺综保区转型升级，以建设北京服务业投资与贸易便利化试验区为核心，积极探索监管模式和政策机制创新，大力推进国家对外文化贸易基地建设，争取设立国家科技创新对外贸易基地、国家商贸服务示范基地。推进临空经济核心区与综保区协同发展，逐步构建一体规划、协同招商和统一服务机制，促进网外配套协作区建设，进一步提升临空经济整体竞争力和发展水平。

加快产业优化升级进程。把加强战略性新兴产业培育作为重中之重，积极适应变化，更加主动作为，着力引进金融、文化创意、高新科技制造、高端商务服务等新兴产业，尽早形成新的产业优势。实施创业摇篮计划，在搞好成熟项目招商同时，着力吸引一批创业型的项目和人才到顺义创业。进一步健全产业项目筛选评价机制，深入实施产业发展负面清单管理，完善产业项目全要素综合评价，确保引进项目优质高效。把握大数据时代特征，用互联网思维改造提升食品、家具等传统产业，增强传统产业竞争力。积极参与京津冀协同发展，加强产业对接合作，促进不适宜产业调整转移。加快低效产业疏解淘汰，全年调整退出企业42家。全面深化农业结构调整，积极发展雨养旱作农业，研究建立水源保护区内高耗水作物有序退出机制。启动现代农业节水示范区建设，为全市节水农业发展提供示范。

深入推进功能区创新发展。落实好功能区转型和创新发展的指导意见，加快功能区转型升级步伐，引领全区转型发展。中关村顺义园要借助北京建设全国科技创新中心的契机，加快资源整合，加强与中关村创新企业、重点科研院所对接合作，促成一批重大科技成果、重大技术专利产业化项目落地。绿色生态产业功能区要不断完善配套服务条件，提升服务管理水平，培育绿色产业，努力打造北京生态休闲旅游示范区。要继续深化功能区与镇级二三产业基地的合作共建，健全利益分享机制，推动产业合理布局与集聚高效发展。

进一步加强投资、促进消费。充分发挥投资对稳增长的重要作用，继续加强重大产业项目投资协调调度和跟踪服务，促成一批产业项目建成投产，进一步增强发展后劲。政府投资要坚持集中力量分阶段解决突出问题，全年计划安排36亿元，重点支持环境治理、民生改善和城市承载能力提升等领域项目建设。切实加大对河东地区基础设施和公共服务投入力度，逐步改善区域不平衡状况。积极促进消费增长。继续提升城市商业消费环境，确保顺鑫寰宇中心投入使用，加快新国展二三期及万达茂项目推进。积极支持企业发展电子商务等新型消费模式，促进消费转型升级。深入落实健康、养老服务和信息消费等方面的支持政策，增强新热点对消费增长的带动作用。积极培育浅山生态消费，推动慢生活文化产业主题小镇建设，完善驿站、停车场等配套服务设施，提升服务能力，吸引都市人群周末和节假日休闲消费，促进农民就业增收。

（三）加强城市科学建设和精细管理，提升城市服务品质。

城市的和谐宜居与健康运行有赖于精致规划、精心建设和精细管理。顺义新城已进入完善功能、提升品质的新阶段，要更加注重从长远着眼、从近处着手，以管统建、科学实施，坚决防止“城市病”，不断提升新城的服务品质和城乡一体化发展水平。

深入加强城市精细管理。持续推进交通综合治理，打造便捷交通示范区。深入推进客货分流，搞好货运通道和专用出入口建设，改进物流管理，提高路网效率。加强信号等交通设施建设和规范管理，促进交通安全畅通。继续优化公交线网布局和设施配置，完成李桥镇沮沟、高丽营镇于庄2个公交客运站建设，更新64辆老旧公交车，新建60座公共候车亭，进一步改善公交出行环境。强化市政设施管理，完善市政设施移交管理机制，提升市政设施的管护水平。建立城市维修资金，更好地保障城市局部零星设施快速维修更新需要。细化网格化管理，完善服务平台和信息系统，不断提升网格化管理运行效能。加强水电气热等城市基础设施服务管理，健全应急机制，保障城市健康高效运行。

积极推进城市精致规划。在新城规划实施情况评估的基础上，搞好新城规划修改，推进“三规合一”，增强规划的指导性和可操作性。科学划定城市开发边界，推进分区域开发强度控制，促进全区有序开发建设。开展生态资源家底调查，摸清区域森林、湿地等生态资源情况，科学划定生态红线，创造和提供更多的绿色空间。积极探索解决河东河西发展不平衡问题，加强整体谋划，研究制定具体实施意见，促进区域协调发展。推进新城重点区域、小城镇、保留村的风貌设计，开展新农村规划条件细化深化试点，有效引导和规范城乡建设。

切实搞好城市精心建设。加强重点区域和重大项目建设实施，努力多出精品，留下更多经得起历史和实践检验的城市遗产。加快新城重大功能性项目建设，年内实现体育中心、电子政务中心、劳动力实训基地投入使用。启动市民之家建设，为企业和市民提供便捷服务。加强城乡基础设施建设，完成牛山三路等道路新改建，完成乡村公路大修90公里，力争顺平辅线俸伯桥实现通车，减河北路东延等道路完成主体工程。完成西府、梁庄及庄子营110千伏变电站建设，完成西辛南区等3个老旧小区配电设施改造工程，进一步提高电力保障能力。扎实搞好老城区改造，完成石园北区等4个老旧小区、93万平方米的房屋节能和外墙保温综合改造。继续实施农宅抗震节能改造，完成2.1万套单项改造及新建翻建工程。

（四）积极补短板、解难点，促进民生保障和公共服务继续改善。

始终把改善民生、服务群众作为根本出发点，致力于建机制、补短板、兜底线，努力在解决医疗、住房、就业、老旧小区物业管理等重要民生问题上取得新的实效。全年计划安排民生资金121亿元，占区本级一般公共预算支出比重继续保持在80%以上。

深入实施医疗卫生提升计划。按照扩充资源、提升水平、强化基层、健全机制的思路，切实加大投入力度，加快医疗卫生发展步伐。继续强化区医院医疗中心功能，力争主要业务科室与三甲医院建立协作关系。推进中医院与区三院的紧密型医联体建设，实现医疗资源整合和服务能力提升。开展区妇幼保健院与三甲医院的合作共建，提升儿科诊疗水平。加快地坛医院顺义院区发展，带动河东地区医疗服务水平提升。启动中医院新院区建设，积极推进新的三甲医院引进。实施外聘专家“百人工程”，确保全区每天有50名三甲医院正高级职称专家出诊。引导卫生人才向基层流动，吸引市区级医院医师到社区多点执业。建立电子病历中心，实现电子病历共享及交换。扎实搞好国家慢病防控示范区创建。

加大住房保障和回迁安置力度。全年开复工回迁安置房和保障性住房340万平方米、4万套，竣工124万平方米、1.5万套。加快回迁安置房建设步伐，强化协调调度，促进拆迁村民早日回迁安居。完善公租房建设管理模式，推进青年人才、高层次人才住房保障试点，满足不同群体的住房需求。启动实施幸福西街小区等棚户区改造项目，改善居民居住环境。加快推进自住型商品房建设，满足刚性需求和改善性需求。搞好摸底调查和方案制定，积极推进住房补贴政策落实。

积极开展试点，推进老旧小区物业管理问题解决。探索建立行业监管、属地、开发商、物业公司、居委会、居民多方协调联动管理机制。推行物业统筹管理，规范服务事项、服务标准和收费内容、收费标准，使物业企业服务和居民缴纳物业费有章可循、有规可依。加强物业企业多方监管，推进物业服务市场化，坚决淘汰服务不到位、管理水平低的物业企业，提高老旧小区、回迁小区物业服务管理水平。

统筹做好就业和社会保障工作。以创

业带动就业为重点，强化政策集成，支持更多青年实现创业梦想。加强对调整退出企业分流职工的就业帮扶，完善城乡一体化就业政策扶持体系。推进社会保障人群全覆盖，稳步提高待遇水平。继续抓好就业转非和征地转非工作，促进更多的农村劳动力纳入城镇社会保障体系。加快公办养老机构改革，不断改善为老服务环境和条件。继续加大双拥工作力度，争创“全国双拥模范城”四连冠。

促进教育文化体育等公共服务继续改善。深化教育综合改革，积极推进素质教育提升，启动第二批学前教育三年行动计划，缓解重点地区和镇域的学位紧张局面。整合职业教育资源，为区域经济转型升级提供人才保障。研究制定政府购买文化服务目录，深入推进基层公共文体设施达标建设，进一步改善市民精神文化生活条件。继续广泛开展形式多样的全民健身活动，提高市民健康水平。

（五）积极探索区域社会治理创新，推进共治共享。

建设、发展和维护好我们共同的家园，需要每一个企业、每一位公民、每一名社会成员共同参与，并切实承担起自身的责任。新的一年我们要认真贯彻落实依法治理战略部署，围绕人口调控和资源环境管理等困扰全区可持续发展、影响公共利益的突出问题，积极探索创新，强化基础管理，努力在推进共治共享上迈出新的步伐。

推进企业和公民社会责任建设。开展企业环保标准和排放信息向社会公开试点，完善安全生产隐患排查治理体系，强化主体责任约束。探索推行违法建设行政强拆成本依法追诉追索，依法惩治损害公共利益行为。建立公民、法人诚信系统，实行违法行为、不良记录联网运行，切实强化失信惩戒。加强公共道德建设和文明风尚培育，弘扬社会正能量。

探索社区和村庄治理创新。充分发挥基层自治组织作用，推广南法信三家店、马坡白各庄村民自治经验，加强村规民约建设，深化细化村务公开，规范健全村级事务决策机制。探索实行用水、垃圾清运、电力增容等总量控制和定额管理，引导群众积极参与村庄共同治理。加大对基层财政投入力度，更好地保障农村和社区公共事务开展。建立吸引优秀人才到农村、社区工作的有效机制，切实充实基层力量。深入开展“七型社区”创建，完成第九届居委会选举工作，筹备好2016年第十届村委会选举。继续加强社会组织培育，推进社会公益志愿服务网络建设。

深入加强人口调控。严格按照市政府下达的调控目标，细化落实各项具体措施，切实控制人口无序流入，把常住人口增速降下来。加强配套政策措施制定实施，建立健全差异化人口调控考核评估体系。加强重点领域整治，对小商品、小建材、废品回收等低端市场和低端产业，坚决控制新增，积极清理调整。强化出租房屋管理和地下空间整治，坚决治理违法群租房，有效维护公共安全和外来人口合法权益。

深入推进平安和谐共建。充分发挥群众在市场监管、城市运行中的监督作用，严格落实企业主体责任和政府职能部门、属地监管责任，完善安全生产、食品药品、环境治理等监管共治机制。加强防灾减灾救灾综合管理，提高突发事件的应对处置能力。坚持实施信访联合大排查机制，确保各类纠纷隐患“排查得早、发现得了、控制得住、处理得好”，依法解决好上访群众的合理诉求。全面加强社会面防控，突出群防群治、专群结合，提高技防水平，共同营造平安和谐的社会环境。

（六）继续推进全面深化改革，进一

步增强发展活力。

进一步抓好重大改革措施的细化落实，加快推进已明确方向的改革任务，深化正在进行的改革事项，力求在一些重点领域和关键环节取得新的突破，更好地保障科学发展。

深化行政审批制度改革。认真落实好行政审批事项清理、取消和市级下放事项承接，确保不折不扣落到实处。建立行政审批、行政处罚事项权力清单制度，面向社会公开。进一步加强事中事后监管，更好地实现放管结合。稳步推进政府机构设置调整，规范机构设置，理顺权责关系。扎实推进事业单位分类改革。

积极实施区镇财政管理体制改革，促进区域功能定位落实、基本公共服务公平普及和基层财政保障能力增强。加强镇（街道）财政资金管理，建立以国库单一账户体系为基础、国库集中支付为主要形式的新型镇级（街道）财政资金管理制度。深化公务用车改革，推进公务用车社会化、市场化。

加快国有企业改革。研究出台区属国资国企改革实施方案，稳步推进国有优质资产和资源有效整合，积极打造优势产业板块，提升整体竞争力。建立健全国有资产经营监管机制，推进分类考核评价，促进国有企业健康运营。

推动综合监管执法机制改革。针对当前执法力量分散、基层力量不足、有效监管缺乏的矛盾，积极探索推进执法力量整合，建立执法协同联动机制，强化重点领域和属地监管统筹协调，破解基层执法基础薄弱的问题。

深化医药卫生体制改革。探索建立市、区、镇三级医联体建设模式，带动基层医疗机构业务发展和能力提升。与人保集团合作，实行新农合资金委托管理联保共办，提高专业化管理服务水平。在继续落实现有医疗责任保险的基础上，实施基层医疗机构医疗意外保险制度，提高抵御医疗意外风险的能力。

坚持从实际出发，稳步推进农村土地承包经营权确权登记颁证，逐步扩大实施覆盖范围。继续深化投融资及其他领域改革。

## 三、全面提升<br>政府治理能力和服务水平

新的形势对政府自身建设提出了更高要求，新的一年我们要继续恪守为民务实清廉宗旨，坚持依法治理、科学施政，深入推进法治政府、服务政府、廉洁政府建设，努力在推进治理能力现代化上迈出扎实步伐，不断提升为市民服务水平。

深入推进依法行政。坚持依法履职，严格依照法定职责和程序办事，自觉运用法治思维和法治方式解决实际问题。认真执行区人大及其常委会的决议和决定，加强重大事项报告，积极开展民主协商，自觉接受区人大、区政协及各方监督。健全依法决策机制，完善政府法律顾问制度，加强重大行政决策法制审查和重大合同审查备案管理，更好地保障依法决策。建立和推行政府及职能部门行政首长出庭应诉制度，进一步增强法治意识。健全行政复议案件审理机制，积极纠正违法或不当行政行为。切实加强行政执法，坚决治理不作为、乱作为行为，提高严格、公正、规范、文明执法水平。

进一步健全公共沟通互动机制。继续围绕重大政策措施制定实施和群众关心关注的问题，加强社会沟通，广泛听取意见。深化政务公开，加强信息发布，健全政务民声对话和市民恳谈机制，多渠道多形式

加强公共沟通交流，及时倾听群众的声音，回应群众的意见和诉求。认真落实各项公开承诺。2015 年政府各部门要将年度工作计划向社会公布，做到年初晾承诺，年底晒成绩单，自觉接受群众监督。

继续推进科学管理与调控。建立健全专家咨询队伍，围绕城市规划建设、高新技术发展、信息化管理、金融服务等重点领域，充实专家力量，不断提升科学决策和规范管理水平。完善政府部门、镇(街道)、经济功能区、国有企业分类绩效考评体系。健全政府投资管理机制，加强财政预算管理，深化部门预算公开，强化政府债务管理，进一步提升公共财政的整体绩效。

持续深入改进工作作风。巩固群众路线教育实践活动成果，把政风行风建设进一步引向深入。组织开展明察暗访，建立健全社会满意度评价机制。坚决治理慵懒散，促进真抓实干。强化行政效能监察，加大行政问责力度，切实提高执行力。深入搞好反腐倡廉建设，加强审计监督，健全整改落实长效机制。认真落实厉行节约规定，全年“三公”经费支出降低 5% 以上。

组织编制好“十三五”规划。深刻把握发展的新变化、新要求，扎实搞好落实首都城市战略定位、促进转型发展、构建高精尖经济结构、推进新型城镇化、加强生态文明建设、治理“城市病”、强化人口调控、全面深化改革、推进依法治理等重大问题研究，科学谋划和制定好未来发展的路线图。

各位代表，顺义区正处在转型发展的重要关头，新的一年全面深化改革、推进依法治理、共建美好家园的任务光荣而艰巨。让我们在市委、市政府和区委的坚强领导下，高举中国特色社会主义伟大旗帜，认真贯彻落实区委四届九次全会部署，团结一心，开拓奋进，为全面完成“十二五”发展目标，“建设绿色国际港、打造航空中心核心区”而努力奋斗。

# 中国人民政治协商会议<br>北京市顺义区第四届委员会<br>常务委员会工作报告

## ——2014年12月25日政协北京市顺义区第四届委员会第四次会议

顺义区政协副主席 田建国

各位委员：

我受政协北京市顺义区第四届委员会常务委员会委托，向大会报告工作，请审议。

## 一、2014年工作回顾

一年来，区政协以邓小平理论、“三个代表”重要思想和科学发展观为指导，深入学习贯彻党的十八大、十八届三中、四中全会和习近平总书记系列重要讲话精神，在区委的正确领导下，自觉践行“四主”工作理念，认真开展党的群众路线教育实践活动，切实履行政治协商、民主监督、参政议政职能，自区政协四届三次会议以来，共召开常委会议、主席会议、协商议政座谈会28次；向党政部门提出各类意见建议262条，其中书面协商意见45条，提交提案173件；开展调查研究、视察考察、座谈研讨、特约监督等各类履职活动175项次，有效地发挥了协调关系、汇聚力量、建言献策、服务大局的重要作用，为促进全区各项事业发展作出了积极贡献。

### （一）聚焦四风，认真开展教育实践活动

按照中央、市委和区委的统一部署，区政协开展了以为民务实清廉为主要内容的党的群众路线教育实践活动。党组加强领导、精心安排，主要领导以上率下、率先垂范，党员干部积极参加、全心投入，认真贯彻“照镜子、正衣冠、洗洗澡、治治病”的总要求，聚焦解决“四风”问题，扎实推进各阶段工作，组织集中学习40次；征求意见建议113条，其中涉及领导班子的25条，涉及班子成员个人的88条；开展谈心谈话60多人次；班子和班子成员分别梳理出“四风”问题14条和77条；班子提出整改任务11个、整改措施29项，班子成员提出整改任务58个、整改措施107项。活动取得明显成效，领导班子和干部队伍建设得到全面加强，工作作风进一步转变，为更好地发挥政协职能作用、助推区域经济社会科学发展注入了新动力。

广大政协委员积极参与全区教育实践活动，对区政协党组和班子成员提出103条意见建议，为查摆问题打下坚实基础。委员参加区委、区政府及督导组召开的征求意见座谈会、民主测评会和填写调查问卷活动共326人次，是历史上委员参加区委、区政府组织的重大活动场次、人次最多的一年，为加强党风廉政建设、推动经济社会转型发展献策出力，促进了全区教育实

践活动的扎实有效开展。

（二）服务大局，积极搭建协商议政平台

全会的全面协商。在区政协四届三次会议上，我们积极引导委员认真讨论《政府工作报告》及其他有关报告和区委领导讲话，精心安排有区委、区政府领导和主要部门领导参加的协商议政座谈会。各界委员紧紧围绕促进全区经济社会科学发展建言献策，形成了“促进临空经济转型发展”、“完善城市功能，吸引、留住、用好人才”等九个方面18条意见建议。

常委会的专题协商。区政协四届十一次常委会聚焦我区生态环境建设，听取了区环境办的情况通报，视察了顺义区生活垃圾综合处理厂、南彩镇河北村、顺安路道路建设及绿化美化情况，提出了“完善长效管理机制，提升工作水平”、“突破管理难点，增强管理效果”两个方面14条意见建议。区政协四届十三次常委会以加强我区医疗卫生事业建设为主题，听取了区卫生局关于全区医疗卫生事业发展的情况通报，视察了北京地坛医院顺义院区、仓上社区卫生服务中心、顺义区医院急诊病房综合楼，提出了“稳步推进公立医院改革”、“切实加强卫生人才队伍建设”等五个方面15条意见建议。

专委会的对口协商。各专委会陆续组织委员视察了我区文化工作、“六五”普法实施情况，污水处理及再生资源回收利用情况、环卫设施建设情况、公共交通运行情况，先后到天竺文化保税区、北京飞天唐自头影视文化发展有限公司、石园街道北一社区、区污水处理厂、南法信出租车充电总站等10个基层单位参观调研，分别听取了区文委、区商务委、区市政市容委、区司法局、区水务局、区交通局的情况通报，并开展对口协商，有针对性地提出了意见建议。同时，更加重视专委会协商议政成果的转化利用，推出了以《协商意见》形式向党政部门报送专委会对口协商意见的新举措，提升了履职工作制度化、规范化、程序化水平。

区委、区政府咨询协商。积极配合区委、区政府工作，认真安排区政协有关领导和部分委员参加区委全会、区委常委会、区政府常务会、年中岁末政府工作征集意见建议座谈会、政府工作报告征集意见建议座谈会等带有一定咨询协商性质的各种会议和活动，围绕全区中心工作、重要部署建言献策，较好地发挥了区政协的职能作用。

（三）突出重点，着力提升提案工作水平

提案质量提高。一是立案标准提高。区政协四届三次会议以来，委员共提交提案186件，因立案标准更高，经审查正式立案173件，立案率93%，比往年略有降低。二是提案内容丰富。提案内容涉及区域经济社会发展的各个方面，其中经济方面26件，占15.03%；城市建设与管理方面63件，占37.41%；文教卫体科技方面41件，占23.7%；农村方面8件，占4.62%；旅游服务方面18件，占10.4%；民主与法制方面7件，占4.05%；人民生活方面6件，占3.47%；其它方面4件，占2.32%。相较往年，涉及面更广、内容更丰富，格式规范、立意较高、建议具体。经各方共同努力，提案办结率100%，委员满意率100%。委员提案对区域经济社会科学发展起到了重要推动作用。

提案工作水平提升。一是工作理念更加清晰。在大力推进提案数量不断增加的同时，坚持质量第一、追求精品的工作理念，引导委员积极履职、高质量履职。二是服务委员更加积极。继续编制《提案征集目录》，为委员确定提案选题提供了参考。编发《优秀提案选编》、《优秀委员先进事迹》等材料，宣传委员履职成果，为委员提供学习借鉴的参考资料。召开提案工作总结会，评选出35件优秀提案，部分优秀提案委员作了典型发言，起到了引领示范作用。

（四）加强引导，大力支持委员服务社会

我们一贯倡导和支持政协委员岗位建功、双职奉献，热心公益、服务社会，实践中涌现了一批优秀典型。2014年表现突出的有：王庆国委员热心慈善事业，作为独立发起人，在中华思源工程基金会下单独设立仁德慈善基金，并捐赠启动资金500万元，得到立根集团张志梅、金诚立信公司董丽清、晓东顺安防宋晓东等企业家委员积极响应，纷纷捐出善款。目前，仁德慈善基金已募集善款600余万元。善款主要服务方向：一是提升地区医疗卫生水平；二是残障人士的教育、培训、创业等；三是扶老救孤、济困送温暖。欧阳继华委员是北京市“法律服务村居行”首批“优秀公益律师”，他开办的中同律师事务所，常年为社区、小微企业免费提供法律咨询，为困难群体提供免费代理，开展普法宣传。全年接待咨询近300余人次，为学校、社区、机关企事业单位举办普法讲座50场，免费代理案件、参与调解10余起，向顺义区杨镇红寺村捐赠法律图书500册，还积极参加了“马航”事件的法律服务工作。金丽娟委员带领致知律师事务所律师全年办理法律援助120余件，在148电话法律服务热线、政府信访接待日、看守所等办公现场提供义务法律咨询服务263人次，以婚姻家庭、劳动关系、征地拆迁为主题，分别在农村、社区、企业、公园等场所举办义务法律讲座16场次。崔春红委员作为开发区企业服务工作负责人，积极为入区企业开展社会公益活动牵线搭桥。帮助摩比斯公司联系区红十字会向云南鲁甸地震灾区捐款100万元；帮助企业与龙湾屯镇山里辛庄村结对帮扶，初步建立了联系；帮助企业联系区教委向3所小学捐赠雨伞10300把。赫玉振委员与民革中央合唱团在四川参加两岸三地大型公益演唱活动；带领区政协委员、民革党员张涌森、王磊等，在俸伯中学联合区五所学校进行了主题为“博爱中国薪火相传”的大型图书捐赠活动，捐赠抗日战争书籍500余册；在北务中、小学举办了“明星进课堂”活动，为边远村镇学生普及音乐知识。这些委员以自己的行动，弘扬了社会主义核心价值观，向社会传递了正能量，也树立了政协委员良好的社会形象，值得我们赞颂和学习。

还有很多委员在不同的工作岗位、不同的社会角色上，发挥了积极作用，有的委员做大做强自身企业，积极吸纳本地劳动力就业，为区域经济社会发展贡献了力量；有的委员积极践行社会主义核心价值观，弘扬中华民族传统美德，起到了模范带头作用。这些事例不胜枚举，同样值得我们充分肯定、大力弘扬。

（五）统筹兼顾，切实抓好各项常规工作

学习培训常抓不懈。一是举办专题讲座。组织全体委员观看“十八届三中全会精神学习辅导光盘”，加强政治思想引领。二是提供学习资料。向委员赠阅《人民政协报》、《北京观察》、《顺义时讯》等报刊。编发《顺义区政协四届一次会议以来委员协商议政材料汇编》供委员交流互鉴。三是抓好情况通报。以《政协时讯》、顺义政协网为载体发布重要区情。年中召开全体委员会议，邀请有关区领导出席会议，通报区政协开展群众路线教育实践活动情况和全区上半年经济社会发展形势；结合常委会、各专委会履职活动，邀请区政府主管领导及有关单位负责同志通报情况，为委员知情议政、高效履职创造了条件。

民主监督有序开展。一是召开区政协常委会听取了区纪委关于全区党风廉政建设的情况通报。二是将民主监督与群众路线教育实践活动紧密结合，为区委、区政府、区政协和其他有关单位查摆问题、改进作风提出中肯意见。三是坚持寓民主监督于履职活动之中，通过视察调研、座谈研讨、提案办理、专题协商等多种形式，认真负责地提出意见建议，对政府部门改进工作起到促进作用。四是引导特约监督员积极参加各聘任单位组织的特约监督活动。25名特约监督员全年共参加有关活动26次146人次，有效地促进了全区党风政风行风建设。

调查研究不断深入。一是区政协领导紧密结合实际，认真调查研究，形成了《发挥委员主体作用，助推区域经济社会科学发展的实践与思考》、《关于制定年度协商计划办法的思考》、《关于完善村规民约，推进村民自治的实践与思考》、《关于农村集体建设用地利用的探索与思考》多篇调研报告，为改进工作提供了参考依据。二是专委会工作六室撰写了题为《关于加快顺义区养老服务业发展的几点思考》的调研报告，就有关工作提出了建议。三是开展政协理论与实践研究工作，撰写上报了题为《关于制定年度协商计划的探讨》的理论文章。

界别优势持续发挥。一是组织来自区医院、北京中医医院顺义医院、区妇幼保健院等医疗单位，涉及妇产科、儿科等8个科室的15名政协委员和民主党派医疗界专家，为李遂镇260多名村民义诊，展现了为民服务的情怀。二是组织女政协委员和政协机关女干部参加庆祝“三八”国际劳动妇女节摄影知识讲座。三是召开社会资本办医座谈会，组织医疗界委员和民主党派成员议政建言。四是组织11个界别活动小组开展内容丰富多样、界别特点突出、具有履职功能的实践活动，全年共开展活动29次。

文史工作扎实推进。一是根据市政协部署，分别开展了顺义区临空经济发展史料征集和抗日战争史料征集工作。临空经济发展史料征集目前正处在征稿阶段，预计年底完成。在此基础上，将于明年编辑出版约20万字的《北京顺义临空经济发展文史集萃》，并列入《首都文史集萃》丛书，成为首部比较详实地记述顺义临空经济发展历史的重要文献。顺义区抗日战争史料征集工作基本完成，形成的5.3万字文史资料已上报市政协，将为全国政协和市政协明年编辑出版抗战文史丛书提供素材，以此纪念中国人民抗日战争胜利70周年。二是按照上级部署，分别撰写上报了《北京政协年鉴》、《北京年鉴》有关顺义区政协工作的文稿。同时，做好政协大事记的撰写工作。

政协宣传生动有效。充分发挥区电视台、区广播电台、《顺义时讯》、顺义网城等区内主要媒体的作用，有效利用自办的顺义政协网、《政协时讯》等，认真做好区政协各种会议、活动和委员先进事迹的宣传报道工作。在委员中开展了以“多彩顺义”为主题的艺术作品征集展示活动，展现全区经济社会发展成果，激发委员热爱顺义、建设顺义的热情。将优秀提案、委员风采纳入展示内容，起到典型引路的作用。

各位委员，区政协一年来取得的工作成绩，与区委的正确领导和市政协的有力指导，与区人大、区政府及各职能部门的大力支持，与全体委员和各民主党派、工商联、各人民团体、各族各界人士的共同努力密不可分。值此机会，我代表区政协第四届委员会常务委员会，对一贯关心、支持政协工作的各级领导、各界人士，表示衷心的感谢！

回顾区政协一年来的工作，虽然取得了一定成绩，但也存在差距和不足，主要是：紧贴中心、促进发展的政治意识、大局意识、责任意识需要切实增强；充分发挥政协作为协商民主重要渠道和专门协商机构的作用，推进协商民主广泛多层制度化发展需要积极探索；加强委员队伍建设和推进政协履职能力建设跟形势要求还有很大差距；委员履职积极性还需进一步提高。对此，我们要在今后的工作中认真研究和解决。

## 二、2015年工作思路

各位委员：

2015年区政协工作的总体要求是：坚持以邓小平理论、“三个代表”重要思想和科学发展观为指导，深入贯彻落实党的十八大，十八届三中、四中全会，习近平总书记系列重要讲话精神，在区委的正确领导下，认真贯彻落实区委四届九次全会的决策部署，以“把握三个阶段性特征、推进四个转型升级”为工作总要求，围绕深化改革、结构调整、创新发展、社会治理等重点难点问题开展履职工作，切实加强履职能力建设，充分发挥协商民主重要渠道作用，扎实推进协商民主广泛多层制度化发展，为协调关系、汇聚力量、建言献策、服务大局作出更大贡献。

### （一）加强学习宣传，凝聚政治共识

认真学习贯彻三中、四中全会精神，凝心聚力助推发展。2015年既是全面贯彻落实十八届四中全会精神的工作开局之年，又是全面深化改革攻坚克难、深入推进的关键之年。全体政协委员要在区委的正确领导下，一方面立足本职工作，争当遵纪守法、依法办事的模范，同时，认真履行民主监督职责，促进党政部门依法执政、依法行政，凝心聚力推进法治强区建设；一方面进一步增强支持、参与、推进全面深化改革的自觉性和坚定性，紧密围绕区委、区政府提出的经济体制改革、转变政府治理方式改革、新型城镇化改革等11个领域166项改革要点，充分发挥政协政治协商、民主监督、参政议政的职能作用，助推深化改革各项任务落实。

切实学习贯彻习近平总书记“9.21”重要讲话精神，凝心聚力推进协商民主。今年9月21日，习近平总书记在庆祝中国人民政治协商会议成立65周年大会上发表重要讲话，精辟论述社会主义协商民主的重大战略思想。我们要认真学习贯彻讲话精神，着力推进以政协为平台的协商民主。要以提案办理协商为抓手，拓展提案办理协商形式，规范提案办理运行机制，扩大提案办理协商公开力度，增强提案办理合力机制，建立健全提案办理考核和评议机制，着重提升提案办理协商的能力和水平，实现提案办理实效和社会效益的最大化；要以界别协商为立足点，组织发挥界别优势的履职协商活动，着力突出界别特色，营造界别协商氛围，拓展界别协商渠道，规范界别协商的制度体系建设，有效提升界别协商水平；要以会议协商为基础，不断完善全委会、专委会、协商议政座谈会等各种会议平台，强化会议协商的制度化、规范化、程序化建设，整合协商资源，巩固协商成果，努力推进协商民主广泛多层制度化发展。

### （二）围绕中心工作，开展民主协商

精心组织会议协商。充分发挥人民政协作为协商民主重要渠道作用，积极构建多层次、多形式的协商议政平台。一要全力抓好以政协全会为平台的全面协商，着力组织好区委、区政府领导与部分委员协商议政座谈会和委员分组讨论，引导委员围绕区域经济社会发展中的重大问题建言献策。

二要重点抓好以政协常委会会议为平台的专题协商，重点关注："贯彻四中全会精神，加强依法治区"；"进一步完善社会治理功能，提高治理能力和水平"；"把握京津冀协同发展机遇，加快顺义区发展步伐"；"加快推进航空中心核心区建设，进一步完善核心区功能"；"继续推进全面深化改革"；"切实做好'十三五'规划编制工作"；"加强党风廉政建设和反腐败工作"等。三要切实抓好以各专委会会议为平台的对口协商，重点关注："大力引进高新技术企业、促进区域经济转型发展"；"促进科技自主创新，进一步推进全区科技事业发展"；"加强宣传教育，促进我区《道路交通安全法》贯彻落实"；"加强大气环境治理，不断提高居民生活质量"；"不断加强交通建设和管理，进一步发展完善'大交通'"；"加强养老机构建设，促进老有所养"等。四要配合区委、区政府搞好咨询协商。认真组织委员参加区委全会、区政府征求意见建议座谈会等各类议政咨询会议，不断提高参政议政水平。同时，要进一步加强各层次协商议政会议所形成的协商意见的整理、报送工作，尤其要全面强化各专委会对口协商意见的整理、报送工作，更好地发挥《协商意见》的载体作用，切实推进各类会议协商制度化、规范化、程序化。

重点加强提案办理协商。提案办理协商是健全社会主义协商民主制度的重要形式和途径，是拓宽有序政治参与的重要渠道，是努力构建多层次、全方位协商格局的重要内容。一要严把提案质量关，彰显协商民主载体作用。要切实加大提案征集工作力度，每位委员每年至少提交一份高质量的提案。要加强委员学习培训，强化提案选题引导，提高立案标准。鼓励引导委员集合党派、界别、行业的集体力量，多搞深入调研、深度调研，多提党派提案、界别提案、专委会提案，提高提案价值和含金量。二要严把提案办理关，彰显协商民主纽带作用。坚持和完善长期形成的提案办理工作有效机制，积极为提办双方搭建协商平台，促进提办双方互相尊重、相互理解。提高办理标准，不以办复率和委员满意率为衡量工作好坏的唯一标准，重在解决实际问题，促进科学发展，维护群众利益。三要严把提案应用关，彰显协商民主助推作用。要积极探索研究提案办理追踪机制，助推提案办理协商成果的转化和利用。要认真做好提案办理协商工作总结，加大宣传力度，扩大提案办理协商的社会影响，使提案得到更好的落实，促进提案社会效应最大化。

深入推进界别协商。要继续发挥界别委员的智力优势和专业优势，以界别为单位、以界别活动小组为平台，组织委员开展各类协商建言、协调关系的履职活动。要切实推进界别协商的规范化、制度化，拓展协商形式，丰富协商内容，推动界别协商向交流、研讨、调研、联系群众等多功能全面平衡发展。要深度挖掘界别潜能，充分发挥界别优势，精心组织针对某一行业或某一领域的深度调研、追踪调研，力争每年形成若干件高质量的调研报告或提案，把界别协商进一步做深、做实。要切实发挥界别活动小组的平台补充作用，开展多形式、多层次的委员交流活动，办好"一助一"、走访慰问、义诊服务等利民实事，提升履职功能和社会效益。机关要为界别协商提供可靠的会务服务、后勤保障和经费支持。

着力强化制度保障。要加大协商民主理论研究、实践探索和制度创新的力度，与党政部门协调配合，主动作为，积极思考，探索建立协商民主机制，研究制定《顺义区年度民主协商计划制定办法》，明确协商主体、协商议题、协商形式，协商的组织和实施、协商成果的转化和落实以及制度保障等内容，积极稳妥地推进以政协为平台的协商民主。

切实抓好民主监督。民主监督以协商为基本方式，通过提出意见、批评和建议而进行，集协商、监督、参与、合作于一体，是社会主义协商民主的重要方式。要积极探索监督形式，引导和组织委员充分运用会议、调研、视察、提案等形式开展民主监督，尝试“无陪同调研视察”、界别调研视察等新形式，努力使民主监督活动扎实有效，所提出的意见建议有的放矢。要选择区委、区政府重大决策部署贯彻落实过程中的重大问题，经济社会发展中的综合性、全局性、前瞻性的重大问题，事关人民群众切身利益的重大问题，有计划地组织开展民主监督，促进科学执政、民主执政、依法执政。当前，要重点围绕经济转型升级、全面深化改革、生态环境建设、“十三五”规划编制工作、党风廉政建设等方面开展民主监督，为区委、区政府科学决策提供参考。要认真开展特约监督工作，不断增强监督工作实效。

（三）加强自身建设，提升履职能力

推进履职能力建设，着力提升四种能力。要认真学习贯彻习近平总书记关于推进政协履职能力建设的部署和要求，采取切实有效措施，着力提高四种能力。一要加强政治理论学习，通过组织专题讲座、培训交流、参观考察等活动，进一步坚定理想信念，增进政治认同，提高运用科学理论分析形势、研究解决问题的能力和水平，着力提高政治把握能力。二要坚持问题导向，深入实际摸清真实情况，集合众智提出解决办法，努力使对策建议有的放矢、切中要害，着力提高调查研究能力。各专门委员会每年至少提交一件体现职能的高质量调研报告；各界别每年至少提交一件体现界别特色的高质量调研报告或提案；区政协领导专题调研要与常委会、各专委会开展的协商议政工作更紧密地结合起来，在充分调研协商的基础上，形成高质量的专题调研报告或提案。三要创新群众工作方法，加强委员同界别群众的联系沟通，畅通和拓宽各界群众的利益诉求表达渠道，发挥好桥梁纽带作用，着力提高联系群众能力。四要发扬求同存异、体谅包容的优良传统，贯彻民主协商、平等议事的工作原则，尊重和包容不同意见的存在和表达，以民主的作风团结人，不断增进思想共识，加强与各方面人士的团结协作和与区委、区政府及对口部门的工作联系，着力提高合作共事能力。

强化机关作风建设，着力提高服务水平。不断巩固教育实践活动成果，坚决抵制“四风”，认真落实教育实践活动整改措施，加快推进委员联络服务机构的设置，制定和实施《顺义区政协机关服务委员履职的意见》，修订和落实《联系走访政协委员的工作规则》，精心做好服务委员履职各项具体工作，切实增强机关的服务保障功能。

各位委员，面临着新时期、新阶段的新形势、新任务，让我们更加紧密地团结在中共顺义区委的周围，围绕中心、服务大局，积极履职、不辱使命，为建设绿色国际港、打造航空中心核心区作出新的更大贡献！

# 坚持从严治党要求 强化监督执纪问责 坚定不移推进党风廉政建设和反腐败斗争

## ——2015年2月5日在中共北京市顺义区第四届纪律检查委员会第五次全体会议上的工作报告

区委常委、区纪委书记 肖韵竹

同志们：

这次全会的主要任务是：深入贯彻习近平总书记系列重要讲话精神，认真落实十八届中央纪委五次全会和市纪委十一届四次全会部署，总结2014年全区党风廉政建设和反腐败工作，部署2015年任务。

### 一、2014年党风廉政建设和反腐败工作回顾

2014年，在市纪委和区委的坚强领导下，全区各级党组织和纪检监察机关认真落实党风廉政建设主体责任和监督责任，严明党的纪律，持之以恒改进作风，坚定不移惩治腐败，"四风"问题和腐败滋生蔓延势头有所遏制，党风政风和社会风气进一步好转。

#### （一）聚焦中心任务，强化组织保障，扎实推进纪律检查体制机制改革

深入落实"转职能、转方式、转作风"工作总要求。对内设机构进行优化调整，使区纪委内部具有监督执纪问责职能的内设机构数量和从事监督执纪问责工作的人员数量，达到总数的70%以上。认真清理议事协调机构，将牵头或参与的议事协调机构由原来的62个精简到16个，明确纪检监察机关履行的是"监督之再监督、检查之再检查"的工作职能。全面规范工作分工，制定下发《关于规范纪委书记（纪工委书记、纪检组长）分工的通知》，对专兼职纪检监察干部的工作分工提出明确要求，基本实现全区专职纪检监察干部工作职责的全面"归位"。探索推进双重领导体制，规范基层单位监察科长的选拔任用。

紧紧抓住党风廉政建设主体责任这个"牛鼻子"。区委统筹谋划，制定下发《顺义区贯彻落实<建立健全惩治和预防腐败体系2013-2017年工作规划>的实施细则》，明确了46家牵头和协办单位党组织的62项具体工作任务。层层传导压力，区委制定下发《关于落实党委主体责任和纪委监督责任的实施意见》，要求各级党组织要当好党风廉政建设的领导者、执行者、推动者，各级纪检监察机关要从严监督执纪问责；区纪委制定下发《北京市顺义区纪委监察局约谈制度（试行）》，对区属二级班子党风廉政建设和反腐败工作开展的有关情况和存在问题进行日常约谈和问题约谈，全年共计约谈41人次。健全体制机制，规范设置处级单位的反腐倡廉建设领导小组和反腐败协调小组，为履行主体责任和监督责任提供组织依托。严格检查考核，结合年度重点工作，合理分配考核权重，注重强化民意导向，对全区140家受检单位

进行了民意调查，并坚持由区级领导带队进行现场检查和听取集中汇报，有效督促整改提高。

（二）严明党的纪律，强化正风肃纪，“四风”问题得到有力整治

严明政治纪律、组织纪律，坚决维护党的团结统一。把严明党的纪律放在首位，围绕落实习近平总书记视察北京重要讲话精神和市委、区委全会精神，加强对中央、市委、区委全面深化改革等重大决策部署落实情况的监督检查。重点对行政审批制度改革、生态文明和城乡环境建设、雾霾治理及清洁空气行动计划等工作开展统一立项监察，认真开展“严厉打击违法用地和违法建设”专项行动，严肃查处上有政策、下有对策和有令不行、有禁不止行为，对敷衍塞责、玩忽职守的从严执纪问责，确保政令畅通。坚决克服组织涣散、纪律松弛现象，在全区范围内对已被司法机关定罪处刑或已被其他相关部门作出相应处理的党员或监察对象的纪律处分情况进行多轮大排查，依规依纪作出了及时处理，切实维护纪律的严肃性和权威性。

持之以恒落实中央八项规定精神、市委实施意见、区委“1+X”制度体系，加大“四风”问题整治力度。制定下发《关于进一步加强作风建设严明纪律的通知》、《关于进一步深化作风建设坚决防止“四风”问题反弹的意见》等文件，进一步提出和明确作风建设的纪律要求，及时巩固作风建设取得的成果。坚持在元旦、春节、五一、中秋、国庆等“四风”问题易发多发时间节点，制定下发严禁公款送礼、公款吃喝等专项监督检查的通知，并通过廉政短信，提醒广大党员干部时刻牢记八项规定，坚决抵制“四风”。开展“培训中心腐败浪费等问题”、“门难进、脸难看、事难办”等问题专项检查，切实解决人民群众反映强烈的突出问题。2014 年，共处置违反中央八项规定精神的问题线索 21 件，已办结 13 件，查实 3 件。

（三）加大纪律审查力度，强化持续震慑，坚决遏制腐败滋生蔓延势头

保持惩治腐败高压态势，案件查办数量和增幅达近年来最高水平。区纪检监察机关坚持“有腐必反、有贪必肃”，自觉把惩治腐败作为当前纪检监察机关的首要工作职责，认真开展“严肃查处农村基层党员干部不正之风和违法违纪行为”专项行动，着力查处“三资”管理使用、涉农资金补贴、征地拆迁补偿、工程建设资金使用等领域的腐败行为，全年共初核案件线索 64 件，同比上升 64.1%；立案 44 件，同比上升 83.3%；党政纪处分 41 人，同比上升 32.3%。区检察院共立案侦查贪污贿赂、渎职侵权等职务犯罪 10 件，区法院共审结贪污贿赂案件 6 件、渎职侵权案件 1 件。全区案件查办工作呈现较好态势。

健全机制，切实提升纪律审查规范化水平。畅通群众监督渠道，按照中央纪委的最新要求规范受理和处置群众信访举报件，实行“一口进出，统一管理”，全年共收到各类信访件 876 件次，其中，重复信访件 640 件次，检举控告类初信初访件 162 件。加强案件线索管理，着力规范线索评估、排查、上报、办理、管理等工作，适时召开排查小组会，按照“拟立案、初步核实、函询谈话、暂存、了结”五类标准，研究决定处置方式。健全案件协查工作机制，加强与有关部门的联合办案，增强办案工作合力。严肃办案工作纪律，不断健全完善办案纪律管理、办案人员管理、办案保密管理等多项制度规定。

警示震慑，注重发挥案件治本功能。坚持惩治腐败与教育干部相结合，启动反腐倡廉实景警示教育基地，以“以案代训”

方式组织现场旁听典型违纪违法案件的法庭审理；组织开展“以案为鉴”预防职务犯罪巡回展览和“以案说纪”专题理论中心组学习，进一步强化全区广大党员干部的遵规守纪意识。

（四）坚守责任担当，严格教育管理监督，纪检监察队伍建设进一步加强

加强区纪委常委会班子建设。研究制定《区纪委常委会关于加强自身建设的意见》，从加强思想政治建设、强化责任担当、落实民主集中制、密切联系群众、切实改进作风等几个方面对加强区纪委常委会班子自身建设提出明确要求，着力把区纪委常委会打造成“政治过硬、业务精通、作风正派、团结向上”的领导集体。

狠抓纪检监察干部队伍建设。按照“执纪者更要带头遵守纪律、监督者更要带头接受监督”的基本要求，对纪检监察干部从严要求、从严教育、从严管理、从严监督。召开全区纪检监察工作大会，要求切实统一思想认识，自觉、自愿、积极、主动践行“三转”要求，聚焦中心任务，认真履行监督执纪问责工作职责。举办“聚焦己责本业，提升执纪办案能力”专题业务培训班，重点就案件调查的方法和程序、党政纪处分的适用与流程等业务工作进行详细讲解，着力提升纪检监察干部的业务能力和水平。

一年来，全区各级党组织和纪检监察机关认真贯彻落实中央、市委、区委的新精神、新部署、新要求，党风廉政建设和反腐败工作取得了明显成效，积累了宝贵经验。成绩的取得得益于区委旗帜鲜明、立场坚定、坚强有力的领导，得益于各级党组织和广大党员干部的共同努力，得益于广大人民群众的支持和参与，得益于全体纪检监察干部付出的辛苦和智慧。在肯定成绩的同时，我们也要清醒地看到，我们的工作与中央纪委、市纪委和区委的要求相比还有差距，还存在一些问题。比如：有的党组织及主要负责人从严管党治党意识不强，对主体责任担当不够，对党员干部监督管理力度不够，监督制约机制不健全不完善，没有正确处理好党风廉政建设与经济社会发展的关系，承担党风廉政建设主体责任不自觉、不积极、不到位，既有认识不深的问题，也有能力不强的问题。有的纪检监察机关对党的政治纪律、政治规矩、组织纪律与腐败的关系理解不到位，对本单位本部门党的纪律特别是政治纪律和政治规矩的执行情况不摸底、不了解，监督乏力、责任缺失；有的纪检监察机关推进“三转”不到位，聚焦中心任务不突出，没有切实发挥监督作用，执纪监督能力不能适应新要求。有的纪检监察干部对党风廉政建设和反腐败斗争依然严峻复杂的形势认识不深刻，落实责任、传导压力不够，思想观念、工作作风和能力素质还不能适应新形势、新要求，存在“不愿转、不敢转、不会转”、不作为甚至乱作为的问题，通过强化自我监督，真正做到打铁还需自身硬，依然任重而道远。对此，我们必须高度重视，认真加以解决。

**二、2015 年主要任务**

2015 年是新时期深入推进党风廉政建设和反腐败斗争承上启下的重要一年，是确保中央纪委、市纪委和区委关于党风廉政建设和反腐败斗争的决策部署取得切实成效的关键一年。全区各级党组织和纪检监察机关要深刻领会上级指示精神，认真落实工作责任。今年工作总的要求是：深入贯彻落实党的十八大和十八届三中、四中全会精神，认真贯彻习近平总书记系列重要讲话精神，坚决落实中央纪委五次全会、市纪委四次全会工作部署，坚持从严治党、依规治党，严明政治纪律和政治规矩、加强纪律建设，继续深化纪律检查体制改革、

推进组织和制度创新，落实“两个责任”、强化问责追究，持之以恒落实中央八项规定精神、市委实施意见和区委“1+X”制度体系，坚决遏制腐败现象滋生蔓延势头，以更严的纪律管好纪检监察干部，坚定不移推进党风廉政建设和反腐败斗争。

（一）加强党的纪律建设，坚决落实从严治党、依规治党要求

认真贯彻落实十八届四中全会精神和市委贯彻落实意见。要强化责任担当，把坚持依法执政与严格落实依规依纪管党治党的政治责任结合起来，细化完善惩治和预防腐败、防控廉政风险、防止利益冲突、领导干部报告个人有关事项、任职回避等方面的制度规定，认真学习贯彻修订后的《中国共产党党员领导干部廉洁从政若干准则》、《中国共产党纪律处分条例》，研究制定和修改完善具体落实的配套制度规定。要加强对《中共北京市委关于贯彻落实党的十八届四中全会精神全面推进法治建设的意见》和党内法规制度执行情况的监督检查，增强制度执行力，做到制度执行到人到事。广大党员干部特别是领导干部要切实履行党员义务，自觉遵守党的纪律，模范遵守国家法律法规。

严明党的政治纪律和政治规矩。把加强纪律建设作为反腐败的治本之策，摆在更加重要的位置。要切实抓好党的政治纪律、组织纪律、财经纪律、工作纪律和生活纪律等各项纪律的贯彻执行。要突出抓好党的政治纪律和政治规矩，始终坚持党的领导，自觉维护中央权威，牢固树立大局观念，按程序请示报告，正确处理保证政令畅通和立足实际创造性开展工作的关系，在思想上政治上行动上同党中央保持高度一致。守纪律是底线，守规矩靠自觉。要注重加强党的纪律教育，探索纪律教育经常化、制度化的有效途径，不断增强党员干部的纪律意识和规矩意识，切实强化组织纪律性，努力营造守纪律、讲规矩的良好氛围。

切实履行执纪职责。要强化纪律刚性约束，加强纪律执行情况的监督检查，决不容忍拉帮结派、任人唯亲、搞小团体、小圈子；决不允许自行其是、阳奉阴违、奉行“两面”哲学；坚决纠正组织涣散、纪律松弛、不守规矩问题，严肃查处欺骗组织、对抗组织行为，切实维护党规党纪的严肃性和权威性。要坚持问题导向，加强对区委、区政府重大决策部署落实情况的监察监督，坚决纠正讲条件、搞变通、做选择现象，切实加大对违法用地违法建设等重点领域工作的行政问责力度。

（二）深化纪律检查体制改革，推进组织和制度创新

健全完善反腐败领导体制和工作机制。充分发挥各级反腐倡廉建设领导小组和反腐败协调小组职能作用，健全经济责任审计、问题线索移送等各项工作机制，明确工作责任，健全工作制度。区纪委要切实加大组织协调力度，加强与区法院、区检察院、区公安机关、区审计机关等的协作配合，促进案件查办工作依纪依法、高效协调开展。

深化落实双重领导体制。强化区纪委对下级纪检监察机关的领导，进一步健全完善下级纪检监察机关在案件查办、信访举报、作风建设、自身建设等方面的工作报告制度，全面落实查办案件以上级纪委领导为主的工作要求。研究制定处级单位纪（工）委书记（副书记）、纪检组长提名考察办法，细化落实纪检监察干部工作分工要求，探索建立处级单位纪（工）委书记（副书记）、纪检组长备用人选库，健全推荐交流机制。

改革完善派驻工作。探索推进单独派驻和归口派驻并用的管理模式，推动实现区级党政机关派驻的全覆盖和派驻机构的统一管理，逐步理顺派驻机构与派出机关、

驻在部门、派出纪工委的工作关系，明确派驻机构由派出机关直接领导、统一管理，并逐步建立健全派驻机构业务管理、履职监管、干部管理、后勤保障等制度，逐步建立健全派驻机构纪检监察干部与驻在部门领导班子成员廉政谈话、约谈、问责等制度，充分发挥“派”的权威和“驻”的优势。

（三）强化责任追究，推动主体责任和监督责任层层落实

严格责任落实。各级党组织要深入学习贯彻落实区委《关于落实党风廉政建设责任制党委主体责任和纪委监督责任的实施意见》，加强领导和组织实施，把主体责任和监督责任进一步明确化、具体化，加强对纪检监察机关工作的领导和支持，定期分析研判形势，狠抓工作部署落实，扎实推进作风建设，坚定不移惩治腐败，强化对权力运行的制约和监督，深化廉政风险防控管理“三个体系”建设，加强对党员干部的教育和管理，加强责任落实情况报告，切实担负起抓好党风廉政建设的政治责任。各级纪检监察机关要切实履行监督责任，加大正风肃纪和查办案件力度，敢于担当，铁面执纪。

严肃责任追究。严格党风廉政建设责任制检查考核，综合运用自查自评、日常检查、专项检查、民主评议、社会评价、现场检查等多种方式，科学设置考核指标体系，强化考核结果实际运用，实行“一案双查”，对违反党的政治纪律、政治规矩和组织纪律，“四风”问题突出、发生顶风违纪问题，出现区域性、系统性腐败案件的部门和单位，既追究主体责任、监督责任，又严肃追究领导责任。对落实区委区政府重大决策部署不力的，也要严肃追究责任。建立责任追究通报制度，通过严格问责，推动责任层层落实。

（四）持之以恒落实中央八项规定精神，驰而不息纠正“四风”

锲而不舍，狠抓节点，坚持、巩固和深化作风建设。加强和改进党的作风建设，只有起点没有终点，要在坚持中深化、在深化中坚持。要继续抓好中央八项规定精神、市委十五条实施意见和区委改进工作作风密切联系群众“1+X”制度体系的贯彻落实，紧盯一个一个时间节点不放松，紧盯一个一个具体问题不放松，以点带面、连点成线，以实实在在的具体举措，带动党员干部作风的整体改进。要坚持制度硬约束，针对新情况，不断健全完善改进作风的各项制度规定，切实提高制度执行力，有效推进作风建设常态化、长效化，坚决防止“四风”反弹回潮。

锁定重点，严肃查处，狠刹“四风”突出问题。要重点加强对公款吃喝、公车私用、乱发款物、大操大办等的执纪监督，及时发现“四风”问题的新形式、新动向，将违反中央八项规定精神的行为列为纪律审查重点，作为纪律处分的重要内容，对发生顶风违纪问题的部门、单位的党组织和纪检监察机关进行责任追究，切实加大执纪监督和曝光力度。

抓党风，带民风，促社风。党风正则民风淳。党风决定民风社风，民风社风影响党风。要大力开展国家法律法规和党性党风党纪教育，明确法律和纪律的红线，引导广大党员干部牢固树立遵法守法的法治意识和遵纪守纪的纪律意识。要坚持遵纪守法与崇德重礼相结合，注重发挥德治礼序、乡规民约的教化作用，积极营造遵规守序的良好社会氛围。要充分挖掘区域历史文化资源，发展具有顺义特色的“绿港清风”廉政文化，强化思想引领、加强阵地建设，以优良的党风带民风促社风，推动实现“干部清正、政府清廉、政治清明、社会清新”。

（五）坚决遏制腐败滋生蔓延势头，

形成持续震慑

强化对反腐败工作的统一领导。要把纪律审查作为重要政治任务，坚持在反腐败工作中讲政治、讲纪律、讲原则。要进一步完善和落实查办违纪案件组织协调机制，改进反腐败协调小组工作，严格落实上级纪检监察机关对下级纪检监察机关和派驻机构纪律审查工作的领导制度，健全重大案件督办机制。

突出纪律审查重点。加大纪律审查力度，持续保持高压态势，坚决查处严重违反党的政治纪律、组织纪律、保密纪律、财经纪律的行为；重点查办发生在领导机关和重要岗位领导干部中的插手工程建设和土地出让、侵吞国有资产、买官卖官、以权谋私、腐化堕落、失职渎职案件；加大对群众身边腐败问题的查处力度；对转移赃款赃物、销毁证据，搞攻守同盟、对抗组织审查行为，必须纳入依规惩处的重要内容。

坚决惩治“小官贪腐”。加大对群众身边不正之风和腐败问题的查处力度，严肃查处“小官贪腐”问题。重点查办乡镇街道等基层党员干部中发生的征地拆迁、工程建设、农村“三资”管理、惠民惠农资金管理等重点领域以及违法用地、违法建设中的腐败案件；严肃查处吃拿卡要以及乱收费、乱罚款、乱摊派等侵害群众利益问题。基层党组织要切实履行主体责任，健全内部制度，强化管理监督。职能部门要举一反三，扎紧制度笼子，落实监管责任。

改进监督审查方式。强化问题线索管理，严格按照“拟立案、初核、函询谈话、暂存、了结”五类标准分类处置，定期清理、规范管理。进一步加强案件审理工作，认真履行审核把关和监督制约职责。要把违反政治纪律、组织纪律作为重点，对问题线索迅速查处，该纪律处分的及时给予处分，该组织处理的及时作出处理，该移送司法机关的及时移送司法机关。坚持抓早抓小，对党员干部身上的问题早发现、早处置，及时约谈、函询、诫勉，惩前毖后，治病救人。发挥纪律审查治本作用，深入剖析典型案件，发挥震慑、警示和教育作用。

严明审查工作纪律。遵守审查纪律和程序，严格执行初核、立案请示报批制度，依规依纪开展审查工作。规范涉案资料和款物管理，决不允许泄露秘密、以案谋私。加强申诉复查复议工作，切实保障党员权利。落实办案安全工作责任制，对安全事故严肃追究直接责任和领导责任。

（六）坚持打铁还需自身硬，建设忠诚、干净、担当的纪检监察干部队伍

深化“转职能、转方式、转作风”。各级纪检监察机关和广大纪检监察干部要进一步统一思想、聚焦中心，深入持续做好“三转”工作。要创新组织制度，挖掘自身资源和潜力，把更多的力量投入到监督执纪问责上来。要巩固议事协调机构清理成果，守住主业不发散。要加强纪检监察干部能力素质建设，特别是加强案件查办业务能力建设，加大业务培训力度，切实增强纪检监察干部的履职能力和水平。

强化纪检监察干部责任担当。对党忠诚是纪检监察干部的政治品格，敢于担当是对党忠诚的具体体现。纪（工）委书记（纪检组长）既要自身正、过得硬，又要敢抓敢管，以更严的要求教育、管理和监督干部。广大纪检监察干部要自觉践行“三严三实”，在形成严、细、深、实的工作作风上下真功夫。要加强对纪检监察干部的思想政治建设和作风建设，按照忠诚、干净、担当的标准和要求，进一步加强纪检监察干部的党性修养和党性锻炼，进一步提高纪检监察干部的法治思维和纪律意识，以零容忍态度查处发生在纪检监察干部中的违纪违法问题，特别是对不敢抓、不敢管、

监督责任缺位的纪检监察干部要坚决问责，用铁的纪律打造党组织信任、干部群众信赖的纪检监察干部队伍。

三、工作要求

为确保完成2015年党风廉政建设和反腐败斗争的工作任务，我们必须做到以下三点：

一是必须强化问题意识、坚持问题导向，保持对党风廉政建设和反腐败斗争严峻复杂形势和艰巨繁重任务的清醒判断。

十八届中央纪委五次全会指出，反腐败斗争形势依然严峻复杂，在实现不敢腐、不能腐、不想腐上还没有取得压倒性胜利，腐败活动减少了但并没有绝迹，反腐败体制机制建立了但还不够完善，思想教育加强了但思想防线还没有筑牢，减少腐败存量、遏制腐败增量、重构政治生态的工作艰巨繁重。我们必须始终保持清醒的头脑，正确判断取得的成绩和存在的问题，深刻理解和认识党风廉政建设和反腐败斗争是一场输不起的斗争，以高度的政治责任感和历史使命感，聚焦突出问题，坚持民意导向，坚定不移地把党风廉政建设和反腐败斗争向前推进。要坚持从严惩治、坚决遏制腐败滋生蔓延势头，强化“不敢腐”的氛围；坚持依法治国、依规治党，健全“不能腐”的制度；坚持正风肃纪、端正党风，坚定“不想腐”的信念。只有坚定不移地把党风廉政建设和反腐败斗争引向深入，才能赢得干部群众的信任和支持，为区域改革发展稳定提供有力保证。

二是必须始终坚持党委统一领导，以更高标准、更严要求把党风廉政建设的主体责任落实到位。

落实党风廉政建设责任制，党委负主体责任，这是党中央在新形势下作出的重大决策部署，充分说明了抓好党风廉政建设是各级党组织必须担负的重要政治责任和确保党风廉政建设和反腐败斗争始终沿着正确方向前进的重要政治保证。党的十八大以来，区委坚定不移推进党风廉政建设和反腐败斗争，层层传导压力，层层落实责任，强调各级党组织要切实把思想和行动统一到中央、市委的决策部署上来，增强自觉、勇于担当，严格落实党风廉政建设和反腐败工作的主体责任，研究制定了《顺义区委关于落实党风廉政建设责任制党委主体责任和纪委监督责任的实施意见》，为我们开展工作指明了方向、明确了规矩、确立了目标。各级党组织要认真学习领会中央、市委、区委的指示精神，牢固树立抓好党风廉政建设是本职、不抓党风廉政建设是失职、抓不好党风廉政建设是不称职的理念，保持坚强政治定力，自觉肩负起党风廉政建设的主体责任，切实当好党风廉政建设的领导者、执行者和推动者；各级党组织的主要负责人要进一步增强执政意识和管党治党意识，认真履行第一责任人职责，把抓好党建作为最大的政绩，把党风廉政建设作为党的建设重要方面，把责任落实到党的建设和改革发展稳定各个方面以及党风廉政建设决策和执行的全过程，抓好班子、带好队伍，以更高的标准，更严的要求，更有力的举措，扎实推进党风廉政建设和反腐败斗争。

三是必须牢牢聚焦中心任务，不断强化纪检监察机关监督执纪问责的工作职责。

党的各级纪律检查机关是党内监督的专门机关，承担着协助党委抓党风和组织协调反腐败工作的重要职责。党的十八大特别是十八届三中全会以来，全区各级纪检监察机关认真落实中央、市委、区委的决策部署，“转职能、转方式、转作风”，纪律检查体制机制改革初见成效。“三转”没有完成时。纪检监察机关切实履行监督责任，必须保持方向不偏、路线不移、目标不变，聚焦聚焦再聚焦，进一步找准监督执纪问责的工作定位，进一步加大监督执纪问责的工作力度，进一步强化纪律的刚性约束，针对党风廉政建设和反腐败斗争的新形势、新问题、新部署，研究新举措、新办法、新机制，以新作为适应新常态。

同志们，党风廉政建设和反腐败斗争任务艰巨、使命光荣。我们要按照中央、市委、区委的部署要求，准确把握党风廉政建设和反腐败斗争的当前形势，切实找准推进党风廉政建设和反腐败斗争的当前重心，抓住机遇，直面挑战，敢于担当，勇于负责，以永远在路上的坚强意志，不断把党风廉政建设和反腐败斗争引向深入，为“建设绿色国际港、打造航空中心核心区”提供有力保证。

# 顺义区人民法院工作报告

## ——2014年12月27日顺义区第四届人民代表大会第四次会议

顺义区人民法院院长　郭铁相

各位代表：

现在，我代表顺义区人民法院向大会报告工作，请予审议。

## 2014年的主要工作

2014年，在区委的领导、区人大及其常委会的监督和上级法院的指导下，区法院深入学习贯彻党的十八大和十八届三中、四中全会精神，准确把握全面推进依法治国总目标，坚持司法为民、公正司法，努力让人民群众在每一个司法案件中都感受到公平正义。1至11月，受理案件25478件，办结19756件，同比分别上升10.8%和13%，法定审限内结案率为99.96%。

**一、依法履行审判职责，促进社会公平正义**

积极回应人民群众维护自身合法权益的要求和期待，依法办理案件，促进社会公平正义，为我区改革发展稳定提供坚强保障。

（一）惩罚犯罪保障人权，推进平安顺义建设。

审结刑事案件1029件，判处罪犯1243人。依法严惩危害公共安全和人民群众生命财产安全的严重刑事犯罪，妥善审理了彭某吸食毒品后驾车故意冲撞他人车辆、张某以房屋买卖为名诈骗他人189万元等重大案件，审结危险驾驶犯罪案件215件，对31名被告人判处五年有期徒刑以上刑罚，有力维护了区域安全稳定。依法严惩妨害社会管理秩序和危害民生的犯罪，审结寻衅滋事、传播虚假恐怖信息等案件123件，审结危害食品药品安全犯罪案件76件。成立未成年人案件综合审判庭，建立社会调查、心理评估、轻罪犯罪记录封存等工作机制，审结未成年人犯罪案件72件，对69名未成年罪犯的轻罪记录予以封存。对于民间纠纷、家庭矛盾引发的轻微刑事案件，充分发挥司法能动性，促使61%的符合条件的案件当事人达成和解，被告人履行赔偿款500余万元。严格实施修改后的刑事诉讼法，坚持无罪推定和证据裁判原则，严守防范冤假错案底线，改变检察机关指控罪名和数额的案件5件，因证据不足协调检察机关撤回起诉4件。

（二）定纷止争规范秩序，促进经济社会发展。

审结民商事和知识产权案件13757件，同比上升7.1%。一是以保护当事人合法权益为重点，依法审理民事案件。建立物业服务质量“案中判后追踪”机制，法官通过进社区暗访、定期回访、随机走访等方式，全面追踪物业服务质量，促使物业公司提高服务水平，维护业主合法权益，审结物业服务合同案件3501件，同比增长近1倍。依法审结因交通事故、医疗损害、产品质量产生的侵权责任案件1559件，加强诉讼指导，及时保护受害人的合法权益，当事人服判息诉率为93%。对事关伦理道德的婚姻家庭和继承纠纷，依法强化法官职权，准确把握矛盾成因，加大调解力度，审结案件1724件，调解撤诉率为72.8%。二是以规范市场经济秩序为重点，依法审理商事案件。审结买卖、借款、运输、保险等合同纠纷1980件，依法保护守信行为，制裁违法违约行为，平等保护各类市场主体的合法权益。审结农村土地承包合同纠纷144件，规范土地承包经营权流转，稳定农村土地承包关系。贯彻实施修改后的公司法，审结与企业经营有关的案件86件，促使企业完善内部治理结构；受理申请公司清算和破产案件10件，推动不符合产业政策的企业有序退出市场。依法审结涉外、涉港澳台案件30件，优化我区投资环境。三是以促进科技文化创新为重点，依法审理知识产权案件。主动适应我区产业发展向创新创造转型升级的要求，通过知识产权审判引导形成有利于创新的良好环境，审结案件115件，同比上升36.9%。

（三）监督行政机关依法行政，推动法治政府建设。

随着我区法治建设的发展，行政相对人通过诉讼维护权益的需求不断增长，今年以来受理行政案件282件，同比增长1.3倍。在行政审判中，继续坚持合法性审查原则，既支持行政机关依法行政，又维护行政相对人合法权益，判决维持行政机关决定、驳回原告诉讼请求以及裁定驳回起诉的案件占43.4%。针对行政机关败诉案件，建立行政审判“白皮书”制度，向行政机关全面提出执法意见和建议，推动提高依法行政水平。加大对行政纠纷的协调化解力度，促使行政机关主动改变不当行政行为，弥补执法瑕疵，推动行政纠纷实质性化解，行政案件撤诉率为27.5%，同比提高10.4个百分点。依法受理审查行政非诉执行案件57件，准予执行率为86%，确保了我区“拆违”工作和重点工程建设顺利开展。

**二、坚持以问题为导向，加强司法为民公正司法**

认真解决影响人民群众公正感受的法院自身问题，进一步提升司法公信力，全院审判质量综合指数位于全市法院第七位，其中公正和效率指数分别位于全市法院第五位和第二位。

（一）努力解决影响司法公正的机制问题。

抓住关键环节，强化对司法权力的监督和制约。一是充分发挥庭审功能。全面推进刑事案件量刑规范化改革，将量刑纳入庭审程序，充分听取诉讼各方的意见和建议，确保量刑公正，被告人服判息诉率为91.2%。扩展立案前化解民事纠纷的功能，将确认送达地址、送达法律文书等庭前准备活动纳入立案工作范畴，减少庭审中的程序性事务，确保法官集中精力做好疑难复杂案件的审理工作。今年以来，纳入立案前化解的纠纷1387件，成功调解715件。二是科学定位审判监督职能。转变院、庭长监督职能，由个案把关逐步转向类案指导，由监督指导办案逐步转向案件审限管理，今年以来，依法批准延长审限8件，同比大幅减少。选任新一届人民陪审员，拓展陪审员参审监督的形式，普通程序案件陪审率为98.3%，超出全市法院平均水平4.6个百分点。集中力量评查上级法院改判发回重审、发生申诉信访的案件73件，整改问题，总结经验，统一裁判尺度。三是着力增强司法透明度。自1月1日起，除涉及国家秘密、个人隐私、商业秘密和未成年人犯罪的案件外，所有生效裁判文书通过互联网全部对外公开，案件事实认定、裁判说理、法律适用置于社会监督之下。开通顺义法院官方微博，实时播报法院工作动态、案件庭审情况，及时传递公正司法的正能量。四是主动接受人大和社会监督。向区人大常委会、主任会议报告执行工作和新刑事诉讼法的实施情况，听取人大代表、政协委员对解决法院“四风”问题的意见和建议，邀请区检察院领导列席审判委员会会议，进一步畅通了外部监督渠道。

（二）着力解决人民群众反映的突出问题。

继续在破解“立案难”、“执行难”上下功夫。一是规范立案工作。加强立案指导和风险提示，推行网上预约立案，法定期限内立案率为100%。对不符合受理条件的纠纷一律出具不予受理裁定书，裁定不予受理纠纷9件，二审法院均予以维持。二是破解执行难题。加大执行威慑力度，对88人实施司法拘留，对22人限制出境，将1230人列入失信被执行人名单，严厉打击“老赖”的不诚信行为。开展涉民生案件专项集中执行活动，执结案件636件，执行案款1251万元。开展“转变执行作风、规范执行行为”专项活动，全面落实《北京市法院执行工作规范》，着力整治消极执行、乱执行等行为。组建执行指挥中心，指挥中心与执行活动现场之间实现信息双向传输、远程监控指挥，与全市法院执行指挥系统之间实现信息采集、财产查控等功能的对接，执行工作效率得到进一步提高。今年以来，共执结案件4645件，执结标的额8.3亿元，执行标的到位率为82.8%，高出全市法院平均水平4.1个百分点。

（三）全力解决工作中存在的作风问题。

继续在解决“门难进、脸难看、事难办”问题上求实效。一是完善诉讼服务体系。设立“立案法官咨询指导处”，接待咨询8100余人次，一次性解答当事人在立案中遇到的问题，减少往返法院的次数。建立12368人工语音服务平台，以人工语音方式，为社会公众和当事人提供诉讼咨询、联系法官、查询案件、举报投诉等诉讼服务。开通远程视频接访系统，组织23起案件的信访人通过视频系统向最高法院反映问题，促使涉诉信访案件就地化解。开展“给大法官留言”在线办理工作，解决网民反映的问题8件。二是健全司法作风常态化管理机制。建立立案窗口群众满意度电子评价系统，立案服务实时接受当事人的评价和监督。运用视频监控设备对窗口单位进行不定期检查，对庭审活动进行随机抽查，开展纪律作风专项检查48次，窗口音视频检查44次，抽查庭审96个，对发现的作风问题，每月通报到人，督促整改落实。

**三、狠抓队伍建设，提升职业素养和专业水平**

以开展第二批党的群众路线教育实践活动为契机，进一步加强法院队伍建设，着力打牢基层基础。

（一）坚持从严治党加强班子建设。

按照市委和区委的统一部署，深入开展党的群众路线教育实践活动。认真学习党的十八大、十八届三中、四中全会和习近平总书记系列重要讲话精神，增强了公正司法、为民司法的责任感和使命感。班子成员分别建立联系点，通过发放调查问卷、调研座谈研讨等形式，广泛征求意见建议，了解人民群众的司法需求。深入坦诚开展批评和自我批评，制定25个方面95条整改措施，增进了班子团结，提高了班子的战斗力。配合市高级法院开展司法巡查工作，健全党组理论中心组学习制度，规范党组议事决策程序，严格“三公”经费支出管理，初步建立了整治“四风”问题的长效机制。

（二）坚持从严治院推进廉政建设。

落实党组的党风廉政建设主体责任，支持本院纪检监察部门依法执纪监督问责。将深入整治“关系案、人情案、金钱案”作为党风廉政建设的重中之重，在全院范围内开展专题宣讲，向当事人随案发放廉政监督卡，开通法院工作人员违法违纪举报网站，认真受理核查投诉和举报线索，对发现的苗头性问题，及时约谈重点人，查证属实的，依法依纪严肃处理。完善廉政监察员制度，将监察员的设立扩展到全院所有部门，将履职期限延长为两年，定期表彰优秀廉政监察员，推动完善内部监督制约机制。创新廉政教育形式，开展廉政文化示范点创建工作，设置廉政宣传专栏，开通廉政微信平台，评选“廉政年度人物”，营造了崇廉尚廉、风清气正的良好氛围。与区纪委、区检察院共同建立我区反腐倡廉实景警示教育基地，通过实景案件旁听代训、廉政教育资源共享等形式，既教育了全区党员领导干部，又警示了全院干警。

（三）坚持内涵发展培养法治人才。

按照正规化、职业化、专业化要求，培养高素质审判队伍。加强思想政治建设，通过组织理论学习和加强典型人物引领，引导干警坚定建设社会主义法治国家的理想信念。建立实训化培养机制，对预备法官、初任法官开展“一对一”职业训练，通过观摩庭审、现场演练等方式，提高审判技能。增补10名审判部门负责人担任审判委员会委员，进一步提高了审判委员会讨论案件的专业水平。开展“关爱干警办实事”活动，完成审判员职务晋升、非领导职级晋升工作，拓展了干警的职业发展空间，充分调动了干警的工作积极性。1至11月，法院人均结案83件，法官人均结案146件，分别位于全市法院第三位和第五位，同比分别增长9.2%和15%。

各位代表，一年来，我院能够完成繁重的审判任务，离不开区委、区人大、区政府、区政协以及有关方面的领导、监督和支持，各位代表为改进法院工作提出了许多建设性的意见和建议。在此，我代表区法院，向长期以来关心和支持法院工作的有关部门和人大代表表示衷心的感谢！

在取得发展进步的同时，我们也看到，工作中还存在一些不容忽视的问题。一是审判质量效率与人民群众的要求和期待相比仍有差距。有的案件久拖不决，有的案件裁判尺度不统一，有的裁判说理性不强，“执行难”等问题仍然没有得到彻底解决。二是审判工作机制与公正高效权威的社会主义司法制度要求相比仍有差距。法院内部的审判权、行政权、监督权界限不够明晰，权责不够统一，院、庭长监督指导办案的方式还需要进一步改进和规范。三是队伍整体素质与全面落实审判责任制的要求相比仍有差距。个别审判人员公平正义的理念树立得不牢固，作风不扎实，司法能力还不适应日益复杂的审判工作，不适应司法改革提出的各项要求。上述问题，我院将认真研究并逐步加以解决。

## 2015年的工作设想

各位代表，今年十月召开的党的十八届四中全会，明确提出了全面推进依法治国的指导思想、总体目标、基本原则，对保证公正司法、提高司法公信力作出了全面部署。我院将深入学习贯彻全会精神，依法履行审判职责，创新法院审判管理，推进严格公正司法，为我区改革发展稳定提供坚强有力的司法保障。

（一）充分发挥审判职能，服务保障我区全面深化改革。

充分保护当事人诉权，对依法应当受理的案件，做到有案必立、有诉必理。依法严惩严重刑事犯罪，健全冤假错案防范机制。充分发挥司法审判保障权利、维护契约、鼓励创新的作用，推进法治经济建设和社会诚信建设，保障市场在资源配置中起决定性作用和更好发挥政府作用。认真贯彻实施修改后的行政诉讼法，解决行政诉讼立案难、审理难等问题。强化执行措施运用，严格规范执行活动，依法惩处拒不执行判决裁定等违法犯罪行为。落实普法责任制，加大普法宣传力度。

（二）创新和加强审判管理，健全司法权力运行机制。

严格规范法官在庭前准备、证据认定、法律适用、庭审主持、文书制作过程中的权力行使，做到事实认定符合客观真相、办案结果符合实体公正、办案过程符合程序公正。严格规范院、庭长审判监督权的行使，科学界定审判监督权与审判权的范围和界限，落实主审法官、合议庭的审判责任。充分发挥12368人工语音服务平台的功能，强化对当事人知情权、监督权等权利的保障。

（三）创新人才培养机制，提高严格公正司法的能力。

把思想政治建设摆在首位，深入开展社会主义核心价值观和社会主义法治理念教育，发扬敢于严格司法的精神。巩固深化党的群众路线教育实践活动成果，提高班子运用法治思维和法治方式深化改革、严格司法、化解矛盾、维护稳定的能力。推进队伍正规化、专业化、职业化发展，建设学习型法院，提高法官司法能力。旗帜鲜明地坚持从严治院，全面落实党风廉政建设主体责任，采取有效措施杜绝“人情案、关系案、金钱案”，对司法腐败零容忍。

（四）不断深化司法公开，主动自觉接受各界监督。

全面推进裁判文书公开、审判流程公开、执行信息公开“三大平台”建设，加强法律文书释法说理，进一步提高公开的质量和效率，确保当事人能够随时查询案件进展情况。完善接受人大监督机制，认真做好报告工作，健全人大代表联络、代表建议办理等制度。完善接受检察机关法律监督机制，共同维护司法公正和法律权威。完善接受社会监督机制，及时回应社会关切。完善人民陪审员参审监督制度，保障陪审员的参审权利，扩大参审范围，提高人民陪审制度的公信力。

各位代表，在新的一年里，我院将以党的十八大和十八届三中、四中全会精神为指引，在区委的坚强领导、区人大及其常委会的有效监督下，开拓进取，改革创新，努力让人民群众在每一个司法案件中都感受到公平正义，为“建设绿色国际港、打造航空中心核心区”作出新的贡献！

# 顺义区人民检察院工作报告

## ——2014年12月27日顺义区第四届人民代表大会第四次会议

顺义区人民检察院代检察长 张豫

各位代表：

现在，我代表顺义区人民检察院，向大会报告工作，请予审议。

## 2014年检察工作情况

2014年，顺义区人民检察院在区委和市检察院的领导下，在区人大及其常委会的监督下，在区政府、区政协和社会各界的支持下，深入贯彻党的十八届三中、四中全会精神，紧紧围绕全区中心工作，积极开展党的群众路线教育实践活动，忠实履行宪法和法律赋予的职责，坚持严格规范执法，切实加强法律监督，各项检察工作取得了新进展。

**一、以检察业务为中心，全面加强法律监督工作**

切实把思想和行动统一到党中央关于全面推进依法治国的重大决策部署上来，积极参与平安顺义、廉洁顺义和法治顺义建设，保障人民群众安居乐业、社会安定有序。

依法打击各类刑事犯罪，积极参与平安顺义建设。充分发挥审查逮捕和审查起诉职能，共批准逮捕各类犯罪627件807人，提起公诉1109件1323人。一是依法严厉打击抢劫、强奸等严重暴力犯罪，盗窃、诈骗等多发性侵财犯罪和危险驾驶等危害公共安全犯罪。依法办理了犯罪嫌疑人梁某某、李某等7人跨区域暴力抢劫、盗窃建筑工地财物的恶性团伙犯罪案件；以涉嫌伪造金融票证罪，对利用伪造的金融票证骗取银行2亿元资金用于个人拆借的犯罪嫌疑人王某某批准逮捕，为国家挽回经济损失近1.7亿元。二是注重打击犯罪和保障人权并重。对247名无逮捕必要和115名犯罪情节轻微的犯罪嫌疑人分别作出不批准逮捕、不起诉决定；认真开展羁押必要性审查，依法对50名犯罪嫌疑人变更强制措施；对不批捕、不抗诉等情形加强释法说理，促进案结事了；注重涉罪未成年人合法权益保护，依法对52人次涉罪未成年人开展犯罪记录封存、附条件不起诉、事前社会调查和事后帮教观护考察，打造“蒲公英”青少年法制宣讲团品牌，走进学校、社区、乡镇等讲授法制课7次，受众人数达600余人，强化了对涉罪未成年人的教育、感化、挽救与犯罪预防效果。三是适应涉法涉诉信访改革后群众信访大量进入检察环节的新情况，制定《推进涉法涉诉信访工作改革实施方案》和《联合接访的工作规定》，对群众来访实行“一站式接待、一条龙服务、一揽子解决”，共受理信访474件，刑事申诉案件11件，全部妥善处理，未出现越级访和进京访情况，有效推动了涉检信访工作法治化。

依法查办和预防职务犯罪，积极参与廉洁顺义建设。充分发挥查办和预防职务犯罪职能，共立案侦查贪污贿赂犯罪9件9人、渎职侵权犯罪1件1人，开展预防警示教育309次，讲授廉政法制课23次。一是突出办案重点，加大办案力度。始终把发生在社会关注行业和领域的案件作为查办职务犯罪工作的重点，依法查办有影响、有震动的大案、要案，所立案件中大案7件、要案3件，涉及处级以上人员3件3人。二是加强侦查工作一体化建设。按照上级要求，抽调人员参与了全国、全市一些重大专案的查办工作，如抽调人员配合市检院专案组，依法查办了中国远洋运输（集团）总公司原副总裁徐敏杰贪污案，受到上级领导的充分肯定。三是积极开展职务犯罪预防工作。与区纪委、区法院联合建立“反腐倡廉实景警示教育基地”；积极推动将行贿档案查询纳入基建工程和物资采购等重大项目招投标工作，共提供查询1148次，为服务我区经济发展发挥了积极作用。切实加强派驻杨镇、后沙峪检察室建设，建立检察信息联络员制度，紧密结合我区“白马路东延”、“违章建筑清理”等工程项目，深入乡镇参与综治管理，及时了解农村土地纠纷、专项资金发放、村财务公开制度执行情况等信息，协助乡镇排除安全隐患、应对突发事件。

依法强化法律监督职能，积极参与法治顺义建设。以学习贯彻《中共中央关于全面推进依法治国若干重大问题的决定》为契机，全面履行诉讼监督职能，依托我区“行政执法和刑事司法衔接”机制，积极开展对行政执法行为的监督。一是强化刑事诉讼监督。对侦查机关应当立案而不立案的，监督立案40件48人；对不应当立案而立案的，监督撤案10件12人；对应当提请逮捕而未提请的，纠正漏捕43人；对应当移送起诉而未移送的，纠正漏诉14人、纠正漏罪47件；对司法活动中存在的违法情形及时纠正，发出书面纠正违法通知书20份；对审查认为确有错误的刑事裁判，提出抗诉3件。二是强化刑事执行和监管活动监督。对区看守所开展驻所检察251次，开展社区矫正活动监督88次，发现并纠正刑期计算错误案件11件。探索强制医疗检察监督，在我院依法监督下，涉嫌犯故意杀人罪的被告人岳辉青被强制医疗案得到纠正，经市第一中级人民法院启动再审程序，该被告人被依法追究刑事责任。三是强化民事诉讼监督。对53件当事人不服法院生效判决、裁定的案件进行审查，提出再审检察建议2件，均被法院采纳。四是积极开展对行政执法行为的监督。充分发挥“行政执法和刑事司法衔接”信息共享平台作用，共审查报备的行政处罚案件6804件，建议移送公安机关立案11件16人，批准逮捕该类犯罪2件8人，提起公诉2件2人并获法院有罪判决，促进了行政执法与刑事司法之间规范、高效衔接，为区域经济发展创造了良好的法治环境。

**二、深入推进严格规范司法，着力构建“阳光检察”**

把严格规范司法作为长期性、基础性、战略性的工作来抓，积极构建开放、动态、透明、便民的阳光检察机制，使人民群众切实感受到严格规范司法上的新进展新成效。

推进执法规范化建设，切实加强监督制约。一是大力推进案件统一管理工作。通过全国检察机关统一业务应用系统，实施案件统一受理、动态监督、案件评查、综合考评、全程管理的网上办案模式。全年统一受理各类案件2128件，进行结案程序性审查2517件，接收填录法院移送判决1117份，对1866件扣押物品进行逐件检查，对侦监、公诉、民行、反贪等部门办理的1645件案件进行考评，针对评查情况形成报告，反馈各办案部门进行整改，实现了对案件的全程、统一、实时、动态管理。二是主动防范和排除非法证据。对6件具有非法取证嫌疑的案件启动非法证据排除，进一步提升收集、审查、运用证据的能力。三是健全与公安、法院的沟通机制。制定《“另案处理”人员监督管理实施细则》，向公安机关发送补充移送通知书23份，要求补充移送47人；与区法院会签《关于刑事公诉案件庭前会议工作实施办法》，组织、参加庭前会议2次，庭审效果显著。四是完善接待控告申诉人的检务保障工作。与胜利派出所建立信访突发事件联合处置长效机制，与区中医院建立医疗救护绿色通道，切实保障信访接待安全和办案安全。

推进检务公开建设，切实提高检察公信力。一是建立不批准逮捕案件听证制度。对18件审查逮捕案件，就犯罪嫌疑人是否具有社会危险性、是否具有继续羁押必要，充分听取侦查人员和辩护律师意见，取得了良好的法律效果和社会效果。二是建立不起诉案件听证制度。邀请区人大代表、司法局工作人员、区公安分局侦查人员、公益律师、被害人、犯罪嫌疑人及其辩护人全程参加听证，有效提高了诉讼主体的积极性和主动性。三是积极开展刑事申诉公开审查。组织申诉案件公开答复会，邀请申诉人所在镇的司法所工作人员、所在村的包村律师参加，依法进行答复，实现了较好的办案效果。四是积极开展案件信息公开工作。坚持“依法、全面、及时、规范、为民”原则，本着“公开是常态，不公开是例外”的基本要求，发布程序性信息735条，重要案件信息14条，终结性法律文书24份，提高了检察工作的透明度和执法公信力。

自觉接受人大和社会各界监督，让检察权在阳光下运行。一是采取报告工作、通报情况、邀请视察、参与执法检查等多种形式，自觉接受人大及其常委会法律监督、政协民主监督和社会监督。向区人大常委会专项报告开展“两法衔接”工作情况，与市检察院联合组织人大代表座谈会，认真听取代表意见建议并积极落实反馈，充分保障代表对检察工作的知情权和监督权。二是为代表、委员和特约监督员订阅《检察日报》等报刊，积极向政协委员和特约监督员通报检察工作，自觉接受评议。三是加强对社会舆情的收集研判，把群众的意见和要求作为改进工作的重要依据。一方面通过召开新闻发布会、组织集中采访、检察开放日、检察长接待日等活动，积极回应群众关注的热点。另一方面通过检察网站、官方微博等平台，以网上便民、公众互动的形式传递信息，不断提升群众满意度。

**三、着力打造过硬检察队伍，提升法律监督能力**

深入开展党的群众路线教育实践活动，切实加强执法能力建设和党风廉政建设，努力建设一支忠诚可靠、执法为民、务实进取、敢于担当、业务过硬、公正廉洁的检察队伍。

加强思想政治建设。一是按照区委和市检察院的部署，组织检察人员深入学习党的十八大，十八届三中、四中全会和习近平总书记一系列重要讲话精神，认真贯彻区委四届六次、七次、八次全会精神，用以武装头脑、指导实践、推动工作。二是扎实开展党的群众路线教育实践活动，积极查摆和整改群众反映的执法作风问题。通过召开座谈会、调研走访、谈心谈话、发放问卷等形式，共收集社会各界意见建议53条，对12个具体问题进行边整边改，部署开展了5个专项整改工作，切实增强了领导班子、检察人员执法为民的宗旨意识，健全了整治“四风”问题的工作机制。三是深入开展“增强党性、严守纪律、廉洁从政”专题教育活动，把依法履行检察职能、确保办案质量作为检验增强党性、严守纪律、廉洁从政的重要标准，切实加强党性修养，强化纪律意识，永葆清廉本色。

加强执法能力建设。一是以组织参加全市检察机关第五届检察业务竞赛为契机，扎实开展业务培训活动。实行检察人员轮训、举办月末专家大讲堂，组织业务部门开展业务知识学习和抽测活动，积极推动岗位练兵全覆盖，全年共分层分类培训1913人次，切实提升了业务人员实战能力。二是加大对青年检察人员的培养。选派青年检察人员到派驻检察室、控申窗口实践和锻炼，提升群众工作本领；与中国政法大学搭建“检察官开讲啦”平台，选聘9名青年检察官担任检察兼职教师，为在校大学生授课17次，听课人数达800余人。在全市检察机关第五届检察业务竞赛中，我院有7人分别荣获侦查监督、未成年人案件检察、案件管理、职务犯罪预防、主题调研、电子证据取证竞赛的“业务标兵”称号。

加强纪律作风建设。一是严格落实党风廉政建设责任制。严格执行中央“八项规定”，改进会风文风，规范公务接待，加强对“三重一大”制度落实情况的监督。二是开展“守纪律、正检风、做表率”专项督察，全年开展检务督察16次，对2013年办结的12件重点案件进行了专项督察，对于发现的问题及时反馈，督促整改，作风建设取得明显成效。

一年来，区人民检察院工作取得了新的成绩，获得了“全国检察宣传先进单位”荣誉称号，控告申诉检察处连续第八届被最高人民检察院授予“全国文明接待室”称号，未成年人案件检察处荣获顺义区“青年文明号”荣誉。这些成绩的取得，既是全体检察人员奋力拼搏的结果，更是区委、人大、政府、政协及社会各界关心和支持的结果。在此，我代表区人民检察院表示衷心的感谢，并致以崇高的敬意！

在取得成绩的同时，我们也清醒地看到检察工作和检察队伍中还存在一些问题：一是法律监督职能发挥不够充分，效果还需提升；二是查处职务犯罪工作还存在薄弱环节；三是检务公开的推进力度还需进一步加大；四是少数检察人员执法观念尚未完全适应新形势新任务的要求。对于上述问题，我院将高度重视，认真研究，采取有效措施加以解决。

## 2015年工作主要任务

2015年是深入贯彻落实党的十八届四中全会精神，全面推进依法治国总目标的开局之年。我院将深入学习贯彻党的十八届四中全会精神和区委四届九次全会精神，依法履行法律监督职能，为我区经济社会发展提供强有力的司法保障。

第一，深入学习贯彻党的十八届四中全会精神。把学习贯彻全会精神作为检察工作的重要政治任务，深刻领会《中共中央关于全面推进依法治国若干重大问题的决定》赋予检察机关在全面推进依法治国中的重要任务，围绕构建“高效的法治实施体系”和“严密的法治监督体系”、深化检务公开、完善人民监督员制度、优化纠纷预防化解机制、保障人民群众参与司法等与检察机关密切相关的新要求，列出任务清单，认真研究部署，为深入推进检察改革做好政治、思想、人才上的准备。

第二，依法打击和预防犯罪，维护社会和谐稳定。以服务经济、保障民生为导向，突出打击扰乱市场经济秩序的刑事犯罪，不断强化对经济结构优化升级、保障小微企业合法权益、统筹城乡协调发展的司法保护；依法严厉打击黑恶势力、危害食品药品安全、环境污染、黄赌毒、突发极端案件等严重影响人民群众安全的犯罪，维护良好的治安环境。保持反腐高压态势，坚持主动出击，加大对贪污贿赂犯罪的打击力度，严肃查处危害民生民利的腐败犯罪；继续抓好预防调查和咨询、预防宣传和年度报告等社会化预防工作，全面推进惩治和预防腐败体系建设。创新预防和化解社会矛盾机制，全面落实执法办案风险评估预警、释法说理、刑事和解、司法救助等制度，不断提升社会综合治理的法治化水平。

第三，坚持严格规范执法，加大法律监督力度。按照十八届四中全会精神和上级院关于推进检察改革的各项部署，树立以审判为中心的执法理念，统一法律适用标准，全面落实无罪推定、疑罪从无、非法证据排除原则，推行案件质量终身负责制和错案责任倒查问责制，把规范检察自身执法放在更加突出的位置来抓，全面推进严格规范执法，把牢案件质量关。切实加强和规范法律监督工作，高度关注对诉讼程序的监督，充分发挥“两法衔接”信息共享平台的立案监督作用，着力解决有案不立、有罪不究等问题；依托派驻检察室，强化对基层刑事执法活动的监督，不断提高法律监督质量与水平，更好地发挥维护执法规范、司法公正的职能作用。

第四，坚持从严治检，提升检察队伍整体素质能力。认真贯彻落实习总书记“五个过硬”的总要求，坚持以思想政治建设为根本，以素质能力建设为核心，以党风廉政建设为保证，强力推进队伍建设。组织全院干警认真学习领会十八届四中全会精神，注重把学习成果转化为自觉行动；下大气力抓好素质能力建设，实施尖子带动战略，强化教育培训和实战练兵，培养业务骨干，提升队伍的职业化水平和综合素质能力；狠抓纪律作风建设，严格落实党风廉政建设“两个责任”，切实履行“一岗双责”，始终保持对自身腐败问题“零容忍”，打造纪律严明、作风严谨的检察队伍。

各位代表，新的一年，我院将在区委和市检察院的领导、区人大及其常委会的监督下，在区政府、区政协和社会各界的关心支持下，忠实履行法律监督职责，进一步解放思想，锤炼队伍，开拓创新，扎实工作，为我区“建设绿色国际港、打造航空中心核心区”作出应有的贡献！

# 关于顺义区2014年国民经济和社会发展计划执行情况与2015年计划草案的报告（书面）

——2014年12月26日顺义区第四届人民代表大会第四次会议

顺义区发展和改革委员会主任 董建华

各位代表：

我受顺义区人民政府委托，向大会提交顺义区2014年国民经济和社会发展计划执行情况与2015年计划草案的报告，请予审议，并请政协委员提出意见。

## 一、2014年国民经济和社会发展计划执行情况

今年以来，全区认真学习贯彻习近平总书记考察北京时的重要讲话精神和郭金龙书记到顺义调研时的讲话精神，深入落实“把握三个阶段性特征、推动四个转型升级”工作总要求，坚决贯彻落实国家、北京市和区委各项决策部署，自觉把党的群众路线教育实践活动开展贯穿工作始终，面对“三期叠加”的复杂形势和我区转型发展、人口调控、环境治理的紧迫任务，积极调结构、促改革、惠民生，全年经济社会发展总体平稳，改革创新、结构调整、改善民生、环境整治取得新成效，区四届人大三次会议审议批准的计划目标任务得到了较好完成。

### （一）多措促稳，经济平稳协调健康发展

积极落实稳增长政策，出台一系列配套和细化政策措施，加强综合督促调度，提振了信心，稳定了预期，促进了发展。在宏观经济增长预期进一步放缓和下行压力不断加大的情况下，全区经济运行继续保持平稳，质量效益不断提升。经济运行总体平稳。初步预计，全年地区生产总值完成1325亿元，按不变价计算同比增长7.3%左右。其中，临空经济区增加值预计实现1060亿元，不变价增长7.5%左右，经济增长的稳定器作用更为突出。质量效益稳步提升。公共财政预算收入预计完成110.3亿元，增长12.5%。区本级公共财政预算支出预计完成145.53亿元。城镇居民人均可支配收入完成36495元，农村居民人均纯收入完成19615元，分别增长9.5%和10.8%。城镇登记失业率控制在1.5%以内的较好水平。绿色经济特征明显，万元地区生产总值能耗、水耗预计分别下降4.03%和5.8%。需求支撑逐步协调。积极培育消费热点、亮点和增长点，消费拉动作用更加突出，全年预计实现社会消费品零售额336亿元，同比增长13%。华联购物中心、中粮祥云商业广场等一批特色消费区域和消费热点加快形成。旅游消费份额不断扩大，五彩浅山、国际鲜花港、汉石桥湿地生态消费圈加快构建，全年预计接待游客442万人次，旅游收入达到55.9亿元。投资处于平台运行期，预计全年全社会固定资产投资完成420亿元，总量保持稳定。全年预计完成进出口总额182亿美元，与去年基本持平；

实际利用外资5亿美元，同比增长13.6%。

（二）进退并举，调结构转方式步伐加快

立足首都城市战略定位，坚持有取有舍，深入落实市委市政府有关转型发展要求，系统推进产业转型升级，我区经济发展特色更加彰显。

产业结构优化升级系统推进。深入贯彻“优化一产、做强二产、做大三产”发展思路，产业结构高端化、服务化步伐加快。预计第三产业实现增加值750亿元，占经济总量的56.6%。优势服务业保持良好发展态势，金融业，交通运输、仓储和邮政业预计实现增加值70亿元和358亿元，同比分别增长18%和8%。制造业继续向创新创造转型升级，预计完成工业总产值2900亿元，同比增长3.2%。农业生产规模化、集约化水平进一步提升，都市型现代农业万亩示范区建设基本完成。产业准入和退出成效明显，北汽越野车等9个项目建成投产，中信外包等32个项目加快建设。招商引资成效明显，北京增材制造技术研究院等63个战略性新兴产业项目先后落户。研究制定产业项目全要素综合评价办法，实行产业发展负面清单管理，对新增产业严把准入关，稳妥有序调整存量产业，调整退出非首都核心功能企业44家。

产业平台功能不断提升。天竺综保区医药、航空、文化、科技产业四位一体加速发展，国家对外文化贸易基地（北京）开园，新引进北京文化科技融资租赁公司等企业40家，全年预计实现进出口总值770亿美元，同比增长5%。功能区改革成效加速释放，临空服务板块组建完成，科技创新、绿色生态板块构建进展顺利。中关村顺义园预计实现收入500亿元，同比增长26%，企业科技活动经费支出18.6亿元，同比增长10%，新纳入中关村国家自主创新示范区“十百千工程”的企业9家。临空经济核心区预计实现属地税收80亿元，同比增长23%；实现公共财政预算收入23亿元，同比增长15%。

创新驱动势能加速集聚。深入落实首都科技创新和文化创新“双轮驱动”发展战略，自主创新政策和服务体系建设逐步完善。认真贯彻落实“1+3”科技政策，建立高科技产业投资基金，完成了实施细则制定和第一批非评审类科技项目征集。11家企业被认定为“2014年度北京市设计创新中心”。扎实推进“百家创新型科技企业培育计划”，新认定国家级高新技术企业47家，累计达到186家。加强知识产权保护工作，申请专利2103项，授权专利1603项。文化创新快速成长，广告会展、设计创意、艺术品交易等行业集聚效应逐步显现。文化惠民力度进一步加大，文化艺术精品创作积极推动，群众文化活动广泛开展。市场融资取得新成效，国资中心成功发行14亿元中期票据和1亿元短期融资券；智创联合在新三板正式挂牌，北汽股份在香港成功上市。品牌培育取得新成果，成功争创8件中国驰名商标、5件北京市著名商标。

（三）攻坚克难，城市让生活更加美好

坚持问题导向，细化政策措施，分解落实责任，扎扎实实完成各阶段目标任务，全力打好治理“城市病”攻坚战。

环境质量全面改善。清洁空气行动计划30项年度重点任务如期完成。大力压减燃煤使用，全年消减煤炭使用量36万吨。全面实施城东、城西、城南供热中心及33家企业煤改气工程，完成锅炉改造1628蒸吨。液化石油气下乡基本实现全覆盖，216个村庄完成优质煤替代。治理挥发性有机物排放企业7家，新增新能源公交车125辆，淘汰老旧机动车2.17万辆。狠抓源头治理，严格环评审批，全年否决不符合环保要求的项目480个。加强企业环保执法，征收排污费1704万元，处罚138起。严格落实“门前三包”责任和推行建筑垃圾清运合同制管理，基本实现了垃圾清运全覆盖、全消纳。新建渣土消纳场1处，完成垃圾乱倒点治理247处，开展18处非正规垃圾填埋场治理。深入推进生活垃圾分类管理，全区81%的居民小区实现达标。7.47万亩平原造林任务圆满完成，东郊森林公园顺义项目区基本建成，开展了浅山植被恢复工程，全区林木绿化率、城区人均公共绿地面积分别达到34.48%和31.57平方米。完成了蔡家河、方氏渠河道疏浚，启动了205处河道排污口治理。马坡再生水厂投入使用，北小营、北石槽等镇级再生水厂加快建设，新增污水处理能力9.24万立方米，城市污水处理率达到98.2%，全区再生水利用率为75%。深入开展环境专项整治，完成了296项市、区两级环境建设台账任务。专项整治违法建设，拆除违法建设2635宗。高标准实施了APEC会议沿线和机场北线回民营桥周边环境整治工程。

城市运行安全有序。切实保障资源能源安全，积极加强土地开发调控，完成马头庄、平各庄拆迁。加快土地入市步伐，全年累计入市交易17宗。南水北调水源回补潮白河水源地工程完工，年回补水1.5亿立方米。完成了城南供水厂建设，新增日供水能力3万立方米。完成了米各庄变电站增容和胜利小区、义宾南北区、石园西区电力改造，西府、梁庄110千伏输变电工程土建完工，庄子营110千伏输变电工程土建开工。积极推动热泵系统、分布式光伏发电项目建设，不断提高清洁能源使用比重。狠抓城市管理水平提升，制订实施客货分流实施方案，设定大型货车限行区和施划货运通道。大力发展公共自行车租赁，投入公共自行车3000辆，设置服务点77处。实施停车规范管理和行车秩序整治，完成城区停车诱导系统、红绿灯绿波带系统工程。制订了规范社区物业管理实施办法，完成6个老旧小区建筑节能综合改造。

全力加强人口调控。坚决落实好市委、市政府工作部署和目标任务，制定实施严格控制人口规模的工作方案，明确了人口调控目标，落实各属地人口调控的责任。深化“以产引人、以房控人、以证管人”调控措施，不断推进管理调控和成本调控，加强出租房屋日常管理和违法“群租房”治理。调整退出不符合首都城市战略定位的产业，着力以功能疏解和产业调整促进人口疏解。户籍人口自然增长率为7‰，常住流动人口控制在39.8万人。

（四）保障民生，社会领域和谐稳定

积极解决百姓反映的民生问题，抓好各项惠民政策落实，增强基本公共服务供给能力，让发展成果更多更公平地惠及人民。

公共服务供给能力进一步提升。积极改善办学环境，新建、改扩建幼儿园6个，完成38所村办园建设，新增学位6000个，入园难问题得到逐步缓解。校安工程加快推进，新建翻建学校18所。积极扩充优质民办教育资源，新设民办学校2所，批准牛栏山一中开设小学部。职业教育资源整合启动实施，新职教中心建成投入使用。教育教学质量稳步提升，高考本科上线率达76%，600分以上考生346人。全力弥补医疗卫生发展短板，出台了医疗卫生服务水平提升三年行动计划。加强优质医疗资源供给，区医院急诊病房楼竣工。地坛医院顺义院区开诊，中医院托管成效明显，日均门诊量增长近50%。积极创建慢性病防控示范区，顺利通过国家卫生区复审。传染病防控扎实进行，甲乙类传染病发病率控制在150以内/10万。精神病医院康复楼主体基本完工，新增床位200张。出台加快养老服务业发展实施意见，社区服务中心养老院主体基本建成，新增养老床位400张，百名老人床位数达到4.4张。加强食品药品监管，切实保障群众饮食、用药安全，食品安全监测合格率、药品抽检合格率分别为98%和100%。

就业和社会保障力度不断加大。以城乡就业困难群体和农村转移劳动力为重点，加强偏远地区农民就业帮扶和淘汰退出企业分流人员就业协助，城乡劳动力实现了充分就业与质量就业双提升，城乡劳动力二三产业就业率保持在95%以上，实现全市充分就业区“三连冠”。各项社会保险覆盖范围进一步扩大，职工五项保险平均参保人数达46.93万人，增长5.7%。新型农村合作医疗参合率预计达到99.9%，基本实现了农村居民医疗保障的全覆盖，年人均筹资标准提高到1000元，同比增长320元，参合农民医疗负担不断减轻。社会救助力度加大，城乡低保标准提高到650元，累计发放低保金3228.3万元，4865人享受到城乡低保待遇。住房保障工程加快推进，全年开复工保障房和回迁安置房447万平方米，竣工161万平方米。7个自住型商品房完成土地供应，配建面积35.7万平方米。积极推进拆迁村民回迁安置，实现7个村、10076人回迁。

（五）协调联动，城乡区域统筹发展水平切实提高

坚持走新型城镇化道路，更加重视城乡统筹和区域协调发展，城乡发展加快向城乡一体化转型升级。

城乡建设步伐加快。新城、重点镇、新农村和浅山区建设同步推进，年初确定的110项重点工程完成立项95项，开工建设65项。文化中心影剧院、体育中心、劳动力实训基地、电子政务中心、区委党校等新城重大功能项目主体完工。白马路东延、左堤路改建等6条道路完工，顺平辅线俸伯桥开工建设，站前北街延长线等15条道路加快推进，完成75公里乡村公路大修。新农村建设不断深化，石家营村、庙卷村新型农村社区试点原址翻建全面启动。1.8万户农宅抗震节能改造、新建翻建任务圆满完成。美丽乡村加快建设，“新三起来”工程顺利实施，土地承包经营权登记颁证启动试点，承包经营权流转8200亩。浅山开发加快推进，沟域经济稳步发展，步道旅游服务设施提升改造完成，接待服务能力大幅提高。

区域协同发展扎实推进。进一步深化城乡区域协同发展研究，以推进“三规合一”为目标，结合城市总体规划修编和“十三五”规划编制，完成了新城规划实施评估，开展了马坡核心区、机场周边、京沈客专等重点地区规划设计和区域功能定位、新型城镇化等重点领域课题研究。引导区域差异化、特色化、科学化发展取得积极进展，突出人口规模、发展质量、资源环境、城市安全和行政效能等五个方面，修订了顺义区镇（街道）绩效管理考核办法。按照分类管理和差异化发展原则，将19个镇划分为优化发展镇、重点发展镇和生态发展镇3类进行考核。着眼于不同区域功能定位和增强自主发展能力，研究制订了区镇财政管理体制改革方案，建立区内异地生产经营企业属地留成财力分享机制，促进区域分工协调发展与基层公共事务财政保障能力增强。

（六）积极稳妥，重点领域改革取得显著进展

深入贯彻落实市委市政府和区委全面深化改革意见，成立了区委全面深化改革领导小组及专项小组，重点改革任务有序推进。深入开展行政审批制度改革，取消行政审批事项28项，承接市政府下放审批

事项51项，初步完成新一轮政府机构改革和事业单位分类改革方案。积极完善功能区开发实施体制机制，出台转型和创新发展指导意见，功能区发展活力进一步释放。加快实施区属国有企业改革，燃气公司、大龙公司、自来水公司、恒锋市政公司的公司制改造工作基本完成。扎实搞好空港街道体制改革试点，基本实现规划、职能、保障三个到位，为全区街道体制改革积累了经验。积极推进村（居）规民约建设，在完善基层自治机制上迈出了新的步伐。开展综合监管执法机制改革、政府绩效考评机制完善等改革方案研究，形成了初步成果。

此外，我区“十三五”规划研究编制工作全面启动。制定出台了《顺义区“十三五”规划研究编制工作方案》，明确了主要任务、工作分工和进度安排。召开了“十三五”规划启动会，公开选聘或定向委托第三方研究机构参与我区前期课题研究。目前，33项前期研究课题已基本形成中期成果，确保了明年规划编制工作能够按进度、高质量进行。

当前，我区正处于转型发展的重要时期，发展计划执行正常。但也要看到，计划执行过程中存在的一些问题还需我们关注并认真解决。一是稳增长促转型压力依然较大。经济增长速度明显放缓，稳增长的需求支撑尚不稳固、产业支撑集中并相对单一，适应新常态的新增长格局尚未形成。结构调整任务依然艰巨，工业创新创造转型、构建高精尖经济结构尚需经历长期过程。二是区域协调发展难度依然较大。统筹河东河西均衡发展的体制机制需加快建立。优化提升公共服务资源配置，医疗、养老等优质资源缺乏的局面亟待改善。依法治理、精细化管理水平要进一步提高，公共出行、物业管理、回迁安置等问题还需妥善处理。三是环境治理任务难度依然较大。大气污染防治形势十分严峻，污水处理、水环境改善、垃圾消纳能力和水平需要加快提升，老旧小区综合改造、城乡环境整治、打击违法建设的任务繁重。

## 二、2015年国民经济和社会发展计划初步安排

2015年是贯彻落实党的十八届三中、四中全会和习近平总书记视察北京重要讲话精神的关键之年，是继续深化改革、全面推进依法治理、深入实施转型发展，确保“十二五”规划任务实现的决战之年，也是“十三五”谋划之年，做好全年各项工作具有承前启后的重大意义。

### （一）发展计划安排总体思路

深入贯彻落实党的十八大和十八届三中、四中全会、中央经济工作会精神，不断深化对习近平总书记视察北京重要讲话精神的理解认识，围绕首都城市战略定位和我区“建设绿色国际港，打造航空中心核心区”的奋斗目标，深入落实“把握三个阶段性特征、推动四个转型升级”工作总要求，主动适应“新常态”，全面推进发展转型和管理转型。着力深化结构调整和加强战略新兴产业培育，推进创新发展、绿色发展；着力强化城市科学建设和精细管理，提升城市品质；着力深化改革推进人口资源环境科学调控，提升区域治理能力；着力强化政策落实和突出问题解决，更好地服务于市民生活。全面确保指标计划顺利完成，实现经济社会又好又快发展。

在计划安排上重点把握四个突出、注重：一是突出统筹兼顾，注重与五年规划和发展实际相结合。既要统筹考虑“十二五”收官和“十三五”发展、当年计划和五年发展目标的关系，又要统筹考虑指标计划积极稳妥和奋斗可及的导向作用。二是突出进退取舍，注重与落实首都战略定位相结

合。立足我区发展基础和支撑条件，以治污建绿为重点，走资源节约、绿色发展道路，从首都科学发展大局出发，从京津冀协同发展新视角出发，加快高精尖经济结构构建，促进非首都核心功能合理转移，实现我区更高水平的科学发展。三是突出问题导向，注重与破解城市发展难题相结合。坚持以发展的办法解决问题，坚持依法治理，紧扣制约区域可持续发展的突出矛盾和瓶颈、民生关切和热点难点，提出解决思路和对策措施，处理好发展与“治病”的关系，处理好促发展与惠民生的关系。四是突出理念创新，注重与推进全面深化改革相结合。按照充分发挥市场在资源配置中的决定性作用和更好地发挥政府作用的要求，着力在发展理念、城市治理、体制突破等方面探索创新，注重用市场经济手段实现计划，使计划任务安排部署更符合发展规律、适应时代要求、反应人民意愿。

（二）发展主要目标初步安排

——地区生产总值不变价增长7.5%左右；

——一般公共预算收入增长7.5%左右；

——城镇居民人均可支配收入、农村居民人均纯收入分别增长9%左右和10%左右；

——城乡劳动力二三产业就业率达到95%以上；

——万元地区生产总值能耗和水耗分别下降4.13%和6%；

——二氧化硫、二氧化氮、PM10年均浓度下降2%；

——PM2.5年均浓度下降5%左右。

**三、实现2015年国民经济和社会发展计划的主要措施**

（一）提升环境建设水平，着力构建绿色宜居之区

深入落实大气治理任务。以降低PM2.5污染为重点，严格落实清洁空气行动计划38项年度任务，实施源头分类治理，确保空气质量不断改善。（1）有效压减燃煤使用。全年削减煤炭使用量28万吨。完成顺鑫农业供热中心等94项煤改气工程，积极推进农村地区“减煤换煤、清洁空气”行动，完成1万户取暖煤改电，力争实现农村优质燃煤替代全覆盖。（2）严格控制机动车污染，淘汰老旧机动车1.6万辆。（3）深化工业污染治理，削减挥发性有机物排放660吨。（4）加强执法监管，提高绿色施工和道路保洁水平，遏制扬尘污染。（5）深入推进节能减排，强化重点行业和企业排放监管，从严处罚违法违规行为。

提高垃圾处置利用水平。（1）推进城区生活垃圾分类达标，完成旺泉街道全部社区分类达标创建，全区居民小区达标率达到85%以上；提高农村地区生活垃圾清运能力和作业质量，实现清运全覆盖和日产日清。（2）加大建筑垃圾监管，完善源头、消纳和运输“两点一线”长效管理机制。严格行政许可审批，科学布局消纳场所，全面推行清运合同管理，做好消纳终端管理。（3）加快垃圾处理设施建设。启动餐厨垃圾处理厂建设，加快推进生活垃圾焚烧二期、河西地区垃圾转运站和循环经济园建设。（4）强化公众监督，坚决遏制和打击垃圾乱倒偷倒行为。

改善水环境品质。（1）完成区污水处理厂升级改造及北石槽、北小营2座再生水厂建设，启动牛栏山、李遂再生水厂建设和引温入潮一期升级改造，新增污水及再生水管线134公里，新增污水处理能力8万吨。（2）深入贯彻水环境区域补偿机制，完成河道排污口治理205处，确保跨界河流断面考核全部达标。（3）加快城市水系建设，实施潮白河牛栏山橡胶坝上游水源保护工程和箭杆河、小东河等河道生态治理。（4）推进现代农业节水示范区建设，出台实施方案，启动赵全营、杨镇等10个节水示范

基地建设，实现农村居民生活用水计量收费和农业机井取水许可证“两个全覆盖”。

创造提供更多的绿色空间。围绕塑造森林中的城市、城市中的森林，积极拓展绿色发展空间。(1)完成平原造林扫尾工程，新增造林面积2万亩。积极开展荒山造林，新增彩叶造林500亩，继续实施三北防护林五期封山育林项目。（2）加快推进温榆河绿道建设，增加绿色休闲空间的可及性。强化平原地区路网生态特色，启动顺安路、白马路东延长线等骨干道路沿线绿化提升工程，打造生态景观廊道。积极增加小微绿地面积，推进现代三厂等周边绿化工程。（3）坚持“建管并重”，认真做好林木资源安全管理和养护工作。(4)按照“田园美、村庄美、生活美、人文美”目标，深入推进美丽乡村建设，完成50个村庄创建达标。

（二）围绕构建高精尖结构，加快推进产业转型升级进程

打造多元化高端产业体系。（1）加快推动现代制造业向创新创造转型升级，支持汽车、医药、电子等行业与生产性服务业融合发展，推动产业链从生产加工环节向自主研发、品牌营销等高端服务环节拓展。（2）加快产业金融新区建设，着力吸引投资基金、互联网金融、融资租赁等新兴金融机构和功能性金融总部入区发展。积极引导传统产业与电子商务企业相互渗透融合，用信息技术改造提升商业、餐饮、生活服务等传统行业。（3）加快战略性新兴产业培育和发展，全力抓好国家地理信息科技产业园招商。积极释放新兴服务业发展潜力，研究促进基本公共服务领域健康服务业发展的具体意见，加快推进养老服务业发展。（4）支持发展总部经济和绿色经济，积极吸引各类总部企业入区发展，（5）严控增量，引导存量，实施产业发展负面清单管理和产业项目全要素综合评价；加快非首都核心功能调整退出步伐，全年淘汰落后企业42家。

积极推动创新发展。（1）加快推进航空中心核心区建设，实施港区联动发展战略，完善基础设施和公共服务配套，集聚航空及关联产业发展。充分发挥天竺综保区政策功能平台优势，加快向北京服务业投资与贸易便利化试验区转型升级，积极吸引特色企业集聚，着力打造国家商贸服务示范基地、国家对外文化贸易基地和国家科技创新对外贸易基地。加快临空经济核心区与天竺综保区协同发展，构建一体规划、协同招商和统一服务机制。（2）深入落实功能区转型和创新发展指导意见，加快功能区转型发展。借力首都建设全国科技创新中心契机，加快中关村顺义园发展，对接和引入一批科技成果、技术专利在顺义产业化。不断完善绿色生态产业功能区配套服务，促进产业融合和旅游、休闲等服务业发展，推动北京生态休闲旅游示范区建设。继续深化功能区与镇级二三产业基地合作共建，建立健全利益分享、风险共担机制。（3）推动创业摇篮计划实施，助推战略性新兴产业培育和行业领军人物培养。加快科技文化创新要素培育，强化企业创新主体地位，重点支持关键核心技术突破、市场前景好、创新能力强的企业和优质项目建设。

（三）强化投资、消费协调拉动，努力保持经济平稳增长

稳定固定资产投资。（1）充分发挥投资对稳增长、调结构、惠民生和完善城市功能的关键作用，全力抓好生态环境提升、市政基础设施、民生保障、高精尖产业培育等方面100个重点工程建设。（2）突出投资布局优化，补短板、添后劲，加大项目投资向河东地区倾斜，加快推进木孙路建设进度，积极落实浅山区投资计划，夯实城乡区域协同发展基础。（3）建立健全政

府、市场相融合的投资体制，积极推进河道、污水、垃圾处治以及养老、地铁站点交通枢纽设施建设等领域多渠道融资。加快镇级再生水厂BOT融资项目建设，适时启动新一批试点，加大开发性金融支持棚户区改造力度。（4）加强投资全过程精细化管理，进一步强化项目和资金安排动态调配。加快土地一级开发和上市交易，提高各项手续办理效率，确保项目全部开工并加快形成投资实物量。

培育和扩大消费需求。（1）加快“四个消费圈”建设，积极实施功能性项目提升工程，确保隆华扩建、顺鑫寰宇中心投入使用，加快推进新国展二三期及万达茂建设。积极构建“一刻钟服务圈”，提升餐饮、便利店、家政服务等传统领域的服务供给，推进蔬菜直营店、早餐亭（店）和家政服务网点建设。积极培育浅山生态消费，推动慢生活文化产业主题小镇建设，完善驿站、停车场等配套服务设施，提升服务能力，吸引都市人群周末和节假日休闲消费，促进农民就业增收。（2）深入落实健康、养老服务和信息消费等方面的支持政策，增强新热点对消费增长的带动作用。围绕物联网、云计算、大数据、4G网络等新一代信息技术，充分利用物流优势，积极发展电子商务，研究鼓励网络零售发展政策措施，改善网上消费环境，切实提升电子商务消费份额。

### （四）提升治理能力现代化水平，保障城市安全高效运行

精细化管理城市。（1）完善城市网格化管理平台和社会服务管理创新指标信息系统，积极落实智慧顺义顶层设计任务，增强城市网格化、智能化管理能力。（2）深入实施大型货车运行分流方案和停车秩序规范管理，扎实推进货运通道和专业出入口建设。大力发展公共交通，不断优化公交线网布局和设施配置，有序推进电动出租快速充电桩布局建设，更新老旧公交车64辆。完善公交微循环，完成沮沟、于庄2个公交客运站和60座公共候车亭建设。（3）提高市政设施管理水平，进一步完善和细化市政设施移交管理维护办法，研究建立城市维修资金方案，加强地下管线及附属设施日常维护。（4）推进物业管理创新，探索建立行业监管、属地、开发商、物业公司、居委会、居民多方协调联动管理机制。积极推进物业服务市场化，切实规范物业企业服务承诺和收费标准。（5）加强人口调控，坚持“以产引人”，严控低端产业无序发展，清理关闭一批不符合区域功能定位的小商品市场和废品回收市场。深化“以房控人”，严格房屋租赁管理，充分运用法律、水电价格和税费征管等措施，加大清理群租房，减少流动人口聚集。强化“以证管人”，严厉查处取缔无证无照经营行为。

探索区域社会治理创新。（1）强化企业和公民社会责任，开展企业环保标准和排放信息向社会公开试点，完善安全生产隐患排查治理体系，探索推行违法建设强拆成本依法追诉追索。建立公民、法人诚信系统，推行违法行为、不良记录联网运行，强化失信惩戒。（2）创新社区和村庄综合管理，加强村规民约建设，引导群众积极参与村庄共同治理，探索实行用水、垃圾清运、电力增容等总量控制和定额管理。深入开展“七型社区”创建。（3）建立维稳共治体系，充分发挥群众监督作用，严格落实企业主体责任和政府职能部门、属地监管责任，建立安全生产、食品药品监管共治体系。完善城市安全应急机制，实施信访联合大排查，及早稳妥解决各类纠纷隐患。突出群防群治、专群结合，全面加强社会面防控。

### （五）扎实做好民生工作，全力保持社会和谐稳定

加强就业和社保工作。（1）抓好就业

质量提升，完善城乡一体化就业政策扶持体系，鼓励城乡劳动者积极自谋职业和创业，做好产业调整过程中企业分流职工安置。大力推行劳动合同制度，加强监察执法和调解仲裁，促进劳动关系和谐稳定。（2）进一步完善社会保障体系建设，以非公有制企业、城镇个体工商户、灵活就业人员及未参保企业人员为重点，抓好就业和征地转非人员纳入城镇社保，加快推进社会保险人员全覆盖。研究社会保障标准与物价上涨联动机制，完善城乡最低生活保障和医疗救助制度，稳步提高救助标准和水平。推进老年公寓和镇级养老照料中心建设，加快公办养老机构改革，推广“医养结合”养老服务模式。

增加优质基本公共服务供给。（1）提升医疗卫生服务水平，有序实施医疗卫生提升计划重点任务建设，力争实现区医院主要科室与三甲医院建立协作。推进中医院与区三院医联体建设，不断深化区妇幼保健院与北京儿童医院合作共建。建立区级电子病历中心，实现电子病历共享及交换。实施外聘专家“百人工程”，确保外聘正高级职称专家日出诊不少于50人。健全医务人员基层轮转服务机制，开展全科医生规范化培养，深化家庭医生式服务。（2）启动第二批学前教育三年行动计划，新增幼儿园学位2100个，进一步缓解入园难问题。扎实推进素质教育提升，积极引进名校开办分校，深化教育联盟合作和教育教学改革，推进城乡教育优质均衡发展。加快职业教育资源整合，促进职业教育与区域转型发展紧密对接。（3）研究制订政府购买文化服务目录，广泛开展全民健身活动，继续办好全民健身、端午龙舟等品牌赛事。不断完善基层公共文体设施建设和丰富文体惠民工程内涵。

增强民生工程惠民效果。（1）健全住房保障和供应体系，开复工回迁安置房和保障性住房340万平方米，竣工124万平方米。加快推进自住型商品房建设，完善公租房建设管理模式，推进引进人才住房保障试点。完成石园北区等4个老旧小区房屋节能和外墙保温综合改造。深入落实棚户区改造政策，启动实施幸福西街小区等棚户区改造。（2）着力解决影响居民增收的问题，深入落实各项惠农政策，切实提高农民转移性收入和财产性收入。健全企事业单位人员工资正常增长机制，有效增加城镇职工工资性收入。加快住房补贴发放方案研究制定和落实。

（六）推动区域一体化发展，在更大范围优化功能布局

统筹城乡区域建设。（1）加强时序调控和空间管控，营造大气、规整的城市公共空间。积极推进顺义新城规划总体设计，优先发展中心区和空港地区，按照“减量、增绿、完善、提升”的原则，严格控制分区域开发强度，突出风貌特色，协调建筑风格，提升建筑品质，增加绿地空间。（2）加强学校、医疗卫生设施、文体设施、商业网点、便民服务等公共服务设施空间布局研究。年内体育中心、电子政务中心、劳动力实训基地投入使用，市民之家启动建设。大力实施畅通工程，新改建道路8条，大修乡村公路90公里，完成顺平辅线俸伯桥、站前北街跨中山东西街立交桥主体工程建设。（3）增强城市安全运行保障能力，推进西府、梁庄及庄子营11万站建设，完成西辛南区、仓上小区等老旧小区配电设施改造，提高电力保障水平。扎实推进“菜篮子”建设，发展设施农业3000亩以上。（4）深入实施农村“新三起来”，积极推进新型农村社区和新民居建设，继续实施农宅抗震节能改造，完成2.1万套单项改造及新建翻建工程。

积极推进区域协同发展。（1）加强规划引导和考核指导，促进差异化发展。探索推进发展规划、城市总体规划、土地利用规划等“三规合一”，积极建立统一衔接、功能互补、相互协调的规划体系。进一步修改完善镇（街道）绩效考核办法，以差异化为方向推动19个镇发展。（2）统筹河东河西发展。加快推进新型城镇化进程，研究制订促进河东河西平衡协同发展的意见，力争在税收、公共服务等方面，探索出更加符合共同利益的协同模式。加强河东地区发展政府引导，以杨镇和浅山区为重点，加大政策扶持、投资倾斜和产业转移力度，着力提升产业承载能力和工业化进程。（3）主动融入京津冀协同发展。深刻认识和把握京津冀协同发展的意义和机遇，加强功能定位、发展布局和扩展空间研究。主动对接首都经济圈和环渤海地区发展规划，推动京津冀产业和空间布局等对接。

（七）深化重点领域改革，不断释放改革措施红利

深化行政审批制度改革。认真落实好行政审批事项清理、取消和市级下放事项承接，确保不折不扣落到实处。建立行政审批、行政处罚事项权力清单制度，面向社会公开。进一步加强事中事后监管，更好地实现放管结合。稳步推进政府机构设置调整，规范机构设置，理顺权责关系。扎实推进事业单位分类改革。

实施区镇财政管理体制改革。促进区域功能定位落实、基本公共服务公平普及和基层财政保障能力增强。加强镇（街道）财政资金管理，建立以国库单一账户体系为基础、国库集中支付为主要形式的新型镇级（街道）财政资金管理制度。深化公务用车改革，推进公务用车社会化、市场化。

加快国有企业改革。研究出台区属国资国企改革实施方案，稳步推进国有优质资产和资源有效整合，积极打造优势产业板块，提升整体竞争力。建立健全国有资产经营监管机制，推进分类考核评价，促进国有企业健康运营。

推动综合监管执法机制改革。针对当前执法力量分散、基层力量不足、有效监管缺乏的矛盾，积极探索推进执法力量整合，建立执法协同联动机制，强化重点领域和属地监管统筹协调，破解基层执法基础薄弱的问题。

深化医药卫生体制改革。探索建立市、区、镇三级医联体建设模式，带动基层医疗机构业务发展和能力提升。与人保集团合作，实行新农合资金委托管理，提高专业化管理服务水平。在继续落实现有医疗责任保险的基础上，实施基层医疗机构医疗意外保险制度，提高抵御医疗意外风险的能力。

此外，坚持从实际出发，稳步推进农村土地承包经营权确权登记颁证，逐步扩大实施覆盖范围。继续深化投融资及其它领域改革。

（八）全力做好“十二五”收官，全面谋划“十三五”发展

深入推进“十二五”规划执行。（1）紧密围绕“十二五”规划纲要目标任务，认真落实好《顺义区2015年国民经济和社会发展计划主要指标》提出36项指标计划，建立健全及时、准确、全面的监测预警体系，加强经济运行综合调度，实施经济监测预警联席会议，做好经济形势季度分析工作。（2）密切关注国内外发展环境变化，了解和把握国家、北京市宏观政策走向，认真研究各领域出现的新情况、新问题，对经济走势和重要经济指标变化及时做出预警，提出应对的政策措施建议。

切实抓好“十三五”规划编制。（1）完成8个重点课题和25个一般课题的前期

研究，提出我区“十三五”规划《基本思路》，为规划编制提供有力支撑和指导。（2）突出抓好规划纲要和35项专项规划的编制。结合前期课题研究成果，全面开展“十三五”规划文本编制并完成规划文本撰写。组织开展群众建言献策活动，广泛征求各部门和社会各界意见，加强各级各类规划之间的衔接协调，不断修改和完善规划内容，为规划发布实施做好准备。

各位代表，2015年任务艰巨而繁重，让我们在市委、市政府和区委的正确领导下，在区人大和区政协的监督支持下，紧紧依靠和团结全区人民，认真贯彻落实区委四届九次全会部署，大力弘扬接力精神，牢牢“把握三个阶段性特征、推动四个转型升级”工作总要求，进一步增强责任感和使命感，转变作风、扎实工作，圆满完成本次会议确定的各项目标任务，为实现“建设绿色国际港、打造航空中心核心区”的目标而努力奋斗！

附件：顺义区2015年国民经济和社会发展计划主要指标

# 顺义区2015年国民经济和社会发展计划主要指标

| 指标名称 | 计量单位 | 2014年 | | 2015年计划 |
|---|---|---|---|---|
| | | 计划 | 预计完成 | |
| 一、经济发展 | | | | |
| 地区生产总值增速（不变价） | % | 9左右 | 7.3左右 | 7.5左右 |
| 临空经济区增加值增速（不变价） | % | 9左右 | 7.5左右 | 7.5左右 |
| *一般公共预算收入增速 | % | 8 | 12.5 | 7.5左右 |
| 区本级一般公共预算支出 | 亿元 | 133.14 | 145.53 | 149.42 |
| 全社会固定资产投资增速 | % | 6 | 基本持平 | 基本持平 |
| 社会消费品零售额增速 | % | 12 | 13 | 8 |
| 全区进出口总额增速 | % | 7 | 基本持平 | 5 |
| 天竺综合保税区进出口总值增速 | % | 5 | 5 | 4 |
| 限额以上工业总产值增速 | % | 10 | 3.2 | 3.5左右 |
| 二、社会发展 | | | | |
| *城镇登记失业率 | % | 1.5以内 | 1.5以内 | 1.5以内 |
| *城乡劳动力二三产业就业率 | % | 95以上 | 95以上 | 95以上 |
| *城乡居民养老保险参保率 | % | 96 | 96 | 96 |
| *城镇居民医疗保险参保率 | % | 92 | 92 | 92 |
| *城镇职工五项保险参保率 | % | 97 | 97 | 98 |
| *食品安全监测合格率 | % | 98以上 | 98 | 98以上 |
| *药品抽检合格率 | % | 99 | 100 | 99 |

| 指标名称 | 计量单位 | 2014 年 | | 2015 年计划 |
|---|---|---|---|---|
| | | 计划 | 预计完成 | |
| 户籍人口自然增长率 | ‰ | 6.5 | 7 | 8 |
| 常住流动人口 | 万人 | 40 | 39.8 | 41 |
| 户籍人口城镇化率 | % | 66.5 | 67.3 | 67.5 |
| 甲乙类传染病发病率 | 1/10 万 | 300 | 150 以内 | 300 以内 |
| 新型农村合作医疗参合率 | % | 99.9 | 99.9 | 99 |
| 城镇居民人均可支配收入增速 | % | 9 | 9.5 | 9 左右 |
| 农村居民人均纯收入增速 | % | 10 | 10.8 | 10 左右 |
| 三、绿色发展 | | | | |
| *万元地区生产总值能耗下降率 | % | 4.13 | 4.03 | 4.13 |
| *万元地区生产总值水耗下降率 | % | 5.8 | 5.8 | 6 |
| *二氧化硫排放总量降幅 | % | 1 | 1.5 | 1.3 |
| *氮氧化物排放总量降幅 | % | 1 | 1.5 | 1.4 |
| *化学需氧量排放总量降幅 | % | 3 | 3.5 | 2.1 |
| *氨氮排放总量降幅 | % | 2 | 2 | 2.1 |
| *全区林木绿化率 | % | 34.48 | 34.48 | 35.6 |
| *城区人均公共绿地面积 | 平方米 | 31.57 | 31.57 | 31.7 |
| *再生水利用率 | % | 75 | 75 | 80 |
| *城市污水处理率 | % | 98.2 | 98.2 | 98.7 |
| *全区生活垃圾无害化处理率 | % | 99 | 98.2 | 98.5 |
| 二氧化硫、二氧化氮、PM10 年均浓度下降 | % | 2 | 有所改善 | 2 |
| PM2.5 年均浓度下降 | % | 5 左右 | 有所改善 | 5 左右 |

注:

1. 表中带*的指标为“十二五”规划纲要指标体系中的约束性指标；
2. 公共财政预算收入、区本级公共财政预算支出两项指标从 2015 年起，分别调整为一般公共预算收入和区本级一般公共预算支出；
3. 常住流动人口是指离开户籍所在地半年及以上的外来人口；户籍人口城镇化率按居住在城镇的户籍人口占户籍总人口的比重计算；
4.PM10 是指大气中直径等于或小于 10 微米可以进入人的呼吸系统的颗粒物，也称为可吸入颗粒物；
5.PM2.5 是指大气中直径小于或等于 2.5 微米的颗粒物，也称为可入肺颗粒物或细颗粒物。

# 顺义区 2014 年财政预算执行情况和 2015 年财政预算（草案）报告（书面）

——2014 年 12 月 26 日顺义区第四届人民代表大会第四次会议

顺义区财政局局长 赵殿江

各位代表：

受顺义区人民政府委托，现将顺义区 2014 年财政预算执行情况和 2015 年财政预算（草案）的报告提请区第四届人民代表大会第四次会议审议，并请各位政协委员提出意见。

## 一、2014 年财政预算执行情况

2014 年，在市委、市政府和区委的正确领导下，在区人大和区政协的监督支持下，全区认真学习贯彻党的十八大精神，深刻领会十八届三中、四中全会的改革目标，坚决执行各项会议决议，紧密围绕“稳增长、调结构、促改革、惠民生”等重点工作，坚持以科学发展为主题，以转变经济发展方式为主线，充分发挥公共财政职能作用，不断推进财政管理改革，大力组织财政收入，不断优化支出结构，圆满完成了全年预算任务。

### （一）全区财政预算执行情况

1-11 月份，全区公共财政预算收入完成 105.84 亿元，同比增长 13.4%，提前一个月完成全年预算任务。公共财政预算支出完成 123.67 亿元，增长 18.6%，完成预算的 75.1%。财政支出结构不断优化，民生需求得到有力保障，各项社会事业稳步发展。全区政府性基金预算收入完成 165.89 亿元，完成预算的 136.4%；政府性基金预算支出完成 81.57 亿元，完成预算的 61.8%。

全年公共财政预算收入预计完成 110.3 亿元，完成预算的 105.3%，增长 12.5%；公共财政预算支出预计完成 176.09 亿元，完成预算的 107.4%，增长 20%。

政府性基金预算收入预计完成 172.37 亿元，完成预算的 141.7%，增长 163.1%，主要是国有土地使用权出让收入入库较多；政府性基金预算支出预计完成 175.93 亿元，完成预算的 133.4%，增长 113.8%。

国有资本经营预算收入预计完成 0.51 亿元，完成预算的 118.2%，增长 34.8%；国有资本经营预算支出预计完成 0.44 亿元。

根据《预算法》和《北京市预算监督条例》的规定，重点向大会报告区本级预算执行情况。

### （二）区本级公共财政预算执行情况

2014 年区本级公共财政预算收入预计完成 72.67 亿元，完成预算的 105.5%，增长 11%，加中央和市级的返还及补助 67.96 亿元，镇级上解 15.22 亿元，上年专项结转 16.88 亿元，收入总计 172.73 亿元；区本级公共财政预算支出预计完成145.53亿元，完成预算的109.3%，增长16.9%，加上解市级支出0.03亿元，区对镇转移支付9.57亿元，安排预算稳定调节基金3.7亿元，支出总计158.83亿元，预计区级专项结转13.9亿元。

1.收入预算主要科目执行情况。

（1）增值税预计完成17.8亿元，增长28.4%，与年度预算基本持平。增幅较高主要是区级融资租赁、信息技术服务等现代服务业的改征增值税增长较高，拉动了增值税的整体走势。

（2）营业税预计完成11.73亿元，增长1.3%，完成年度预算的112.3%。主要由于民生银行信用卡中心在全国范围内业务开展良好，拉动了营业税增收，并有效弥补了房地产业不景气引发的营业税缺口，保持了营业税的整体增长态势。

（3）企业所得税预计完成18.43亿元，增长20.2%，完成年度预算的112.7%。增收的主要原因：一是企业所得税年度汇算清缴及补缴税款较上年增长较多；二是北汽集团有限公司和民航信息网络股份有限公司两个新入区企业纳税拉动。以上两项因素共形成公共财政预算收入3.81亿元，拉高了企业所得税整体走势。

（4）城市维护建设税预计完成8.85亿元，增长2.4%，与年度预算基本持平。

2.支出预算主要科目执行情况。

（1）教育支出预计20.9亿元，增长8.1%，与年度预算基本持平。重点保障教育事业均衡发展，全面实施素质教育，支持学前教育、义务教育及高中教育特色发展，积极解决入园难、入学难的问题，落实各项减免政策及助学补助，统筹城乡教育资源均衡配置；实施中小学建设三年行动计划，开展示范性资源教室建设、城乡新区一体化建设等项目，努力提升中小学办学条件；支持职业教育发展，推动成人教育、特殊教育改革，鼓励各类教育全面发展；强化教师队伍建设，开展教师培训，提高教师业务水平。

（2）科学技术支出预计0.71亿元，增长5.6%，完成预算的107.5%。支持北京科技成果转化（顺义三新创业）前孵化投资项目，促进产业成果在本区转化落地，推动产业转型升级；继续开展科普益民和科普惠民工程，使群众享受到科技成果带来的便利。

（3）文化体育和传媒支出预计2.07亿元，与上年基本持平，完成预算的108.8%。资金主要用于扶持区域文化体育设施，保障奥林匹克水上公园正常运转；完善基层文化公共体系，实施文化惠民工程，加快基层文化体育活动中心改扩建工程；举办“星火工程”文艺演出、“二月新春”等特色文化活动，丰富居民文化娱乐生活；保障图书馆、文化馆及焦庄户地道战遗址正常运转，并向社会免费开放；加大对区域文物古迹和非物质文化遗产的保护力度，积极推进文化大发展大繁荣。

（4）社会保障和就业支出预计18.72亿元，增长10.6%，完成预算的105.6%。落实各项社会保障政策，确保城乡居民养老保险基础养老金和城乡无保障老年人生活补贴及时拨付，两项政策标准均高于全市政策60元；支持社会救助和自然灾害生活救助工作，加强对困难群众的补助，发放城乡最低生活保障金、无固定收入残疾人员生活补助、孤儿生活费以及困难群众临时性生活补贴和慰问金，保障农民工转非安置资金投入；加大就业扶持力度，完善就业和再就业奖励机制，多渠道增加就业岗位，促进劳动力充分就业。

（5）医疗卫生支出预计12.85亿元，增长15.7%，完成预算的119%。落实新型农村合作医疗政策，确保城乡居民大病医疗保险制度稳步实施；加快精神病医院综合康复病房楼建设项目，开展疾病预防控制中心及卫生监督所、中医院迁址工程，不断完善医疗硬件设施建设；保障儿童保健、农民体检、妇女两癌筛查、精神疾病防治、传染病控制等经常性项目平稳运行，完善公共卫生服务体系建设；支持卫生事业发展，保障公立医院正常运转，推进医疗设施升级改造；加大对食品药品风险监测，提高公共卫生保障能力。

（6）节能环保支出预计 7.33 亿元，增长 64.2%，完成预算的 170.6%。不断改善生态环境，落实“减煤换煤，清洁空气”计划，保障环境监测运行经费，引入“三高”污染企业退出机制，支持老旧车淘汰，开展生活垃圾处理焚烧二期工程；加快推进老旧小区节能及热计量综合改造工程，保障既有节能居住建筑供热计量改造项目。

（7）城乡社区事务支出预计 16.58 亿元，增长 32.2%，完成预算的 125.3%。保障区政府固定资产投资项目和实事工程资金，继续为民办实事，完善城市功能；加大城乡环境整治力度，鼓励垃圾分类，保障农村地区环境卫生治理工作正常运行；完善城乡社区公共设施，加强整体规划与管理，加快推进顺义新城站前北街延长线改造工程，支持京密引水通道绿化（顺义段）和京承高速通道绿化（顺义段）工作，努力提升城市承载运行能力。

（8）农林水事务支出预计 32.84 亿元，增长 68.3%，完成预算的 160.2%。继续开展平原造林工程，做好平原造林土地流转资金的兑现工作；推进新农村建设和城乡一体化，加快农村公路大修进程，积极投入农村已建公共服务设施长效管护资金，提高农民生产生活品质；加强农业综合开发土地治理及农田培肥、田园清洁工程，提高农业产业化水平；继续对政策性农业保险进行补贴，提高农民应对农业灾害的能力；落实小型农田水利重点县建设项目，确保城镇供排水稳定运行。

（9）交通运输支出预计 4.16 亿元，增长 19.1%，完成预算的 114.1%。继续执行公交票价二四折补贴政策，及时拨付公交票价折扣补贴和老年人免费乘车补贴，对农村道路客运进行补贴，鼓励百姓公交出行；完善道路公共设施，着力改善交通出行环境，及时拨付公交场站及候车亭建设资金；支持公路建设养护，努力提升道路承载能力。

（10）资源勘探电力信息等事务支出预计 8.34 亿元，下降 35.5%，完成预算的 54.9%。下降的主要原因是 2013 年市级专项资金支出较多，拉高了同期基数。资金主要用于加大重点功能区及产业发展支持力度，完善基础设施建设，整合优势资源，促进区域经济快速发展；按照北京市的政策要求，对“营改增”试点改革中税负增加的企业进行财政扶持，保障改革工作顺利有序开展；支持重点企业发展壮大，扶持新兴产业和中小企业快速发展，统筹优化产业结构，为企业发展创造良好的环境。

（11）公共安全支出预计 6.34 亿元，增长 20.8%，完成预算的 130.8%。支出主要用于支持政法部门执法办案、装备配备、城市消防、道路交通安全管理等项目，提升执法能力和应急处理能力，营造安全祥和的区域环境。

（12）一般公共服务支出预计 5.4 亿元，下降 3.7%，完成预算的 111.8%。继续按照“零增长”的原则，进一步压缩“三公经费”等一般性支出。资金主要用于保障党政机关正常履职，加强对食品安全的监管，加大对妇女儿童合法权益的宣传与保护力度，维护社会稳定，提高公共管理和服务水平。

根据目前市对区县以及区对镇财政管理体制测算，2014年超收增加财力3.7亿元。根据我区出台的《顺义区区级预算稳定调节基金管理办法》规定，将3.7亿元全部转入预算稳定调节基金，区本级预算稳定调节基金累计规模将达到11.2亿元。

**（三）区本级政府性基金预算执行情况**

2014年区本级政府性基金预算收入预计完成172.37亿元，完成预算的141.7%，增长163.1%。其中，国有土地使用权出让收入预计完成170亿元，完成预算的141.7%，增长166.6%。加中央和市级专项补助收入11.13亿元，上年专项结转11.7亿元，收入总计195.2亿元；区本级政府性基金预算支出预计完成173.76亿元，完成预算的131.7%，增长112.6%，加区对镇专项转移支付2.18亿元，预计区级专项结转19.26亿元。

支出的主要项目是：国有土地使用权出让收入安排的支出预计162.37亿元。主要用于土地一级开发成本返还、重点工程及配套工程建设、农村基础设施建设等方面。其他基金预算支出预计11.39亿元。主要用于城市基础设施配套费支出、城市公用事业附加支出、残疾人就业保障金支出、福利彩票公益金支出、新型墙体材料专项基金支出等。

**（四）区本级国有资本经营预算执行情况**

1.收入预算执行情况。

2014年，我区国资委监管的19家一级企业，共有14家企业税后净利润弥补以前年度亏损及提取法定公积金后需要上缴国有资本收益，按照20%的上缴比例计算，国有资本经营预算收入预计完成0.51亿元，完成预算的118.2%。

2.支出预算执行情况。

2014年区本级国有资本经营预算支出预计完成0.44亿元，完成预算的56.2%。

需要说明的是，以上数据根据预算执行情况初步汇总，待财政决算完成后，还将有一些变化。

**（五）落实区人大预算决议情况及2014年预算执行效果**

按照顺义区第四届人民代表大会第三次会议的有关决议，以及人大财经委员会审查结果报告的要求，财政及有关部门积极采取措施助推经济发展，不断优化支出结构保障民生需求，努力提高财政资金使用效益，在推动环境综合整治、增进百姓福祉、促进经济增长及深化财政改革方面取得了新的成效。

深入开展环境治理，资源环境协调发展能力进一步提高。

一是清洁空气重点任务抓紧实施。集中财力资源，推动“减煤换煤、清洁空气”行动，以降低PM2.5浓度为重点，支持老旧机动车淘汰更新，保障新能源汽车上路运行，大力推进公共自行车服务系统建设，开展空气、水等环境监测和环保宣传，全面实施大气污染治理措施。二是推进城镇环境综合整治工作，高标准实施了APEC会议沿线、5条高速路沿线、12个出入口环境整治工程，为会议的召开提供前期保障；支持非正规垃圾填埋场治理工作，大力倡导垃圾分类，提高城镇环境治理水平。三是继续做好平原造林绿化工程资金保障工作，支持开展林木资源养护，造林成果得到巩固。

加大民生保障力度，社会事业发展水平进一步提升。

一是落实惠民惠农各项政策，保障公共交通、供暖等各项惠民补助资金，落实粮食直补和社会保障资金，加大政府为民办实事资金投入力度，全面提升公共服务水平。二是促进教育事业均衡发展，落实各项减免政策及助学补助，统筹城乡教育资源均衡配置；支持各类教育，改善办学条件、提升教学水平，鼓励高层次教育人才培养。三是加快保障性住房建设，积极推进保障房和回迁安置房建设，切实缓解住房难题。

积极培育扩大财源，经济结构调整进一步优化。

一是强化财源培植，努力探索符合我区实际情况的经济结构，加快培育新的经济增长点。大力挖掘存量税源，形成多点支撑的发展模式，强化增收的动力与稳定性；密切关注宏观政策走向和经济运行趋势，科学研判财政收入形势，确保圆满完成全年收入任务。二是充分发挥财政资金的导向作用，支持重点功能区建设，扶持重点产业发展，加快我区产业结构优化升级。积极推进天竺综合保税区医药、航空、文化、科技产业四位一体发展，加快北京顺义科技创新产业功能区建设，着力发展特色金融产业，优化创新发展环境，为经济发展注入新的活力。三是强化财政政策对产业结构调整的积极作用，落实税制改革相关工作，全力做好“营改增”试点改革工作，对税负增加的企业给予财政扶持，2014年，已审核拨付财政扶持资金0.77亿元。

厉行节约与盘活存量资金并举，财政资金利用效率进一步提高。

一是深入贯彻落实中央厉行节约的规定，大力压缩“三公经费”等一般性支出，继续按照“零增长”的原则，控制2014年“三公经费”等一般性支出；出台三公经费、培训费、差旅费、会议费等方面的制度文件，明确了相关预算标准，为预算公开提供了制度保障；积极推进“三公经费”预算公开，目前全区已有80家单位完成了“三公经费”公开工作。二是加强预算执行，盘活财政存量资金，提高财政资金的使用效率。加强预算编制质量，切实解决预算编制不细不实的问题；进一步做好预算执行动态监控及执行分析工作；加强财政性结余结转管理，按照《顺义区区级预算单位预算结转和结余资金管理（暂行）办法》，对结转两年以上的国库集中支付改革单位结转结余资金予以收回，盘活存量资金，加大财政资金统筹力度。

深化财政管理改革与创新，体制机制效果进一步显现。

（1）完善财政各项制度政策，加强预算科学化精细化管理。

一是加强对财政超收资金的管理。出台了《顺义区区级预算稳定调节基金管理办法》（以下简称“办法”），办法的出台，为提高财政资金的使用效益，确保年度预算的平稳运行提供了制度保障，实现了公共预算的精细化管理，提高了预算绩效。

二是加强土地收益资金的管理。为进一步平衡我区重点建设项目资金分配，逐步缩小城乡发展差距，保障固定资产投资项目资金需求，出台了《北京市顺义区土地收益调节资金管理办法》，充分发挥土地收益在政府投资中的引导作用。

三是加强企业跨区域迁移管理。制定了《关于加强企业跨区域迁移管理的通知》（以下简称“通知”），通知的出台规范了税收征管秩序，促进了企业有序流动，对合理协调区与镇之间、镇与镇之间利益，确保区镇财政平稳运行，持续优化我区发展环境，促进全区经济平稳较快发展奠定了基础。

（2）推进财政体制改革与创新，充分发挥财政体制机制效能。

一是推进区镇财政管理体制改革。按照“保民生、优结构、利平衡、促发展、稳过渡”的原则，草拟了《顺义区区镇财政管理体制改革方案》（以下简称“方案”）。

方案按照各镇的功能定位，对核心镇、重点镇、生态镇实行差异化分税。同时，按照财权与事权相匹配的原则，将部分原纳入区级主管部门管理的社会事业资金核入各镇基本需求，将涉及百姓切身利益的民生事项资金需求全部纳入区级预算，发挥公共财政的职能作用，保障全区基本公共服务均等化，充分调动各镇干事业的积极性，全面推进区镇经济社会协调可持续发展。

二是大力开展功能区财政扶持政策改革。根据顺义区政府“一个园区一个政策”的工作要求，完成了北京顺义科技创新产业功能区原印刷产业基地财政扶持政策的制定，并着手进行北京顺义科技创新产业功能区原汽车基地财政扶持政策的研究制定。

三是深入开展空港街道财政体制改革。为实现我区城市建设与管理“完善功能、提升品质”的目标，根据区委四届五次全会提出的工作部署，积极推进空港街道财政体制改革，助推我区城乡发展一体化的转型升级。

（3）深化国库管理制度改革，提升财务管理水平和效率。

一是进一步加大国库集中支付改革力度。进一步扩大区级国库集中支付改革单位范围。2014 年初，将 6 家卫生系统差额拨款事业单位纳入了国库集中支付系统。截至目前，区级国库集中支付改革单位达 298 家。

二是全面推进我区公务卡制度改革，加强现金管理，深化和健全源头防范治理腐败机制。将符合条件的区级国库集中支付改革单位全部纳入公务卡改革，截至目前，全区共有 255 家预算单位已经与代理银行签订公务卡服务协议，累计发放公务卡 1255 张。

（4）加强政府性债务动态管理机制，减轻债务平衡压力。

一是建立“顺义区政府性债务数据库”，为我区政府性债务科学化、精细化和数据化管理提供了数据支持。二是引入政府性债务指标管理体系，完善了政府性债务动态管理工作的指标防控环节。三是建立动态预警机制，提前预警短期和中长期的债务风险情况，为规避和化解风险争取宝贵时间。四是建立月报制度，及时掌握政府性债务的变化情况，努力做到债务规模稳中有减。五是清理甄别政府存量债务，全面系统地对全区政府存量债务进行了清理甄别，确定了一般和专项债务规模，为将政府债务分门别类纳入全口径预算管理奠定了基础。

各位代表，2014 年我区财政收入增势平稳，预算执行情况良好。但是我们也清醒的认识到，目前财政运行和预算执行中仍存在一些需要着力研究解决的问题：一是收入增长的持续性和稳定性不强，内生性增收动力不足。受企业所得税、土地增值税汇算清缴，新增税源等特殊因素影响，我区收入形势良好。据统计，此类增收因素形成公共财政预算收入 5.27 亿元，增收贡献率达 42.9%，若剔除此因素，我区公共财政预算收入增幅仅为 7.1%。二是资金供给与需求矛盾突出，重点领域保障难度较高。医疗、社保等民生类支出刚性需求加大，环境保护、城市建设需要更大的资金支持，统筹保障的难度加大。三是预算管理基础工作有待进一步增强。预算资金管理不够规范，财政存量闲置资金有待利用，预算绩效评价结果与预算安排的有机衔接尚显不足，财政资金使用效益有待进一步提高。

## 二、2015 年预算草案

### （一）财政收支面临的形势

综合分析影响我区经济社会发展和财

政收入的各种因素，2015 年财政收入增长仍存在较多不确定性、不稳定性，机遇与挑战并存。财政支出压力加大，财政收支矛盾更为突出。

1. 财政收入面临形势喜忧参半。

一方面，随着新《预算法》的出台，为完善政府预算体系，财政部下发了《关于完善政府预算体系有关问题的通知》（财预〔2014〕368 号），要求从 2015 年 1 月 1 日起，将政府性基金预算中用于提供基本公共服务以及主要用于人员和机构运转等方面的项目收支转列一般公共预算，涉及到区级收入的项目包括残疾人就业保障金和从土地收益中计提的教育资金，为财政收入的增长注入了新的元素。

另一方面，也应看到影响 2015 年财政收入增长的不确定因素仍然很多：一是从产业结构看，我区经济还处于结构转型期，产业结构支撑点较为集中、相对单一，财政收入主要来源于现代制造业、房地产业及交通运输业，但现代制造业受现代汽车产能满负荷及汽车市场竞争的日趋激烈和各省市对车辆的限购政策的影响，房地产业受房地产调控政策影响，交通运输业受“营改增”改革影响，对我区财政收入的拉动作用逐步减弱。二是从收入运行情况看，2014 年特殊因素拉动增收明显，此因素形成的 2014 年收入的高基数，对 2015 年增收产生较大压力。三是从政策层面看，“营改增”试点改革将扩围至建筑业、房地产业、生活性服务业和金融业，对我区财政收入势必造成减收影响。

2. 财政支出统筹安排难度加大。

从经济领域看，为促进经济结构优化升级，扶持重点园区规划建设，推动重点产业发展壮大，需要财政资金和政策的强劲支撑。从社会领域看，教育、卫生、交通、环境等关键领域的投入力度还需进一步加大，各项重点改革工作的推进也需要财政资金予以保障。2015 年，全区增加支出主要用于保障民生、加快环境建设和为各项改革提供资金支持等三方面。优化结构、统筹安排资金的难度明显加大。

### （二）预算安排的指导思想及总体安排

2015 年预算编制的指导思想是：全面贯彻落实十八届三中、四中全会精神，牢牢把握顺义发展的“三个阶段性特征”，按照“四个转型升级”的战略要求，推动建立公开、透明、规范、高效的现代财政制度。加强财政收入综合管理，按照财政收入增长与经济增长相适应的原则，既要考虑经济稳定增长的有利条件，又要慎重对待面临的风险因素，努力化解财政收入中低速增长与支出刚性增长的矛盾。优化财政支出结构，按照“保基本、保运转、保重点”的资金保障顺序安排支出，加大环境保护投入力度，突出民生优先，大力推进改革创新，激发区域发展活力。

1. 大力提升环境建设水平，增强城市可持续发展能力。

健全生态补偿机制，完善污水处理制度，修订老旧机动车淘汰更新补助办法，创新公共交通补贴政策，切实改善城市生态环境。将财政资金重点用于提升环境治理水平上，支持节能减排和资源综合利用，贯彻落实北京市“清洁空气行动计划”，以降低 PM2.5 浓度为重点，全面实施大气污染治理措施，加大对环境的监测及保护，加强城乡环境综合整治，努力构建和谐宜居新顺义。

2. 公平有效地保障和改善民生，推进基本公共服务均等化。

健全公共服务财政投入长效机制。加大对卫生、社会保障及环境保护等方面的投入。健全教育经费保障机制，推进医疗、食品药品等社会事业改革发展。加大基层公共文化建设，构建覆盖全区、惠及全民的公共文化服务体系。完善社会救助和保障标准与物价上涨挂钩的联动机制，确保社会保障投入的可持续性。完善公共就业服务体系，加快保障性住房建设和回迁房安置，提高公共服务的质量和效率。

3. 统筹安排财政资金，推进各项社会事业改革发展。

深化财政体制改革，使之不断适应经济社会发展。推进投融资体制改革，创新投入方式，充分发挥市场在资源配置中的决定性作用，释放市场主体活力。不断完善以绩效为导向的预算管理制度，增强公共财政的整体效能。落实镇级（街道）国库集中支付改革工作，同时加强镇级（街道）国库集中支付监控管理，提高财政资金运行的规范性和有效性。深化区镇、经济功能区和街道试点改革，建立事权和支出责任相适应的财政体制，为协同提高行政效率和资源配置效率创造条件。

综合考虑我区经济发展的内外因素，坚持收支平衡、精打细算、严控三公、优化结构、保障重点，按照财政收入增长与经济增长相适应的原则，结合“十二五”规划确定的财政收支增长目标，落实新预算法的相关规定，2015 年顺义区财政收支指标拟安排如下：一般公共预算收入 118.6 亿元，增长 7.5% 左右，加上中央及市级返还及补助 30.9 亿元，上年专项结转 15.9 亿元，调入政府性基金结余 9.93 亿元，市级提前告知 2015 年一般性转移支付 3.5 亿元，提前告知 2015 年专项转移支付 8.83 亿元，减上解市级支出 0.2 亿元，一般公共预算财力 187.46 亿元；一般公共预算支出 187.46 亿元，一般公共预算收支平衡。政府性基金预算收入 140.95 亿元，加上年专项结转 19.26 亿元，减调出资金 9.93 亿元，市级提前告知 2015 年专项转移支付 2.01 亿元，政府性基金预算支出 152.29 亿元。国有资本经营预算收入 0.58 亿元，上年结转 0.43 亿元，国有资本经营预算支出 1.01 亿元。

根据《预算法》和《北京市预算监督条例》的规定，下面重点报告区级财政预算草案编制情况。

**（三）区本级一般公共预算安排情况**

2015 年区本级一般公共预算收入预计完成 88.9 亿元，增长 22.3%，加中央和市级的返还及补助 30.9 亿元，上年专项结转 13.9 亿元，调入政府性基金结余 9.93 亿元，市级提前告知 2015 年一般性转移支付 3.5 亿元，提前告知 2015 年专项转移支付 8.83 亿元，镇级上解 11.19 亿元，收入总计 167.15 亿元；区本级一般公共预算支出 149.42 亿元，增长 12.2%，加上解市级 0.2 亿元，区对镇转移支付 17.53 亿元，支出总计 167.15 亿元，区本级一般公共预算收支平衡。

1. 收入预算主要科目安排情况。

（1）增值税 18.88 亿元，增长 6.1%。主要考虑“营改增”试点改革工作的推广和扩围，带动增值税平稳增长。

（2）营业税 8.45 亿元，下降 28.0%。主要考虑到 2015 年“营改增”试点改革将扩围至建筑业、房地产业、生活性服务业和金融业，对营业税收入产生较大影响。

（3）企业所得税 23 亿元，增长 24.8%。主要考虑区镇财政管理体制改革后，镇级留成比例减少，增加了区级收入。

（4）城市维护建设税 9.45 亿元，增长 6.8%。

2. 支出预算主要科目安排情况。

（1）教育支出 25.43 亿元，增长 18.3%。全面贯彻党的教育方针，加大教育投入，高标准、高质量地发展基础教育，大力促进教育公平，不断推进义务教育均衡发展；推进学前教育、特殊教育、继续教育改革，加快现代职业教育建设，争创特色一流教育体系；加强优质师资培养，支持引进高水平教师人才，提高教育质量；加大各级各类人群教育培训支持力度，全面提升人口素质。

（2）科学技术支出 0.71 亿元，增长 7.2%。安排科技创新资金 5000 万元，支持科技创新产业发展，落实科技重大专项，加快培育重大科技成果转化落地，全面推进科技进步。

（3）文化体育与传媒支出 1.91 亿元，与上年基本持平。主要安排文化创意产业促进工作专项经费 2000 万元，扶持文化产业发展；安排 1319 万元，用于奥林匹克水上公园场馆运行及绿化，保障重大水上赛事正常开展；安排文化活动资金 1300 万元，保障“二月新春”、“五月鲜花”、“星火工程”等特色文化活动开展，丰富居民娱乐生活；完善体育健身器材配备，创建体育生活化社区和健身俱乐部，促进群众性体育健身活动开展。

（4）社会保障和就业支出 20.17 亿元，增长 13.8%。安排城乡居民养老保险基础养老金和无保障老年居民福利养老金 4.73 亿元，进一步提升我区养老保障水平；安排城镇居民医疗保险资金 9335 万元，继续落实“一老一小”政策，加快推进城乡社会保障体系建设；安排就业资金 1.28 亿元，落实各项就业和再就业政策，保障公益性就业组织岗位补贴资金及时拨付；安排农村公益性公墓建设及管理资金 1220 万元，加快生态墓地建设；继续加大 90–94 岁老年人医疗补助、购买为老服务、为困难患病人员提供医疗救助、为优抚对象发放取暖补贴、为优抚对象体检、社会组织评估费、婚姻心理咨询师及法律援助律师聘请经费等为民办实事项目投入。

（5）医疗卫生支出 14.64 亿元，增长 35.6%。安排资金 3.08 亿元，完善基本医疗保障制度，加大医保和新农合补助力度，保障城乡居民享受基本医疗服务；安排资金 2 亿元，支持医药卫生改革，大力推进卫生“三年提升计划”工程，提高医疗卫生硬件设施条件、管理水平、服务质量，着力改善“看病难、住院难”问题；加强公共卫生服务体系建设，推进实施国家免疫规划，保障慢性病防治、疫苗接种、妇幼保健等项目支出；保障农村改水工程，加大对公共场所的卫生整治和生活饮用水的监督；支持人口计生各项政策，给予计划生育家庭奖励，提高人口素质，改善人口结构。

（6）节能环保支出 7.93 亿元，增长 84.4%。贯彻落实北京市“清洁空气行动计划”，安排各类补贴资金 2.9 亿元，确保三大供热中心煤改气，减煤换煤、液化石油气下乡、清洁能源自采暖、淘汰落后产能等项目顺利推进；安排 1350 万元，用于清洁能源出租车运行补助，鼓励利用新能源，推动节能降耗。

（7）城乡社区支出 24.8 亿元，增长 87.4%。安排 15.16 亿元，用于实事工程和固定资产投资项目建设，继续为民办实事，完善城市服务功能；开展非正规垃圾填埋场治理、城镇垃圾分类运行维护等工作，加强城镇环境综合整治；安排环境建设补助资金 5000 万元，倡导生态文明建设；安排城市服务维修资金 1000 万元，增强城市运行能力；安排 4000 万元，用于区镇污水处理厂运行维护，保障污水处理设施正常运行。

（8）农林水支出 11.67 亿元，下降 43.1%。下降的主要原因一是今年市级提前下达专项转移支付资金较上年减少 3.18 亿元；二是由于区镇财政管理体制改革，将新农村长效管护、占地补偿等多项涉农资金下沉至镇财政。支出主要安排了农业发展资金6.3亿元，继续保障新农村建设，落实政策性农业保险区级财政补贴，推进老旧果树更新，增加农民收入，促进农业发展，提高农业现代化水平；安排水务发展资金2亿元，用于顺义新城温榆河水资源利用工程顺利运转，开展循环水务建设、水源地水资源保护及节水示范城市建设等项目，加大水环境的治理和维护；开展绿化建设、林木养护，保障平原造林养护工程顺利实施，促进山区生态林生态效益发展，推动潮白河森林公园等绿化工程大力开展。

（9）交通运输支出2.58亿元，下降29.4%，下降的主要原因一是由于区镇财政管理体制改革，将乡村公路养护资金下沉至镇财政；二是公交场站及候车亭建设资金较上年大幅减少。支出重点安排1.6亿元，用于公交客运票价折扣补贴、手续费、老年人免费乘车补贴，公交线路运营补贴等，保障公共交通平稳运行；安排450万元，用于公共自行车服务系统运营补贴。

（10）资源勘探电力信息等支出10.65亿元，下降29.8%，下降的主要原因是将原由此科目安排的项目调整到其他科目。支出重点安排企业扶持奖励资金2.8亿元，大力支持总部经济聚集，加快新兴产业发展，推进产业优化升级；安排中小企业发展资金5000万元，继续扶持小微企业发展，搭建中小企业服务平台，激发中小企业创新活力；安排上市培育企业扶持资金和金融企业发展资金7150万元，促进金融业快速发展，构筑朝阳产业群；支持天竺综保区、临空经济核心区、科技创新产业功能区等经济功能区基础设施建设和整体环境优化，促进优势产业快速聚集；支持信息化建设，推进政府集中管理和监控能力，提高政府资金的使用效率及透明度。

（11）公共安全支出4.6亿元，下降5.2%，下降的主要原因一是2014年预算安排含上年结转资金较多；二是由于区镇财政管理体制改革，将各镇派出所公用经费下沉至镇财政。资金重点用于公安、检察院、法院、司法等部门正常运转与办案经费，提高突发公共事件应急处理能力，建设平安顺义；深入开展普法教育，提高司法人员执法水平和人民群众法治意识，建设法治顺义。

（12）一般公共服务支出5.72亿元，增长18.4%。增长较高主要是市财政提前告知资金净增0.72亿元，若剔除此因素，一般公共服务支出增长3.6%。支出重点保障党政机关及事业单位正常运转、依法履职；支持精神文明建设创建活动，开展纪检监察反腐倡廉宣传教育等工作，加大食品安全监察力度。

（13）援助其他地区支出0.69亿元，用于援藏援疆援青援内蒙等对口地区支援建设。

（14）安排预备费3.46亿元，基本支出预留资金6亿元，用于防范财政风险。

**（四）区本级政府性基金预算安排情况**

1. 收入预算安排情况。

2015年区本级政府性基金预算收入140.95亿元，下降18.2%。其中，国有土地使用权出让收入140亿元（包括土地储备前期成本84亿元，从土地收益中计提的3个10%和1个20%共计28.26亿元，可支配的土地收益27.74亿元），下降17.9%；墙体材料收入0.2亿元，下降21.6%；城市公用事业附加收入0.75亿元，增长7.1%。

2. 支出预算安排情况。

2015年区本级政府性基金预算支出152.29亿元。其中，国有土地使用权出让收入安排的支出143.38亿元，主要用于固定资产投资项目建设、土地一级开发成本返还、廉租住房保障等支出。其他基金支出8.91亿元，主要用于农业土地开发、城市公用事业附加支出、新型墙体材料专项基金支出等。

**（五）区本级国有资本经营预算安排情况**

1. 收入预算安排情况。

区本级国有资本经营预算收入0.58亿元，增长14.1%，收入内容为企业利润收入。

2. 支出预算安排情况。

区本级国有资本经营预算支出1.01亿元（含上年结转资金0.43亿元）。主要用于国资委系统改革创新、困难企业补助及2014年度财务决算审计等所需资金。

## 三、2015年财政主要工作及措施

2015年，财政及相关部门将全面贯彻党的十八届三中、四中全会精神，深化财税体制改革，加快经济转型升级，优化支出结构，努力完成2015年财政各项工作任务。

**（一）优化结构稳增长，确保财政收入趋稳向好**

一是围绕全年财政收入目标，加强对经济发展、税源税收的研判分析，强化税收征管，着力提升收入预测水平，挖掘财政收入增长潜力，确保完成全年收入任务。二是推动完善税收分享，做好“营改增”改革扩面、消费税改革等准备工作，梳理分析区镇税源结构，为建立健全长期、稳固的区镇财力来源奠定基础。

**（二）强化预算保效能，提高财政资金的使用效益**

一是增强预算编制的前瞻性。探索跨年度预算平衡机制，推动编制三年滚动预算，完善对部门的绩效考核指标体系，引导预算单位提前制定规划、储备项目。进一步夯实预算编制基础，减少年初代编预算，提高大额专项资金、固定资产投资资金年初预算到位率，强化预算刚性。

二是统筹财政资金配置方式，尊重市场规律，厘清市场与政府的关系，立足自身财力，严把项目资金审批，确保财政资金“有保有压、有扶有控、有缓有急”，集中财力保障重点工程、实事工程顺利实施，优先保民生、保重点，最大限度的发挥财政资金的使用效益。

**（三）深化改革抓管理，提高财政科学化精细化水平**

一是继续强化预算管理。不断完善以绩效为导向的预算管理制度，加强部门预算改革与国库集中收付、政府采购、绩效评价等改革的衔接配合，增强公共财政的整体效能。深入贯彻落实中央厉行节约的规定，大力压缩“三公经费”等一般性支出，2015年，全区“三公经费”计划安排12730万元，比上年减少5.6%。其中，因公出国（境）费560万元，公务接待费2100万元，公务用车购置及运行维护费10070万元。积极推进预决算公开，依托人大代表之声信息服务平台，首次将87家主管部门的预算提交区人代会审议；细化预决算公开内容，除涉密信息外，将预算公开内容全部细化到支出功能分类的“项”级科目，充分发挥预算公开工作的正能量，保障公众的知情权与监督权，引导部门强化基础、规范管理。

二是落实区镇财政管理体制改革工作。编制体制改革方案实施细则，并根据区镇财政体制运行的时间线，分阶段对各镇进行针对性培训。完善转移支付制度，围绕各镇的功能定位，出台功能性转移支付资金管理使用办法，发挥转移支付资金的财力保障作用。

三是推进镇级（街道）国库集中支付改革工作。将镇级（街道）财政性资金纳入区级国库集中支付系统管理，参照区级预算单位改革做法，采取财政直接支付或授权支付方式办理资金支付。改革后，原则上区财政不再将资金直接拨付到镇级（街道）实有资金账户。同时加强镇级（街道）国库集中支付监控管理，积极推进镇级（街道）公务卡制度改革，努力打造“高效、规范、公开、透明”的财政资金管理方式，提高财政资金运行的规范性和有效性。

四是夯实镇级财政财务管理基础。针对目前镇级财政预算编制不够细化这一现状，结合镇级国库集中支付改革，建立镇级部门预算编制系统，统一19镇预算编制内容和方式，形成镇编预算、区级监督的预算编制模式，进一步规范镇级预算管理，提高财政财务管理水平。

五是加强政府性债务管理，着力防控债务风险。进一步明确政府和企业的责任，遵循“谁举债、谁偿还，谁主管、谁负责”的原则，对政府性或有债务明确偿债主体。遵循市场经济的运行规则，政府不再以任何形式为企业提供担保。完善政府性债务预警分析机制，切实增强风险防范意识和财政运行危机意识。

各位代表，2015年是贯彻落实党的十八届四中全会精神的开局之年，也是实施我区“十二五”规划总体目标的收官之年，全区财政工作将在区人大、政协的监督指导下，认真贯彻落实市委、市政府及区委工作部署，紧扣经济社会发展实际，坚定信心，深化改革，狠抓落实，为实现“建设绿色国际港、打造航空中心核心区”的目标而努力奋斗！

# 专 记

## 让每一个人前行的路上洒满阳光
### ——卢映川区长在2014年新年上的致辞

各位市民、各位朋友：

大家好！时光飞逝，转眼间2014年元旦和新春佳节即将来临。在此，我谨代表顺义区委、区政府，向全区居民，向关心、支持顺义发展的各界朋友，向远离家乡的各位游子、乡亲，致以节日的问候和新春的祝福！

回首即将过去的2013年，在市委、市政府和区委的正确领导下，我们深入贯彻落实科学发展观，致力于“调结构、促改革、惠民生”，全区经济社会继续保持了平稳健康发展的良好态势。不管是结构调整、城乡建设，还是环境治理、民生改善等方面，都取得了一些新成果。预计全年经济增长在11%左右，完成公共财政预算收入97亿元，增长12.5%，城乡劳动力二三产业就业率稳定在95%以上。这些成果是各方面关心支持、全区居民共同奋斗的结果。在这里，我代表区委、区政府，向长期以来为家乡建设和发展付出心血和汗水、默默奉献的全体居民和社会各界朋友，表示衷心的感谢！

展望新的一年，我们将认真贯彻落实区委四届六次全会部署，弘扬接力精神，紧紧围绕“建设绿色国际港、打造航空中心核心区”的奋斗目标，大力搞好环境建设，建设美丽家园；继续推进产业升级，不断增强发展后劲；深入实施城市精细化管理和科学建设，使城市更好地服务于居民；继续加强民生改善，让广大群众更多受益，努力在推进“四个转型升级”上取得更多新的重要实效。

衷心祝愿新的一年，老人们健康长寿，孩子们快乐成长，每一个家庭幸福如意，每一个人前行的路上洒满阳光！

# 大事记

## 1月

1日 顺义区第三次全国经济普查入户登记工作全面启动。全区近2000名普查指导员、普查员奔赴520个普查区开始第一天入户登记工作。

8日 电动出租车在区内运行，起步价10元，基价里程3公里，每公里单价2元，首批上路共200辆北汽新能源“E150EV”型电动车，每年可节省燃油520吨，减少有害气体排放800多吨。电动出租车慢充装置充满一次电需要4小时左右，快充桩1小时，充满一次电可行驶约120公里，百公里耗电量约25度，能源成本仅为燃油车的三分之一。110个充电桩已经投入使用，将在俸伯地铁站P+R停车场等城区外围建设20个快充电桩。

10日 旺泉街道西辛第一社区青年汇举行“碎片时间——课后伴读圈”品牌活动启动仪式。该活动从2014年1月开始，根据学生学期分为寒、暑假及两个学期四个时间段，每时间段招收30名小学生，由社区有声乐、摄影等特长的老干部、信息科技大学生志愿者和西辛小学教师等组成志愿者团队无偿为学生进行学习辅导，开设兴趣小组等。

11日 区领导检查重点地区环境建设，到仁和镇太平村拆迁工地、前景路、顺沙路、后沙峪镇西田各庄村等环境治理重点地区，实地检查已拆迁村环境整治、道路两侧环境卫生、车辆乱停乱放、垃圾乱倒等情况。针对百姓反映强烈的环境问题，要求各相关部门要建立长效治理机制，基本构建与新阶段发展要求相适应的环境治理体系，全面提升城乡环境质量。

14日 2014年度第一次区委常委（扩大）会议召开。会议传达、学习市委十一届四次全会精神。卢映川传达了市委全会通过的《关于认真学习贯彻党的十八届三中全会精神全面深化改革的决定》、王安顺市长对《决定》所做的说明和郭金龙书记的总结讲话。王刚主持会议并讲话。

15日 区政府召开第一次常务会议，研究2014年国有建设用地供应计划及土地储备计划，要求相关部门要落实好中央和市政府相关政策规定，严守基本农田红线，严格划定城市边界，严格控制城镇开发强度，做好土地全口径管理；把握好土地的总量、结构、布局、时序，强化科学调控和供给；加强计划内项目落实；搞好开发资金的平衡和债务管理；坚持集约利用土地，合理布局；加强新型城镇化集体建设用地的政策创新，做好土地储备开发工作。

同日 区政府常务会议研究2014年保障性住房建设计划，保障性住房是关系民生的大事，要把任务分解到位，围绕完善住房制度强化系统推进实施。相关单位要抓好计划落实，明确项目的时间节点和进度，建立协调机制；加强需求分析、需求管理，确保总量平衡，布局合理；强化政策管理落实，坚持程序严谨，信息公开透明，兑现承诺，确保保障性住房建设落到实处。

17日 市委副书记、市长王安顺与出席北京市第十四届人大二次会议的顺义团代表一起审议《政府工作报告》。他希望顺义区将一、二、三产更科学地融合发展，挖掘都市型现代农业潜力，集约化发展高端产业的功能，处理好产业和人口集聚的关系。对临空经济的转型升级，要落实好区域发展规划，巩固核心区功能，提升临空产业发展内涵。积极推进新型城镇化建设，更好地使“产城”融合发展，发挥自身特色，治理好“城市病”，实现城乡发展一体化。

18日 中央歌剧院、中国残奥委员会、北京市残联共同举办的“走基层，送文化”残疾人文艺演出走进顺义区，在北小营镇前礼务村温馨家园开场。市残联授予前礼务村“自强健身示范点”奖牌。

22日 卢映川主持召开2014年第二次政府常务会议。会议研究了2014年政府折子工程、城乡环境整治实施方案、为群众拟办重要实事等事项，通报了市区两级环境建设检查情况。

23日 第二次区委常委（扩大）会议召开。会议传达北京市“两会”会议精神。胡尚云传达北京市第十四届人民代表大会第二次会议精神，杨宝华传达政协北京市第十二届委员会第二次会议精神。王刚主持会议并强调，全区各级党组织和领导干部要深刻学习领会习近平总书记的重要讲话精神，进一步明确第二批活动的总体要求、方法步骤和重点任务；要紧密结合本单位和基层实际，坚持主题不变，突出自查自治，突出解决领导干部作风方面问题，突出解决关系群众切身利益的问题；发挥党员干部大局意识、责任意识、敢于担当，直面问题的同时更要解决好问题，为稳中求进、改革创新提供坚强保障。

29日 程红副市长到顺义李家桥工商所慰问一线工商干部。市政府副秘书长马林、市工商局局长杨艺文、市食药局局长张志宽，区领导卢映川、林向阳陪同。

本月 确定为群众拟办实事23项，2014年实事项目从2013年9月份开始广泛征集意见和建议，收到实事意见223件。按照“关注民生、当年见效”的原则，确定了23个项目，其中安居宜居工程3项，交通畅行工程4项，便民服务工程4项，健康服务工程4项，社会保障工程5项，文化建设工程3项，工程总投资29.84亿元。2014年1月9日至16日，23项实事项目在顺义网城上开展了一周的民众意见征求活动，项目的民众“赞同率”均高于80%。

本月 落实土地流转起来、资产经营起来、农民组织起来“新三起来”工程，土地流转采取“试点先行、全面推进”，用5年时间完成全区农村土地承包经营权确权登记颁证工作。资产经营探索盘活农村集体建设用地，强化农村“三资”管理，鼓励和支持利用资金、资产和资源，提高农民分红收入。农民组织已发展农民专业合作社198家，入社1.9万户，占全区从事一产农户80%。2006年开始实施让农村“亮起来”、让农民“暖起来”、让农业资源“循环起来”“三起来”工程，

## 2月

7日 区政府全体会议召开。会议传达、贯彻落实党的十八届三中全会、市委十一届三次、四次全会和市十四届人大二次会

议精神，按照区委四届六次全会和区四届人大三次会议的总体部署，进一步动员全区广大干部统一思想、提高认识，全力确保全年各项目标任务圆满完成。会议通报了春节期间全区商务旅游及安全稳定情况。

10日　区委召开专题座谈会，征求社会各界对顺义区开展党的群众路线教育实践活动以及全面深化改革的意见建议。

12日　区政府召开2014年第四次常务会议，研究2014年区政府重要会议议题计划。2014年区政府重要会议议题计划106项，主要围绕解决群众关心的热点难点问题和政府常规性工作安排议题，包括提升医疗卫生三年计划、交通治理行动纲要、建立环境建设考核问责办法、大气污染治理等内容。会议要求增强政府工作的计划性和规范性，着眼于抓大事、议大事、定大事，重点研究全区经济建设、社会建设、生态文明建设中全局性、战略性、前瞻性问题和区域科学发展中需要破解的难题，提高依法决策、民主决策、科学决策水平。

13日《中共北京市顺义区委关于在全区深入开展党的群众路线教育实践活动的实施方案》印发实施。

14日　区委召开深入开展党的群众路线教育实践活动动员大会，全面贯彻落实中央、市委和区委关于深入开展第二批党的群众路线教育实践活动的决策部署，并对全区深入开展群众路线教育实践活动作出安排。市委教育实践活动第十督导组组长吴玉华，区领导王刚、卢映川、胡尚云、杨宝华等出席。

同日　位于地铁15号线顺义俸伯地铁站旁的本市首个“P+R”（停车加换乘）充电场站正式面向区200辆电动出租车开放，在停车场墙壁东侧，建设了15个充电桩，10个快充，5个慢充，10个快充口和10个慢充口，能够同时满足20辆电动出租车的充电需求。俸伯“P+R”充电场站与南法信西海洪集中充电场站分别位于顺义城区东西两侧，初步形成“集中充电、分散补电”的充电网络，将扩大电动出租车运营范围、增加续驶里程、提高运营效益。

15日　国家安全监管总局四司副司长马锐、北京市安监局局长张树森一行到我区调研安全生产工作。卢映川、盛德利陪同。

18日　市气象局局长姚学祥一行到顺义区就区县气象现代化工作座谈。卢映川、张晓峰参加。

19日　区政府召开2014年第五次常务会议，会议通报今年1月环境建设检查情况时指出，各部门、各属地要把环境建设摆在工作更加突出的位置，切实真抓、真管，在有效发挥监管的同时，广泛发动群众参与，形成长效机制。会议研究调整职业培训补贴标准时指出，各部门、各属地要在做好传统岗位培训的同时，主动适应区域产业转型升级和发展现代服务业的需求，加大对新兴岗位培训的支持力度。同时，鼓励企业加大在岗职工培训投入，加快主导产业、新兴产业专业化人才队伍建设。

同日　市委常委、统战部部长牛有成陪同中国国民党副主席蒋孝严到北京天竺综合保税区参观访问。

20日　区人力资源和社会保障局主办的“2014年春风行动大型招聘洽谈会”在赵全营镇举办，为求职者送来岗位2923个，现场达成就业意向1700人次。招聘现场企业主动向求职者抛出“橄榄枝”，打出的招聘条件相当诱人，其中专业技术工人、销售等岗位的月薪达到了5000元至10000元。参会企业覆盖区现代制造业、空港物流业、高新技术产业等重点经济发展领域，区内79家重点企业共为求职者提供就业岗位2923个，涵盖部门经理、质量工程师、人事行政专员、外贸业务员、电气工程师、电焊等百余个工种。

21日 中共北京市顺义区第四届纪律检查委员会第四次全体会议暨全区党风廉政建设和反腐败工作会议召开。区纪委相关负责同志传达了中纪委十八届三次全会、市纪委十一届三次全会精神并通报了全区2013年党风廉政建设责任制检查情况。肖韵竹作了题为《聚焦党风廉政建设和反腐败中心任务为全面深化改革推动转型升级提供有力保证》的工作报告。市纪委常委钱华杰，区领导王刚、卢映川、胡尚云、杨宝华等出席。

23日 大孙各庄镇前岭上村出土28000枚古钱币，这是区文物史上首次发现如此大量的古钱币。钱币种类主要为汉代五铢钱，距今约2100年。

26日 区舞彩浅山文化旅游资源大型书画摄影提名展在北京琉璃厂一得阁美术馆开展。这是区书画摄影作品首次在北京琉璃厂集体展出。此次书画摄影提名展共展出作品271件。区58位书画家、15位摄影家深入五个镇的浅山区，历时4个月，通过手中的笔墨和镜头，把浅山区的自然、人文资源展现给观众。作品中有惟妙惟肖的花鸟画、意境深远的山水画、主题鲜明的摄影照片和风格多样的书法作品。

28日 市文化局局长陈冬一行到顺义区调研乡镇、村级公共文化机构整合文化资源、建立配送流动机制情况。副区长燕瑛参加。

本月 全区完成2195名优抚调标补助资金的发放工作。此次优抚对象调标涉及了残疾军人、孤老烈属、普通烈属等，其中孤老烈属定期抚恤金涨幅最高，达到50.7%。本次提标中残疾军人的抚恤金标准分26级，其中最高的一级因战残疾军人每年43630元，较之前增长5690元，每月3635.8元。普通烈属、因公牺牲军人遗属、病故军人遗属、部分烈士子女涨幅达26.1%，分别为每月2312元、2198元、1962元及1156元。孤老烈属由原来的每月2016元提高至3039元，涨幅达50.7%。

## 3月

3日 区委召开第八次常委(扩大)会议，传达市委十一届五次全会精神，学习、贯彻习近平总书记在北京考察工作时的重要讲话精神，再部署全国“两会”期间维稳工作。王刚、卢映川、胡尚云、杨宝华等出席。

同日 处级领导干部学习贯彻习近平总书记系列讲话精神第一期培训班开班。第1期培训班结束后，第2至7期培训班将依次开展，培训对象覆盖全体处级干部，4月中旬完成全部培训任务。

5日 “学雷锋日”，区社区义工联合会启动“爱心相伴、携手成长”等主题服务活动。光明街道裕龙六区举行了“手拉手爱心齐奉献”活动，7支志愿服务队200余人集中开展了健康义诊、理发、家电维修等服务。空港街道裕祥花园社区表彰了2013年度“学雷锋社区文明小使者”。天竺镇希望家园社区义工工作站组织辖区中小学生捡拾白色垃圾，维护身边的环境。马坡镇30余名志愿者向社区居民发放了环保知识手册，宣传大气污染防治、节约用水、节能减排等知识，引导社区居民树立环境保护意识。镇卫生院为社区居民健康义诊。

6日 区政府召开2014年第六次常务会议，研究2014年新型农村合作医疗相关政策调整等事项。

7日 中共北京市顺义区第四届委员会第七次全体会议召开，王刚、卢映川、胡尚云、杨宝华等出席。会议审议通过了《中共北京市顺义区委关于认真学习贯彻中央市委全会精神全面深化改革的意见》，并按照中央、市委要求，专题报告了年度干部选拔任用工作情况，对区级领导班子、领导干部进行了年度考核测评，对干部选拔任用工作和新选拔任用干部进行了民主评议。全会号召，全区各级党组织和广大党员干部要切实把思想和行动统一到中央、市委和区委决策部署上来，深刻认识全面深化改革的历史必然性和现实紧迫性，牢固树立进取意识、机遇意识、责任意识，在全面深化改革的实践中，大力弘扬接力精神，深入落实“把握三个阶段性特征、推动四个转型升级”的工作总要求，为实现“建设绿色国际港，打造航空中心核心区”的目标而努力奋斗！

8日 “三八”是第104个“三八国际劳动妇女节”。区妇联举办主题为“巾帼建新功、共筑中国梦”的先进事迹报告会。北京市“三八”红旗集体、北京市“三八”红旗奖章获得者分别代表巾帼文明岗和巾帼建功标兵，从不同侧面讲述了她们在岗位建功、岗位立业的感人事迹和奋斗历程。和谐家庭、孝老爱亲家庭、热心公益家庭的代表，通过点滴的生活和真实故事，向人们传递正能量。

10日 王刚到牛栏山镇联系点调研指导工作。车克欣参加。王刚实地考察了牛栏山镇蓝家营村综合服务站、村史博物馆，并与牛栏山镇领导班子成员进行了座谈，听取了镇党委书记关于牛栏山镇党的群众路线教育实践活动开展情况的汇报，对牛栏山镇开展党的群众路线教育实践活动“四个先一步”的具体做法给予了充分肯定，并对当前全区开展好学习教育环节工作和下一步抓好查摆问题环节工作提出了明确要求。

11日 市委常委、宣传部部长李伟来到顺义，就党的群众路线教育实践活动进行专题调研，观看了顺义区党的群众路线教育实践活动的阶段性总结片，并听取了王刚关于顺义区教育实践活动开展情况的汇报。李伟对顺义区开展党的群众路线教育实践活动给予了充分肯定。他表示，顺义区在推进群众路线教育实践活动中体现出预热早、谋划细、认识深、开局好的特点，具有自己的特色，也为开展好党的群众路线教育实践活动提供了鲜活经验。

同日 举行党的群众路线教育实践活动工作培训会，对区属二级单位开展教育实践活动进行工作培训。周颖博、车克欣出席。顺义区党的群众路线教育实践活动从2014年1月开始，预计9月基本完成。活动范围包括区四套班子、天竺综保区班子、139家处级单位、426个村和96个社区以及非公有制经济组织和社会组织，涉及基层党组织2279个、党员59326人。

12日 卢映川主持召开区政府2014年第七次常务会议。会议研究通过了《顺义区关于进一步加强环境建设的工作意见》、《顺义区环境建设问责办法（试行）》、《顺义区环境建设综合考核评价办法》。会议强调，要紧紧围绕当前全区发展三个阶段性特征和环境建设的目标任务，突出“管用、有效”，建立有效的环境建设工作、问责和考评机制，进一步唤醒和增强社会责任意识，形成整体合力，把环境建设扎扎实实地抓上去。

15日 修改的《中华人民共和国消费者权益保护法》正式实施，明确和完善了消费行为中各方的权利和义务，加大了对消费者权益的保护。新消法赋予消费者更多的权益。东西受骗赔偿原价加三倍。被侵权可要求两倍惩罚性赔偿。禁止泄露消费者信息。维权纠纷举证责任倒置。所有商品最低7日三包。网购7日后悔权。顺义维权联盟2013年3月15日启动以来，已经开展了6次大型活动，在52个社区设立消费维权联盟活动站。

17日 区委理论学习中心组进行第五次集体学习。国家测绘地理信息局党组成员、副局长宋超智对《国务院办公厅关于促进地理信息产业发展的意见》进行了专题解读，为我区作好发展地理信息产业指明了方向。王刚、卢映川、胡尚云、杨宝华等出席会议。

18日 全国妇联书记处书记焦扬到顺义区调研寻找“最美家庭”活动开展情况，先后来到仁和镇前进村、旺泉街道宏城社区，听取了两户典型家庭的和谐故事，了解了活动开展情况，充分肯定了顺义区妇联在寻找“最美家庭”活动中发挥的重要作用。市委副秘书长王翔，市妇联党组书记马兰霞，区领导王刚、车克欣参加。

19日 2014年宣传思想文化工作会议召开。会议总结了2013年全区宣传思想文化工作，部署了2014年工作任务。光明街道、环保局、城管执法监察局、马坡镇、北小营镇五家单位相关负责同志做了典型发言。

24日 北京工业大学党委书记郑吉春一行来到顺义考察区域经济社会发展对人才培养和科研工作需求情况。王刚、卢映川等参加。

25日 经北京市机构编制委员会批准（京编委[2014]19号），北京临空经济核心区成立。核心区是北京市重点建设的六大高端产业功能区之一临空经济区的核心区域，总规划面积170平方公里，北以六环路为界，南以机场南线高速和京平高速为界，西以京承高速和温榆河为界，东以六环路和潮白河保护绿带为界。起步规划区面积约56平方公里，由原北京天竺空港经济开发区、原北京空港物流基地和原北京国门商务区三个功能区组成。

同日 区2014年新农合政策出台。新农合筹资标准提高至1000元，并新增10家外区县定点医院，新农合筹资标准由2013年的每人每年680元提高至1000元，增加了320元。各级政府补助资金提至每人900元，农村居民个人出资100元不变。将门头沟区医院、丰台医院、昌平区医院、通州区潞河医院、大兴区人民医院、房山区第一医院、怀柔区第一医院、平谷区医院、密云县医院、延庆县医院10家区（县）医院纳入区定点医院范围。参合患者可就近到上述医院就诊，发生的医药费用按三级医院比例给予报销。

26日 区政府召开2014年第九次常务会议，研究《顺义区河道排污口治理方案》。方案将治理区内潮白河、温榆河、小中河、金鸡河等河流205处排污口，实现全区河流排污口治理全覆盖，每天可减少污水直排7.7万立方米，将使河道逐步还清、周边环境显著改善，是改善民生、惠及百姓的民心工程。强调各部门、各属地要高度重视，统筹协调，密切配合，全力做好相关河道排污口治理工作。在治污过程中，各监管部门要强化监督检查，严格落实环境问责办法，确保达标排放。

同日 市政府党组成员夏占义到顺义区检查平原地区造林工程进展情况，实地查看了大孙各庄镇、张镇、龙湾屯镇、木林镇、赵全营镇平原造林地块，详细了解了各地块造林工作进展情况以及顺义区2014年平原造林工程总体安排。他强调，要抓住当前春季植树造林的有利时机，科学规划平原造林工作，精心做好工程设计，建设完善的水利灌排系统。要在确保质量的前提下，加快绿化工作进度，尽快形成景观效果，为建设“绿色北京”做出新的贡献。卢映川参加。

27日 市纪委副书记、市监察局局长王海平一行到顺义区调研纪检监察机关转职能、转方式、转作风有关工作情况，听取区纪委监察局关于2014年行政监察工作要点和转职能、转方式、转作风工作开展情况汇报后，王海平对顺义区纪检监察机关的“三转”工作给予了肯定，并指出：要聚焦党风廉政建设和反腐败中心任务，突出主责，充分发挥纪委作为党内专门监督机关的作用，改进方法，强化问责，从严执纪。卢映川、肖韵竹参加。

本月 区福利养老金再上调，此次上调涉及区45953名城乡领取老年无保障待遇人员，福利养老金每人每月上调40元，调整后，区福利养老金达到每人每月410元，其中区级补贴60元。基本养老金同时上调，共涉及区763家单位、46730名企业退休人员，月人均上调256元，调整后，区养老保险统筹范围内退休人员人均基本养老金2618元。

本月 城乡最低生活保障标准由家庭月人均580元调整为650元，上调幅度为12.07%。其中，农村低保标准比北京市农村低保最低指导标准高出90元。 1996年实施城市低保以来，先后19次上调城市低保标准；1999年实施农村低保以来14次上调农村低保标准。2013年12月底，区共有城乡低保对象3508户5838人。

## 4月

4日 区委召开区委常委（扩大）会，传达中央第二巡视组巡视北京市工作动员会精神及全市区县委书记、系统负责人党建工作述职会议精神。会议要求，要扎实开展好党的群众路线教育实践活动，切实抓好干部队伍建设，打造一支高素质的干部队伍，保障和推动全区改革发展。要切实抓好党风廉政建设，落实党风廉政建设责任制，建立健全上下有机互动的责任传导机制，让每一级党委、党组织主要负责同志切实履行好主体责任。

10日 王刚调研区政务信息化建设情况，查看了政务信息化机房、政务数据中心和胜利街道怡馨家园第二社区信息化建设情况，听取了全区政务信息化工作汇报，并观看了顺义网城、区电子政务办公服务平台、区智能社区管理系统等应用系统演示。目前区电子政务外网接入单位用户达827家，基本实现了全覆盖。互联网出口带宽达到2000兆，区政府门户网站顺义网城累计发布信息近10万条、图片近3万张，视频千余段。

11日 全国政协领导和全国政协机关工作人员400余人来到顺义区参加义务植树活动。市政协主席吉林、副主席闫仲秋，市园林绿化局局长邓乃平及区领导王刚、卢映川、杨宝华等陪同

同日 市政协主席吉林，副主席闫仲秋，秘书长周毓秋一行来顺义区政协调研工作。王刚、卢映川、杨宝华、车克欣等陪同调研。

11日至12日 区水产服务中心向全区6个水域放流鱼苗近8万斤。 两日内，7.92万斤鱼苗分别投放在潮白河顺义段、汉石桥湿地、龙湾屯水库、于庄调节池、国际鲜花港、双阳湖6个水域。此次投放鱼种为鲢鳙鱼，以浮游生物为食，是典型的滤食性鱼类，能有效改善渔业水域生态环境、保护水生生物资源、实现渔业生态净水。增殖放流活动由北京市渔政监督管理站全

程监督，从品种、数量、质量及规格等方面严格把关，区渔政站对增殖的苗种进行了验收，保证了鱼苗的质量和成活率。

16 日 区政府召开 2014 年第十次常务会议。会议通报了一季度全区公共安全情况、空气质量形势分析及清洁空气行动计划进展情况，研究了《加快顺义区卫生事业发展议案办理工作方案》。卢映川主持会议。

17 日 区首届政法综治“好新闻”遴选结果出炉。2013 年度政法综治“好新闻”遴选活动于去年 5 月安排部署。征集在各级媒体刊发的关于平安顺义建设、社会管理创新、法制宣传教育、社会矛盾纠纷化解等多个方面的新闻作品，共收到中央级、市级、区级各类推荐作品 510 件，其中，文字信息类作品 457 件，影视视频类作品 53 件。经过作品收集整理、初选结果公示、组织专家评审，最终评选出优秀组织单位及媒体 20 家，优秀信息文字类作品 33 件，优秀广播电视摄影类作品 10 件。

同日 顺义区 2014 年第二次消防工作联席会暨迎接国务院消防考核工作部署会召开。会议部署了下一阶段全区消防工作，并对迎接国务院消防考核工作进行了安排。4 月 21 日至 23 日国务院消防考核组将对北京市 2013 年消防工作进行考核，期间将在全市各区县范围内随机抽取建制镇、街道办事处、政府专职消防队、商场四类重点单位进行实地考核。

18 日 《顺义区专利资助及奖励暂行办法实施细则（试行）》。去年 7 月底，区出台了专利资助及奖励暂行办法等四项区级科技政策，区政府设立 5000 万元科技创新资金，专项用于支持科技成果转化和产业化、专利资助及奖励。细则明确了项目评审、项目资助奖励的标准和范围、项目的监督与管理等事项。

同日 北京临空经济核心区成立暨签约仪式举行。《北京市机构编制委员会关于同意整合北京临空经济核心区相关管理机构的批复》。批准组建北京临空经济核心区管理委员会，为市政府派出机构。同时，设立中共北京市顺义区委北京临空经济核心区工作委员会，与北京临空经济核心区管理委员会合署办公。北京临空经济核心区是北京市重点建设的六大高端产业功能区之一临空经济区的核心区域，总体规划面积约 170 平方公里，起步规划区由原北京天竺空港经济开发区、北京空港物流基地和北京国门商务区组成，规划面积 56 平方公里。

同日 北京临空经济核心区在北京市顺义区揭牌成立。国家测绘地理信息局副局长宋超智，首都机场集团党组书记刘彦斌，民航华北空管局局长文学正，区领导王刚、卢映川、林向阳、朱家亮、盛德利出席。

19 日 区委召开第十二次常委会议，审议了顺义区 2014 年“一助一”工作要点（讨论稿）。王刚、卢映川、胡尚云、杨宝华等出席。2014 年，顺义区“一助一”工作将紧密结合党的群众路线教育实践活动，广泛动员和吸引社会力量参与全区新农村建设，创新帮扶方法、手段和机制，进一步提高企业和企业家的归属感和责任感，力争发挥各自优势，多做老百姓期盼的实事，让广大农民平等参与现代化进程，共同分享现代化成果，推动城乡发展一体化进程，促进城乡共同繁荣。

同日 区委全面深化改革领导小组召开第一次全体会议。会议审议通过了区委全面深化改革领导小组工作规则、区委改革办主要职责及工作细则、领导小组专项小组构成，研究了 2014 年改革工作要点。会议审议通过了《中共北京市顺义区委全面深化改革领导小组工作规则（审议稿）》和《中共北京市顺义区委全面深化改革领导小组办公室主要职责及工作细则（审议稿）》。区委书记、区全面深化改革领导小组组长王刚出席会议并讲话。

23日 区政府召开2014年第十一次常务会议，会议通报了2013年度市级绩效管理考评结果、一季度全区经济社会发展情况及重点工程进展情况。会议还研究了其他事项。

29日 《中共北京市顺义区委全面深化改革领导小组工作规则》、《中共北京市顺义区委全面深化改革领导小组办公室主要职责及工作细则》印发实施。

本月 顺义区获评“全国‘六五’普法中期先进区”。“六五”普法以来，全区共开展法制讲座等宣传活动2000余场，受教育人数30万人次；创建国家级“民主法治示范村”3个、市级“民主法治村（社区）”42个，在10个郊区县中排名第1位。

本月 每年4月为全民读书月，2014年区总工会开展读书与素质提升行动，突出“七结合”。活动以“创建学习型组织、争做知识型职工”为主线，把职工读书活动与学习宣传贯彻党的十八大、全国工会十六大精神主题教育活动结合起来，与通用能力培训、岗位培训结合起来，与经济技术创新活动结合起来，与开展公益大讲堂活动结合起来，与农民工的培训需求结合起来，与六五普法教育结合起来，与提升职工文化素养结合起来。活动旨在倡导终身学习理念，营造全员学习的良好氛围，使全体职工养成良好的读书习惯。

本月 第十届“中韩友谊林”植树活动在区龙湾屯安利隆山庄举行。在北京居住的韩国驻中国大使馆、驻华机构工作人员和北京市人民对外友好协会干部、韩国留学生等360余人参加，共栽下了700多棵友谊树。2005年起，北京市友协与在北京韩国人会每年4月份共同举办“中韩友谊林”植树活动，活动已经持续10年，增进了在京韩国人与北京市民之间的了解和友谊。

## 5月

5日 水利部党组书记、部长陈雷一行到顺义区调研农业节水、雨洪利用等工作情况。牛有成、夏占义、卢映川参加。陈雷一行实地查看了汉石桥湿地、顺义都市型现代农业万亩节水示范区、引温济潮水系连通工程等。他强调，要加强农业节水，从涵养水源、修复生态入手，注重推广农业节水新技术的应用，建成都市农业景观；要加快推进节水型社会建设，全面落实最严格的水资源管理制度，不断强化用水需求和用水过程治理，大力宣传节水和洁水观念，推进工业节水、生活节水；要加快构建河湖水系连通体系，加强水利工程生态调度、雨洪利用和污水资源化设施建设，提升水资源调蓄能力、水环境自净能力和水生态修复能力，推进区域生态文明建设。

6日 自2015年4月18日挂牌至5月6日，北京临空经济核心区新增注册企业28家，累计注册资金14亿元，注册资金2亿元以上企业4家，1000万元以上企业11家。其中，金融类企业包括中交投资基金、中融基业投资基金等3家企业，注册资金总额7.3亿元；商贸服务类企业包括利洋租赁、汇通租赁有限公司等12家企业，注册资金总额5.3亿元；航空及相关类企业包括国弘航空等3家企业，注册资金总额0.72亿元。

同日 王刚、卢映川、闫立刚、周颖博等区委、区政府领导班子成员与区党的群众路线教育实践活动领导小组成员，9个镇、6个街道党政领导班子成员和教育实践活动领导小组成员，群众路线教育实践活动督导组成员参加中央党的群众路线教育实践活动电视电话会议。市委第十督导组领导一同参加。与会领导学习了习近平总书记重要指示精神以及中共中央政治局常委、中央党的群众路线教育实践活动领导小组组长刘云山在会上的重要讲话精神。

7日 区政府召开2014年第十三次常务会议，研究《人口调控工作任务分解》、《道路交通大型货车运行分流实施方案》和《公共自行车服务系统建设实施方案》，区政府第十三次常务会，首次邀请9名基层代表、人大代表、政协委员参与全区重大议题的讨论。今后涉及民生的重大决策，还将邀请居民代表参加区政府常务会。

同日 王刚到牛栏山镇深入基层党员、群众中间，倾听大家对教育实践活动的意见建议，查找领导干部为民服务工作中存在的问题和差距。车克欣、朱家亮参加。

同日 卢映川主持召开区政府2014年第十三次常务会议，研究《人口调控工作任务分解》、《道路交通大型货车运行分流实施方案》和《公共自行车服务系统建设实施方案》。

14日 区政府召开2014年第十四次常务会议，研究《加强工业产品质量安全工作意见》，通报了2013年重点经济功能区考核结果。会议还研究了其他事项。

16日 国内首单生猪价格指数保险理赔款在顺义兑现，区22家生猪养殖户领到了158万元理赔金。 大孙各庄镇一农民花22560元，为自家养殖场9400头猪上了保险。保单规定，一年保期内“猪粮比”低于6∶1时，视为保险事故发生，“猪粮比”平均值每下降一个百分点，单头猪的赔偿金额就增加2元。这一年猪肉价格便宜，保险期间北京“猪粮比”为5.95∶1，每头猪获赔10元。 安华农业保险股份有限公司北京分公司去年推出了国内首款农业保险指数型产品，对购买生猪价格指数保险的农民，市区两级财政补贴80%。

14日 区首支专业心理咨询志愿服务队成立，服务队名为“放飞心羽，心灵港湾”，有14名志愿者，全部具备二级、三级心理咨询师资质，倡导“奉献、友爱、互助、进步”的志愿精神，服务队将深入社区、校园、机关单位等地开展活动。

18日 第24个全国助残日。全区共有24536名残疾人，2013年，670名残疾人参加了职业技能培训；4名残疾学生参加高考，全部被录取；举办3场残疾人专场招聘会，新安置200名残疾人就业；全区28个残疾人职业康复劳动站组织477名残疾人参加职业康复劳动；全区有7939名残疾人参加城乡居民养老保险，16102人参加城乡居民医疗保险；为7980人发放2800多万元生活补助，为8082人发放969.8万元助残券。全区8家扶贫基地，扶持了287名残疾人增产增收；为3849名残疾人家庭进行无障碍改造。

19日 共青团中央书记处书记汪鸿雁到顺义区调研，团市委书记常宇陪同调研，并参加北汽集团“奋斗的青春最美丽”主题青年大会。

同日 顺义区召开全区领导干部大会。肖韵竹通报了全区作风建设的基本情况，王刚出席会议并讲话：一要提高认识，准确把握当前作风建设的重要性；二要以身作则，自觉维护我区作风建设的良好氛围；三要严格执纪，加大对作风建设监督检查力度。

28日 区政府召开2014年第十五次常务会议，学习《北京市禁止违法建设若干规定》，审议《顺义区行政应诉工作规则》，通报中国市场学会服务质量专业委员会暗访我区部分政府便民服务电话情况。

同日 顺义区残疾人专项维权季系列活动启动仪式暨法律援助联系点授牌仪式在马坡镇马卷村举行。区27家残疾人温馨家园内全部设立了法律援助联系点，在本市率先全覆盖。 残疾人法律援助联系点将在开展法律咨询服务、化解残疾人和企业的用工矛盾、维护残疾妇女儿童的合法权益、促进家庭和睦等方面提供方便快捷的服务。在温馨家园内建立法律援助联系点，就是为了保护残疾人的合法权益，避免因为经济等原因打不起官司等问题的出现。

29日 区人大代表议案、建议办理三方见面会召开。人大代表、承办部门、人大督办部门三方就6个重点议案、建议件的办理情况进行交流。本次三方见面会重点汇报的6个议案、建议件主要涉及卫生事业发展、白马路旅游圈交通出行、农村排水设施完善和浅山地区电力基础设施建设等，相关承办单位详细汇报了议案、建议的办理进度等情况，并与领衔代表面对面沟通。

同日 区委副书记、天竺综保区管委会常务副主任、天竺综保区改革专项小组组长闫立刚主持召开了区委全面深化改革领导小组天竺综保区综合改革专项小组第一次全体会议。会议审议通过了《北京天竺综合保税区深化改革专项领导小组机构设置方案》等事项。

本月 中组部副部长陈向群到顺义区调研党代表任期制工作。陈向群副部长听取了北京市和顺义区关于党代表任期制工作汇报，并与5名区党代表进行了座谈交流。区党代表根据本单位和自身工作实际，围绕党代表在党代会闭会期间如何发挥作用进行了研讨，并对党代表任期制工作提出了意见和建议。王刚、周颖博、车克等参加。

## 6月

3日 2014年顺义区防汛抗旱工作会议召开。卢映川、林向阳及各委、办、局、中心、公司和各镇、街道、经济功能区负责同志参加。

5日 区委印发《关于加强党管人才工作的意见》。

6日 第二十三届燕京啤酒节开幕式暨文艺演出在顺义奥林匹克水上公园举行。区领导王刚、卢映川、胡尚云、杨宝华等区委、区人大、区政府、区政协、天竺综保区领导出席。

同日 顺义区“2014年品牌经济年会”举行。中华商标协会副秘书长张国鹏和区领导林向阳、肖承继、盛德利出席。区政府为新认定的“北京”、“九龙斋”等驰、著名商标企业颁发了牌匾和宣传奖励基金；为新认定的“北京汽车集团有限公司”颁发了2014年顺义区品牌战略示范企业奖牌和奖励基金；为新认定的“顺鑫佳宇”等顺义知名商标颁发了奖牌和奖励基金。品牌营销专家就顺义品牌企业发展进行了探讨和交流。

同日 区委召开常委扩大会议，传达习近平总书记在指导兰考县委常委民主生活会上的重要讲话精神。市委第十督导组第一副组长吴玉华，区领导王刚、卢映川、胡尚云、杨宝华等出席。王刚强调，要切实把思想和行动统一到习近平总书记的重要讲话精神上来，提高认识、增强自觉，扎扎实实开展好党的群众路线教育实践活动；要以习近平总书记重要讲话精神为指导，认真查摆问题，为我区开好民主生活会做好充分准备。

6日至8日 第二十三届燕京啤酒节举办。啤酒节以“热烈、和谐、欢乐、节俭”

为办节理念，走平民化路线。平民演员和燕京职工代表登台展示才。燕京啤酒集团职工献上了《新贵妃醉酒》和《朋友的酒》两首歌，抒发了以酒为媒、广交朋友的理念，抒发了对燕京啤酒的热爱。

7日至8日 全区共有4229考生参加高考，普通高中（含新疆班）考生4213人；单考单招考生16人。本次高考设牛栏山一中等三个考点152个考场。区高招办对保密室设施设备等自查；在护卫下利用封闭式箱车接取、回送试卷，GPS定位监控系统全程监控。保密人员在监察和全方位高清探头监控下进行试卷的整理、入柜、密封、保存。高考继续实行“集体赴考”方式，统一使用与教委签订安全协议的公司车辆，每路队每辆车都制定翔实工作方案。区公安分局交通支队长包考点、警员包车、派出所包区域，前车开道，后车护卫，重要路口设岗畅行的护行方案，保障考生赴考交通的安全、顺畅。

9日 举办“国际档案日”暨第六届“档案馆日”活动。区档案馆馆藏档案共计119个全宗，总排架长度1378.76米，馆藏档案164901卷（件）。主要包括建国前清代顺义档案、民国时期档案和革命历史档案共计3800余卷，其中最早的档案形成于1761年（乾隆二十六年）；新中国成立后各立档单位形成文书、科技、声像档案，北京奥运会、第七届花博会等重大活动档案，婚姻、招工、普查等专门档案，以及党和国家领导人到顺义视察的有关档案资料。馆藏档案共16万卷。至5月底，查阅室共接待上门查询1128人次，来电查询105人次，其中大部分是民生档案查询，涉及婚姻、招工等。

11日 区政府召开第十六次常务会议，审议《信息化项目管理办法》、《信息化建设专项资金管理办法》及《2014年政府投资计划（第二批）安排建议》。

同日 市纪委副书记李振奇，市纪委常委张才雄、韩索华，市纪委第八纪检监察室主任王鹏等一行到顺义区调研指导工作，传达了近期中央纪委、市纪委关于深入推进纪检监察机关“转职能、转方式、转作风”的有关精神和要求，介绍了市纪委监察局内设机构调整情况，重点强调了市纪委第八纪检监察室的职能以及与顺义区纪委配合、协调、指导的工作关系，并明确指出今后工作中各级党委要切实担负起党风廉政建设和反腐败工作的主体责任，各级纪委要切实担负起党风廉政建设和反腐败工作的监督责任。

13日 顺义区“军（警）民共建日”活动在66055部队启动。活动以“百姓进军营、官兵进社区”为主要形式，以国防教育、社会志愿服务、新农村建设为重要内容。驻顺义部队与驻地周边社区、农村、单位建立长期合作共建关系，定期开放非保密性质的军事训练、军事装备等，组织百姓进军营开展参观和国防教育等活动，让群众感受军营、近距离接触官兵，增强国防观念。驻顺部队周边镇、街道和企事业单位，与部队建立长期的合作共建关系，邀请部队官兵进社区参观和志愿服务，让官兵走进社区、农村和企业，感受区经济社会发展的巨大变化。

同日 常驻联合国代表团大使刘结一带领外交部驻外大使参赞学习班到我区参观考察，先后参观了北京天竺综合保税区、国家地理信息产业园、燕京啤酒集团公司。区领导王刚、卢映川、闫立刚、林向阳、李福成陪同。

17日 “携手节能低碳、共建碧水蓝天”节能宣传周启动。启动仪式上，表彰了北京索爱普天移动通信等6家2013年度节能先进单位、清洁能源利用先进单位、新能源利用先进单位，15名节能先进个人，以及2014年校园节能低碳作品大赛获奖作品；展示了区2013年节能改造工程、新能源利用等成果，节能产业优秀产品、校园节能低碳大赛优秀作品。节能宣传周期间，相关单位将“上街、下乡、进企业、入社区”开展节能宣传。发放节能法律法规汇编1万册、节能常识手册1万册、LED节能灯2万盏，传播节能理念，普及节能知识。

同日 国家农业部部长韩长赋来到顺义区赵全营镇都市型现代农业万亩示范区，调研“三夏”生产进展情况。牛有成、卢映川及市区相关部门有关领导参加。

18日 区政府召开2014年第十七次常务会议，审议《2013年财政决算情况报告》、《2013年度预算执行和其他财政收支情况审计工作报告》。

19日 市经信委党组书记李平，党组副书记、主任张伯旭到顺义区调研产业发展情况。卢映川、林向阳、李福成、盛德利参加。

20日 区委常委（扩大）会议召开。会议传达、学习市委书记郭金龙在东城区区委常委班子专题民主生活会上的讲话精神和围绕加快实施平原地区造林工程，加强水资源保护利用，推进生态环境建设主题蹲点调研时的讲话精神。区领导王刚、卢映川、胡尚云、杨宝华等出席。

24日 顺义公安分局联合区相关部门举办“2014年顺义区绿色出行，健康生活”禁毒骑行宣传活动，区UCC骑行队的100余名自行车爱好者参加，骑友们整齐地排成长队，车身插上宣传禁毒的小红旗，从仁和公园出发，穿过裕龙社区，沿右堤路、白马路骑行10余公里到达马坡花园一区广场。

25日 云南省常委、滇中产业新区党工委书记李培一行到顺义区考察临空经济发展情况，副区长盛德利陪同。

26日 市科委与顺义区签署《关于联合推动科技成果转化的战略合作协议》，北京首都科技发展有限公司与顺义区汽车基地管委会签署《北京市科技成果转化（三新创业）前孵化基金（有限合伙）合伙协议》。闫傲霜、王刚、卢映川、林向阳出席签约仪式。

26日至27日 北京市因公出入境工作会议在顺义区召开。

27日 召开纪念中国共产党成立93周年暨全国党代表任期制联系点工作启动大会。市委第十督导组第一副组长吴玉华，区领导王刚、卢映川、胡尚云、杨宝华与全区各镇、街道、区直处级单位主要负责同志，市、区党代表和部分镇党代表1000余人一起观看了反映全区党的建设工作的专题片——《顺义脊梁》，重温了入党誓词。

同日 顺义区全面启动全国党代表任期制联系点工作。2014年，顺义区被列为全国8个党代表任期制联系点之一。围绕此项工作，顺义区将建好党代表选拔培训、履职尽责、宣传展示三个平台。组织党代表列席区委全会、常委会等党内会议，开展“传党情、达民意、谋发展、促和谐”等各类视察调研活动，参与决策；组织党代表参与“一报告两评议”、参与各级领导班子和领导干部民主测评、重要干部民主推荐、公开选拔等干部选拔任用工作，参与民主监督；选派优秀党代表担任党建工作指导员，指导基层党组织加强组织建设和党员教育管理工作、聘党代表担任党风监督员、组织党代表参与党建重大活动，参与党的自身建设；结合党群活动中心、工会服务站、青年汇、妇女之家和社会工作站等载体建设，整合资源，加强党代表工作室建设，创新“党代表接待日”，开展党代表走基层活动，建立区党代表联系党组织和党员群众台账，联系服务党员群众，让党代表在闭会期间听取民意，对群众反映的问题负责到底。

本月 最新一期美国《财富》杂志“2014年世界500强企业”名单公布，北汽集团以营业收入433亿美元再次跻身全球500强，排名第248位，名次比去年提升88位。

本月 区将低收入家庭认定标准由月人均740元提高到850元，上浮15%。低收入家庭可持《北京市低收入家庭救助证》申请相应的救助项目，享受医疗救助、教育救助、住房救助等专项救助待遇及一次性临时救助待遇。符合低收入标准的家庭可向户口所在的村（居）委会提出个人申请，经村（居）民代表会议评议、公示，由各乡镇（街道）进行初审并递交区民政局审批。认定后，为其颁发《北京市低收入家庭救助证》。城乡低收入家庭认定期限为一年，期满后，申请人需重新申请认定。

## 7月

2日 北京汽车股份有限公司（以下简称“北汽股份”）提交港股上市申请，北汽股份主要股东为北汽集团、首钢股份、戴姆勒和本源晶鸿；主要业务由三大板块构成：附属公司北京汽车、北京奔驰，以及合营公司北京现代。2013年三家企业新车销量分别为20.2万辆、11.6万辆和103.1万辆。

4日 区委常委班子召开党的群众路线教育实践活动专题民主生活会。市委常委、宣传部部长李伟，市人大常委会副主任、市委第十督导组组长唐龙及市有关部门、市委第十督导组领导同志参加会议。王刚主持，胡尚云、杨宝华列席会议。会议按照“高标准、严要求、动真格、见辣味”的要求，聚焦“四风”问题，认真对照检查和相互批评。王刚首先代表区委班子作了对照检查发言，并联系自己的思想和工作实际，第一个作个人对照检查发言、接受其他各位常委批评。随后，其他常委先后作个人对照检查发言，并接受班子其他成员的批评。

8日 区委常委班子专题民主生活会情况通报会召开。王刚通报了专题民主生活会的具体情况，并就下一步党的群众路线教育实践活动工作进行了部署。市委第十督导组第一副组长吴玉华，卢映川、胡尚云、杨宝华等出席

同日 潮白河自来水管线和区自来水管网管线并接完工，日引水能力2万吨。潮白河自来水管线和区自来水管网管线并接工程位于向阳闸北，工程分为四个部分。按照城市规划，区自来水管线18.23万吨的日供水能力到2020年。2012年日用水量为14万到15万吨，2013年为16万到17万吨，2014年已达18.2万吨。区水务局、自来水公司与市水务局沟通协调，将水源地为水源八厂的潮白河自来水管线与区对接，日引水量可以增加2万吨，达到20.23万吨，提高区供水保障率，保障区夏季高峰期的生产生活用水。

9日 北京市第八届“和谐杯”乒乓球比赛系列活动暨顺义区“乒临绿港、精彩羽共”马坡杯乒乓球比赛在马坡镇庙卷村举办。此次活动由区乒乓球协会组织协调，24支镇、街道代表队及26支局、公司代表队400余人参加。镇、街道前八名分别是北小营镇、牛栏山镇、仁和镇、木林镇、石园街道、双丰街道、旺泉街道、空港街道；局、公司前八名分别是科委、环卫中心、区工会、地税局、食药局、公路分局、燕京啤酒、教委。

11日 区人大常委会组织部分人大代表检查《北京市大气污染防治条例》执行情况。代表们视察了城西热源厂煤改气工程、

顺义文化中心工程和北京燕京啤酒股份有限公司脱硝工程，检查清洁能源改造、施工现场降尘管理情况以及企业排污许可证制度、大气环境质量目标责任制落实情况。

同日 全国第25个“世界人口日”，在社区广场开展“控制人口、保护环境、珍惜我们的家园”宣传活动，为社区居民提供医务答疑、现场测血压、测血糖等服务，在小区内张贴宣传海报、悬挂条幅、向居民发放计生宣传手册、为育龄妇女提供免费避孕药具，并向育龄妇女提供生殖健康科普知识和咨询服务。

14日 财富中文网发布2014年中国500强排行榜。燕京啤酒股份有限公司以营业收入137.48亿元、利润6.81亿元，名列第340位；顺鑫农业股份有限公司以营业收入90.72亿元、利润1.98亿元，名列第467位。自2010年开始评选以来，燕京啤酒股份有限公司已连续5年上榜，顺鑫农业股份有限公司连续4年上榜。

15日 区委理论学习中心组举行第十四次集体学习，市纪委常委张才雄围绕加强作风建设、落实“两个责任”、加快推进“三转”做了专题辅导报告。王刚出席会议并讲话。

同日 区政府召开2014年第十九次常务会议，审议《关于推进经济功能区转型和创新发展的指导意见》、《公开我区承接行政审批事项》和《公开区第一批取消行政审批事项》。。

18日 区委召开党的群众路线教育实践活动领导小组工作会议。传达中央、市委有关精神，通报区教育实践活动的有关情况。会议讨论审议了《顺义区区属二级班子召开专题民主生活会有关工作安排》《顺义区在第二批教育实践活动中基层党组织召开专题组织生活会并开展民主评议党员工作安排》以及《顺义区教育实践活动“四风”突出问题专项整治方案补充方案》。

19日 北京市第十四届运动会首枚金牌在顺义区承办的柔道比赛中诞生。此次市运会共设有27个正式比赛项目，柔道、拳击、皮划艇赛艇比赛的场地设在顺义区。此届运动会，区派出503人，其中运动员378人，领队、教练和相关工作人员125人。

22日 牛栏山镇领导班子召开党的群众路线教育实践活动专题民主生活会。牛栏山镇党委书记代表镇领导班子作了对照检查，班子成员先后作了个人对照检查发言，并接受班子其他成员的批评。大家的对照检查联系自己的思想实际、岗位职责和工作经历，直面问题，不躲不绕。每位班子成员发言后，其他班子成员逐一对其进行批评，抓住要害，直奔主题。

同日 由中国建筑业协会、中国就业培训技术指导中心、中国海员建设工会全国委员会主办的2014年中国技能大赛——“中北华宇杯”第43届世界技能大赛瓷砖贴面和砌筑项目全国选拔赛暨全国建设行业职业技能竞赛在顺义区举行。原建设部副部长、中国建筑业协会会长郑一军，北京市政府副秘书长徐波，卢映川、赵贵恒出席开幕式。

23日 区政府召开2014年第二十次常务会议，审议了全区国民经济和社会发展计划上半年执行情况报告和2014年上半年财政预算执行情况报告。

同日 区新建成的99米长音乐喷泉试运行，该喷泉位于潮白河城区段靠近东大桥附近，长99米、宽6米、形成9组造型、最高喷射高度66米。不同音乐背景下，搭配LED灯打造的灯光效果，除了景观效应，该喷泉可以曝气充氧、改善水质。喷泉增氧设备将河水提升喷洒到空中形成细小的水滴，水滴携带氧气返回湖中，在河水垂直循环运动过程中，表层水体与底部水体交换，新鲜的氧气输入湖底，减少腐烂恶臭。

29日 召开迎接首都文明区复查工作动员部署会，全面启动迎接首都文明区复查准备工作。肖承继主持会议。周颖博强调，要认真落实区委常委会关于扎实做好迎接首都文明区复查工作的要求，扎实做好迎检各项工作，进一步深化首都文明区创建成果。

30日 区委全面深化改革领导小组第二次全体会议召开。会议听取了全面深化改革领导小组第一次全体会议以来全区全面深化改革工作进展情况的汇报；研究讨论了《中共北京市顺义区委全面深化改革领导小组2014年工作要点（讨论稿）》（简称《要点》），各专项小组组长分别就《要点》中涉及各专项小组的改革事项作了说明；研究讨论了拟提交区委四届八次全会审议的关于2014年上半年全面深化改革进展情况和下半年工作安排的报告。

本月 北京东方雨虹防水技术股份有限公司在第二届全国建材企业文化年会上荣获“全国建材企业文化建筑示范单位”荣誉称号，业内仅有9家单位荣获此殊荣。同时，公司企业文化成果荣获“2014年全国建材企业文化建设优秀成果一等奖”。

本月 燕京品牌入选2014年“中国500最具价值品牌”排行榜。

本月 顺义区联合周边区县完成界线联合勘查工作。顺义区牵头完成了与昌平区、怀柔区、密云县三条行政区域界线（顺昌线、顺怀线、顺密线）的联合检查工作，涉及北石槽、高丽营、牛栏山等8个镇。

本月 在中国共产党成立93周年之际，顺义区开展多种形式的纪念活动。首先是召开纪念大会，全区各镇、街道、区直处级单位主要负责同志，市、区党代表和部分镇党代表1000余人在纪念会上一起观看了《顺义脊梁》，并重温了入党誓词。区领导慰问了新中国成立前老党员、抗美援朝老战士、在职党员、生活困难党员。开展2014年“共产党员献爱心”捐献活动，当天共捐款90700元。本次活动所募资金将用于开展困难党员帮扶项目、贫困群体大病医疗救助和贫困家庭助学项目。

本月 2014年至2015年全民健康生活方式行动及健康生活方式指导员队伍建设工作全面启动。2014年至2015年，区健促办将结合全区慢性病综合防控示范区建设，联合相关部门，开展健康社区、健康单位、健康学校、健康食堂、健康餐厅、健康步道、健康加油站、健康知识一条街以及健康主题公园9类健康支持性环境的建设工作。各镇、街道将培养健康生活方式指导员，开展健康生活方式指导员“进家庭、进社区、进单位、进学校、进医院”活动。

## 8月

1日 区将城乡特困人员重大疾病医疗救助病种范围由原来的9类病种增至15类，将救助比例由70%提高到75%，每人全年累计救助总额不超过8万元。区罹患重大疾病的城市“三无”人员、农村五保供养人员在扣除现行医疗保障制度报销后的个人负担部分，所需费用实报实销。低保、低收入对象因患上述重大疾病产生的门诊或住院费用，扣除现行医疗保障制度报销后，个人负担药费部分按75%的比例给予重大疾病救助。重大疾病救助后负担仍然较重的可继续享受区大病救助政策。

4日 区委召开第22次区委常委（扩大）会议，传达北京市2014年上半年经济形势分析会议精神。王刚主持会议并强调，区级领导要带头把学习好、宣传好、贯彻好这次会议精神作为做好下半年工作的重要指引，要紧密结合自身工作实际，紧紧围绕今年全区中心工作和阶段性发展目标，认真研究贯彻意见，抓紧制定落实措施，确保在全面领会上级精神的基础上，创造性地抓好贯彻落实，确保全年目标任务完成。

5日 区委召开四届八次全会，结合学习贯彻北京市2014年上半年经济形势分析会精神，对全区上半年工作进行了全面总结，对当前需要抓好的重点工作进行了具体部署。

10日 北小营镇党代表接待日。2012年9月，镇成立了“党代表工作室”，将99名党代表划分为33个小组，每月10日、20日轮流上岗，接待群众来电来访。党代表们的《党员群众意见建议办理表》，记录了从工作室建立至今接到的来访者的意见、建议，处理意见、办理部门的回复。

13日 区政府召开2014年第二十二次常务会议，审议《顺义区用水总量控制管理试行办法》等事项。

同日 区总工会主办的唱响“中国梦”职工舞蹈大赛决赛，本次舞蹈大赛分独舞组和群舞组，区20余个单位400名职工参与，汇聚了民族舞、踢踏舞、街舞、爵士舞等舞蹈形式。本次舞蹈大赛的优秀节目将登上由区总工会筹备举办的顺义区首届职工春晚的舞台。

同日 2014年顺义区人才工作领导小组会议召开。会议传达了习近平总书记和其他中央领导同志对人才工作的批示精神、赵乐际同志在中央人才工作协调小组第40次会议上的讲话精神、姜志刚同志在市人才工作领导小组2014年第二次会议上的讲话精神并通报了全区人才工作情况。区人力社保局有关负责同志汇报了“人力资源统计管理系统”建设情况。会议还讨论并审议了《顺义区加快高技能人才队伍建设实施办法（征求意见稿）》。

14日 市环保局局长陈添到我区城西供热中心、燕京啤酒集团调研大气治理。区领导王刚、卢映川、林向阳陪同。同日 区委召开党建工作述职会，国资委、牛栏山镇、南法信镇等六家单位党委负责人现场述职。王刚、卢映川、周颖博、肖韵竹、车克欣、肖承继出席。

18日 区委召开党的群众路线教育实践活动领导小组第九次工作会议。会议通报了区教育实践活动有关情况，审议了《顺义区党的群众路线教育实践活动第三环节工作安排》。按照第三环节工作安排，全区党的群众路线教育实践活动转入整改落实、建章立制环节。

同日 区委理论学习中心组举行第15次集体学习，专题学习养老事业相关知识，中国人民保险集团公司党委委员、副总裁周立群作了关于《养老风险与保障》的报告。

17日至19日 北京市第十四届运动会田径比赛在丰台体育中心举行，区共摘得27枚金牌、26枚银牌、20枚铜牌，团体总分802分，金牌总数与团体总分均位列全市第一。区在本届市运会中共获得58枚金牌，总分1838分，排名全市第6。

20日 区政府召开2014年第二十三次常务会议，通报二季度城乡环境群众满意度调查情况，审议《顺义区促进金融产业发展办法》和《顺义区推动企业上市工作办法》。卢映川主持会议。

25日 国家对外文化贸易基地（北京）暨北京天竺综合保税区·文化保税园开园活动在天竺综保区内举行。国家文化部部长蔡武、北京市市长王安顺出席仪式并讲话。

文化部副部长丁伟、海关总署副署长孙毅彪、市政协副主席沈宝昌、全国珠宝行业协会会长徐德明等出席仪式。

25日至10月25日 第二届北京惠民文化消费季暨顺义区金秋演出季活动日前在区影剧院正式启动。本届“金秋演出季”由区文化委牵头，区商务委、区财政局等13家单位联合主办，以“牵手文化 惠及民生”为主题，开展以特色文化演出为主要内容的文化消费活动。

26日 中央第二巡回督导组组长杨衍银到区调研党的群众路线教育实践活动开展情况。区委书记王刚汇报了全区党的群众路线教育实践活动开展情况。杨衍银对区教育实践活动取得的阶段性成果给予了充分肯定。她表示，顺义区还要在社会关注的一些热点难点问题和群众提出的问题上进一步研究。整改工作要与中央有关的专项整治要求和北京市的整治要求相结合。

27日 中组部组织二局巡视员、副局长曾贤钦率调研组到顺义区调研大学生村官工作。市人力社保局副局长张祖德、区领导车克欣参加。

28日 顺义区人大代表议案、建议办理三方见面会召开。人大代表、承办部门、人大督办部门就6个重点议案、建议件的办理情况进行交流。本次三方见面会重点汇报的6个议案、建议件主要涉及文化创意产业、物业公司监督管理、回民孤寡老人养老等问题。

29日 市委常委、市纪委书记叶青纯，市纪委副书记、市预防腐败局局长、市纪委秘书长王贵平，市纪委研究室主任倪紫剑一行到顺义区调研，听取了王刚、肖韵竹关于顺义区党风廉政建设和反腐败工作有关情况的汇报，并与区纪委常委会班子成员进行了座谈，对顺义区党风廉政建设和反腐败工作给予了充分肯定。

本月 市编办批复，同意将中关村科技园区顺义园管理委员会由在顺义区经济和信息化委员会加挂牌子调整为独立设置，加挂北京顺义科技创新产业功能区管理委员会牌子，为区政府派出机构；成立中共北京市顺义区委中关村科技园区顺义园工作委员会，为区委派出机构，与顺义园管委会合署办公。中关村科技园区顺义园是中关村国家自主创新示范区板块之一，是首都城北产业研发服务和高技术产业带的组成部分，同时也是顺义区三大经济板块中的“科技创新”功能区。2012年10月，国务院批复确定中关村科技园区顺义园总体规划面积12.08平方公里（其中建成区5.75平方公里，备用地6.33平方公里），包括中航工业北京航空产业园南北两区、中关村临空国际高新技术产业基地、空港创意产业园东西两区、实创高新技术产业基地南北两区、北方新辉新兴产业基地、非晶产业基地等9个地块。

本月 区委组织部、区人力社保局联合印发《顺义区战略后备人才培养工程实施办法（试行）》，在区启动“双百”培养工程。“双百”即百名研究生培养项目和百名专业型干部培养项目。百名研究生培养项目为干部自行参加学习、备考，通过全国统考，在指定的国民教育系列正规高校在职参加研究生学习，并获得学历学位双证（含硕士、博士）；百名专业型干部培养项目指干部自行参加规定方向的相关考试、评审，取得高级专业技术资格证书。

本月 区金融办邀请国际知名证券公司摩根士丹利为区15家拟上市企业讲解赴港上市知识。摩根士丹利是一家全球领先的国际性金融服务公司，是最早进入中国的投资银行之一，提供投资银行、证券、投资管理以及财富管理等多种金融服务。摩根士丹利亚洲有限公司投行部执行总裁于翔介绍了企业赴港上市的条件及相关流程，为企业重点讲解了赴港上市的要求及重组方案、红筹发行的股权架构重组方案、香港上市标准等内容。

## 9月

1日 区委理论中心组组织第16次集体学习，邀请原卫生部疾控局副局长、副研究员孔灵芝做“慢性病的现状与对策”的专题讲座。区全面启动了国家慢病综合防治示范区创建工作，制定了《顺义区慢性病防控工作规划（2014–2020年）》。

同日 王刚参加牛栏山一中2014–2015学年度第一学期开学典礼，为2013–2014学年三好学生、优秀学生干部、“牛中之星”代表颁奖，对他们取得的优异成绩表示祝贺。于庆丰、朱家亮一同出席。

3日 第二十一届“十月金秋”书法、美术、摄影活动启动，以“唱响中国梦、魅力新顺义”为主题，时间为9月至10月底。全区各单位、各系统以广泛发动群众参与为基础，以群众书法、美术、摄影作品展览为主要形式，将举办33个基层书法、美术、摄影、民间手工艺作品展览，北京市第二十五届农民艺术节暨顺义区2014年“乡村大舞台”25场群众文艺会演，纪念新中国成立65周年顺义区美术家优秀作品展等系列群众文化活动。

4日 区召开入伍欢送大会，区适龄青年报名参军人数比去年多100余人，共有200余名适龄男青年被确定为新兵，全部具有高中以上学历，大学生新兵比例占三分之一，北京工业大学耿丹学院共有40余名男生入伍。

5日 区老干部大学开学，老干部大学共开设了21个专业，在校人数达到1800余人。根据老年人的要求开设了笛子、葫芦丝、花卉种植专业，聘请5名教师授课。

9日 区召开教师节庆祝大会，对2013年度教育先进集体、优秀校长、优秀教师进行表彰。

10日 区召开迎接新中国成立65周年工作部署会，在国庆期间将开展文化活动；对全区干部群众进行深入的爱国主义宣传，组织好道德模范表彰等3个方面的教育活动；做好公共空间的美化，在节前完成重要节点的园林景观布置等工作；做好各项服务保障工作，加强交通运营管理，保障好水电油气工作，维护社会安全稳定。

同日 青年美术家刘彤廉政漫画展“清风颂”在区文化馆举行，本次展出的60幅廉政漫画作品，围绕党风廉政教育、领导干部自洁自律、纠正不正之风、廉洁从政监督、严惩违纪违法、为百姓干实事等几个方面展开创作。

11日 召开纪检监察工作会，通报全区纪律检查体制改革工作情况，学习传达了市委常委、市纪委书记叶青纯同志在2014年8月29日来顺义调研时的讲话精神和区委书记王刚同志在2014年9月4日做客北京市纪检监察网在线访谈时的讲话精神。会议通报了全区纪检监察机关案件查处工作的有关情况；贯彻落实中央八项规定精神，狠抓作风建设的有关情况；

同日 北京市中小学责任督学挂牌督导工作现场会在顺义区举行。市委教育工委副书记、市政府督导室主任唐立军出席会议。

同日 区召开专项环境整治工作动员会。将利用一个月的时间在全区范围内集中整治非法盗采砂石土方行为和重点地区的群租违法建设行为。

12日 由国家卫生计生委、中国残联、北京市卫生计生委、北京市残联、顺义区卫生局联合举办的以“预防出生缺陷，从孕前开始”为主题的大型宣传周活动启动仪式在区妇幼保健院举行。国家卫生计生委副主任、国家中医药管理局局长王国强，中国残联副理事长贾勇，顺义区委常委、宣传部部长肖承继和北京市卫生计生委、市残联等有关部门相关负责同志出席。

15日 区委理论中心组组织第十七次集体学习，围绕全区金融工作特别是互联网金融和融资模式等内容进行了学习和探讨。

17日 区政府召开2014年第二十五次常务会议，研究《顺义区医疗卫生服务水平提升三年行动计划》、《顺义区划定禁止露天烧烤区域》等事项。

同日 区召开国庆和APEC会议期间社会面防控专项行动动员部署会，此次社会面防控专项行动包括反恐防暴，织严织密治安防控网络；突出社会矛盾排查化解；加强人员管控，提高特殊人群服务管理；从集中整治治安秩序类问题入手，确保治安环境井然有序。

同日 团中央学校部部长杜汇良、中学处副处长谭真一行来顺义区调研，先后来到杨镇一中、牛栏山一中，参观了两所学校的校史馆，查看了图书馆和体育馆等设施，了解了学校共青团在学生德育教育方面发挥的作用、开展的各项活动，对顺义区教育事业的发展表示肯定。

20日 顺义人民广播电台举办第二届听众节，顺义电台为FM92.9，全天播出17个小时的节目，直播节目6个小时。

21日 在第二个北京湿地日，汉石桥湿地联合区内企业组织50个家庭参与湿地日活动。

22日 区委理论学习中心组组织第十八次集体学习，再部署迎接新中国成立65周年及APEC会议期间沿线环境整治、绿化美化等有关工作。

24日 由北京市安全生产监督管理局、市文化局主办的2014年“安全是永恒的旋律”主题情景剧大赛汇报演出在顺义区举办。张树森、卢映川出席。

26日 顺义区青年联合会二届一次全委会隆重召开。会议听取和审议了顺义区青年联合会一届一次全委会工作报告，选举郑晓博同志为区青联二届委员会主席，于长雷等21名同志为区青联二届委员会副主席，王彬等27名为区青联二届委员会常委，并确认新一届委员工作努力方向和奋斗目标。王刚、杨立宪、周颖博、车克欣出席大会。

29日 市政府党组成员、南水北调工程建设委员会副主任夏占义带领市水务局、南水北调工程办公室等部门相关负责同志到顺义调研南水北调工程建设、顺义水系连通和水资源循环利用情况。

同日 区政府召开2014年第二十六次常务会议，学习《北京市法院行政案件司法审查报告暨典型行政案例》，研究全面推进依法行政、加快养老服务业发展等事项。

同日 顺义区政府与首都机场集团战略合作框架协议签约仪式举行，首都机场集团公司总经理刘雪松、党组书记刘彦斌以及顺义区领导王刚、卢映川、林向阳、赵贵恒出席。

30日 是我国第一个烈士纪念日，顺义区在潮白烈士陵园举行大型公祭活动。在王刚、卢映川、胡尚云、杨宝华等区领导的带领下，各委、办、局、中心、公司，各镇、街道一把手以及参加过抗日战争、解放战争、抗美援朝战争的老战士、军烈属代表，驻顺部队官兵代表、学生代表等260余人，一同向革命烈士纪念碑三鞠躬，祭奠英灵，寄托哀思，深切缅怀长眠于此的革命先烈。据区民政局统计，全区在册管理的革命烈士有1100余人，零散烈士纪念设施229处，共有烈士遗属44人。

本月 市委督查室和市政府督查室组成联合督查组到顺义区调研中央八项规定和北京市实施意见贯彻落实情况。联合督查组首先来到石园街道港馨家园社区，实地查看了小区环境整治、社区居民活动室建设、设置楼道便民文化墙等工作，对顺义区结合实际情况，努力破解回迁小区环境建设和物业管理难题给予了充分肯定。随后联合督查组来到北小营镇东府村，详细听取了"1+1+15"工作模式的组织架构、运作流程和工作成效以及全镇社会服务管理工作开展情况汇报，并参观了"1+1+15"工作室。联合督查组领导对北小营镇"1+1+15"工作模式给予了充分肯定。

本月 “畅想希望 放飞梦想”第六届全国村歌总决赛暨颁奖晚会在顺义区马坡镇石家营村举行。这是全国村歌总决赛第二次来到石家营村。

本月 由中国企业家联合会、中国企业家协会联合评选的“2014中国制造业企业500强”名单出炉，北京顺鑫农业股份有限公司以907236万元的营业收入位列榜单第444位，较上年提升了13位。该评选于2005年首次发布，每年评选一次。顺鑫已连续10年荣登榜单。

本月 南水北调工程的潮白河水源地补水工程加紧施工，该工程从李家史山闸引水，途经小中河、东水西调干渠、牤牛河、怀河，在史家口村北、北孙各庄村南汇入潮白河，施工范围12公里，建设4座节制闸、5座交通桥、6个排污口、1座污水处理站、12公里的巡河路，河道两侧采取护栏等形成硬隔离，工程已经完成总体工程的80%。

本月 区临空经济核心区、林河经济开发区、杨镇产业基地、兆丰产业基地、马坡产业基地获得第二批“北京市新型工业化产业示范基地”认定，北京市将对每家基地给予奖励资金。

本月 北京国际鲜花港园区的15家入园企业联合成立了北京花卉服务产业科技创新联盟。

本月 人力资源统计管理系统将升级，该系统于2012年11月上线，升级后的系统将在首页设置政策宣传栏，方便企业直接下载人才培养、引进、奖励等文件；建立星级考核机制，调动主管单位督促企业填报；建立海外留学人才信息库，将对区经济发展具有积极贡献的组织纳入统计范围，扩大信息掌握范围。结合区域人才特色，系统将注重区特色产业如临空经济、科技创新和绿色生态等领域人才信息的收集，将人才库建设成为管理区各类人才的特色数字化资源库。

## 10月

1日 “普天同庆共筑中国梦”顺义区庆祝新中国成立65周年文艺演出在国际鲜花港、和谐文化广场举行，1500余人参加。

9日 王刚主持召开第27次区委常委扩大会议，传达、学习中央党的群众路线教育实践活动总结大会及北京市做好2014年亚太经合组织领导人非正式会议筹备工作动员大会会议精神。卢映川、胡尚云、杨宝华等区领导出席。

同日 闫傲霜一行10人到天竺综保区调研。卢映川主持会议，闫立刚介绍综保区基本情况及下一步关于科技创新服务贸易产业的发展思路。双方就天竺综保区如何服务北京科技创新中心建设等议题进行了深入的交流，实地参观了园区，并重点考察国家对外文化贸易基地（北京），听取了歌华文化发展集团总经理李丹阳的情况介绍。

10日 区民政局为顺义籍张女士和台湾

籍黄先生办理结婚登记手续，这是区民政局自今年9月25日北京市涉外婚姻登记权限下放以后办理的首例涉外婚姻登记。北京市涉外婚姻登记业务下放到区民政局后，区民政局设专门涉外登记窗口，对外公开了涉外婚姻登记条件和所需手续，并配备了两名英语专业登记员，专门负责涉外登记业务。

13日 区召开党的群众路线教育实践活动总结大会，观看了纪录片《我们走在大路上——顺义区党的群众路线教育实践活动掠影》。

14日 区查处违法建设工作领导小组办公室协同政府，依法强制拆除南法信镇内两宗集中整治挂账群租违法建设。

15日 河北省石家庄市市委副书记、市长王亮一行到顺义区调研，区领导王刚、卢映川、林向阳、李向英参加。石家庄市领导一行实地察看了天竺综合保税区、国家地理信息科技产业园、天地图公司、北京国际鲜花港，并听取了相关情况介绍。在随后召开的座谈会上，双方人员观看了宣传片《中国石家庄》和《印象顺义》。

同日 区政府召开2014年第二十七次常务会议，围绕群众路线教育实践活动进入收尾阶段，研究部署下一步政府工作；审议《顺义区加强高技能人才队伍建设实施办法》；听取《顺义区2014年度关停退出工业污染企业情况汇报》。区委副书记、区长卢映川主持会议。

16日 区内首家三甲医地坛医院顺义院区试营业，开设10个科室门诊，医保参保人员可直接就医，“新农合”“一老一小”均可报销。地坛医院顺义院区位于李遂镇原潮白河骨伤科医院，第一阶段开设常见病、多发病门诊，门诊以工作日门诊为主，无节假日、双休日门诊和急诊，无发热门诊和肠道门诊。普通门诊设综合内科、外科、骨科、中西医结合骨科；每天有心血管内科、神经内科、呼吸内科、内分泌科、消化内科、中医科、皮肤科、外科、骨科、肿瘤科10个科室专家坐诊。

17日 区政府门户网站《在线访谈》栏目首次直播。区长卢映川做客顺义网城回答网友提问，一小时的直播中川共回答了20余个问题，这些问题包括了市民生活的方方面面，卢区长都耐心细致地予以解答，还介绍了顺义区的经济、人口、交通、医疗发展水平等宏观情况。

18日 北京市第五届登山大会顺义分会场暨“朗姿杯”顺义区第二届舞彩浅山登山大会举行。舞彩浅山登山大会在木林镇和龙湾屯镇同时举行，活动根据两镇浅山的不同地形特点和自然资源，分为幽谷慢步组和拓展探险组，强身健体组和勇攀高峰组，总距离41公里，全区80多个单位的4000余人参与此次活动。

21日 根据市委统一部署，市委第四巡视组进驻顺义区开展巡视工作。市委第四巡视组巡视顺义区工作动员会召开，区长卢映川主持会议，区委书记王刚做动员讲话，市委第四巡视组组长周凤霞根据中央和市委精神，结合顺义实际，讲了三点意见：一是要认真学习贯彻习近平总书记重要讲话精神，深刻理解开展巡视工作的重要意义；二是要突出“四个着力”重点，发挥巡视“利剑”作用；三是顺义区委要充分履行主体责任，共同完成好市委交给的巡视任务。

22日 副市长林克庆到顺义区调研农村地区减煤换煤工作开展、现代农业节水示范区建设实施方案制定情况。

同日 医疗卫生服务水平提升三年行动计划工作动员会召开，区将投入15亿元提升医疗卫生服务水平。

24日 北京首家“预备役军人之家”在顺义区正式成立。同时，北京陆军预备役高炮师召开预备役军人之家建设观摩推进会。

北京卫戍区副司令员李智国，顺义区领导周颖博、陈卫明出席推进会。

27日 区委理论学习中心组举行第二十次集体学习，邀请国家行政学院法学部教授任进讲解党的十八届四中全会会议精神。

28日 区政府外事办举行“顺义区首批APEC商务旅行卡发布会”，APEC商务旅行卡是亚太经合组织为加强组织内各经济体合作，促进商务人员自由流动发起的计划，持卡人可在3年内，随时多次前往已加入计划的19个APEC经济体，无须办理签证，每次在外停留最长2个月，并享有快速通关服务。

29日 区政府召开2014年第二十九次常务会议，听取APEC期间全区空气质量保障方案汇报，审议《关于办理加快顺义区卫生事业发展议案进展情况的报告》，审议《顺义区食品药品违法行为举报奖励办法》。

同日 第三十二届顺义区学生科技节开幕，全区800余名师生代表参加，开幕式上对过去一年全区各项科技活动进行了总结，布置了科技节期间重点工作，观看了探梦科学情景剧表演，参加了自然博物馆互动展示体验活动。

30日 区反腐倡廉实景警示教育基地启动仪式在区法院举行。区委常委、区纪委书记肖韵竹主持启动仪式，市高级人民法院党组成员、纪检组组长高晓陵与区委副书记、政法委书记周颖博共同为顺义区反腐倡廉实景警示教育基地揭牌。

同日 第十届北京国际金融博览会在北京展览馆开幕。区展区以“首都新兴金融聚集区、中国的金丝雀码头”为主题亮相，展示顺义新兴金融的发展思路、广阔空间和发展成就。展区位于展览馆2号馆北端，占地277平方米，比上届金博会展区面积增加30平方米。展区以“金融之翼”为设计理念，整体形象犹如舒展的金丝雀双翼，代表充满活力的新兴金融聚集区在顺义蓬勃发展以及国际港航线广通世界。

同日 首都机场电动汽车充电站投入运营。该站位于首都机场3号航站楼东南侧，是国内首座机场电动汽车充电站，可为APEC会议使用新能源车、首都机场摆渡电动客车和社会电动车辆提供充电服务，首都机场充电站安装450千瓦大功率充电机4台、直流充电桩25台、交流充电桩25台，可同时为4辆电动客车和50辆电动小汽车充电。

本月 党的群众路线教育实践活动总结大会在顺义宾馆会议中心第一会议室召开。市委第十督导组全体成员，区委委员、候补委员，区纪委常委，现职局级领导干部，全体正处级干部，区级民主党派、工商联主要负责人和无党派代表人士，部分“两代表一委员”和党员干部群众代表等共480人参加会议。区委书记王刚同志作了总结报告。

本月 北京现代第600万辆车下线。从2002年诞生之日起，北京现代的发展速度一次又一次刷新行业纪录。从第500万辆到第600万辆下线，仅用时11个月。在12年里，北京现代产品从单一车型发展为拥有涵盖紧凑型车、中级车、中高级车、SUV等各个细分市场的完备产品矩阵。

本月 13家企业获得调整退出工业污染企业奖励金，共计2250万元。区产业结构调整的步伐加快，区经信委利用北京市相关资金奖励政策，积极引导污染企业关停退出。下半年至今，北京市头二营电镀厂、北京市德蓝洁洗衣有限公司等13家企业获得北京市2014年调整退出工业污染企业奖励资金共计2250万元，全区共有21家企业获得北京市2014年调整退出工业污染企业奖励资金3600万元。

本月 北京国际青年营顺义营地入驻舞彩浅山。顺义营地建立在区武装部民兵训练基地，位于舞彩浅山步道龙湾屯段起点处，占地470亩。顺义营地以军事主题为特色，营地中设有CS对抗、攀岩、百米障碍等活动项目，能满足3000人训练，学员可在模拟的野外空间内，学习并亲身实践户外安全、自救、互救知识。北京国际青年营由北京团市委发起。

本月 竹木大棚改造成钢架大棚工程开始施工，竹木大棚大部分是上世纪90年代建设的，2011年至2013年，市区共计投入补贴资金8200余万元，区已累计实施老旧竹木大棚改造5506亩，涉及5个镇、14个村。今年，市区分别投资2600万元、4000万元，改造老旧大棚3000余亩。

本月 烈士证明书换补新证工作已经基本完成。此次换补的《烈士证明书》分两种：新中国成立前牺牲的烈士，换发奖状式《烈士证明书》；新中国成立后牺牲的烈士，换发证书式《烈士证明书》。新版烈士证明书增加防伪功能，更严谨规范。

## 11月

1日 零时区人口抽样调查工作进入入户登记阶段，此次入户登记持续至11月10日，全区3%的居民将被抽选参与调查。区人口抽样调查办公室共选聘、抽调调查员、指导员、工作人员400余人，制作统一调查员证，持证开展抽样调查。《统计法》明确规定，统计机构和统计人员对在统计工作中知悉的国家秘密、商业秘密和个人信息，会予以保密。

2日 北京国际金融博览会闭幕，区参展四天参观者10万人次，北京电视台、北京日报、新华网、人民网、和讯网、网易等知名媒体进行了大量报道。

3日 区委理论学习中心组举行第二十一次集体学习，研讨区体育产业发展，听取区旅游、观光农业、舞彩浅山建设及汉石桥湿地建设发展情况汇报。

4日 市委常委、教工委书记苟仲文来我区调研教育情况，视察了牛栏山一中、职教中心，在杨镇一中召开座谈会，听取我区教育工作汇报。区委书记王刚等区委、区政府领导出席，区委副书记、区长卢映川主持座谈会。区教工委书记冯义国，区教工委副书记、教委主任刘克祥陪同。

5日 国家安全监管总局副局长李兆前到顺义区调研“北京市安全生产隐患排查治理和安全生产标准化开展情况”。副市长张延昆、市安监局局长张树森，顺义区领导王刚、卢映川等参加。

同日 北京中医医院顺义医院改革发展一周年暨北京中医医院顺义区中医医联体揭牌启动仪式在顺义区举行。国家中医药管理局副局长吴刚、顺义区委书记王刚出席并为“北京中医医院顺义区中医医联体”揭牌。北京市医改办主任韩晓芳，北京市医院管理局局长封国生，北京市中医管理局局长屠志涛，顺义区领导胡尚云、杨宝华、周颖博等一同出席启动仪式。

6日 区纪委、法院、检察院在马坡镇庙卷村联合启动了“以案为鉴 警钟长鸣”预防职务犯罪巡展进镇村系列活动。。

同日 第12届中国国际门窗幕墙博览会在顺义新国展开幕，北京嘉寓门窗幕墙股份公司生产的防雾霾窗参加展出，该博览会是全亚洲排名第一，全球排名第二的门窗幕墙行业博览会。

12日 区城东、城西、城南三大供热中心天然气锅炉正式使用，今年区煤改气共完成燃煤锅炉煤改气1628蒸吨，可压减燃煤36万吨，使用天然气供暖，原来的烟气、粉尘、二氧化硫等排放在空气中的污染物全改成水蒸气。

15日 区政府召开2014年第三十次常务会议，审议《顺义区产业项目全要素综合评价实施办法》和《顺义区建筑垃圾、土方、砂石规范化管理工作实施意见》。

同日 由北京市文学艺术界联合会、区政府主办，北京舞蹈家协会、区文化委、区文联承办的第五届北京国际标准舞大赛在牛栏山一中体育馆举行。顺义代表队共有40人参赛，经过一天的激烈角逐，获得了6个第一名、3个第二名、3个第三名、2个第四名、1个第五名，并荣获了优秀组织奖。市文联党组副书记张光一，区委常委、宣传部部长肖承继出席闭幕式。

17日 召开党的群众路线教育实践活动领导小组会议。王刚主持会议并讲话。会仪传达了中央教育实践活动领导哦小组第十六次会仪、中央巡回督导组工作总结会议和北京市教育实践活动领导小组第十四次会议（扩大）会议精神，通报了顺义区教育实践活动总结收尾情况，审议了《顺义区关于深化“四风”整治、巩固和扩展党的群众路线教育实践活动成果的工作安排》。

20日 市预防腐败局副局长张岚一行5人到天竺综保区调研，区委常委、区纪委书记肖韵竹等陪同。

26日 25日至26日第十八届京港洽谈会召开，区签约共涉及两个项目，三胞集团有限公司、万力企业管理有限公司。三胞集团是“中国民营企业500强”，将投资60亿元建设集团北京战略总部基地，包括集团战略总部及北方结算中心、金融总部等。万力企业管理有限公司主要从事中国市场商品流通领域的投资业务，将在顺义设立中邮百全商业公司，作为其直营店及加盟店的总部机构，注册资本10.05亿元。本届京港洽谈会首次专题推介北京总部经济政策，区签约的总部项目将对顺义打造总部经济集聚区起到促进作用。

同日 区政府召开2014年第三十一次常务会议。卢映川主持会议。会议决定：成立北京顺义生态旅游集团公司，相当于区属正处级单位，由北京市顺义区人民政府国有资产监督管理委员会监管，撤销北京鲜花港投资发展中心\北京顺义水上公园投资发展中心；设立北京顺义绿色生态产业功能区管理委员会，加挂北京市顺义区推进浅山区建设办公室牌子，为北京市顺义区人民政府派出机构，撤销北京市顺义区奥运场馆管理委员会、北京顺义三高科技农业实验示范区管理委员会、北京国际鲜花港管理中心、北京花卉展览交易中心、北京市顺义区推进浅山区建设发展领导小组办公室；成立北京顺义科技创新集团有限公司，相当于区属正处级单位，由北京市顺义区人民政府国有资产监督管理委员会监管，撤销北京汽车城投资管理有限公司、北京林河工业开发总公司、北京北方新辉印刷产业基地、北京临空国际经济技术开发中心、北京市板桥创意天承投资发展中心；中关村科技园区顺义园管理委员会由在北京市顺义区经济和信息化委员会加挂牌子，调整为独立设置，加挂北京顺义科技创新产业功能区管理委员会牌子，为北京市顺义区人民政府排除机构。调整后，北京市顺义区经济和信息化委员会不再加挂中关村科技园区顺义圆管理委员会的牌子。同时，撤销北京汽车生产基地管理委员会、北京林河经济开发区管理委员会、北京北方印刷产业基地管理委员会、北京临空国际经济技术开发中心管理委员会、北京市板桥创意天承产业基地管理委员会。

28日 11月27日至28日，区纪委监察局举办“聚焦主责主业、提升执纪办案能力”专题业务培训班，在课程内容设计上突出了“新、专、实”的特点。邀请市委党校元跃旗教授对十八届四中全会《决定》和十八届中纪委四次全会精神进行深入解读，让全区纪检监察干部通过学习，认真领会有关纪检监察工作的新理论、新观点、新思路。

课程设置侧重于与查办案件有关的检查、案件监督管理、审理等业务知识，具有较强的针对性。区属各单位专兼职纪委书记、监察科长或具体从事纪检监察业务的工作人员共200余人参加了培训。

本月 亚太经合组织领导人会议于11月5日在京召开，区实现“用车大户”“进京车辆”“年检车辆”“社会车辆”和“储油设施”五个100%达标；6家企业停产，17家企业限产；重点监管企业50家要求降低排放30%。全区118家施工工地停止土石方、拆除等作业，检查燃煤、露天焚烧等。高速路出入口、京密路沿线、京承高速沿线、机场货运北路等环境整治工作全部完成，实现途经路线可视范围内无环境死角、无暴露垃圾、无乱堆乱放、无店外经营、无乱设广告牌匾、无私搭乱建、无设施破损、无绿化缺失的“八无”目标。

本月 区印发《顺义区开展“双拥在基层”活动实施方案》，启动“双拥在基层”活动，全区31家领导小组成员单位、13支驻区部队参与。

本月 区出台《顺义区“十三五”规划研究编制工作方案》，设立了热线电话和电子信箱，“十三五”规划编制工作目前处于前期研究阶段，2015年4月至7月为起草阶段，2015年8月至12月为修改阶段，2016年上半年为审批发布阶段。“十三五”是区落实首都功能定位，实现“建设绿色国际港、打造航空中心核心区”发展目标的关键时期。规划编制要与首都战略定位相结合，与推进全面深化改革相结合，突出问题导向，紧扣制约区域可持续发展的突出矛盾和瓶颈问题、民生热点难点问题，有针对性地提出解决思路和对策措施。

本月 按照农业部和市级要求，顺义区被确定为全市永久基本农田划定工作试点区县。

本月 全国“安康杯”竞赛组委会下发通知，对2014年度全国“安康杯”竞赛安全文化宣传工作，以及踊跃参加全国职工公共安全健康知识普及竞赛活动的集体和个人进行了通报表彰。区总工会荣获“全国优秀组织单位”称号，北京鲁班建筑工程公司职工贺宜兵荣获全国竞赛活动“二等奖”，北京正大饲料有限公司职工闫永兵荣获“三等奖”。

本月 《关于加强高技能人才队伍建设实施意见》颁布实施。《意见》从“加强高技能人才培养体系建设、健全高技能人才引进交流机制、完善高技能人才激励机制、强化高技能人才队伍建设保障措施”等方面提出一系列有力举措。《意见》的出台和实施为顺义区全面深入推进高技能人才队伍建设奠定了坚实基础。

## 12月

1日 北京市政府党组成员、市平原造林工程建设总指挥夏占义来区调研秋季平原造林工程，到李桥镇京平高速通道工程705地块，了解该地块秋季造林工作情况及区2014年平原造林工程秋季造林总体安排。该地块位于首都机场3号航站楼东侧，南侧紧邻龙塘路，地块内乔木总设计量20875株，栽植有白皮松、油松、银杏、栾树、国槐等。

同日 区委理论学习中心组进行第22次集体学习，邀请河南省南阳市淅川县移民精神报告团到区作专题报告，全区干部群众800余人旁听，观看了再现南水北调工程的影片《天河》。

2日 北京现代职业技术学院举办2015届毕业生校园招聘会，2014年现代职业技术学院有毕业生670人，共有57家区内外企业参加招聘会，提供的岗位涵盖现代学院所有专业。学院第一届民航专业班毕业，招聘会有与航空有关的企业。

4日 第二届法治文化下乡暨“12·4”国家宪法日宣传活动在南法信镇举行。2014年宪法日活动的主题是“弘扬宪法精神，建设法治中国”。活动现场，20余名国家、市、区三级书画家即兴创作。“法治天下，政通人和”“依法治国、依宪治国。20余名小学生在一幅画布上描绘了自己的“法治梦”。当天，共向市民发放180余副法治楹联，现场即兴创作20余幅法治书画作品。

9日 2015年工作务虚会召开，区委书记王刚作了题为“适应新常态，实现新发展”的重要讲话，重点围绕什么是新常态、怎样认识新常态、怎样适应新常态三个方面对明年工作提出了具体要求。务虚会上，区委常委、副区长们结合各自分管工作，围绕区域经济社会发展、城乡发展、产业发展、京津冀一体化发展、社会管理、党风廉政建设、社会治安等方面畅谈了发展新设想。

10日 区政府召开2014年第三十二次常务会议，审议《顺义区政府工作报告》、《顺义区2014年国民经济和社会发展计划执行情况与2015年计划草案报告》、《顺义区2014年财政预算执行情况和2015年财政预算（草案）报告》。卢映川主持会议。会议审议并原则通过了以上三个报告。会议指出，政府各职能部门要抓紧做好今年年底的收尾工作，确保全年工作目标圆满完成；要抓紧做好明年工作计划的安排，明确思路、目标和措施；要继续本着精打细算、过紧日子的要求，做好各部门预算的科学化精细化管理，深化公开，在推动环境综合整治、增进百姓福祉、促进经济增长等方面取得新成效。

同日 北京市人大代表联系顺义区人大代表和人民群众专题座谈会召开，就《北京市居家养老服务条例（草案）》展开讨论，代表们结合各自工作实践，就《条例》的进一步修改和完善提出了意见和建议。

11日 广发银行在远郊区的第一家支行顺义支行开业，顺义支行是广发银行在北京的第50家支行，位于华联购物中心一层北侧，面积达1000平方米左右，分为自助区、理财区等区域。支行安装了具有国内领先金融科技的24小时智能银行，能实现传统自助柜员机的存取款和转账功能，可以办理部分柜台业务，如自助开户、自助申领储蓄卡和申请信用卡、手机银行解锁、网上银行解冻等，智能银行实现24小时全天候处理业务。

13日 中共北京市顺义区第四届委员会第九次全体会议召开。王刚代表区委常委会作了工作报告。卢映川作了《关于2014年经济社会发展情况和2015年工作重点安排的报告》。全会审议通过了这两个报告，充分肯定了区委四届六次全会以来区委常委会的工作。全会号召，全区各级党组织和广大党员干部要严格落实中央、市委各项决策部署，把握新常态、谋求新发展，大力发扬接力精神，按照“把握三个阶段性特征、推动四个转型升级”的工作总要求，开拓创新，真抓实干，为“建设绿色国际港、打造航空中心核心区”做出新的更大贡献，为首都建设国际一流的和谐宜居之都做出新的更大贡献。

18日 区公租自行车站点开始运营，区公租自行车在京郊使用市政交通一卡通租还车，实现与城六区通借通还。通州、大兴和平谷区已有公租自行车投入使用，区居民只需持市政交通一卡通实名登记并交付押金后，就可在北京市使用一卡通的公租车站点刷卡租还车，方便了在顺义居住、市区工作的各类人群。

19日 天津市宝坻区文学艺术界联合会与北京市顺义区档案局、顺义区文学艺术界联合会共同举办的“宝坻书画艺术作品展”在顺义区档案局开幕。天津市宝坻区政协副主席张伯苓，顺义区委常委、宣传部部长肖承继出席开幕仪式。宝坻区文学艺术界联合会和顺义区文学艺术界联合会联合办展，是“京津冀一体化”文化艺术交流的一个举措，为顺义区广大人民群众和文学艺术爱好者提供了参观学习宝坻艺术作品的机会，也将增强宝坻、顺义两地艺术家更进一步的交流与合作。

同日 北京汽车股份有限公司正式在香港联合交易所挂牌交易。在全球范围内共发行 12.39 亿股(不含超额认购)，发行价格为 8.9 港币/股，共募集资金 110.25 亿港币。至此，顺义区上市公司累计达到 18 家，企业上市前景持续向好。

24 日 区政府召开 2014 年第三十三次常务会议，审议《顺义区 2015 年投资调控思路及重点工程安排建议》、《顺义区土地开发整理项目验收管理办法》、《顺义区 2015 年财政预算收支计划（讨论稿）》。卢映川主持会议。

25 日 政协北京市顺义区第四届委员会第四次会议在顺义宾馆会议中心举行，来自全区各族各界的 212 名委员参加了会议。马大龙到会祝贺。卢映川、胡尚云等领导在主席台就座。杨宝华主持会议。会议听取了田建国副主席代表区政协常务委员会所作的《政协北京市顺义区第四届委员会常务委员会工作报告》。27 日，政协北京市顺义区第四届委员会第四次会议圆满完成各项议程，胜利闭幕。会议审议通过了大会期间提案审查报告。区政协四届四次会议期间，提案委员会收到委员提案 155 件。会议审议通过了大会政治决议。

26 日 区第四届人民代表大会第四次会议召开。有 203 名人大代表参加。卢映川代表顺义区政府向大会作《政府工作报告》。区政协四届四次会议的政协委员，市人大代表顺义团的部分同志，部分离退休老领导、区级挂职领导，各镇、街道、办事处和区直各委办局、公司以及中央市属单位的主要负责同志列席了会议。会议通过了大会《选举办法》、《关于顺义区人民政府工作报告的决议》、《关于顺义区 2014 年国民经济和社会发展计划执行情况与 2015 年国民经济和社会发展计划的决议》、《关于顺义区 2014 年财政预算执行情况和 2015 年财政预算的决议》、《关于顺义区人民法院工作报告的决议》、《关于顺义区人民检察院工作报告的决议》。28 日，顺义区第四届人民代表大会第四次会议经过全体代表的共同努力，圆满完成各项议程，胜利闭幕。

同日 “美丽乡村 筑梦有我”大型公益活动在顺义区马坡镇石家营村启动。市委常委、统战部部长牛有成，市委常委、宣传部部长李伟出席并讲话，副市长林克庆主持活动 LOGO 发布。市委农工委、市农委、北京广播电视台、北京农商银行等相关单位领导，顺义区领导王刚、朱家亮、肖承继、张晓峰出席启动仪式。

27 日 25 日至 27 日，政协顺义区第四届委员会第四次会议召开，212 委员参加会议，选举金泰希为区政协副主席，刘峰为区政协常务委员会委员。区政协副主席田建国代表区政协第四届委员会常务委员会向大会报告工作。会议听取并审议通过了《政协北京市顺义区第四届委员会第四次会议政治决议》，赞同《政府工作报告》。大会听取并审议通过了大会期间委员提案审查情况报告。到大会规定的提案截止时间，共收到涉及 8 个方面的提案 155 件，经逐一审查，152 件予以立案。

28 日 12 月 26 至 28 日 顺义区第四届人民代表大会第四次会议召开，203 名代表参加会议，审议通过了《政府工作报告》和《顺义区人大常委会工作报告》，选举赵贵恒为顺义区人大常务委员会副主任，王星、张亚利、张树江三人为常务委员会委员，张豫为顺义区人民检察院检察长。会议通过了《关于顺义区2014年国民经济和社会发展计划执行情况与2015年国民经济和社会发展计划的决议》《关于顺义区2014年财政预算执行情况和2015年财政预算的决议》《关于顺义区人民法院工作报告的决议》和《关于顺义区人民检察院工作报告的决议》。

29日 北京顺义科技创新产业功能区揭牌，功能区将依托中关村科技园区顺义园组建科技创新板块，起步规划面积23.64平方公里，包含备用地10平方公里。包括原北京林河经济开发区、北京汽车生产基地、北京临空国际高新技术产业基地、北京板桥创意天承产业基地及北京北方新辉印刷产业基地规划范围，科技创新板块企业共有1300家，其中规模以上企业81家，高新技术企业33家。重点项目包括北汽股份、北京现代、北汽研究院等，已形成高端制造业、航空航天、新能源新材料新技术、生物医药及文化创意五大产业。

同日 市委常委、常务副市长李士祥听取2014年顺义区贯彻落实党风廉政建设责任制工作情况汇报。王刚汇报了顺义区委履行党风廉政建设主体责任情况，卢映川汇报了顺义区政府党组落实党风廉政建设主体责任情况，肖韵竹汇报了区纪委落实党风廉政建设监督责任情况。李士祥对顺义区贯彻落实党风廉政建设责任制工作给予了肯定，希望顺义区党委坚持不懈，坚决落实主体责任，纪委认真履行监督责任，保持党风廉政建设的强大合力。

同日 北京科技创新产业功能区和北京顺义绿色生态产业功能区举行揭牌仪式。林向阳宣读了《北京市机构编制委员会关于同意调整中关村科技园区顺义园管理机构设置的批复》及《北京市机构编制委员会关于同意设立北京顺义绿色生态产业功能区管理委员会的批复》。国家体育总局水上运动管理中心副主任许四海，中关村科技园区管委会主任郭洪，顺义区领导王刚、卢映川等出席。

本月 张镇被国家档案局中央档案馆确定为基层联系点。国家档案局副局长、中央档案馆副馆长段东升来对顺义区及张镇的档案工作进行了调研、指导。

本月 在“2014中国智慧政府发展年会”上，顺义网城在全国100个试点县（市、区）政府网站绩效评估活动中排名第12，在政府网站国际化单项排名中位列第9，在北京市3个试点区县中排名第2。

本月 顺义区被认定为北京市建设学习型城市工作示范区。

本月 中北华宇获得中国建设工程鲁班奖和国家优质工程两项大奖。其中，北京爱慕内衣生产研发基地建设项目获得2014年度国家优质工程鲁班奖；牛栏山第一中学体育馆建设工程获得2014年度国家优质工程奖。

本月 区内3000辆公租自行车，77个公租自行车站点投入使用。公租自行车整体布局一期以顺义中心城区为主，重点围绕地铁站、公交车站、商超集贸市场、医院、办公等地建设，以300米至500米半径建设服务站点，逐渐向外部区域扩充，每个站点根据需求设置不同数量的车桩数。市民可使用北京市市政交通一卡通租用自行车，在任何站点可通租、通还。1小时之内免费，1小时至2小时收费1元，3小时以上每小时收费3元，全天24小时累计收费20元封顶。

本月 区成立首支未成年人法律援助律师团，根据区法律援助中心指派，律师团成员将负责承办未成年人法律援助案件，为未成年人提供法律援助和法律服务；担任合适成年人、促成当事人自愿和解；承担未成年人法制宣传员的工作，参与有关未成年人权益保护的各类法律宣传活动。遇有重大疑难案件，由法援中心组织律师团集体会诊，商讨办案思路和辩护、代理意见。注册地为顺义区且具有三年以上律师执业经历的律师，可加入未成年人法律援助律师团。

# 中国共产党北京市顺义区委员会

## 综　述

2014年，在市委、市政府的坚强领导下，顺义区委全面贯彻落实党的十八大、十八届三中、四中全会精神以及习近平总书记系列重要讲话特别是视察北京时的重要讲话精神，贯彻落实市委十一届四次、五次全会精神，立足区域功能定位，大力发扬接力精神，深入落实“把握三个阶段性特征、推动四个转型升级”工作总要求，统筹推进区域经济、社会、城市、生态建设等工作，严格落实党建主体责任，扎实开展党的群众路线教育实践活动，全面深化重点领域改革，总体保持了区域经济社会平稳健康发展的良好态势。

**一、充分发挥总揽全局、协调各方领导核心作用，集中精力抓大事、议大事、定大事**

一是讲政治、抓方向，深入学习宣传贯彻中央、市委精神。党的十八届三中全会开启了全面深化改革的新征程，四中全会通过了全面推进依法治国的决定；习近平总书记围绕改革发展稳定等发表了一系列重要讲话，特别是就做好首都工作发表了重要讲话；市委就学习宣传贯彻中央精神和加快推动首都各项事业发展作出了许多重大部署，为我们在新起点实现新的奋斗目标指明了方向、增添了动力。区委把学习宣传贯彻中央和市委精神作为首要政治任务，以引领首都郊区科学发展排头兵的标准，统筹抓好全区各级党员干部的传达、学习、贯彻、落实。通过深入学习，各级党员干部进一步强化了政治意识，切实增强了为实现中华民族伟大复兴“中国梦”贡献力量的责任感和使命感，增强了服从、服务新时期首都城市战略定位和京津冀协同发展大局的思想自觉和行动自觉，确保了在思想上政治上行动上始终与中央、市委保持高度一致。

二是强职能、抓大事，认真研究决定区域发展重大问题。牢固树立大局观念，始终站在首都发展大局谋划顺义的发展，集中主要精力认真研究决定事关区域发展的基础性、全局性、前瞻性的重大问题和群众关心关注的热点难点问题，全年共召开38次区委常委会，审议议题124个。坚持对需要提交常委会讨论的重大问题、重点工作以及干部调整建议议题进行积极协调、专题研究、充分酝酿，共召开区委专题会13次，涉及全面深化改革、区镇财政管理体制改革等20个重大问题；召开干部工作专题酝酿会7次。坚持主动沟通，统筹协调区人大常委会、区政府、区政协和天竺综保区管委会，使全区四套区级班子和天竺综保区班子各司其职，各负其责，相互配合。支持区人大常委会依法履职，对加强和改进镇人大工作出台了指导性意见。支持区政协围绕区域发展重大问题，深入开展协商议政。加强同民主党派、无党派人士团结合作，扎实做好民族、宗教、台港澳事务和侨务工作。支持工会、共青团、妇联等人民团体依照各自章程认真履职，在推动发展、服务群众方面发挥积极作用。

三是强统筹、抓重点，扎实推进三条主线各项工作。坚持把全面深化改革、党的群众路线教育实践活动和基层服务型党组织建设作为全年工作的三条主线，系统谋划、统筹推进，用三条主线凝聚全区思想，引领和带动全区各项工作稳步开展。

深入开展党的群众路线教育实践活动。在市委的正确领导下，在市委活动办和市委第十督导组全程督导、指导下，区委常委会严格贯彻“主题不变、镜头不换”的总要求，按照“五下、五上、五体现”的总体思路，即“情感要下去，认识要上来，作风要体现出来；身子要下去，问题要上来，能力要体现出来；沟通要下去，团结要上来，合力要体现出来；措施要下去，标准要上来，务实要体现出来；服务要下去，满意要上来，效果要体现出来”，紧紧围绕解决“四风”突出问题、解决群众反映强烈的切身利益问题、解决联系服务群众“最后一公里”问题这三项重点任务，坚持把学习教育、反对“四风”、整风精神、领导带头、开门搞活动、问题导向贯穿始终，精心组织全区四套区级班子和综保区班子、139个处级班子、2002个基层党组织和53986名党员参加教育实践活动。区委常委会各位同志充分发挥表率作用，带头加强学习，带头听取意见，带头开好民主生活会，带头整改落实，引领全区教育实践活动深入推进。全区处级以上领导干部针对征求到的“四风”方面意见和批评意见，梳理出11897项整改任务，目前立行立改任务已全部整改完成，近期整改任务将于年底前按期完成。深入开展“四风”突出问题专项整治，目前已按期完成26项，剩余5项将按计划于2015年年底前完成。不断完善作风建设常态化机制，制定实施全区制度建设计划，目前各项制度建设进展顺利。通过参加教育实践活动，广大党员干部得到一次党性锤炼，理想信念更加坚定，宗旨意识更加牢固，担当意识更加强烈，同时也推动解决了一批群众关心关注的热点难点问题，真正实现干部受教育、群众得实惠、发展上水平。

全面深化重点领域改革。成立区委全面深化改革领导小组、11个改革专项小组和区委改革办公室；制定出台《关于认真学习贯彻中央市委全会精神全面深化改革的意见》，提出2014年至2020年10个方面共45项改革举措，并对2014年各项改革任务进行了具体部署，目前，各项改革进展顺利，重点领域改革实现良好开局，取得关键突破。顺利进行了功能区资源整合和功能调整，制定出台了《顺义区推进经济功能区转型和创新发展的指导意见》，临空经济核心区正式挂牌成立、运转有序，先行先试的示范效应初步显现，科技创新和绿色生态板块整合工作稳步推进，机构设置正式获得市编委批复，并根据需要配强了领导班子；转变政府职能，深入开展行政审批制度改革，全区共取消行政审批事项28项、承接行政审批事项51项，外事服务平台基本形成，政务服务和机关后勤服务平台建设扎实推进；深化国有资产管理体制改革和国有企业改革，完成区燃气公司公司制改造；深化天竺综保区改革，推动区内企业一般纳税人试点、跨境电子商务试点等重点工作；深化城市管理体制改革，空港街道管理体制改革试点工作基本完成；深化纪律检查体制机制改革，支持纪检监察机关调整内设机构，精简议事协调机构，推动“转职能、转方式、转作风”；深化党的建设制度改革，建立履行党建工作责任制述职长效机制，完善了党政领导班子和领导干部考核评价体系，规范了基层党组织换届选举工作。新型城镇化改革、社会事业改革等其他各项改革也正在扎实有序推进。

着力加强基层服务型党组织建设。坚持从巩固党的执政基础的高度，来认识和推动基层党建工作。认真开展软弱涣散基层党组织集中整顿工作。坚持自加压力，按照高于市级标准一倍的比例确定整顿对象，通过区级领导挂点联系、成立基层党组织建设专项督导组等措施，顺利完成88个软弱涣散基层党组织整顿任务。扎实推进55家区级基层服务型党组织试点建设，制定出台试点工作方案，目前试点工作取得阶段性成效。加大基层党组织保障力度，村和社区公益金补助标准、正常离任党组织书记生活补贴标准不断提高。强化对基层党组织书记的管理，促进其履职行为更加规范。抓住作为全国党代表任期制工作八个联系点之一的有利契机，围绕党代表选拔培训、履职尽责、宣传展示三个平台建设，围绕党代表参与决策、参与党内监督、参与党的自身建设、联系服务党员群众四个作用发挥，制定出台联系点工作意见和党代表资格管理办法等制度，建立了区委常委约谈区党代表工作制度，实现党代表有序参与常态化、作用发挥经常化。

**二、统筹推动全区经济社会发展各项工作**

一是着力提高经济发展的质量和效益。认真落实中央、市委关于调整疏解非首都核心功能、推动京津冀协同发展等方面的要求，科学把握经济发展新常态，实现了经济稳中有进、稳中提质。坚持在不断扩大经济总量中持续优化产业结构，积极构建“高精尖”经济格局。国家对外文化贸易基地正式开园，天竺综保区政策功能平台优势得到充分发挥；金融、科技、文化创意等高端服务业对经济增长的贡献率不断提高，一批战略性新兴产业正式落户。着力处理好“舍”与“得”的关系，坚决调整疏解不符合区域发展功能定位的产业，制定区域产业发展负面清单，全年调整退出企业44家。在全区上下的共同努力下，2014年地区生产总值按不变价预计增长7.3%左右；公共财政预算收入突破100亿元大关，预计完成110.3亿元，同比增长12.5%；预计完成全社会固定资产投资420亿元，实现社会消费品零售额336亿元，投资消费协调拉动的格局进一步显现；万元地区生产总值能耗、水耗预计分别下降4.03%和5.8%，主要污染物排放量进一步减少。

二是统筹推进城乡一体化建设。扎实推进以人为核心的新型城镇化，统筹新城、重点镇、新型农村社区三个梯次建设。围绕重点新城功能定位，加快推进重点公共服务设施建设，文化中心影剧院等新城重大功能项目主体结构完工。统筹推进交通综合治理、老旧小区和回迁小区物业管理等工作，全区城市精细化管理水平不断提升。强化政策、资金、资源集成，统筹城乡基础设施和公共服务设施的均衡配置，加快推动优质公共服务资源向农村地区辐射、延伸，农村地区群众的生产生活条件得到进一步改善。围绕促进河东河西均衡发展，加快推进浅山区综合开发进程，涵养生态、富民惠民效果日益显现。

三是以解决群众关心的民生问题为重点扎实推进社会建设。坚持把让群众过上幸福美好生活作为一切工作的出发点和落脚点，使全区广大群众共享改革发展成果。坚持就业是民生之本，不断加强和改进就业工作，城乡劳动力二三产业就业率继续保持在95%以上，城镇居民人均可支配收入和农村居民人均纯收入预计分别增长 9.5% 和 10.8%。坚持践行群众路线、回应群众期盼，加大对医疗卫生事业的资金投入和政策倾斜，计划三年内投入 15 亿元，有效提升全区医疗卫生服务水平。坚持充分发挥社会保障的兜底作用，不断完善覆盖城乡全体居民的社会保障体系，城乡低保标准提高到 650 元，大病救助封顶金额提高到 16 万元。加快推进回迁安置房以及保障性住房建设，今年共实现 7 个村、10076 人回迁，前进村、太平村回迁等历史遗留问题取得积极进展。进一步加强和创新社会治理，不断完善社会组织“枢纽型”工作体系，成功争创“全国社会组织建设创新示范区”；建立“基层法律顾问制度”，进一步发挥了法律服务在社会治理中的作用。把修订和完善村（居）规民约作为加强社会治理的重要抓手，在修订过程中，注重发挥群众主体作用；在内容上，注重综合运用市场、行政、法律、道德、舆论等多种手段，使基层社会治理水平得到进一步提升。目前，全区 426 个村、96 个居委会村（居）规民约全部修订完成。

四是全力推动人口资源环境协调发展。坚持把调控人口规模作为必须完成的硬指标，把节约、集约利用资源作为保障发展的硬措施，把优良的环境作为实现更好发展的硬条件，着力打好人口调控、资源保护和生态环境建设攻坚战。认真落实“控制人口无序过快增长”的要求，深化以产引人、以房控人、以证管人的人口调控机制，通过创新实施资源补偿机制、开展违法群租房屋专项整治等措施，引导人口合理流动，预计全年常住人口较去年增长 1.6%，低于年度调控目标。深入落实“天更蓝、地更绿、水更净”的要求，以最大的精力、最大的财力、最大的努力、最大的能力，切实加强生态环境特别是大气污染治理各项工作，全区空气质量不断改善。继续抓好平原造林绿化工程，林木绿化率同比提高 3.63%。着力提升环境建设制度化水平，出台《顺义区关于进一步加强环境建设工作意见》及问责办法等文件，坚决执行环境问题“一票否决”制。持续加强城乡环境综合治理，始终保持对违法建设“零容忍”的高压态势，全年共拆除违法建设 2659 宗、114.76 万平方米，腾退土地 2493.08 亩。严格落实最严格的土地和水资源管理措施，确保土地集约、节约利用，确保科学管水、用水、治水、节水。

五是全力维护社会环境和谐稳定。严格落实“维护首都安全稳定是第一位政治责任”的要求，切实履行维护区域安全稳定的职责。时刻绷紧反恐维稳这根弦，扎实做好重点群体、重点部位稳控，实现国庆 65 周年、党的十八届四中全会、APEC 会议等重点时期安保维稳工作万无一失。扎实推进“平安顺义”建设，积极推进重大决策社会稳定风险评估工作制度化建设，不断扩大评估覆盖面，努力从源头有效预防风险。按照化解矛盾有“硬目标、硬任务、硬措施、硬联系、硬队伍”的要求，严格落实领导干部接访、下访制度，加大对各类重点社会矛盾纠纷的排查化解力度，全区信访形势总体平稳可控。着力构筑全覆盖、立体化社会面防控体系，扎实推进治安重点地区排查整治，严厉打击各类违法犯罪，群众安全感、满意度不断提高。坚持安全发展理念，保持了安全生产的良好势头。

**三、严格落实党要管党、从严治党主体责任**

不断深化对“党的建设永远在路上”的认识，全面落实管党治党各项任务。进一步强化政治纪律、组织纪律，制定出台《关于严格组织纪律规范下级党组织向上级党组织报告工作的意见》。加强各级领导班子思想政治建设，加强和改进干部教育培训工作，切实增强了各级领导干部的党性修养和能力素质。坚持着眼事业发展需要选干部、配班子，注重加强年轻干部多岗位锻炼，注重加大重要部门、关键岗位干部轮岗力度，全年共调整二级班子干部266名。按照中央、市委的统一要求，深入开展清理规范党政领导干部在企业兼职（任职）、清理超职数配备干部等工作，共清理兼任职干部122名，消化超职数配备干部37名。加大干部选拔任用监督检查力度，完成对30名“一把手”的离任检查。加强对人才工作的领导，出台《顺义区加强党管人才工作的意见》。进一步强化了作风建设，修订完善《顺义区关于进一步规范因公出国（境）管理的实施细则》等制度，制定《顺义区党政机关国内公务接待管理办法》等文件，作风建设制度体系进一步健全。严格落实党风廉政建设主体责任，坚持定期听取党风廉政建设专题汇报，层层传导压力、落实责任；强化顶层设计，制定出台《顺义区贯彻落实<建立健全惩治和预防腐败体系2013-2017年工作规划>的实施细则》，努力构建科学有效、健全完善的惩防体系；强化廉政教育，全年共对143名新提拔和新调整岗位的处级干部集中进行廉政谈话；强化惩腐高压态势，严肃查处腐败案件；全力支持区纪检监察机关依法开展工作，确保区纪检监察机关聚焦主责主业。积极配合市委开展巡视工作，切实提高思想认识、强化工作保障，各项工作正在稳步推进。

高度重视区委常委会自身建设，认真学习贯彻中央、市委各项决策部署，不断强化政治意识、大局意识、责任意识，自觉与中央、市委保持高度一致，确保政令畅通。切实加强制度建设，重新修订《中国共产党北京市顺义区第四届委员会常务委员会工作规则》，进一步提升了区委常委会工作的规范化、制度化、科学化水平。认真贯彻民主集中制，坚持“三重一大”事项上常委会制度，坚持人大常委会党组、政协党组主要领导列席区委常委会制度，坚持会前沟通和会上讨论相结合，坚持重大事项集体领导，区委决策的科学化、民主化水平不断提高。带头严格落实中央八项规定、市委实施意见和区委制度体系，严格践行焦裕禄精神和“三严三实”要求，不断加强党性修养，始终恪尽职守。

在总结工作的同时，区委也对我区当前改革发展稳定中面临的一些新情况新问题进行了深刻分析，认真查找了工作中的不足和差距：经济发展方面，运用法治思维和法治方式深化改革、推动发展力度还需进一步加大，着力疏解非首都核心功能、加快构建“高精尖”的经济结构还有很多工作要做。新城建设方面，基础设施和公共服务设施的建设水平与重点新城定位还不相适应，生态环境与群众追求更高品质宜居生活的需求还有差距。社会建设方面，城乡居民收入水平还需要进一步提高，卫生、文化等社会事业均衡化、优质化发展还需进一步加强，社会治理精细化水平还需提升。党的建设方面，党建主体责任还需进一步强化，干部人才队伍结构有待优化，人才服务保障地区发展的能力有待增强，基层党建创新需要深入推进，反腐倡廉建设仍需深入。

2015年，顺义区委将严格落实中央、市委各项决策部署，把握新常态、谋求新发展，大力发扬接力精神，按照“把握三个阶段性特征、推动四个转型升级”的工作总要求，开拓创新，真抓实干，为“建设绿色国际港、打造航空中心核心区”做出新的更大贡献，为首都建设国际一流的和谐宜居之都做出新的更大贡献。

单位名称：中国共产党北京顺义区委员会
地址：顺义区府前中街1号
邮编：101300
电话：69443113
网址：www.bjshy.gov.cn

（区委办）

# 重要会议和活动

**【召开顺义区群众路线教育实践活动动员大会】** 2月14日，顺义区深入开展党的群众路线教育实践活动动员大会召开。市委教育实践活动第十督导组组长吴玉华、顺义区领导王刚、卢映川、胡尚云、杨宝华等参加。

（区委办）

**【召开区委四届七次全会】** 3月7日，中共北京市顺义区第四届委员会第七次全体会议召开，全体区委委员参加。会议听取并审议通过区委书记王刚所作的《全面深化改革 推动区域发展转型升级 为“建设绿色国际港、打造航空中心核心区”而努力奋斗》的报告；听取并审议通过区委副书记、区长卢映川所作的《中共北京市顺义区委关于认真学习贯彻中央市委全会精神全面深化改革的意见》；听取并审议通过区委常委、组织部长车克欣所作的《关于2013年度干部选拔任用工作情况的报告》并对区级领导班子、领导干部进行年度考核测评，对干部选拔任用工作、新选拔任用干部进行民主评议。

（区委办）

**【李伟到顺义调研群众路线教育实践活动进展情况】** 3月11日，市委常委，宣传部部长李伟到顺义区牛栏山镇蓝家营村、北京江河幕墙股份有限公司、牛栏山镇政府调研群众路线教育实践活动进展情况。区领导王刚、卢映川、胡尚云、杨宝华参加。

（区委办）

**【中央第二巡视组领导到顺义调研】** 5月16日，中央巡视组副组长李五四到赵全营镇北郎中村、北京顺鑫农业股份有限公司创新食品分公司、国家对外文化贸易基地、国家地理信息科技产业园调研。区领导王刚、卢映川、胡尚云、杨宝华参加。

（区委办）

**【郭金龙到顺义区调研】** 6月12日，市领导郭金龙、王安顺、牛有成、赵凤桐、林克庆到东郊森林公园顺义区湿地公园、南彩镇造林地块、鲁能银杏园苗圃调研。区领导王刚、卢映川参加。

（区委办）

**【召开区委四届八次全会】** 8月5日，中共北京市顺义区第四届委员会第八次全体会议召开，全体区委委员参加。会议听取并审议通过区委副书记、区长卢映川同志所作的《关于2014年上半年经济社会发展情况和下半年工作安排的报告》；听取并审议通过区委副书记周颖博所作的《关于2014年上半年维护社会稳定情况和下半年主要工作的报告》；听取并审议通过区委常委、组织部长车克欣所作的《关于党的群众路线教育实践活动工作开展情况和下阶段工作安排的报告》；听取并审议通过区委常委、区委办公室主任朱家亮所作的《关于2014年上半年全面深化改革进展情况和下半年工作安排的报告》。

（区委办）

**【中央第二巡回督导组到顺义区调研】** 8月26日，中央第二巡回督导组组长杨衍银到临空经济核心区管委会、马坡镇石家营村、北汽自主品牌乘用车基地调研。区领导王刚、卢映川参加。

（区委办）

**【召开顺义区群众路线教育实践活动总结大会】** 10月16日，顺义区党的群众路线教育实践活动总结大会召开。市委第十督导组全体成员，区委委员参加会议。参会人员观看顺义区党的群众路线教育实践活动纪录片，听取区委书记王刚所作的总结报告。

（区委办）

**【苟仲文到顺义区调研】** 11月4日，市领导苟仲文到顺义区牛栏山第一中学、职业教育中心、杨镇第一中学调研。区领导王刚、卢映川参加。

（区委办）

**【召开区委四届九次全会】** 12月13日，中共北京市顺义区第四届委员会第九次全体会议召开，全体区委委员参加。会议听取并审议通过区委书记王刚代表区委常委会所作的工作报告；听取并审议通过区委副书记、区长卢映川同志所作的《关于全区经济社会发展情况的报告》。

（区委办）

**【李士祥到顺义区调研】** 12月29日，市领导李士祥到马坡镇石家营村检查2014年党风廉政建设责任制工作情况。区领导王刚、卢映川、胡尚云、杨宝华参加。

（区委办）

单位名称：中国共产党北京顺义区委员会
地址：顺义区府前中街1号
邮编：101300
电话：69443113
网址：www.bjshy.gov.cn

（区委办）

# 组织工作

**【概　况】** 2014年组织工作深入贯彻落实十八大、十八届三中、四中全会和习近平总书记系列重要讲话精神，自觉适应区域经济社会转型发展新要求和干部群众新期待，按照区委提出的把深入开展党的群众路线教育实践活动、加强基层服务型党组织建设和全面深化改革三条主线“拧成一股绳”的要求，坚持问题导向，注重顶层设计，加强统筹谋划，在围绕中心、服务大局中体现了组织工作服务和保障发展的核心价值。

单位名称：顺义区委组织部
地址：顺义区府前中街1号
电话：010-81493590
邮编：101300

（区委组织部）

**【群众路线教育实践活动】** 全力以赴抓好全区教育实践活动的组织指导。选派优秀干部组建活动机构，按照区委“五下五上五体现”的总体思路，加强统筹安排、组织协调、有序衔接，确保活动取得显著成效。深入开展部机关教育实践活动。加强理论学习，开通微信学习平台和手机课堂，搭建在线学习考试平台。坚持开门听取意见，共征集各类问题300多个，意见建议70多条；制定了22项整改任务、63条具体措施，制定出台15项机关内部管理制度，切实实现转作风、强组织、促发展。

（区委组织部）

**【党的建设制度改革】** 制定下发《区委党的建设制度改革专项小组2014年工作要点》，确定专项小组16个改革要点42项改革任务以及4个区级改革要点7项改革任务。制定《区委党的建设制度改革专项小组2014年折子工程》，明确主责单位、配合单位和完成时限。召开两次专项小组全体会议，协调各成员单位稳步推进改革工作。各项改革任务均顺利完成。

（区委组织部）

**【领导班子和干部队伍建设】** 全年共分5批次对90余家二级班子的266名干部进行职务调整，全区处级干部队伍结构进一步优化。对区属二级领导班子和领导干部综合考核评价工作进行专题调研，初步建立具有顺义特色的区属二级领导班子和领导干部综合考核评价体系。圆满完成乡镇领导班子届中考察工作。启动“百名研究生”和“百名专业型干部”培养工程，努力推进青年干部的中长期培养。选派8名优秀干部到甘肃、贵州，以及中央机关、市管企业等单位进行挂职锻炼或援建。扎实开展超职数配备干部专项整治工作，消化26名超配的领导职务干部和11名非领导职务干部。按时按质完成领导干部兼职清理规范工作。完成30家单位“一把手”的离任检查。组织全区1340名处级以上干部及4602名科级干部报告个人有关事项。组织85家单位开展“一报告两评议”工作。对区属141家单位开展组织工作满意度民意调查。

（区委组织部）

**【基层服务型党组织建设】** 扎实开展55家基层服务型党组织建设试点工作，探索和完善38项服务群众机制。按照两倍于中央、市委指标的标准，扩大软弱涣散基层党组织整顿工作覆盖面，按照“一村（居）一策”细化整改措施，共调整党组织书记18名，整改各类问题214项，88个软弱涣散党组织实现提升和转化。建立履行党建工作责任制述职长效机制，实行党组织书记“既向上级党组织述职，也向下级党组织和党员述职”的双向述职。组织各基层党组织开好专题组织生活会，做好民主评议党员工作。严格规范党员发展工作，严把党员入口关，积极探索不合格党员处置工作。制定“三下三上”工作流程，修订完善村（居）规民约，不断推进基层民主法治建设。落实党建保障和奖励经费1300余万元；将正常离任村支部书记每月补贴最高标准提至1100元，全年累计下发离任补贴400余万元。开展村党组织书记考试录用乡镇机关公务员试点工作。

（区委组织部）

**【人才队伍建设】** 制定出台《顺义区加强党管人才工作的意见》、《顺义区加快高技能人才队伍建设的实施意见》、《顺义区优秀青年人才认定工作办法》、《顺义区人才工作创新项目认定支持办法（试行）》等，推动建立区级“1+X”人才政策体系。新增1家院士工作站、1家国家级企业技术中心、1家博士后（青年英才）创新实践基地和4家基地工作站。成功引进教育、卫生和企业方面高级专业技术人才18人。积极与北京博士后联谊会合作，在临空经济核心区设立高端人才工作站，柔性引进专业领域高层次人才。开展第一届“顺义区优秀青年人才”和第一批“顺义区人才工作创新项目”认定工作。

（区委组织部）

**【基层党内民主制度建设】** 依托作为全国党代表任期制工作8个联系点之一的契机，按照“用好区委和党代表两个主体，建好党代表选拔培训、履职尽责、宣传展示三个平台，发挥好党代表参与决策、参与民主监督、参与党的自身建设、联系服务党员群众四个作用”的工作思路，大胆实践党代表任期制联系点工作。出台联系点工作意见，完善区党代表征求意见、列席党内会议、通报情况等制度体系，建立专家顾问制度、工作例会制度，建立区委常委联系区委委员、区委委员联系区党代表、区党代表联系党员群众的层级联系体系。全年共组织93人次区党代表参加区委重要会议；174名区党代表参与审议本单位党建工作责任制专项述职报告；9名区委常委约谈党代表33名；34个党代表工作室接待党员群众386人次，收到意见建议246条，为群众办理实事197件，办结率80%。

（区委组织部）

# 宣传工作

**【概　况】** 2014年顺义区宣传思想文化工

作在区委区政府的正确领导下，立足“把握三个阶段性特征、推动四个转型升级”的工作总要求，发扬接力精神，大力推动宣传思想文化工作创新，为“建设绿色国际港，打造航空中心核心区”营造良好氛围。

单位名称：顺义区委宣传部
地址：顺义区府前中街1号
邮编：101300
电话：69443479

（宣传部）

**【强化党员干部理论武装】** 扎实开展区委理论中心组学习，认真学习习近平总书记系列重要讲话精神，深刻领会中央市委的决策部署，深入研讨全区重点工作。邀请国家部委、北京市有关部门14名领导和专家到顺义授课，全年组织区委理论中心组集体学习24次。加大对处级单位学习指导力度，积极推荐理论学习书目，发放《大讲堂》等刊物1200册，实现区处学习资源共享。

（宣传部）

**【创新开展“五个宣讲”】** 制定出台《关于加强宣讲工作的意见》，构建以专家学者讲理论、领导干部讲政策、普通百姓讲故事，现场宣讲、网络宣讲相结合的“立体宣讲、分众传播”模式。深入开展专家宣讲、干部宣讲、百姓宣讲、网络宣讲和媒体宣讲，全年累计组织开展各类宣讲200余场。重点开展“最美北京人”和“走群众路线·助转型升级·促科学发展”系列百姓宣讲活动，组成3支区级宣讲团、30支处级单位宣讲团，进机关、进村庄、进社区开展巡回宣讲；组织区人保局、民政局等单位人员，深入部分镇（街道）召开政策宣讲会，现场解读民生政策。绿港顺义、卫生系统两支宣讲团获评市级“最美北京人”优秀宣讲团。

（宣传部）

**【深入组织理论调研】** 区、处两级领导干部围绕北京国际航空中心核心区建设、社会治理体系和民主法治建设、改善民生等7个调研重点，形成100余篇有价值的调研报告。区委党校依托北京市哲学社会科学应用对策研究顺义基地，整合专家资源，开展课题研究，形成科研成果33篇。与《经济日报》合作，以“顺义区全面深化改革进行时”为总标题，在《顺义时讯》连续刊发7篇系列评论，深入阐述本区全面深化改革的重大意义、总体目标、主要任务、关键环节和工作重点，凝聚全区广大干部群众深化改革的强大合力。

（宣传部）

**【文化工作】** 一是文化体制改革深入推进。制定文化体制改革工作制度，成立领导小组，推进文化发展的规划设计、文化与二三产业融合、政府购买文化服务、广电中心机构改革四项重点任务。二是公共文化服务不断优化。以“提升顺义城市文化品位”为主题开展调查研究，起草《顺义区公共文化设施三年行动计划》，对顺义文化发展进行整体规划。三是群众文化活动广泛开展。举办“二月新春”、“五月的鲜花”、“十月金秋”、“乡村大舞台”等品牌文化活动近百项，吸引观众70余万人次。举办舞彩浅山大型书画摄影展，编写舞彩浅山系列丛书并制作光盘。举办第二届北京惠民文化消费季，组织专场演出30场。四是文化市场管理安全有序。加强文化市场治理，全年共出动执法人员4324人次，执法车辆1365台次，办结违规经营案件34件，收缴非法出版物3282册（张）。成功破获刊博天下国际文化有限公司假冒《科技研究》等杂志系列诈骗案。五是文化产业发展水平不断提升。推进国家对外文化贸易基地、雅昌文化艺术中心等重点项目建设。加大市、区两级文创资金支持力度，全区5个项目获得市级资金扶持4243万元。

（宣传部）

**【新闻宣传】** 围绕全区群众路线教育实践活动开展新闻宣传。充分发挥中央、市级主流媒体优势，充分报道活动的进展情况和典型经验。人民日报、北京日报、北京电视台中央及市级主流媒体刊播相关深度新闻报道60余条。区电视台、电台、《顺义时讯》共播发群众路线新闻240余条，时长300分钟。以“问需于民，实干惠民”为宗旨，推出民生类节目《政务·民声》、《政务发布厅》，实现政府与百姓的良性常态互动。制作《村里的当家人》、《一枝一叶总关情》等5集系列专题片。拍摄《我们走在大路上》总结片，全面总结展示教育实践活动取得的丰硕成果。利用直播节目《大家帮助大家》，将群众监督与百姓切身感受在节目中直接体现。顺义网城首页开设“党的群众路线教育实践活动”系列报道，发布动态信息60余条。

（宣传部）

**【动态新闻宣传】** 加强动态新闻宣传，营造良好舆论氛围。全年共在市级以上媒体刊播新闻1.3万余篇，其中在人民日报、经济日报、北京日报、中央电视台、北京电视台5家重要媒体刊播各类新闻100余篇，各类媒体头版报道80余篇，专版13期。围绕“把握三个阶段性特征、推动四个转型升级”的总体要求，经济日报刊发《创新驱动　跨越发展——把脉北京顺义转型升级路（上）》和《城乡一体　协调发展——把脉北京顺义转型升级路（下）》两篇报道，北京日报刊发《临空经济核心区有望扩容6倍》专版。围绕三大功能区整合，人民日报、经济日报、北京日报分别刊发深度报道，《新闻联播》播出《北京顺义：临空经济打造国际航空中心》等专题新闻报道。进一步延伸新闻宣传触角，及时展示基层工作的特色和亮点。在人民日报、北京日报等重要媒体，推出顺义老大妈18年编出“草根村史”、旺泉志愿者伴读放学娃等一批鲜活的基层典型报道。区内电视台、电台增加《百姓资讯》等民生板块，《顺义时讯》成功改版，内容扩至八版，更加突出民生新闻。

（宣传部）

**【新媒体建设】** 加强新媒体建设，打造清朗的网络空间．一是网络宣传水平不断提升。打造以“绿港顺义”官方微博为核心，42个区属部门微博、65个社区微博为代表的官方微博矩阵。建立50人市级骨干网评员和500人区级网评员队伍，共开展网评70余次。成功举办首届网络春晚、网友逛牛酒等系列网络活动。二是网络舆情引导切实加强。借助人民网、优讯网等专业力量，加强舆情监测，实现24小时动态值守。完善官方微博发布与传统新闻发布的良性互动机制，有效提高突发事件网络舆论引导的权威性，妥善处置一批突发事件网络舆情。及时编发舆情刊物，为领导决策提供有益参考，全年共报送《即时舆情》65期、《舆情专报》36期、手机即时舆情短信100余期。

（宣传部）

## 统战对台工作

**【概　况】** 顺义区委统战工作在顺义区委的正确领导下，在市委统战部的指导下，积极适应形势发展的要求，以改革创新的精神，不断提高统战工作科学化水平，围绕发展，凝聚力量；围绕稳定，促进和谐；围绕改革，创新工作，全面推进统一战线各个方面的工作，为建设文明、和谐新顺义做出积极贡献。

单位名称：顺义区委统战部

地址：顺义区府前东街11号

电话：（010）69443996

邮编：101300

（区委统战部）

**【迎新春台胞联谊会】** 1月25日，顺义区台办组织召开迎新春台胞联谊会，来自全区的

80 余名台资企业代表及台胞参加此次活动。联谊会上，顺义区台办也将区委、区政府的祝福带给了广大台胞，希望驻区台商的企业在顺义发展越来越好，祝广大在顺义居住的台胞，生活美满，家庭幸福。

（区台办）

**【中国国民党副主席到顺义区参访】** 2 月 19 日上午，中国国民党副主席蒋孝严、新党主席郁慕明一行 13 人到我区内的天竺综保区参观访问，就加强两岸经贸、文化交流进行深入沟通。市委常委、统战部部长牛有成，区委书记王刚，市台办主任汪明浩，区委副书记、区长、天竺综保区管委会主任卢映川及相关部门、企业负责同志陪同参观。

（区台办）

**【市委统战部领导到顺义区调研】** 2 月 20 日，市委统战部副部长张洋、综合处处长周景晓等一行到我区调研，区统战部长周颖博、常务副部长王振林同志陪同。张洋副部长听取本区 2014 年统战工作意见，同时对本区 2013 年统战工作在同心思想建设、统战基层基础工作等方面取得的成绩给予充分肯定。

（区委统战部）

**【杭州市江干区统战部交流参观】** 9 月 22 日 –23 日，杭州市江干区统战部、工商联 15 名民营非公企业家到本区交流参观。区统战部长周颖博同志介绍顺义的基本情况和发展特点，并对两地在经济和社会建设领域互助发展提出展望。参观团实地走访北京现代三工厂、钱江弹簧北京基地、杨镇工业开发区、鲜花港和燕京啤酒集团，对本区经济发展现状、产业转型升级战略以及区域发展资源和优势有更直观的了解，表达入区发展的愿望。这是自 2013 年两区建立友好互助伙伴关系以来的第二次企业资源产品交流对接活动。

（区委统战部）

**【党外代表人士培训班】** 11 月 22 日 –23 日，统战部联合区社会主义学院举办党外代表人士培训班。150 名来自各民主党派、无党派、工商联和民族宗教界的党外代表人士参加了培训。培训班对十八大、十八届三中、四中全会精神、多党合作与政治协商、区域发展转型升级等内容进行深入分析和讲解，帮助大家更好地理解和把握当前的社会发展形势。

（区委统战部）

**【春季台胞登山踏青活动】** 5 月 3 日上午，顺义区台办组织开展台胞春季登山踏青活动，此次活动共有驻区台胞 60 余人参加，踏青活动地点为顺义区舞彩浅山木林段。

（区台办）

**【顺义区涉台教育进党校】** 12 月 16 日，顺义区台办邀请北京联合大学刘红教授到顺义区委党校为顺义区新一届青干班学员授课，刘红教授就台海形势及两岸对台政策进行解讲，来自全区青干班学员共计 100 人参加培训。

（区台办）

# 政策研究工作

**【概　况】** 2014 年是研究室承上启下、转型发展的关键之年。区委研究室正式更名为区委区政府研究室，区委改革办正式成立并设于研究室，承办区委全面深化改革领导小组的日常工作。研究室（改革办）设立四科一中心，分别是调研科、协调科、综合科、信息科、经济发展研究中心，部门定位、职能、机构设置都发生重要调整。研究室（改革办）围绕全区改革发展的大局和区域发展中的热点、难点，以建立大调研工作格局为重点，加大全区调研工作统筹力度，全面强化政策研究职能，统筹推进全区各领域改革工作，有力促进了全区经济社会各项事业的发展。

单位名称：顺义区区委区政府研究室
地址：顺义区府前中街1号
邮编：101300
电话：69444462

（区委区政府研究室）

**【全面提高调研工作制度化水平】** 全面加强调研工作的规范化、制度化建设。一是建立调研联席会制度，6月联合16家单位召开年度调研工作联席会，确立联席会在全区调研工作中的统筹地位。二是修订《顺义区关于进一步改进调查研究工作的实施细则》、代拟《关于加强区级领导调查研究工作的实施细则》（京顺办发〔2014〕25号）。三是根据全面深化改革、党的群众路线教育实践活动、基层服务型党组织建设三条主线，对收集到的257个课题进行分类整理，建立《2014年度顺义区调研课题库》。

（区委区政府研究室）

**【全区调研工作深入开展】** 全面加强对全区各单位调研工作的统筹管理力度，指导各单位深入开展调查研究工作。2014年全区各单位共完成26个区级重点课题、62个关注课题、1个联合课题，上交调研报告102篇，其中发表在《顺义调研》上的59篇，内容涉及产业经济、区域治理、文化繁荣、改善民生、生态环境建设、基层党建等全区工作的各个方面。

（区委区政府研究室）

**【加强前瞻性、战略性课题研究】** 根据研究室新的职能定位，全面加强战略性研究工作，集中力量研究破解事关顺义区经济社会发展全局和关键环节的重大问题。2014年牵头开展5个区级重点课题，3个联合课题，2个区委区政府指定课题的研究工作，比2013年大幅增多。为强化研究能力和调研工作水平，加大与权威科研机构的合作力度。2014年先后与中央党校、中央民族大学、中国民航大学、北京大学、北京经济社会发展研究所等高端研究机构建立合作关系。其中，与北京大学、复旦大学、吉林大学、中山大学共同组建的国家治理协同创新中心签订3年的合作协议，计划对顺义区地方治理现代化开展系统研究。已合作完成《顺义区运用村规民约促进农村社会协同共治的实践与思考》、《顺义区关于推进地方政府治理能力现代化的实践与思考》等两大区级重点课题，提出顺义区地方治理现代化的实现路径。与区内各单位合作成立联合课题组，开展完成《顺义区深度融入京津冀一体化发展的研究》、《关于总结试点经验，深化经济功能区改革的研究》、《顺义区流动人口结构研究》等多个事关区域经济社会发展的具体课题。

（区委区政府研究室）

**【调研成果转化】** 扩展转化平台，提高调研成果转化效率。一是坚持高质量编发《顺义调研》。对于各单位报送的调研文章实行多层把关制度，确保刊发质量。2014年《顺义调研》共刊发84期，同比增加29期，为各单位提供展示成果、交流工作的优质平台。二是推进调研成果在更高层面转化。2014年新增《北京农业职业学院学报》一家市级转化平台，参加市委党史办举办的“北京经济体制改革的经验与启示”研讨会征文活动，全年全区共有59篇调研在市级及以上刊物得到发表转化。三是当好参谋助手。围绕功能区改革、村规民约建设、流动人口调控、非公企业党建等领域，及时深入开展相关调查研究工作，为领导科学决策提供服务。

（区委区政府研究室）

**【统筹推进全区各领域改革工作】** 根据区委全面深化改革领导小组的部署，牵头制定出台《关于认真学习贯彻中央市委全会精神全面深化改革的意见》、《中共北京市顺义区委全面深化改革领导小组2014年工作要点》、《区委全面深化改革领导小组2014年改革任务折子工程》，明确改革的总目标、路线图和时间表。其中《意见》围绕制约区域可持续发展的重大体制机制问题和广大群众关心的热点难点问题，提出2014年至2020年10个方面共45项具体改革举措。《要点》针对制约全区经济社会发展的突出矛盾和问题，确定了2014年度11个领域共40项改革工作要点。《折子工程》根据40项改革工作要点，分解细化出92项具体改革任务。

（区委区政府研究室）

## 机构编制工作

**【概　况】** 2014年，在区委、区政府和区编委的领导下，区编办牢牢把握全面深化改革、全面推进依法治国的新常态，按照区委区政府把握"三个阶段性特征"、推动"四个转型升级"的新要求，着力做好事业单位分类和行政审批制度改革工作，积极推进体制机制创新，不断提高机构编制管理水平，各项工作取得新进步。

单位名称：顺义区机构编制委员会办公室
单位地址：顺义区新顺南大街17号
电话：（010）69441686
邮编：101300

（区编办）

**【行政审批制度改革工作取得阶段性成果】** 一是完善领导机制，成立区政府审改办，建立区编办牵头、区发展改革委、区法制办等8家单位组成的行政审批制度改革工作部门联席会议制度。二是落实北京市第一、二批取消、下放行政审批事项，承接北京市下放事项51项，对应取消区级事项28项。三是开展区级行政审批事项的摸底和清理工作，研究提出取消6项、调整67项、保留279项的清理意见。

（区编办）

**【事业单位分类改革工作基本完成】** 拟定本区事业单位分类方案，并获区编委会、区委常委会审议通过。完成行政类事业单位备案上报工作，印发涉及经费性质调整的事业单位的批复，分类工作完成率达到93.6%。

（区编办）

**【政府机构改革】** 一是组建区卫生计生委，其处级领导职数核定等有关事宜已获市编办批准。二是完成生猪定点屠宰监督管理职责和职业卫生监管职责划转工作。三是研究提出《顺义区人民政府机构设置调整方案》，经区编委2014年第三次会议研究同意后，已报市编委审批。

（区编办）

**【"三大板块"整合】** 经市编办批准，组建北京临空经济核心区管委会、中关村科技园区顺义园管委会（北京顺义科技创新产业功能区管委会）和北京顺义绿色生态产业功能区管委会（北京市顺义区推进浅山区建设办公室），印发临空经济核心区管委会的"三定"方案。

（区编办）

**【城管执法体制】** 按照市编办有关要求，经区编委会议研究同意，重新调整明确区城管执法局的主要职责、内设机构、直属机构、人员编制和领导职数，制定区城管执法局的"三定"规定，并以区政府办公室文件形式印发。开展综合执法体制机制调研，研究提出健全完善我区城市管理综合执法机制的意见，并提交区政府议事会研究。

（区编办）

**【重点领域机构编制保障】** 一是健全区委

改革办组织机构，将区委研究室更名为区委区政府研究室，调整区研究室内设机构。二是按照相关要求，对区委政法委、区环保局、区民政局、区旅游委、区人力社保局、区园林绿化局等部门的内设机构、事业单位进行调整设置。三是调整区教委、区社区教育中心、区卫生局、区委党校、区政协内设机构和事业单位，健全幼儿园和社区卫生服务机构设置，将北京广播电视大学顺义分校更名为北京开放大学顺义分校，将区行政学校更名为区行政学院。四是调整区纪委的内设机构，成立纪检监察信息中心，加强纪检监察部门监督、执纪、问责的主责主业。同时为加强新时期干部监督工作，加强区委组织部的工作力量，健全了举报监督机构。

（区编办）

**【监督检查】** 一是开展“吃空饷”在编不在岗和编外大量聘用人员专项整治工作，以全区处级以上单位为专项整治责任主体，通过组织自查、实地核查等方式，纠正相关单位在人事管理中存在的违规问题，并建立“吃空饷”和在编不在岗整治工作的长效机制。二是开展自设机构专项清理工作。按照市编办《关于做好区县自设机构清理工作的通知》要求，对我区未经市编办批复的机构进行调研，并制定个性化的解决方案。同时，在全区范围内开展自设机构专项清理工作，要求存在自设机构问题的16家单位限期整改。三是配合区委组织部、区人力社保局开展超职数配备干部专项整治工作。四是采取单位自查、实地考核、问卷调查相结合的方式，对我区72家区级国家行政机关主要职责落实情况进行专项考核。

（区编办）

**【“实名制”管理】** 一是坚持总量控制，严格落实年度补充人员计划制度，共补充1166人。二是严格落实“三方联审制度”，依托“实名制”管理信息平台，进一步加强与区人力社保局、区财政局的沟通与联系，做好全区行政、事业单位工资统发人员的审核工作，从制度上预防“吃空饷”等违规行为。三是做好服务保障工作。全年共办理人员入编、调动手续1748人次，配合区委组织部、区人力社保局安置2013年度军转干部30人。配合区民政局安置2013年度退役西藏士兵18人。

（区编办）

# 保密工作

**【概　况】** 2014年，区保密局以党的群众路线教育实践活动为引领，紧紧围绕区委中心工作，认真贯彻《保密法》、《保密法实施条例》及相关保密法规，提升精细化管理水平，狠抓保密制度建设、深入开展保密宣传教育、强化保密监督检查，着力构建科学的保密管理和服务体系，坚决打好“定密规范管理、涉密人员管理、计算机网络管理”三大攻坚战，积极推进区域保密工作再上新台阶。

单位名称：顺义区保密局

地址：顺义区府前中街1号

电话：69444839

邮编：101300

**【市局检查工作】** 4月22日，市国家保密局副局长许新文带队检查顺义区保密工作管理情况，顺义区委常委、区委办公室主任、区委保密委员会主任朱家亮陪同检查。检查组听取了区保密局工作情况的汇报，实地查看了两家机关单位保密管理情况，检查组对顺义区的工作给予了充分肯定。

（王海旺）

**【保密法制宣传教育培训】** 6月27日，区保密局举办了《保密法实施条例》专题培训，对《保密法实施条例》进行解读，培训结合区保密局近年制定的相关规章制度，贴近基层保密工作实际，围绕定密工作、保密制度、法律责任和保密工作责任制等新观点进行解读，230余名保密干部参加培训。

（王海旺）

【保密法制宣传月活动】6月，区保密局组织开展了保密宣传月活动。全区各单位积极参与，通过保密法规、保密形式教育讲座，中心组学习、观看泄密窃密案例警示教育宣传片等形式纷纷开展活动，受教育人数达8252人次，其中副处级以上领导929人次；区保密局先后发放《党政干部和涉密人员保密常识必知必读》1000余册，《保密法实施条例解读》教材164本，《实施条例宣传挂图》30份，提供涉密影像宣传资料和保密知识答题3套，收回答卷近5100余份。

（王海旺）

【参加全市保密法竞答活动】 12月，区保密局组织全区干部参加了市国家保密局在首都之窗网站开展的网上保密法规、保密知识答题活动，全区各单位精心组织，广泛参与，参加单位93个，参与答题人数总计6659人，其中，处级693人，科级2008人，参与答题人数列全市各区县之首。

（王海旺）

【完善保密干部管理制度】 年内，区保密局完善了保密干部持证上岗制度，坚持先培训再上岗。在定期组织集中培训的基础上，充实了保密培训资料库。建立了保密干部变更备案管理制度，规范了新任保密干部登记备案流程，共计培训保密干部195名，并颁发了培训、上岗一体证书。其中31名为新任保密干部，全部及时进行了保密干部变更备案，确保了各单位保密干部的保密管理工作“不断档”。

（王海旺）

【建立保密督导工作制度】 年内，区保密局在全市率先建立了保密督导工作制度，全面启动区委保密委员会委员督导工作，落实保密委员会领导责任，保障保密法规落到实处，保密委委员分别采取集中交流和深入基层指导的方式开展了督导工作。全年，区委保密办共召开督导工作联络员会议3次，各督导组总计开展组内汇报交流会8次，保密委员会委员深入基层指导保密工作总计31次。保密督导工作的开展，使保密法规、制度在全区各单位的执行情况得到了较大的改善，提高了保密工作部署的时效性，推进了各单位保密工作的有效开展，使保密委员会在全区保密工作中的领导作用得以彰显。

（王海旺）

【严格保密资质管理】 年内，区保密局认真贯彻党的十八届四中全会精神，坚持“以人为本，服务为先”的理念，不断改进工作作风，优化办事环境，提高办事效率，积极推进依法行政。按照《保密法》及《保密法实施条例》，全面梳理了保密行政管理部门的职责、行政审批事项及依据、行政处罚事项及依据。完善了行政审批程序和规范，明确了资质申请材料目录和标准，公示了审批时限，严格依法行政、依法管理，提高了管理对象满意度。

（王海旺）

# 精神文明建设

【概况】 2014年，深入开展推荐“2014北京榜样”、顺义区第五届道德模范评选表彰、“走群众路线·促转型升级·助科学发展”百姓宣讲、“军（警）民共建日”等思想道德建设和群众性精神文明创建活动，大力推进区域精神文明建设，各项工作取得一定成效。

单位名称：顺义区精神文明建设委员会办公室

地址：顺义区府前中街1号

邮编：101300

电话：69441604

网址：www.bjsyam.gov.cn

（文明办）

**【践行社会主义核心价值观】** 紧紧围绕“三个倡导”基本内容，在各主要街路、站台和户外广告牌、工地围档，社区电子屏、宣传栏等阵地设置张贴社会主义核心价值观“24字”宣传漫画和标语。指导全区各单位制作张贴“图说我们的核心价值观”宣传画，扩大覆盖面和影响力，使之融入人们的生产生活和工作学习，内化于心、外化于行。

（文明办）

**【迎接首都文明区复查】** 研究制定《顺义区关于迎接首都文明区复查工作的实施方案》。7月—8月，两次组织创建工作集中培训，指导各单位自行开展对照检查和整改，收集存在问题和差距；9月—10月，指导镇村申报首都文明村镇、首都文明单位；10月，对申报单位创建工作情况进行实地检查和现场指导；11月，收集整理首都文明区创建工作档案材料，组织自查自纠，认真做好首都文明区申报等各项迎接复查准备工作。

（文明办）

**【农村精神文明“十个一”工程】** 高标准建成8个村村史陈列室，为26个村安装设置精神文明电子宣传屏，为20个社区加装更换精神文明建设宣传栏。

（文明办）

**【“清洁空气蓝天行动”计划】** 由区文明办牵头，联合区住建委、区市政市容委、区环保局、区城管执法监察局、区安监局、区水务局、区园林绿化局等7家单位，在区内160多个施工工地开展“顺义区文明工地”创建活动。

（文明办）

**【召开顺义区第五届道德模范颁奖典礼】** 按照思想发动、基层推荐、公众投票、组织评审、表彰总结等方法步骤，组织开展顺义区第五届道德模范评选表彰活动。以普通群众为主要评选表彰对象，从全区174名推荐对象中评选出“助人为乐、见义勇为、诚实守信、敬业奉献、孝老爱亲”等五类10名道德模范和10名道德模范提名奖。9月，隆重召开道德模范颁奖典礼，首都文明办主要领导、区四大班子领导和区属二级班子领导以及社会各届群众代表、驻地部队官兵代表共计近1000人观看颁奖典礼，社会影响广泛积极。

（文明办）

**【开展百姓宣讲活动】** 以“走群众路线·促转型升级·助科学发展”为主题，通过身边人讲身边事，广泛宣传基层党组织和广大党员干部坚持群众路线、践行为民务实清廉主题的良好精神风貌。全区共选拔66名优秀宣传员，分别组成百姓巡回宣讲团，走进农村、走进社区、走进机关、走进学校、走进企业开展巡回宣讲，受到干部群众广泛赞扬。

（文明办）

**【2014“北京榜样”主题活动】** 按照广泛发动、层层选树、层层举荐和宣传树立一批“奋发向上，崇德向善”的“北京榜样”要求，共上报推荐40多名候选人，其中2人荣获“周榜样”、1人荣获“月榜样”。

（文明办）

**【四位一体教育平台】** 按照“立德树人”的根本任务，不断加强和改进未成年人思想道德建设工作。加强社区未成年人活动场所、乡村学校少年宫等工程建设，高丽营第二小学、大孙各庄中心小学获评全国乡村学校少年宫，获得20万元中央彩票公益金补贴。开展“争做社区文明小使者”活动，1200名未成年人获得社区文明小使者荣誉称号。开展推荐“美德少年”、“北京少年·孝心榜样”和“学习和争做美德少年”活动，杨镇一中原高三学生雒梦妍被北京市推荐为“全国美德少年”候选人(全市共3人)。

（文明办）

**【公共文明引导】** 建立并完善公共文明引导员数据管理平台建设，推进引导员队伍信息化管理。开展服务规范学习培训、技能展示、岗位竞赛等活动，提高引导员服务技能技巧。组建“最美北京人”引导员宣讲小分队，参加全市比赛，开展社区巡回宣讲。

（文明办）

**【学雷锋志愿服务】** 组织各镇街道开展形式多样的志愿服务活动，组织广大志愿者深入农村、社区，开展关爱空巢老人、残疾人、留守儿童等活动。以城市景观、文明交通、好人好事为题材，协调区摄影协会组织摄影爱好者开展文明宣传摄影比赛，共上报600多幅摄影作品。

（文明办）

**【拓展军警民共建载体】** 加强“和谐、文明、关爱、育人、荣誉”等五项军（警）民共建设工程建设，建立“军（警）民共建日”大型主题活动机制。以“八一”建军节、国庆节、重阳节、中秋节、元旦等重要节假日为时间节点，开展“军（警）民共建日”活动。以“百姓进军营，战士进社区”为主要形式，军地双方共同开展国防教育、社会志愿服务、新农村建设等内容的共建活动，有效地强化军民鱼水关系。

（文明办）

# 党校工作

**【概　况】** 2014年，党校（行政学院）在区委区政府的正确领导下，在市委党校、市行政学院指导下，在全校（院）干部教职工努力工作下，认真贯彻落实党的十八届三中、四中全会、市委十一届五次全会、区委四届八次、九次全会精神，以《党校工作条例》、《行政学院工作条例》、《2013-2017年全国干部教育培训规划》和区委《关于加强党校工作的意见》为工作准则，以全区深入开展的党的群众路线教育实践活动为工作主线，全面加强自身建设，紧紧围绕区委、区政府中心工作服务大局，工作水平和工作成效进一步提升，职能作用得到更好体现，形成干部教职工精神状态好、中心工作效果好、社会评价好的新局面。

单位名称：中共北京市顺义区委党校
地址：顺义区中山西街1号
电话：（010）69444915
邮编：101300

（巩月兰）

**【干部培训】** 2014年，共举办各级各类主体班37期，培训学员5398人。其中，处级干部学习习近平总书记系列讲话培训班7期，1209人；处级干部理论进修班1期，61人；青年干部培训班1期，100人，服务型党组织建设研讨班1期，56人；村支部书记能力提升班1期，79人；农村优秀人才培训班1期，47人；农村支部书记大讲堂3期，426人；党员发展对象培训班7期，925人；军转干部培训班1期，45人；科长培训班2期，313人；公务员初任培训班1期，100人；公务员“每月一课”培训班10期，1958人；党外优秀人士培训班1期，79人。坚持“三从严”办学方针，加强学员管理工作，处级干部理论进修班青年干部培训班实行“二维码扫描”考勤，在全市区县党校属于首家。

（巩月兰）

【科研咨政】 2014年，党校（行政学院）教师主持区情调研课题21个，其中，省部级课题2个；参与市委党校（行政学院）立项课题3个；区党建研究会课题1个；校内立项课题15个。教师主持纳入校内科研服务管理的课题项目与去年相比增长了近1/3。课题研究方面与往年相比最突出的地方表现在7名高级教师课题式挂职锻炼工作上。2014年，党校（行政学院）7名高级教师利用挂职锻炼的机会，参与所挂职单位的课题研究，半年时间内共参与21个调研课题，其中绝大部分都是挂职单位重点课题，甚至是区级课题，有近半数课题是直接服务区委、区政府工作的。3位老师参与区“十三五”发展规划纲要调研，充分体现党校（行政学院）在区域经济社会发展中科研咨政的重要作用。

（巩月兰）

【新校（院）建设】 2014年上半年，完成四个单体建筑结构主要施工和地下车库回填土工程任务。下半年，按照新校（院）总体设计方案，完善内装设计、内部结构衔接设计方案；完成四个单体建筑外装设计方案论证；初步完成新校园小市政设计方案及园林绿化方案；与区园林局协调初步解决在新校园绿化带上打井问题；按计划推动大市政工程落实。

（巩月兰）

【信息化建设】 启动信息化建设一期部分项目工程。其中，前期项目系统基本完成。目前，教学培训管理系统、科研管理系统、门户网站系统三个系统测试后可投入使用。前期项目门户网站系统改版升级，通过调整框架栏目，增加使用功能，强化网站主页动态效果后，党校（行政学院）改版升级的门户网站，可在全市区县级党校（行政学院）处于中上游水平。完成了后期项目系统：全校办公自动化系统、一卡通系统、数字图书系统、后勤管理服务系统、统一通讯平台管理系统、移动终端应用系统、多媒体发布系统等系统，立项、招投标、签订合同、部分费用支付等工作，并启动全校（院）办公自动化系统建设工程。

（巩月兰）

【拓展办学】 2014年，党校（行政学院）拓展办学，与区委办局联合办班6期，学员770人。其中，国资委经理班1期，学员50人；老干部局社区支部书记班1期，学员160人；动监局业务培训班1期，学员80人。与南航北京分公司办班3期，学员200人。研究生学历教育，与市委党校研究生院合作办学，现有公共政策专业研究生班3个，学员140人；与区金融办、对外经济贸易大学合作办学，现有金融专业研究生班1个，学员60人。

# 党史工作

【概　况】2014年党史工作以党的群众路线教育实践活动为引领，以组织开展第三届党史宣传周为载体，认真编写《中国共产党顺义区（县）历史大事记》，《中国共产党顺义区历史》，召开建党纪念座谈会，办理政协委员提案，党史工作稳步推进。

单位名称：北京市顺义区党史区志办公室

地址：顺义区光明北街4号
电话：（010）69420024
邮编：101300

（沈西宁）

**【编写中共顺义区（县）历史大事记】**3月，研究制定了中共顺义区（县）历史大事记的编写方案，4月，经搜集查找，编辑完成了中共顺义历史大事记初稿。先后召开了有关部门和单位参加的编修工作会，对需要补充、修改、核实的事项进行了安排。8月，经市委党史研究室审核同意后出版发行。

（沈西宁）

**【召开纪念建党93周年座谈会】**7月2日召开纪念建党93周年座谈会，并征求了对中共顺义区（县）历史大事记的编写意见。参加座谈会的有委、办、局单位的主管领导、工作人员，有区党史工作的老领导、方志工作者、退休老教师、社区代表等。

（沈西宁）

**【认真做好政协委员提案工作】**2014年区政协委员提案“关于开展绿色航空港建设史料征集整理工作的建议”转交史志办办理。按照区政府督导室要求，“定人员、定时间、定任务、定责任”，在规定的期限内办理完成，得到了区政协提案委员“非常满意”的答复。

（沈西宁）

**【开展第三届“党史宣传周”活动】**一是结合党史工作“四进”活动，举行了《旗帜·足迹》党史展览、遗迹参观、座谈讲座等活动。二是召开《中国共产党北京顺义区（县）历史大事记（1924—2000）、（2001—2013）》编修工作座谈会。三是开展党史资料征集，为做好《中共北京市顺义区历史》（初稿）的编写工作。

（沈西宁）

# 老干部工作

**【概　况】** 2014年，全区老干部工作在区委区政府的正确领导和市老干部局的指导帮助下，深入贯彻落实全市老干部工作会议精神和区委四届六次、七次全会精神，在机关党员干部和离退休干部队伍中深入开展党的群众路线教育实践活动，围绕推动新时期离退休干部工作的转型发展，强化阵地建设，提升服务品质，求实创新，发挥作用，全区离退休干部队伍保持高度稳定和积极向上，为推动全区经济社会“转型升级、科学发展”做出新贡献。

单位名称：顺义区委老干部局
地址：顺义区石园北区东
电话：（010）89440522
网址：http://www.laogb.bjshy.gov.cn

（张　晴）

**【离退休干部思想政治建设和党支部建设】**召开支部动员会、专题组织生活会、支部活动总结会。开展“我为群众做好事，我为社区做贡献”活动，制定《顺义区2014年离退休干部理论学习计划》。开展“每月一课”教育活动，学习十八届三中、四中全会和习近平总书记系列讲话精神，开展区情通报，邀请卢映川区长介绍顺义区国民经济和社会发展情况，区委党校教授讲解“把握三个阶段性牲征，推进四个转型升级的区域战略部署”，邀请罗援将军讲授《我国周边安全环境》。开展“讲述家乡好故事”征文比赛活动，14名老同志获奖。先后组织“同心共筑中国梦”，“与党同心、与祖国同行”，“立足社区、余热生辉”主题摄影比赛、书画展览、文艺演唱、体育比赛。

全年在市老干部局网站刊登信息90条，区老干部局网刊登信息1017条，《顺义时讯》刊登信息3条，顺义电视台报道相关新闻8条，北京电视台《晚晴》栏目报道新闻3条，刊发《老年朋友》4期。为离退休干部党支部发放《离退休干部党支部学习参考》、《大讲堂》、学习辅导光盘。为老干部订阅《北京日报》、《中国老年报》、《支部生活——北京老干部》、《老年朋友》、《顺义时讯》等学习资料。

（张 晴）

**【党建工作水平明显提高】** 截止目前，已建立39个社区离退休干部党支部、13个党小组，76%的离退休干部党员（1039名）组织关系已转入社区。做好非公经济组织党建指导员工作，举办全区社区离退休干部工作暨非公党建工作指导员培训班。建立区、街道、社区“三级”非公经济组织党建工作基础台账。建立42个社区非公经济组织联合党支部，4个社区非公经济组织联合党小组，87名老干部在非公经济组织联合党支部、党小组中担任书记、委员或党小组长，指导1131家非公经济组织、6465名职工、521名党员的党建工作。加强经费投入，全年累计为社区离退休干部党支部拨付109.03万元。与团区委共同组织“情系老干部、感恩志愿行”志愿服务转型试点推进会。老干部“三农”研究会会长张林成被评为全国离退休干部先进个人，滨河一社区、建南一社区、石园东苑社区离退休干部党支部被评为北京市离退休干部先进集体，郭树茂、田志存、倪挺明、范文俊被评为北京市离退休干部先进个人。

（张 晴）

**【多种形式提高老干部生活待遇】** 全年为离休干部祝寿270次，看望生病住院离休干部120人次，圆满完成重阳等重大节日离休干部走访慰问工作。与区人保局、中医院建立每月联系制度，掌握离休干部基本医疗参保和就医情况，为离休干部办理就医优诊卡，落实离休干部“一对一”就医模式，加大特困离休干部帮扶力度，离休干部因患重大疾病或器官移植以及医保范围内的自费资金超过1万元部分，按50%给予补助。先后做好了17名离休干部去世送别、抚恤和善后事宜，为离休干部无工作配偶办理城镇居民基本医疗保险和新型农村合作医疗，为85人办理城镇居民医疗保险个人缴费金额上调免缴手续，去世离休干部配偶无工作、有子女的生活困难补助费调整到每人每月690元，去世离休干部配偶无工作、无子女的生活困难补助费调整到每人每月1030元。针对离休干部特点和需求，每半年入户为离休干部进行一次室内保洁，解决了离休干部身体行动不便的现实困难。

（张 晴）

**【老干部大学建设向全国示范校目标不断迈进】** 老干部大学扩招新生29个班800人，截止目前，大学拥有21个专业，68个教学班，在校学员1800人。秦宏凯老师走进国家大剧院演出，36名师生作品选入顺义区老干部书画协会会员作品撷选《潮白墨韵》。认真做好学员入学、档案、编班管理工作，利用短信平台、老部局域网、学员QQ群传达通知，交流信息。建立电子学籍卡管理制度，完善优秀学员和优秀班集体评选机制。严格日常管理，学员开学后两周不报到视为自动退学，累计6次缺勤做开除处理。

（张 晴）

**【活动管理科学化 活动内容多样化】** 发放750张老干部电子活动卡、发放1490张老干部大学学员卡。定期召开协会工作总结会，指导协会开展日常积分管理，落实协会会员吸收和定期竞赛制度，实行艺术团专业老师聘任制，安排专业教练指导台球协会日常训练，活动中心和协会科学化管理水平明显提升。举办春秋两季系列活动、新春慰问演出、五月鲜花文艺汇演，开展老干部外出参观、健康义诊、激光打靶、民俗讲座活动，组织老干部门球、钓鱼、保龄球、象棋、麻将、台球、乒乓球、模拟高尔夫球比赛。老干部艺术团参加国家大剧院的“北京市第二届老年文化节”文艺演出，台球协会在“农口金秋杯台球赛”中获得第三名，摄影、书画协会取得“五月鲜花”摄影书画展一等奖，书画协会在“怡馨”一社区设立书画大讲堂，太极拳协会走入大公园指导群众健身，乒乓球协会协助区工会组织23次竞赛活动，“三农”协会走进社区和农村宣传党的“三农”政策，城管监督协会在城市管理中发挥监督作用，关协组织社区青少年开展公益活动。

（张　晴）

# 区直属机关工委工作

【概　况】 区直属机关工委是区委的派出机构。主要职责是领导所属机关党的工作，保证党的路线、方针、政策及区委的指示、决定和部署在区直机关的贯彻落实。负责制定所属机关党的基层组织建设规划，领导基层党组织搞好思想建设、组织建设、作风建设。负责宣传党的路线、方针、政策，对党员干部进行形势、任务教育及社会主义精神文明教育。负责所属机关党员干部理论学习与培训，做好所属机关干部队伍建设工作。负责所属基层党组织的建立、换届、任免等组织工作。领导所属机关纪检监察工作。组织机关干部开展文化、体育活动，丰富机关的文化生活。完成区委、区政府交办的其他工作。

单位名称：顺义区委区直属机关工作委员会
地址：顺义区府前中街1号
电话：（010）694443920
邮编：101300

（区直属机关工委）

【规范党员发展和管理服务工作】 按照慎重发展、均衡发展的要求，年初积极稳妥的对发展党员数量和结构进行调控，按照系统各单位实际需求，严格制定党员发展计划；突出党员的政治标准，加强入党积极分子培养教育，对发展对象组织集中培训；严格发展党员程序和纪律，对报送入党相关资料进行细致审核，指派专人进行谈话，严格审批程序。年内，注重在窗口岗位和高层次人才中发展党员，充分保障党员的各项权利，一年来工委共发展党员103人，其中35岁以下80人，大专及以上学历96人，一线窗口人员12人。

（区直机关工委）

【在职党员回社区】 在工作目标、责任和标准“三明确”基础上，号召各级党组织多形式宣传在职党员进社区活动的目的和意义，督促在职党员到所属社区地报到并参加社区志愿活动。目前系统77家单位306个支部共有5910名在职党员到社区报到，参与志愿服务的在职党员5826人。涌现出区工商分局机关党委、区民宗侨办党支部等先进党组织和李广郁、徐德岭等优秀在职党员。

（区直机关工委）

【“过政治生日、争做十表率”】 审计局36名党员就诚实守信、遵纪守法、勤学善思、敬业创新、勤俭节约、廉洁自律、联系群众等10个方面做出具体承诺，并与党支部签订承诺书。城管监察局党委每月初将向该月过政治生日的党员发放政治生日贺卡，并进行一次党章等条例规定的学习。系统内广大党员的身份意识、责任意识和宗旨意识明显增强。

（区直机关工委）

**【基层党组织换届选举】** 自2014年8月份，对全区各党工委党组织设置隶属情况进行更新和完善，进一步明确党组织隶属关系和党建工作责任，做好对基层党组织组成人选的考察推荐，选优配强党组织书记和党务干部，全面规范基层党组织换届选举工作。完成了5个机关党委，1个机关党总支，38个机关党支部换届选举工作。

（区直机关工委）

**【机关文化建设】** 6月份，组织以“唱响中国梦·放歌新顺义”为主题的“五月的鲜花暨纪念建党九十三周年”文艺汇演。同时，向基层发放党务光盘、书籍等，组织、协调全区合唱比赛、百姓宣讲等工作。在廉政文化建设上，组织全体机关干部及系统纪检干部参观了顺义区看守所，接受一次深刻的廉政警示教育洗礼。推出食药局、城管监察局等廉政文化进机关示范单位。

（区直机关工委）

**【基础性工作】** 做好党员数据库更新、调转及汇总工作，共调转党员121人次；对系统内10名生活困难党员进行走访慰问，帮助系统6名困难党员申请帮扶基金；建立“优秀青年人才”台账和基层党费收缴工作台账。

（区直机关工委）

**【一助一帮扶工作】** 2014年，全区各级领导干部紧密结合党的群众路线教育实践活动，密切联系群众、切实转变作风，986名处级、92名科级干部帮扶1328名联系户，入户3048人次，年慰问折款达到159万元；各单位帮助联系村修路9.5万平方米，修边沟2.3万平方米，安装路灯772盏，更换水泵42台，打井37眼，扎实为群众谋利益；安排农村劳动力就业393人，人均年工资2.6万元，有效推动农村劳动力向二三产业转移；全年帮扶折合款达到7832万元，同比增长11%，帮扶资金创新高。

（区直机关工委）

# 区委社会工作

**【概　况】** 年内，区委社会工委、区社会办按照三个阶段特征和四个转型升级要求，坚持问题导向，社会建设取得新成绩。第一，指标体系试点工作扎实开展。在部分村、社区、镇、街、职能部门进行试点，共征集确定主责、配合指标1724条，验证指标征集、确认、发布、实施等工作环节。同时在空港街道裕祥花园社区搭建五色管理工作平台，为推进社区自治的信息化夯实基础。第二，社会领域专项改革有序推进。与区住建委共同拟定《顺义区关于加强社区物业管理工作的实施办法》，并在6个社区进行物业管理试点。在空港街道试点建立人、财、物相统一的街道管理体制。第三，社区服务能力全面提升。完成两批68个社区办公和活动用房购买工作，并同步推进购置用房的装修工程。完成19个市级社区示范点和16个农村社会服务管理创新试点创建工作。顺义智慧社区再添17个，智慧社区占比达55.1%。第四，区域社会组织不断发展。成立13家镇级社会组织联合会，推动农村社会组织健康有序发展。不断扩大“枢纽型”社会组织覆盖面，268家社会组织和城区所有社区社会组织均已纳入“枢纽型”社会组织工作体系。争取市、区资金1093万购买25个社会组织服务项目、21个“枢纽型”

社会组织的“管理服务”，支持社会组织建设和活动开展。第五，社工队伍和志愿者队伍建设不断加强。完成北京市万名社工培训计划和社会工作职业资格考前培训，鼓励社区工作者参加社会工作专业研究生报考。完成687名社区工作者档案收集、整理工作。继续推进“一街一社工”项目及市民劝导队等工作，志愿服务更加常态化、专业化。第六，社会领域党建工作力度进一步加大。组建130人的非公企业党建指导员队伍并使发挥作用。加强社会组织党建，探索三种工作模式并行的顺义区社会组织党委。加强社区党建工作，驻区单位党建联抓，将“六小门店”党建纳入社区党建范畴。

单位名称：中国共产党北京市顺义区委员会社会工作委员会
地址：顺义区府前东街2号
邮编：101300
电话：89442437
网址：www.shgw.bjshy.gov.cn

（社工委）

**【2014年社区建设工作部署会议】** 2月19日，区社会办召开2014年社区建设工作部署会议，社会办及6个街道主要领导、主管领导共计20人参会。会议对社区建设5项重点工作进行部署。一是完成19个市级社区示范点创建工作，确保市级验收达标率达到80%以上；二是按季度、分批次完成39套社区办公和服务用房的购置工作；三是完成26个社区办公和服务用房的装修改造工作；四是深入开展“社规民约”专题调研，不断提升社区民主自治水平；五是完成150学时的社区工作者岗位培训及职业资格考前培训工作，加快推进本区社区工作者队伍的专业化、职业化水平。

（社工委）

**【第3期社区工作者培训班开班】** 2月24日，第3期社区工作者培训班开班，200名社区工作者参加开班仪式。本次培训共设置40学时，聘请多位国内知名专家、学者进行授课，内容涵盖社区、社会组织、志愿服务、公共服务以及社会领域党建等当前社区建设的重要工作领域。

（社工委）

**【2014年（助理）社会工作师考前培训班】** 4月21日，区社会办与北京社会工作协会合作的培训班开班，共开设3个班次的培训班，为全区550名报考（助理）社会工作师职业水平考试的人员进行培训。培训内容为社会工作综合能力、社会工作实务、社会工作政策与法规三门课程。

（社工委）

**【2014年度购买专业社工岗位工作完成】** 区委社会工委利用北京市社会建设专项资金18万元购买了绿港社工事务所的6个专业社工岗位，开展智力残疾人康复、年少年假期培训、社区社会组织培育、为老服务等活动，深化“一街一社工”活动。

（社工委）

**【第4期“万名社区工作者”培训班圆满结束】** 12月8日该培训班开班。培训历时1周，培训对象为顺义区12个镇和6个街道的200名一线社区工作者。培训内容涵盖社区、社会组织、志愿服务、公共服务以及社会领域党建等当前社区建设的重要工作领域。

（社工委）

# 顺义区人民代表大会常务委员会

【概 况】 2014年，区人大常委会组织召开1次人民代表大会、7次常委会会议和16次主任会议，听取和审议“一府两院”专项工作报告10项，开展视察、执法检查9次，任免国家机关工作人员161人次，圆满完成了四届人大三次会议确定的各项工作任务。一年来，常委会深入贯彻习近平总书记系列重要讲话精神，特别是对人大工作的重要论述，在坚持党的领导、人民当家作主、依法治国有机统一的总体要求下，正确处理与“一府两院”的关系，对人民代表大会制度的认识更加深刻，推动人大工作与时俱进更加自觉，人大工作取得了明显成效。尤其是今年，区委一号文件转发《顺义区人大常委会党组关于加强镇人大工作的指导性意见》，有力推动了镇人大工作的开展。

单位名称：顺义区人民代表大会常务委员会
地址：府前东街13号
电话：81491826、69445374
邮编：101300
网址：http://www.shyrd.bjshy.gov.cn

（王守明）

【顺义区第四届人民代表大会第四次会议】 12月26日至28日在顺义宾馆举行。出席会议的代表216名，173人列席会议。会议听取并审议区人民政府、区人大常委会、区人民法院和区人民检察院工作报告；审议顺义区2014年国民经济、社会发展计划执行情况和2015年国民经济、社会发展计划草案的报告（书面）；顺义区2014年财政预算执行情况和2015年财政预算草案的报告（书面）；审议区四届人大三次会议代表议案办理情况报告（书面）；审议区四届人大三次会议代表建议、批评和意见办理情况报告（书面）。会议通过有关工作报告的决议。大会选举赵贵恒为区人大常委会副主任，王星、张亚利、张树江为区人大常委会委员；选举张豫为区人民检察院检察长。本次大会共收到代表提出的建议、批评和意见84件。

（叶志建）

【区第四届人大常委会第十三次会议】 2月18日在顺义宾馆会议中心二会议室举行。会上，区人大常委会主任胡尚云传达市十四届人大二次会议精神。会议听取并审议区政府法制办主任吕海燕受区政府委托所作的《关于2013年依法行政工作情况报告》；讨论通过区人大常委会2014年工作安排；决定人事任免：决定免去李成顺义区交通局局长职务，任命徐晓武为顺义区交通局局长。

（郭宇明）

【区第四届人大常委会第十四次会议】 5月16日在顺义宾馆会议中心二会议室举行。

会议听取区政府法制办主任吕海燕受区政府委托所作的《关于依法行政工作审议意见的办理情况报告》；听取并审议区市政市容委主任李国新受区政府委托所作的《顺义区环境建设工作情况报告》，区人大常委会内司委主任李国庆受区人大常委会执法检查组委托所作的关于《北京市实施〈中华人民共和国道路交通安全法〉办法》执法检查报告；讨论通过燕瑛辞去顺义区人民政府副区长职务的请求，并报北京市顺义区人民代表大会备案；任免区人民法院一批庭长、副庭长、审判员，区人民检察院检察委员会委员、检察员。

（王　辉）

**【区第四届人大常委会第十五次会议】** 6月26日在顺义宾馆会议中心二会议室举行。会议听取区人大常委会研究室主任王守明受区人大常委会委托所作的上半年常委会视察、执法检查情况汇报；听取并审议区财政局局长赵殿江受区政府委托所作的关于2013年财政决算的情况报告和区审计局局长刘福海受区政府委托所作的关于2013年财政预算执行和其它财政收支审计情况报告；决定人事任免：决定增补赵鸿博为北京市顺义区人大常委会财政经济工作委员会委员。

（洪志伟）

**【区第四届人大常委会第十六次会议】** 7月15日在顺义宾馆会议中心二会议室举行。会议听取区人大常委会教科文卫委主任高学通受区人大常委会执法检查组委托所作的《中华人民共和国科学技术进步法》执法检查报告；听取和审议了区法院副院长胡国东所作的关于执行工作的情况报告和区检察院检察长张守良所作的关于开展行政执法与刑事司法衔接工作的情况报告；决定了人事任免：决定免去王东志、徐泽民、王树江的顺义区人民法院审判委员会委员职务；任命张志刚、冯志明、陈淑莉、王亚平、刘军、付全立、雒东明、贾秋生、商兴加、刘宏艳为顺义区人民法院审判委员会委员；孙长河、陈汉民等70人为顺义区人民法院人民陪审员。会议以投票表决的方式任命李向英为顺义区人民政府副区长。

（王守明）

**【区第四届人大常委会第十七次会议】** 9月2日在顺义宾馆会议中心二会议室举行。会议听取区政府关于区人大代表视察全区重点工程和重大产业项目建设促进四个转型升级情况所提建议办理情况的报告及区第四届人大常委会第15次会议审议区政府2013年财政决算报告所提意见办理情况的报告；听取并审议常委会《北京市大气污染防治条例》执法检查报告、区政府关于2014年以来国民经济和社会发展计划执行情况报告、区政府关于2014年以来财政预算执行情况报告；审议通过了《北京市顺义区人大常委会预算监督顾问工作规则》。区人大常委会主任胡尚云分别向聘任的预算监督顾问李燕、杨树相、邢永富、王金明、李颖林等颁发了聘书。

（叶志建）

**【区第四届人大常委会第十八次会议】** 11月4日在顺义宾馆会议中心二会议室举行。会议听取并审议区政府《关于加快顺义区卫生事业发展的议案》办理情况报告和区政府关于四届人大三次会议代表建议、批评和意见办理情况报告；决定接受史小红辞去顺义区人民政府副区长职务的请求，并报顺义区人民代表大会备案；决定任命：董杰昌为顺义区卫生和计划生育委员会主任，张亚芬为顺义区人大常委会财政经济工作委员会副主任，朱建娜等16人为顺义区人民法院审判员；免去：刘峰顺义区卫生局局长职务，秦士友顺义区人口和计划生育委员会主任职务，王东志顺义区人民法院副院长、审判员职务，王爱欣顺义区人大常委会胜利街道工作委员会副主任职务。

（郭宇明）

**【区第四届人大常委会第十九次会议】** 12月4日在顺义宾馆会议中心二会议室举行。会议分别审议《区政府关于区人大常委会第17次会议审议区政府2014年以来财政预算执行情况所提意见办理情况的报告》、《区政府关于区人大常委会17次会议审议区政府2014年以来国民经济和社会发展计划执行报告所提建议办理情况的报告》、《区政府关于区人大常委会执法检查组关于<中华人民共和国大气污染防治法>和<北京市大气污染防治条例>执法检查情况报告所提建议办理情况的报告》；决定接受李福成辞去顺义区人民代表大会常务委员会副主任职务，赵贵恒辞去顺义区人民政府副区长职务，张守良辞去顺义区人民检察院检察长职务的请求。同时，三名同志的辞职情况报顺义区人民代表大会备案。会议还决定其他人事任免，决定接受陶宝金、金泰希辞去顺义区人大代表职务请求，金泰希的顺义区人大常委会委员职务自动终止。范勇宏、董志毅2名同志因工作变动，调离本行政区域，其代表资格和顺义区人民代表大会常务委员会委员职务也自动终止。免去李国新顺义区市政市容委主任职务，张友生顺义区社会建设工作办公室主任职务，陈汉松顺义区信访办主任职务，田连江、赵英伦、王庆树3名同志顺义区人民检察院检察员职务。任命赵振英为顺义区市政市容委主任，张守旺为顺义区社会建设工作办公室主任，赵志勇为顺义区信访办主任，孙宏伟为顺义区人民检察院副检察长。任命张豫为顺义区人民检察院检察委员会委员、检察员、副检察长、代理检察长。检察院代理检察长的任命决定报北京市人民检察院检察长提请北京市人大常委会批准，并报顺义区人民代表大会备案。会议讨论通过了关于召开区四届人大四次会议的有关事项。通过了区人大常委会关于召开四届人大四次会议的决定，决定于2014年12月23日至26日召开顺义区第四届人民代表大会第四次会议；通过四届人大四次会议的议程草案、主席团及秘书长名单草案、财政预算审查委员会名单草案。上述议程和名单草案经各代表团酝酿后，将提请顺义区四届人大四次会议预备会议通过。会议讨论通过了区人大常委会2015年工作安排。讨论了区人大常委会工作报告（讨论修改稿），并提出了修改意见。

（王　辉）

**【听取并审议决定重大事项】** 顺义区第四届人大常委会2014年围绕全区重点工程、财政预决算、人事任免等，做出决议、决定项，任免国家机关工作人员161人次，接受了燕瑛、史小红、赵贵恒3名同志辞去副区长职务、李福成辞去顺义区人民代表大会常务委员会副主任职务、张守良辞去顺义区人民检察院检察长职务的请求，任命张豫为顺义区人民检察院副检察长、代理检察长。因工作需要，常委会第五十二次主任会议决定顺义区第四届人民代表大会第四次会议延期于2014年12月25日至28日召开，其他事项不变。

（洪志伟）

**【监督工作】** 一年来，常委会围绕顺义科学发展、法律法规实施、国家权力运行和社会民生的突出问题依法履行监督职能，监督效力不断增强。一是围绕推进转型升级加强监督。听取和审议政府上半年计划执行情况，视察重大产业项目、重点工程建设，专题调研全区土地储备及利用情况，加强对政府全口径预算的审查监督，建议政府做好促进四个转型升级的顶层设计，在推进转型升级中发挥了应有作用。二是围绕代表议案办理加强监督。四届人大三次会议上，代表联名提出了《关于加快顺义区卫生事业发展的议案》。常委会为推动议案的落实，两次开展专题调研、组织代表座谈、召开常委会专题审议，推动议案的分阶段落实。三是围绕解决民生问题加强监督。常委会通过听取审议区政府环境整治工作报告，开展视察和执法检查，从转变治理观念、强化质量管理、加大执法力度、加强综合考核、拓宽资金渠道等方面提出意见建议。区政府高度重视，认真研究，逐项落实，取得明显进展。四是围绕促进社会公平正义加强监督。为推动政府依法行政和“两院”公正司法，常委会审议政府依法行政工作、法院执行工作、检察院行政执法与刑事司法衔接工作情况报告，专题听取法院落实新刑事诉讼法工作情况汇报，对司法机关队伍建设、执法行为、案件执行、信访工作等进行深入调研，提出提高政府公信力和维护司法权威的建议。

（王守明）

**【代表工作】** 常委会结合开展党的群众路线教育实践活动，重新认识人大制度优势，对各级人大组织都是联系人民群众的最好平台形成共识，服务代表、密切与代表的联系，支持和保障代表依法履职更加主动。一是畅通联系代表渠道。充分利用人大网络平台，让代表意见建议及时表达；建立情况通报制度，保证代表知情知政；组织代表学习培训，提高代表依法履职能力；完善常委会领导联系代表、代表联系选民制度，增强了代表为人民行权履职的责任感和使命感。二是建立“人大代表之家”。“人大代表之家”是人大代表在闭会期间开展活动、履行职责的场所，是代表学习交流、联系群众的平台。今年，常委会在四镇一街道先行试点的基础上，全面推进人大代表之家建设，在各镇及部分街道建立了51个“人大代表之家”。三是认真办理代表建议。对代表提交的88件建议，常委会和区政府高度重视。政府常务会专题研究部署办理工作，实现了对口交办。常委会跟踪督办，及时听取办理情况，举行承办单位、督办单位与提建议代表“三方见面会”，协调解决办理难题。建议办理质量的提高，不仅为基层为群众解决了一些实际问题，而且激发了代表履职积极性。四是完善代表就重要工作直接征求群众意见制度。鼓励代表深入群众，征求群众对市、区政府2015年拟办实事和市人大监督事项的意见建议；征求代表和群众对区政府、区人大常委会工作的意见，汇集民意，凝聚力量，为谋划好明年工作奠定基础。

（叶志建）

# 顺义区人民政府

## 综　述

**一、环境治理与生态文明建设全面推进，城乡环境得到新的改善。**

我们全面落实清洁空气行动计划，大气治理取得积极进展。30项年度重点任务如期完成，全年环境投入达34.4亿元。狠抓源头治理，全年否决不符合环保要求的项目480个。积极开展燃煤锅炉清洁能源改造，完成城东、城西、城南供热中心及33家企业煤改气工程，累计完成锅炉改造1628蒸吨，占全市的30%。农村减煤换煤深入推进，液化石油气下乡基本实现农村覆盖。全年削减煤炭使用量36万吨，完成五年行动计划的50%。加强工业污染防治，治理挥发性有机物排放企业7家，减排720吨。强化机动车污染治理，新增新能源公交车125辆，淘汰老旧机动车2.17万辆。加强露天污染防治，划定禁止露天烧烤区域，大型建筑工地实现在线监控全覆盖。对企业环保执法力度进一步加大，征收排污费1704万元，增长434%；处罚138起，罚款338万元，增长473%。

我们大力推进垃圾综合治理，城乡生活环境状况进一步改善。坚持城乡一体推进、生活垃圾与建筑垃圾同步进行，完善农村地区垃圾清运机制，全面推行建筑垃圾清运合同制管理，垃圾清运基本实现全覆盖、全消纳。加大垃圾坑和垃圾堆放点整治力度，完成247处垃圾乱倒点治理，开展18处非正规垃圾填埋场整治。深入开展生活垃圾分类，全区81%的居民小区达标。严格督促企业、商户和社会单位落实“门前三包”责任，环境共建共享的基础进一步增强。

我们积极实施污水处理设施提升和中小河道治理计划，水环境治理取得积极效果。加快推进污水处理及再生水利用设施建设，马坡再生水厂投入运行，北小营等7个镇级再生水厂加快建设，新增污水处理能力9.24万吨，新建污水管线50公里、再生水管线40公里。加强污水源头治理，205处河道排污口治理全面启动。深入开展中小河道治理，完成蔡家河、方氏渠治理工程，金鸡河、小中河治理进展顺利。在全市率先实施完成南水北调水源回补工程，为水资源涵养储备创造了有利条件。

我们继续大力实施平原造林工程，全区又添大尺度新绿。7.47万亩平原造林年度任务圆满完成，东郊森林公园顺义项目区基本建成，新扩建129处村级休闲绿地，全区林木绿化率达34.48%，比去年提高3.63个百分点。自2012年平原造林工程实施以来，全区累计造林已达16万亩，提前并超额完成了市政府下达的任务，为全区未来留下了一笔丰厚的生态财富。

我们紧密结合迎接建国65周年、APEC会议保障及国家卫生区复审等重点工作，深入开展环境专项整治，一些重点区域环境状况得到明显改善。累计投入26亿元，完成296项市、区两级环境建设台账任务，高标准实施APEC会议沿线和机场北线回民营桥周边环境整治工程，解决了一些多年就想解决的环境老大难问题。针对首都机场和城区周边违法建设日益增多的严峻形势，我们采取坚决果断措施，开展专项整治，有效扼制了违法群租房蔓延的势头。全年累计拆除违法建设2635宗、106万平方米，腾退土地2493亩。我们定期开展群众环境满意度调查，群众反映的热点难点问题得到及时有效整改。

**二、结构调整与产业转型升级加快进行，发展质量和效益不断提高。**

我们深入落实转型发展要求，系统谋划、积极推进产业转型升级。研究制定了产业项目全要素综合评价办法，实行负面清单管理，从源头上把好项目准入关。建立高科技产业投资基金，探索资本运作方式，积极改进产业扶持办法，完善项目发现机制，促进新兴产业培育。北京增材制造技术研究院等63个战略性新兴产业项目先后落户，国家地理信息产业园入驻企业达到25家。新兴金融业加快发展，成功争取到商业保理试点，全区金融机构累计达到200家，实现税收30亿元，增长40%。企业上市力度不断加大，智创联合在新三板正式挂牌，北汽股份在香港成功上市。加大落后产业淘汰力度，全年调整退出企业44家，超额完成全市下达的任务。

我们认真落实航空中心核心区发展战略，与首都机场集团签署战略合作协议，推动临空经济再造。加快综保区创新发展，国家对外文化贸易基地正式开园，引进北京文化科技融资租赁公司等企业40家，注册资本21亿元。保税功能区全年实现进出口总值38亿美元，增长13%。积极实施功能区整合，临空服务板块组建完成，科技创新、绿色生态板块构建进展顺利。功能区全年实现公共财政预算收入57亿元，增长11.2%，占到全区的51.6%。积极落实创新驱动战略，新认定国家级高新技术企业47家，市级企业技术中心3家。品牌培育取得新成果，成功争创8件中国驰名商标、5件北京市著名商标。

我们积极促进消费扩大和投资结构调整，经济增长的动力结构进一步优化。全年社会消费品零售额预计完成336亿元，增长13%，消费拉动作用不断增强。全社会固定资产投资预计完成420亿元，与上年基本持平。投资结构持续优化。北汽越野车等9个项目建成投产，中信外包等32个项目加快建设，为未来发展奠定了坚实基础。坚持多渠道融资，国资中心成功发行14亿元中期票据和1亿元短期融资券。

**三、城乡建设与管理统筹并重，综合服务能力进一步增强。**

我们把改进城市管理摆在更加重要位置，从解决广大市民关心关注的突出矛盾和生活不便入手，努力使城市更好地服务于人们生活。积极开展交通综合治理，改善市民出行环境。制定实施了客货分流方案，在中心城区和马坡组团设定大型货车限行区域和施划货运通道，努力减少货车对城区交通的影响。优化公共交通设施，发展公共自行车租赁，在城区主要小区、地铁站等区域，投放公共自行车3000辆，积极解决出行“最后一公里”问题。加强停车规范管理和行车秩序整治，实施交通拥堵点治理，完成城区停车诱导系统、红绿灯绿波带系统工程，早晚高峰城区交通拥堵状况得到缓解。针对老旧小区和回迁小区物业管理问题，我们积极展开试点和全面调研，制定了规范社区物业管理实施办法。先后完成6个老旧小区、71万平方米的建筑节能综合改造，9554户居民从中受益。

我们扎实推进新城建设。配合北京城市总体规划修改，完成新城规划实施评估。加快重大功能性项目建设，文化中心影剧院、体育中心等6项重点项目完成主体工程。白马路东延、左堤路改建等6条道路完工，顺平辅线俸伯桥开工建设，站前北街延长线等15条道路工程加快推进，完成乡村公路大修75公里，交通出行环境进一步优化。强化电力保障，米各庄变电站增容和胜利小区、石园西区电力改造工程竣工，西府、梁庄110千伏变电站土建工程完工，庄子营110千伏变电站土建工程开工。加强土地开发、入市调控，完成马头庄、平各庄拆迁，17宗土地成功入市交易，土地储备溢价基金收益达到183亿元，完成年度计划的153%。

我们不断深化新农村建设。赵全营镇现代农业万亩示范区建设基本完成，成为首都现代农业发展新亮点。积极推进“菜篮子”工程，完成老旧设施农业改造4600亩，新增设施农业500亩。完成1.8万户农宅抗震节能改造及新建翻建，农村居住环境进一步改善。土地规模经营不断深化，新增流转面积8200亩。土地承包经营权登记颁证试点正式启动。提高低收入村公益事业专项补助金标准，村级事务运转能力得到增强。浅山开发加快推进，步道服务设施改造提升工程基本完成，富民效果开始显现。

**四、各项惠民政策措施有效落实，民生服务持续改善。**

我们始终把改善民生作为工作的出发点和落脚点，强化各项惠民政策落实，促进发展成果共享。全年公共财政用于民生保障的支出达到144亿元，占82%。

我们认真回应广大群众关切，下决心推进医疗卫生短板问题解决，制定出台了三年行动计划，全面展开医疗卫生提升行动。区医院急诊病房楼项目竣工，全区首家三甲医院—地坛医院顺义院区正式开诊，北京中医医院托管区中医院取得良好成效，实现了门诊人数、床位周转率和单次门诊费用、病人住院天数两升两降。积极实施区级医院环境清洁、医疗秩序、服务态度“三个好起来”工程，群众就医满意度明显提高。

我们继续做好就业服务，加强对偏远地区农民就业帮扶，协助淘汰退出企业分流人员就业，城乡劳动力二三产业就业率继续稳定在95%以上，实现全市充分就业区“三连冠”。转非工作平稳推进，完成征地转非1906人，就业转非1500人。

我们积极完善社会保障。提高新农合人均筹资标准到每人每年1000元，参合农民医疗保障水平进一步提高。累计投入3.98亿元，用于社会救助领域建设，城乡低保标准统筹提高到每月650元，大病救助最高封顶金额提高到16万元，有效保障了低收入群体和特殊病困群体生活，群众得到了更多实惠。出台加快养老服务业发展实施意见和考评奖励办法，促进养老服务设施和环境进一步改善，全区百名老人拥有床位数达到4.4张。制定农村公益性墓地建设意见，农村殡葬服务不断加强。

针对各方关注的安居和回迁问题，我们加强保障房和回迁安置房建设，全年开复工447万平方米、4.5万套，竣工161万平方米、1.4万套。积极开展公开摇号分配，全区保障房轮候家庭全部实现配售配租。加大拆迁村民回迁安置力度，实现7个村、10076人回迁，前进村、太平村回迁房建设等历史遗留问题解决取得积极进展。7个自住型商品房地块完成土地供应，配建面积35.7万平方米。

我们继续改善教育文化体育等基本公共服务，全年新建、改扩建幼儿园6所，完成38所村办园建设，新增学位6000个，学前教育供求不足矛盾得到明显缓解。完成18所学校校舍安全工程的新建、翻建项目，中小学办学条件进一步改善。积极实施学区管理和高中招生新政策，教育公平水平进一步提升。成功争创北京市学习型城市示范区。新职教中心投入使用，职业教育资源整合启动实施。加强基层公共文体设施建设，一些镇村空白点问题得到解决。积极开展文化惠民和全民健身活动，丰富了群众的精神文化生活。23项实事如期完成。

我们积极改进和加强市场监管，努力为广大市民创造放心的工作和生活环境。深入推进安全生产示范城市创建，安全生产事故起数下降60%。持续开展食品药品安全专项整治，食品、药品抽检合格率分别达到98%和100%。各类突发事件得到及时有效处置，城市运行安全平稳。深化治安防控体系建设，加强矛盾调处和信访积案化解，全区治安形势良好。

**五、深化改革全面展开，重点领域和关键环节改革取得新的突破。**

今年是全面深化改革的开局之年，我们认真落实市委、市政府和区委决定及部署，针对制约全区发展的突出体制机制问题，全面启动了改革攻坚战。

我们深入开展行政审批制度改革，取消行政审批事项28项，承接市政府下放审批事项51项，初步完成新一轮政府机构改革和事业单位分类改革方案。着眼于不同区域功能定位，研究制定了区镇财政管理体制改革方案，建立区内异地生产经营企业属地留成财力分享机制，促进区域分工协调发展与基层公共事务财政保障能力增强。积极完善功能区开发实施体制机制，出台转型和创新发展指导意见。加快实施区属国有企业改革，燃气公司、大龙公司、自来水公司、恒锋市政公司的公司制改造工作基本完成。扎实搞好空港街道管理体制改革试点，基本实现规划、职能、保障三个到位，为全区街道体制改革积累了经验。积极推进村（居）规民约建设，在完善基层自治机制上迈出了新的步伐。与此同时积极开展综合监管执法机制改革、政府绩效考评机制完善等改革方案研究，形成了初步成果。

**六、深入开展党的群众路线教育实践活动，政府科学施政、有效施政能力进一步增强。**

我们密切结合党的群众路线教育实践活动，致力于科学施政、有效施政，在转变施政方式、推进治理能力现代化方面进行了积极探索。

我们围绕群众和社会关切，狠抓工作作风转变。注重从小事做起，从具体事情抓起，以看得见、摸得着的变化取信于民。坚决改进会风文风，厉行勤俭节约，全区性大会同比减少50%，文件简报减少11%，“三公经费”下降10%。严格落实“七个严禁”，采取明察暗访、委托社会中介调查等多种方式，持续治理慵懒散、推诿扯皮、工作不落实、服务不到位等问题，取得初步成效。

我们积极推进施政方式创新，在加强依法行政同时，强化公共沟通互动机制建设。建立了政府信息定期发布和向市民报告工作制度，多渠道推进政府信息权威发布，认真做好重大政策措施解读。深化政务信息公开，全区80个职能部门全部实现部门预算公开。多形式推进政民交流互动，开展政务民声对话8次、网络访谈3期、在线交流3次，并通过走进直播间、接听便民电话等方式，当面倾听群众声音，群众反映的问题做到了件件有回应。健全政府决策公众参与机制，建立了基层群众代表列席政府常务会议制度，通过新闻媒体就重大政策措施公开征求意见10次，有效增进了社会理解与沟通。

我们积极推进政府科学管理和调控，健全完善政府投资项目年度计划管理机制，实行先评估后决策，提高了政府资金使用效率和规范管理水平。建立财政年度预算稳定调节基金，促进公共预算精细化管理，提高了预算绩效。建立政府性债务动态监管机制，全区政府债务实现稳中有减。建立土地收益调节基金，改进土地宏观调控，为城市可持续建设发展提供资金保障。

单位名称：北京市顺义区人民政府

地址：顺义区府前中街5号

邮编：101300

电话：69443080

网址：www.bjshy.gov.cn

（区政府）

## 法制工作

【概　况】 以“推进依法行政，建设法治政府”为目标，按照“把握三个阶段性特征、推动四个转型升级”的工作总要求，深入开展全面深化改革工作，创造性地开展各项政府法制工作，较好地完成工作任务，为全区着力“建设绿色国际港、打造航空中心核心区”创造良好的法制环境。

单位名称：顺义区人民政府法制办公室

地址：顺义区府前东街9号

电话：(010)61400015

邮编：101300

网址：http://www.fazhi.bjshy.gov.cn

（王建宇）

【组建区政府法律顾问团】 贯彻十四届三中全会关于“普遍建立法律法顾问制度”精神，落实政府购买服务理念，按照2013年区政府第21次常务会议讨论通过的《顺义区人民政府法律顾问团工作方案》要求，开展法律顾问选聘工作，组建成立区政府法律顾问团，起草相关工作制度。已聘请2位法学专家、3位城区执业律师、9位本区执业律师。年内，法律顾问团针对信息公开、违建拆除等热点难点问题共开展专题培训3次，参与行政复议案件审理26人次，审核行政规范性文件42件，审查政府合同260件，提出意见建议160余条，其政府法律参谋作用得到初步体现。

（王建宇）

【开展行政规范性文件审查备案工作】 年内，依照法律法规规章和上级行政机关规范性文件的要求，共对《顺义区关于集中开展城乡结合部地区安全生产专项整治工作实施方案》、《顺义区土地收益调节基金管理办法》等127个文件进行合法性审查，共提出意见216条。其中，行政规范性文件68件，上会审议的决策事项52件，其他事项17件。区政府报市政府法制办备案行政规范性文件5件，区属部门和镇政府报区政府备案行政规范性文件5件，经审查，均无修改或撤销的情况。

（王建宇）

【重大合同审核备案】 年内，共审核区政府或经区领导批示的重大合同25件，提出修改意见29条。备案登记审查本区42家单位495件合同。研究制定《关于进一步加强政府合同监督管理的意见》（顺政发〔2015〕14号），强化政府合同合法性审核的力度，各行政事业单位签订的合同由事后向区政府法制办备案审查，转变为事前报区政府法制办合法性审核，明确合同合法性审核的范围、部门、程序、监督制度、档案管理等内容，实现对合同进行集中、统一合法性审核，提升本区政府合同的质量和管理水平。

（王建宇）

**【行政规范性文件清理】**按照《北京市商务委员会北京市人民政府法制办公室关于集中清理在市场经济活动中实行地区封锁规定的通知》要求，区法制办对区内现行有效的141件规范性文件进行清理，重点清理是否含有在市场经济活动中实行地区封锁的内容。经过清理，未发现我区文件存在含有地区封锁的内容。

（王建宇）

**【行政执法调研】** 一是对本区行政执法工作情况开展专题调研，成立以史小红副区长带队的调研组，全面总结本区各行政执法部门自2010年以来的行政执法情况，以行政执法体制方面存在的问题为切入点，对执法责任制落实、行政执法程序的完善、执法监督工作等情况，在全区范围内深入调研。期间深入住建、工商、食药、烟草专卖等基层执法部门，就执法工作情况、存在的突出问题、联合执法工作机制和违法建设查处拆除等问题与各执法部门进行座谈交流，提出下一步行政执法工作意见和建议，形成《顺义区行政执法工作情况调研报告》，该报告已呈送市政府法制办。二是开展各行政执法部门重大行政执法行为范围、备案报送主体及时限、备案审查程序和责任追究方式专题调研，研究制定《顺义区重大行政执法决定备案办法》。

（王建宇）

**【法治教育培训】** 一是制定工作方案。出台《顺义区关于落实年度学法计划的实施方案》和《顺义区2014年学法计划》（顺政办〔2014〕1号），依托区政府常务会、领导干部大讲堂、党校培训基地、公务员每月一课四个平台，针对不同层次对象，有重点、有针对性的开展法制培训。二是落实学法计划。组织城管执法局、监察局、国土分局、司法局等部门开展政府常务会议会前讲课演示活动，认真审核课件，积极指导讲授单位现场演示，保证会前学法讲授质量。组织全区280余名处级领导参加《运用法治思维和法治方式推进法治政府建设》系列专题法制讲座，将观摩行政诉讼庭审活动列入讲座课程。三是开展依法行政知识培训。本区40余家行政执法部门的副职及相关科室负责人共180余人参加行政执法人员培训，内容围绕《北京市人民政府关于进一步加强和改善行政执法工作的意见》，对北京市近年来行政执法工作取得的成效、行政执法中存在的问题及改善行政执法工作的思路等方面进行深入讲解，重点剖析行政执法存在的诸多问题，对今后行政执法应注意的方面进行重要提示。

（王建宇）

**【依法行政制度建设】** 一是结合本区全面深化改革、加强行政执法监督检查、强化行政监督和问责等工作实际，按照《北京市2014年全面推进依法行政工作要点》的相关工作要求，制定《顺义区2014年全面推进依法行政工作要点》，经区政府第26次常务会议讨论通过，以区推进依法行政工作领导小组名义下发。二是印发《顺义区区级国家行政机关2014年依法行政专项考核办法》（顺依法行政办发〔2014〕1号）和《顺义区镇政府及街道办事处2014年推进依法行政专项考核办法》（顺依法行政办发〔2014〕2号），以此为据开展本区2014年度依法行政考核工作。

（王建宇）

**【行政复议和行政诉讼】** 一是依法办理复议案件，深化接待咨询工作。年内，区政府共受理行政复议案件110件。受理数量位居全市第四，与2013年（81件）同比上升35.8%。其中，维持29件；不予受理11

件；驳回申请1件；通过调解、双方和解后终止审理55件，责令被申请人履责2件，撤销具体行政行为5件，直接、间接纠错比例为56.36%，纠错比例位于全市第一。从案件类型上看，案件涉及交通、房屋拆违、信息公开、食品安全、公安、房屋拆迁、工伤认定、土地和物业管理等共计12种类型。年内共接待咨询群众155批次、180人次，比2013年同期接待数量上升24%。二是承办行政应诉案件。年内，以区政府为被告的行政复议案件36件，已审结24件，败诉0件；以区政府为被告的行政诉讼案件21件，一审15件（顺义法院13件、平谷法院1件、三中院1件），二审6件。案件涉及信息公开、农村宅基地和国有土地三个领域。2014年6月，区政府下发《顺义区人民政府行政应诉工作规则》，共6家行政机关负责人出庭应诉，负责人出庭应诉率为2%，与2013年（2013年无负责人出庭应诉）相比实现较大突破。

（王建宇）

# 外事工作

【概　况】 围绕“把握三个阶段性特征、推进四个转型升级”的工作总要求，结合工作职能和地区实际，坚持外事工作服务国家总体外交、服务地区发展的基本原则，坚持“展示一个形象、拓展两个局面、做好三类服务、贯彻‘四化’思维”工作思路，即：充分营造和展示“北京·顺义 国际航空中心核心区”国际化形象；积极拓展国际、国内对外交往两个局面；努力做好党政、商务、社会三类外事服务；坚持贯彻规范化、标准化、个性化、国际化“四化”思维。加快推进外事转型升级，充分发挥外事服务全区经济转型、产业升级、区域国际化发展方面的促进作用。

单位名称：北京市顺义区人民政府外事办公室

地址：顺义区府前中街5号

电话：（010）81481980

邮编：101300

网址：http://www.fao.bjshy.gov.cn/

（区政府外办）

【因公出国（境）精细化管理】 一是严格审批程序，因公出国（境）人数同比大幅下降。经区委常委会同意，重新修订《顺义区关于进一步规范因公出国（境）管理的实施细则》（顺外办发〔2014〕3号），全面加强对团组任务的必要性、人员构成与行程安排的合理性审核。2014年本区已出国（境）57个团组118人次（不包含天竺综保区），人数同比下降19.2%。二是采取多项措施，提升管理水平。举办全区外事专办员因公出国（境）政策和申办流程培训会，有效提升外事专办员工作水平。制定并印发《北京市顺义区因公护照管理规定》（顺外组办文〔2014〕2号），落实因公护照分级保管、层层负责的管理制度。全年共新办理因公护照和港澳通行证72本，失效77本。截止2014年12月31日，本区共有有效因公护照496本（含天竺综保区），其中公务护照158本、公务普通护照326本、因公港澳通行证12本。

（区政府外办）

【APEC商务旅行卡】 认真梳理APEC商务旅行卡申办流程，利用政策讲解会、企业推介会、APEC卡首发会、动漫宣传片等方式加大宣传力度，显著提升APEC商旅卡的知晓度。2014年，与相关单位联合召开政策讲解会、企业推介会10场，涵盖企业

150余家，共有103人申办，已成功制卡72张。动漫宣传片受到外交部、市外办有关领导的首肯，并被外交部领事司采用。

（区政府外办）

**【国际语言环境建设工作水平不断提高】** 一是做好顶层设计，加强制度保障。4月区政府外办调研起草，报经区政府专题会议审议通过，由区政府办公室印发了《顺义区关于推进国际语言环境建设的实施意见》（顺政办发〔2014〕12号），全面加强对公共场所双语标识规范、涉外公共服务、市民讲外语等具体工作的整体规划。二是落实规范工作，加强机制保障：1、建立新设标识多部门联动审核机制。2014年收到十余家单位主动申报的函件，共完成英文标识审核10件，涉及辞条共计256条。2、对全区已设双语标识全面进行地毯式摸排。一期项目已完成，共采集英语标识条数4754条（不含重复），不规范标识1075条。目前，所有不规范标识已编制成《顺义区公共场所双语标识纠错成果汇总I》，并发至各相关单位用于整改。三是聘请外事顾问，加强智力保障。9月组建顺义区政府外办外事咨询团，首批聘请15名外事顾问，包括来自高校的语言专家、区内外语工作者和外籍顾问，涉及英、法、韩、日等多个语种，全年提出咨询意见建议累计超过200条。四是丰富活动内容，加强群众参与：1、涉外公共服务培训常态化。2014年共举办涉外公共服务礼宾礼仪类培训2次，参训人数500人次。2、活动内容多样化。积极争取市外办国际语言环境处支持，建成本区首个“市民讲外语爱心图书室”，赠送英文书籍近200册；开展“顺义区国际语言环境建设十月宣传月”活动，举办国际文化沙龙2场，开展英语主题讲座7场，覆盖人数超过2500人次。

（区政府外办）

**【涉外管理】** 一是编制（修订）《顺义区涉外突发事件应急预案》，经区应急办审核通过，由区应急委领导签发文件至各责任单位。进一步规范和完善本区涉外突发事件应急处理流程，为涉外突发事件管理工作有序开展提供制度保障。二是牵头处理区内涉外事件5起，及时传达重要文件精神和工作要求，指导相关单位合法依规开展各项涉外工作，做好建国65周年庆祝活动和APEC会议期间涉外维稳工作。三是邀请外国人来华业务顺利开展。全年办理3家单位4批次共7人邀请外国人来华业务；办理7所学校聘用外国文教专家资质许可的申请。2014年来本区企业参观的外宾，在本办完成备案共23批次，共计738人。

（区政府外办）

**【接待讲解平台基本形成】** 7月本办调研起草，报经区政府同意，由两办联合下发《区政府对外联络机构接待和讲解工作方案》（顺办发〔2014〕15号），区政府外办与区委办、区人大办、区政府办、区政协办和综保区办公室，理顺流程、加强合作，完善接待讲解工作流程，严格执行接待工作的各项费用标准。

（区政府外办）

**【外联服务】** 一是摸清底数，增强服务针对性。4月对顺义区中央单位和部队全面梳理，建立详细的信息档案，做到对服务对象的“底数清、情况明”。目前，驻顺中央单位和驻京部队共229个，中央单位的加油站、邮政通信及金融机构营业网点98家，涉及航空运输、电子信息、现代物流、金融保险、文化创意等多个领域。二是加强沟通，增强工作主动性。履行北京市服务中央单位、驻京部队“四个服务”的要求，1、认真做好常规走访，及时了解掌握中央单位和部队的发展情况及在发展过程中面临的实际需求和重点难点问题。2、改进服务方式，确保服务需求有效解决。坚持“一把手”亲自抓，成立以主任为组长、副主任及主管科室负责人为组员的领导小组，制定定期走访、接待等工作制度。2014年共完成市政府外联服务办交办的任务分解单4份，涉及6家中央单位和2家部队，共协调解决工作居住证问题、保障房及公租房问题、企业生产基地项目发展问题、部队干部子女入学问题等10件具体事项，完成复函4份。三是扎实做好年度的绩效考核工作。向市政府外联服务办报送服务动态19篇，报送服务事项办理情况2项。积极与服务中央单位和驻京部队年度满意度调查重点单位负责人加强联系和沟通，圆满完成年度绩效考核的各项工作。

（区政府外办）

## 信访工作

**【概　况】** 2014年，全区信访总量出现近5年来首次反弹。1月至12月底，群众到区信访总量6220批（件）次，同比上升16.0%。其中，来访4422批次，同比上升9%，来信1798件次，同比上升38%。面对急剧变化的信访形势，区委、区政府及时调整工作思路，变换工作角度，以区信访办为引领，督促全区各单位、各部门坚持“实现硬目标、明确硬责任、采取硬措施、实行硬联系、确保硬队伍”工作要求，以社会矛盾排查为基础，以事要解决为核心，以吸附稳控重点信访群体为重点，以领导干部主动上门服务为抓手，以严厉打击涉访违法行为为依托，以落实属地责任为保障，全力引导群众依法、逐级、合理维权，规范区域信访秩序。全区全年集体访496批次，同比下降5.0%，联名信44件次，同比下降27%，未发生信访群体性事件，未发生大规模集体越级访，敏感时期未发生非正常访。

单位名称：中共北京市顺义区委 顺义区人民政府信访办公室

单位地址：顺义区府前中街2号

邮编：101300

电话：（010）69444198

（信访办）

**【领导干部接访机制创新】** 在严格坚持原有领导干部定期接待群众来访基础上，区信访办积极搭建部门联合接访平台，不断提升领导干部接访实效。针对群众反映强烈的普遍性、涉众型信访问题，提前组织相关职能部门主要领导、区级主管领导，深入研究问题本质，着力政策攻关，会商化解方案，统一答复口径。然后集中约访信访群众，在不突破政策底线前提下，最大限度推动事要解决，力促其息诉息访。对于长期无理缠访老户，各属地严格落实区委区政府工作部署要求，由主要领导单独逐一约访辖区重点属事人员，耐心倾听其表达诉求，深度研判信访问题的内涵，从新的角度，运用新思路，采取新办法，推动问题解决。区信访办加大对基层的督查督办和指导力度，确保逐人逐案领导包案落实。1月至12月30日，区领导共接待群众来访485批次，批示395件次，已办结395件次，到期办结率达100%。基层领导共接待群众来访6296批次，下访1539批次，初访化解率达到95%，重访化解率达到85%。

（信访办）

**【强化信访疑难案件依法终结】** 针对农村宅基地纠纷、涉地上访、民政优抚等疑难复杂信访事项，强化办理、复查、复核“三级终结”机制。主动与基层单位沟通，把好案件办理关，慎重出具书面答复意见；深入调研信访事项详细情况，全面学习、深刻掌握信访事项涉及的相关法律、法规、政策，充分发挥职能部门作用，把好案件复查关；积极与市办复查复核处沟通，抓好封口关，有效提升案件终结的权威性、公正性。1月至12月，区复查复核委员会共受理复查案件28件次，已出具复查意见20件次，进入复核程序案件8件次，依法终结3件次。

（信访办）

**【全力推动涉法涉诉问题信访剥离】** 区信访办严格按照中共中央办公厅、国务院办公厅《关于创新群众工作方法解决信访突出问题的意见》、中央联席会议《关于做好相关工作支持政法机关依法处理涉法涉诉信访问题的通知》（中信联发〔2013〕3号）及北京市联席会议《关于依法处理涉法涉诉信访问题的实施意见》（京信联〔2013〕9号）等有关规定要求，积极探索全区范围内涉法涉诉问题信访剥离机制。一是深入研究《信访条例》。准确把握信访工作职能边界，仔细甄别、认真梳理区域内涉法涉诉信访问题。二是规范诉访剥离制度。积极与区委政法委及区法院、检察院、公安分局、司法局、法制办等部门沟通，督促落实便民利民举措，为群众提供便捷高效热情服务，推动本应由行政复议、仲裁、诉讼等法定途径解决的信访问题，导入法定渠道解决。三是建立涉法涉诉问题信访终结制度。对已分离出的非信访事项，在信访程序上进行依法终结，区信访办及各级信访部门不再受理。同时，信访工作人员耐心做好涉法涉诉信访群众的《信访条例》解释、情绪疏导和思想教育工作，确保诉访剥离制度全面落实。经过深入探索和思考，全区涉法涉诉问题信访剥离机制已初步形成，并在工作实践中不断完善。截止12月底，区信访办已成功剥离涉法涉诉案件25件次。

（信访办）

**【“一轴两翼”工作模式深入推进】** 在充分发挥接待窗口热情接待、真诚服务职能作用的同时，定期邀请专业律师到区信访办在岗接访、约访，对上访群众进行法律咨询和援助，引导群众通过法律途径定纷止争。尤其在有效化解重点疑难个体缠访户方面，实行心理咨询师包案化解工作模式。区信访办安排一名副职领导及相关工作人员，协同心理咨询师通过深入走访、实地调研、贴心交流等活动，详细了解信访人及信访诉求具体情况，全面分析信访问题成因，探寻疏导心理、缓解情绪、打开心结的可行方案，推动疑难案件化解工作有序开展。深入推进

（信访办）

**【全面引导群众依法逐级信访】** 一是加大宣传力度。4月至5月份，区信访办组织开展全区范围内《信访条例》宣传活动，通过发放宣传手册、广播、展板、文艺演出等丰富多彩的形式，将信访知识融入到每家每户，有效增强广大群众的法律意识、依法维权意识，营造出依法逐级信访的良好社会氛围。二是全面推广“一单式”做法。研究制定《顺义区信访办公室关于规范信访事项受理办理程序引导来访人依法逐级走访的实施细则》，明确规定对于群众未到基层反映的越级访，镇（街）、区信访部门不予受理，让群众在信访实践中切身体会到逐级信访的程序规则。三是推行基层组织“信访代理”制度。群众有诉求，直接向村（居）委会或基层党组织反映，通过基层组织协调解决。对于基层解决不了的疑难问题，由基层组织逐级向上级党组织信访部门反映，真正变群众上访为干部下访，变“群众跑腿办事”为“干部跑腿服务”。

（信访办）

# 信息工作

【概 述】 2014年顺义区政务信息化工作立足顺义区新的发展阶段特征，紧紧围绕“建设绿色国际港，打造航空中心核心区”的奋斗目标，以推进电子政务关键基础设施智慧升级，创新政府公共服务提供方式为主线。加快推进电子政务云数据中心建设，着力提升电子政务外网服务能力；不断提升政府网站服务效能，推进政务公开，强化政民互动，使公众享受到均等、便捷、规范的公共服务；不断扩大信息系统应用效果，健全网络与信息安全保障体系，保障重点领域网站与信息系统的安全稳定；提升对现有信息资源的整合与共享，更好地为百姓服务，为经济建设和社会发展服务。

单位名称：北京市顺义区信息中心

地址：顺义区府前中街5号

电话：（010）69461764

邮编：101300

（信息中心）

【电子政务外网服务】 顺义区电子政务外网互联网出口扩容至2050兆，承载全区100余家对外提供信息服务的政府网站以及各单位互联网相关业务，上网用户达30000余人。选取后沙峪、北小营、杨镇、牛山镇为电子政务外网汇聚节点，与政务数据中心双核心节点组成电子政务环形网络（各镇及委办局分别就近接入两个环网节点），改善现有网络单路传输缺陷，增强网络稳定性。年内，环网光缆铺设任务全面完成，累计布放光缆386公里；4个汇聚节点机房环境建设全部完成；各镇机房光缆上架熔接和光纤测试工作任务完成过半。

（信息中心）

【顺义网城及网站集群公共服务能力】 年内，顺义网城累计发布信息111050条、图片近30000张，视频1000余段，网站访问IP数超过3620多万，总页面浏览量达4.8亿多次。顺义网城在第十三届中国政府网站绩效评估结果中，在参加评比的全国451家区县政府网站中位列第25名，在北京市各区县政府网站中排名第6。同年，在“2014中国智慧政府发展年会”上，顺义网城在全国100个试点县（市、区）政府网站绩效评估活动中排名第12，在政府网站国际化单项排名中位列第9，在北京市3个试点区县中排名第2。

（信息中心）

【无障碍服务正式运行】 为进一步提升政府网站服务功能，满足弱势人群访问政府门户网站、浏览政务信息、共享公共信息服务的需求，顺义区信息中心建设的顺义网城无障碍服务正式运行，实现网页信息的语音阅读和人机语音操作等智能功能。顺义网城无障碍化建设工作共调整和修改顺义网城各级网页代码200余处，内容涉及八个频道页面及其各级子栏目页面和信息内容页面，同时，还包括顺义网城英文版网站，共计53000余条信息可通过无障碍化服务进行阅读浏览。

（信息中心）

【网上办事服务】 按照统筹整合、补充建设、完善功能的建设方针，顺义区信息中心与区内44家委办局、19个镇和6个街道办事处建立“在线服务”沟通联系机制，随时修改变更服务事项流程。年内，共为各单位修改事项463个，新建事项372个，删除事项15个，为30余家单位变更了受理人员账号，其中新建账号48个，挂起账号4个。目前，网上政务服务大厅的2376项行政许可、非行政许可审批以及行政确认、行政征收等政务服务事项已基本实现全区行政权力的全覆盖，可为企业和公众提供全天候的网上申报、网上咨询、网上申请、进度查询、办理结果反馈等“一站式”服务。2014年，全区各窗口单位已在网上受理事项103973件，办结102584件，正在办理1389件，网上办事率达100%，群众满意率达100%。

（信息中心）

【电子政务办公服务平台】 定期充实平台内容。年内，已发布动态信息2518条，区委、政府文件107个，《顺义区情》等电子期刊417期。不定时整理现有栏目，拓展平台功能。不断优化便民电话、来文办理、督查督办等模块功能，9月份根据区政府办日常办公需求，增加值班交接和印章管理模块，使其主要办公业务和内部事务管理实现数字化、网络化。2014年，区内相关单位通过办公服务平台办理政府公文3090件；接转、办理便民电话18853件；传输政务信息6486条；收发电子邮件520000封。

（信息中心）

【领导决策系统建设与应用】 落实《中共北京市委办公厅北京市人民政府办公厅关于进一步精简会议、文件和简报资料的通知》精神，顺义区信息中心与区委办、区政府办联合制定《利用领导决策系统精简纸质信息、简报的工作方案》，并对领导决策系统进行二次开发，进一步优化页面展示、信息上传等功能。自8月中旬起，全区35个单位已全部停止上报纸质简报和刊物，均通过该系统上传至区领导桌面。年内，各单位已通过该系统上传各类简报、刊物101期。

（信息中心）

【电子政务外网准入】顺义区电子政务外网用户逐年增加，所辖终端已达26000台。网络接入方式复杂多样，且遍布范围广，给信息安全工作带来难度。为此，区信息中心从提升全网信息安全水平、提高网络资源的使用效率的角度出发，于8月份在各镇率先推行电子政务外网准入控制工作。已完成19个镇入网设备及终端计算机的摸底调查，依据各镇填报的《接入终端备案表》对应下发账号与密码，实现“人、机、账号、密码”一一绑定，有效防止信息安全事件发生。

（信息中心）

【政务信息资源共享利用】 不断完善政务信息资源共享交换体系和目录服务体系，明确相关部门信息共享的内容、范围、方式和责任。统筹协调基础数据库的信息资源。下半年，通过采取与市政务信息资源共享交换平台对接的方式，从市资源中心获取实时更新的市法人库数据，为顺义区构建法人单位基础信息数据库奠定基础。年内，顺义区法人库共录入法人数据33389条，涵盖机关法人、事业单位法人、企业法人、社会团体法人等涉及机构名称、住所、注册或登记号、经济行业、经营或业务范围等方面的基础信息。区安监局借助法人库建立全区完整的生产经营单位安全生产企业台账，并依此开展安全生产条件普查工作。

（信息中心）

【技术支撑与服务创新】 年内，做好市区两级电视电话会议技术保障工作。根据《北京市人民政府电视电话会议管理规定》（京政办发〔2012〕24号）要求，顺义区信息中心安排专人负责区电视电话会议保障值机工作，避免由于对设备、流程等不熟悉而影响系统的稳定运行。严格执行会议保障工作流程和运行管理规定。年内，共保障国务院第二次廉政工作会议、市委市政府理论中心组学习等全国及北京市电视电话会议51次，累计参会人员达5000人次。

（信息中心）

# 应急工作

【概　况】2014年，区应急树立安全发展理念，始终把人民群众生命财产安全放在第一位，坚持“预防与应急并重，常态与非常态相结合”的工作原则，夯实基础、健全机制、突出重点、服务大局，为区域经济社会良好发展提供坚实保障。

单位名称：北京市顺义区突发公共事件应急委员会办公室
单位地址：顺义区府前中街5号
单位电话：69434500
单位邮编：101300

（石　晶）

【全区公共安全形势总体平稳】2014年，区应急指挥中心共接报各类突发情况、预警、通知、咨询等640件，协调处置全区各类突发事件192起，全年全区无重大及特别重大突发事件发生，公共安全形势总体平稳。

（石　晶）

【马航MH370失联客机应急服务】2014年3月8日，马航MH370客机发生失联事故，区应急办牵头开展一系列应急服务保障工作：派驻工作人员在丽都前线指挥部连续值守56天；开展春晖园工作站家属安抚、法律咨询、医疗救助、心理救援等工作，自3月10日工作站成立至5月2日全部家属撤离，先后接待家属132人，无突出情况发生；配合市政府为中国政府应对马航事件联合办公室工作平台选址（位于空港物流基地），安装17路视频监控设备，并持续做好国家平台的办公、生活保障工作。

（石　晶）

【北京国际车展应急保障工作】区应急办牵头负责2014北京国际车展顺义区应急保障指挥部设置运行工作，与区属22家单位以及新国展、车展组委会、市级交通、安保指挥部等单位和部门配合开展车展外围保障工作，形成市区两级、展馆内外、部门之间相互配合、相互补充的工作机制。车展期间，指挥部协调解决各类服务保障工作问题和突发情况110余件（次）。

（石　晶）

【应急演练工作】在总结往年全区应急演练工作的基础上，区应急办于年初制定《顺义区2014年应急演练工作实施方案》，积极参与指导全区各部门演练活动，各专项应急指挥部、各属地和有关部门全年开展不同形式和规模的演练活动800余次。

（石　晶）

【防灾减灾宣教】以全国第六个“5.12防灾减灾日”为契机，在全区组织开展防灾减灾宣传周活动，发放科普宣传材料5万余份，营造全民参与防灾减灾和应急管理的社会氛围。

（石　晶）

【更新社区科普宣传栏80幅】以区内主要社区建成的“应急管理科普宣传栏”为宣教阵地，向基层群众广泛宣传应急知识，普及基本的预防、避险、自救、互救、减灾等技能常识，提高群众自救互救能力，全年完成80幅宣传栏版面制作更新工作。

（石　晶）

【录播公共安全宣传节目】为使全区百姓掌握基本的夏季汛期安全常识，提高安全防范意识和自救互救能力，区应急办与区广电中心合作，录制访谈栏目《师说》汛期特别节目——《生命至上 安全第一》，6月份在区电视台播放两场。

（石　晶）

【修订全区突发事件信息管理办法】修订完成《顺义区突发事件信息管理办法》，《办法》进一步规范全区突发事件信息收集、分析、处理、报送和发布等管理工作。

（石 晶）

# 总部企业高管人员服务

【概 况】 2014年，顺义区总部企业高管人员服务中心坚持“用心服务至高、共谋发展至上”的服务理念，积极探索多种服务形式，努力提升深化服务企业及高管人才的质量，全力以赴为顺义总部经济发展提供服务保障。

单位名称：北京市顺义区总部企业高管人员服务中心

地址：顺义区建新西街3号

邮编：101300

电话：（010）89498007

（黄 华）

【服务企业规范化】 一是完善企业及高管人才信息档案，做到对服务对象的“底数清、情况明”；二是建立电话沟通和走访慰问制度。坚持每半月对服务企业进行电话沟通，每季度对服务企业进行走访调研，及时了解企业及高管人才面临难点问题，并积极协调区内相关委办局及属地镇政府予以解决；三是建立节日慰问制度。以元旦、春节、端午节等节日为契机，向服务企业的高管人才送上温馨的短信祝福，并协同企业参加北京国际汽车展、郁金香文化节、菊花文化节等活动，共享顺义发展成果。

（黄 华）

【企业及高管人才数据库】 4月，服务中心通过走访调研及与区工商、税务等部门的联动，动态修改服务企业名录，完善高管人才信息，实现服务工作顺畅对接。年内确定服务企业33家，涉及高管人才280人。

（黄 华）

【总部企业五月鲜花文艺汇演】 6月18日，顺义区总部企业“五月的鲜花”文艺汇演在顺义绿港国际商务中心报告厅举行。顺义区相关领导及百余名群众观看演出。此次演出以“唱响中国梦，放歌新顺义”为主题，汇聚区内10家重点企业精心编排的15个文艺节目，涵盖歌曲、舞蹈、诗朗诵、器乐演奏、相声、快板、合唱等多种艺术形式，丰富驻区企业文化生活，进一步打造总部企业品牌，提升企业知名度和影响力。

（黄 华）

【企业优秀人才数据库】 为准确掌握服务企业的优秀人才状况，建立优秀人才数据库，服务中心在7月至8月开展优秀人才信息统计工作，其中包括入选市级及以上重大人才工程、计划，入选市级及以上重要奖项，荣获市级及以上重要奖章荣誉，获得市级及以上较高荣誉称号，以及其他获得市级及以上荣誉奖励或有其他特殊贡献等五类优秀人才。经过申报、审核、汇总，最终共有101人入选优秀人才数据库。

（黄 华）

【企业奖励】 服务中心采取事前稽核、事中监控、事后绩效评价相结合的方式，开展企业奖励兑现工作。由于11月，国家出台清理规范税收优惠政策的文件，按照相关精神，中心全面暂停企业兑现服务。年内仅兑现企业1家，涉及兑现资金2695.28万元。

（黄 华）

【各类人才项目申报评选】 一是开展“优秀青年人才”申报工作，按照组织部文件精神，经单位提名、组织遴选，最终确定北京首钢冷轧薄板有限公司董事长、总经理余威为候选人；二是开展“第一批人才创新项目”申报工作，顺丰速运“梦想速达未来”之优才项目与首钢冷轧“专业技术人才量化评聘体系的构建与实施”两个项目入围，最终首钢冷轧的“专业技术人才量化评聘体系的构建与实施”被评为三类项目，获得扶持资金。

（黄 华）

**【解决企业实际困难】** 帮助海航集团北京基地、民生银行信用卡中心与我区龙湾屯镇巧嫂果品产销专业合作社牵线搭桥，由该合作社作为供应商为两家企业的员工食堂提供绿色、有机的蔬菜瓜果。此举一方面满足企业食品安全的需求，另一方面也对地方经济发展起到助推作用，促进企业与地方的合作共赢。

（黄 华）

**【高管人才个性化服务】** 一是解决高管子女入学转学问题。凡是企业高管子女有在区内学校就学需求的，都会予以协调解决。年内解决企业高管子女入学转学6例。二是提供体检服务。在走访中得知首都机场航空安保有限公司高管人才工作压力大，单位体检项目不够全面的情况后，服务中心根据安保公司的需求，联系301医院为安保公司高管人才进行全面体检。三是开展“高管人才生日贺岁活动”，在高管生日来临之际派专人向其送上盆栽鲜花作为生日礼物。

（黄 华）

## 安全生产监督工作

**【概 况】** 2014年，顺义区全面启动全国安全发展示范城市创建，积极推进安全生产标准化达标创建和安全隐患排查治理体系建设，全覆盖开展安全生产大检查和“六打六治”活动。截至2014年底，北小营镇、南彩镇、牛栏山镇、马坡镇、空港街道、旺泉街道首批6家试点单位已经通过市级安全社区专家评审验收。全区累计完成创建一级达标企业18家，二级达标企业198家，三级达标企业1526家，微型岗位达标企业8879家，实现了辖区内企业安全生产标准化全部达标的工作任务。2014年区镇两级安全生产监管队伍共检查生产经营单位11089家次，下达执法文书11339份，查处隐患10495项，开展大型活动安全保障10次，经济处罚179.6万元。组建基层安全员队伍。完成275名安全员的招聘、考试、录入工作，有效补充基层监管力量。各类事故死亡总人数113人，安全生产事故控制在市委会下达的年度控制指标之内。

单位名称：北京市顺义区安全监管局
地址：顺义区石门街6号
邮编：101300
电话：（010）69443437
网址：http://www.ajj.bjshy.gov.cn

（王 维）

**【标准化系统培训】** 2月26日，安全监管局组织相关行业部门召开安全生产标准化系统培训会。3月4日，区安监局组织相关属地部门召开安全生产标准化系统培训会。会上首先对《顺义区2014年创建国家安全生产标准化示范城市工作实施方案》进行解读，针对2014年目标任务、责任分工、实施步骤和时间安排做详细的部署。其次督促各单位高度重视达标企业持续改进开展情况，尤其是遗留隐患整改情况，督促企业根据评审报告中指出的问题及时整改，并定期开展核查。

（张 凯）

**【宣传咨询日活动】** 6月14日，安全生产月宣传咨询日活动在顺义光明文化广场举行。围绕顺义区2014年活动坚守红线意识、落实“一岗双责”、创建全国安全发展示范城市的活动主题，区内主要行业部门现场向群众进行宣传和咨询，并组织群众参观事故警示宣传展板。现场共发放各类宣传材料3000余份。与此同时，全区各镇、街道、经济功能区也在城乡结合部、“五小”、“六小”企业密集等重点地区开展宣传咨询活动。

（李 义）

**【有限空间交叉执法】** 7月，安全监管局参加市局组织的各区县有限空间交叉执法夜查。每周2次巡查有限空间一线作业现场。主要检查经营资质、一线人员教育培训、规章制度、气体检测设备、个人防护用品、应急救援装备、警示标识设置、安全管理协议签订、作业监护人持证上岗和危险作业审批等内容，重点是检测设备、防护用品的正确使用。对存在问题较多的单位，执法人员及时对其主要负责人进行警示约谈。共约谈有限空间作业单位负责人3家，下达整改指令书5份，查出隐患14项，消除隐患14项，整改率达100%。

（王艳林）

**【“职业卫生监督执法年”活动】** 4月底至7月，安全监管局组织本区涉及职业危害企业主要负责人和职业卫生管理员开展“执法年”活动。活动期间，区安监局执法人员联合属地安监科对重点企业进行抽查，共抽查83家，发现隐患285项，已全部消除。各属地按照“广覆盖、零容忍、严执法、重实效”的要求，对全区560家已申报的职业危害企业是否存在“9项违法违规行为”进行了全覆盖的检查。共计检查企业1324家次，下达整改指令书682份，消除职业病危害隐患994项。

（王艳林）

**【涉氨整治工作】** 3月至9月，安全监管局开展11家涉氨制冷工业企业专项整治工作。截止9月26日，11家工业涉氨企业已全部完成达标验收工作。专项整治期间，共召开9次工作部署会，涉及9个属地，累计123人参加。派出执法人员65组180余人次，下达《现场检查记录》23份，下达《责令整改指令书》23份，发现隐患223条，消除隐患214条，整改率96.2%。11家工业企业共更换管道15158米，灰铸铁阀门3696个，资金共投入6493.4万元。

（张晓静）

# 食品药品监督管理工作

**【概 况】** 区食品药品监督管理局于2014年1月26日实现局机关集中办公，办公用房6300平米。镇街政府为监管所共配备工作人员80人，配备执法车辆25辆，监管所办公用房总面积4200多平米。完成全部22个监管所的检测室建设，共为监管所配发各类检测设备363台（套）。年内，顺义区以98.88的高分再次获得食品药品安全考核全市第一和“北京市食品药品监督管理系统2014年度先进区县局”荣誉。

单位名称：北京市顺义区食品药品监督管理局
地址：顺义区仓上街3号
电话：81494106
邮编：101300
网址：http://shunyi.bjda.gov.cn

（食药监局）

**【行政执法】** 2014年，区食品药品监督管理局共办理食品药品行政许可4930件，其中食品类占87%。药品经营许可新办304件，保健食品经营新办195件。全年共查办案件

384件，罚没款303.88万元。按照检测计划，全年监督抽检、风险监测、快速检测食品药品样本共10515个，其中食品样本9722个，合格率为97.59%；检测药品样本696个、医疗器械样本36个和化妆品样本61个，合格率均为100%。全年未发生重大食品药品安全事件。

（食药监局）

**【创新监管依法履职】** 顺义区共有食品药品市场主体17473个，区食品药品监督管理局将食品生产、流通等11方面56项重点工作内容纳入折子工程，形成打、防、控相结合的监管模式。将全区划分成81个单元网格，按照网格分片负责，责任到人。加大专项整治力度，共组织开展农村食品市场“四打击，四规范”“五整治”等食品药品领域专项整治39次。在食品生产企业中探索推行不合格食品无害化集中销毁制度，累计共销毁不合格肉食品42吨，有效防止不合格食品的二次流入市场；根据监管主体特点，在餐饮、流通领域推行错时上岗峰时执法检查制度。全年共开展峰时执法304次，检查单位2503户，取缔违法经营单位105户。制定《关于行政处罚案件执法权限的规定》、《行政诉讼应诉工作制度》、《行政复议工作制度》等相关规范性文件15个。全年共查办案件384件。对2起涉嫌销售有毒有害食品的案件进行司法移送。共发生行政诉讼2件，行政复议18件，未出现败诉或驳回。

（食药监局）

**【应急管理和重大活动保障到位】** 明确应急管理的协调和处置部门职责，建立应急管理队伍，组织突发事件应急管理培训。制定应急处置工作预案，从应急组织、现场处置等各方面规范工作流程，确保响应及时、处置到位。在全国两会、北京APEC会议、北京国际汽车博览会、北京郁金香文化节等大型活动保障工作期间，监管人员全员停休，提前介入，确保重大活动食品安全保障到位。2014年，全局共开展传统节日、重大活动保障29次，共出动执法人员11022人次，监督检查食品药品单位56132户次。

（食药监局）

**【部门联动发挥合力】** 加强与农委、卫生、公安、法院、检察院等部门的沟通协调，各部门联合执法、定期会商成为常态，共同织密食品药品安全网络。2014年8月，区局执法大队联合区公安分局捣毁了在顺义、大兴、密云、燕郊等四地跨区域生产销售含有非法添加物质的保健食品黑窝点，批捕犯罪嫌疑人8人，查获违法食品6700余盒，涉案金额500余万元，行刑衔接取得良好效果。

（食药监局）

**【社会共治齐抓共管】** 成立食品药品投诉举报中心，畅通投诉举报渠道。以区政府文件形式修订下发《顺义区食品药品违法行为举报奖励办法》并建立专项基金，在执行北京市食品药品违法行为举报奖励办法的同时再次给予最高10万元的奖励。继续推进食品药品检测联盟相关工作，整合辖区31家大型企业、食品批发市场的检测资源；加强与区饮食协会、烹饪协会、北京医药行业协会、北京食品药品安全企业联盟等社会组织的沟通协调，通过行业协会倡导形成“企业食品药品安全第一责任”的经营意识，努力构建行业诚信体系。通过对企业开展行政指导、集中培训和经验交流等形式，不断强化企业主体责任。全年共组织食品生产标识标签规范、餐饮服务管理规范、药品生产质量管理规范（GMP）认证培训等针对企业培训306次，参训人员12200余人次。

（食药监局）

# 市场经营管理工作

【概　况】 年内，完成14个农贸市场市场升级改造工程；新增经营面积4.2万平方米，增设摊位400余个；完成顺义区创卫复审期间农贸市场保障任务；以深入开展党的群众路线教育实践活动为契机，完善作风建设常态化机制，梳理现有制度13项，修订完善制度8项，新制定制度6项。

单位名称：顺义区市场经营管理中心
地址：顺义区石门街10号
邮编：101300
电话：（010）69426100
网址：http://www.shysczx.bjshy.gov.cn

（市场中心）

【14个便民农贸市场升级改造工程】 按照区政府2014年重点工程工作安排，市场中心对建新北区、双裕东区、牛栏山等14个市场进行升级改造。改造内容包括更换大厅屋面及墙面板、门窗，改造房屋结构、水电线路及安防系统等，总建筑面积2.6万平方米，全部工程于当年11月份完工。通过升级改造，市场的基础设施条件和安全状况得到进一步提升，市场环境明显改善，市场功能更加完善。

（市场中心）

【顺义区创卫复审期间农贸市场保障任务】 2014年，顺义区迎来第二次创卫复审工作。农贸市场作为创卫复审的重要组成部分，在城市环境建设方面发挥着特殊的功能作用，是创卫复审的必查环节。在组织保障上，市场中心成立专项工作领导小组，明确工作职责，抽调专人参加区创卫办的协调保障工作；主要领导在专题会上作动员讲话，强调创卫工作形势，提出各项工作标准。在监督检查上，及时开会传达市区两级专家组意见，责成专人对各市场创卫复审工作进行督查，通过不断完善环境考核标准、组织学习检查通报、集中观看录像曝光片等形式，提高干部职工、商户的责任意识、主动参与意识。在日常管理上，总结2006年创卫、2010年第一次复审的经验，对检查通报和环境曝光片反映出的问题举一反三，做到认真查摆，积极整改，责任到人。共整理归档创卫复审档案资料共计52卷，约234.5万字。在设施、药具投入上，坚持增量投入倾斜，对所辖市场进行综合整治、维修，建鼠站208个，粉刷外墙面2200余平米，地面平整600余平米，更换、购置垃圾桶33个，更换柜台120节，改水、电路1600米，发放除四害药具125箱，联系制作健康教育宣传栏40块。

（市场中心）

【石门苑东侧前景路临时夜市正式启动】 按照区政府关于前景路马路市场综合整治问题专题会议精神，2014年4月，市场中心会同区规划分局、城管等属地政府部门对前景路市场周边游商进行清理整治，并根据周边百姓的购物需求开设临时市场。5月中旬起，市场中心在前景路南、北路口处设立市民告知公示牌，向商户发放告知书，明确夜市经营时间和管理规定。同时，指定专门科室，负责做好入市经营商户的基本信息采集、宣传工作，截止到5月底，共登记摊位340余个。临时市场经营时间为每天16：30—20：30，经营范围包括菜果、服装、百货等。

（市场中心）

【协助南彩镇政府完成彩俸小区周边环境整治】 5月，市场中心会同南彩镇政府、城管、工商、食药、公安等多家单位，集中清理取缔彩俸小区北侧马路市场、拆除道路两侧私搭乱建。同时，在属地政府、村委会的支持下，中心对彩俸市场进行扩建，硬化东侧场地5000平米，引导符合条件的商户入市经营，共计安排摊位210余摊，其中自产摊位50余个。随后，中心将对新扩建场地进行分行划市，建设符合经营条件的商业设施，安排鲜肉、直接入口食品、主食厨房等行业入市经营，满足周边百姓的日常购物需求。

（市场中心）

**【后沙峪观林阁小区便民社区菜店开张营业】** 10月22日，顺义区首家区政府指定便民社区菜店后沙峪观林阁小区便民社区菜店开张营业。该菜店营业面积350㎡，经营品种包括菜果、肉蛋、粮油、水产、主食厨房等。经营时间为早7点至晚9点。菜店坚持打造“低廉·新鲜”的主题，利用统一采购的模式控制进货成本，并保证生鲜销售价格低于周边零售市场15%—20%。

（市场中心）

## 投资促进工作

**【概 况】** 2014年共引进500万元以上项目650个，协议引进投资额472.85亿元，注册资本243.07亿元。引进实体项目97个，协议引进投资额257.39亿元；楼宇、总部经济类项目553个，注册资本215.46亿元。其中，共引进亿元以上项目共57个，协议投资额377.98亿元，占投资总额的80%。

名称：北京市顺义区投资促进局

地址：顺义区顺通路28号汽车大楼c座

电话：（010）89498830

邮编：101300

网址：http://www.investshunyi.bjshy.gov.cn

（投资促进局）

**【区政府与大连万达签署合作协议】** 1月17日，顺义区政府与大连万达商业地产股份有限公司（以下简称“大连万达”）合作协议签约仪式成功举行。大连万达拟投资百亿元在天竺镇建设万达茂项目，该项目将成为国内首个市内大型文化旅游商业综合体项目，将进一步提升和完善空港区域的商业配套设施。区领导王刚、卢映川、林向阳、于庆丰、盛德利、吴建国、李向英出席活动。

（崔立梅）

**【北京甘肃企业商会走进顺义活动】** 9月25日，北京甘肃企业商会走进顺义活动成功举行。甘肃商会会长王金生、秘书长谢玉华等20名优秀企业家参加此次活动。座谈会上，区投资促进局、临空经济区核心区相关领导分别就全区整体情况、投资环境、临空核心区定位等进行详细介绍。企业家表达对顺义投资环境的认可，并对土地、政策等热点问题进行互动交流。此外，政企双方还就进出口贸易、汽车零部件、风险投资等项目进行对接。会后，商会企业家们实地参观考察国家地理信息产业园、天地图公司和现代汽车二厂。

（崔立梅）

**【第十八届京港会】** 11月25-26日，第十八届京港会在北京举行。区长卢映川参加开幕式相关活动。在开幕式上，顺义通过展台宣传、展板展示，重点宣传天竺综保区、临空经济核心区、中关村顺义园区、五彩浅山、地铁15号线五大重点投资区域。在重大项目发布会活动上，副区长盛德利代表顺义区政府与中国民营企业500强--三胞集团有限公司签约、临空经济核心区与万力企业管理有限公司签约。

（崔立梅）

【驻京中外知名企业投资顺义行】 11月27日，由市投资促进局、顺义区政府共同举办的“驻京中外知名企业投资顺义行”举行。大型央企、国企、民企知名企业；外省市驻京商（协）会；国际知名咨询公司、招商机构等200余家企业代表参加活动。市投资促进局局长周卫民、副局长张华，顺义区副区长盛德利、副区长李向英出席活动。区投资促进局、天竺综保区、临空服务版块、创新发展版块、绿色生态版块，分别围绕各自定位进行招商推介。

（崔立梅）

【第六届投资北京洽谈会】 12月9日，第六届投资北京洽谈会召开。顺义区参加洽谈会开幕式、重点项目洽谈会专场等系列活动。在项目推介环节，北京歌华文化发展集团就国家对外文化贸易基地（北京）进行推介。活动中，区投资促进局面向广大投资人和企业，围绕我区优势资源、重点发展产业提供咨询服务，通过政策解读、投资咨询、项目洽谈等多种形式，大力宣传我区投资环境。

（崔立梅）

# 档案工作

【概　况】 年内，档案工作一是对120家立档单位按照实际情况，采取兼顾全体、分类指导，重点先行的方法进行了深入细致的指导；二是依照相关文件依法行政；三是共调阅49个全宗的文书档案进行数字化扫描，完成数字化扫描350万页；四是共接待查档人数3495人次，查阅各类民生档案3189卷；五是对1949年至1983年已开放的81个全宗2.9万卷档案重新进行鉴定，对含有个人隐私、政治运动等现不予公开的档案进行审核。对馆藏1984年档案开放鉴定，完成78个全宗，2469卷档案的鉴定工作。

单位名称：北京市顺义区档案局（馆）
地址：顺义区光明北街4号
电话：（010）69441542
邮编：101300
网址：dangan.bjshy.gov.cn

（档案局）

【举办大型展览】 与区纪检委、区宣传部、区文化委等单位合作，在档案馆展厅举办了《“以案为鉴 警钟长鸣”预防职务犯罪展》、《中国梦.我的梦大型书画展》、《辉煌历程——庆祝中华人民共和国成立65周年摄影作品展览》等展览6次，共接待参观群众3万余人次。

（乔砚潮）

【对农村档案员进行培训】 2月26日，根据村级档案工作的特点和村级档案员的实际情况，区龙湾屯镇政府请顺义区档案局工作人员为全镇13名村级档案员进行了培训。培训人员从档案的收集、保管及文书档案件级整理方法等方面进行了详细讲解。通过培训，提高了村级档案员的档案意识、业务知识、工作技能。

（李爱军）

【天津市和平区档案局到局（馆）参观考察】 3月13日，天津市和平区档案局来顺义区档案局（馆）参观考察。区档案局（馆）热情接待了来访人员。双方首先就档案条件保障、基础业务、档案信息化建设等方面的工作举行了座谈。随后实地参观考察了数字化机房、馆藏陈列馆、查档大厅等。

（乔砚潮）

【改善服务环境】 为了开展档案查询工作

和政府信息公开工作，解决好窗口单位的“最后一公里”问题，档案局做出几方面的改进：一是出台了档案局《服务文明用语》。二是在档案查询大厅设立了饮水机、纸张、签字笔、老花镜等便民服务设施。三是在一层大厅增设了沙发、椅子等设施。

（兰　岚）

**【对新农村建设档案进行测评】** 5月13日，由市档案局、市农委、怀柔区、昌平区和延庆县档案局人员组成的测评组对区新农村建设档案工作进行测评。测评组按照《北京市新农村建设档案工作测评标准》的要求实地查看了区档案馆、区人力资源和社会保障局、区北务镇政府及北务村档案的保管情况，对新农村建设文件材料、涉农档案的立卷归档工作进行了全面检查。区档案局汇报了区农村档案工作保障情况，区档案局业务指导和信息服务情况，区相关部门协调配和与档案管理工作情况，区、镇和行政村档案规范化管理情况，农村档案工作和管理创新等方面情况。

（李爱军）

**【开展“走进档案”活动】** 6月9日，是“国际档案日”暨北京市第六届“档案馆日”。区档案局（馆）围绕“走进档案”开展了多项活动。一是组织召开档案研讨会，进行档案馆室开放和咨询互动；二是进行档案文化展示，展出了部分馆藏珍贵档案和建国以来顺义人民获得的奖杯、奖状等；三是举办“中国梦 我的梦”大型书画展览；四是开设家庭建档咨询，发放宣传材料，在现场进行家庭档案指导。全区120家立档单位，120名档案工作者和600多名群众参加了活动，活动中共发放宣传材料500份。

（兰　岚）

**【档案保管工作检查】** 年内，区档案局对区人力社保局、广电中心、天竺镇政府等20多个单位的档案安全保管工作进行了抽查。本次检查历时8天，采取自查与抽查相结合的方式，立档单位根据档案“八防”要求开展自查；区档案局组织行政执法人员，采取查阅文件材料、现场检查的方式，对各立档单位的组织领导与制度落实情况，档案室的安全情况，档案保管保护设施、设备的配套情况，档案实体、档案信息及档案网络的安全情况进行了抽查，并将检查结果在全区通报。

（张　琳）

## 地方志工作

**【概　况】** 年内，区地方志工作一是编修第二轮《顺义区志》和编纂2013年《顺义年鉴》，二是为市编写年鉴提供顺义部分材料，三是配合政协编写顺义临空经济文史集萃。

单位名称：顺义区党史区志办公室
地址：顺义区光明北街4号
电话：（010）69460011
邮编：101300

（刘秀娟）

**【完成《顺义区志》试写稿】** 2014年，《顺义区志》第二轮编纂工作进入初稿试写阶段。年内开展了资料收集整理和试写稿编写工作。完成政治、经济、社会文化、镇、街道城建四大部分，共计三百多万字。

（刘秀娟）

**【编写临空经济发展文史集萃】** 与区政协共同编写《北京顺义临空经济发展文史集萃》一书，于5月20日召开工作启动会，设立了编委会，成立了编写办公室。接收稿件六十多篇，近三十万字，图片五百多张，全书体现“亲历亲见亲闻”的文史特色，初稿已编写完成。

（刘秀娟）

**【顺义年鉴编纂】**编纂完成了2013年《北京顺义年鉴》。2013年年鉴收录全区175家单位稿件。全书设有26个类目，25个分目，210个子目，1385个条目。配以照片、彩页、表格，形象生动地反映顺义区的全貌。全书共计67万多字。

（刘秀娟）

**【年鉴材料报送】**为市政府地方志办公室编纂的《北京年鉴》和市农办编纂的《北京农村年鉴》报送了顺义图片和文字材料，为了写好材料，召开了区有关部委办局参加的编写工作会，参加的单位都按时报送材料，史志办合成修改后都按时上报。

（刘秀娟）

# 政协北京市顺义区委员会

【概 况】 2014年共召开2次政协全体委员会议、4次常委会会议，组织常委、委员共进行7次工作视察，听取和讨论“一府两院”的工作报告及区委、区政府有关部门的情况通报，并通过座谈协商、提交提案、反映社情民意、进行专题调研、特约监督工作等多种形式就全区重点工作和人民群众关心关注的问题积极建言献策，全年共协调有关部门办理委员提案173件；向区委、区政府有关部门报送《协商意见》3期，有效履行政治协商、民主监督、参政议政的职能；向区委有关部门报送《委员队伍建设与主体作用发挥问题研究》、《关于北京临空经济核心区转型升级的路径和对策研究》、《关于完善村规民约推进村民自治的实践与思考》、《关于农村集体建设用地利用的探索与思考》等专题调研报告，深入开展人民政协理论和推动区域经济社会发展的研究。充分发挥人民政协包容各界、联系广泛、人才聚集的独特优势，坚持围绕中心，服务大局，组织委员针对全区热点重点难点问题开展视察活动，形成多项富有建设性的意见建议；深入基层，体察民情，反映民意，积极开展义诊、慰问等多种形式的连民心、办实事、送温暖活动，为构建和谐顺义增添助力。

单位名称：政协北京市顺义区委员会

地址：顺义区府前东街11号

电话：（010）69443831

邮编：101300

网址：http://www.zhengxie.bjshy.gov.cn

（杨 晨）

【半年全体会议】 7月16日召开。区政协主席杨宝华通报区政协党组专题民主生活会情况；区委常委、常务副区长林向阳通报全区经济社会发展情况；强调“我与临空经济发展”的主题征文活动及提案两项重点工作；审议决定李向英不再担任政协北京市顺义区第四届委员会副主席、委员。区政协副主席田建国主持。

（杨 晨）

【四届四次会议】 12月24日至27日召开。听取并审议田建国代表常务委员会作的工作报告，书面审议提案工作报告；列席顺义区第四届人民代表大会第四次会议第一次全体会议，听取并讨论政府工作报告，讨论其他报告；召开区领导与部分政协委员座谈会，形成23项协商意见，区委副书记、区长卢映川出席会议并讲话；区政协副主席刘静作提案审查报告；审议通过政治决议；补选金泰希为区政协副主席、刘峰为区政协常委。会议期间共收到委员提案155件，经提案委员会审查予以立案152件。市政协副主席马大龙出席开幕式。杨宝华主持开幕式并讲话。区委书记王刚出席闭幕式并讲话，区委副书记周颖博出席开幕式并讲话。

（杨 晨）

【第四届常务委员会第十一次会议】 5月

6日召开。听取区城乡环境建设委员会关于全区环境建设情况的通报；视察顺义区生活垃圾综合处理厂、南彩镇河北村、顺安路道路建设及绿化美化情况。整理部分常委的发言，形成14条协商意见。

（杨　晨）

**【第四届常务委员会第十二次会议】** 7月16日召开。审议通过李向英不再担任区政协副主席、委员的决定草案，提请全体委员会审议通过。

（杨　晨）

**【第四届常务委员会第十三次会议】** 9月25日召开。听取区卫生局关于本区医疗卫生事业发展情况的通报；视察北京地坛医院顺义院区、仓上社区卫生服务中心、顺义区医院急诊病房综合楼整理部分常委的发言，形成15条协商意见。

（杨　晨）

**【第四届常务委员会第十四次会议】** 12月5日召开。听取区纪委党风廉政建设情况通报；审议通过关于召开区政协四届四次会议的决定、建议议程、日程、常务委员会工作报告、关于提案工作情况的报告、常委会2015年工作要点；协商决定人事事项，增补金泰希、刘峰为区政协委员，提请区政协四届四次会议补选金泰希为区政协副主席、刘峰为区政协常委，撤销曹克银委员资格，任命刘峰为区政协科教文卫体委员会主任、专委会工作二室主任，免去刘炳武区政协科教文卫体委员会主任、专委会工作二室主任职务。

（杨　晨）

**【义诊活动】** 10月16日，组织部分委员、民主党派医疗界专家到李遂镇开展义诊活动。

（杨　晨）

**【视察环卫设施建设情况】** 10月23日，组织部分委员视察环卫服务中心垃圾清运队、环卫服务中心清扫队并现场观摩城区道路清扫新工艺作业演示。

（杨　晨）

**【视察公共交通情况】** 10月24日，组织部分委员视察南法信电动出租车充电总站和地铁顺义站，了解新能源公交车、电动出租车与M15号线运营管理情况和发展规划。

（杨　晨）

# 北京天竺综合保税区

【概况】 北京天竺综合保税区（Beijing Tianzhu Free Trade Zone，以下简称“天竺综保区”）于2008年7月23日由国务院批复设立。2009年7月28日，一期通过海关总署等国家十部委联合验收，正式封关运营。天竺综保区是全国首家空港型综合保税区，是北京市三个国家级经济功能区之一。天竺综保区总规划面积为5.944平方公里，依照功能划分为两大功能区：一是口岸操作区，即内围网以南，机场以北区域；二是保税功能区，由三个区组成，一区为机场北线以东、内围网以北区域，二区为机场北线以西区域，三区为南区。天竺综保区是以海关为主实施封闭监管的特定区域，集保税和口岸功能于一身，鼓励开展物流、贸易、加工、研发、维修、展示、金融等业务，主要优惠政策包括：国外货物入区免税、保税，国内货物入区退税，区内企业外汇账户不实行限额管理等。依托区港一体化（保税功能区与首都机场口岸无缝对接）设计布局以及海关“分送集报”、商检“集中报检、分批出区”等创新监管模式，通关效率在全国首屈一指，普通货物平均通关时间为至2至6小时，特殊商品最快只需30分钟。北京市委、市政府将天竺综保区定位为：完善北京中国特色世界城市功能、提升“四个服务”水平的重要战略性基础设施，扩大对外开放、提升外向型经济发展水平的重要平台，北京融入全球经济一体化的崭新窗口。

单位名称：北京天竺综合保税区管理委员会
地址：北京市顺义区金航中路1号院2号楼
电话：（010）69478686
邮编：101300
网址：http://www.bjftz.gov.cn/

（刘　欣）

【经济指标】 2014年，天竺综保区实现进出口总值790.5亿美元，增长7.8%；完成关税及代征税409.0亿元，增长7.1%；其中，保税功能区实现进出口总值41.4亿美元，增长23.4%。入区企业实现营业收入160.9亿元，增长9.7%；完成属地税收7.0亿元，下降2.4%；截止12月末，入区企业共212家，企业资产总计248.8亿元，增长14.3%；从业人员2.5万人，增长1.6%。

（刘　欣）

【招商引资】 2014年新批复入区项目共43个，注册资本总额约32.2亿元，其中注册资本1亿元以上（含）的项目7个，包括民航投资管理有限公司、北京市文化科技融资租赁股份有限公司、中亚联合国际能源有限公司、朗姿国际贸易有限公司等。天竺综保区已经形成了航空、医药、文化、电子四大特色为主的产业格局，四类企业的营业额占到总量的60%。医药进口量已占全国的15%，航材进出口量占到全国的12%。跨境电子商务、保税拍卖、云计算等新兴产业发展良好，实现了从出口加工向服务贸易为主导的转型升级，服务贸易营业收入所占比重高达90%。

（刘 欣）

**【项目建设】** 2014年天竺综保区开复工项目共计18个，总建筑面积约107万平方米，投资总额约74亿元。积极采取两项措施，加大力度推进入区项目建设：一是采取重点项目专人负责制，建立建设项目进度跟踪台帐，及时更新。二是深入企业走访调研，掌握项目进展中存在的问题，及时协调相关部门予以解决。

（刘 欣）

**【全面深化改革】** 为进一步贯彻落实十八届三中全会精神，有效推进全面深化改革工作，管委会按照区委全面深化改革的工作部署，成立包括市商务委、北京海关、北京国检局、首都机场集团、临空经济核心区管委会等为成员单位的领导小组，先后组织小组成员赴国内多家海关特殊监管区域和经济开发区考察调研，分析研究全国同类区域的发展现状和天竺综保区下一步改革发展方向，并结合天竺综保区“十二五”发展情况，制定出台《北京天竺综合保税区深化改革创新发展纲要》。2014年，管委会还推动入区企业一般纳税人资格试点、跨境电子商务平台首单试行以及国家对外文化贸易基地（北京）开园、北京科技创新对外贸易服务中心筹备等有关工作。

（刘 欣）

**【蒋孝严先生率台湾参访团参观天竺综保区】** 2月17日，中国国民党副主席蒋孝严、新党主席郁慕明等台湾各界人士到天竺综保区参观。在举行的座谈会上，卢映川发表热情洋溢的欢迎词，顺义区委副书记、天竺综保区管委会常务副主任闫立刚介绍近五年来的发展建设情况，今后发展思路，并诚挚邀请台湾工商界人士来投资兴业。歌华集团总经理李丹阳介绍国家对外文化贸易基地的功能定位及建设情况。蒋孝严表示，双方商贸往来日益密切，相信将有更多互利共赢的合作机会在保税区得以实现，取得更多的合作机遇，台湾在文化创意产业方面起步较早，北京作为文化中心在这方面也具有独特优势，希望双方加强交流，共同把深厚的文化底蕴转化为实际的文化产值。座谈会后，参访团实地考察天竺海关报关大厅、国家对外文化贸易基地一期项目、国际快件监管中心等单位。

（刘 欣）

**【跨境电子商务平台】** 天竺综保区具备“区港联动、无缝对接”直通式分拨优势，只要政策支持，可实行保税进出口、口岸进出口全部四类跨境电子商务业务模式。2014年3月，京东商城首票跨境电子商务保税模式出口货物顺利通关，并完成首笔跨境电子商务出口退税，这是北京海关首次利用天竺综保区“区港一体”优势办理跨境电子商务保税模式出口业务。

（刘 欣）

**【人民网数据中心项目落户综保区】** 4月11日，蓝讯国际与人民网股份有限公司正式签约，双方将合作建设运营“蓝汛天竺综保区首鸣数据中心项目”。项目将为人民网量身定制云计算和云存储基础设施平台，降低其对用户服务的长期运营成本，解决由于用户数量快速扩张，计算量及存储量呈几何级数增加等问题，突破潜在发展瓶颈，为公司向用户提供数字化、全媒体服务创造有利条件。此次签约金额达6.5亿元人民币。

（刘 欣）

**【天竺综保区公交专线正式运营通车】** 该线路一期开通三区东站、三区南站、花梨坎换乘站、后沙峪换乘站、保税区站、主卡口首末站、顺畅路口站、金岸东路站、航港换乘站、一区东卡口站共10站；二期还将增加海航换乘站、1号航站楼、2号航站楼3站。线路开通后，将极大的方便区内企业员工安全快捷出行。

（刘 欣）

**【天竺综保区工会工作委员会正式建立】** 经管委会党组研究，顺义区总工会批准，北京天竺综合保税区工会工作委员会正式成立，作为顺义区总工会派出机构，履行工会职能，发挥工会组织作用，维护职工合法权益。按照《中国工会章程》和《中华人民共和国工会法》的要求，已确定北京天竺综合保税区工会工作委员会班子成员。

（刘 欣）

**【全国首家文化类融资租赁公司获批入驻天竺综保区】** 北京文化科技融资租赁股份公司由北京市文投集团、中国恒天集团等共同投资设立，注册资本12亿元，除经营传统的固定资产标的物租赁外，还将创新影视剧版权、著作权、专利及专有技术使用权等无形资产标的物的租赁业务，在天竺综保区规划打造文化产业园。

（刘 欣）

**【参展第二届北京国际商品交易博览会】** 第二届北京国际商品交易博览会（商博会）8月16–18日在中国国际展览中心成功举行。本届商博会以“机遇、合作、共赢”为主题，设城市合作、健康产业、宝玉石原辅料及设备、国际贸易、特色文化创意等九大展区。天竺综保区展位约20平方米，位于展区入口显著位置，通过专题灯箱、展示板、激光电视、宣传手册等媒介，对天竺综保区整体规划、布局及产业优势进行宣传展示。

（刘 欣）

**【国家对外文化贸易基地（北京）开园】** 8月25日上午，国家对外文化贸易基地（北京）暨北京天竺综合保税区·文化保税园正式开园。国家文化部部长蔡武、北京市市长王安顺出席开园仪式并讲话。来自中宣部、外交部、工业和信息化部等中央有关部门和北京市有关单位的代表，30多个国家的驻华使节代表，全国16个省、区、市文化厅局的代表，以及企业界和新闻界的代表出席仪式。

（刘 欣）

**【《合作框架协议》签订】** 天竺综保区管委会与市国有文化资产监督管理办公室签订《合作框架协议》。市文资办将依托天竺综保区特殊区位与政策优势开展相关业务，促进产业发展、增强产业活力。目前，市文资办已在天竺综保区注册“北京市文化科技融资租赁股份有限公司”，注册资金11.2亿元，主营融资租赁、租赁财产的处理及维修、租赁交易咨询及担保等业务。该公司实现“四个第一”：中国第一家开展文化资产尤其是文化无形资产融资租赁业务的企业；第一家涵盖央企、市企、民企混合所有制的文化融资租赁公司；本市第一家尝试员工持股、实施股权激励制度的文化企业；本市第一家试点职业经理人制度、完全市场化选聘人才的文化企业。

（刘 欣）

**【入区企业一般纳税人资格试点启动】** 天竺综保区通过与海关、国税地税局、工商局及园区企业的不断探索，同意开展入区企业一般纳税人试点。8月1日，天竺综保区正式开展试点运营，允许国药分拨中心、科园信海、华润北药等6家试点企业开具增值税专用发票，试点企业正式获得一般纳税人资格。当日，综保区（北京）国际医药分拨中心有限公司首次开具增值税专用发票，成为网内企业开具增值税专用发票的“第一票”，标志着此项业务在天竺综保区顺利开启。

（刘 欣）

**【宝石交易中心设立，宝石交易标准发布】** 国家对外文化贸易基地（北京）关于宝石的交易标准正式发布，该标准是中国积极探索构建既符合国际规则又充分体现中国市场特点的宝石交易标准体系的一次有益尝试。届时，国家珠宝玉石质量监督检验中心（NGTC）将负责宝石交易中心的宝石质检工作。

（刘　欣）

**【厦门投洽会】** 9月8日，第十八届中国国际投资贸易洽谈会（简称“投洽会”）在厦门国际会展中心圆满落幕。根据北京市统一安排，天竺综保区参与北京代表团参展筹备工作，对园区投资环境、功能政策、产业发展等进行宣传推广，并选派招商工作人员赴活动现场参加区县开发区板块的咨询答疑，与意向企业对接洽商，寻求共同合作和发展的机会。

（刘　欣）

**【利氏兄弟公司2014年秋季拍卖会成交额1600万元】** 10月16日，全球最大工业品拍卖企业利氏兄弟拍卖公司秋季无底价公开拍卖会在天竺综保区成功举行。此次拍卖会共计98台设备，涉及小松、神钢、现代、沃尔沃、三一、柳工、临工等国内外品牌，包括挖掘机、装载机、摊铺机、发电机组等产品类型，既有全新设备也有二手设备。注册参与竞拍人总计260人，其中130人通过网络参与竞拍，来自全球各地。拍卖会从上午10点30分开始，历时3个小时，98件拍品全部拍出，拍卖成交金额达到1600万人民币。

（刘　欣）

**【深化改革创新发展纲要通过专家评审】** 11月23日，天竺综保区深化改革专项领导小组召开专家评审会议，审议《北京天竺综合保税区深化改革创新发展纲要》。会议邀请商务部党组成员、部长助理王受文，国务院发展研究中心党组成员、办公厅主任隆国强，海关总署加贸司司长张皖生，国家发改委经贸司综合处处长庞锦，北京市发展和改革委员会副主任刘伯正，北京市商务委员会副主任宋建明等8位专家对《纲要》进行评审。《纲要》中提出的“一核三基地”发展战略，即：从服务国家发展战略、接轨国际经贸规则的角度，核心建设北京服务业投资与贸易便利化试验区；从服务首都城市战略定位、促进产业结构转型升级的角度，重点打造3个专业化基地——国家商贸服务示范基地、国家对外文化贸易基地和国家科技创新对外贸易基地。专家组原则通过《纲要》，并提出进一步完善的具体修改意见。

（刘　欣）

# 纪检·监察

**【概　况】** 2014年，区纪委监察局认真贯彻落实中央纪委、市纪委全会精神，以深入推进党的群众路线教育实践活动为契机，以明确落实“两个责任”为统领，立足反腐倡廉建设的阶段性和区域性特征，切实履行监督执纪问责职能，推动全区党风廉政建设和反腐败工作取得新的成效。进一步严明党的纪律，强化正风肃纪，持之以恒落实中央八项规定精神，加大“四风”问题整治力度；畅通群众监督渠道，加强案件线索管理，健全案件协查工作机制，加大纪律审查力度，坚持“有腐必反、有贪必肃”，保持惩治腐败高压态势；着力加强反腐倡廉教育，大力推进思想理论、革命传统、警示教育、实景教育、纪律教育五大廉政教育基地建设，大力推进廉政文化建设，着力营造风清气正社会氛围；加强统筹谋划，推动建立健全惩治和预防腐败长效机制，扎实推进廉政风险防控“三个体系”建设，建立实施约谈制度，切实加强权力运行的制约和监督；优化调整内设机构，规范处级单位纪检监察干部分工，全面清理议事协调机构，扎实推进纪律检查体制机制改革；狠抓纪检监察干部队伍建设，坚持从严要求、从严教育、从严管理、从严监督，着力提升纪检监察干部队伍的业务能力和水平。

单位名称：中共北京市顺义区纪律检查委员会北京市顺义区监察局

地址：顺义区府前中街1号

电话：（010）69441938

邮编：101300

网址：www.jiancha.bjsh.gov.cn

（纪检·监察）

**【廉政谈话】** 1月24日，区委常委、区纪委书记肖韵竹对全区2013年9月以来新调整岗位和新任处级领导干部共计143人进行廉政谈话。

（纪检·监察）

**【召开四届四次全会暨全区党风廉政建设和反腐败工作会】** 2月21日，中共北京市顺义区第四届纪律检查委员会第四次全体会议暨全区党风廉政建设和反腐败工作会议召开。会议由区委副书记、区长卢映川主持，市纪委常委张才雄出席会议。会上，区纪委副书记、监察局局长、行政投诉中心主任胡小兵传达中央纪委十八届三次全会、市纪委十一届三次全会精神，区委常委、区纪委书记肖韵竹同志作题为《聚焦党风廉政建设和反腐败中心任务 为全面深化改革推动转型升级提供有力保证》的报告。

（纪检·监察）

**【夏建成考察顺义区廉政风险防控管理工作】** 3月6日，浙江省丽水市委常委、纪委书记夏建成一行到本区考察廉政风险防控管理工作。听取经济社会发展基本情况和廉政风险防控管理工作情况介绍，并就纪检监察体制机制改革、廉政风险防控、电子监察等方面工作进行深入座谈交流。

（纪检·监察）

**【召开反腐倡廉宣传教育工作联席会】** 3月13日，区纪委组织召开2014年度顺义区反腐倡廉宣传教育工作联席会议，部署2014年反腐倡廉宣传教育工作任务，区委组织部、区委宣传部、区政法委等21家成员单位主管纪检监察工作副职领导出席会议。

（纪检·监察）

**【王海平调研】** 3月27日，市纪委副书记、市监察局局长王海平一行到本区调研纪检监察机关“转职能、转方式、转作风”有关工作情况，听取区纪委监察局关于2014年行政监察工作要点和推动“转职能、转方式、转作风”工作开展情况的汇报。

（纪检·监察）

**【卢映川调研】** 4月21日，区委副书记、区长卢映川到区监察局调研工作。听取区纪委副书记、区监察局长、区行政投诉中心主任胡小兵关于2014年区监察局工作思路和工作重点的汇报。

（纪检·监察）

**【肖韵竹蹲点调研】** 4月22日至24日，区委常委、区纪委书记肖韵竹前往区教委蹲点调研，先后走访南彩中学、木林中心小学和区教委机关，查看学校基础设施、教育教学、服务保障等情况，听取区教工委书记冯义国关于顺义区教育事业发展现状、未来规划及区教委教育实践活动开展情况的汇报和学校负责人关于学校整体工作开展情况的汇报，与区教委班子成员、学校班子成员、中层干部、一线教师进行了座谈交流，认真征求有关推动群众路线教育实践活动深入开展、推进区域深化改革以及抓好党风廉政建设和反腐败工作等方面的意见建议。

（纪检·监察）

**【纪律检查体制改革专项小组第一次全体会召开】** 4月29日，顺义区纪律检查体制改革专项小组第一次全体会议召开，会议由区委常委、区纪委书记肖韵竹主持，会议审议通过《顺义区纪律检查体制改革专项小组组成人员及下设课题组职责》、《顺义区纪律检查体制改革专项小组工作规则》、《2014年顺义区纪律检查体制改革重点任务》、《顺义区纪律检查体制改革专项小组关于强化权力运行制约和监督体系改革任务分解表》等文件，通报中央纪委、市纪委内设机构调整情况。

（纪检·监察）

**【肖韵竹调研】** 5月5日上午，区委常委、区纪委书记肖韵竹同志就乡镇纪检监察工作进行调研。听取部分乡镇纪委书记关于工作开展情况、重点工作任务落实情况、纪委书记工作分工及工作职责情况的汇报，认真征求有关推动群众路线教育实践活动深入开展、推进区域深化改革以及抓好党风廉政建设和反腐败工作等方面的意见建议。

（纪检·监察）

**【内设机构调整】** 6月份，区纪委监察局完成内设机构的调整：将原有的党风政风监督室（区纠正部门和行业不正之风办公室）、执法和效能监督室、预防腐败室、电子监察室整合为党风政风监督室（预防腐败室、顺义区纠正部门和行业不正之风办公室），在干部室基础上组建组织部、在宣教室基础上组建宣传部、在案件检查室基础上组建第三纪检监察室，增设案件监督管理室、第一、第二纪检监察室，将研究室（政策法规室）更名为研究室、信访举报与投诉室（区行政投诉中心）更名为信访室（与顺义区行政投诉中心合署办公）。9月24日，京顺办〔2014〕20号文件正式批复。

（纪检·监察）

**【张才雄作报告】** 7月15日，市纪委常委张才雄为全区作题为《加强作风建设、落实“两个责任”、加快推进“三转”》的专题辅导报告。

（纪检·监察）

**【叶青纯调研】** 8月29日，市委常委、市纪委书记叶青纯、市纪委副书记、市预防腐败局局长、市纪委秘书长王贵平、市纪委研究室主任倪紫剑一行到本区调研，听取关于党风廉政建设和反腐败工作有关情况的汇报。

（纪检·监察）

**【王刚做客北京纪检监察网在线访谈】** 9月4日上午10:00，顺义区委书记王刚做客北京市纪检监察网站在线访谈，就“切实落实党风廉政建设主体责任”与网友进行在线交流。

（纪检·监察）

**【张丽红作培训】** 10月8日，区纪委、区委组织部联合组织开展纪律教育专题培训，市纪委审理室主任张丽红就《中国共产党纪律处分条例》为本区2014年处级干部理论进修班学员及部分纪检监察干部共计132人进行重点解读。

（纪检·监察）

**【反腐倡廉实景警示教育基地启动仪式】** 10月30日，顺义区反腐倡廉实景警示教育基地启动仪式在区法院举行，区委副书记、政法委书记周颖博致辞，全区144家单位纪检监察工作主管领导、相关单位财务工作主管领导及财务工作人员共计245人参加了区内违法违纪案件的旁听庭审活动。

（纪检·监察）

**【张岚调研】** 11月20日，市预防腐败局副局长张岚一行就农村“三资”管理及农村征地拆迁过程中廉政风险防控管理工作到顺义区进行调研，听取区纪委、南法信镇党委的工作汇报。

（纪检·监察）

**【张丽红作讲座】** 12月18日，市纪委案件审理室主任张丽红为区领导、处级单位“一把手”和纪委书记共计310人作“以案说纪，警钟长鸣”纪律警示教育专题讲座。

（纪检·监察）

**【成立纪检监察信息中心】** 12月26日，依据顺编委〔2014〕31号文件，区纪委监察局纪检监察信息中心成立，为正科级事业单位。

（纪检·监察）

# 民主党派

【概　况】 民主党派在国家政权中是参政党，在中国共产党的领导下，参加国家政权，参与国家大政方针和国家领导人选的协商，参与国家事务的管理，参与国家方针、政策、法律、法规的制定执行。它们是接受中国共产党领导的，同中共通力合作、共同致力于社会主义事业的亲密友党。顺义区共有民主党派七个，人数290人。全区民主党派成员团结一致，积极为区域发展建言献策。

单位名称：顺义区委统战部

地址：顺义区府前东街11号

电话：（010）69443996

邮编：101300

（区委统战部）

**【民革北京市顺义区总支部成立】** 4月25日，民革北京市顺义区总支部成立，民革市委主委傅惠民，副主委于雪鹰、褚玉梅，顺义区委统战部副部长贾睿，顺义区其他民主党派代表和民革顺义区总支全体成员出席了成立大会。会上任命顺义区政协常委、钱江弹簧（北京）有限公司总经理张涌森为民革北京市顺义区总支部主委。

（区委统战部）

**【致公顺义支部联合朝阳支部组织活动】** 2014年8月31日，在顺义区委统战部的大力支持下，致公顺义支部联合朝阳十三支部的部分党员参观考察汉石桥湿地。这次活动，不仅为大家提供一次感受自然、亲近自然，体会顺义作为绿色国际港的巨大魅力，而且两个支部的党员们还彼此增进了解，他们纷纷表示希望以后多组织这样有益的活动，有利于今后工作的开展。

（区委统战部）

**【农工党顺义支部举行大型义诊活动】** 10月1日至7日，农工党顺义支部联合北京京顺医院举行以“汇聚名院名医 关注百姓健康”为主题的第六届顺义京顺健康节，邀请北医三院专家在顺义举行大型义诊活动、开办健康讲座和赠送健康礼品，服务患者13000人，减免费用60万元。

（区委统战部）

**【民革顺义总支举办公益活动】** 10月30日，民革顺义总支联合统战部、北务镇政府在北务镇中心小学共同举办“博爱牵手－明星进课堂”公益活动启动仪式。民革二支部向北务小学艺术教研室捐赠了艺术类书籍，部分艺术类党员还被聘任为北务小学艺术教研室指导老师。

（区委统战部）

# 群众团体

## 顺义区总工会

【概　况】2014年，区各级工会组织坚持改革创新、深化发展，按照“维权要到位、服务要做实、发展要全面”的工作要求，着力做好工会组建和工资集体协商工作，着力加强职工服务和维权，通过强化职工文化建设和工会自身建设，倾情打造工会服务品牌，各项工作扎实稳步推进，在全区工作大局中发挥了积极作用。

单位名称：北京市顺义区总工会
地址：顺义区光明南街4号
电话：（010）69444520
邮编：101300
网址：http://www.gonghui.bjshy.gov.cn

（总工会）

【开展群众性经济技术创新活动】开展以“当好主力军，建功‘十二五’”为主题的经济技术创新活动，2014年，全区职工参加经济技术创新活动提出合理化建议3665条，其中采纳2850条，技术革新、技术攻关226项，累计创造经济效益4875万元。各级工会举办技术比赛147场次，参赛职工6586名。其中，19家单位选拔出56名选手参加了顺义区职工烹饪技能大赛，区卫生局、顺义宾馆分别获得中式烹饪和面点第一名。全区有1人荣获“全国五一劳动奖章”，1个班组荣获“全国工人先锋号”；10人荣获“首都劳动奖章”，2个单位荣获“首都劳动奖状”；4个班组荣获“北京市工人先锋号”称号。

（总工会）

【职工素质教育工程】年内，区5700名职工参加公益大讲堂活动，63918名农民工接受安全、礼仪等方面知识培训，9.6万名职工接受岗位技能培训，5336名职工参加通用能力培训，34名员工获得“首都农民工大学生助推计划”资助，64名取得技师资格证书职工获得“在职职工职业发展助推计划”8.3万元资助；1.2万名职工参加“我创新、我超越”知识竞赛答题及征文活动，区总工会荣获优秀组织单位称号。

（总工会）

【工资集体协商】年内，顺义区完成60家百人企业规范化建设，其中国有企业完成17家，非公企业完成43家；全区25人以上企业单独签订工资协议749家，区域性工资协议签订77个，覆盖企业352家，覆盖职工11万余人，签订率达95%。

（总工会）

【劳动争议调解和法律援助】年内，顺义区劳动争议调解中心共接待职工来电、来访咨询527人次；受理并成功调解劳动争议案件14件，涉及职工655人，调解成功率100%，涉及工资、社会保险、经济补偿金、工伤补偿金等751.4万元；提供法律援助案件115件。

（总工会）

【民主管理和“厂务公开”】 年内，顺义区106家国有、集体及控股企业、210家事业单位、984家非公有制企业，85个区域性工会联合会开展厂务公开民主管理工作。国有企业建制率100%，非公有制企业建制率87%。区总工会作为区厂务公开领导小组的具体工作机构，认真组织实施了“1.28”、“7.28”厂务公开日活动，安排区领导参加指导基层厂务公开工作。同时，加大企业和职工代表的培训力度，在全区范围内开展示范单位创建活动，对照标准，完善机制，有力推进了基层民主政治建设进程。

（总工会）

【职工帮扶机制】 年内，全区各级工会筹集送温暖资金95.4万元，走访慰问困难职工家庭947户；区职工服务（帮扶）中心筹集帮扶资金51.1万元，帮助困难职工511人次；慰问劳模625人次；“金秋助学”为79名困难职工子女发放助学款17.41万元；就业帮扶为323人次提供技能培训，推荐就业岗位326个，实现转移就业238人。

（总工会）

【职工互助保障计划】 年内，职工互助保险各项保障计划投保共计59917份，保费共计300.97万元，受益职工941人，受益金额127万元；积极宣传“在职职工医疗互助保障计划”，对职工医药费个人负担部分进行二次报销，受益职工2万人，受益金额463.5万元，进一步减轻了职工医疗负担。

（总工会）

【工会组建与会员发展】年内，全区新增18家非公企业工会，覆盖职工2408人，发展会员2288人，职工入会率为95%。截至目前，全区累计建会1802家，涵盖法人单位3241家，覆盖职工16.6万人，发展会员15.8万人，建会率97%，职工入会率95%。329个村和57个社区建立工会联合会和联合工会，形成村（社区）工会组织网络。年内录入会员信息新增9464人，办卡新增7412人；共为13.3万名会员办理“京卡·互助服务卡”，办卡率达84%。

（总工会）

# 共青团顺义区委员会

【概 况】 2014年，围绕全区“三个阶段、四个转型”的工作思路，依托五大工作体系，紧扣“青春助力转型”的工作主题，紧密围绕提高团的吸引力和凝聚力、扩大团的工作有效覆盖面的新要求，团结带领全区广大团员青年发扬接力精神，凝聚青春力量，用青春助力转型助推升级。

单位名称：共青团顺义区委员会

地址：顺义区光明南街4号

电话：（010）69444398

邮编：101300

网址：http://www.youth.bjshy.gov.cn

（团区委）

【两节送温暖】 2014年两节期间，顺义团区委争取市、区资源，对贫困家庭的青少年进行慰问，送去米面油、棉被、学习用具等慰问品。共为460名重点青少年和贫困家庭品学兼优的孩子送去价值30余万元的生活学习必需品。

（团区委）

【中韩大学生志愿者交流营】 4月2日，以中韩青年大学生群体为主的“中韩大学生志愿者交流营”约140人，到燕京啤酒厂参观。

（团区委）

【登山长走大会】 5月4日，2014春季北京顺义国际登山长走大会，300余名志愿者参与此次登山长走活动服务保障工作。志愿者通过参加通用知识、岗位培训，在活动路线、点位情况、礼仪接待和应急处置等方面做充分的技能储备，为圆满完成各项服务任务打下良好基础。活动当天，志愿者们提前2个小时到达工作区域开始各项准备工作。志愿者们累计提供服务1000余小时，服务万余人次。

（团区委）

**【微信体系建设试点单位】** 为深入了解农村共青团微信体系建设试点工作开展情况，总结经验，发现问题，为全面推开工作提供支撑，团中央选定共青团顺义区委员会作为北京市农村共青团微信体系建设工作全市唯一试点单位，并开展调研工作。

（团区委）

**【青年联合会】** 9月26日，顺义区青年联合会二届一次全委会召开。会议听取和审议顺义区青年联合会一届一次全委会工作报告，本届区青联委员共161人，平均年龄36.5岁，分7个界别组。二届青联换届以来，相继开展一系列走访活动，共走访委员七次。开展“国庆艺术之旅”、“温暖冬衣”爱心捐赠、“区域化团建”对接会、“迎新年重温红色经典”等活动。一直将委员走访工作作为加强与委员沟通交流的重要手段，青联将继续发挥自身能动性，根据委员需求成立更多兴趣类、文体类组织，为委员提供更好地活动平台，丰富本区青联委员的文化生活，扩大区青联的影响力。

（团区委）

**【公益徒步嘉年华】** 10月18日，“携爱相聚，漫步花海——纪念北京希望工程20年公益徒步嘉年华”活动在北京国际鲜花港举行，近4000名北京希望工程的捐赠者、受益者代表参加活动。在沿途设立宣传展板，用以展示北京希望工程20年间的工作历程及全市十六个郊区县希望工程工作站的工作内容。

（团区委）

**【青年公益联盟正式成立】** 12月5日，全市首个针对在校学生搭建的青年公益平台－北京市顺义区青年公益联盟成立仪式召开，青年公益联盟是联络、团结、凝聚本区各小学、初中、高中内公益团体的学生组织，由自愿、无偿为社会提供志愿服务的学生组成，接受北京市顺义区志愿者联合会监督管理与指导。目前联盟拥有6所成员学校，今后将逐步覆盖和凝聚全区各高中、初中和小学的学生志愿服务力量，不断实现自我完善和发展壮大，积极开展“1+1学业互助”、“社团慰问演出”、“小手暖大手”等各类具有学生特色的志愿服务活动，推进青年学生志愿服务领域工作和全区志愿服务事业。

（团区委）

**【青年汇】** 全区28家社区青年汇基本实现“政府放心、社会认可、青年欢迎、自身有活力”的目标。2014年青年汇先后联合社区报举办首届“童心·梦想”才艺秀、顺义在线举办“缘聚七夕 万人相亲”活动，社区报举办“顺义好邻居”颁奖晚会，顺义银座村镇银行发行全市首张青年汇银行卡，成为青年参与活动的会员卡和享受服务的打折卡等。全区28家青年汇共开展活动1640次，其中参观实践类404次、学习培训类290次、志愿服务类292次，交友联谊、体育比赛、孵化培育等其他类型活动654次，参与青年达33821人次，其中密切联系青年9744人。

（团区委）

# 顺义区妇女联合会

**【概 况】** 北京市顺义区妇女联合会是在区委领导下的社会群众团体，内设机构为办公室、宣传部、权益部、妇女儿童工作委员会办公四个职能部门。全区共有各镇、街道妇联25个，委、办、局、公司、中心妇委会87个，村妇代会426个，社区妇代会96个。年内围绕市妇联的工作重点，把握区“三个阶段性特征”及“四个转型升级”的战略要求，围绕“建设绿色国际港，打造航空中心核心区”的奋斗目标，发挥党和政府联系妇女群众的桥梁和纽带作用，围绕中心、服务大局、服务妇女，把妇联组织建设成为党和政府开展妇女工作的“坚强阵地”和深受广大妇女信赖和热爱的“温暖之家”。

单位名称：北京市顺义区妇女联合会

地址：北京市顺义区光明南街4号

电话：（010）69444576

邮编：101300

网址：http://www.fulian.bjshy.gov.cn/

（妇　联）

**【“三八”节活动】**3月5日，为纪念第104个“三八国际劳动妇女节”，弘扬各行业女性及家庭的优秀事迹，顺义区妇联举办主题为“巾帼建新功 共筑中国梦”的“三八”节庆祝活动。北京市三八红旗集体、顺义区人力社保局职业介绍服务中心，北京市“三八”红旗奖章获得者、顺义区社区服务总中心主任李静，北京市“三八”红旗奖章获得者、顺义区东风小学教师姚俊霞分别代表巾帼文明岗和巾帼建功标兵，从不同侧面讲述岗位建功、岗位立业的感人事迹和奋斗历程。区和谐家庭代表王淑明、孝老爱亲家庭代表高秀清，热心公益家庭代表程福起通过各自的家庭故事，诠释“自尊、自信、自立、自强”的“三八”妇女精神。

（妇　联）

**【“妇女之家”建设】**继续按每人每年3元的标准拨付“妇女之家”活动经费共计112万元。以“妇女之家信息系统”为统领，引导各“妇女之家”围绕八大职能开展丰富多彩的服务活动，共举办各类活动15000余次，上报市妇联工作信息15000余条，居全市之首。继续选树“妇女之家”区级示范点15家，通过典型的带动，整体提升全区妇女之家的建设水平，切实解决“有人干事”、“有阵地做事”、“有钱办事”的问题。

（妇　联）

**【家庭创建】**按照“特色家庭”“和谐家庭”、“和谐家庭标兵户”的三层创建模式，开展区、镇（街）、村（居）三级联创活动，全年共选树各类家庭1000户。同时在全区504个“妇女之家”中开展寻找“最美家庭”活动。全年共在顺义电台、电视台播出专题片20期，在北青社区报、顺义时讯刊登家庭故事专版6期，在顺义妇女网等网络媒体宣传家庭故事70余次。1户家庭荣获全国“最美家庭”提名奖，3户家庭荣获市级“最美家庭”，7户家庭荣获市级“最美家庭”提名奖。3月18日，全国妇联书记处书记焦扬到顺义区调研开展寻找“最美家庭”活动工作。9月24日顺义区妇联联合北小营镇召开“迎国庆顺义区‘巾帼环境行动’暨北小营镇‘我的小院我做主’推进会”。

（妇　联）

**【妇女就业培训】** 举办“顺义区第七届女性专场招聘会”吸引500余人参加，有160人初步达成就业意向。大力开展就业技能培训，全年共组织开展各类技能培训320期，累计培训4万余人次。

（妇　联）

**【普法及维权工作】** 充分利用“三八”维权周、“6.26”法制宣传日等有利契机开展集中宣传活动。全区各级妇联组织共开展法律宣传活动300余次，发放宣传资料4余万份，制作板报、宣传橱窗，张挂横幅等宣传品6000余份。此外，依托在法院建立的“巾帼普法教育基地”组织“旁听代培训”活动70场，累计培训2000余人次。全区妇联系统共接待来信、来访、来电共计182件，与去年同期相比下降29.5%。为8名贫困妇女申请《中央公益彩票金法律援助项目》，为其减免诉讼费用2.24万元，维护贫困妇女的合法权益。12338热线获得全国妇联“热情、周到、规范”的肯定，在区情174期登载。

（妇　联）

**【帮扶救助】** 积极维护弱势女性权益，全年共为156名单亲贫困母亲、低收入困难妇女、老妇救主任、贫困两癌患者送去慰问款共计16.2万元，为本区贫困幼儿送去多美滋奶粉和辅食慰问物资300余箱。此外，积极联系市妇联争取相关的帮扶项目，共为99名妇女群众制作义乳。

（妇　联）

## 顺义区工商业联合会

**【概况】** 顺义区工商业联合会以团结、服务、引导、教育广大会员爱国、敬业、诚信、守法，投身社会主义经济建设、政治建设、文化建设、社会建设和生态文明建设。工商联具有统战性、经济性、民间性有机统一的基本特征，其服务对象主要包括私营企业、非公有制经济成分控股的有限责任公司和股份有限公司、港澳投资企业等。本会承担顺义区非公企业的入会、组织调研工作，开展经济、技术、经贸交流，提供了法律、法规、政策信息咨询等服务。截至到2014年12月底，本会拥有769家企业、团体、个人会员，覆盖全区19个镇。

单位名称：北京市顺义区工商业联合会

地址：顺义区石门街6号（国泰宏城对面供销大楼六层）

联系电话：010-69441974

邮编：101300

（工商联）

**【第三届非公企业健身运动会】** 顺义区工商联举办以“信用为本诚信至上”为主题的第三届非公企业健身运动会，以运动会的形式凝聚非公企业力量，引导非公企业家诚信经营、诚实做人，弘扬非公经济人士的正能量，坚定理想信念。

（工商联）

**【非公党建调研】** 4月份，顺义区工商联配合区委组织部，与区社工委等部门开展非公党建调研工作。深入到北京中图石油有限公司、福建莆田商会开展顺义区非公企业党建工作调研，了解非公企业党支部、异地商会党支部建设和活动情况。召开部分非公企业党支部书记座谈会，了解非公企业党建工作中的做法、经验及遇到的问题。6月5日，在临空经济核心区，了解核心区非公经济党建工作。

（工商联）

**【民营企业招聘周】** 为缓解非公企业用工难题，5月，顺义区工商联与区人力社保局、区总工会共同举办顺义区“民营企业招聘月”活动。组织有用工需求企业积极参与，招聘人才，解决企业用工难题，壮大企业的职工队伍。

（工商联）

**【顺义区民间商会】** 顺义区工商联7月份完成北京市顺义区民间商会注册工作。制定《顺义区民间商会章程》、确定会长、副会长及理事成员。

（工商联）

**【基层商会组织】** 顺义区工商联建立乡镇街道商会、园区商会、异地商会和行业协会“四位一体”的组织体系，积极开展对非公企业的服务工作。在已建立19个镇商会、2园区商会、2个异地商会和3个行业协会的基础上，10月，顺义区工商联又建立胜利、光明、旺泉、双丰、空港、石园6个街道商会，实现工商联组织在全区25个乡镇街道全覆盖。

（工商联）

**【青年企业家队伍】** 把团结凝聚青年企业家作为2014年的重点工作之一，成立顺义区青创俱乐部，定期举办培训、交流、拓展等各类活动。推荐琪舰消防范伟博、新奥建筑刘京涛等23名优秀青年企业家为顺义区青联代表。推荐16名青年企业家参加市委统战部、市工商联共同组织的北京市青年企业家培训班。

（工商联）

**【女企业家队伍】** 建立女企业家、高级管理者队伍，3月8日，组织女企业家参观北京运通泰制衣有限公司服装制衣车间。并邀请国外服饰专家及运通泰公司设计师讲解国际服装流行趋势和服装色彩搭配技巧。还建立工商联女企业家微信群。

（工商联）

**【老企业家队伍】** 在吸纳新企业的同时，不忘老会员，在区工商联恢复成立20周年之际，组织召开部分老会员企业座谈会，30余名企业家代表参加座谈。

（工商联）

**【政策服务】** 顺义区工商联与区外事办、区科委共同举办2014年政策宣讲会。讲解顺义区APEC商务旅行相关政策和民营企业科技政策。

（工商联）

**【培训服务】** 11月，为贯彻落实十八届四中全会精神，顺义区组织各基层商会、非公企业家代表80余人开展廉政文化进民企培训活动。通过观看展板触目惊心的案例，及区委党校马立珍教授《规范经营管理 从源头阻断腐败》讲座，让非公企业家深刻认识到贪腐的巨大危害，企业家们也深刻表达诚信经营、诚实做人、维护和谐的态度和决心。

（工商联）

**【人才服务】** 顺义区工商联邀请区委组织部、区人力社保局等职能部门走进非公企业，普及人才政策。深入北京大众在线网络技术有限公司、北京信得威特科技有限公司等高科技人才多的企业，了解企业在高科技人才引进、培养和发展情况，及存在的困惑。为企业普及顺义区高科技人才政策，解答企业家在人才工作中的疑惑，进一步明确非公企业人才引进和发展的方向。

（工商联）

**【交流服务】** 顺义区工商联组织晓东顺、中瑞宏宇、骏马客运等7家企业赴哈尔滨进行考察学习。9月22日，接待杭州江干区工商联考察团和德阳市民营企业家培训考察团，依托友好商会，增进与外地非公企业的交流，进一步加强合作，互通信息、拓展市场。

（工商联）

**【精品课堂】** 11月，顺义区工商联与区人力社保局、区劳动仲裁院组织开展构建和谐劳动关系“以案说法”培训会，200名非公企业家和人力资源负责人参加培训。通过分析会员企业亲身经历的劳动纠纷案件，讲解新形势下非公企业劳动关系特点、劳动纠纷案件的共性及处理政策，提高非公企业自我预防与内部化解劳动争议的能力。

（工商联）

# 顺义区科学技术协会

**【概　况】** 2014年，顺义区科协围绕全民科学素质纲要这一主线，发挥市、区科协的枢纽型组织作用，团结和动员社会力量，全面启动“顺义区提升全民科学素质”工程，以科普之春、科技周等品牌活动为平台，共组织科普活动80余次，发放科普材料3万余份，宣传群众80000人次。

单位名称：顺义区科学技术委员会
地址：顺义区光明南街24号
邮编：101300
电话：69443483

（科　协）

**【“全民科学素质行动计划刚要共建协议”】** 2014年4月北京市科协与顺义区政府签订“顺义区政府落实全民科学素质行动计划纲要共建协议”。顺义区成立由主管副区长任组长，区科委主任、科协主席任副组长，各镇、街道和相关单位主管领导为成员的“顺义提素行动”领导小组，制定“顺义区提升全民科学素质行动方案”，并于2014年9月22日召开“顺义区提升全民科学素质行动”工作部署会。为落实好此方案，区科委、科协依靠《北京科技报》资源，开展“百村提素行动”、科普课堂、知识竞赛等系列活动。2014年，制作“提素”宣传挂图三期，“提素行动”展板50块，在社区进行宣传；九月底，利用十一假期黄金周，“提素”展板在七彩蝶、汉石桥湿地和鲜花港三个科普基地展出，宣传群众5000人次；百村提素行动”系列科普讲座举办五场，宣传群众600人次；“顺义提素有奖竞答”活动第一阶段于11月1日正式在顺义科技网上线，答题活动持续到2015年5月。

（科　协）

**【北京科技周主场大型科普展览】** 5月19日，区科委、科协牵头组织全区19个镇、6个街道的科普工作者、机关干部共400余人参观2014全国科技周暨北京科技周主场大型科普展览。

（科　协）

**【健康知识教育讲座】** 顺义区科协联合区医学会于3月-6月间，陆续在胜利、光明、空港三个街道办事处及其所属社区居委会举办24场健康知识教育讲座。讲座老师分别来自顺义区医院的各科室专家。

**【青少年科技活动】** 1、科技周期间，区科协与区教委密切配合，邀请北京市科协、北京科技教育促进会专家讲师团的科学院专家走进顺义五中、牛栏山一中实验学校、杨镇二中等10所中小学校，举办地理、天文、植物、能源等学科的科普讲座10场。2、在第34届北京市青少年科技创新大赛中，顺义区共申报45个项目，获一等奖3项、二等奖8项、三等奖15项。其中牛一李振涛老师、杨一孙海静老师的科技辅导员科技创新项目和东风小学钟晴同学的少年儿童科幻画入围全国大赛。

（科　协）

**【顺义区科技套餐工程都市型现代农业示范基站】** 5月，在与市科技社团服务中心组织的项目对接会上，“基站”和北京农学会、蔬菜学会等11个学会建立联系，签订科技服务项目18项。8月8日，与市农学会合作的60亩京科糯928玉米试验示范项目在顺义北郎中召开北京市各区县基站参加的品种推广会。年内，基站围绕科普惠农共计开展活动43次。其中开展实用技术培训26次，培训3500人次；推广技术成果6项。

（科　协）

**【“枢纽型”组织建设】** 年内，科协管理的科技类社会组织增加到13家。其中：8家民非，5家社团。

（科　协）

**【科普影视展映】** 5月17日——5月31日，4个街道（70个社区）及8所中学共放映《科普影视集萃》科普电影106场次，累计17990人次观看。

（科　协）

【“2014年科普行”活动走进社区】中国科学院老科学家演讲团成员陈钰老师走进怡馨家园社区开展“走进大医院的学问”讲座和宣传；中科院自动化所、金博士机器人公司的专家走进顺义区科技馆为近百名学生进行为期四天的机器人的基本原理和组装操作培训；中国红十字会总会训练中心讲师团教授孙素萍走进光明街道双拥社区，为辖区居民宣传和讲解有关急救的相关知识等。

（科　协）

【科普惠农兴村计划】年内，顺义区共有4个集体和4个个人在“科普惠农兴村计划”中获得奖补资金支持，获奖补资金72万元。其中龙湾屯巧嫂果品产销合作社的张亚利被评为全国惠农先进个人，获得5万元奖补资金支持。

（科　协）

【科普益民计划】年内顺义区共有6个优秀社区、1个优秀基层科普场馆、4个优秀社区科普宣传员获得北京市“社区科普益民计划”奖励，共获奖补资金67万元。2014年本区推荐的光明街道裕龙三社区被评为全国科普示范社区，获奖补资金20万元。

（科　协）

# 顺义区残疾人联合会

【概况】2014年，区残联以区内残疾人切实关心、关注的民生问题为导向，扎实履行好残联的“代表、服务、管理”职能，稳妥、高效的完成了年初制定的各项任务。残疾人就业、康复、扶贫、社会保障、无障碍改造、维权信访等工作取得了一系列新成绩、新进步，区内残疾人工作又了迈向一个新的快速发展阶段，为“十三五”期间残疾人事业发展奠定坚实的基础。

单位名称：顺义区残疾人联合会

地址：顺义区石园北区乙56号

电话：（010）69442473

邮编：101300

网址：http://www.canl.bjshy.gov.cn

（残　联）

【残保金征缴】2014年，全区用人单位23844家，已审核17327家，审核率为72.67%，核定残疾人保障金1.3亿元，超去年审核金额22%。已入库1.31亿元，入库率为99.38%，为区内残疾人事业发展奠定坚实可靠的资金保障。

（残　联）

【扶贫与助残】2014年，全区有5482名残疾人参加城乡居民养老保险，参保率97.3%；15988名残疾人参加城乡居民医疗保险，参保率99.6%。为7949名残疾人发放生活补助2800万元，为8784名残疾人发放助残券1054万元。“两节”期间，为6591名残疾人发放慰问品，为50户危房残疾人家庭改造房屋。全区10家扶贫基地，扶持384名残疾人通过种、养殖业增加收入，摆脱贫困。

（残　联）

【康复工作】全年为低保、重残、老残一体、一户多残、本人是残疾人的患者开展白内障扶贫手术338例，为15名肢体残疾人安装假肢、矫形器共27件，为成年残疾人免费配发小型辅助器具576件。建成北小营、赵全营等五个康复示范站，为社区康复站配备齐全的康复器材。对35名残疾人专职工作者及全区508名社区康复协调员进行2期专门业务知识培训。为1078名残疾人亲属开展家庭康复培训14期。组织残疾人参加“金点子”辅具创意活动，共上报作品19件，其中7件作品被选送参加了“东方杯”全国辅助器具创新设计大赛。

（残　联）

**【职业康复中心建设】** 顺义区残疾人职业康复中心总建筑面积16744平方米，分为地上10层和地下2层，总投资1.3亿元。2014年12月底已完成大楼主体结构封顶，2015年进行内外装修和设备采购。职康中心内设辅具中心、儿童康复园、家庭培训学校等专业康复机构，能为残疾人朋友提供一个多功能、开放式的集康复、学习、娱乐为一体的康复环境。

（残　联）

**【教育与就业】** 全年安置160名残疾人就业，为73名残疾人进行求职登记，扶持8家盲人保健按摩机构，扶持2名盲人按摩师自主创业。举办2场残疾人专场招聘会，提供80余个岗位。投入180万元支持职康站活动，共有625名残疾人参加职康劳动。组织672人参加职业技能培训，其中农村技术培训213人。为10名重度残疾儿童提供“送教上门”服务，为79名经济困难残疾学生发放学费补助。

（残　联）

**【为孤残儿童送“康复上门”】** 3月12日，区残联工作人员为区社区服务总中心福利院的36名孤残儿童办理残疾证。3月20日，区残联邀请市残联康复指导中心工作人员为6名孤残儿童进行肢体检查，并制定“一对一”康复服务档案，每个月至少进行一次肢体康复训练，效果显著。

（残　联）

**【助残日系列活动】** 5月16日起，区残联举办主题为“关心帮助残疾人，实现美好中国梦”助残日系列活动。活动包括：为区内13名残疾人进行假肢、矫形器的测量和安装；举办残疾人大型专场招聘会，共有15家用人单位为残疾人提供77个岗位；举办第七届残疾人职业技能竞赛初赛顺义赛区活动，共有来自6个区县的100余名残疾人参加。

（残　联）

# 顺义区红十字会

**【概　况】** 2014年按照区委和区政府的总体要求，在市红十字会的指导下，顺义区红十字会按照周密部署统一安排，积极扎实开展工作，继续发挥政府人道救助领域的助手作用。

单位名称：北京市顺义区红十字会
地址：北京市顺义区光明南街4号总工会大楼8层
电话：81494903
邮编：101300

（何　伟）

**【募捐救助】** 2014年，顺义区红十字会通过在全区各镇、街道基层红十字会开展活动，募集“博爱在京城”项目善款1158308.7元。两节“送温暖”活动，区红十字会根据顺义区的实际情况，利用新型农村合作医疗办公室提供的数据，对全区农业户籍中肾透析患者产生自付费用多的前200名的人群进行救助，使用救助款项16万元。8月3日云南鲁甸地区发生地震后，区红会共接收区内各界爱心人士与爱心企业的善款100.69万元，已全部上缴北京市红十字会。2014年社会救助的重点进一步向因病致贫、因灾致贫的家庭进行倾斜，全年共对全区22人进行救助，使用救助款项18.9万元，其中包括牛栏山镇遭受火灾家庭一户。

（何　伟）

【订单式培训】2014年，区红十字会通过下基层，进企业进行业务调研，了解到区内大量生产制造和服务业等用工密集的企业对应急救护培训需求急剧增加。针对这种情况，区红十字会决定推出订单式应急救护培训，受训企业可以根据自身的行业特点和培训需求，通过填写区红十字会自制的订单，自行选择相应的培训项目进行组合，再由红十字会为受训企业提供免费高质的培训服务。2014年区红十字会对全球国际货运代理、西沃家具、大方职业学校、泛美服装等多家企业单位共计897人进行应急救护普及和取证培训，并普及防灾减灾和自救互救常识，充分发挥红十字会在应急救护培训中的主体作用。

（何　伟）

【舞彩浅山红十字救援队组建】为应对游客来到舞彩浅山登山步道旅游过程中可能发生的意外灾害问题，区红十字会经过前期的充分准备，4月24日下午，区红十字会指导木林镇、龙湾屯镇红十字会，分别组织舞彩浅山步道周边区域联防队员、森林防火员等村民50人，由区红十字会对其进行业务培训，取得自救互救培训证书，并成立顺义区舞彩浅山村级红十字救援队，由北京市红十字会秘书长刘燕君、副区长于庆丰同志进行授旗。

（何　伟）

【弘扬红十字精神】2014年区红十字会继续加大红十字文化的传播力度，将"戮力同心、立公惠民、积善累德、自信一流"的首都红十字核心价值观构筑为红十字工作者的价值追求和精神家园。上半年区十字红会借助"5·8"世界红十字日、"5·12"防灾减灾日等重大时节，利用区内电视媒体和户外电子屏幕播出红十字宣传短片，同时与户外传媒公司签订了长期合作协议，每周末在户外电视墙上播出急救知识短片，大力传播红十字文化，普及防灾应急知识。

（何　伟）

# 顺义区
# 文学艺术界联合会

【概　况】2014年顺义区文联按照区委、区政府和市文联的整体工作要求，以习近平总书记在文艺座谈会上的重要讲话精神为指导，始终坚持以人民为中心的创作导向，"深入生活、扎根人民"，坚持把社会效益放在第一位，积极弘扬社会主义核心价值观，团结全区的文艺工作者，跟上时代发展、把握人民需求，扎实推进全区文艺工作发展，为完善和提升全区的人文形象做出积极的贡献，完成了全年的工作任务。

单位名称：顺义区文学艺术界联合会
地址：顺义区拥军路3号
电话：（010）69432072
邮编：101300
网址：http://www.wenlian.bjshy.com.cn

（刘忠诚）

【建立了《顺义区文学艺术网》】网站以展示文艺精品，介绍和宣传顺义文艺名人，反应顺义文艺动态为主要内容。设置了文联概况、文艺动态、文艺家协会、文艺名家、艺术作品、文艺视频、文艺大事记、文化社团、文艺动态等栏目。网络于12月28日正式开通。

（刘忠诚）

【建立了对优秀作品的奖励机制】对2014年本区获得市级以上官方宣传文化系统奖励的作品和在省（市）级以上刊物发表及广播、电视媒体上播出的作品分五等进行奖励。年内，159件作品获奖。奖励总金额23万元。

（刘忠诚）

【召开顺义区戏剧曲艺家协会第一次代表大会】会议于11月24日在东竹园宾馆举行，原戏剧爱好者协会、曲艺家协会合并。柴松林同志当选为主席。区文联直属协会由八个变为七个。

（刘忠诚）

【举办首届潮白河笔会】此次笔会由区文联和作协共同主办，于10月12日至14日在东竹园宾馆举行，邀请了《人民文学》、《十月》、《当代》、《飞天》、《青年文学》、《大家》等杂志的十名主编或副主编（邱华栋、赵兰振、石一枫、马青山、张菁、陈鹏），对顺义区作家进行了面对面的辅导和交流。参加笔会的本区作者三十余名。笔会期间，共收到中短篇小说、诗歌散文等作品近五十篇。

（刘忠诚）

【举办“视觉北京”摄影展】在北京三影堂摄影艺术馆展出。这是一部大型视觉档案艺术作品，由顺义区摄影艺术家为主体的北京视觉文化遗产协会创作完成。它以1300余幅建筑摄影作品展示了北京独特的历史文化。区委书记王刚、区委常委宣传部长肖承继、区政协副主席闫志广等参观展览。北京青年报、北京日报、北京电视台等多家媒体进行报道。

（刘忠诚）

【承办第五届北京国际标准舞大赛】此项赛事由北京市文联、顺义区政府主办，北京舞蹈家协会、顺义区文化委、文联承办，于11月15日在顺义牛栏山一中体育馆举行。大赛共设青年组、老年组、壮年组、常青组、规范交谊舞组和院校摩登舞、院校拉丁舞、院校十项全能等38个组别近70个项目。吸引了全市近千人参赛。顺义代表队派出了由40人参赛，获得了6个第一名、3个第二名、3个第三名、2个第四名、1个第五名的好成绩，并荣获了优秀组织奖和特别贡献奖。市文联领导评价，本次大赛为此项赛事开展以来承办的最好的一次。

（刘忠诚）

【开展名人名家系列活动】8月15日，顺义区摄影家王雍编撰的《长城摄影专辑》又名《万里长城图》在北京长城协会举办了《长城摄影专辑》发布会。中国长城协会副会长董耀会亲自提名，原全国人大副委员长许嘉璐亲自把王雍老师这本《万里长城图》送到全国三十几家媒体记者的手中。

9月23日，由胡广星新编的历史评剧《大汉名臣》在唐山市由国家文化部艺术司、河北省文化厅和唐山市人民政府共同主办的“盾石地产杯”第九届中国评剧艺术节上被评为优秀参演剧目，剧中张堪的扮演者孙路阳荣获优秀表演奖。该剧以东汉渔阳太守张堪廉政为民，抗击匈奴侵略的历史作为基础，塑造了一代名臣的形象。该剧同时在中央电视台戏剧频道播出4次。

6月25日，区文联举办“唱响中国梦、放歌新顺义”顺义区青年歌唱家演唱会。区委常委、区委宣传部部长肖承继，及500名群众观看了演出。此次演唱会，9名顺义区青年歌唱家登台演出。

顺义区仁和中老年书画社举办顺义区百名艺术家书画展。此次活动有100名艺术家创作了270幅作品，出版了《顺义区百名艺术家书画作品集》。作品于10月中下旬，分别在北务镇、北务中学、益民学校、杨镇中学、裕隆四区、太阳城社区、河南村展厅展出。活动聘请清华美院教授崔石玉、高瑞兴、赵书京三位老师对展出作品进行了评奖，评出一等奖3名、二等奖5名、三等奖8名、优秀奖70名。

（刘忠诚）

**【开展文艺进校园、社区活动】** 区燕山文化协会，6月份在马坡中学展出书画作品200余幅。11月份在南法信中学展出摄影作品100余幅。11月27日特邀著名播音艺术家葛兰老师在顺义区胜利街道龙府花园社区活动站举办了社区党员群众朗诵比赛活动和朗诵艺术讲座。

（刘忠诚）

**【参加市文联组织的2014年优秀节目演出】** 区文联选送的三个新创节目，狮子舞《龙腾虎跃》、京东大鼓《我爱我们村》、评剧《偷梁换柱》于11月23日至28日参加北京市文联优秀节目展演。其中《龙腾虎跃》随市文联艺术团赴西藏、新疆、南水北调工地和台湾演出，成为市文联赴外演出的保留节目。

（刘忠诚）

**【举办弘扬宪法精神建设法治中国顺义区国家宪法日暨全国法治宣传日活动】** 由区司法局、法制办、文联等共同举办。此项活动12月2日在顺义区南法信镇启动，由顺义区燕山文化协会承办。活动共组织了中国美协书协、市美协书协会员27名，撰写春联500余幅，创作法治内容的书法、美术作品150余幅。

（刘忠诚）

**【举办宝坻书画艺术作品展】** 12月19日至21日，由天津市宝坻区文联与区档案局、区文联共同举办。天津市宝坻区和顺义区相关领导和两地的书画家共计110名参加了活动。此次展览共展出75幅作品，其中书法30幅、美术35幅、篆刻10幅。

（刘忠诚）

**【举办“最美顺义”摄影比赛活动】** 此项活动由摄影家协会主办，采取每月一个主题，每月进行评选、表彰，内容主要涵盖了反应城市建设成绩、自然风光、五彩浅山美景、以及社会生活。这项活动吸引了全区200余名摄影爱好者参加，共收到参赛作品近万幅，384余幅作品获奖。该项活动为北京地区首创。

（刘忠诚）

# 政法·军事

## 政　法

### 综　述

2014年，全区政法综治信访部门恪尽职守，攻坚克难，自觉服务全区经济社会发展大局，全力落实各项维稳措施，为建设平安法治顺义作出了重要贡献。政法各单位先后获得全国公安警卫基层基础建设先进单位、全国多元化纠纷解决机制改革示范法院、全国检察宣传先进单位、全国人民调解工作先进单位等多项荣誉称号。在全市政法系统社会测评中，顺义区政法系统公众满意度位列全市第一，党风廉政建设总体满意度位列全市第二。

**一、围绕中心，突出重点，社会政治大局持续稳定。**将反恐防恐工作纳入“一把手”工程，在重大安保和敏感节点期间，及时启动社会面等级防控和战时维稳机制，实现了国庆65周年、党的十八届四中全会、APEC会议等重点时期安保维稳工作万无一失。积极开展国家安全人民防线建设，严密防范和打击各种敌对势力的渗透破坏活动。深化反邪教斗争，顺利完成教育转化决战和巩固帮教任务，“无邪教创建”活动取得良好效果。

**二、依法履职，积极作为，各部门职能作用充分发挥。**公安机关坚持打防管控一体化，全年共立刑事案件9111起，破获5871起，查处治安案件6573起。审判机关全年受理案件25764件，办结23283件，法定审限内结案率为99.96%。检察机关批准逮捕各类刑事犯罪656件842人，提起公诉1254件1536人。司法行政机关加大教育管理帮扶力度，社区服刑人员、安置帮教人员重新犯罪率为零；在全市率先建立“基层法律顾问制度”，实现了“一村一居一律师”全覆盖。

**三、关口前移，源头治理，社会矛盾得到有效化解。**从保障和改善民生入手，新农合人均筹资标准、城乡低保标准统筹、大病救助最高封顶金额均有提高，低收入群体和特殊病困群体生活得到有效保障。重大决策社会稳定风险评估工作扎实推进，项目审查、风险评估报备有序开展。基层综治维稳中心排查矛盾纠纷化解率87.6%，人民调解组织调解纠纷成功率97.5%。推进“一轴两翼”工作模式，对信访疑难案件实行三级终结，区级领导接访485批次，基层领导接访6296批次，全区信访形势总体平稳可控。

**四、筑牢基础，提升效能，平安建设深入推进。**加强立体化社会治安防控体系建设，加大治安重点地区排查整治力度，解决突出治安问题。强化流动人口管理，开展违法群租房屋专项整治，引导人口合理流动，全年常住人口增长率低于年度调控目标。整体推进村庄社区化平安建设工作，加大对6个重点加强型村庄管理力度（仁和镇河南村、高丽营镇东马各庄村、李桥镇南半壁店村、后沙峪镇铁匠营村、南彩镇后俸伯村、南法信镇北法信村）。加大群防群治队伍建设，健全经费长效保障机制，推进专职队伍职业化。加强宣传阵地建设，开展政法综治宣传季系列活动，取得了良好的社会效果。

**五、内强素质，外树形象，政法队伍建设全面加强。**以党的群众路线教育实践活动为载体，积极查摆整改群众反映的“四风”突出问题，执法为民理念得到进一步强化。按照正规化、专业化、职业化要求，加强教育培训工作，政法干警的能力素质得到全面提升。深入推进党风廉政建设和反腐败工作，严格落实“两个责任”，坚决以铁的纪律塑造政法队伍形象。深化重点领域改革，成立社会治理体制和民主法治建设改革专项小组，各项改革举措稳步推进。

单位名称：顺义区委政法委
地址：顺义区新顺南大街27号
电话：(010)69460080
邮编：101300

（政法委）

## 综合治理

**【概　况】**全区综治工作以平安建设为主线，以APEC会议安保维稳工作为契机，以提升群众安全感满意度为目标，统筹推进平安顺义建设、综治队伍建设，各项工作取得了新进展，夯实了基层基础，完善服务保障机制，促进全区综治工作水平不断提升，全区持续和谐稳定的局面不断巩固。2014年荣获“首都社会治安综合治理先进区县”荣誉称号，“六色魔方”社区综治工作模式得到中央综治办主任陈训秋的肯定。

单位名称：顺义区社会治安综合治理委员会办公室
地址：顺义区新顺南大街27号
电话：(010)69460080
邮编：101300

（综治办）

**【着力提升群众安全感满意度】**针对群众安全感不断下滑的情况，区综治办协调有关部门从侵财类案件、治安秩序、技术防范、社会热点、防范宣传等多个方面认真查找原因，采取切实可行的改进措施。制定提升群众安全感折子工程，将措施任务细化分解为30项，逐项明确牵头领导、责任单位和完成时限。发挥考核的导向作用，将公众治安状况评价、治安防范效果两个项目列入全区综治工作考核。经过不懈努力，群众安全感指数止跌回升，2014年名列全市第八。

（综治办）

**【村庄社区化平安建设】**制定《关于加强和改进村庄社区化平安建设工作的意见》，按照“总体坚持、动态调整、完善制度、规范运行、严格考核”的工作思路，根据村庄经济状况、人口结构、治安防范重点、地理交通等实际情况，实行全面规范型、一般常态型、重点加强型、人防全覆盖四类管理模式。对6个重点加强型管理的村庄（仁和镇河南村、高丽营镇东马各庄村、李桥镇南半壁店村、后沙峪镇铁匠营村、南彩镇后俸伯村、南法信镇北法信村）实行一村一策，加大人财物的投入力度，通过建立人员数据库、试行民主评议、责任公示制度、落实科级干部包村、增加专职巡防队员、增加监控设施等措施，强化管理。6个村全年追加投入资金2032万元，增加保安110名、巡防队员53名，监控探头373个，安装道闸一体机12台。

（综治办）

**【推广石园街道综治工作“六色魔方”典型经验】**石园街道借鉴“六色魔方”工作原理，层层分解、落实各项工作，形成权责明晰、多元共治、上下贯通、左右衔接的社区综治工作模式。“六色魔方”：红色代表引领，以社区党建为龙头，党员处处作表率；橙色代表警示，社区车巡、步巡结合，24小时无缝衔接；蓝色代表包容，完善流动人口“一户一档”和“四关爱”服务，同享蓝天白云；绿色代表生命，对居民进行全方位培训，提高居民防范意识；紫色代表守护，广泛开展宣传活动，建设综治文化圈；粉色代表关爱，搭建星级反哺平台，为星级志愿者提供各类“亲情速递”服务。

（综治办）

**【综治宣传】**在全区开展“为平安北京支一招”、顺义区第一届“北青杯”政法综治好新闻遴选及综治工作宣传季等系列活动，各镇街组织综治知识进村（居）宣传活动56场次，发放宣传材料9.6万份，提高了群众对综治工作及平安建设的知晓率，调动了社会各界积极参与平安建设的积极性。

（综治办）

**【城乡结合部重点地区专项治理行动】**以拆除违法建设为突破口，以市级挂账李桥镇南半壁店村和后沙峪镇铁匠营村为重点，深入推进城乡结合部重点地区专项治理。对区内9个镇20个重点村开展专项整治，共拆除违章建设14万平方米，腾退土地212亩，清理流动人口1.3万余人。

（综治办）

**【重点敏感时期安保维稳】**围绕“两节”、“两会”、“五一”、“六四”、“七五”、“国庆65周年”、“十八届四中全会”、“APEC会议”等重点时期安保工作，安排专职巡防队、社区保安、保卫干部、平安志愿者等群防群治力量5.5万人，配合专业力量对重点人员、重点区域、重点部位实施定点静态监控和动态巡防。实行联合执法、定期会商、信息报送、督查检查等多项制度，及时启动社会面等级防控，全力维护社会和谐稳定。

（综治办）

# 公安工作

**【概　况】**2014年，顺义分局将国庆65周年、十八届四中全会、APEC会议等三大安保作为贯穿全年的工作主线，制定6个安保总体方案和50余个分方案，党委班子成员先后380余次深入一线检查督导工作；先后投入警力19000余人次，确保万无一失。年内，共接报110警情148769件，同比下降1.7%，其中刑事警情582件，同比下降11.3%，治安警情579件，同比上升37.5%；共立当年刑事案件6048起，破当年刑事案件3100起，刑事拘留2117人，治安拘留2136人，打击处理1807人；在全市“缉毒会战”中，共缴获各类毒品5017克，破获涉毒刑事案件104起，刑拘105人、治拘335人；推动“地上地下一体化、网上网下一体化”警种联合运行机制。并适时启动战时护城河外围防线，检查进京车辆16.2万余辆、人员21万余人，抓获各类违法犯罪人员110人。2014年分局警卫工作获得了公安部授予的全国“公安警卫基层基础建设先进单位”的殊荣。分局《打破机构壁垒 整合警务资源 充分发挥战时爱警工作小分队作用》案例，被公安部评为“全国公安机关思想政治工作从优待警类优秀案例”。

单位名称：北京市公安局顺义分局

地址：北京市顺义区顺平西路8号

邮编：101300
电话：69440212

（陈介堂）

【反恐防恐】 年内，顺义分局深入开展反恐宣传活动，发放宣传手册2000余册、反恐奖励办法通告15000余张、反恐宣传手提袋等物品1000余件，核查涉维涉恐案件线索60余起，打击处理非法人员12人次，查获各类违禁宣传品2049份、机器设备5台(套)；取缔培训班1处，收缴宣传品1806份、机器设备1台(套)。

（杨凤跃）

【养犬管理】年内，顺义分局大力加强养犬年检工作，强化主管民警和相关人员业务培训，集中开展年检宣传活动，组织召开全区性养犬管理工作会议2次，开展集中宣传3次，年检犬只11.5万余只，新增登记1500只，收容流浪犬3100余只。全区共发生犬伤人事件12起，致伤人数20人，狂犬病死亡1人。

（徐超英）

【非法运营整治】 年内，顺义分局积极牵动区黑车办，采取集中围剿、波次整治等措施，对非法运营开展专项整治，共开展集中宣传36次，悬挂横幅标语518条，发放拒绝乘坐黑车倡议书2.7万余份，共查扣黑车1589辆（机动车758，黑摩的831），处理扰序违法人员2981人（拘留45，警告543，批评教育2393）。

（赵国辉）

【缉枪治爆管刀工作】 年内，顺义分局组织开展缉枪治爆管刀专项行动，收缴流散社会的枪支弹药和爆炸物品。共收缴仿真枪91支，猎枪2支，气枪9支，弩10支，小口径子弹3000发，气枪子弹300发，猎枪子弹8发。重大安保及敏感期期间，组织开展异地互查11次，检查刀具销售企业315家次，下架封存刀具638把。

（赵国辉）

【治安突出问题打击整治】 年内，顺义分局加大对涉黄、赌警情的核查处理力度，重点对3次以上举报警情进行梳理汇总，梳理确定了21处警情高发地区，进行集中清理整顿。全年共打掉涉黄、赌窝点200余个，共依法处理违法人员605人（刑拘55人、治拘550人）。

（段世麒）

【交通秩序大整治】 年内，顺义分局在全区继续开展环境治理、交通秩序整治行动。期间，召开成员单位例会15次，开展联合行动96次，粘贴违法停车告知单3万余张，利用执法摄像车、视频巡检系统记录违法停车行为31.1万余条；共检查大货车、渣土运输车遗撒车辆13230辆，处罚6129起；检查上路行驶燃油、电动三轮车2253辆，暂扣602辆。加大对酒后开车、“涉牌”违法、机动车闯红灯、无证驾驶员等交通违法行为整治力度，共查处路面现场交通违法行为33.64余万起。

（胡海国、张学明）

【健全完善道路交通设施】年内，顺义分局督促、协调相关单位移除和修剪道路障碍物遮挡标志179处，新建、改建交通标志880套，新增隔离护栏3公里，施划交通标线49公里，新建交通信号灯69处，改建信号灯5处；排查治理事故多发路段周边道路安全隐患点段48处。

（陈秋红　李长福）

【消防宣传培训】 年内，顺义分局不断加强与区电台、电视台、顺义时讯等媒体合作，共举办各类培训102期，培训9000余人次；举办大型宣传活动30次，参与群众5000余人次，消防站接待参观群众3000余人次，发放消防宣传品和资料5万余份，发送消防知识短信2万余条，播放消防宣传短片3500余次，曝光重大火灾隐患4件，在营造良好消防安全氛围方面发挥重要作用。

（高 森）

【出入境管理】 年内，顺义分局对出入境接待大厅进行重新划分，投资近10万元加装引导隔栏、空调，更新办公电脑、照相设备、叫号机等设施，有效改善窗口服务环境。同时，于4月1日起正式启用“三表合一”办证服务工作，9月15日正式启用电子往来港澳通行证，年内共受理各类出入境证件共计85491本，发放各类出入境证件66671本，受理期间无申请人110投诉情况发生。

（李海波）

【全面开展经侦专项打击工作】 年内，顺义分局开展打击食品药品犯罪和打击传销活动、打击银行卡犯罪等三个经侦专项工作，共破获食品药品类犯罪案件169起、抓获64人，发起全国性集群战役1起；抓获传销人员34名，捣毁传销窝点12个，破获2起重特大组织领导传销案件；侦破涉及银行卡犯罪案件37起，抓获犯罪嫌疑人23人，追缴恶意透支欠费金额达150余万元，打掉非法套现团伙2个，收缴涉案POS机、刷卡器等移动终端20余台。

（孟宪龙）

# 检察工作

【概况】 依法打击刑事犯罪，全年共受理提请审查逮捕案件843件1116人，批准逮捕656件842人，不批准逮捕187件267人；受理移送审查起诉案件1374件1820人，提起公诉1255件1538人，不起诉138件237人。依法查办和预防职务犯罪，立案侦查贪污贿赂犯罪案件9件9人、渎职侵权犯罪案件1件1人，开展预防警示教育368次，讲授廉政法制课25次。强化诉讼监督职能，监督区公安机关立案44件54人、撤案10件12人；对审查认为区人民法院确有错误的判决、裁定提出抗诉3件、再审检察建议2件；对区看守所开展驻所检察273次，开展社区矫正活动监督88次；对执法司法活动中存在的违法情形发出书面纠正违法通知书20份。加强控告申诉检察工作，受理信访474件，刑事申诉案件11件，全部妥善处理，有效推动了涉检信访工作法治化。深入推进检务公开，建立不批准逮捕案件、不起诉案件听证制度、刑事申诉案件公开审查制度，开展案件信息公开工作，开展检察开放日等活动，提高司法公信力。加强检察队伍建设，提高队伍素质，为检察工作科学发展提供思想保证、组织人才支撑和纪律作风保障。

单位名称：北京市顺义区检察院
地址：顺义区新顺南大街19号
邮编：101300
电话：59556600

（李连华）

【共建“阳光企业”工作启动】 2月21日，区检察院与北京汽车股份有限公司北京分公司签订《检企共建打造“阳光企业”开展职务犯罪预防工作的实施意见》，检企双方就建立联络员、联席会议制度、开展职务犯罪预防教育培训、建立廉政风险防控制度和重点项目廉洁准入制度等内容达成一致意见。北汽集团、北汽股份党委副书记、纪委书记李志立，区检察院党组副书记、副检察长张宝来参加了签字仪式。

（李连华）

【对非京籍涉罪未成年人作附条件不起诉】 4月14日，区检察院首次依法对涉嫌寻衅滋事罪的非京籍未成年人犯罪嫌疑人袁某某作出附条件不起诉决定，并将其送至“新起点扬帆观护基地”开展6个月的诉中帮教考察，实现京籍与非京籍涉罪未成年人权利的平等保护。

（李连华）

**【检察工作宣传】** 年内，区检察院在区政府门户网站--顺义网城政务公开专栏中设立《行贿犯罪档案查询须知》和《派驻乡镇检察室职能介绍》两个栏目，为人民群众进一步了解检察工作提供新的途径。

（李连华）

**【涉罪未成年人再学习再就业】** 6月6日，区检察院与区人力资源和社会保障局技工学校签订了《检校共建协议》。根据协议，经区检察院推荐，符合校方生源要求的被不起诉涉罪未成年人可以到技工学校进行短期职业技术培训、学历教育，以帮助涉罪未成年人回归社会。

（李连华）

**【市人大常委会调研“两法衔接”工作】** 7月22日，市人大常委会财经委员会主任委员、财经办公室主任王琪等到区检察院调研“两法衔接”工作。王琪主任一行听取本院“两法衔接”工作情况的汇报，参观“两法衔接”办公室，并观看“两法衔接”平台功能演示。

（李连华）

**【为国学教师虐童案被害人申请爱心救助金】** 9月11日，区检察院为国学教师张红霞虐童案件中的被害人向北京市青少年法律援助与研究中心申请小额爱心救助金，并将救助金送到被害人家属手中。

（李连华）

**【预防巡展进驻区爱国主义教育基地】** 年内，区检察院设计制作展板20块，在区焦庄户地道战遗址开展预防巡展活动。自6月份以来，共接待来自全国各地的参观者155713人。

（李连华）

# 审判工作

**【概况】**年内共受理各类案件25764件，办结23283件，同比上升8.3%。其中，审结刑事案件1184件，判处罪犯1417人，审结民事案件16151件，审结行政案件283件，办结执行类案件5594件。依法履行审判职责，推进司法公开，改进司法作风，认真解决影响人民群众公正感受的法院自身问题，提升司法公信力，区法院审判质量综合指数位于全市法院第七位，其中公正和效率指数分别位于全市法院第四位和第二位。

单位名称：北京市顺义区人民法院

地址：北京市顺义区府前东街

电话：（010）69444921

邮编：101300

（谢刚炬）

**【惩罚犯罪保障人权】**依法严惩危害公共安全和人民群众生命财产安全的严重刑事犯罪，妥善审理彭某吸食毒品后驾车故意冲撞他人车辆、侯某某等5人向43名被害人非法吸收资金4600万元等重大案件，有力维护区域安全稳定。

（谢刚炬）

**【改革示范法院】**以保护当事人合法权益为重点，依法审理民事案件。依托诉前调解工作，通过分流过滤矛盾纠纷、引入人民调解员参与调解、理顺调解与审判的程序衔接，整合全区人民调解资源，搭建诉调对接工作平台，被最高法院确定为多元化纠纷解决机制改革示范法院。

（谢刚炬）

**【建立“案中判后追踪”机制】**建立物业服务质量“案中判后追踪”机制，通过进社区暗访、定期回访、随机走访等方式，全面追踪物业服务质量，促使物业公司提高服务水平，维护业主合法权益。针对群体性纠纷增多的趋势，加强庭前调解疏导，妥善化解了一批原告人数众多、社会影响大、双方矛盾尖锐的案件。

（谢刚炬）

**【监督行政机关依法行政】**坚持合法性审查原则，支持行政机关依法行政，维护行政相对人合法权益。建立行政审判“白皮书”制度，向行政机关全面提出执法意见和建议，推动提高依法行政水平，区长卢映川同志对此作出重要批示予以高度肯定。

（谢刚炬）

**【制定《关于在互联网公布裁判文书的实施细则（试行）》】**为贯彻落实最高人民法院、北京市高级人民法院关于互联网公布裁判文书的各项要求，规范区院裁判文书上网公开工作，区法院结合工作实际，制定《关于在互联网公布裁判文书的实施细则（试行）》，经审委会讨论通过，于2014年1月9日起实施。

（谢刚炬）

**【落实党风廉政建设责任制】**为进一步加强党风廉政建设，落实党风廉政建设责任制，举行2014年《党风廉政建设责任书》签订仪式。院党组书记、院长郭铁相与各党组成员、主管院领导与分管部门负责人分别签订党风廉政建设责任书。

（谢刚炬）

**【12368人工语音服务分平台开通】**为向人民群众和当事人提供更为便捷的诉讼服务，同时为审判、执行工作提供有力的支持，开通12368人工语音服务平台。该平台以人工语音方式为社会公众及当事人提供诉讼咨询、联系法官、案件查询、投诉举报、意见建议等五个方面诉讼服务的综合性服务管理平台。

（谢刚炬）

**【顺义区反腐倡廉实景警示教育基地成立】**为扎实推进惩治和预防腐败体系建设，充分发挥典型案件的警示教育作用，顺义区依托区纪委、区法院、区检察院丰富的廉政宣教资源，以区法院为主要宣教场所，打造顺义区反腐倡廉实景警示教育基地。

（谢刚炬）

## 司法工作

**【概　况】**　2014年，司法局在全市率先建立“基层法律顾问制度”，114名律师积极与村居签订“村居法律顾问”协议，535个村居实现“一村一居一律师”全覆盖。签订结对服务协议的律师共开展法制讲座1897场，参与纠纷调解1832件，开展调解员培训1711场。办理法律援助案件2007件，接待来电来访3156人，群众服务满意度达到98.5%。办理公证案件民事1839件，经济228件，涉外民事1305件，涉外经济75件，港澳台2件。全区共有各级人民调解组织624个，人民调解员5616名，累计处理各类矛盾纠纷17671件，调解成功17217件，成功率达97.4%，提供法律咨询11150人次，办理法律援助案件共计2471件，接待来电来访4008人次。圆满完成“两会”、“APEC”等重要节点安保工作任务，全区在册社区服刑人员274人，其中：缓刑228人，假释42人，暂予4人，被被宣告禁止令15人。累计接收刑释解教人员321人。积极开展“北京司法大讲堂”等主题宣传活动200余场，受教育人数达19万人次，发放宣传品22万份；启动了第一届“环境保护主题宣传月”活动，编印发放《大气污染防治条例宣传手册》12万册。新建区级普法橱窗 14 个、村级普法橱窗 130 个、普法灯箱 11 个；建成河北村青少年法治实践基地和汉石桥环保法治教育基地，接待参观人数 2 万余人次；启动“百姓 DV 普法栏目剧项目”，为公众参与普法活动搭建新平台。9 个村获评北京市第五批“民主法治示范村”，南彩镇河北村被司法部、民政部授予第六批“全国民主法治示范村”荣誉称号，顺义区被评为“全国‘六五’普法中期先进区”。

单位名称：顺义区司法局
地址：顺义区光明南街 18 号
电话：（010）69443840
邮编：101300
网址：www.sifj.bjshy.gov.cn

（齐艳平）

**【为马航失联事件家属提供法律服务】** 3 月 17 日，马航客机失联事件发生后，按照市司法局、区委区政府的要求，及时组建由本区智勇、致知、盛唐三家律所主任和龙诚公证处主任组成的法律服务小组，按照统一部署，积极为失联客机家属提供法律咨询，解答诉讼管辖、理赔、公证服务事项等问题，并 24 小时驻守工作岗位。

（齐艳平）

**【“基层法律顾问”工作动员会】** 4 月 3 日，区各成员单位、镇、街道、功能区主管副职，司法所所长，村（居）委会主任代表，律师事务所主任共 152 人参加“基层法律顾问”工作动员会。市局律师综合指导处梁文辉副处长应邀参加会议。会上，区司法局、区财政局、区律师协会结合各自职能对“基层法律顾问”工作进行部署。

（齐艳平）

**【荣获“全国‘六五’普法中期先进区”称号】** 4 月 23 日，全国普法办下发《关于通报表扬全国“六五”普法中期先进集体和先进个人的通知》，顺义区被全国普法办评为全国“六五”普法中期先进区。“六五”普法实施以来，本区共开展法制讲座、法治书画作品展、文艺汇演等宣传活动 1500 余场，受教育人数达到 20 万人次；创建国家级“民主法治示范村”3 个，市级“民主法治村(社区)”42 个，在全市郊区县中位居第一；创新推出中小学“校园流动法庭”长效普法机制、流动人口法制宣传“村企联管”等“顺义模式”。

（齐艳平）

**【“生态保护法制教育基地”正式挂牌成立】** 7 月 25 日，“生态保护法制教育基地”由区司法局、区环保局、汉石桥湿地管理办联合建成，位于顺义区汉石桥湿地景区内。基地划分三个区域，即普法大道、普法广场和普法长廊，分别设立环保法律法规知识宣传牌、生态文明宣传引导牌等共 77 块，通过“寓教于景”的形式，将法治猜谜、普法漫画等融于湿地景观内，极大地增强法制宣传的趣味性、互动性和知识性。

（齐艳平）

**【“北京市级民主法治示范村”】** 10 月 23 日，市司法局、民政局授予本区牛栏山镇官志卷村、大孙各庄镇东华山村等九个村“北京市民主法治示范村”称号。

（齐艳平）

**【开展农民工专项维权季活动】** 11 月 15 日，在法援中心接待大厅设立农民工维权法律援助接待窗口，在农民工集中地进行法律援助宣传活动，并在为农民工提供服务的固定场所设立法律援助联系点，为农民工寻求法律援助提供方便。

（齐艳平）

**【首届“国家宪法日”宣传活动】** 12 月 2 日，由区法宣办、区司法局主办，区文联、区燕山文化协会、南法信镇政府共同承办的首届“国家宪法日”宣传暨第二届法治文化下乡活动在恒辉珠宝活动中心举行。活动以“弘扬宪法精神，建设法治中国”为主题，邀请 20 余名国家、市、区三级书、画家会员即兴创作了“法治天下，政通人和”、“依法治国、依宪治国”等法治书画作品，多名小学生共同完成了巨型涂鸦—“法治梦”，并向广大群众发放法治楹联180余幅。

（齐艳平）

# 军 事

## 人民武装

【概况】 2014年，学习习主席有关“中国梦”、“强军梦”的重要论述，贯彻全军政治工作会议精神，建设特别忠诚特别过硬特别稳定的国防后备力量队伍，民兵应急能力显著提升，双拥共建工作取得新的成果，国防后备力量建设协调发展。年内，被北京军区表彰为“民兵刊授教育”先进单位，被北京卫戍区表彰为“管理教育”先进单位。

单位名称：北京市顺义区人民武装部
地址：顺义区光明南街16号
邮编：101300
电话：69444421

（张玉伟）

【召开民兵预备役会】 3月3日，顺义区召开2014年民兵预备役工作会，南彩镇、北务镇、杨镇党委书记向区委、区政府作党管武装述职，其他镇、街道、企业党（工）委书记提交书面述职报告。会议总结部署全区民兵预备役工作，区委书记王刚同志对做好年度民兵预备役工作强调，一是要大力加强思想政治建设，确保民兵预备役部队绝对忠诚可靠；二是要认真抓好党管武装工作，确保党对民兵预备役部队的绝对领导；三是要扎实推进军事斗争准备，努力提高民兵预备役部队应急应战能力；四是要认真抓好双拥共建工作，努力实现民兵预备役部队军事效益和社会效益共同提高。

（张玉伟）

【探索青年民兵之家试点建设】 年内，对全区民兵营连部和“青年民兵之家”建设情况进行调研。拿出专项资金在南彩镇、杨镇、牛栏山镇、高丽营镇按照建筑面积不少于50平方米，门口有牌匾，有专门的图书角、阅览桌椅、微机，有不少于200册书籍、2000册电子读物，有文化活动区域，有荣誉展示台（柜）的标准进行“青年民兵之家”试点建设。

（张玉伟）

【民兵队伍发挥作用明显】 马航客机失事后，3月，凌晨2点我部接区政府通知后，立即组织后沙峪、天竺等镇20名民兵赴丽都饭店担负失联人员家属的安抚和外围警戒任务。两会、十八届四中全会、国庆、APEC峰会期间，共出动民兵1000多人次执行安保执勤任务。在与河北交界的26个路口建立检查站，共协助民警检查进京车辆六万一千九百多台次、人员六万九千六百多人次，查获吸毒人员1人、涉嫌盗抢车牌1人、管制刀具十把、淫秽光盘六张，确保国家重大活动期间社会安全稳定。

（张玉伟）

【学生军训】 年内，进一步完善学生宿舍、食堂、教室、澡堂等附属设施。先后完成4所高校及部分中学1.1万名学生的军训任务。训练中，公安、教育、卫生等部门各负其责、密切配合，认真抓好饮食卫生、疾病预防、安全消防和应对突发事件等工作，确保学生军训工作顺利进行。军训培养学生吃苦耐劳、团结协作和爱国奉献的精神。

（张玉伟）

【涉军人员安置工作】 年内，2013年度

271名退役士兵全部安置完毕。政府安置32人，18名退役进藏兵安置到全额事业编单位，其余14人安置到区属企业。239名退役士兵选择自谋职业，共发放自谋职业就业补助1302.8万元。年内，接收安置260名随军家属，73人安置到企业单位上班，187人选择自谋职业，发放自谋职业补助908万元。

（张玉伟）

**【征兵宣传多措并举】** 征兵期间在顺义电台、电视台、顺义网城和《顺义时讯》播发电视专题片《军旗下的顺义儿女》和征兵宣传片，利用群发短信、发放宣传单、张贴标语等形式开展立体式全方位征兵宣传，共下发宣传资料9000余份，发送短信20000余条。在全区25个镇、街道农贸市场、繁华街道和社区设立征兵宣传站；在电台、电视台、政府网、校园网和城区主街道、公园、社区LED电子屏滚动播发征兵宣传口号。邀请退役后考进公务员队伍的三名大学生退役士兵、应征青年和家属代表制作电视专题片《绿色军营在召唤》，就考录公务员程序、留京就业和军营生活等大学生关心的问题进行互动。

（张玉伟）

**【“优秀现役军人”评选活动】** 9月份，全区评选表彰42名优秀现役军人，为每名优秀现役军人家属发放3000元奖励，在全区营造“一人当兵、全家光荣”的良好氛围。

（张玉伟）

**【国防教育】** 年内，进一步加强国防教育基地建设，投资1.2万多元，对国防教育一条街进行整修，对宣传图片进行更换，区内焦庄户地道战遗址纪念馆、66055部队师史馆、革命烈士陵园、学生军训基地、国防教育一条街等国防教育基地，全年共接受党委机关、社会团体、青年学生、企事业单位职工11.5万人次参观见学，在全区营造良好的国防教育氛围，进一步提高全民国防观念。

（张玉伟）

**【扶贫帮困助学兴教活动】** 积极开展扶贫帮困、助学兴教活动，部党委成员带头参加“1+1”助学兴教活动，与贫困初高中生结成助学对子，帮助他们完成学业。注重扶持驻地农村经济建设，与北小营镇西乌鸡村结成帮扶对子，投入10万元帮助该村加强基础设施建设。

（张玉伟）

# 人民防空

**【概　况】** 2014年，区民防按照年初制定的《顺义区民防局2014年工作要点》的目标任务，围绕区的中心工作，全面加强应急组织指挥、人防工程建设与管理、宣传教育培训等方面建设，各项工作稳步推进。

单位名称：顺义区民防局
地址：顺义区府前中街3号（顺义宾馆院内西侧）
电话：（010）69443202
邮编：101300
网址：http://www.renfang.bjshy.gov.cn/

（周涵钰）

**【人防工程建设审批规划】** 加强使用及审批管理，全面体现人防工程社会公益性。坚决杜绝散居住人的使用审批，使用方向着重体现服务建设单位和社会公益性。2014年，本区共受理使用审批批准12项，审批用途均为汽车库，为社区提供人防工程停车位2915个。

（周涵钰）

**【结建工程跟踪检查】** 民防局结建执法检查小组，对本区尚未完成竣工认可的项目全年进行跟踪检查，随时掌握和了解工程建设中各种信息。针对本区近几年人防工程数量和面积的快速增长，对辖区登记在册的人防工程项目的跟踪检查尤为重要，必须确保随时掌握项目的施工进度情况和相关信息。同时，积极配合建设单位做好市质检站的质量监督、验收认可、竣工备案等工作。

（周涵钰）

**【政务服务品牌创建】** 加强民防局机关“阳光心态、急人所急”政务品牌的建设，提升服务领域、服务标准、服务承诺和服务追求，体现民防局服务特色。多措并举，做好对审批项目，特别是区重点工程项目的服务。一是电话跟踪项目进展情况；二是主动上门服务；三是协助建设单位到市民防局办理相关手续。今年共为全区200多个建设、设计单位提供咨询服务，继续为未完成人防审批区重点工程项目提供全过程服务。

（周涵钰）

**【人防工程安全管理】** 按照要求认真研究制定《顺义区人防工程冬春季火灾防控工作方案》，并在全区范围内展开部署，相继开展“人防工程可燃物清理专项行动”和“人防工程火灾隐患排查整治”，圆满完成原定工作目标，为“两节”、“两会”营造良好的社会氛围。组织开展人防工程维护维修大检查，做好登记、录入工作，完成人防工程分类统计，摸清人防工程底数，做好明年的工程预算。根据北京市民防局和顺义区委区政府的文件指示精神，成立“两会”安全保障工作领导小组，在全区范围内开展督导检查，对重点区域加强防控，加强隐患排查，完成“两会”保障任务。组织人防工程使用、管理单位负责人防工程的主要领导开展人防工程使用管理培训班，提高相关单位人防工程管理水平、安全意识和人员素质。

（周涵钰）

**【人防工程防汛度汛】** 开展人防工程汛前隐患排查，一是对早期人防工程的结构情况及封堵情况进行排查，防止出现结构坍塌等风险。二是落实车库工程防倒灌各项措施，重点检查使用管理单位防倒灌措施落实情况及物资储备情况。三是加强应急抢险队的物资准备，更换老旧设备物资，为提高队伍应急处置能力提供物资保障。四是落实防汛责任制。为顺利完成2014年度防汛任务，各项措施得到更好的落实，区民防局与属地、人防工程使用管理单位签订《2014年顺义区人防工程防汛安全责任书》。进入汛期后，根据天气变化适时启动汛期抢险工作应急预案，各人防工程管理、使用单位派专人24小时值守，局办公室随时检查。通过区局、属地政府及人防工程管理、使用单位共同努力，顺义区人防工程圆满度汛，未发生雨水倒灌事件。

（周涵钰）

**【应急保障】** 完成计划内防空袭警报器新装及更换工作，新装电声防空袭警报器1台，更换终端主板1块、无线天线1根。确保全区所有警报器终端运转正常，统控率100%；完成市局部署的防空警报器终端加电测试工作。加强815D应急移动指挥车的演练，节假日、区内重大活动及H7N9的备勤工作。维护、维修指挥室内照明线路，对指挥所内中央空调系统进行整体维护，确保了指挥所的正常运行。

（周涵钰）

**【宣传教育培训】** 借助大型活动，提高广大市民公共安全意识。组织开展3月1日“国际民防日”、“5.12防灾减灾日活动”等社会宣传活动。利用本局后沙峪“公共安全宣教中”心、焦庄户地道战遗址“民防宣传教育基地”以及3个街心公园和10个社区宣传栏开展对广大市民的防空防灾知识的宣教培训工作，提升应急处置能力。

（周涵钰）

**【民防应急志愿者与社会服务】** 一是继续推广民防应急志愿者工作建设。选取李遂、张镇、天竺和李桥等4个地区、镇成立每支队伍30人，共计120人的志愿者队伍，使本区民防应急志愿者队伍达到21支，630多人。二是继续开展宣教场所建设。本着服务百姓，充分发挥地下空间的社会效益功能，5月，位于空港街道吉祥雅筑社区的民防宣传教育中心正式建成，并对社区居民开放。该中心面积约1000平方米，由区民防局、空港街道办事处共同投资建设，设有民防宣教室、棋牌室、乒乓球室、台球室、舞蹈排练室等功能区域。

（周涵钰）

# 双拥工作

**【概　况】** 2014年，区双拥工作以促进驻军现代化建设为目标，加强领导，开拓创新，加大调研力度，积极落实政策，各项工作进展顺利，巩固“同呼吸、共命运、心连心”的军政军民关系。

单位名称：顺义区双拥办公室
地址：顺义区石园北区东侧
邮编：101300
电话：69433708

（梁新岳）

**【两节慰问工作】** 春节和“八一”期间，区委书记王刚、区长卢映川等区相关领导、双拥办带着区委、区政府的深情厚意把总价值90万元的食品和电脑、电视等用品送进军营。表达党和政府、顺义人民对子弟兵的深切祝愿和关爱。

（梁新岳）

**【区领导过军事日】** 八一前夕，区委书记王刚，区委副书记、区长卢映川，区人大常委会主任胡尚云，区政协主席杨宝华及区委、人大、政府、政协等“四大门”38位区领导、区国防动员委员会32名成员、14支驻区部队领导参加“军事日”活动。区领导亲身体验军营生活，接受国防教育，了解部队现代化建设和官兵生活及训练情况，增强关心国防、支持部队建设的责任感和使命感，以实际行动密切军政军民关系。

（梁新岳）

**【为部队办实事】** 为进一步改善驻区部队官兵训练、生活、学习条件，顺义区出资150万实施为部队办实事工程，帮助部队建设绿色生态营区，建造军营荣誉室，完善办公楼、礼堂、用电线路等基础设施建设，开办学历班支持部队人才培养等，出资684万元为武警顺义支队硬化训练场地、实施天然气改造工程，得到广大驻区官兵的一致好评。

（梁新岳）

**【士兵学历培训】** 为支持部队信息化建设，帮助驻顺官兵提高文化知识层次，营造浓厚的学习氛围，创建学习型军营，由双拥办出资与北京农业广播电视学校顺义分校联合，为400名驻顺官兵举办计算机学历班，提高他们的学历、增长技能，为他们退役后能够顺利就业奠定基础。依托区烹饪协会，进军营培养厨师100人，提高官兵生活质量。

（梁新岳）

**【随军家属安置】** 采取统一考试择优录用、自谋职业和推荐就业相结合的方式安置随军家属，并将随军家属自谋职业补助费由原来的3.5万元提高到5万元，成为全市最高水平。妥善安置随军家属260人，73人安排到企业单位，187人自谋职业，发放补助费908万元。

（梁新岳）

【文化拥军】 在庆祝中国人民解放军建军87周年之际，为弘扬双拥文化，营造欢快和谐的节日氛围，顺义区双拥办邀请区伟宁艺术培训中心来到武警顺义支队，为驻顺官兵们送去精彩的文艺演出，并祝全体官兵节日快乐。开展书画家进军营活动，向基层官兵赠送书画作品，现场交流书艺心得，传授书画技艺。

（梁新岳）

【退役士兵安置】2014年顺义区共接收安置复退军人270人，其中18名进藏服役退役士兵全部安置到全额事业编制岗位，13名士官安置到区属企业，239人选择自主就业，发放补助金1315.7万元。安置率保持100%。安置过程中积极联系北京现代、顺鑫农业、金房地产等18家企业举办退役士兵专场招聘会，组织退役士兵到北汽集团越野车基地参观见学，搭建就业双选平台，有效促进退役士兵就业。39名退役士兵参加市、区两级学历教育。

（梁新岳）

【国防教育】以清明节、建军节、国防教育日为契机，充分利用警卫三师师史馆、潮白烈士陵园、焦庄户地道战遗址纪念馆等国防教育基地，在全区企事业单位员工、中小学生中广泛开展国防教育活动，树立国防观念，增强市民国防意识；驻区各部队抽调经验丰富的基层干部为中小学生开展国防教育课、组织军训，受到学校的好评。2014年全区中小学生、党员干部、社会群众接受国防教育达到5万余人。9月30日在潮白烈士陵园举行首个大型烈士公祭活动，区四大门领导及各单位一把手，以及参加过抗日战争、解放战争、抗美援朝战争的老战士、军烈属代表，驻顺部队官兵代表、学生代表等，一同祭奠英灵，寄托哀思，深切缅怀长眠于此的革命先烈。10月，全市首个“预备役军人之家”在我区挂牌成立。

（梁新岳）

【驻区部队拥政爱民】春节期间，驻区部队出动800余人，主动帮助驻地整治环境，打扫卫生，营造干净整洁的节日气氛；特别是武警、消防部队，加大巡逻力度，确保顺义人民平安过节；各部队采取“一助一”结对子的形式，走访慰问困难家庭80余户。组织800余名中坚力量，深入到村镇、社区、学校、医院等地，开展义诊、环境整治、义务献血等活动40多次；积极参与环境绿化，800余人次参与区平原造林工程；抽调官兵200余人，车辆20台，帮助区慈善协会运送物资；开展“团校对接”活动，大力支持中小学德智体美特色教育；参加地方“送温暖献爱心”活动，捐款捐物10余万元。

（梁新岳）

【双拥共建活动】依托区“二月新春”、“五月鲜花”、“十月金秋”等系列文化活动及春节、建军节等重点节日，各单位及驻区部队纷纷开展联谊，举办座谈会、联欢会、文艺演出等活动百余次。召开“双拥在基层”部署会，印发活动方案，紧贴经济社会发展和驻区部队建设需要，紧贴部队官兵和优抚安置对象期盼，军地双方发挥优势，开展文化拥军、科技拥军、爱民助民等系列活动。

（梁新岳）

# 综合经济管理

## 发展与改革

### 综　述

2014年，顺义区深入落实“把握三个阶段性特征、推动四个转型升级”工作总要求，面对“三期叠加”的复杂形势和顺义区转型发展、人口调控、环境治理的紧迫任务，积极调结构、促改革、惠民生，全年经济社会发展总体平稳。

**一、多措促稳，经济平稳协调健康发展**

经济运行总体平稳。地区生产总值完成1339.7亿元，按不变价计算同比增长7.8%，其中，临空经济区增加值实现1060亿元，按不变价计算增长8%，经济增长的稳定器作用更为突出。

质量效益稳步提升。公共财政预算收入完成110.6亿元，增长12.8%。城镇居民人均可支配收入完成36428元，农村居民人均纯收入完成19629元，分别增长9.3%和10.9%。万元地区生产总值能耗下降4.3%。

需求支撑逐步协调。实现社会消费品零售额337亿元，同比增长13.3%，旅游消费份额不断扩大，共接待游客442万人次，旅游收入达55.9亿元。全社会固定资产投资完成432.3亿元，同比增长0.6%。进出口总额完成182亿美元，与去年持平。

**二、进退并举，调结构转方式步伐加快**

产业结构优化升级系统推进。贯彻“优化一产、做强二产、做大三产”发展思路，第三产业实现增加值734.6亿元，占经济总量的54.8%，其中，金融业，交通运输、仓储和邮政业实现增加值82.7亿元和359.2亿元，同比分别增长30.3%和7.9%。制造业向创新创造转型升级，完成工业总产值2923.9亿元，同比增长3.5%。都市型现代农业万亩示范区建设基本完成。产业准入和退出成效明显，北汽越野车等9个项目建成投产，北京增材制造技术研究院等63个战略性新兴产业项目先后落户。研究制定产业项目全要素综合评价办法，实行产业发展负面清单管理，调整退出非首都核心功能企业44家。

产业平台功能不断提升。天竺综保区医药、航空、文化、科技产业四位一体加速发展，国家对外文化贸易基地（北京）开园，引进北京文化科技融资租赁公司等企业40家，实现进出口总值770亿美元，同比增长5%。临空服务板块组建完成，科技创新、绿色生态板块构建进展顺利。中关村顺义园实现收入500亿元，同比增长26%。临空经济核心区实现属地税收80亿元，同比增长23%，实现公共财政预算收入23亿元，同比增长15%。

创新驱动加速集聚。认真落实“1+3”科技政策，建立高科技产业投资基金，完成实施细则制定和第一批非评审类科技项目征集。11家企业被认定为“2014年度北京市设计创新中心”，推进“百家创新型科技企业培育计划”，新认定国家级高新技术企业47家。市场融资取得新成效，国资中心成功发行14亿元中期票据和1亿元短期融资券，智创联合在新三板正式挂牌，北汽股份在香港成功上市。品牌培育取得新成果，争创8件中国驰名商标、5件北京市著名商标。

**三、攻坚克难，城市让生活更加美好**

环境质量全面改善。清洁空气行动计划30项年度重点任务如期完成。完成锅炉改造1628蒸吨，消减煤炭使用量36万吨，216个村庄完成优质煤替代，液化石油气下乡基本实现全覆盖。严格环评审批，否决不符合环保要求的项目480个，深入开展对燃煤、机动车、扬尘、工业污染及道路遗撒、倾倒垃圾的治理工作。完成7.47万亩平原造林任务，全区林木绿化率、城区人均公共绿地面积分别达到34.48%和31.57平方米。完成蔡家河、方氏渠河道疏浚，启动了205处河道排污口治理。马坡再生水厂投入使用，新增污水处理能力9.24万立方米，城市污水处理率达到98.2%，再生水利用率达到75%。完成296项市、区两级环境建设台账任务，拆除违法建设2635宗。

城市运行安全有序。加强土地开发调控，完成马头庄、平各庄拆迁。加快土地入市步伐，累计入市交易17宗。南水北调水源回补潮白河水源地工程完工，年回补水1.5亿立方米。完成城南供水厂建设，新增日供水能力3万立方米。完成米各庄变电站增容和胜利小区、义宾南北区、石园西区电力改造，西府、梁庄110千伏输变电工程土建完工，庄子营110千伏输变电工程土建开工。提高清洁能源使用比重，推动热泵系统、分布式光伏发电项目建设。制订实施客货分流实施方案，设定大型货车限行区和施划货运通道。完成城区停车诱导系统、红绿灯绿波带系统工程。制订了规范社区物业管理实施办法，完成6个老旧小区建筑节能综合改造。

全力加强人口调控。制定实施严格控制人口规模的工作方案，深化“以产引人、以房控人、以证管人”调控措施，不断推进管理调控和成本调控，加强出租房屋日常管理和违法“群租房”治理。调整退出不符合首都城市战略定位的产业，着力以功能疏解和产业调整促进人口疏解。户籍人口自然增长率为7‰，常住流动人口控制在39.8万人。

**四、保障民生，社会领域和谐稳定**

公共服务供给能力进一步提升。积极改善办学环境，新建、改扩建幼儿园6个，完成38所村办园建设，新增学位6000个。教育教学质量稳步提升，高考本科上线率达76%。职业教育资源整合启动实施，新职教中心建成投入使用。出台了医疗卫生服务水平提升三年行动计划，区医院急诊病房楼竣工，地坛医院顺义院区开诊，中医院托管成效明显。积极创建慢性病防控示范区，顺利通过国家卫生区复审。甲乙类传染病发病率控制在150以内/10万。出台加快养老服务业发展实施意见，社区服务中心养老院主体基本建成，百名老人床位数达到4.4张。食品安全监测合格率、药品抽检合格率分别为98%和100%。

就业和社会保障力度不断加大。城乡劳动力二三产业就业率保持在95%以上，实现全市充分就业区“三连冠”。职工五项保险平均参保人数达46.93万人，增长5.7%。

新型农村合作医疗参合率达到99.9%，基本实现了农村居民医疗保障的全覆盖。开复工保障房和回迁安置房447万平方米，竣工161万平方米。7个自住型商品房完成土地供应，配建面积35.7万平方米。全年实现7个村、10076人回迁。

**五、协调联动，城乡区域统筹发展水平切实提高**

城乡建设步伐加快。年初确定的110项重点工程完成立项95项，开工建设65项。文化中心影剧院、体育中心、劳动力实训基地等新城重大功能项目主体完工。白马路东延等6条道路完工，顺平辅线俸伯桥开工建设，75公里乡村公路完成大修。石家营村、庙卷村新型农村社区试点原址翻建全面启动，完成1.8万户农宅抗震节能改造、新建翻建任务。"新三起来"工程顺利实施，土地承包经营权登记颁证启动试点，承包经营权流转8200亩。浅山开发加快推进，沟域经济稳步发展，步道旅游服务设施提升改造完成，接待服务能力大幅提高。

区域协同发展扎实推进。以推进"三规合一"为目标，结合城市总体规划修编和"十三五"规划编制，完成了新城规划实施评估，开展了马坡核心区、机场周边、京沈客专等重点地区规划设计和区域功能定位、新型城镇化等重点领域课题研究。修订了顺义区镇（街道）绩效管理考核办法，将19个镇划分为优化发展镇、重点发展镇和生态发展镇3类进行考核。研究制订了区镇财政管理体制改革方案，建立区内异地生产经营企业属地留成财力分享机制，促进区域分工协调发展与基层公共事务财政保障能力增强。

**六、积极稳妥，重点领域改革取得显著进展**

深入开展行政审批制度改革，取消行政审批事项28项，承接市政府下放审批事项51项，初步完成新一轮政府机构改革和事业单位分类改革方案。积极完善功能区开发实施体制机制，出台转型和创新发展指导意见。加快实施区属国有企业改革，燃气公司、大龙公司、自来水公司、恒锋市政公司的公司制改造工作基本完成。搞好空港街道体制改革试点，基本实现规划、职能、保障三个到位。积极推进村（居）规民约建设，在完善基层自治机制上迈出了新的步伐。开展综合监管执法机制改革、政府绩效考评机制完善等改革方案研究。

年内，顺义区"十三五"规划研究编制工作全面启动。制定出台了《顺义区"十三五"规划研究编制工作方案》，召开了"十三五"规划启动会，公开选聘或定向委托第三方研究机构参与我区前期课题研究。

单位名称：顺义区发展和改革委员会
地址：顺义区府前中街3号
电话：（010）69441363
邮编：101300
网址：www.shyjw.bjshy.gov.cn

# 国有资产监督管理

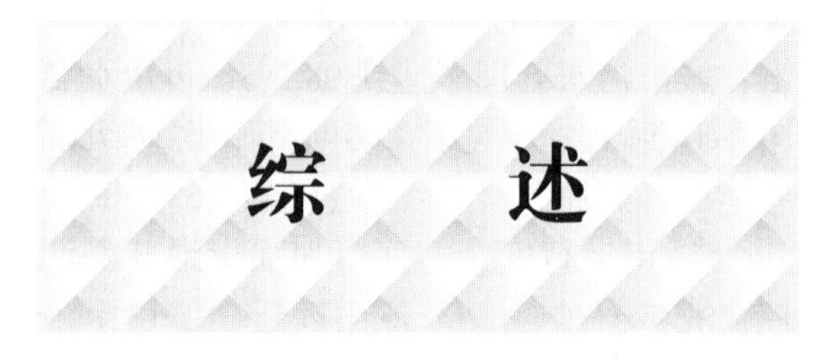


2014年，按照十八届三中全会对国资监管工作和国企发展的要求，围绕区域经济社会发展阶段性特征，顺义区国资委把2014年定为国有企业"改革年"，整体把握、

重点突破，主动作为、创新发展，积极推进国资国企改革，国有资产运行质量和效益不断提高，充分发挥了国有经济在区域经济社会发展中的综合保障、战略支撑和科学引领作用。

监管企业主要经济指标完成情况：截至到2014年底，顺义区国资委系统企业资产总额866.4亿元，同比增长13.3%；所有者权益总额338.7亿元，同比增长12.4%；销售收入437.5亿元，同比增长7.7%；实现利润总额24.3亿元，同比增长11.2%；上缴税金56.3亿元，同比增长5%。按行业分布：工业企业7家，资产总额426.7亿元；建筑业企业4家，资产总额27.6亿元；商业企业4家，资产总额44.7亿元；房地产业企业2家，资产总额111.7亿元；投融资平台企业3家，资产总额255.7亿元。按所有制结构分布：全民所有制企业14家，资产总额818.1亿元；集体所有制企业6家，资产总额48.3亿元。按企业规模分布：大型企业5家，资产总额437.1亿元；中型企业12家，资产总额250.7亿元；小型企业3家，资产总额178.6亿元。2014年全市区县国资系统排名中：顺义区资产总额排名第五，净资产排名第三、销售收入排名第二、利润排名第三。

积极推进国有企业重组整合。根据中央、市委全面深化改革精神，按照区委要求，结合国有企业现状，顺义区国资委研究制定了《进一步深化区属国资国企改革促进企业创新发展实施方案》、《区属国有企业重组整合方案》。围绕完善和提升产业链，依托重点企业，推进国有资源的重组整合，通过新建、合并等方式，打造开发、市政、物业、建筑等多个产业板块，形成区域优势产业集群和城市竞争力的核心载体，培育龙头企业，打造顺义特色品牌。

系统企业公司制改造工作进展顺利。按照“重点突破，分类实施，逐步推进”的总体思路，对监管企业进行公司制改造。北京顺义燃气控股有限责任公司、北京市顺义区自来水公司、北京恒锋市政工程公司等企业的公司制改造工作已基本完成；北京市顺义建筑工程公司、北京市顺义区建筑工程总公司、北京顺义建筑企业集团公司、北京市顺义区地方工业公司的公司制改造工作正在推进；其他企业的公司制改造工作将在板块重组整合过程中一并进行；新设立企业均按照《公司法》依法设立。为企业更好地适应市场、完善法人治理结构、改善资本构成、推动资源的优化配置奠定坚实基础。

深化国有资产管理。加强产权动态监管，严格进行产权登记管理和年度检查，及时、全面、准确掌握国有资产权属状况；加强资产转让的审批、监督，规范产权转让行为。2014年，完成国有资产评估备案、核准事项8项，评估增值58608万元，增值率33.8%。理顺产权关系，缓解企业资金压力，完成无偿划转事项八项，股权转让1007万元。完成集体企业国有产权界定，界定前国家权益244万元，界定后国家权益1.7亿元。

加强重大投资管理。加强重大投资行为审核，严格规范投资行为，确保投资项目的安全、高效。2014年，完成北京顺鑫控股集团有限公司、北京市顺义区国有资本经营管理中心发行公司债券、非金融企业债务融资工具、短期融资券等74亿元。批准设立新企业7家，审核批复增资事项三项，新投入国有资本金1.4亿元，增加投入国有资本金5.1亿元，有力促进了国有企业发展壮大。

积极推进企业转型升级。加强企业发展战略研究和品牌战略建设，提高自主创新能力。北京顺鑫控股集团有限公司提出了“以投资控股型发展模式实现转型升级”的发展思路，北京市顺义大龙城乡建设开发总公司、北京顺义燃气控股有限责任公司、北京市顺义区自来水公司等企业的发展战略也各具特色。目前系统企业拥有国家级非物质文化遗产1件，中国驰名商标10件，省级著名商标14件。2014年，批准新设北京舞彩浅山慢生活旅游文化开发有限公司、北京世欣顺达小额贷款有限公司、北京顺龙通达节能环保科技有限公司等企业，同意汽车城出资1000万元增资北京首航三新科技研究院有限公司，推动国有资本投入基础设施、节能环保、民生工程建设，推动科技成果转化，促进国有企业向创新创造转型升级。

完善企业负责人激励约束机制。健全完善薪酬管理体系，坚持“绩”与“效”并重、企业与职工并重原则，将企业负责人基薪核定与企业社会责任、经营业绩、经营规模和在岗职工平均工资等因素挂钩；加强国企负责人年度业绩考核工作，对企业经济工作、思想政治工作、基础管理工作、劳动力就业与职工社会保障等进行全面考核，有效提升国有资产基础管理工作水平，促进国有企业加强管理、提高效益。

强化用人管理。坚持正确用人导向，以“重品德、重潜质、重实绩、重公认”为标准，严把国企领导干部选拔任用关。2014年，共完成5批28人选拔任用工作。进一步梳理了中层干部任免管理流程，实行中层干部选拔任用备案管理，将829名中层干部信息录入系统库；对系统重要子企业一把手的任用实行审核、备案管理。加强企业人才队伍建设，引导系统企业完善人才招聘、培养、使用、考核奖励等相关制度，围绕国资国企发展趋势和新思路、现代企业战略管理等开展培训；通过业务练兵、知识竞赛等形式加强人才技能培养，提高企业职工队伍素质。

规范企业合同管理。加强企业法制建设，推动国有企业依法决策、依法竞争、依法发展；加强企业合同管理，建立了“分类分级、自查自报”的合同管理模式，形成了“横向到边、纵向到底”的合同管理网络。2014年，全系统审查备案合同3000余份，涉及金额近100亿元，有效避免了投资风险。配合信访、安监和行业主管部门，指导、督促、协调企业做好安全生产工作，维护企业和谐稳定。

国企党建科学化水平不断提高。坚持教育实践活动与党建工作、国企改革发展相互融合、相互促进，以群众满意为标准，持之以恒地抓好作风建设。坚持思想引领，抓班子提效能，抓组织固堡垒，抓队伍提素质，打造学习型、服务型、创新型党组织，不断提高党建科学化水平。通过道德模范评选、百姓宣讲等丰富的群众文化活动，把党的理想信念转化为企业价值理念、发展目标，营造健康和谐、拼搏进取的企业文化氛围。

党风廉政建设进一步加强。严格落实“两个责任”，强化权力制约监督，完成《顺义区国有企业内部管理权目录及运行流程图汇编》，梳理监管职权及内部管理权337项、查找风险点708个、制定防控措施748项，构建了流程规范、责任明确、措施有力的廉政风险防控管理体系。加强党风廉政教育和廉政文化建设，提升国企领导干部廉洁从业水平。

积极服务社会发展。深入推进安全生产标准化建设，企业安全生产管理水平全面提升；不断增强水、气、热等城市公用企业承载能力，引导国有企业积极参与城乡一体化建设、经济功能区建设、五彩浅山开发等重点产业、重大项目、重点工程，充分发挥示范引领作用。目前，北京市顺义大龙城乡建设开发总公司三座供热中心供热面积达1200万平方米，肩负城区80%的供暖任务；北京市顺义区自来水公司供水能力由10万吨/日增加到19万吨/日，供水范围扩大到34个村；北京顺义燃气控股有限责任公司居民用户17.8万户，公服用户981家；北京市顺义区供销合作联合社、北京鑫海韵通百货有限公司、北京国泰中百商业有限公司等大型商业流通企业在保障市场供应、维护物价稳定方面发挥了不可替代的作用。

单位名称：顺义区人民政府国有资产监督管理委员会
地址：顺义区仓上街AMB大厦A座7层
电话：（010）89440556
邮编：101300
网址：www.gzw.bjshy.gov.cn

（国资委）

# 工商行政管理

**【概　况】**顺义工商分局以着力促进区域经济社会又好又快发展为目标：完善准入服务体系建设，深入优化投资创业环境；推动品牌战略效能发挥，助力企业提升竞争优势；加强市场秩序监管体系建设，维护辖区公平公正交易环境；推进商品质量安全监管，保障辖区消费环境健康有序；为确保区域经济健康有序发展营造良好市场生态环境方面做出积极贡献。

单位名称：北京市工商行政管理局顺义分局
地址：北京市顺义区仓上街8号
邮编：101300
电话：（010）89448080

（魏济江）

**【各类市场主体总量】**年内，顺义区共有各类市场主体72270户，其中，内资企业27145户，注册资本2364.90亿元，同比分别增长16.68%和26.27%；外资企业1186户，同比增长5.99%，注册资本539.59亿元，同比增长26.57%；农民专业合作社232户，同比增长6.42%，注册资本2.60亿元，同比增长101.37%；个体工商户43640户，同比增长4.88%，资金数额26.22亿元，同比增长4.06%；代表机构57户。

（魏济江）

**【注册资本改革发展情况】**年内，顺义区共新增各类市场主体6111户，同比增长40.58%，注册资本318.35亿元，同比增长146.69%。其中内资企业3662户，同比增长60.83%，注册资本279.48亿元，同比增长145.42%；外资企业83户，同比增长36.07%，注册资本34.90亿元，同比增长162.25%；个体工商户2351户，同比增长17.90%，资金数额2.69亿元，同比增长52.56%。

（魏济江）

**【无证照经营治理】**年内，全区无证无照经营台账累计存量1876户，2014年新挂账1435户，销账999户（其中取缔205户、引导办照256户、拆迁2户、停业536户），销账率53.3%。向属地政府和相关部门通报或移转无证无照经营1635户次。共计查处各类无证无照经营案件160件，罚没款共计244.18万元。

（魏济江）

**【工商年报】**2014年已提交年报的经济户口15603户，年报率27.83%。其中，内资企业已提交年报3842户，年报率16.89%；外资企业已提交年报183户，年报率18.87%；个体工商户已提交年报11578户（网上提交10398户、纸质提交1180户），年报率35.79%。

（魏济江）

**【成品油质量监管】**年内，对辖区12家社会加油站每年不少于2次抽检，全年共完成95家196个油样的抽检任务，前三季度检测结果100%合格；及时完成2起成品油质量投诉举报。

（魏济江）

**【品牌创建】**年内，新认定驰名商标8件、著名商标5件、新评定顺义知名品牌5件、实施品牌战略示范企业1家。截至2014年，顺义区已拥有驰名商标24件，北京市著名商标43件，顺义知名商标（品牌）17件，实施品牌战略示范镇（园区）2个，实施品牌战略示范企业3家。2014年顺义区用于品牌创建的专项资金已达4300万元。

（魏济江）

**【房地产经纪人监管】**年内，房地产经纪机构专项整治累计出动3258人次、1536车次，检查房地产经纪机构2691户次，其中对有照经营的房地产经纪机构行政指导104户，责令改正15户，立案查处3户；对无照经营的房地产经纪机构立案查处7户，责令停止经营12户。已结案11起，罚没款9.2万元。联合镇政府、城管等部门清理自设性户外违规广告牌434块，清理张贴门窗的房源信息广告885张，清理宣传推广房地产经纪服务违法违规印刷品广告36张。

（魏济江）

**【消费者权益保护】**2014年共接收消费者投诉780件，办结769件，受理554件，调解成功425件，调解成功率为77%；投诉转线索17件，为消费者挽回经济损失65.96万元。接收群众举报620件，办结591件，属实213件，立案41件，属实立案率为19%；行政指导111件，行政指导率为52%；采取其他行政行为61件。2014年新发展绿通成员数28个；共发展绿通联盟数3个；2014年绿色通道自接和解量50827件；对企业开展专题培训8次；对企业开展专题培训1388人；针对《新消法》培训5次；针对《新消法》培训1135人。2014年针对12315系统干部培训的次数为3次，有针对性开展专项整治、行政指导的次数为3次。

（魏济江）

**【商品质量监管】**年内，共监测商品415组，其中市局监测280组，分局监测135组，市局监测66个样品正在检测中，分局60个样品正在检测中。截止到目前监测出不合格样品138组，其中市局监测不合格样品100组，分局监测不合格样品38组。已查处商品质量不合格案件40件，罚没款41.4万。撰写商品监管类信息27篇。为预防商品质量消费纠纷，分局进入社区开展商品质量宣传活动41次，受益人数一万余人次，发放宣传材料3万余份。

（魏济江）

**【推进个体工商户转型升级】**截至11月30日，顺义区已有552户个体工商户成功转型为企业组织形式，共发放补贴66万元。其中2014年共完成321户个体工商户转型为企业组织形式，同比增长111.18%，共发放补贴20万元。

（魏济江）

**【红盾护农】**为准确掌握农资经营主体实际经营情况，在农资监管系统使用中，对数据库中系统默认的2043户农资主体逐一进行现场核实，最终确定553户为实际经营农资商户，并在系统中进行认领和描点操作，描点率达到了100%。监管方面，实行以市场巡查制、涉农案件限时办结制、农资经营建立台账制、不合格农资退市制等制度。共抽检化肥2个品种9个样品、农膜5个样品。其中农肥4个样品检测不合格，已立案；农膜检测结果全部合格。

（魏济江）

【净化准入市场】 年内，共做出行政处罚决定一般程序案件464起，罚没款共计743.721万元。其中查办大要疑难案件7起，罚没款共计175.99万元。

（魏济江）

【规范网络交易行为】 年内，共有网络经营主体2997户，累计检查网络户数8318户；立案查处涉网案件8起，结案5起，罚没款95637元。

（魏济江）

# 财　政

【概况】 2014年，全区属地收入累计完成667.45亿元，同比增收172.91亿元，增长35.0%。其中：公共财政预算收入完成110.62亿元，同比增收12.59亿元，增长12.8%，完成预算的104.5%；政府性基金预算收入完成197.52亿元，同比增收132.01亿元，增长201.5%，完成预算的162.4%；国有资本经营预算收入完成0.51亿元，增长34.8%，完成预算的118.2%。公共财政预算支出完成167.84亿元，同比增加21.15亿元，增长14.4%，完成预算的102%。基金预算支出完成185.89亿元，同比增加103.61亿元，增长125.9%，完成预算的140.9%。国有资本经营预算支出完成0.45亿元。

单位名称：顺义区财政局
通讯地址：顺义区新顺南大街17号
邮政编码：101300
电　　话：69443287

（张　茉）

【财源建设】 一是加强税源和收入管理，进一步夯实财力基础，全面贯彻落实区“十二五”发展规划，做强二产，保障重点项目竣工投产，促进以现代制造业为主导的二产较快增长；优化三产，形成临空经济发展集群，保障高端服务业全面发展。二是强化财源培植，努力探索符合本区实际情况的助推经济发展模式，加快培育新的经济增长点，大力挖掘存量税源，形成多点支撑的经济模式。三是充分发挥财政资金的引导作用，支持重点功能区建设，扶持重点产业发展，加快产业结构优化升级。安排区重点项目扶持资金56864万元，其中拨付国门商务区扶持资金12318万元，印刷基地扶持资金1642万元，保障园区一级开发、市政设施建设、公租房建设等重点项目建设；优化创新发展环境，为经济发展注入新活力，为本区涵养税源提供保障。

（张　茉）

【政府采购】 顺义区财政局继续加大政府采购管理力度，提高财政性资金的使用效益，增加政府采购环节的透明度，规范政府采购当事人的采购行为。2014年区政府采购完成396项次，较上年减少142项次，采购预算4.97亿元，采购金额4.60亿元，同比增长17.9%，资金节约率7.4%。其中公开招标196项，较上年增加21项，采购金额4.08亿元，同比增长41.7%，占采购总额的88.6%。

（张　茉）

【财政投资评审】顺义区财政投资评审中心不断完善对财政投资基建项目概、预、结、决算的审核，确保了政府投资的规范、科学、合理，全年审核完成财政投资项目516项，较上年减少291项，审核资金74.57亿元，审定资金64.30亿元，审减资金10.27亿元，平均审减率13.78%。

（张　茉）

**【实施区镇财政体制改革】** 2014年，顺义区财政局启动区镇财政体制改革，梳理区镇两级经济关系。一是合理划分区镇事权，实现事权与财权的统一。将镇政府管理更有效率的环境整治、综合治理、基础设施维护和社会管理等事项的区级资金下沉至各镇管理；将教育、卫生和社会保障等涉及群众切身利益的民生事项划入区级管理，以区级财力保障全区基本公共服务的均等化。二是实行差异化分税。按照各镇的功能定位，将19个镇分为核心镇、重点镇和生态镇，设立不同的税收分享机制，充分体现区委、区政府对各镇转型、升级和发展的引导思路。三是加大转移支付力度。通过设立财力性转移支付、功能性转移支付，落实区政府对各镇的功能定位，推进各镇经济建设发展。

（张 茉）

**【深化国库集中支付改革】** 截至2014年底区级国库集中支付改革单位达到298家，较上年增加11家，主要增加卫生系统差额单位和新建幼儿园等教育单位。全年共集中支付各类财政性资金173.84亿元，占区本级财政支出的53.7%。财政直接支付资金达158.1亿元，占区本级集中支付资金总额的91%。截至2014年底，顺义区国库集中支付改革单位全部纳入公务卡改革，全区共有273家单位与代理银行签订代理协议，累计办理公务卡1395张，刷卡607笔，公务卡支出累计消费量165.1万元。

（张 茉）

**【预算管理】** 顺义区财政局深入推进预算管理工作。一是提高预算科学化精细化管理水平。出台《顺义区区级预算稳定调节基金管理办法》；《关于加强企业跨区域迁移管理的通知》；《北京市顺义区土地收益调节资金管理办法》；“三公”经费、会议费、培训费、差旅费相关实施细则及管理办法。二是推进财政信息公开，进一步细化预算编制。将预算公开单位由49家扩大至82家，实现区级预算部门的全覆盖。进一步细化公开内容，首次将“三公”经费预算纳入公开内容，引导部门强化基础、规范管理。

（张 茉）

**【政府债务管理】** 顺义区财政局完善政府性债务动态管理机制。一是在摸清债务底数的基础上建立“顺义区政府性债务数据库”，并引入指标防控体系，坚持“总量控制，稳中有降”的原则，对区政府性债务实行规模监管。二是保证数据库数据实时更新，建立动态预警机制，并于每月中旬将上月全区政府性债务情况，结合各项指标的债务综合分析及近期存在问题等形成月度报告，供区领导决策参考。

（张 茉）

# 国家税务

**【概　况】** 2014年，顺义区国家税务以组织收入为中心，围绕实现税收现代化的主题，落实税制改革、推进依法行政、持续优化纳税服务，不断加强队伍建设，各方面工作稳步推进。年内，管理纳税人40523户，其中：私营以上纳税人24674户、个体纳税人15849户；组织各项税收收入311.89亿元，同比增加23.84亿元，增长8.3%。区级税收完成43亿元，同比增加4.08亿元，增长10.5%。税收总量首次突破300亿大关，创历史新高。

单位名称：顺义区国家税务局
地址：北京市顺义区府前东街7号
电话：69462203
邮编：101300

网址：shunyi.bjsat.gov.cn

（郭德明）

【税源管理】 开展营改增各项工作的调查分析，顺利完成营改增扩围。积极推进企业所得税科学化、精细化管理，落实优惠政策，完善后续管理，确保政策执行到位。以分级分类管理为切入点，积极探索税源管理模式，提高风险防控能力。开展大企业全流程税收风险管理，落实非居民管理工作各项政策，充分利用第三方信息开拓税源挖掘税收情报。积极探索进出口税收管理，规范各类退（免）税证明开具管理，积极开展出口退税评估工作。完善出口货物税收函调管理制度，加大防骗打骗力度。强化稽查评估职能作用，以依法治税为前提，积极开展执法督察，完善重大税务案件审理机制，严格规范税收执法。认真规范工作程序，积极组织开展纳税评估和风险防控各项工作。积极推进稽查现代化进程，加强案源跟踪管理，做好税收专项检查。

（郭德明）

【纳税服务】 以“便利纳税人办税，提升纳税人满意度和税法遵从度，树立国税部门良好形象”为目标，开展“便民办税春风行动”，采取多种措施减轻纳税人负担，提高办税服务效率。与区地税局加强沟通配合，联合进行税收专题分析，为区委区政府领导研究决策提供科学依据。深入临空经济核心区，了解功能区的合并、重组、功能定位及发展规划，配合园区招商引资，协助做好前期分析，简化办税程序。多次协调市局、综保区管委会、海关等有关部门，反复评估监控风险，本着“先易后难、先行先试、稳步推进”的原则，选取货物流向最为简单、监管最为容易纯进口企业先行试点，允许其内销货物开具增值税专用发票，使企业摆脱经营困境，为区域经济发展增添新的增长点，得到北京市常委、常务副市长李士祥和北京市副市长程红的批示表扬。落实首问责任制，加强网上办税服务厅的宣传和建设。简并千余户企业发票购领次数，简化小微企业优惠备案手续。对生产企业免抵退税申请开通网上预审，95%以上的生产企业免抵退税申报做到当场办结。全力推行《全国县级税务机关纳税服务规范》，办税服务厅实行“一窗通办”，为纳税人提高方便快捷的纳税服务。积极开展税收宣传活动，主动与政府相关单位对接，形成宣传合力，借力主流媒体开展良好的税媒合作，建立税收宣传长效机制，不断增强税收宣传的辐射面和影响力。

（郭德明）

# 地方税务

【概况】区地方税务承担着辖区内营业税、企业所得税、个人所得税等十余个地方税费的征收管理工作。2014年底，全区共有税务登记户50352户，其中国有企业405户，集体企业814户，私营企业11345户，个体工商户22700户，联营企业5户，股份有限公司237户、股份合作企业和有限责任公司11771户，外资企业1038户，其他企业2037户。2014年全年累计完成各项税费收入158.63亿元，同比增收22.71亿元，增长16.7%。其中：地方公共财政预算收入完成120.91亿元，同比增收13.66亿元，增长12.7%，完成市局年初下达收入任务的103.5%；完成调增任务的100.1%；区级一般预算收入完成60.81亿元，同比增收6.29亿元，增长11.5%。

单位名称：北京市顺义区地方税务局
地址：顺义区新顺南大街35号
电话：（010）69426901
邮政编码：101300
网址：http://shunyi.tax861.gov.cn/

（陈 阳）

【税收收入】 坚持落实组收三级责任制，建立科所横向分析机制，多途径掌握税源与税收变化等关键信息。搭建国地税联合税收分析机制，充分发挥各自职能优势，以分行业、分税种数据分析为基础，全面预测和研判顺义区税收发展整体趋势及其对宏观经济的影响，向区委、区政府提供准确的区域税收动态分析。

（陈 阳）

【税收职能】 一是积极落实税收政策。充分利用税源监控平台和本局自行开发的税种管理台账，建立起税源监控管理体系，跟踪税种税源变动情况，发挥政策支撑作用。切实落实中关村顺义园、小微企业营业税和企业所得税等优惠政策，保护纳税人的合法权益。二是服务区域经济发展。局领导、科所长分别深入177户重点企业开展调研，主动征询意见、建议，集中力量帮助企业解决涉税难题。积极服务顺义区经济功能区合并、国有企业的“关停并转”改革和高新技术企业落户等项目，提供税收政策建议和支持，协助相关工作顺利完成。三是加强部门间交流合作。强化与国税、工商、住建委等部门沟通联系，建立联合分析、数据交换机制，实现“口径一致、信息互通、查询及时、数据全面”，在税收分析、欠税清缴、登记办理、税源核实、税法宣传等具体工作中发挥积极作用。

（陈 阳）

【征管改革】 一是筹措区域通办。落实《全国县级税务机关纳税服务规范（1.0版）》，实现联办登记、“一税两费”代征和区域通办同步筹备。设置全职能个体税务所，以制度形式明确办税服务厅和税源管理所各自职责。以机场分局为试点，将部分纳税人发起事项的审批环节前移至办税服务厅，同时完善后续核实机制，保证区域通办的顺利实施。二是探索分税种管理。科学开展分税种分析，根据各税种税源分布范围、税收优惠力度、征管难度大小等不同特点，把握各税种税收要素的构成、规模、增减变化趋势，实现税源的源泉控管。在郊区县率先成立了国际税务管理科，开展国际税收情报交换，完成1份加拿大情报交换和3000余条离岸信息的筛查工作。三是强化评估稽查。对重点税源和大企业国际税收开展重点风险管理，及时发现比较复杂、专业、隐蔽的税收风险。制定重大税收违法案件审理、税务稽查反馈和异地调查取证管理办法等，进一步规范工作程序。将电子查账软件应用于重点案件的查办中，并注重总结技巧和规律，分行业有针对性筹划查账软件的推广。

（陈 阳）

【税收环境】 一是落实“春风行动”。开展满意度暗访调查和纳税服务巡查、互查，整改查找出来的问题，不断规范纳税服务窗口工作。将全局12366远程座席统一转至89412366，设置专业电话咨询座席7个，便民功能得到体现。全面梳理纳税人发起事项的业务流程，分别制作《纳税人办理涉税事项告知书》、《税务事项通知书》、《办理涉税事项提示单》，为纳税人提供更多便利。二是优化服务平台。推进《全国县级税务机关纳税服务规范（1.0版）》落实，围绕区域通办实施，完成杨镇税务所维修改造准备工作。在局机关和机场分局办税服务厅外安装24小时个人所得税完税证明自助打印机，方便纳税人轻松开展自助服务，为进一步拓展多元办税提供平台。三是营造良好氛围。编印《小型微利企业所得税优惠政策问答》，汇总整理小微企业税收优惠政策，通过网站、短信、社区 LED 显示屏广泛告知。以广播、广告等形式及时、全面宣传区域通办、机构地址变更、联办登记及“一税两费”代征等与企业经营活动密切相关的重大信息，收到良好效果。在区电视台制作两期新闻节目，介绍二手房交易税收政策。做客区广播电台“大家帮助大家”栏目，详细讲解“农家乐”等优惠政策。

（陈 阳）

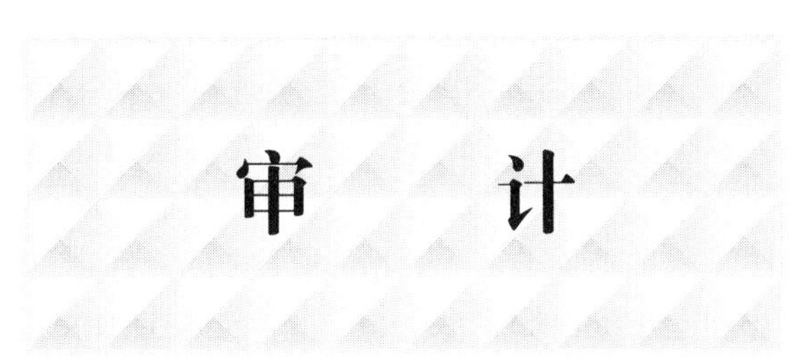

# 审 计

**【概 况】** 2014 年，区审计完成审计项目 37 个，查出管理不规范金额 339180 万元，已调账处理金额 832 万元，应上缴财政金额 1.83 万元，非金额计量问题 6 个；提交审计报告和专项审计调查报告 53 篇；提出审计建议 33 条，审计建议被采纳 15 条，制定整改措施 26 条；提交审计信息 58 篇，被批示、采用 6 篇；向社会公告审计结果 17 篇。

单位名称：顺义区审计局
地址：顺义区新顺南大街 17 号
电话：（010）69444127
邮编：101300
网址：http://www.shenji.bjshy.gov.cn

（肖 钢）

**【预算执行审计】** 组织开展 2013 年度本级预算执行和其他财政收支情况审计。先后对区财政局 2013 年度预算执行情况、18 家单位部门预算执行情况、新农合专项资金管理及使用情况、平原地区造林工程资金的管理及使用情况绩效审计调查等，审计查出应拨未拨农发资金、将预算内资金转入预算外账户等 7 个问题，审计发现管理不规范金额 332340 万元。

（肖 钢）

**【经济责任审计】** 围绕加强对权力的制约，2014 年开展经济责任审计 16 项，重点审了领导干部任期内工作目标的实现程度以及遵守国家财经法规和有关廉政规定等情况，对领导干部任期内贯彻落实相关政策及资金使用、资产管理绩效情况以及决策、投资等经济活动的效果做出审计评价。审计查出违规金额 1.83 万元；管理不规范金额 6840.39 万元。问题主要集中在发票使用不规范、固定资产账务核算不及时、未在政府采购定点单位购买车辆保险、在基本账户存储救助资金等方面。

（肖 钢）

**【内部审计】** 为进一步促进完善内部审计工作制度化、规范化，有效地发挥内部审计职能作用，先后出台《2014 年内部审计工作指导意见》和《顺义区内部审计工作考核办法》。做到分片指导，采取走出去，请进来的方式，积极开展研讨交流活动，先后与通州区、昌平区审计局内审进行交流，并组织内审骨干赴北京汽车集团有限公司审计部参观学习，及时召开镇、街道内审工作交流会。同时开展全区 100 家行政及企事业单位内部审计情况调查。成功组织 107 个单位 208 名内审人员参加的内审培训班。

（陈宝江）

**【市区联合审计】** 2014 年 8–10 月份，审计署兰州特派办、北京市审计局对顺义区稳增长促改革调结构惠民生政策措施落实情况进行跟踪审计，同时进行全国土地出让收支和耕地保护情况审计。区审计局抽调审计业务人员赴平谷区组成署市区联合审计组开展为期 3 个月的土地审计工作。

（肖　钢）

**【积极完成交办事项】**抽调工作人员配合区纪检开展木林镇大韩庄村来信反映情况审计，配合区国资委对北京燕京啤酒集团公司开展专项检查，开展全区108家处级单位上半年度会议活动经费使用情况自查检查，为市委第四巡视组进驻我区开展巡视工作提供2011-2014年审计发现的主要问题及整改情况报告，配合市审计局开展2013年度平原造林审计工作等。

（肖　钢）

# 统　计

**【概　况】**2014年，区统计“转变作风 创新发展 突出重点 全力提升统计治理能力和服务水平”，开拓进取，勇于创新，各项工作任务扎实推进。

单位名称：顺义区统计局

单位地址：顺义区仓上街2号AMB大厦A座12层

电话：89445499

邮编：101300

（统计局）

**【经济普查】**经济普查登记工作自2014年1月1日正式启动，经过3个月的不懈努力，圆满完成普查登记工作，全区共登记单位数2.61万家，个体经营户3.98万家（不含一产个体经营户）。通过此次普查，摸清顺义区第二、三产业的发展规模及布局，查实战略性新兴产业、文化创意产业、生产性服务业以及中小微企业的发展状况，为本区各级政府加强和改善宏观调控、加快经济结构战略性调整、服务企业经营决策提供科学依据。

（统计局）

**【村级统计站建设启动】**局队制定《村级统计人员工作职责》、《村级统计人员工作准则》、《村级统计人员数据采集上报流程》以及村统计站培训和考核计划等各项规章制度，实现规范化管理，逐步提升农村统计基础工作和源头数据质量。为确保全区426个村级统计站建设顺利进行，局队对建站工作的宣传、实施、督查等各阶段的各个工作环节时间结点均做出明确规定，于2014年7月31日前，完成全区426个行政村全面建立村级统计工作站。

（统计局）

**【提高统计服务水平】**一是统计调研成果显著。撰写的专题分析《顺义区农村城镇化进程稳步推进—2005年-2012年顺义区城镇化进程监测报告》得到区领导的充分肯定。开展《北京市顺义区统计志（1991-2010）》编修工作。二是开展统计专题分析研究。《大数据背景下“一套表”数据来源渠道研究》通过市级统计科研项目评审，同时确定13项区级重点专题分析课题，制定《分析课题完成时间安排表》，课题涉及区域经济定位、新经济增长点挖掘、特色产业、节能减排、热点民生问题等与顺义关系密切的领域。三是丰富统计服务产品。2014年局队新编印《顺义区统计资料掌中宝》小册子和《顺义统计系列分析》装订本。四是积极开展统计调查。完成人口抽样调查、农产量调查、住户调查、价格调查等抽样调查任务；开展顺义区干部选拔任用“一报告两评议”调查、顺义区组织工作满意度调查等8项专项调查工作；与体育局联合完成全国第六次体育场地普查等。

（统计局）

**【统计法制建设】**一是积极开展统计执法检查工作。2014年顺义局队共完成本区县执法检查312家，超额完成局队年初检查计划5.8%，超额完成市执法队下达任务的11.4%。与区住房和城乡建设委员会开展联合执法检查。二是探索统计所独立检查工作模式。逐步推行统计所执法检查工作，联合北小营镇统计所一起对7家企业进行执法检查，增强基层统计部门的执法能力。三是加大执法队伍力量。新增执法人员5人，开展督导检查、执法检查、催报文书三场业务培训。四是加大普法宣传力度。《中国信息报》对本区共建“和谐统计”主题活动进行专题报道。顺义电视台对2013年度入选的2家典型诚信单位进行宣传报道。编写的普法教材《统计普法读本》获得国家统计局“2013年全国统计从业人员继续教育培训资源大赛”优秀奖。组织参加市统计系统《统计法》和《全国经济普查条例》知识竞赛取得决赛第三名。组织开展“统计走进中小企业活动”。

（统计局）

**【统计基础工作创新】** 创新统计年定报布置方式，将年定报工作布置与业务培训适当分离，增强培训针对性。设计能源统计基础台帐，对所有限上单位进行推广。推行住户调查电子记账工作。建立固定资产投资和重点项目督促检查、跟踪调度制度，与相关委办局建立新开工项目管理联动机制。自创房地产价格统计跨表计算公式，建立居民消费品价格工作微信群组。开发农业报表SARP程序功能。利用excel函数功能，提高农产量基础台帐报表效率。利用网络地图功能，高精准完成粮食种植地块面积外业调查工作。

（统计局）

# 质量技术监督

**【概　况】** 2014年，质量技术监督围绕“科学发展、创新创优”的工作主线，发挥质监职能，不断创新质监工作机制和方法，服务地区经济发展方式转型升级，为地区经济发展提供了保障。

单位名称：北京市顺义区质量技术监督局
地址：顺义区府前东街19号
邮编：101300
联系电话：69441320

（质监局）

**【工业产品质量监督】** 6月，顺义区工业产品质量安全监管取得重要进展，《关于加强工业产品质量安全的工作意见》通过政府常务会审议，以政府文件形式下发，成为全市首家把工业产品质量安全纳入政府绩效考核系统的区县。工业产品质量监督工作实现三个明确，即政府明确支持，基层明确协作，企业明确落实。三位一体，共同推动工业产品质量安全责任的层层落实。

（质监局）

**【标准化管理】** 一是搭建标准化战略工作机制。经过前期调研、行业走访、综合论证、征求意见，草拟《顺义区落实<首都标准化战略纲要>实施意见》，并由区政府下发到各相关单位，作为顺义区标准化工作的指导性文件贯彻落实。二是延伸标准化应用范围。创新在黄金饰品行业推行标准化管理，将标准化工作贯穿于黄金饰品生产的全过程，促进企业技术进步。三是开拓标准化服务领域，完成13家养老机构在环境、设施、服务、制度、满意度等方面进行现场核查的二星级评定工作。对种植、水产、园林、畜牧4各行业12家农业标准化基地进行评审，最终评审出10家合格的“菜篮子”农业标准化基地。

（质监局）

**【计量监督】** 一是将诚信计量工作进一步

细化延伸眼镜制配、餐饮等领域，引导企业逐步形成以自律、自理、示范为基础的诚信计量管理机制，使百姓真正受益。二是开展“计量服务助老行”系列活动，为社区老人和居民提供计量服务，包括血压计、人体秤免费检测、老花镜维修和计量咨询服务活动等。三是及时处理计量举报案件，2014年，共受理各类投诉举报案件19起，投诉领域涉及到加油站、商场、集贸市场等，案件回复率100%。

（质监局）

【特种设备监察】 一是全面动员、落实部署。确定重点、划分区域、强化职责，制定预案，确保落实到位、职责到人、环环紧扣、有序推进；二是监督检查、落实责任。对中国残联体管中心特种设备运行情况进行全面的监督检查，督促会场加强安全管理，严格落实安全主体责任；三是强化检验、落实安全。与监督检查同步抽调15人组成技术检验组，对中国残联体管中心的电梯、压力容器管道及场内机动车进行集中保障性检验，逐台逐项进行风险控制，边检验边评估，确保检验工作质量的同时提升检验效率，全部设备检验一日完成。四是严阵以待、周密备勤，服务保障期间，以更严格的标准要求、更细致的工作细节、更高效的工作效率加强岗位值守和信息传递，保证环环紧扣、不出瑕疵，突发情况能够得到及时有效的处理。

（质监局）

【行政审批】一是化解群众难题。面对部分群众和企业的需求，开通加急窗口、为服务对象免费公告其证书遗失信息并同时办理补证手续，精简审批材料，优化代码办理程序。二是紧贴群众需求。坚持“一次性告知”，严格落实首问责任制，采取口头和书面形式一次性向服务对象告知所办理事项的条件、材料、程序、时限和需要补充或携带的材料等，避免不必要的往返奔波。三是倾听群众呼声。设置流动意见簿，随时随地听取服务对象的意见和建议，规范和监督工作人员的行为，了解群众的愿望和需求，及时发现并弥补工作中的漏洞，以改促进、精益求精。四是强化素质提升。组织窗口人员到中国银行现场观摩学习规范性服务，以文明礼仪为切入点，对窗口人员的仪容、仪表、言行、举止等细节给予具体规范并加以实践，进一步规范服务行为、提升群众满意率。于5月再获“2013年度北京市青年文明号集体”称号。

（质监局）

# 投资服务中心

【概 况】 2014年，区投资服务认真落实各项工作部署，以“便民、高效、廉洁、规范”为服务准则，强化干部职工理论思想和作风建设。全年共接待咨询7.7万件；受理、核准2.9万件；核发证书或批复2万件、备案0.9万件；核发营业执照1545件，注册资本总额68.8亿元。所有受理事项时限内办结率、群众满意率均达到100%。

单位名称：北京市顺义区投资服务中心

地址：北京市顺义区府前西街6号

电话：（010）81496070、（010）81492202

邮编：101300

（投资服务中心）

【全程办事代理】 按照区委、区政府建设“首都国际航空中心核心功能区”工作目标，根据核心区企业实际，因地制宜开展预约服务、延时服务等人性化服务举措，零距离服务入区企业。全年，机场服务科共提供全程代办服务 123 件，完成相关审批 651 件，办理营业执照 1002 件，注册资本总额 52.5 亿元。

（投资服务中心）

**【政务服务创新】** 实行“三个一”服务模式。一张审批流程图，帮助企业理清项目申办流程、事项及审批部门。一套表格样本，包括所有审批事项需要填写或盖章的表格材料。一条龙代办服务，对重点项目，以及残疾人员等特殊群体、港澳台及外籍人士办理审批事项，实行绿色通道审批机制，统筹安排事项审批环节、时间节点，有效提升审批效能。实行“导办”服务制度。在服务大厅设立 A、B 两个导办服务台，为办事群众提供咨询、导办、投诉、效能督察四位一体服务，切实转变工作作风，打造“无障碍”服务通道。

（投资服务中心）

**【政务公开】** 一是将各项办公制度、审批项目名称、办事流程、文件依据等通过中心网站、一次性告知单向社会公开，扩大社会监督，实行阳光审批。二是利用网站，公开相关政策、法规，并对进驻的 21 个部门及 118 项审批事项进行公示。即时公布各部门受理、办结情况。三是作为全区三个政府信息公开查询场所之一，积极做好全区各单位信息公开上报、留存、备案工作，对各单位移送文件进行分类管理，进一步规范各单位的行政行为。

（投资服务中心）

**【多措并举完善管理服务】** 一是实行百分考核制度。不断修订完善《百分考核办法》，将考核内容分为 7 类 59 项进行管理，对窗口工作人员进行日常巡查和抽查，发现违反工作纪律的现象及时纠正，每月定期将各部门工作和纪律情况反馈到各派驻单位，形成双向监管机制。月末，汇总、通报日常考核结果，评选红旗窗口。年终，综合全年考核情况，评选优秀部门和工作人员，形成正确导向。二是实时监督事项办理过程。利用全程办事代理效能监控系统，逐日检查、定期通报和反馈各部门事项办理情况，确保所有受理事项均在时限内办结，形成效能监察长效机制。三是强化办事大厅现场管理。安排三个监督服务岗，及时发现并纠正存在的问题。在大厅公开 96160 举报电话，畅通投诉渠道。安装视频监察系统，实现与区监察局联网，实时监督窗口人员工作状况；同时，录像资料有效保护了工作人员自身权益；发生办事者丢失、遗忘物品、资料时，通过录像可及时查询，获得了办事者赞誉。

（投资服务中心）

# 北京市临空经济核心区

**【概　况】** 北京临空经济核心区于 2014 年 3 月 25 日获北京市机构编制委员会批准整合（京编委 [2014]19 号），4 月 18 日举行揭牌仪式。主要负责核心区总体规划、开发建设、招商引资，并协调开展区域内企业管理与服务工作。作为北京市重点建设的六大高端产业功能区之一临空经济区的核心区域，临空经济核心区总规划面积 178 平方公里，北以六环路为界，南以机场南线高速和京平高速为界，西以京承高速和温榆河为界，东以六环路和潮白河保护绿带为界。起步规划区面积约 56 平方公里，由原北京天竺空港经济开发区、原北京空港物流基地和原北京国门商务区三个功能区组成（含首都机场

27平方公里）。目前，核心区入驻企业达2100余家。其中包括26家世界五百强企业投资项目56个，总部企业38家，跨国公司100余家。形成了以航空及相关产业、战略性新兴产业、产业金融、商贸服务和文化创意为核心的五大支柱产业。

单位名称：北京临空经济核心区管理委员会
地址：北京市顺义区天柱路28号
电话：010-80489567
邮编：101312
网址：http://www.baecz.gov.cn/index.aspx

（核心区管委会）

**【经济指标】** 全年累计实现属地税收82.5亿元，增长26%；实现地方公共财政收入24亿元，增长17%。累计实现工业总产值418亿元，总收入1880.7亿元，出口供货额319.1亿元，利润总额144.6亿元，固定资产投资额35.3亿元。

（汪亢元）

**【招商引资】** 年内共引进项目332个，累计注册资金237亿元。其中注册资金2亿元以上企业14家，5000万元以上企业23家。重点项目包括中交投资基金、中融基业投资基金、国弘航空等。国家地理信息科技产业园270万平方米办公研发楼宇、职工宿舍已封顶。已订购楼宇45栋，年内共办理完成五度空间、天下图等10家企业的注册手续，累计完成注册企业26家。

（汪亢元）

**【规划建设】** 完成56平方公里首期规划区整合和规划工作；完成发展方向区划定工作，将符合两规的范围划定为17个小片区，整理成3个大片区，总面积5386.68公顷。加快金汉王科技、国家地理信息产业园二期等8个重点产业项目开复工如期进行，上述项目总占地约1700亩，总投资约160亿元。加快推进中国电子口岸数据中心、江河技术研发中心等重点项目和重点工程手续办理，确保尽早落地。

（汪亢元）

**【企业服务】** 核心区以打造临空产业大服务体系为目标，创新服务举措，完善政企联动服务机制，加快落实各类扶持奖励政策的申报，年内共组织征集新项目57个，已落实项目14余个，到位资金4551万元；组织企业参加各类评定，宅急送被认定为顺义区知名商标，北广科技、长城华冠被认定为北京市设计创新中心，德威特通过北京市工程实验室认定批复；热力一厂、二厂煤改气工程已完工，以基础设施的改造升级，进一步提升核心区发展硬环境。

（汪亢元）

**【信息宣传】** 充分借助各类宣传资源，把握核心区揭牌仪式和京交会等大型活动节点，开展系列宣传报道，提升核心区的公众认知度，在国家级、市级以上媒体刊发78篇（条），在区级媒体刊发119篇（条）。认真做好核心区形象推广工作。在京密路、顺平路及机场东路等顺义区主要路段集中亮相户外广告，修建核心区大型形象标识，投放核心区灯箱广告。核心区形象宣传片制作完成，核心区官方网站顺利上线。“临空服务”品牌全方位塑造，对外形象迅速提升。

（汪亢元）

**【自有企业】** 按照由业绩突出、管理良好的企业整合同类型企业的原则，对原三个功能区的国有资产进行优化整合，同时对其他行业企业进行横向重组，形成以上市企业空港股份及其控股公司为中心、以空港物业集团和国门金桥置业为支持的股份、物业、地产三大业务板块。股份公司实现营业收入7.6亿元，实现净利润4570万元，贡献税收5721万元；物业集团稳步推动整合升级，实现总收入4.3亿元，利润总额2113万元；地产板块中心工作稳步推进，加速推进新城29街区核心区大市政工程、产业园直燃机项目和其他二级项目的运营，全年实现收入9320万元。

（汪亢亢）

【安全管理】大力抓好安全生产检查监督工作，制定出台系列安全生产制度及专项整治类工作方案，开展"城乡结合部地区专项整治"、"交通安全大整治"等20多项专项整治行动；携手安监、建委等职能部门，开展安全生产联合大检查共50余次；稳步推进核心区综合治理工作，制定《2014年环境整治工作方案》，组织开展40余次专项行动；妥善做好信访接待处理工作，协调解决20次农民工讨薪等上访问题，真正把问题解决在基层、化解在初始阶段、消灭在萌芽状态。

（汪亢亢）

# 中关村科技区顺义园

【概　况】2012年10月，经国务院批复，中关村国家自主创新示范区扩展为"一区十六园"，顺义区航空北区、航空南区、临空地块、空港西区、空港东区、实创高新北区、实创高新南区、北方新辉地块、非晶地块9个区域组成中关村示范区顺义园，总规划占地面积1207.7公顷，包括6个基地，集中形成下一代互联网、移动互联网和新一代移动通信、卫星应用、生物和健康、节能环保、轨道交通六大新优势产业集群以及集成电路、新材料、新能源汽车、高端装备与通用航空四大潜力产业集群，重点发展航空航天、高端装备制造、研发服务、信息服务等高端产业，加快推进高新技术成果孵化转化，建设"生态良好、产业集聚、用地集约、设施配套、城乡一体"的研发服务和高技术产业集聚区。2013年2月，园区获授牌。2014年8月，市编办批复，同意调整机构设置，将中关村科技园区顺义园管理委员会，由在顺义区经济和信息化委员会加挂牌子，调整为独立设置，加挂北京顺义科技创新产业功能区管理委员会牌子，为区政府派出机构。成立中共北京市顺义区委中关村科技园区顺义园工作委员会，为区委派出机构，与顺义园管委会合署办公。12月29日，"北京顺义科技创新产业功能区"揭牌。新成立的科技创新产业功能区以中关村科技园区顺义园为依托，整合原北京林河经济开发区、北京汽车生产基地、北京临空国际高新技术产业基地、北京板桥创意天承产业基地和北京北方新辉印刷产业基地5个功能区，形成"科技创新"板块起步区，总体规划面积23.64平方公里，其中备用地10平方公里。功能区将按照以高新技术产业为主导，以战略性新兴产业为支柱，以现代服务业为支撑，突出发展高端制造、航空航天、新能源新材料新技术、生物医药及文化创意等五大支柱产业，承接中关村国家自主创新示范区科技创新、先行先试的发展理念，积极与北京市、顺义区政府及相关职能部门对接，与中关村国家自主创新示范区"1+6政策体系"对接，加快和完善"创新型人才"和"创新型企业"体系建设，实现在产业培育、自主创新、园区建设、管理改革方面有新突破。

（袁永章）

单位名称：中关村科技园区顺义园管理委员

地址：北京市顺义区白马路高丽营段9路

电话：010-69491700
邮编：101302
网址：http://www.zgcsyy.gov.cn/
（中关村科技园区顺义园管理委员）

# 北京林河经济开发区

【概　况】位于首都机场东侧，是北京市级开发区，是临空经济区的重要组成部分。开发区成立于1992年，总体规划面积4.16平方公里，2006年3月通过国家发展和改革委员会对省级开发区的审核公告，正式更名为“北京林河经济开发区”。建区以来，开发区光机电一体化、汽车零部件、微电子及生物新医药为主导的四大产业体系不断完善，产城融合发展进一步深化。2014年，开发区完成总收入167亿元，同比增长12%；实现利润5.9亿；实现属地税收6亿元；完成固定资产投资26亿。

【招商引资】年内，开发区共吸引入区项目18个，其中实体项目3个，注册项目15个。实现注册资本1.1亿元，协议投资总额26.1亿元，主要产业项目有远大住宅工业（北京）有限公司建筑工业化产业、北京宝能文创投资有限公司、北方总部基地及北京黄记煌餐饮管理有限责任公司总部基地等项目。

（任春伶）

【土地入市】年内，通过北京市土地整理储备中心公告入市交易完成土地2宗共125亩，均为工业用地，成交金额1.897亿元，竞得单位分别为中传数字传播公司和远大住宅工业（北京）有限公司。

（任春伶）

【重点工程建设】年内，开发区重点开复工项目有5个，面积达45万平方米，总投资额23亿元。其中双限房项目，总投资7.68亿元，总建筑面积19.2万平方米；中铁建公建配套项目总投资5.3亿元，总建筑面积9.6万平方米；中传数字传播有限公司工程总投资1.87亿元，总建筑面积3.8万平方米；中国建筑股份有限公司技术中心改扩建工程总投资3.8亿元，总建筑面积5.8万平方米；邦达房地产公建混合住宅项目总投资4.5亿元，总建筑面积6.8万平方米。

（任春伶）

【区域合作共建】4月2日，借助“京津冀”一体化发展契机，推进区域合作共建，远大住宅工业（北京）有限公司成功竞得开发区内97亩工业用地，拟建设内容包括绿色建筑数据中心及华北地区销售结算中心等。该企业在天津市北辰区购买200亩土地建设生产车间，跨区域的经营共建，实现开发区土地资源的高效利用，解决企业生产需求。项目以市经信委的区域合作平台为契机，谋求与河北唐山、承德等地新的合作发展共建。

（任春伶）

【闲置资源利用】年内，北京林河经济开发区积极促成北京黄记煌餐饮管理有限责任公司与原亚宝北中大公司签订转让协议，盘活69亩工业用地及3.5万平方米工业厂房。原亚宝为能源消耗重点企业，通过此次的“一退一上”，不但提高该地块的产出效益，同时彻底解决原企业的锅炉污染排放问题。

（任春伶）

【资源升级改造】年内，北京林河经济开发区入区企业未名天人中药有限公司，投资945万元，对现有厂房进行新版GMP工程改造。

（任春伶）

【园区获新型工业化示范基地】2月，通过市发改委、市规划委、市国土局、市财政局、市经信委及专家组组成的联合评审会审核和认定，园区获北京市第二批新型工业化示范基地，已获授牌。示范基地将优化服务功能和环境，促进现代制造业产业集聚升级。

（任春伶）

## 中关村临空国际高新技术产业基地

**【概　况】**中关村临空国际高新技术产业基地（以下简称“园区”），成立于2005年6月，位于顺义区高丽营镇，总规划面积10平方公里，一期规划面积5.2平方公里。属于“电子城——空港——临空国际”中关村东线临空信息产业带上的重要节点，是中关村国家自主创新示范区“两城两带”规划建设项目的组成要素，是临空经济功能区高新技术产业核心板块，是顺义区发展高科技产业的朝阳地带。园区依托顺义临空经济区位优势和中关村创新资源，承接中关村科技园区技术溢出和产业辐射，吸引创新型企业到园区做大做强，实现高新技术产业集聚发展，建成支撑顺义新城建设的高端产业平台。

（袁永章）

**【3家企业成功摘牌】**4月3日，中国照明行业的领军企业雷士照明项目（3-2-2地块）成功摘牌。该项目总投资3亿元，占地47.1亩，主要建设植物工厂灯光照明系统的研发、城市照明系统管理、LED技术研发及应用、展览展示和总部结算等产业项目。“雷士”商标2008年被认定为中国驰名商标；4月15日，拥有百余项专利及著作权，承担国家火炬计划2项，市火炬计划7项的国内最大的数字电视软件与系统提供商数码视讯项目（3-2-1地块）成功摘牌。该项目占地43.5亩二期将建成产品中心和市场中心；6月10日，百年中华老字号荣宝斋项目（2-1西区地块）成功摘牌。该项目总投资4.5亿元，占地88亩，主要建设“荣宝斋画院、数字出版中心、国家级非物质文化遗产生产性保护示范基地、新产品研发中心和艺术家创作中心”。3家企业均已取得《国有土地使用证》，正在办理项目开工前的相关手续。

（袁永章）

**【数码视讯项目竣工】**年内，投资5.6亿元，占地80亩的数码视讯数字电视前端产业园一期项目，完成研发楼、测试楼及配套设施工程施工建设。作为国内首家、最大规模的数字电视产业园，计划占地超过200亩，总投资10亿元，建成后将容纳广电企业数十家，集研发、生产、教学、会议展览等功能于一身的综合性科技园区，预计2015年投入使用。

（袁永章）

**【数据通信成功签约】**12月12日，数据通信科研生产基地项目在园区成功签约。该研究所是中央和军队指定的从事保密通信和信息安全研究生产的定点单位，是国家认证的高新技术企业、软件企业，计划在园区（2-1东区地块）总投资11亿元，占地170.8亩，建设“兴唐顺义科研生产基地”，包括科研楼、厂房、产品库房及联调联试场地等。截至年底，正在办理土地上市前相关手续。

（袁永章）

**【园区被认定科技成果转化基地】**10月，市科委组织“北京市战略性新兴产业科技成果转化基地”申报认定工作，经过组织材料和两次专家组答辩，园区成为入选三家科技园区之一。被认定为北京市战略性新兴产业科技成果转化基地后，加快科技企业研发成果转化，园区企业协同创新项目、税收优惠政策和招商引资工作获市科委的支持。

（袁永章）

**【加快推进规划建设】**年内，共出让建设用地面积20.25公顷，3-2-4（南区）地块、2-1（东区）地块、5-3-2地块、5-3-3地块正在办理上市相关手续；70亩建设用地（5-3-1）地块在进行控规调整相关手续；燃气调压站项目已正式供气，能够满入区项目生产生活。

（袁永章）

**【经济指标】**2014年，园区实现属地财税收入11469.4万元，同比增长14.5%；完成公共财政预算收入2349.6万元，同比减少51.9%。

（袁永章）

## 北京市板桥创意天承产业基地

**【概　况】**北京市板桥创意天承产业基地（规范简称“创意天承”）成立于2007年6月，是北京临空经济区的重要组成部分，顺义重点经济功能区之一。位于顺义新城西北部，总体规划面积5平方公里，首期规划面积2平方公里。京承高速公路从基地经过，并在基地西南和东北设有两处上、下行匝道（即昌金路出口和天北路出口），出入口距基地零距离。管委会所属投资发展中心现拥有“六部两室”（招商部、规划建设部、投资服务部、物业管理部、财务部、人力资源部、办公室和综合治理办公室）工作机构，全面负责基地的招商引资和管理服务工作。

（创意天承）

**【运通京承国际汽车广场项目全面运营】**年内，由北京旺晟地产投资建设的北京运通嘉捷、北京运通嘉奥、北京运通嘉宝和北京运通嘉恩4家品牌汽车4S店已正式运营。该项目总投资额10亿元，建筑面积13万平方米，主要运营销售捷豹路虎、宝马、一汽奥迪和一汽大众品牌汽车。

（创意天承）

**【“尚峯壹号”商务办公楼项目竣工】**年内，由北京旺晟地产投资40亿元，总建筑面积32.5万平方米，建设规模27栋的高层写字楼竣工，达到企业入驻条件，销售团队已于5月进驻园区开展项目推广和宣传。

（创意天承）

**【二期土地F1-01地块完成入市交易】**1月16日，该块土地性质为C2商业金融用地共40亩。被北京瑞元丰祥置业有限公司与北京鑫远诚业咨询有限公司联合体通过市场摘牌取得，成交额7.35亿元，投资方规划建设“首创派尚国际”项目，至年底，部分楼宇正在进行主体结构施工。

（创意天承）

## 北京汽车生产基地管理委员会

**【概　况】**汽车生产基地成立于2003年10月，位于首都国际机场东侧，核心区面积6.3平方公里，基地自成立以来，广大干部员工勇于创新，与时俱进，使汽车生产基地不断发展壮大，综合实力已跃居全区前列。

（陈立东）

【经济指标稳步增长】2014年汽车生产基地完成生产总值1280亿元；同比增长9.1%；实现营业收入1386.5亿元；同比增长10.8%；实现属地税收166.8亿元；同比略降0.2%；公共财政预算收入23.208亿元；同比增长0.2%；经济指标稳步的增长标志着汽车基地已正式迈入千亿级开发区行列。

（陈立东）

【北汽研发基地地下停车场项目取得进展】由汽车生产基地管理委员会和北京汽车集团有限公司共同开发建设的《北京汽车研发基地地下停车场项目》2014年11月已完成主体结构封顶，工程量占总施工进度80%，预计2015年8月可投入使用。该地下车库建筑面积为69676.3平方米；总投资约1.56亿元，机动车停车位2031个（均为地下）。项目建成后可有效解决北汽集团及周边停车难问题，同时该项目将绿化与休闲有机结合，建成后将成为一处集生态和休闲活动于一体的区域性综合场所。

（陈立东）

【望泉寺公租房项目进展顺利】顺义新城望泉寺公租房项目是全市最大的公租房项目，该项目规划总建筑面积51.65万平方米，住宅7115套，总投资约34亿元。截止到2014年底，南区14栋楼内装修已完成70%，预计2015年6月可达到入住条件，其它各项工程也在有续施工。目前已有北汽集团、中航复材、宝泉钱币等7家入区企业达成整栋持有权转让协议。公租房建成后，将为汽车基地吸引人才、留住人才提供保障，满足园区产业职工的住房需求。

（陈立东）

【汽车基地转型升级取得新的成就】2014年5月18日，第十七届中国北京国际科技产业博览会圆满落幕，汽车基地的三大项目成功亮相科博会，代表新能源新材料新技术的中铜首航电动巴士项目、光峰华影激光电视及中影光峰激光影院技术项目得到市、区领导的广泛关注。5月17日上午，市委书记郭金龙参观三新研究院的成果展示，听取中铜首航电动巴士项目的介绍。区委、区人大、区政府、区政协以及天竺综保区的领导到科博会顺义展区实地了解三大项目的参展情况及新能源新材料新技术的研发情况。

（陈立东）

# 北京北方印刷产业基地管理委员会

【概　况】北京北方印刷产业基地位于北京市顺义区东南部，地处首都国际机场正东侧10公里处，毗邻通州区和河北燕郊。印刷基地位于顺义区北务镇，规划面积108公顷。北京北方印刷产业基地按照区委、区政府“承接临空经济区，打造京平发展带现代化制造业中心”的定位，高标准规划、高起点招商、高质量建设、高效益发展。2012年10月，北京北方新辉新兴产业基地经国务院批准正式被纳入中关村产业园顺义园。2014年11月26日，经顺义区第31次政府常务会议决定，撤销北京北方印刷产业基地管理委员会。

（申晓杰）

【经济发展持续增长，税收再创新高】园区属地财税收入累计完成18646万元，同比去年增长71%。公共财政预算累计完成4397万元，同比增长71%。总产值累计完成196724万元，同比增长66%。总收入累计完192500万元，同比增长67 %。

（申晓杰）

【园区重点实体企业稳步发展】园区实体

企业北汽大世汽车系统有限公司、北京至美数码防伪印务有限公司等企业的稳步发展，税收效果明显显现，拉动整个园区税收的增长速度，占据基地总税收的82%。

（申晓杰）

**【引进5家楼宇企业】** 印刷基地引进5家楼宇型企业，注册资本共计10150万元。5家企业分别为：乐视彩信息技术（北京）有限公司，注册资本3000万元，主要从事电子商务技术推广，销售电子产品、通讯设备、家用电器等网络销售类业务。北京艺高世纪科技股份有限公司，注册资本3000万元，从事建筑节能新型材料研发、生产、销售、施工和服务；北京卓越天翔航空投资管理有限公司，注册资金3000万元，从事研发、设计、总装无人直升机以及发动机的研发组装等；北京和旭天鸿投资咨询有限公司，注册资本100万元，从事投资管理，投资咨询服务；北京天卫世纪科技有限公司，注册资本1000万元，经营范围以太阳能光伏发电为主，由中国科学院牵头组建投资。

（申晓杰）

**【4家节水型企业创建】** 为切实提高水资源的开发利用水平，推进节能减排工作，印刷基地组织园区企业进行节水型企业创建工作。在基地的有力指导与企业的努力工作下，北汽大世汽车系统有限公司、北京至美数码防伪印务有限公司、北京碎得机械北京有限公司、北京凤凰航空印刷厂4家成功创建为节水型企业。

（申晓杰）

**【园区范围内实现全路段夜间照明】** 印刷基地投资194万元，历时45天新建横四路、纵一路路灯66盏，新增路面照明2.75公里，改善园区夜间出行环境，实现园区范围内全路段夜间照明。

（申晓杰）

**【新增绿化面积2980平方米】** 印刷基地投资115万元，新栽小叶黄杨、女贞、沙地柏、碧桃等11个品种的苗木32400株，新增绿化面积2980平方米，实现了园区绿化全覆盖；投资6000元，新铺设绿化供水管线170米，增加就地取水设施9套，实现园区所有绿地就地取水灌溉，为园区的绿化美化提供有力保障。

（申晓杰）

# 大型国有企业和上市公司

## 北京首钢冷轧薄板有限公司

【概　况】 北京首钢冷轧薄板有限公司位于北京市顺义区李桥镇，厂区占地面积1100亩，注册资本26亿元，项目设计投资额约64亿元，年产能力170万吨。冷轧公司是由首钢总公司、北京首钢股份有限公司、北京汽车投资有限公司共同出资设立，三家股东单位分别占注册资本的9.72%、70.28%、20%。公司设生产部、计财部、技术质量部、市场部、设备部、能源环保部、供应管理部、运营改善部、信息化管理办公室、党群工作部、人力资源部、技术专家室、办公室13个职能部门，酸轧作业区、连退作业区、镀锌作业区、罩退作业区、成品物流作业区、落料作业区、动力作业区、电力作业区、维检作业区9个作业区。2014年底在册职工1331人，其中博士2人、硕士67人、本科310人、大专468人；高级职称18人，中级职称111人；高级技师23人，技师89人，高级工212人，中级工375人；职工平均年龄35岁。

单位名称：北京首钢冷轧薄板有限公司
地址：顺义区李桥镇任李路200号
电话：81477800
邮编：101304

（刘　更）

【主要指标】 冷轧公司2014年生产基本安全稳定顺行，主要技术经济指标稳步提升。完成产品产量190.17万吨，同比减产12.38万吨，降幅6.11%。其中，汽车板产量110.25万吨，同比减产3.04万吨，降幅2.68%；家电板产量31.56万吨，同比减产6.76万吨，降幅17.64%。完成汽车外板产量13.31万吨，同比增长0.95万吨，外板比例达到7%，同比提高0.9个百分点；高强钢产量达到39.55万吨，同比增长5.73万吨，比例达到20.8%，同比提高4.1个百分点；达到FD级产品8.73万吨，比例达到4.59%，同比提高2.97个百分点。完成销售收入81.7亿元，同比降低6.5亿元；实现利润控亏2.98亿元，同比减亏0.67亿元；完成增收节支降成本任务1.12亿元，比计划多降0.47亿元；吨钢综合加工成本721元，同比降低23元。

（刘　更）

【产品认证】 全年共计组织了28家车企，576项材料认证及新车型试模工作。完成华晨宝马、北京奔驰、北汽等高端品牌车企材料认证，认证新零件186个。其中，完成华晨宝马新零件认证48个，北京奔驰新零件认证10个，一汽大众新零件认证43个。

（闻　达）

【高端产品生产】 高端领先产品完成87.37万吨，同比提高3.54%。完成宝马订单22432吨；长城外板订单13289吨；现代海斯克合金化订单20134吨，同比提高

78%；烘烤硬化钢订单 10465 吨，同比提高 679%。440MPa 级以上高强度 IF 钢 2.68 万吨，同比提高 60%。

（闻　达）

**【新钢种开发】** 全年共计完成 18 项新产品开发，同比提高 20% 完成出口蒂森克虏伯 SS50 订单 500 吨，上海百营 HC500/780DPD+Z、北汽 HC550/980DP 等新钢种试制工作，拓宽了高强钢汽车板品种大类；完成奔驰 TRIP700+Z 认证订单；完成吉林大乘、武汉中和、上海福然德镀锌 HC420/780DPD+Z 新产品订单 556 吨。

（闻　达）

**【技术创新】** 全年参与市级科委项目 2 项，首钢级科技项目立项 19 项。冷轧公司级科技攻关立项 100 项，完成 39 项，共产生经济效益 6739 万元 / 年，同比提升 300%。完成专利申请 55 项，涉及新钢种、工艺优化、特殊工具应用、现场装置改造等方面。获得 46 项专利授权，其中发明专利 17 项，实用新型专利 29 项。完善“两化”建议奖励机制，调动职工参与积极性，申报合理化建议 1573 项，采纳 1332 项，预计产生经济效益 5947 万元 / 年。合理化成果申报 347 项，通过验收 337 项，产生经济效益 6029 万元 / 年。

（闻　达）

**【体系建设】** 组织内审 11 次、接受宝马等二方审核 7 次，解决问题 97 项。将 TS 标准要求与实际工作有效结合，推行以控制计划系统为核心的工艺管控平台，优化了工艺参数管理及操作故障管理；集中清理了 55 项管理制度，新颁发 54 个制度类文件，废止 37 个，规范了制度管理。

（车　辉　刘　璇）

**【六西格玛管理】** 完成了第三期共 22 个项目，目标达成率 139.7%，标杆改善率 89.8%，年效益 3300 万元。培养了 13 名黑带讲师；完成 46 个知识点，1733 页教材编写，实现案例替换 42 个。

（车　辉　刘　璇）

**【TPM 管理】** 制定了体系文件 97 项，可视化标准 17 项；全年开展红牌作战活动 81 次，发放红牌 2262 张，查出问题点 15341 个，治理率 100%；组织设备清扫 50 次，解决问题 433 项；自主改善 306 项，改善提案 1436 个。

（车　辉　刘　璇）

**【节能环保】** 每月自行检测厂内无组织排放酸雾浓度、TSP 浓度、除尘器颗粒物浓度等主要污染物数据，先后 8 次接受北京市、顺义区、首钢总公司三级组织的“空气重污染应急预案”现场检查，全部达标。强化环保设备的使用及维护，完成 568 个废水处理站检修项目，51 个主产线环保设备检修项目。公司通过了环境及 OHSAS18001 健康体系的外部审核。

（袁留锁　何　冰）

## 燕京啤酒集团

**【概　况】** 燕京啤酒于 1980 年建厂，1993 年组建集团。旗下 41 家啤酒酿造基地、2 家原料基地和 8 家相关附属企业，遍布全国 18 个省市，是目前中国大型啤酒集团中唯一没有外资背景的民族企业。2014 年啤酒总产销量达 532 万千升，实现销售收入 180 亿元，利润 11.69 亿元，利税总额 40.13 亿元，连续六年挺进世界啤酒销量前八名，资产总额达 220 亿元，“燕京”驰名商标品牌价值超 660 亿元。

单位名称：北京燕京啤酒集团公司

地址：顺义区双河路9号
电话：（010）89495588
邮编：101300
网址：http://www.yanjing.com.cn

（燕京啤酒集团）

**【燕京独家冠名中国足协杯】**燕京啤酒投资2548万元独家冠名2014年中国足协杯。2月19日签约仪式在京举行，比赛从3月22日开始，11月22日结束，共66场较量。其间燕京倡议的“种子计划”成为中国足协杯官方公益活动，即通过当地媒体与网友推荐产生受捐赠学校，每场比赛现场向5所学校捐赠100颗足球，共计向181所学校捐赠出3620颗足球。

（燕京啤酒集团）

**【产品结构不断优化】**以听啤、鲜啤、纯生啤酒为代表的燕京中高档产品销量较上年增长32%，创效水平得到进一步提升。成功开发10升桶装白啤和500毫升听装白啤，分别于3月和8月上市，满足个性化消费需求。

（燕京啤酒集团）

**【燕京品牌价值突破660亿元】**6月25日由全球著名的品牌研究机构世界品牌实验室举办的“2014年中国500最具价值品牌”发布会在京召开。2014年中国500最具价值品牌排行榜正式揭晓，燕京品牌价值660.76亿元，较去年增长31.46%。

（燕京啤酒集团）

**【燕京奖励中国女足50万元】**6月7日燕京啤酒在顺义奥林匹克水上公园为中国女足举行颁奖仪式，燕京啤酒集团公司总经理赵晓东将50万元支票交到中国女足队员的手中。

（燕京啤酒集团）

**【第23届燕京啤酒节】**6月6日至8日第二十三届燕京啤酒节暨啤酒文化广场活动在顺义区奥林匹克水上公园拉开帷幕。顺义区委书记王刚，区委副书记、区长卢映川，区人大主任胡尚云，区政协主席杨宝华，各委办局主要负责同志，燕京经销商、供应商代表，燕京职工代表及广大的消费者近6000人同贺佳节。

（燕京啤酒集团）

**【纳豆激酶课题通过市科委验收】**9月25日北京市科委组织专家对燕京啤酒承担的北京市科技计划课题“纳豆激酶功能性产品的研发”进行验收。验收会专家组由北京营养源研究所李东教授、江南大学许正宏教授、北京联合大学徐峰教授、中国食品发酵工业研究院李虹教授及国家食品质量监督检验中心尹建军主任组成。该课题于2012年立项研发，同年纳入北京市科技计划课题，经过两年多时间，已建立成熟的纳豆激酶液体发酵生产工艺，所获得的纳豆激酶活力达到国内领先水平。

（燕京啤酒集团）

**【燕京啤酒天猫官方旗舰店上线】**9月26日燕京啤酒官方旗舰店成功在天猫上线，主要销售燕京啤酒听装产品，以燕京鲜啤、燕京纯生为主打产品，以听装燕京黑啤、听装燕京菠萝啤酒作为个性化产品，并隆重推出新品燕京啤酒原浆白啤，满足消费者不同消费需求。

（燕京啤酒集团）

**【能源消耗监测项目通过成果鉴定】**9月29日由北京燕京啤酒股份有限公司和中国计量科学研究院共同完成的“企业能源消耗在线监测信息化管理系统”项目通过中国酒业协会技术委员会的科技成果鉴定。

（燕京啤酒集团）

**【安全标准化二级评审】**12月24日至25日燕京啤酒股份有限公司通过安全标准化二级现场评审。安全标准化工作于2013年10月24日正式启动，公司先后投入各种安全改造费3200万元以上，共完成25项安全管理制度、316个岗位责任制、180个安全操作规程，以及1个综合元、15个专项预案的修订，并针对性地组织开展相关岗位管理人员和专业技术人员的特种作业培训。

（燕京啤酒集团）

# 北京顺鑫控股集团有限公司

【概 况】北京顺鑫控股集团有限公司在区委区政府的正确领导下，坚持以投资控股型发展思路为引领，通过资源掌控和资本运作，积极应对经济形势和市场竞争，产业规模不断扩大，经济效益大幅提高。全年实现销售收入127亿元，实现利润7.4亿元，实现税金15.7亿元，实现国内生产总值33.6亿元，各项工作取得了可喜的成绩。

单位名称：北京顺鑫控股集团有限公司
地址：北京市顺义区站前街1号院1号楼
邮编：101300
电话：（010）69427258
网址：http://www.000860.com

（和法文）

【新名称 新使命】12月16日，沿用十六年的“北京顺鑫农业发展集团有限公司”正式更名为“北京顺鑫控股集团有限公司”，由此企业所倡导的投资控股型发展理念开始名副其实。

（和法文）

【投控模式拉开帷幕】按照投资控股型产业发展与资本运作相结合的发展模式，集团积极整合优质资源，借助京津冀协同发展趋势，完善产业链。2014年，顺鑫控股集团成功与秦皇岛市政府签署全面战略合作协议，踏出迈入京津冀经济圈的坚实一步。年内，成功收购北京顺鑫建筑装饰工程有限公司、北京顺鑫建筑规划设计院有限公司、北京顺鑫绿洲锦绣园林工程有限公司，打造从设计、建筑到装饰的全产业链；成立顺鑫国际（香港）集团有限公司、北京世欣顺达小额贷款公司，开始涉足投资、国际贸易领域；与北京农林科学院合作成立北京顺鑫农科种业科技有限公司，大力发展种业产业。

（和法文）

【资本运作取得突破】融资规模不断扩大，2014年，集团累计获得银行综合授信额度200亿元，各类融资总额162亿元，70亿元的超短期融资券工作稳步推进，为集团整体发展提供

充足的资金。

（和法文）

【重点项目高效推进】牛栏山酒厂东扩、鹏程新熟食车间、顺鑫中盛森林·运动中心、牵手仓储中心、顺鑫石门南市场升级改造、创新食品自有品牌产品市场拓展、金盛顺鑫国门1号家居商业中心、祥云药业和医药药材公司新一轮GMP、GSP认证、顺鑫明珠高科技混合现实技术等重点项目实现突破性进展

（和法文）

【品牌建设再谱新篇】公司连续四年荣登“中国企业500强”，连续十年入选“中国制造业企业500强”，连续十五年蝉联“农业产业化国家重点龙头企业”；鑫大禹华霖公司、环保公司通过高新技术企业认定；“佳宇”品牌荣获北京市著名商标。

（和法文）

# 北京空港科技园区股份有限公司

【概况】2014年，公司以突破转型升级为出发点和立脚点，立足各大主营业务，不断开拓思路，推动公司各项经营和管理工作有序开展，全年实现营业收入7.58亿元，净利润4569.55万元，贡献税收5577.60万元。

单位名称：北京空港科技园区股份有限公司
地址：北京空港经济开发区B区裕民大街甲6号
电话：(010)80489277
邮编：101318
网址：http://www.600463.com.cn

（王　宇）

【开启资本运作工作】公司围绕园区企业整合、解决同业竞争问题进行大量调研，确定“充分利用上市公司投融资开发平台为目标，兼顾各方利益，有效避免、解决由园区整合引起的同业竞争问题”总体思路。积极与业内多家经验丰富的中介接触，研讨、制定园区企业整合方案，完成《未来三年资本运作计划》，并于11月19日召开未来三年资本运作工作启动会，确定主要内容和时间安排，正式开启资本运作工作。

（王　宇）

【公司2014年第一期短期融资券成功发行】8月19日，公司在北京金融资产交易所通过集中簿记建档系统成功发行2014年第一期短期融资券，这是公司上市以来首次直接融资，债券发行规模2.7亿元，期限365天，认购额近5.1亿元，最终发行利率为5.89%。本次短期融资券的发行有利于公司在资本市场树立良好形象，提高市场信誉度，为日后持续债券融资及股权融资打下信用基础。

（王　宇）

【项目申报获得贴息款项】公司积极研究相关政策，根据项目特点，将A、B区标厂申报为“北京市中小企业创业基地”，并取得了“北京市中小企业创业基地”称号，获得项目奖励资金200万元。

（王　宇）

【储备项目开发】经过多次对顺义区内相关产业功能区公租房及配套宿舍开发建设情况的调研，并结合摸底原空港经济开发区A、B区企业公租房需求，公司编制完成《北京临空经济核心区配套职工宿舍楼工程项目》、《MAX空港研发创新园A区》、《MAX空港研发创新园B区》的项目申请报告，为公司可开发项目做足准备。

（王　宇）

【引领分子公司科学发展】公司持续贯彻“服务、指导、协调、监督”八字方针，着力加强外部指导，带领分子公司科学发展。一是推进战略规划分层逐级落实。指导各分子公司在公司主战略基础上，结合各自经营实际，完成子战略。二是推进内控体系有效落实。内控工作小组深入分子公司进行内控执行情况测试，促进经营管理行为进一步合法合规、高效实施。三是推进“下基层”活动持续开展。班子成员及相关部门深入基层，获取第一手信息，协助各单位解决问题。

（王　宇）

# 北京市顺义大龙城乡建设开发总公司

【概　况】北京市顺义大龙城乡建设开发总公司成立于1987年，隶属北京市顺义区人民政府，总资产近50亿元，公司注册资本

10000万元，法定代表人李绍林。公司是一家实力雄厚、经验丰富的房地产开发企业，目前以房地产开发，商品房销售等为主营业务。具备房地产开发一级资质，房屋建筑工程施工总承包一级资质。大龙总公司所属及控股出资企业在岗职工近2000名，拥有各类专业技术人员500余名。2005年控股子公司北京市大龙伟业房地产开发股份有限公司在沪成功上市（简称“大龙地产”，股票代码“600159”）。大龙秉承“宜居品质、价值典范”的商业理念，怀着成为“专注于中国新型城市化建设的城市运营商典范”的伟大愿景，担负并践行“助力区域多元化，促进城市现代化，加速城乡一体化”的历史使命，持续推行“信赖、价值、尊重、合作”的核心价值观。以新型城市化建设为己任，推行大盘开发的“幸福模式”，构筑居民“宜居、宜业、宜休闲”的城市空间，成为地方政府最信赖的房地产开发企业。

单位名称：北京市顺义大龙城乡建设开发总公司
地址：顺义区府前东街甲2号
电话：（010）69440517
邮编：101300
网址：http://www.dldc.com.cn

（大龙城建）

**【裕龙君汇项目获全国人居“双金奖”】** 第13届全国人居经典建筑规划设计方案竞赛中，裕龙君汇以其“高端的定位、简约的风格、唯美的建筑”，荣获全国人居“规划、建筑”双金奖。该项目为大龙公司下属广东省中山市大龙嘉盛房地产公司开发建设的首个房地产项目，位于中山市火炬开发区太阳城商圈，占地6万多平方米，总建筑面积约27万平米，住宅总户数1713户，由17栋景观高层组成。

（大龙城建）

**【区领导检查供暖工作】** 年内，副区长赵贵恒一行实地察看大龙供热中心城西热源厂、调度指挥中心供热运行等情况，听取供热保障工作汇报，充分肯定大龙供热中心工作，并强调：供热工作事关民生，为确保广大居民能过上一个温暖的春节，热企职工“舍小家、为大家”付出辛勤劳动，为顺义区和谐稳定做出重要贡献。大龙供热中心将严格按照区委、区政府相关要求和部署，强化供热保障措施，确保供热运行稳定，力争将供热工作变成“让政府放心、让居民满意”的暖心工程。

（大龙城建）

**【“北京市建筑结构长城杯金质奖”】** 由大龙公司开发建设的顺义裕龙花园三区续建1#、2#住宅楼，以及3#办公楼及地下车库工程分别被北京市优质工程评审委员会评为2014年度结构长城杯金质奖工程。项目位于顺义城区东大桥环岛东南角，总建筑面积5.8万平方米，是集住宅、商业、办公等多种功能于一身的“群体建筑”，其中住宅总户数212套、商业办公面积9592平方米、地上地下车位319个。自2012年5月开工至今，公司坚持“科学管理、精细施工”，有效保证工程的安全、进度和质量，并通过创建“优质工程”，培养一批管理人才、锻炼一批施工队伍、打造一批精品工程，树立“大龙地产”优质品牌形象。

（大龙城建）

**【首次获评“北京市建设行业AAA诚信企业”】** 作为顺义区大型建筑企业，大龙顺发建筑公司始终坚持“以诚信为根本、以质量求生存、以效益谋发展”的经营理念，在连续3次获评“北京市建设行业诚信企业”的基础上，今年首次获评“北京市建设行业AAA诚信企业”，此荣誉为业内最高诚信认证，标志着“大龙建筑”成功跻身全市诚信企业先进行列。

（大龙城建）

**【无人值守换热站监控系统亮相北京国际节能环保展览会】** 大龙供热中心连续4年作为本区供热行业代表参展北京国际节能环保展览会。2014年重点推介自主研发的"无人值守换热站监控系统"，其显著地技术特点以及突出的实用性能，引起参观人员的广泛关注，得到与会领导、专家及业界的一致好评，并受到了北京电视台的专题采访，进一步提升"大龙供热"品牌的知名度和美誉度。该系统自2013年6月投入改造至今，已完成35座换热站的加装，共节省成本和维修资金350万元。

（大龙城建）

## 首安工业消防有限公司

**【概 况】** 首安工业消防有限公司（简称"首安"）是中国首家专业从事工业消防安全的高新技术企业，总部位于北京，在全国20多个省份及海外设有分支机构或子公司，主要技术与管理人员均拥有博士、硕士学位。首安自主创新的三大核心系统产品——工业火灾探测报警系统、消防安全网络化监控指挥系统、自动灭火系统，已获得多项核心国际发明专利和近百项国内发明专利。首安公司是国家企事业知识产权试点单位、北京市知识产权示范单位。首安以工程总承包为主要服务形式，为钢铁冶金、电力系统、石油化工、核能核电、航空航天、数据中心、物流仓储、交通、军工、烟草、酿酒等众多领域的工业企业及特种建筑与设施提供先进、可靠、适用的消防安全解决方案。首安以优质高效的总包服务、广泛应用的核心产品和持续增长的突出业绩，连续五届（2008-2012）蝉联"中国消防行业十大民族企业"首位。首安秉承"竞争促进发展，合作成就事业"的发展观，以"倡导安全为首，创建首强品牌"为核心理念，持续满足并不断超越客户需求，努力成为工业消防安全领域的世界领先企业。

单位名称：首安工业消防有限公司
地址：北京市国门商务区李天路22号
电话：（010）81463816
邮编：101304
网址：http://www.sureland.com/

（首安工业消防有限公司）

**【研发动态】** 研发中心继续加强核心技术产品的研发、标准化、产业化和知识产权保护等方面的工作。电子产品研发方面，立项并启动电气火灾监控系统主机、剩余电流式火灾探测器、测温式火灾探测器、新型线型感温火灾探测器热敏材料及主机、气体灭火控制器等产品的研发工作；灭火产品方面完成了中压细水雾灭火系统、水雾喷头及雨淋报警阀、高压细水雾灭火系统、气体灭火系统等新产品的研发工作，公司产品种类增多，体系得以进一步完善。标准规范方面，公司作为主编单位继续组织开展国家标准《钢铁冶金企业设计防火规范》的修订工作；作为参编单位参加了《火力发电厂与变电站设计防火规范》、《火灾自动报警施工及验收规范》、《深圳市政电缆隧道消防与安全防范系统设计规范》等国家标准、地方规范的制修订；并完成可燃气体系列探测器企业标准的编制。知识产权方面，全年新申请发明专利1件、实用新型专利3件，并获专利授权3件；同时继续开展核心专利维权工作，启动了多项核心专利侵权的诉讼工作，为维护有序的市场竞争和保证企业效益起到重要作用。与高校及科研机构积极合作开展项目，与武汉科技大学消防研究所进行了火灾报警控制系统等项目的合作研究。

（首安工业消防有限公司）

**【营销与工程】** 1月，首安公司签订天津LNG项目接收站临时消防站工程合同、同煤集团年产60万吨甲醇消防工程合同；3月，签订台山核电站火灾探测系统M015合同；4月，签订内蒙古鄂尔多斯高新材料有限责任公司动力站全厂消防工程合同；6月，签订中泰化学托克2x300MW动力站一期消防供货合同；9月，签订星光影视城二期数据中心合同；11月，签订本钢冷轧高强钢工程合同；天津赫基仓储物流项目总承包合同；12月，签订新疆五家渠现代石油化工供货合同。2014年，首安公司继续保持在国际市场上的优势，分别签订菲律宾calaca 2x150MW CFB燃煤电站合同、土耳其泽塔斯三期2X660MW燃煤火力发电工程设备采购合同。中石油、中石化、中海油、国核、中广核、大唐、神华、华能、华电、国电、东方电气、国家电网、南方电网、中国移动、中国网通、中国铁通、中国建筑、苏宁、当当网、华为、武钢、鞍钢、太钢、首钢、宝钢、包钢、青钢、济钢、酒钢、重钢、本钢、邯钢、宁钢……首安公司的客户遍及整个工业领域。

（首安工业消防有限公司）

**【日本消防协会访问首安】** 7月18日，日本消防协会访华团访问首安。日本消防协会与首安有着多年的友好交流与往来，此次来访使双方进一步加深理解，双方将在技术、企业合作等多方面展开交流合作，共同为推动两国消防事业发展做出积极的努力。

（首安工业消防有限公司）

**【品牌建设】** 首安秉承“倡导安全为首，创建首强品牌”的企业理念，坚持变革创新，以产品、技术创新推动消防安全服务品质提升，持续增强品牌竞争实力，以优质、专业的消防安全产品及服务赢得众多行业客户的认可和信赖。6月6日，北京市顺义区品牌经济年会上，首安被北京市工商行政管理局认定为“北京市著名商标”，并授予牌匾。顺义区政府就首安在顺义区商标战略实施示范工程建设中的突出表现予以嘉奖，颁发品牌宣传奖励基金。

（首安工业消防有限公司）

**【消防行业信用评级AAA级认定】** 10月22日，中国消防协会组织召开消防行业信用等级评价A级以上信用企业发布会，隆重举行企业信用评价授牌仪式。首安工业消防有限公司以扎实的经营管理情况和良好的市场信誉，再次获评行业信用最高等级AAA级信用企业。

（首安工业消防有限公司）

# 商业 · 旅游

## 商 业

### 综 述

2014 年，区商务围绕建设北京东北部商业中心的总体目标，努力扩大消费，促进产业升级，推动人口调控，凝心聚力、攻坚克难、开拓进取，完成了各项工作任务。全年实现社会消费品零售额 376.7 亿元，同比增长 13.3%；新国展共举办展会 32 场，展出面积 200 万平方米，接待各类人员 200 万人次。

**一、谋划发展，加大扶持，有效完成服务保障工作**

一是严格落实区政府《关于加强新国展展会活动保障工作方案》，按照“N+1”工作机制，全面统筹协调相关部门与国展周边区域保障无缝对接，圆满完成新国展重大展会服务保障任务；二是自有品牌展会实现新突破，第二届北京国际商品博览会圆满闭幕，现场签约交易合同及意向合同 500 余份，金额达 2.11 亿元；三是顺义区新增 4 家典当行于 9 月底全部开业，全区典当企业已达 19 家，分支机构 2 家，注册资金 5.45 亿元；四是加强生活必需品应急储备管理，先期制定《顺义区生活必需品市场供应应急预案》及《顺义区生活必需品应急储备管理办法》，申请资金 120 万元，为储备工作提供保障；五是顺利完成区级储备粮轮换入库工作；六是落实政策，争取各类扶持资金。全年共争取商发资金 1307 万元，会展业扶持资金 695.78 万元，外经贸发展专项资金 245 万元，鼓励批发企业资金 275 万元，共计 2522.78 万元。

**二、扩充总量，搞好促销，努力拉动消费新增长**

一是抓住各类节假日旺销契机，围绕消费热点，积极引导各大商场开展丰富多彩、形式多样促销活动，进一步挖掘消费潜力；二是引进 H&M、GUESS 等数十家国际、国内知名流行服饰品牌首次入驻顺义，同时还引进星巴克、哈根达斯等数十家国内外知名品牌以及海底捞、旺顺阁等 30 余家主题餐厅，满足老百姓购物需求；三是挖掘零售额新的增长点，会同统计部门对区内新开业的大型商业进行走访调研，了解经营运营及零售统计情况，实现应统尽统；四是全区电子商务实现社会消费品零售额 4.7 亿元，同比增长 67.9%，发展新区排名第 3 位。

**三、强化统筹，协调有力，有效推进重点项目建设一是便民农贸市场升级改造工程圆满完成。**

主要对建新北区、双裕东区等 14 个

市场进行升级改造，有效改善居民消费环境，消除安全隐患，优化核心业态布局，推行大摊位制，为调控人口奠定基础；二是推进新国展一期配套及二、三期项目建设。三是重点跟踪隆华北扩（家乐福）、顺鑫二期，澳金园等重点商业项目，营造浓厚商业氛围，进一步扩大商业总量。目前，中粮祥云小镇、隆华北扩（家乐福）已盛大开业，顺鑫二期、澳金园等项目完成主体工程；四是圆满完成区政府实事工程—众望早餐亭20个网点建设工作；五是市级商业流通发展专项资金申报工作顺利完成。共计申报项目15个，主要涉及信息化提升、农超对接、总部经济集聚区培育、老字号创新、生活服务业发展、再生资源回收体系及现代物流发展等多个领域，项目投资总额1.6亿元。

**四、推进商品交易市场转型升级，人口调控初显成效**

按照“加大产业结构调整，疏解非首都核心功能”的总体要求，以商品交易市场清理整顿为重点，坚持按照“依法依规、维护稳定、减量提档”的原则，先期制定《关于规范整顿商品交易市场的实施方案》及《全区商品交易市场台账》，并按照总体目标进行分布实施。结合《北京市新增产业的禁止和限制目录（2014版）》，编制我区目录，推动区域产业协调发展。共清理农贸市场摊位719个，疏解人口1817人。取缔无照违规再生资源站点360家，疏解人口3514人。

**五、积极探索，大胆创新，社区便民菜店又添新亮点**

顺义区首家政府指定社区便民菜店正式开业，经营业态主要以蔬菜、水果为主，且营业面积占全场总面积三分之一。该店采取超市化管理经营模式，实行“五统一”，即统一管理、统一配送、统一采购、统一标准、统一品牌。此外，批发市场菜、果直接配送超市，减少中间流通环节，降低成本。

**六、创新模式，加快商务金融产业发展优势**

一是推进以商务金融为重点北京新兴金融功能区快速发展。年初，区商务委、金融办、国门商务区与北京市租赁行业协会签署四方战略合作协议，助力金融产业和总部经济集聚发展，吸引入驻企业29家。二是积极探索商业保理试点园区，开展与国际贸易交易会商业保理专业委员会密切合作，组织召开区内中小企业保理专题座谈会，大力推进顺义区开展商业保理试点工作进程。

**七、高效规范，确保商务发展安全有序**

一是开展多领域商务系统执法检查工作，采取巡查、抽查等方式，主要对食盐、成品油、典当、零售促销、再生资源、酒类流通、报废汽车、美容美发、洗浴等领域的执法检查工作。2014年，共出动执法人员2400余人次，检查各类经营单位1100余家次，发现

并消除各类安全隐患840余处，没收各类物品228.5吨（含废金属、废纸等）；二是组织培训，顺利通过安全生产标准化评审工作；三是严格落实酒类流通备案等级工作。新增备案登记180家，全区共备案酒类经营户5417家；四是及时处理举报投诉事件，做到件件举报有记录、处理情况有回复。

单位名称：北京市顺义区商务委员会
地址：顺义区站前街顺鑫国际商务中心10层
邮编：101300
电话：69443513

（王凌燕）

# 对外经贸

【概 况】全年实现进出口总额192亿美元，与去年持平；实际利用外资5.22亿美元，同比增长44.9%；吸引合同外资8.36亿美元。

单位名称：北京市顺义区商务委员会
地址：顺义区站前街顺鑫国际商务中心10层
邮编：101300
电话：69443513

（王凌燕）

【提升外资审批服务质量】年内，共新批外资项目44个，批准外资变更项目195个，完成对外贸易经营者备案登记315家，批准加工贸易合同690份，境外企业设立9家，外商来华邀请函77份。

（王凌燕）

【协同海关对进出口企业评级认定】加强与海关等部门联勤联动，积极为企业铺桥搭路，共同建立核查机制，协同海关开展进出口企业评级资质认定，对20家进出口企业进行海关升级现场查验。

（王凌燕）

【完善进出口企业损害预警机制】组织33家重点企业参加商务部产业损害调查局和市商务委共同举办的培训班，使企业对国际贸易形势有更深更全面的了解，企业维权意识进一步提高。

（王凌燕）

【审核外商投资企业年报678家】6月初至7月中旬，对外商投资企业的年报进行审核，共审核外商投资企业年报678家，报送率为95%。

（王凌燕）

【外商投资企业服务工作】年内共接受企业业务咨询3000余家次；通过挂号信提醒的方式，提前三个月通知即将到期的外资企业办理延期手续，全年共寄送提醒信件37封；完成新公司法修订后，外商投资企业合同、章程格式化范本的宣传和推广应用工作。

（王凌燕）

【全区总部经济发展】一是首次完成跨国公司总部奖励兑现。完成两年应兑现奖励，共计金额1179.3万元，已全部到位。二是完成新旧总部政策同时执行首年的政策分析、宣传、培训、申报指导、受理、网上填报等一系列工作。2014年共受理企业申请32项，初审通过项目12个，涉及奖励资金三千余万元。三是组织重点总部企业申报工作。目前全市已完成两批次重点总部企业申报工作，顺义区进入全市重点企业总部名录的企业26家，企业数量在全市排名第五，目前第一批证书已经发放完毕。四是完成原国门商务区、空港工业区两家总部经济集聚区功能提升项目的申报工作。

（王凌燕）

# 顺义区供销合作社

【概 况】 2014年，北京市顺义区供销合作联合社（以下简称：区供销社）积极推进“产业发展、精细管理、人才兴社”三大战略，加快经营结构调整，不断深化精细管理，推动产业转型升级，提升运营质量，巩固发展成果，取得了可喜成绩。全系统实现销售总额563479万元，同比增长25.1%；上缴税金8225万元，同比增长13%；综合利润15923万元，同比增长6.1%；地区生产总值

39348万元，同比增长11.3%。

企业名称：北京市顺义区供销合作联合社
地址：顺义区石门大街供销大厦
邮编：101300
电话：89423232-6683
传真：89423555
网址：www.sygxs.com

（马彦华）

**【获“全国供销社系统百强县级社”称号】** 2015年1月4日，经全国总社评审、公示，顺义区供销合作联合社荣获2014年度“全国供销社系统百强县级社”荣誉称号。

（马彦华）

**【方建华同志获“首都劳动奖章”】** 5月9日获悉，区供销社党委书记、主任方建华同志于2014年4月被北京市总工会、北京市人力资源和社会保障局授予“首都劳动奖章”。

（马彦华）

**【嘉盛鸿公司赵全营市场重装开业】** 区供销社所属嘉盛鸿公司赵全营农贸市场经过两个月的建设，于6月24日重装开业，新建后营业面积1440平米，其中：新建农副产品大厅420平米，服务厅300平米，副食大厅420平米，五金百货大厅300平米。

（马彦华）

**【认真开展新《安全生产法》培训活动】** 为全面推进新《安全生产法》的贯彻落实，12月12日上午，区供销社邀请区安监局副局长王桂金同志对机关副科级以上干部、基层单位全体班子成员及安保主管等近100人进行新《安全生产法》培训。会上，王桂金副局长首先从安全的概念、类型、特点等方面，对安全的含义进行详细的讲解，利用丰富的安全生产事故案例分析，将安全生产管理工作做进一步阐释。对新《安全生产法》进行解读，将新增的28项法规逐条解释，强调监督落实、责任追究，并结合供销社系统工作实际，对商市场单位安全管理工作进行了指导。

（马彦华）

## 北京鑫海韵通百货有限公司

**【概 况】** 北京鑫海韵通百货有限公司现设有公司机关和一家独立核算法人单位北京鑫海韵通商业大楼，有百货、电器专营、大卖场三种业态，下辖顺义百货店、顺义电器店、顺义石园大卖场店、顺义双兴大卖场店和密云电器店、密云百货店以及平谷大卖场店七家分店。2014年公司围绕“创新经营，完善管理，适度发展”的工作思路，推动强化营销，提升客流，强化名品进店，提升品牌组合力，创新经营方式，提升平效产出，强化标准化运营，强化员工考核和激励，降低财务成本，完善财务核算，强化安全生产，开展节能降耗等一系列工作。公司先后被授予“守法经营先进单位”、“首都文明单位”、“首都百强企业”、“安康企业”等市级荣誉称号，连续多年被顺义区政府评为“十佳”、“区域经济百强企业”，在2009年被评为第一批“首都诚信经营示范店”，同时也是全国第一批国家级诚信商业企业。公司2014年实现销售24.33亿元，实现报表利润4360.12万元，累计上缴税金6410.45万元。

单位名称：北京鑫海韵通百货有限公司
地址：顺义府前西街1号
电话：(010)89448093
邮编：101300

（鑫海韵通）

**【强化营销】** 各店围绕抽奖、换购、外展等常规促销以外，减少海报发放量，创新手段，借助自媒体 -- 微信社交平台开展加微赠礼、加微扫码赠券、微信秒杀、微信集赞赠礼等参与性活动，并借助微信及时宣传促销信息，图文并茂，带动客流提升。同时，成立会员俱乐部，开展会员独享活动，通过会员集印花赠礼、满额赠礼等巩固 VIP 顾客，有效提升商场口碑宣传，稳固和提升客流量。

（鑫海韵通）

**【强化标准化运营】** 公司按季度制定业态标准化工作方案，按照工作方案积极推动落实，并将各店工作亮点在工作业务会上进行点评、借鉴。大卖场业态引进专业管理咨询公司进行培训，规范商品陈列、优化品类品项组合，促进门店逐步向业态标准化靠拢，尝试运作连锁模式，确保业绩提升。百货业态打造细致化、统一化和品质化的购物环境，优化商品结构，引进新奇特商品，以区域为单位划分，增加进口品牌、国内一线及功能性商品，满足消费者多元化需求，将商品结构调整到位。电器业态推动经营模式标准化，完成品牌分类标准，完成店级核心品牌的确立和品牌发展战略规划。

（鑫海韵通）

**【顾客、供应商维护】** 为培养忠诚顾客，优化厂商关系，推动开展顾客、供应商座谈会活动，2014 年共计开展顾客座谈会 18 次，供应商座谈会 69 次。下半年改变工作方式，以一对一座谈、问卷回访、电话回访、专题研讨等方式进行。通过工作的开展，收集到各类意见及建议，对于优化商品结构、改善卖场环境、提升人员素质等方面均起到了较为明显的作用。公司针对合理意见、建议制定专项整改措施，提升效果明显。

（鑫海韵通）

**【节能减排】** 公司每月召开节能降耗例会，交流节能经验，公布各店水、电、油同期对比降幅情况分析降幅原因，提高节能意识。2014 年用电同比减少 2426135 度，下降 7.25%，用水同比减少 23754 吨，下降 14.81%，用油同比减少 8396.39 升，下降 9.36%；2014 年同比减少碳排放 1465 吨，降幅 7.25%。

（鑫海韵通）

**【安全保障】** 一是公司从上至下逐级签订安全责任书，谁主管谁负责，责任到人。二是成立安全三级组织机构及建立三级档案，出台管理细则，每月召开安全例会，隐患排查整改上墙， 2014 年隐患排查与整改共计 1627 处，清理易燃物、可燃物 2090 公斤，整理和完善安全管理规章制度和档案 29 项。三是加强人员培训，提高自救与救援能力，开展安全培训 92 次，培训人员 9890 人次，员工安全知识掌握合格率在 98% 以上。四是做好防汛物资储备，制定突发事件应急预案，组织全员消防演习，提高应急处置能力，全公司共演习 28 次。

（鑫海韵通）

## 北京国泰中百商业有限公司

**【概 况】** 北京国泰中百商业有限公司（简称国泰中百公司）是一家以发展连锁百货和商业地产作为支柱产业，集购物、餐饮、娱乐、休闲为一体，多业态、多功能、多元化经营的现代化大型百货公司。国泰中百公司下设国泰商业大厦、国泰青春馆、国泰谊宾商城、国泰裕龙四区超市和国泰宏城生活购物广场五家分店。公司始终坚持品牌发展战略不动摇，实现了由传统百货向现代百货的蜕变，最终发展成为具有国泰品牌影响力的区域型百货公司，2014年获得中华人民共和国商务部授予的“商贸流通业统计典型企业”称号。2014年实现销售收入7.99亿元，实现利润2506.6万元，上缴税金10829万元。

单位名称：北京国泰中百商业有限公司
地址：北京市顺义区新顺南大街2街
电话：69447410
邮编：101300
网址：www.guotaibaihuo.com
微信号：sy-guotaiplaza

（高洪飞）

**【品牌战略】** 不断挖掘品牌效益，加大品牌战略实施是几年来保持经济快速增长的关键。2014年，在招商引资工作中继续坚持“三条标准”，“两条原则”的指导思想，大力吸引国内、国际知名品牌入驻国泰，同时对所有引进的新品牌进行详细的市场调研。同时引进众多时尚知名品牌，如：Candie’s、邦宝、夏柯露丝、依布都等，形成品牌群体的强势合力，有力的助推企业经济效益的增长和国泰品牌的提升。

（高洪飞）

**【营销活动】** 为在日趋激烈的市场竞争中立于不败之地，2014年，公司在营销策划、促销活动上下足功夫，根据季节和档期变化，积极开展各种别出心裁的营销活动，如：“缤纷女人节”、“国泰年中庆典”、“21周年庆典”等活动。21周年店庆延续20周年店庆的成功，11月28日当天销售达2100万。特色新颖的营销活动给广大的消费者带来切身的实惠，也把良好的企业形象传播给大众。

（高洪飞）

**【招商调整】** 谊宾商城和国泰宏城购物广场的相继开业完善公司在区内的商业网点布局。在新的形势下，利用现有的营业网点提升企业的盈利能力显得尤为重要。2014年，公司对各商业网点的商品品类、商品布局进行调整，对国泰大厦地下一层、六层家电部进行重新装修，无论是从购物环境还是商品结构都令人耳目一新。同时各店引进多家特色餐饮店、休闲门店，形成差异化经营特色，切实满足顾客多元化、多层次的消费需求。

（高洪飞）

**【安全管理】** 年内，继续坚持安全稳定压倒一切的指导思想，本着“安全第一、预防为主、综合治理”的原则，完善《国泰中百公司安全生产规章制度》、《国泰中百公司防汛应急抢险预案》和《消防演练实施方案》，在日常工作中加大安全隐患排查力度，做到重点检查和日常检查相结合，发现问题，立即整改，并由安保部做出书面整改报告，实现“全覆盖、零容忍、无隐患”，确保不出任何事故。同时，持续开展消防演习和培训工作，强化全体员工的忧患意识，提高员工应急应变自救能力，切实保障全体员工的生命财产安全，确保各项工作安全有序的开展。

（高洪飞）

**【节能改造】** 在谋求企业经济利益的同时，积极开展节能减排工作，实施节能减排技术改造。2014年5月起对各店水电进行统一管理，要求各店每月上报水电节能考核表。7月公司对国泰超市裕龙店照明进行改造，统一将照明设施更换成LED节能灯具。8月积极落实《国家发展改革委办公厅关于开展碳排放权交易试点工作的通知》及“北京市碳排放权交易试点工作”的总体安排，委托北京节能技术监测中心对国泰大厦2009年度—2013年度的二氧化碳排放进行核查，为有效实施碳配额调整和交易提供可靠的数据质量保证服务。

（高洪飞）

# 烟草专卖

【概 况】北京市顺义区烟草专卖局（公司）隶属北京市烟草专卖局（公司），实行“统一领导、垂直管理、专卖专营”的经营管理体制，主要负责顺义区的卷烟经营和市场管理工作。2014年共计销售卷烟56473箱，同比增长5.03%；实现税利2.42亿元，同比增长12.73%；查处涉烟违法案件243起，同比增长15.17%。

单位名称：北京市顺义区烟草专卖局（公司）
地址：北京市顺义区中山南街4号
电话：（010）69422745
邮编：101300

（张 宇）

【市场监管与案件查处】 年内共计出动执法人员4930余人次，检查零售户15840余户次；查获违法案件243起，其中一般程序立案63起（含大要案2起），简易程序立案180起；判刑2人；查获各类违法卷烟185.52万支，其中真烟172.46万支，假烟12.46万支，走私烟0.6万支，罚没款合计9.02万元。

（张 宇）

【依法行政】 深入推进依法行政，进一步提高行政许可的规范性与时效性。一是狠抓程序规范，稳步提升依法行政水平。结合烟草专卖相关法律法规要求，梳理基础管理工作制度，完善行政许可工作程序，优化许可证的办理流程，明确各岗位的工作职责及时限，明确行政许可责任追究，严格按照行政许可工作规范执行。二是狠抓内容规范，稳步提升行政规范水平。严格执行制度要求，规范行政许可类文书的使用及制作，树立严谨高效之风。对接收的申请材料进行严格审核，坚决杜绝格式不规范、内容有歧义等材料的存在，保证行政许可案卷制作规范。三是狠抓行为规范，稳步提升行政服务水平。倡导“服务为先、高效便民、争先创优”的工作宗旨，树立“态度耐心谦和、讲解细致明了”的服务标准，注重沟通、耐心引导，以阳光、热情的态度积极为申请人提供优质高效的服务。

（张 宇）

【行政许可】 年内，新办烟草专卖零售许可证541个，同比增加7.77%；延续许可证1291个，变更许可证541个，注销318个。截至2014年底，全区持证户共计3313户。

（张 宇）

【3·15宣传活动】 3月15日，参加由顺义区工商局组织的“3·15国际消费者权益日”法制宣传活动。活动中，通过发放宣传单、设立展板、提供现场咨询等方式，向广大群众宣传预防和打击制售假冒卷烟违法行为的相关知识、鉴别真假烟的基本常识和“12313”烟草专卖品市场监管举报电话的受理内容和拨打方式。期间，共计发放《“12313”烟草专卖品监督举报宣传页》等宣传资料300余份。

（张 宇）

【普法宣传】 10月14日，开展“普法进乡村”主题宣传活动。专卖执法人员与法制人员在辖区木林镇，通过现场设置咨询台、设立普法展板、发放宣传材料等形式，向乡村消费者讲解烟草专卖法律法规，并从卷烟包装工艺、防伪标识等方面，现场教授真、假烟的识别方法。期间，共计发放普法宣传材料300余份，接受群众咨询

60余次。

（张 宇）

**【品牌宣传】**年内携手11家工业企业，先后召开17场零售客户座谈会。以品牌文化宣传、工商零座谈会等活动形式为载体，开展全方位品牌培育工作，为零售客户讲解品牌知识及销售技巧。通过现场互动、亲身参与体验等方式提升零售客户品牌营销意识，提高营销技巧。全年共计500名零售客户参加交流座谈。

（张 宇）

# 旅 游

**【概 况】**2014年，顺义区旅游行业以打造“都市运动休闲目的地”为目标，以促进旅游业发展为核心，推动旅游产业转型升级。通过加强旅游基础设施建设、强化旅游安全保障，提升旅游服务质量、改善旅游舒适度，加快推进产品、服务、管理和人才国际化，不断提升旅游产业规模、素质与效益。全区旅游接待总人数411万人次，同比下降2.4%；旅游综合收入56.98亿元，同比增长6.5%。本年度新增五星级饭店1家，三星级饭店1家。旅游行业秩序井然，服务质量明显改善，旅游舒适度、游客满意度进一步提高，未发生重大旅游安全事故，实现“安全、秩序、质量、效益”四统一的目标。

单位名称：顺义区旅游发展委员会
地址：顺义区光明南街7号
电话：（010）69429918
邮编：101300
网址：http://www.lyw.bjshy.gov.cn

（吴春明）

**【媒体营销】**顺义区旅游发展委员会着重加强与《北京旅游》杂志社的合作，刊登旅游企业最新资讯，旅游热门促销信息，推荐精品旅游线路。全年在北京旅游杂志中刊登11期内容。其中涉及奥林匹克水上场馆、鲜花港郁金香文化节、七彩蝶园蝴蝶文化节、汉石桥湿地等旅游景区点；顺鑫绿色度假村、春晖园温泉度假村、瑞麟湾温泉等多家酒店；以及民俗、舞彩浅山等多项内容。通过旅游杂志的广泛发行，进一步对顺义旅游形象加以宣传。

（张荣媛）

**【展会宣传】** 以“时尚休闲多彩顺义”为主题参加不同类型的展会4次。4月2日，参加 “追寻红色印记”京津冀红色旅游联合推介活动；5月18日至22日，参加第七届华中旅游博览会；9月19日至22日，参加2014中国旅游产业博览会；9月30日，参加第十六届北京国际旅游节。活动中《顺义旅游休闲一册通》等宣传品得到参观者的一致好评，前来询问和索取资料的人络绎不绝。展会期间，共发放文字宣传资料2000余册，充分展示顺义区的旅游资源和风土人情，达到良好的宣传效果。

（张荣媛）

**【顺义旅游导览图项目】**年内制作安装顺义旅游导览图17块，安装在区内重点酒店大堂外及景区停车场等醒目位置。为前来顺义的自驾游、团队游、散客游和市民出游指引清晰的游览方向，成为游客顺利到达旅游景区、快乐游览顺义的方向标。

（张荣媛）

**【5.19中国旅游日活动】**5月19日，第四个中国旅游日在顺义区内组织开展活动。顺义旅游委设立5个咨询站点，免费发放宣传册、新版旅游交通图等旅游宣传资料6000余份，接待市民和游客咨询百余次。

（张荣媛）

**【安全技能大赛】**7 月 31 日，顺义区旅游委代表队参加北京市旅游发展委员会主办的“2014 北京市旅游行业第二届安全技能大赛”。顺义区代表队荣获团体比赛全市第二名，在 16 小项赛事里，有 11 项取得名次。

（胡 晋）

**【舞彩浅山餐饮服务人员培训】**组织全区餐饮服务企业开展“顺义区舞彩浅山餐饮服务人员培训班”。培训班全年共组织三期，每期约 150 人参训。

（张荣媛）

**【专家入户诊断式培训】**根据市旅游委安排，结合本区实际需求，4 月至 8 月期间，在焦庄户民俗村进行“京郊旅游 2014 年专家入户诊断式培训”，对龙湾屯镇现状以及民俗村需要解决的问题进行调研、诊断、指导和现场培训，受益民俗户达 100 余户。

（张荣媛）

**【行业评定、复核评审】** 指导企业进行等级评定申报、前期整改、审核等工作。本年度新增五星级饭店 1 家，三星级饭店 1 家。完成全区 3A 级旅游景区、二、三、四星级饭店的复核工作。完成 5 家旅行社门市部备案登记。根据《北京市卫生局、北京市旅游发展委员会关于印发 <北京市乡村民俗旅游户餐饮服务食品安全监督管理办法 > 的通知》(京卫法监字 [2013]31 号) 的规定，向顺义区食药局推荐民俗旅游接待户 50 余户。

（胡 晋）

**【旅游安全管理】**顺义旅游委对安全工作高度重视，年初与各旅游企业签订《2014 年度旅游企业安全管理责任书》；在旅游企业中多次开展春季防火、夏季用电、节日接待、应急救援、预防煤气中毒和有限空间特种作业管理等专项检查；全年召开安全专题会议 8 次，组织安全专项检查 60 余次，其中在元旦、春节、五一、两会、中秋、十一等节假日组织组织相关职能部门（消防、卫生、安监、质监）对旅游企业进行联合检查 6 次，共查出安全隐患 40 余项，整改率达 100%。

（胡 晋）

# 顺义宾馆

**【概 况】**北京顺义宾馆（即顺义区人民政府招待所）座落于绿色国际港的核心区域府前中街 3 号，隶属于顺义区人民政府。是国家旅游三星级宾馆，金叶级绿色旅游饭店，北京地区党政机关会议定点场所、北京市党政机关、朝阳区政府采购会议定点单位，顺义区政府采购会议定点单位；2007 年国际赛艇青年锦标赛接待总部和 2008 年奥林匹克运动会官方指定接待饭店。现已通过 ISO9001、ISO14001 质量环境管理体系认证。

单位名称：北京顺义宾馆
地址：顺义区府前中街 3 号
电话：（010）81496300
邮编：101300
网址：http://www.shunyihotel.com

**【消防演习】**为增强宾馆员工消防意识，提高消防安全管理水平，宾馆于 2014 年 6 月 27 日 14：30 进行全员消防灭火疏散演练。演练组织指挥由当日值班 EOD 值班领导担任，协调部门由人事部、办公室、安保部共同承担，义务消防队员、管理人员、重点岗位人员共计 110 人参加。

（徐海超）

**【“共产党员献爱心”捐助活动】**在中国共产党 93 周年纪念日来临之际，区政府招待所结合党的群众路线教育实践活动，于6月30日组织开展以“共产党员献爱心”为主题的捐助活动。在职党员干部共114人捐款4890元。所募资金将用于开展困难党员帮扶项目、贫困群体大病医疗救助和贫困家庭助学项目。

（徐海超）

**【游泳救生演练】**为有效保障各项工作安全有效进行，宾馆于7月15日组织康体中心全体员工举行救生员安全防范意识及救生技能演练。所长宋奇良、副所长梁建平等观摩演练。所长宋其良对本次演练做出精彩点评，在高度肯定救生员过硬的专业技能及良好的工作态度的同时要求康体中心全体成员时刻保持警惕，安全防范于未然，在有效确保宾客安全的基础上，提高服务质量，赢得宾客满意。

（徐海超）

# 汉石桥湿地

**【概　况】**汉石桥湿地自然保护区位于顺义杨镇地区，距北京城区约35公里，规划总面积1900公顷，是北京市唯一现存的大型芦苇沼泽湿地以及多种珍稀水禽的栖息地，也是北京地区生物多样性指数最高的自然保护区之一。汉石桥湿地自然保护区于2005年4月4日经市政府批准为市级自然保护区，同年6月成立顺义区汉石桥湿地自然保护区管理办公室，为区政府直属正处级全额拨款事业单位，负责保护区的保护、管理与湿地资源的开发利用，组织开展科学研究、科普旅游等。自成立以来，湿地办通过开展水质改善工程、湿地恢复工程和植被恢复工程，湿地生态系统得到全面恢复，生态效益、社会效益日益显著。在生物多样性方面：保护区有野生植物292种，有鸟类153种，其中国家Ⅰ级重点保护野生动物2种，国家Ⅱ级重点保护野生动物17种，鱼类19种、哺乳动物12种、两栖类10种、昆虫近百种。在减排方面：日均处理污水5000立方米，全年可处理150万立方米，削减化学需氧量200吨，削减氨氮55吨，每年固碳11.43万吨，成为本区节能减排的重点单位。在科普旅游方面：已成为国家3A景区、全国科普教育基地、北京高校青年教师社会实践基地、清华大学“中法环境管理高级硕士项目”实践基地、北京市中小学生社会实践大课堂资源单位。

单位名称：北京市顺义区汉石桥湿地自然保护区管理办公室

地址：顺义区木燕路杨镇段临时59号

电话：61456099　邮编：101309

网址：www.hsq.bjshy.gov.cn

（汉石桥湿地）

**【新建一处人工湿地】**年内，湿地办依托中国林业科学研究院湿地研究所技术优势，应用其国家专利“一种污染湿地级联耦合处理方法”成功建设一处复合人工湿地。该人工湿地面积近9000平米，由8个依次连通的水池组成，分别配置不同的基质及植物，通过湿地生态系统的物理、化学和生物三重协同作用，对水中污染物进行沉淀和降解，最终达到地表水四类标准，优化湿地景观，同时成为湿地净化功能展示的教学模型。该人工湿地建成以来获得社会各界广泛关注，已接待2万名中小学生参观学习。

（汉石桥湿地）

**【生态系统国家定位观测研究站获得批复】**由北京汉石桥湿地自然保护区管理办公室和中国林业科学研究院湿地所合作申请，经过专家严格评审、国家林业局职能部门审核批准，7月9日，国家林业局正式批准北京汉石桥湿地生态系统国家定位观测研究站建立。北京汉石桥湿地生态系统国家定位观测研究站是北京唯一的湿地生态系统定位观测研究站，坐落于汉石桥湿地自然保护区实验区，利用原建旧房改造而成，总面积800平方米，设有实验室、资料室、交流室、学术报告厅等。定位站由15人组成，其中林科院博士10名、硕士2名，湿地办选派硕士2名、本科生1名，承担着数据积累、监测评估、科学研究等任务。定位站主要对汉石桥湿地的水文水质、湿地动植物、湿地微生物群落、湿地土壤理化性质及人为干扰与区域景观动态变化等进行观测，不仅为建立湿地生态系统保护长效机制提供科学依据，同时也为科研科普和环境教育提供平台和支撑。

（汉石桥湿地）

**【首个“世界野生动植物日”宣传活动】**3月2日，北京市园林绿化局、顺义区园林绿化局、区湿地办、区湿地保护协会共同在汉石桥湿地自然保护区举办以“加强野生动物保护，建设鸟语花香美丽北京”为主题的宣传活动，市园林绿化局、区园林绿化局、湿地办领导及牛栏山一中学生代表百余人参加此次活动。活动通过摆放科普展板、播放湿地动植物影片、分发宣传材料等形式向市民普及野生动植物保护、湿地保护相关知识与法律法规，宣传保护野生动植物的重要意义。顺义区湿地保护协会的志愿者带领学生们参观湿地科普展厅与标本室，使同学们认识各类野生鸟类，了解它们的栖息环境与保护它们的重要性与必要性。

（汉石桥湿地）

**【顺义区生态保护法制教育基地挂牌】**9月7日，顺义区生态保护法制教育基地在汉石桥湿地挂牌。该基地是由顺义区司法局、区环保局、湿地办联合建立的。生态保护法制教育基地依托景区划分三个区域，即位于公园东门的普法大道、位于售票区和登船区的普法广场和微湿地附近休闲区的普法长廊，分别设立法制宣传警示牌34块，扇形宣传牌20块以及异形宣传挂牌23块，进行相应环保法律法规知识和生态文明的宣传引导，并且通过法治猜谜、卡通漫画等形式，突出法制宣传的趣味性、互动性和知识性。

（汉石桥湿地）

**【“北京市第二批环境教育基地”命名授牌】**12月23日，顺义区汉石桥湿地自然保护区被市环保局、市教委、团市委命名为“北京市第二批环境教育基地”，成为全区首家被命名的市级环境教育基地。汉石桥湿地自然保护区为增强游客环保意识，充分发挥湿地资源优势，挖掘湿地特色，开展形式多样的环保科普活动，如“世界湿地日”座谈、“爱鸟周”观鸟、植物认知、中小学生社会大课堂实践活动等。

（汉石桥湿地）

## 国际鲜花港

**【概 况】** 北京国际鲜花港成立于2007年7月，规划总面积4平方公里，是北京市主办的2009年第七届中国花卉博览会的重要功能组团之一。园区建设以“生态、科技、节约、集约及可持续”为理念，将景观、生态、花卉巧妙结合，是具有花卉生产、研发、展示、交易、旅游休闲和文化创意等六大功能的专业花卉产业园区。现已举办北京市郁金香文化节、北京市菊花文化节及中国第十一届菊花博览会等共计十一次大型国家级和市级花事盛会，成为首都花卉产业发展的窗口。

单位名称：北京国际鲜花港

地址：北京市顺义区杨镇鲜花港南路9号

电话：（010）61417123

邮编：101309

网址：www.bjjfp.com

（鲜花港）

**【北京郁金香文化节】**4月18日，第四届北京郁金香文化节开幕。以“欢乐鲜花港，精彩嘉年华”为主题，室外展共种植近100个品种，400余万株郁金香。室内展主题为浪漫欧洲，由荷兰女皇御用花艺师海伦女士亲自设计并参与作品制作，共使用208个品种，近50万株球根花卉打造景观。

（鲜花港）

**【国际长走大会】**5月3日，2014年国际登山长走大会在鲜花港举办。此次登山长走活动共有木林镇、龙湾屯镇、北京国际鲜花港、奥林匹克水上公园、汉石桥湿地五个会场，包含休闲、赏花、文化、亲水、野趣等主题，系统宣传本区微旅游资源，同时为市民参加活动提供个性化选择。本次长走活动鲜花港分会场共计吸引参与人数1000余人，其中团体报名人员500人，社会报名人员500人。

（鲜花港）

**【市级科技合作基地】**5月6日，北京国际鲜花港被北京市科委评为“球根花卉产业模式 -- 北京市国际科技合作基地”。

（鲜花港）

**【科普之旅开放单位】**5月9日，由北京市科委主办，北京科普基地联盟承办的“2014科普之旅”活动在京正式启动。北京国际鲜花港被列入科普之旅一日游线路，成为“2014年科普之旅开放单位”。

（鲜花港）

**【北京花卉服务产业科技创新联盟成立】**7月10日，在北京市科委、顺义区科委、区园林绿化局和中国农大等有关单位的大力推动下，北京花卉服务产业科技创新联盟由北京国家现代农业科技城顺义园（北京国际鲜花港）的15家入园企业联合发起成立，并推选北京鲜花港投资发展中心为理事长单位。

（鲜花港）

**【首届“鲜花港杯”诗歌征集活动】**7月24日，由北京国际鲜花港主办，顺义作家协会承办的第一届“鲜花港杯”相约花开时诗歌征集活动正式启动。8月14日完成评选，评选一二三等奖及优秀奖共计30首作品，收录在《鲜花在这里绽放》一书，并有优秀作品镌刻在鲜花港花融天下文化墙上。

（鲜花港）

**【北京菊花文化节】**9月19日，一年一度的北京菊花文化节又在北京国际鲜花港隆重召开。本届菊花文化节从9月19日至10月26日，主题为“寻找陶渊明”，种植菊花品种50多种，种植面积7万平米。

（鲜花港）

**【花卉进社区】**10月，由北京市顺义区花卉与生活协会与北京国际鲜花港联合发起的“花卉进社区”活动，在顺义区建新北区2社区、嘉和宜园社区举办。

（鲜花港）

**【鲜花港并入顺义区绿色生态板块】**11月26日，经第31次区政府常务会议决定：设立北京顺义绿色生态产业功能区管理委员会，加挂北京市顺义区推进浅山区建设办公室牌子，为北京市顺义区人民政府派出机构，撤销北京市顺义区奥运场馆管理委员会、北京顺义三高科技农业试验示范区管理委员会、北京国际鲜花港管理中心、北京花卉展览交易中心、北京市顺义区推进浅山区建设发展领导小组办公室（北京市顺义区人民政府文件顺政发〔2014〕34号）。成立北京顺义生态旅游集团有限公司，相当于区属正处级单位，由北京市顺义区人民政府国有资产监督管理委员会监管，撤销北京鲜花港投资发展中心、北京顺义水上公园投资发展中心（北京市顺义区人民政府文件顺政发〔2014〕35号）。

（鲜花港）

**【鲜花港挂牌AAAA级景区】**12月，北京国际鲜花港顺利完成AAAA级景区的申报工作，已通过审核正式挂牌。

（鲜花港）

# 农　业

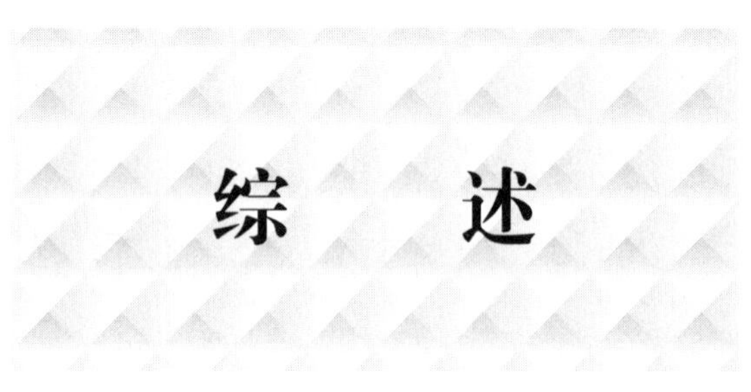

## 综　述

2014年，顺义区完成农林牧渔业总产值68.5亿元，同比增长0.2%。其中农业产值22.3亿元，林业产值14.9亿元，牧业产值27.6亿元，渔业产值1.9亿元，服务业产值1.7亿元；全区农民人均纯收入19629元，同比增长10.9%。

**一、农业产业持续优化，“四个大区”建设稳步推进**

（一）积极推进绿色生态农业发展，打造“绿色农产品大区”。

一是万亩示范区建设成效显著。一是实现增产增效，示范区小麦全年平均亩产398.2公斤，最高亩产430公斤，玉米平均亩产约540.9公斤。二是实现高效农业节水。年节水量约60立方米/亩，节水率约30%，示范区年节水合计约90万立方米。

二是积极推进“菜篮子”工程建设。重点实施老旧设施改造项目4500亩，涉及杨镇、大孙各庄等5个镇8个村；全区7家集约化育苗场完成育苗2104万株，种植生产面积6620亩，销售收入360万元；以北务镇、杨镇等地区为主培育销售西甜瓜种苗200万株，实现销售收入300万元；新建4个蔬菜千亩专业村、5个蔬菜集约化育苗场；投资2200万元对13家畜禽场进行改造提升；投资3571万元，实施北京市渔业高产高效生产基地建设和渔业工厂化养殖生产基地建设。全区瓜菜销售72万吨，同比减少4%；出栏生猪87.8万头，同比减少7.7%；家禽1072万只，同比增长5%；牛2.8万头，同比减少32.4%；羊10.1万只，同比减少19.8%；禽蛋产量1.3万吨，同比减少7.3%；牛奶产量5.3万吨，同比减少5.3%。

三是强化农产品质量安全工作。制发《2014年顺义区农产品质量安全工作意见》、《顺义区突发农产品质量安全事件应急预案》；与区财政局联合制定出台《顺义区农产品质量安全工作扶持办法》；针对农产品质量安全突出问题，重点开展农药打假、农资打假、蔬菜生产环节农药使用、“瘦肉精”等八大农产品质量安全专项整治行动；推进区级农产品质量安全综合质检站和镇级农产品质量安全管理站建设工作；制定《2014年顺义区农产品质量安全统一监测计划》，年度检测总样本量5万个以上，合格率99%以上。新获评无公害农产品单位10家、绿色食品3家、有机产品1家。

四是加快推进沟域经济建设和农业休闲观光产业。2014年舞彩浅山龙林沟域被纳入市级重点建设沟域，重点实施了景观提升绿化工程和游客服务中心项目。景观提升绿化工程包含木林镇鞑子沟和龙湾屯镇龙扒山两部分，种植小乔木、灌木、地被、草花组合等；在龙湾屯镇大北坞村北建设游客服务中心，为舞彩浅山和滨水国家登山健身步道提供配套服务；各类农业观光采摘垂钓休闲园区举办“2014年北京百万市民观光果园采摘游”等多项采摘活动；安利隆、七彩蝶等27家园区获评北京市休闲农业星级园区；李遂镇后营村获评全国一村一品示范村。

（二）农业产业化工作稳步推进，打造“农产品加工大区”。

农产品加工企业销售收入突破200亿元，同比增长8.2%。一是拓展规模。全区拥有国家级龙头企业7家、北京市级龙头企业19家；农产品加工企业83家，年销售收入1亿元以上的突破19家。二是打造品牌。拥有市级以上知名品牌、商标38件。其中中国驰名商标9个、中国名牌3个、北京市著名商标20个、北京名牌6个。三是发展特色。形成以鹏程食品、恒慧通为龙头的鲜肉生产及熟食加工业；以汇源果汁、光明乳业为龙头的饮料加工产业；以顺鑫创新食品公司、艾莱发喜为龙头的农产品精细加工和物流配送业；以嘉和一品、众望为代表的中式快餐加工产业。四是保障有力。累计为农业企业办理农产品进京车辆通行证501张，保证了农产品按时、保质、保量供应到京城市场。五是创新流通方式。发展新型流通业态，支持龙头企业探索创新直营直供、公司化经营等多种零售模式。支持龙头企业参与主要农产品的仓储、运输和配送等冷链物流设施建设。支持龙头企业大力发展近千家连锁店、直营店、配送中心及顺鑫农业“我鲜吃”等电子商务建设。

（三）加快推进种业发展，打造“籽种产业大区”。

实现种业收入5.4亿元，同比增长0.8%；其中销往外埠收入3.6亿元，占总收入的67.3%。投资1873万元实施畜牧种业规划项目，对5家种猪场进行设施改造和设备提升，提升种猪产业标准化、现代化生产水平；投资898万元实施17家种猪场粪污治理工程。出售种猪16.5万头，收入34891.2万元，同比下降14.6%；出售种蛋9349.9万枚，收入12093.2万元，同比增长59.5%；出售种雏禽457.1万只，收入6202.4万元，同比增长48.4%。上述三项收入占种业总收入的98.8%。

（四）加强花卉产业建设，打造“花卉产业大区”。

一是鲜花港完成“鲜切花设施栽培加工生产线”建设并投入使用，春节期间生产鲜切花共计60万株；二是鲜花港成功举办“第五届北京郁金香文化节”和“第六届北京菊花文化节”。三是积极开展草花、宿根花卉培训，聘请中国农大月季专家在赵全营镇切花月季生产基地进行现场指导。

**二、统筹城乡发展，扎实推进新农村建设**

（一）农宅抗震节能建设工作顺利推进。2014年农宅抗震节能建设工作涉及15个镇，18204户。其中单项改造155个村17492户，新建翻建118个村815户。

（二）“减煤换煤，清洁空气”行动稳步实施。优质燃煤替代工程在19个镇、216个村中实施，订购燃煤23168.5吨，炉具18804台，配送工作已完成。液化石油气已实现全区覆盖，为村民更换新钢瓶12.8万支，配送液化石油气28万瓶。取暖煤改电在6个镇7个村实施，全区全年减煤换煤14.4万吨，超额完成北京市下达的减煤换煤任务。

（三）启动美丽乡村创建工作。制定了《顺义区“提升农村人居环境，推进美丽乡村建设”实施意见（2014-2020年）》征求意见稿，并筛选出60个村作为创建美丽乡村的备选村庄。

（四）推进“六型”农村社区创建工作。制定2014年“六型”社区实施细则，围绕“自治、安全、便捷、优美、和谐、富裕”十二字方针，协助相关部门完善《村民自治章程》和《村规民约》，确保50个村庄的社区化创建工作顺利完成。

（五）完善农村公共基础设施。共新建太阳能公共浴室267座，基本实现了重点村庄的全覆盖。全年新建太阳能浴室12座。新农村“五+三”工程实施以来，已基本实现路灯村村通，2014年还新建连村路灯2000盏。

**三、推进“新三起来”工作，助力城乡一体化加速发展**

（一）推进“土地流转起来”。一是继续推进农村土地承包经营权规模流转，全年流转面积7800亩。二是启动北小营镇榆林村、前鲁各庄村土地承包经营权登记颁证试点。修改区级土地确权登记颁证工作方案，协助确权确利村和确权确地村制定不同形式的颁证方案；对村级财务人员开展前期业务培训，印制《入户调查表》12万份。

（二）推进“资产经营起来”。一是组织700余人次镇、村级财务人员培训班，提高“三资”管理电算化水平。二是出台《顺义区关于规范农村产权交易工作的意见》，将农村重大经济事项招投标项目、农村土地承包经营权及农村土地相关权益流转、农村集体林权的流转、农村集体经济组织所有的实物资产交易等内容纳入产权交易范围。三是借鉴市级沟域经济建设成果和乡村旅游政策，重点鼓励和支持浅山五镇，采取“资源+资本”方式吸引社会资本开发新的产业项目。

（三）推进“农民组织起来”。一是培育联合社，成立联合会。由北京兴农天力农机服务专业合作社牵头成立顺义区农民专业合作社联合会；北京祥恒福农产品产销专业合作社、北京市佳兴旺农机服务专业合作社、北京北郎中诺金蔬菜种植专业合作社三家共同组建全区首家联合社——北京顺意农产品产销农民专业合作社联合社。北京绿富农蔬菜合作社等三家示范社成功竞标，为区教委系统幼儿园配送“绿色、安全”的蔬菜；二是加强金融信贷支持。采取贷款贴息和担保费补助等多种方式，支持符合条件的合作社贷款融资。三是积极拓宽销售网络、创新营销模式。全区20余家农民专业合作社与京客隆等89个超市、社区开展“农超对接”、“农社对接”，年交易额3100万元。7家农民专业合作社采用网络营销的模式，年销量490万公斤。四是积极引进人才和科技项目，提升合作社综合水平。7家合作社与市农学院等单位对接科技项目7项。全区工商注册的合作社210家，基本运营且备案的187家，其中国家级合作社示范社5家，市级合作社示范社7家。全区农民合作社涵盖林果、瓜菜、畜牧、花卉、农机、民俗旅游等行业，入社社员1.89万户，带动农户3万户，占从事一产农户80%。合作社资产总额8.8亿元，经营总面积25.6万亩，主要产品产量6亿公斤，产值20亿元。

**四、建立健全农业社会化服务体系，推动现代农业健康发展**

（一）积极开展政策性农业保险工作。北京市首次生猪价格指数保险理赔兑现会在顺义召开。全国首单生猪价格指数保险养殖户顺义区大孙各庄镇养殖户拿到了保险公司理赔款9.4万元，全区投保的22家养殖户得到理赔款总计158.26万元。总保额20.39亿元，收取保费9368.07万元，投保农户9718户次，受灾农户6820户次，出险已赔付金额5657.41万元。保费收入位居全市首位。

（二）完善科技支撑，加强农业技术

培训。一是完善体系支撑。推进村级全科农技员建设，村级全科农技员共322名，全年共服务农户3.9万户，服务大田面积18万亩，设施面积4.5万亩，养殖场1628个，指导农民2.9万次，解决实际问题1.2万个。二是完善人才支撑。继续实施“百名专家兴顺工程”，组织中国农科院、中国农大等86名专家、教授与农业种植基地、养殖基地、农业企业进行对接，安排示范、推广课题86项。三是加强农民培训。实施农村劳动力培训阳光工程629人，农业实用技术培训2.5万人次。

（三）落实一事一议财政奖补工作。从年度项目库中筛选15个镇、43个村级一事一议财政奖补项目，项目总投资3210.05万元，2.8万农民受益。

单位名称：顺义区农村工作委员会
地址：顺义区站前西街3号顺心国际商务中心9层
电话：（010）69441365
邮编：101300
网址：www.agr.bjshy.gov.cn

（农村工作委员会）

## 农村经济管理

【概 况】2014年，区经管站认真贯彻十八届三中全会、中央和北京农村工作会议精神，以习近平总书记在北京考察时的重要讲话精神为指导，以深化农村经济体制改革，创新农村经营体制机制为主线，发挥市场在资源配置中的决定性作用，扎实推进“新三起来，不断发展壮大集体经济。推进农村经济转型发展，坚定维护农民合法权益。

单位名称：北京市顺义区农村合作经济经营管理站
地址：顺义区五里仓AMB大厦A座五层
电话：89442503
邮编：101300

（经管站）

【农村集体土地清查工作有序开展】年内，区经管站开展对全区镇村两级集体经济组织的农村集体土地进行全面清查。本次清查主要摸清农村集体土地资源和利用现状，掌握真实可靠的基础数据，并将农村集体土地清查数据录入农经平台土地承包模块，建立农村集体土地电子档案。认真查找农村集体土地管理和经营使用中存在的问题，进行清理规范，切实加强管理，积极探索建立农村集体土地的长效管理机制，进一步促进集体经济发展，维护农民合法权益。

（李 彦）

【加快农村财务管理规范化建设】年内，区经管站根据《农业部办公厅关于组织开展全国农村财务管理专项检查调研的通知》（农办经[2014]11号）要求，及时组织专业人员对全区农村财务管理情况进行专项检查调研，围绕农村财会基础工作开展情况、农村审计工作开展情况、村级财务民主监督落实情况、农村财会队伍建设情况等进行全面检查，并对进一步加强和规范村级财务管理工作进行调研。通过调研，对发现的问题分析原因，提出了整改意见和建议,进一步强化本区农村财务管理工作，提升科学化、规范化管理水平。

（李 彦）

【农村在线审计】年内，区经管站在全区19个镇推广和使用“农村经济在线审计系统”，对各村发生的每一笔业务原始凭证全部通过扫描仪采用电子扫描入账。这套系统，实现审计工作的业务信息化、数据标准化、操作流程化、管理规范化，达到审计工作与会计电算化的高度统一。各镇通过在线审计随时掌握农村集体资产变动、财务收支、预决算执行、收益分配、专项资金、大额资金使用等农村经济的全部情况，发现的各种问题，得到及时解决。

（李　彦）

**【土地流转】** 年内，区经管站按照依法自愿有偿原则，引导土地承包经营权有序流转，促进适度规模经营。以推进土地流转网、产权交易网的应用为切入点，分级负责，强化流转监督管理。加强流转价格监测，扩大试点，确保数据真实有效。做好平原造林工程中的土地流转指导工作。加强流转土地的流向监控，探索工商企业租赁使用农户承包地的准入监管制度。对近年来全区流转规模较大的土地应用情况结合合同清理工作进行全面检查。总结一批具有推广价值的土地流转促进产业发展的好典型，推动联户经营、专业大户、家庭农场、土地股份合作社等新型经营主体建设。

（李　彦）

**【农村集体经济产权制度】** 一是大力推进现代农村股份合作经济发展，完善股东大会、理事会、监事会制度，逐步建立新型集体经济组织法人治理结构，规范其内部管理和财务管理制度，完善收益分配制度和分配机制。二是加强产权管理，逐步实现农村集体“三资”的所有权与经营权分离，有效控制农村集体“三资”经营管理风险，提高经营效益。按照“依法合规、政府主导、市场运作、农民受益”的原则，推进农村产权交易市场建设，促进城乡生产要素平等交换和优化配置。

（李　彦）

**【减负惠农政策】** 年内，区经管站按照北京市农村负担监督管理领导小组办公室、北京市农村合作经济经营管理办公室《关于做好2014年农民负担执法检查的通知》（京农经〔2014〕18号）要求，联合组织2014年春季全区农民负担监督管理情况执法检查，加强农民负担监管。主要检查农民负担各项管理制度的落实情况、村级公益事业补助资金情况以及2013年村级一事一议工作开展情况。其中重点检查一事一议筹资筹劳项目实施中，是否存在加重农民负担的问题。通过检查，认真解决当前在农民负担监督管理方面存在的突出问题，切实减轻农民和集体经济组织的负担，增加农民收入，化解影响农村社会稳定的矛盾，巩固农村税费改革成果。

（李　彦）

**【农民合作社建设】** 按照《北京市农民合作社示范社动态考评管理办法》的规定，启动对市级示范社进行考评，实行动态管理，申报2家国家级农民专业合作社，申报12家北京市市级农民专业合作社规范合作社。总结推广示范社建设典型经验，推出一批管理水平高、市场意识强、乐于奉献、素质优良的合作社优秀理事长。组织全区16家农民专业合作社参加北京市农民专业合作社联合会成立大会。大力培养一支政治素养高、业务本领强、服务意识好、热心合作事业的合作社辅导员队伍，加大合作社管理人员的培训力度。

（李　彦）

# 种植业

**【概　况】** 2014年，顺义区小麦收获面积11.3万亩，平均单产360.5公斤，总产4073.7万公斤，销售产值9613.9万元；玉米收获面积19.2万亩，单产423公斤，总产量8121.6万公斤，产值1.9亿元；白薯种植面积1024.5亩，单产2050公斤，总产

210.0万公斤，产值336万元；大豆种植面积1927亩，单产285公斤，总产54.9万公斤，产值274.6万元；花生种植面积796亩，单产315公斤，总产25.1万公斤，产值150.6万元；紫花苜蓿1301.6亩，单产1050公斤，总产136.7万公斤，总产值164.0万元。全年粮经类总产值3亿元，同比减少26.83%；2014年蔬菜播种面积17万亩，上市量7.22亿公斤，同比减少3.8%，销售收入13.58亿元。

单位名称：顺义区种植业服务中心
地址：顺义区建新西街甲3号
电话：（010）69421276
邮编：101300

（霍岩岩）

**【粮食高产创建】** 年内落实小麦－夏玉米高产示范方4.5万亩，建设5个千亩粮食高产高效样板田，推广精细播种、合理增密、农艺节水等实用技术10项，利用项目资金对肥料、高效低毒农药予以补贴。经市级专家测产，小麦部级整建制产量401.6公斤，部级示范方产量446.6公斤，市级示范方产量435.4公斤，分别较全区平均单产360.5公斤超出11.4%、23.9%、20.8%；玉米部级整建制产量445.16公斤，部级示范方产量587.4公斤，市级示范方产量566.8公斤，分别较全区平均单产423公斤超出5.2%、38.9%、34%，全面超额完成项目指标。

（霍岩岩）

**【都市型现代农业万亩示范区】** 建设小麦示范方7516亩，平均亩产398.2公斤；建设夏玉米示范方6417.6亩，平均亩产540.9公斤。

（霍岩岩）

**【蔬菜提质增效】** 5月核实，全区菜田面积87887亩，设施菜田50151亩。继续实施百名专家兴顺工程，落实专家38名，落实合作项目40多项。完成设施蔬菜、西甜瓜、食用菌三类作物高产竞赛示范点163个，其中设施蔬菜获奖12项；组织农户参加全市蔬菜育苗比赛、蔬菜嫁接能手比赛，获奖20项。向标准园、合作社、基地及参加高产竞赛的农户发放有机肥、生物肥皂、蓝板、垃圾箱、农药速测卡、育苗块及部分蔬菜优良品种物资价值20万元。组织60户农民开展秋季大棚番茄竞赛，参赛农户平均亩产达到1.496万斤，收入2.47万元。

（霍岩岩）

**【蔬菜种苗生产】** 年内全区集约化育苗场7家，集约化育苗2104万株，种植生产面积7052亩。

（霍岩岩）

**【农业面源污染控制】** 在北运河流域14个镇86个基地的项目核心区示范推广减少农药用量控制面源污染核心技术8项，建立4个核心示范区，粮田、菜田减少化学农药用量72.51吨。实施测土配方施肥项目，推广面积56万亩，全区小麦、玉米、蔬菜，总减不合理施肥1358.2吨，总增收节支4718.45万元。14座农业废弃物循环利用工程年处理茎叶、猪粪等农业垃圾6.2万吨，生产有机肥1万吨、沼气22万立方米，有效遏制农业废弃物乱排放破坏生态环境问题，改善农业环境。

（霍岩岩）

**【农业执法】** 对种子、农药、肥料等农业投入品质量进行市场监管。全年出动执法人员750余人次，分别对种子、农药、肥料生产企业和经营单位进行573个次、239个次、137个次检查，8次联合执法检查。对违法经营行为立案查处11起，当场行政处罚23起，没收违法所得和罚款3万元，全部上缴国库。受理农民关于种子质量投诉9起，均得到圆满解决。围绕“3·15”、农资打假、科普赶集、送法下乡、进村入户、日常检查等活动，宣传农业法律法规知识，发放宣传材料2万余份，增强农民知法、守法和维权意识。

（霍岩岩）

【农村新能源建设与管理】对农村能源和农业环保设施长效管护。全区21座“两气”站和267座太阳能浴室综合运行率居全市首位。推动农业废弃物循环利用工程和沼肥综合利用工程等农村能源与农业环保设施长效稳定运行，实现了节能减排、清洁空气、农民增收的目的，年可节约标煤约2.16万吨，可减排二氧化碳约5.62万吨、二氧化硫约518吨和氮氧化物约151吨。沼气站地源热泵系统加温技术获实用新型专利证书；实施太阳能与空气源热泵农宅采暖试验示范项目；建成首座太阳能光伏发电站，年发电4.6万千瓦时。

（霍岩岩）

# 动物卫生监督

【概 况】2014年畜牧业生产总量逐步下降。出栏猪87.8万头，同比减少7.7%；肉鸡755.6万只，同比减少1.9%；肉鸭316万只，同比增长26.7%；肉牛28270万头，同比减少32.4%；肉羊10.1万只，同比减少19.8%；鸡蛋产量1.3万吨，同比减少7.2%；牛奶产量5.3万吨，同比减少5.3%。肉类总产量9.54吨，占全市的24.5%。畜牧业总收入27.6亿元，同比减少4.5亿元，减少14%。

单位名称：北京市顺义区动物卫生监督管理局

地址：顺义区府前西街

电话：（010）69463316

邮编：101300

网址：http://www.dwjd.bjshy.gov.cn/

（动监局）

【规模猪场粪污治理工程】利用北运河流域粪污治理项目和生猪调出大县奖励资金835万元，对17家规模猪场进行污水处理，共安装厌氧耗氧一体化处理设备17套，日处理污水能力1490吨，污水处理后可直接用于农田、林木浇灌，实现资源化利用。

（动监局）

【动物检疫监督执法】1–12月，共查处各类违法案件30起，罚没款共计12.6万余元，销毁不合格动物及动物产品1.3吨，没收兽药550瓶（盒/袋/支/桶），销毁不合格兽药说明书和包装袋12种9045个，旧版包装箱200多个。产地检疫生猪66.3万头，牛0.66万头，羊0.11万只，禽2838.66万只，其他动物11698头/只，检疫动物产品21.46万吨。屠宰检疫生猪197.96万头，禽429.72万只。

（动监局）

【APEC期间动物源性食品安全保障】为保障APEC期间动物源性食品安全，加强对定点供应企业——北京鹏程食品分公司全天驻场监管，对生猪进场、宰前检疫、屠宰检疫、样品检测、不合格产品的无害化处理这“五关”进行严密监控，同时，加大对养殖、屠宰、投入品、生鲜乳等环节的监管力度，统筹安排，形成合力。APEC期间，共出动执法人员120人次、76车次，检查养殖场、屠宰场等监管对象84个次，快速检测3800次，检测样品3800个，监管会务供应猪肉及产品3378.5公斤。

（动监局）

【清查动物产品经营性冷库】4月，有媒体曝光广西省某地区查获120吨猪蹄、猪头等非法入境的“洋垃圾”且经调查全部来自越南等疫区，并流入北京、上海、广州等地。针对此事件我区动物卫生监督执法人员立即采取行动，对所有备案的动物产品经营性冷库进行检查，重点检查经营场所动物防疫条件是否合格、有无来自疫区的动物产品、储藏、加工的动物产品是否具有有效的检疫合格证明、外省市动物产品是否经由北京市人民政府公布的检疫通道入境等七项内容。执法人员共检查经营性冷库5个，清查库存动物产品13吨。此次检查未发现有来自广西及进口动物产品，全部动物产品均经过严格检疫，冷库符合动物防疫条件。

（动监局）

**【饲料标签专项整治】** 11月，开展为期一个月的饲料标签专项整治行动，共检查36个饲料生产企业的399个饲料标签。11月28日，动监局召开饲料生产企业培训工作会议，讲解饲料标签存在的问题和注意事项，并制作、下发饲料标签标准模板样式，帮助企业整改提高。

（动监局）

**【动物防疫责任】** 根据《北京市动物防疫工作责任书》（2014度）的有关要求，并结合本区实际情况制发了2014《顺义区动物防疫工作责任书》，进一步明确各镇政府和相关职能部门在动物防疫工作中的职责和任务。张晓峰副区长和各镇镇长，区动物卫生监督管理局与各兽医卫生防检站以及养殖场户逐级签订责任书落实责任。

（动监局）

**【重大动物疫病的免疫密度达100%】** 年内，按照“政府保密度、兽医部门保质量”的原则，区动监局对所有重点动物疫病全部实行强制免疫，累计完成禽流感、口蹄疫、高致病性猪蓝耳病等重点疫病免疫4800万头/只，重点疫病免疫密度均达到应免的100%。

（动监局）

**【重大动物疫病监测面达100%】** 年内，区动监局对首都机场、湿地、种畜禽场、大型养殖场周边等重点部位、重点区域，有针对性地增加监测的频率和比例，全年共计完成检测畜禽样本19.7万头份，监测面达到了100%。

（动监局）

**【兽医体系效能评估】** 年内，按照市农业局的要求，开展兽医体系效能评估工作，评估内容涵盖畜牧兽医行政管理、畜产品质量安全、动物疫病防控、动物卫生监督、兽药饲料监管、屠宰加工监管、兽医高等教育、兽医行业协会、动物诊疗等多个方面。

（动监局）

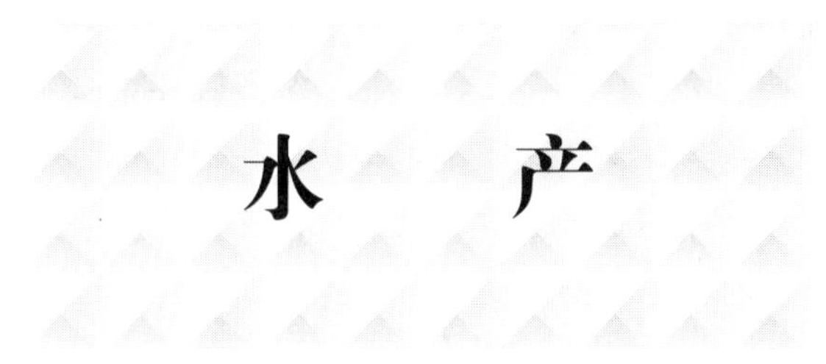

# 水　产

**【概　况】** 2014年，顺义区池塘养殖利用面积11085亩，生产成鱼1.1万吨，由于养殖池塘面积减少，同比减少6.5%，渔业经济总产值1.92亿元，同比减少4.1%。休闲垂钓渔业发展势头良好，全区垂钓量340.5万公斤，与去年基本持平。吸引游客30余万人次；垂钓收入7453万元，与去年基本持平。

单位名称：顺义区水产服务中心

地址：顺义区站前东街7号

电话：（010）69445160

邮编：101300

网址：http//www.shuichan.bjshy.gov.cn

（水产服务中心）

**【发展工厂化养殖】** 完成工厂化渔业养殖生产基地建设项目3家企业，建设面积1.93万平方米，经验收主体工程全部合格，生产设备设施逐步安装。基础设施、环境改造等投资1682万元，建成投产后年成鱼产能提高480多吨，符合三节两高特点，是现代渔业发展方向。

（水产服务中心）

【渔业高产高效基地建设】顺义区渔业高产高效生产基地建设项目共有生产企业5家参加，实施建设养殖面积207，工程已经全部完工，验收合格，市、区两级财政共扶持资金372.6万元，截止到2014年，顺义区共已进行渔业高产高效生产基地建设1423.3亩，经过标准化池塘改造，单产水平大幅提高，养殖风险大幅降低，养殖环境面貌得到了改善，同时可以扩大增量，整体提升设施渔业水平，带动休闲渔业发展。

（水产服务中心）

【科学增殖放流 】向潮白河和汉石桥湿地、鲜花港等水域投放鲢、鳙、草鱼等各类苗种5.24万公斤，丰富了水域物种资源，增添了人文景观，改善了水域生态环境。

（水产服务中心）

【确保水产品质量安全】一是加强领导 落实责任；二是加强水产品质量安全体系建设，申报无公害水产养殖基地6家，全部通过农业部质检中心检查审定，并受到北京市农业局奖励；三是加大生产环节中投入品的检查力度，完善“三个记录”制度，严厉打击使用有毒有害饲料和违禁渔药的行为；四是充分发挥中心水生动物疫病防治站的功能，科学、严格地进行水质和鱼产品的抽测检测。

（水产服务中心）

【推广名优新品种 】年内完成水产养殖科技项目4项，推广名优水产养殖品种松浦镜鲤、长丰鲢等3个，试验示范面积500亩。充分利用田间学校形式，对养殖农户进行科学技术培训，举办水产品健康养殖、水产品无公害培训、农产品质量安全培训班5期，培训350人次。

（水产服务中心）

【维护保障养殖者权益】开展专项整治活动，宣传贯彻《渔业法》、《水生野生动物保护法》。定期对全区的重点渔场和水产养殖标准化基地进行检查，重点检查生产记录和用药记录，加大对使用违禁药品和添加剂的处罚力度；对宾馆、饭店、市场等经营利用水生野生保护动物的行为进行检查，严厉查处违法行为，加强合法经营利用的保护力度。完善水产品及水产苗种药残检测。渔政站在水产品质量安全、农资打假、打击非法添加非食用物质和滥用食品添加剂、潮白河禁捕、禁钓水生野生动物保护等各项执法工作中共出动执法192次，出动执法人员910人次，出动车辆325台次，检查重点渔场、标准化水产养殖基地，无公害基地渔场，苗种生产企业共计420家次。对全区重点无公害基地渔场及水产苗种养殖场进行检测52次，检测品种包括鲤鱼、鲂鱼、草鱼等，检测样本1480尾，主要检测鱼体内是否有孔雀石绿、硝基呋喃等违禁药物残留。实现药残检测100%覆盖水产苗种养殖场， 检测合格率均为100%。组织联合执法25次，发放整改通知3份，没收钓具100根，网具2400余米，地笼16个，发放各类宣传材料4500余份。

（水产服务中心）

# 林 业

【概 况】2014年，全区林地总面积为39570.18hm2，森林覆盖率28.59%，林木绿化率34.51%，活立木总蓄积量达到206.48

万 m3。全区城市绿地面积为 5479.51hm2，绿化覆盖率为 48.1%，城镇人均公共绿地面积 28.48m2。

单位名称：顺义区园林绿化局
地址：顺义区中山南街 11 号
电话：69444535
邮编：101300
网址：www.syfp.bjshy.gov.cn

（园林绿化局）

**【平原造林】** 年内，完成平原造林工程 4984.6 公顷，共栽植乔灌木 300 万余株，苗木成活率达到 95% 以上。

（园林绿化局）

**【和谐广场修缮更新工程】** 年内，完成和谐广场修缮更新工程，该工程是顺义区 2014 年为群众拟办重要实事工程。共完成更新垃圾桶 150 个，座椅 85 个，油饰喷泉广场廊架、玫瑰园婚庆广场廊架及周边围栏 10563 平方米，维护喷泉设施 28 套，路面铺装 29152 平方米，新增照明灯带 2063 米，更换园区指示牌 18 个。

（园林绿化局）

**【义务植树活动】** 年内，全区参加义务植树人数 27.3 万人，完成义务植树总株数 80.8 万株。其中新植树木 23.35 万株，新增绿化面积 287.53 公顷，其他形式折合株数 57.47 万株，义务植树尽责率 95%。

（园林绿化局）

**【公园管理】** 年内，完成全区 16 个注册公园春节等节假日期间公园环境整治、安全保障、服务接待相关工作；继顺义公园之后，相继完成城区七个注册公园精细化管理工作；16 个注册公园全年接待游客 627 万余人次，同比上年增长 16.3%；组织公园业务主管、专业技术人员与骨干参加各类相关培训 6 次。

（园林绿化局）

**【花卉产业】** 年内，全区花卉种植面积 1360 公顷，产值 4.67 亿元。生产鲜切花 250 万支，盆栽植物 7000 万盆，观赏苗木 471 万株，草坪 165 万平方米。培育蝴蝶兰新品种 2 个，小菊新品种 5 个。

（园林绿化局）

**【果品产业】** 年内，全区果品产量 7194 万公斤，产值 3.18 亿元，引进优新樱桃、苹果品种 5 个。完成优化调整面积 228.33 公顷，其中新发展 78.8 公顷，更新改造 149.53 公顷；建立优良品种繁育基地 13.33 公顷。推广应用有机栽培技术、高光效树形修剪、果园生草、起垄覆膜、架式栽培等科技成果 10 项以上。完成北京市园林绿化局林产品抽样检测 469 份，其中 20 份定量检测的樱桃样品是北京市唯一区县全部达到农药残留未检出，得到了上级部门的表彰。

（园林绿化局）

**【种苗产业】** 年内，全区共有苗圃 204 个，育苗面积达 3040 公顷，在圃苗木株数 1420 万株。全区种苗基地供苗率达到了 95%，林木良种使用率达到 90%，一级苗出圃率达到 90%，实现了林木种苗年产值 1 亿元。年内新建规模化苗圃 10 处，面积为 533.07 公顷。

（园林绿化局）

**【林政资源管理】** 年内，共办理林（树）木（郊区、城区）采伐许可证 1507 件，涉及 36.6451 万株，林（树）木（郊区、城区）移植许可证 37 件，涉及 0.7074 万株。组织开展 2013 年度全区 19 个镇保护发展森林资源目标责任制检查工作。

（园林绿化局）

**【森林火灾防控】** 年内，全区上下逐级签定森林防火责任书 1550 份，开展集中宣传活动 9 次，摆放展板 22 块，发放宣传材料、宣传品 41020 余份（个），制作、悬挂横幅

432幅，短信宣传5389条，出动宣传车690台次，入户宣传1530户、发放森林防火宣传告知书1010余份。森林公安民警深入辖区片林、地块开展检查监督森林火灾隐患消除工作，发现并消除森林火灾隐患254处，填写检查登记113份，下达《森林火灾隐患限期整改通知书》80份，清理林下可燃物18000余公顷，开设防火隔离带1540公顷。连续14年无森林火灾。

（园林绿化局）

【野生动物保护】年内，开展打击破坏野生动物资源违法犯罪专项行动，巡护清查野生动物分布区等地98次，清理整治各类市场、饭店20家，排查本辖区内的物流公司3家，发放宣传告知书70余份，责令关闭违法经营鸟类散户4家，查扣非法猎捕工具30余件，解救野生动物1只，野生鸟类142只。查处非法运输收购珍贵濒危野生动物制品案2起，收缴野生动物制品18件，涉案价值39.1145万元。

（园林绿化局）

【检疫执法】年内，全区签发《产地检疫合格证》151份，检疫面积3.2万亩次；木材加工、储存、经营场所13家，产地检疫率100%。签发省际间的《植物检疫证书》2345份，出具《检疫要求书》101份，《出省木材运输证》72份。涉及板材、原木、木梁等2074立方米，细木工板、单板、板材等18.1万张，苗木、花卉等616.5万株，木方0.5万根，草坪27.94万平方米。

（园林绿化局）

【公安执法】年内，共接报警154起，其中刑事立案16起、林业行政案件19起、查否35起、不予立案25起、其它59起。林业行政罚款6.4205万元，责令补种树木615株。开展了“利剑行动”，清查整治木材市场等重点场所1处，清理整顿木材加工、利用场所18处，打击处理违法犯罪人员74人，打掉犯罪团伙8个，开展普法教育16次。1名民警记个人三等功，3名民警记个人嘉奖。

（园林绿化局）

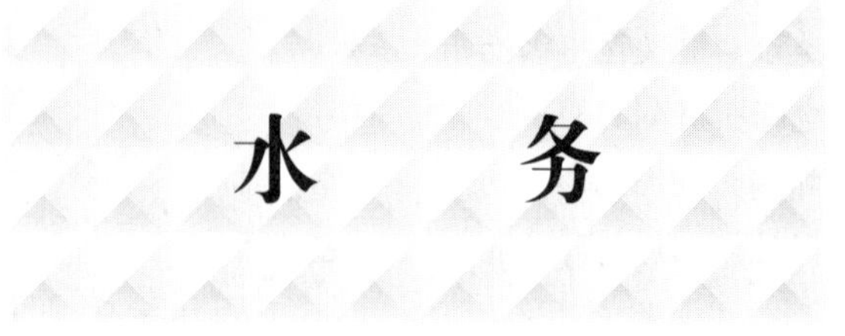

# 水　务

【概　况】2014年，顺义区进一步推进全国中小河流治理示范县、中央财政小型农田水利重点县建设，完成市政府下达的水务绩效考核任务。水务基础设施建设提速，实施22项水务工程，固定资产投资7.2亿元，工程立项15项，批复总投资12.8亿元。水资源管理不断深入，全区用水总量2.8亿立方米，其中，农业及农村生态用水16839.17万立方米，工业及建筑业用水4041.46万立方米，家庭居民生活用水3116.56万立方米，公共服务及园林绿化用水2368.2万立方米。万元GDP水耗下降到20.3立方米，同比降低14%。污水处理能力不断提升，全区日污水处理能力从42.4万立方米增加到55万立方米，处理污水8089万立方米，城区污水处理率达到98%，利用再生水2475万立方米。

单位名称：顺义区水务局

地址：顺义区石园北区东侧民政局办公楼

邮编：101300

电话：69443687

网址：www.shywater.bjshy.gov.cn

（水务局）

【水务改革】区政府出台《顺义区用水总量控制管理办法》，从2015年1月1日起正式实施，将地表水、地下水、再生水及雨洪水纳入用水总量控制指标，并要求新建、改建、扩建项目配套建设雨水收集、再生水回收利用设施。

（水务局）

【治河工程】完成蔡家河、方氏渠、小中河、金鸡河四条河道清淤疏浚任务。坚持治河与治污同步，建成蔡家河污水处理站1座，方氏渠5座污水处理站完成拆迁。

（水务局）

【治污工作】赵全营、杨镇再生水厂正式运行；马坡再生水厂投入试运行；北石槽再生水厂完成主体工程；北小营再生水厂完成30%；北务再生水厂获立项批复；编制完成区污水处理厂升级改造特许经营实施方案，完成牛栏山再生水厂BOT招投标工作；龙湾屯、张镇、大孙各庄、木林4个镇级再生水厂的规划选址获市规委批复。启动205处河道排污口治理，统一编制治理方案，木林、大孙各庄、龙湾屯、北小营、北石槽5镇完成立项批复。

（水务局）

【节水管理】改造农业节水灌溉设施3.89万亩，完成高标准农田3.59万亩，建设农业综合开发水务配套设施3.89万亩，新增节水能力180万立方米。编制《顺义区人民政府关于建设现代农业节水示范区实施方案》，明晰产权，建立维修养护和用水收费、超定额用水征收水资源费机制，推进用水智能管理。调整农业结构，改善农业节水灌溉设施，投资1.58亿元，建设10个高效节水示范基地，到2018年农业用水由1.7亿方减少到1.15亿方，初步建成全市唯一的现代农业节水示范区。完成1130家新用水户节水分类分级管理的评级和分类，创建节水型单位31家，其中市级15家，区级16家；市级节水型社区2个。

（水务局）

【安全度汛】全区年降雨量376.5毫米，同比减少13.7%。实施度汛隐患消除工程，完善防汛技防措施，更换雨污水井盖500个，加装雨污水井防坠网5340个，各镇疏挖骨干排水沟66条、70公里。启动II级防汛应急响应，应对“9·1”强降雨，当天全区平均降雨量64.5毫米，其中东风小学降雨127.4毫米，为全市最大降雨量。市委常委、统战部部长牛有成、区长卢映川、副区长张晓峰等领导现场办公，全区没有出现人员伤亡事故，平安度汛。组建“水务宣讲队”深入机关、学校、企业80余次，普及防汛知识及水法规，增强群众应急避险意识。

（水务局）

【供水保障】年内，区自来水公司和镇级水厂供水4966万方，农村地区自备井供水2911万方。发放农村管水员补贴600万元，农村居民供水补贴425万元。城南水厂投入试运行，新增日供水能力3万吨。市水务局批复本区2014年供水高峰期（6–9月）可利用引潮入城工程向顺义区自来水厂引水，日引水量可达2万吨，弥补夏季用水高峰期供需缺口。同时，同意本区对引潮入城工程已报废的4眼水源井进行更新改造，作为区自来水厂水源井使用。

（水务局）

【水资源管理】纳入计划用水指标管理的用水户为1930家（不含村管网），同比增长1.6%。为42眼井办理取用水手续，核定取水指标16万方。650家村管网二三产业用水户实现依法缴费，同比增加55%；完善自备井水资源费和污水处理费征收制度，规范查表工作流程，收缴自备井水费5369.82万元，同比增长10%；节水目标考核获全市第二、郊区第一。在全市率先完成南水北调水源引入潮白河水源地工程，由京密引水渠李史山分水闸引水，经小中河、东水西调渠、牤牛河，最终入潮白河牛栏山橡胶坝上游水源八厂水源地，输水全长12公里，工程引水规模10立方米/秒，年最大引水量3亿立方米。

（水务局）

【水政执法】依法受理审批事项450件，按期办结率100%，办理时间缩短11%。水务综合执法逐渐成为新常态。制定《顺义区水务局关于全面落实行政执法责任制工作意见》，梳理执法职权440项，完善岗位责任制，理顺行政执法体制，规范行政执法行为。依托每周综合执法平台，全年执法38轮次，检查取用水户900余家，立案查处涉水违法案件10起，罚款68万元。

（水务局）

# 农　机

【概　况】 2014年，顺义区农业机械化工作围绕农机购置补贴政策，进一步调整农机装备结构，加强国补农机管理，努力推广农机新技术，提升农机社会化服务组织建设水平，巩固农机安全生产成果，使全区农机化事业稳步健康发展，为现代农业提供重要支撑。年内，全区农机总动力为29.4万千瓦，农机资产原值5.3亿元，拥有各业农机装备3.6万台（件）。

单位名称：顺义区农机服务中心
单位地址：顺义区府前西街5号
电话：（010）69442331
邮编：101300
网址：http://www.nongji.bjshy.gov.cn

（闫文龙、刘秀芹）

【农业机械化总体水平提质减量】全区农机总动力29.4万千瓦，农机资产原值5.3亿元，拥有种植、养殖、农产品初加工等各业农机装备3.6万台（件），分别比上年降低8.1%、3.6%和4.8%，老旧农机装备淘汰更新速度加快。小麦生产全过程机械化水平继续保持100%，玉米生产全过程机械化水平达到97.6%，林果机械化水平达到45%，设施农业机械化水平达到30%，畜牧养殖业机械化水平达到50%，渔业机械化水平达到45%。拥有各级各类农机服务组织及农机户269个，农机从业人员达4500人，分别比上年减少18.5%和13.5%。

（闫文龙、刘秀芹）

【国补农机装备向非粮产业倾斜】 利用国家补贴政策，年内共引进各种农机装备584台和果蔬保鲜储藏库2000平方米，总值3000余万元，其中享受国家和北京市补贴50%，即1500余万元，区级财政给予非粮产业机械设备和保鲜储藏库追加补贴20%，近260万元，余款由农机户和种植户自筹。其中非粮产业机械装备和保鲜储藏库合计2429万元，占总值的80%，比上年增加30个百分点；粮食产业机械设备合计614.6万元，占总值的20%，比上年降低30个百分点。这些机械设备包括：卷帘机500台、畜牧机械2套、水产机械2套、保鲜储藏库9栋（2000平方米）、大中型拖拉机80台。

（闫文龙、刘秀芹）

【农作物秸秆禁烧工作方案出台】区农村委员会会同区环境保护局、区城管监察执法局、区农机服务中心联合制定《顺义区2014年农作物秸秆禁烧及综合利用工作方案》，对区内农作物秸秆“禁止焚烧，综合利用，降低污染，改善农业生态环境，提高大气质量”提出工作方案。组织区与镇签订秸秆禁烧责任书19份，协助镇与村签订责任书280余份。三夏、三秋期间，小麦、玉米秸秆实现全面禁烧，综合利用率为100%。其中小麦秸秆打捆收集利用0.9万亩，粉碎还田10.7万亩；玉米秸秆青（黄）贮收获8.2万亩，粉碎还田11万亩。

（闫文龙、刘秀芹）

【市级万亩示范区农机配套工程竣工】一是现代农机装备配套。2013-2014年，利用国家农机购置补贴政策，分四批为北京兴农天力农机服务专业合作社配套小麦收割机、玉米收获机、联合耕整地机和大型拖拉机等现代农机装备37台，总值1175.8万元，其中国家和市级补贴587.9万元，区级补贴102.1万元，合作社自筹485.8万元。二是农机库棚建设项目竣工并投入使用。农机库棚位于赵全营镇前桑园村西，建筑面积2384.45平方米，主体结构为地上一层，局部二层。一层部分用于机械停放，二层部分用于农机维修和存放农机配件。

（闫文龙、刘秀芹）

【重要农时季节农机作业】春耕期间完成玉米播种6.3万亩，完成豆类、花生等其它作物播种5.3万亩。其中机播6.5万亩，机械浇灌15万亩，机械植保12.3万亩。三夏投入小麦收割机260台、玉米免耕播种机280台和部分秸秆打捆机及植保打药机，机收小麦11.6万亩，机播玉米13万亩，小麦秸秆机械化打捆0.9万亩，并实现秸秆全面禁烧。三秋投入各种农机具2365台（件），其中玉米收获机和青饲收获机170台、小麦播种机293台，机收玉米17.6万亩，机收率为92%，机播小麦11.5万亩，机播率继续保持100%。

（闫文龙、刘秀芹）

【农机安全生产无重特大事故发生】利用检测设备检验拖拉机978台，检验率96%；检验收割机588台，检验率97%。考核新增农机驾驶员79人，全区持有效农机驾驶证人员达到3992人。区镇两级农机安全监理人员在重要农时季节进村入户和深入田间检验各种粮食生产机具5000余台次，制止不安全作业行为32台（次），消除安全隐患22处；检查瓜、果、菜种植园区设施机具261台（次），纠正安全隐患40处。年内，全区未发生重特大农机安全生产事故。

（闫文龙、刘秀芹）

【农业部部长调研三夏农机生产】6月17日，农业部部长韩长赋在赵全营镇“北京都市型现代农业万亩示范区”内，察看机械化小麦收割、秸秆打捆和玉米免耕播种及植保打药作业，听取北京市和顺义区现代农业建设及三夏生产情况介绍。韩长赋强调：1.北京市在粮食种植面积逐年减少的情况下，要结合建设都市型现代农业，将小麦、玉米等主要粮食作物种精、种好、可看，提高单产确保质量，打造全国粮食生产示范区。2.要充分发挥农业机械化的综合效能，做好秸秆综合利用工作，既让农民增加种粮收入，又可大力改善农业生态环境，提高大气和土壤质量。3.要努力发挥农机合作组织力量，引领农村“新三起来”发展，提高农业的综合实力。

（闫文龙、刘秀芹）

# 长青林场

【概　况】北京市顺义区长青林场始建于1986年，属顺义区公益一类全额拨款事业单位。内设机构为3科1室（生产科、人事科、财务科、办公室）和7个分场。林场现有林地面积8240.55亩，有林地面积为8240.55亩，其中包括阔叶林面积5174.55亩，针叶林面积3066亩。地理坐标为东经116° 40′ ~ 116° 46′，北纬40° 1′ ~ 40° 16′。林场的森林在面上呈水平分布，呈狭长块状沿101国道两侧（全长26.5公里）和潮白河东岸分布。林场现有在职职工37人，大专以上学历25人。2014年长青林场按照区委四届八次全会和区四届人大三次会议的总体安排和确定的目标任务，围绕年初区政府各专业会议和区政府折子工程、重点工程、重要实事、重大招商引资项目，认真总结本年度的各项工作，总结成绩和经验，以“生态园林、科技园林、人文园林”为目标，坚持资源保护、利用、发展统筹兼顾，通过加强林业资源管护，促进园林绿化城乡一体、全面均衡发展。

单位名称：北京市顺义区长青林场
地址：北京市顺义区新顺北大街1号
电话：（010）69442268
邮编：101300

（长青林场）

**【森林资源培育和抚育管理】**一是林业生态建设成绩显著。2014年，林场加强森林培育工作，重点是对顺义新城滨河森林公园工程于2013年完成的东大桥环岛东侧绿化造林进行中幼林抚育，同时对其它成熟林分进行浇水、除草、清理枯死枝、修剪整形和补植等管护措施。二是森林资源得到全面保护。林场在有害生物防治、森林防火以及林政管理上加大工作力度，从根本上保护了森林资源。其中包括对林场558.83公顷森林资源进行抚育管护和森林防火工作；加强森林病虫害防治工作。根据区严防办统一安排，分多次对越冬代、第二代、第三代美国白蛾进行生物防治和春尺蠖、白蜡窄吉丁等林木有害病虫的防治工作。共计出动防治队伍21支次、防控人员560人次、车辆112台次、投入药械21台、使用苦参碱等生物制剂900千克，投放周氏啮小蜂60箱，共计防控面积8000余亩。

（长青林场）

**【环境综合整治】**一是清理垃圾渣土、清理乱堆乱放，清理小广告和白色污染共计2050立方米。整治达到干净整洁、环境良好的整治标准。二是对京密路两侧进行高标准美化，清理杂草、拉拉秧专项行动取得实效。包括：清理枯死树木752株；清理枯枝落叶，清除林下杂草和拉拉秧等有害生物共1650立方米，分别于四月中旬和九月中旬二次进行树木粉刷，共计涂白树木2万余株。三是配合市政管理部门完成对京密路两侧的户外广告牌匾的规范整治。

（长青林场）

**【安全生产】**一是突出重点时段和重点部位。结合本场区域特点，加大对京密路两侧“花博会”主展馆、新国展周边、轨道交通M15号线等重点部位和汛期、2013–2014冬春季森林防火等重点时段的安全防范工作，坚决遏制重特大事故发生。其中按照顺义区轨道交通控制保护区隐患排查整治工作方案，在M15号线轨道交通安全工作人员的现场指导下，利用云梯、高枝剪、油锯等工具进行了逐一修剪清理有安全隐患林木，共计修剪清理树木为316株，修枝70株，砍伐1株，保证了轨道交通运营安全。二是突出重点范围和内容。主要包括：建全交通安全管理、森林防火安全管理、汛期应急安全管理、突发公共事件安全管理等安全生产管理措施。进行了消防设施整治、消防器材更新、危房改造等基础设施整治，加强自然灾害防范措施。林场没有发生火情火险和其它安全事故，较好地完成了安全生产工作。三是加强领导，层层落实责任制，逐级签订防火、防汛责任书。坚持发行森林防火工作简报，加强宣传安全生产政策法规、先进事迹，及时检查、督促、治理整顿安全隐患。至防火期结束，林场共计清理林下可燃物12000立方米，出动护林防火巡查人员1100人次，实现零火情火险。

（长青林场）

# 气　象

【概况】按照顺义区“三个阶段性特征”和“四个转型升级”的战略要求，以率先实现气象现代化为核心，以县级气象机构综合改革为抓手，创新工作思路，强化公共气象服务和社会管理职能。

单位名称：北京市顺义区气象局
地址：顺义区南法信大街8号院
电话：（010）69442608
邮编：101300

（韩晓峰　丁广明）

【气象服务】2014年与区防汛办建立分区预警联动响应和灾情报告机制，共发布各类气象灾害预警信号113次、短期天气预报88期、降水实况信息60期、天气情况21期、气象信息专报9期、重要天气报告5期。为“顺义区第23届燕京啤酒节”“2014年索道尾波滑水世界杯赛事”APEC会议等大型活动提供气象保障服务。开展“3.23世界气象日”和“5.12防灾减灾日”科普宣传活动。

（韩晓峰　丁广明）

【综合气象观测】完成气象短信平台升级，通过10M移动专线实现与移动公司发布平台直接对接，实现灾害天气预警短信息大批量快速发布；实现自动气象站点镇域全覆盖，辖区内自动气象站数量达到22个。

（韩晓峰　丁广明）

【主要气候特征】2014年平均气温为13.7℃，比历年平均值12.3℃偏高1.4℃，其中春季平均气温为16.1℃，比历年平均值13.5℃明显偏高2.6℃，冬夏秋三季平均气温均比常年偏高。年降水量为445.8毫米，比历年降水量571.6毫米偏少2.2成，其中冬季降水比常年偏少5.5成，春季降水比常年偏少3.1成，夏季降水比常年偏少4.3成，秋季降水比常年偏多8.4成。年日照时数为2409.4小时，接近常年2490.5小时，其中秋季偏少2.3成，冬春夏季均接近常年值。

（韩晓峰　丁广明）

【气候综合评价】2014年平均气温比常年偏高；年总降水偏少，但时空分布不均匀，秋季降水明显偏多，冬春夏季降水偏少；全年日照接近常年。全年气象条件总体对农作物生长较为有利。

（韩晓峰　丁广明）

【防灾减灾】与社会办联合发文《关于创建气象安全社区工作的通知》，开展气象安全社区创建工作；与区农委、安监局联合发文《关于开展气象灾害防御示范镇创建工作的通知》，组织开展示范镇创建工作；与区发改委联合印发《顺义区气象灾害防御规划（2014–2020）》；与区应急办商讨完成《顺义区气象灾害应急预案》修订编制工作；与民航华北空管局气象中心签署了合作框架协议，以加强双方天气联防互动，充分共享双方资源。

（韩晓峰　丁广明）

【防雷检测服务】2014年常规检测单位300余家；全年共为49家申报单位做出了技术评价，面积为320万平米，其中为38个新建项目进行了防雷竣工验收，总面积1,741,216.11平米。

（韩晓峰　丁广明）

【行政执法】2014年作出防雷装置设计审核63份，面积355万平方米，防雷装置竣工验收7份，面积31万平方米。开展执法检查82次，施放气球审批0次。

（韩晓峰　丁广明）

# 北京顺义绿色生态产业功能区

【概　况】12月29日，北京顺义绿色生态产业功能区揭牌成立。新成立的绿色生态产业功能区以白马路及其延长线为主轴，功能区总面积约314平方公里，约占顺义全区总面积的31%。其中平原面积约270平方公里，山体面积约44平方公里。

北京顺义绿色生态产业功能区囊括了北京市顺义区奥运场馆管理委员会、北京顺义三高科技农业试验示范区管理委员会、北京国际鲜花港管理中心、北京花卉展览交易中心、北京市顺义区推进浅山区建设发展领导小组办公室五个原有单位和园区。

# 顺义区工业企业

## 综 述

顺义区335家规模以上工业企业完成工业总产值2923.9亿元，同比增长3.5%，占全市总量的16.2%。实现销售产值2926.3亿元，同比增长4%。产销率为100%。税收247.5亿元，同比增长3%，占全区总量37.1%；公共财政预算收入36.8亿元，同比增长3%，占全区总量33.3%。全区规模工业实现产值净增量99.8亿元。177家企业实现增量217.1亿元，其中25家企业实现增量亿元以上，占总增量84.9%，其中汽车及配件企业16家，占总增量71.9%。158家企业实现减量117.4亿元。

一是工业六大产业产值增速呈现“四升两降”。汽车与交通设备产业拉动工业增长5.1个百分点。规模以上企业41家，累计完成工业总产值1795.5亿元，同比增长8.8%，占全区规模工业总量61.4%，拉动工业增长5.1个百分点。都市产业、基础与新材料产业小幅增长。都市企业共101家，完成工业总产值261.9亿元，同比增长0.6%。基础与新材料产业规模以上企业57家，完成工业总产值304.3亿元，同比增长1.5%。生物医药产业增长较为稳定，但纵观全年增速有所放缓。规模以上企业18家，完成总产值40.9亿元，同比增长7%。电子信息产业和装备产业增速下降，至年底两产业降幅均有所收窄。电子信息产业规模以上14家，完成工业总产值330.7亿元，同比下降11.5%。装备产业规模以上企业104家，完成工业总产值190.7亿元，同比下降5.5%。

二是顺义区确定的5000万元以上重点产业项目90个，总投资669亿元。其中工业项目46项，项目总投资197亿元。9个项目已竣工投产，如北汽越野车项目于7月投产，月产汽车1000辆。雅昌文化产业园、新疆有色集团等8个项目正在进行内部装修。另外尚峯国际、金汉王科技等9个项目完成主体框架工程，2015年将投产运营。

三是年内，淘汰落后产能企业任务42家，实际完成退出44家，申报获得奖励资金3600万元。关停退出的工业企业涉及电镀、铸造、沥青防水卷材、水泥制品、金属喷涂等污染行业，企业关停后综合能源消费量降低3.2万吨标准煤，污染物排放减少174吨，废水排放减少14.9万吨。

四是2014年9月1日顺义区政府正式出台了《关于推进经济功能区转型和创新发展的指导意见》，确定了着力打造“临空服务”、“科技创新”、“绿色生态”三大经济功能板块。目前三大板块管理机构已挂牌成立，运转正常。全年，经济功能区实现属地财税收入278.4亿元，同比增长9%，占全区总数41.7%；实现公共财政预算收入56.7亿元，同比增长11%，占全区总数51.3%。年内，经济功能区规模以上工业企业实现工业总产值1764.9亿元，同比增长3.7%，占全区工业总产值的60.4%。

五是年内，顺义区信息化基础设施建设投入4.07亿元；新建基站998个，其中4G基站862个；新建管道111.1沟公里；敷设光缆3802条公里；光纤已覆盖379个村，198个住宅小区及别墅群，光覆盖住户已达43.83万户，光覆盖比例达到96%；累计移动用户数158.13万户；新发展有线电视用户1.85万户，累计发展有线电视用户21万户；完成高清交互数字推广1.47万户，累计完成高清交互数字电视推广15.4万户。

六是《“智慧顺义”顶层设计实施方案》共包括三大部分，总体目标和统筹思路、重点建设内容和组织实施与保障。围绕顺义区战略定位，提出了到2017年初步建成“智慧顺义”基本框架，到2020年形成信息基础设施广泛覆盖、经济信息化创新发展、社会信息化广泛应用、政务信息化互联互通的“智慧顺义”总体发展目标；确立了“统筹规划，整合共享，创新示范，市场参与，技术创新”的发展原则；提出了“4312”智慧顺义基本框架，包括4大区级综合应用、3大智慧应用领域、1批智慧基础设施和2大发展保障，统领顺义区信息化发展。

七是深化机制改革。一是9月1日制定出台《关于推进经济功能区转型和创新发展的指导意见》，围绕产业转型升级，加强资源整合，优化功能布局，强化产业引导和管理机制创新，打造“临空服务”、“科技创新”、“绿色生态”三大经济功能板块。二是12月1日正式印发《产业项目全要素综合评价实施办法》，对新引进的产业项目在产业定位、投资强度、产出效益、节能环保、人口与就业、公共管理成本等方面制定严格的准入条件。

# 顺义粮油总公司

**【概　况】**2014年，顺义粮油总公司实现利润5369万元，同比增长2979万元，增幅达125%；实现收入2.5亿元，与去年同期基本持平，主要是由于粮油贸易业务受市场因素影响较大。顺义公司全体干部职工以“强化管控、夯实基础、破解难题、深化改革”为导向和途径，在内外部复杂多变的发展环境下，保持稳健向上的良好态势，多项工作取得新进展。

单位名称：北京市顺义粮油总公司
地址：顺义区府前西街12号
电话：（010）69463196
邮编：101300

（曹　强、李佳）

**【仓储管理】**年内，在规范开展储备粮、军粮供应基础业务的同时，重点加强科学储粮、增容增储、设施投入，费用控制等仓储管理工作。根据总分库改革进展情况，完成34.21万吨的中储粮代储资格认定工作；市、区两级共计32个监管点的5万吨成品粮油监管工作履职到位；军供保障工作合规开展；库存检查、质量半年报、收获粮食摸底调查、质量抽查等工作圆满完成；推广应用“惰性粉拌粮”技术，逐步减少熏蒸药剂使用数量，科保储粮总量34.31万吨，科保率达100%；投入了524万元的仓储设施维修改造资金，并购置移动式自动取样机、电动滚筛等设备，有效提升仓储管理水平；储备粮累计出库报耗审批量9.77万吨，平均损耗率为0.61%，实现年初制定的控制在0.8%以内的目标，节约资金360万元；通过改造修缮老库、提升承储能力，仓容能力从 30 万吨增加到 38 万吨，实际库存从 27 万吨增加到 31 万吨。

（曹 强、李佳）

**【不动产运营业务】**年内，健全和完善租金询价机制、租金递增机制、客户信用等级评价机制，克服部分资产划归北京顺鑫农业股份有限公司带来的不利影响（年租金收入减少 117.8 万元），合同约定收益增加 121 万元。2014 年共签订租赁合同 97 份，出租土地面积 60.4 万平方米，出租房屋面积 10.6 万平方米，年租金收入达 1018.3 万元，同比增长 3.42%。

（曹 强、李佳）

**【机动车驾考培训业务】**北京玉马机动车教练场加大设备设施投入：为教练车、班车全部安装 GPS 定位装置，做到更换配件有记录，车辆行驶有跟踪；及时改造老款教练车，为 79 辆老款教练车加装助力装置；增配终端机、交规考试电脑等现代设施；为待考区加装遮阳避雨棚、利用旧轮胎构筑防撞墙，安放防撞桶、拦车器；完成 A、B 考练同步双场地改造，考练车库从 8 个增加到 15 个，考培能力显著增强，开创独有的双场地考练同步的新优势。京城驾校全面加强品牌宣传、业务咨询、招生拓展工作。设立 3 个自管招生网点，3 个代招网点，签约合作网站 3 家；推出 VIP 贵宾班、专人约时快班、双休班、普通班等多种教学形式，深入汇源果汁、江河幕墙等大中型企业，与其工会组织建立招生对接关系，开展定向招生及实地培训工作。年内完成招生学员 11298 人，同比增长 8.8%。

（曹强、李佳）

**【便民餐饮业务】**年内，北京龙盛众望早餐有限公司新建早餐亭 20 个，现共有早餐销售网点 96 个；累计完成展会供餐 25 次，参与完成平各庄拆迁、燕京啤酒节等供餐服务，实现展会及区域大型活动供餐销售收入 640 万元；企业快餐供应业务拓展迅速，从内资向合资企业进军，完成销售额达 840 万元；养老助残代金券早餐销售获属地政府和居民认可，累计完成销售 313 万元；年内启动的主食加工配送中心装修改造工程加快企业升级改造的步伐，拓展品牌提升、市场开拓、集团化运作的空间，现已完成一期的设备购入及 500 ㎡饮品车间改造项目，增添杀菌釜、机器人炒锅等现代化设备，提高机械化、自动化生产水平，现设备已全部到厂并调试完毕，正式投入生产。

（曹 强、李佳）

# 北京市顺义区地方工业公司

**【概 况】**北京市顺义区地方工业公司是北京顺义区所属的大型企业，始建于 1958 年。改革开放初期，曾先后培育燕京啤酒、牛栏山白酒、顺义化肥厂等知名企业。随着改革不断深入，地方工业公司不断调整产业结构，淘汰落后产能，发展方向由工业生产转向房地产及第三产业，经营方式转向资产开发、利用与管理。目前，公司所辖六家企业，主要有北京碧辉苑物业公司、北京竹海劳务服务有限公司、北京渔阳兴顺房地产开发公司、北京中絮棉纺厂、北京金顺印刷厂、北京鑫磊建筑工程有限责任公司。截止年底，全系统在职职工 446 人，离退休人员 1747 人。2014 年实现产值 4.25 亿元，实现销售收入 7.5 亿元，利润 1.52 亿元，税金 4154 万元。

单位名称：北京市顺义区地方工业公司

地址：顺义区仓上街2号AMB大厦B座11层
电话：89440100
邮编：101300

（刘建新）

**【招商工作】** 借助顺义整体投资环境的不断完善，公司不断加大招商力度，推动招商工作步入快车道。其中，AMB大厦引进5家商户，租赁面积1476.29平方米，年租金收入171.56万元。现公司可出租的资源仅有AMB大厦150平方米房屋，以及南法信16422平方米车间楼。截止年底，公司执行的租赁合同共计88份，合同年租金额3121万元，较去年增长6.9%。

（刘建新）

**【安全生产及综合治理】** 年内，深入下属企业300多次，对所管辖的17家企业进行了、全面安全检查，查出各类隐患150余处，下发整改通知书52份，并责令相关单位全部整改到位，有效防范和遏制各类事故发生。同时，协助公安部门做好公共安全图像信息系统备案统计工作，积极做好流动人口变动的信息采集和季报工作。截止年底，公司及所属企业流动人口1110人，出租房屋88户，出租面积总计85903.44平方米。

（刘建新）

**【碧辉苑物业加强停车管理】** 北京碧辉苑物业公司负责怡馨家园和兴顺宝典二个小区的物业服务工作，共计管理13栋楼。该公司所管理的停车场主要有三类，包括地面停车位、地下车库、半地下车库。其中地面停车位501个，地下车库408个，半地下车库60个。针对小区居民反应的停车难、乱停车等问题，碧辉苑物业公司及时出台相应政策，对所辖区域内的各类车辆实行出入登记，规范停车管理，杜绝乱停乱放，为小区居民提供一个良好的停车秩序，同时也促进停车费收缴工作。年内，停车费收入共计115万元，收缴率100%。

（刘建新）

**【超转人员医药费报销】** 目前，公司共有26名超转人员。年内，共收审25名超转人员的医药费单据900余张，报销药费金额56.57万元。为了更好地服务于企业职工，减少职工经济压力，公司将超转人员医疗费报销时间，由原来的一年一次，改为一季度报销一次。

（刘建新）

**【中絮棉纺厂盘活资产创效益】** 北京中絮棉纺厂通过经济结构调整，由工业生产成功转型，引进商品批发、零售、餐饮及市场中心等各种业态。经过多年经营、完善，中絮棉纺厂成为顺义知名的商业中心，每日客流量达万人以上，不仅解决周边居民的日常买菜之便，而且带动顺义农村购买需求。现中絮棉纺厂可利用资源全部盘活，入驻商户130家，其中餐饮类79家，服装百货、化妆品及手机超市等40家，其他11家。出租房屋面积19372.33平方米，出租场地面积7895.56平方米，全年实现租金收入804.25万元。

（刘建新）

**【自管楼维护】** 年内，渔阳房地产开发公司加大对自管楼的维修投入，对28栋自管楼污水管道进行全面清理，维修室内下水管道14户，更换污水管道30多米，解决300多户居民污水排放问题。另外，更换自来水管道240多米，解决近36户居民的用水问题；维修屋顶防水1000多平方米。对怡馨家园部分楼体的外墙砖进行维修整改，维修面积2000多平方米，解决小区居民出行及外墙漏水问题。

（刘建新）

（张 波）

【京顺检测场改扩建检测大厅】 年内，京顺检测场为提升车主验车环境，在原有验车大厅基础上实施改扩建，扩大使用面积，大厅内增设司机休息区，业务流程更加清晰规范，车主办理业务更加方便快捷。

（陈文健）

【京顺检测场设立党员志愿服务岗】 年内，京顺检测场党支部在各个服务窗口设立党员志愿服务岗。服务内容包括：业务咨询、管理辖区内环境秩序、日常设备维护保养、为职工及验车群众免费提供防暑降温药品，引导验车“绿色通道”。

（赵永涛）

【顺利通修理厂创新服务树品牌】 年内，顺利通修理厂多项举措提升自身服务水平，包括：场内腾出更多车位供客户车辆停放、提供预约二级维护服务、成立疏导组指挥场内外车辆秩序、倡导无纸化网络办公、针对大型车辆调整检测程序。一系列举措使企业取得较好的社会效益和经济效益。

（张玉兰）

【通达停车管理中心实施精细化管理】 年内，通达停车管理中心以顺义区医院停车场为试点，投入12万余元购置停车场设备设施，出入口处设置进入医院专用车道，使用智能收费系统，规划行车、停车标线，增加行驶诱导指示牌，设置急救车专用通道，停车场内外井然秩序。

（张朝志）

# 北京通达实业总公司

【概 况】 北京通达实业总公司（以下简称通达公司）是区属集体企业，位于顺义区南法信镇政府西侧检测东路1号，机关设5个部门，下辖北京市京顺机动车检测场、北京顺利通汽车修理厂、北京深顺出租汽车公司、北京金顺出租汽车公司、北京市顺交氧气站等19家独立核算企业。全系统年末从业人员1244人，离退休职工411人。主营机动车安全检测、性能检测、二级维护和修理，出租汽车运营，驾驶员培训，氧气供应等业务。2014年，北京通达实业总公司以十八的精神为指引，深入开展党的群众路线教育实践活动，实施企业规范化管理。年内实现销售收入9159万元，上缴税金728万元，实现增加值7692万元，较上年同期增加345万元。

单位名称：北京通达实业总公司
地址：顺义区南法信镇政府西侧检测东路1号
电话：（010）69469935
邮编：101300

（邢艳杰）

【服务顺义区重大活动】 年内，通达公司接受顺义车展保障总指挥部委托，参与北京国际汽车博览会停车服务保障工作。此次车展，通达公司共投入管理及服务人员260名，服务来往车辆52830余辆，服务自驾车观众21万人次，提供咨询服务4万余人次，有效促进车展外围交通的平稳运行，圆满完成车展外围停车服务保障任务，延续零投诉、零事故的目标。

# 北京市煤炭总公司顺义区公司

【概　况】北京市煤炭总公司顺义区公司成立于1980年1月，为区级企业，受区委、区政府的直接领导，同时区国资委协调指导。公司下设办公室、财审科、物业科三个科室，下属基层单位一个，即北京鑫顺京华煤炭经销中心，以生产销售烟煤、无烟煤和民用蜂窝煤为主。2014年，公司在区委、区政府的正确领导下，在区国资委的协调指导下，坚持以党的十八大、十八届三中、十八届四中全会精神为指导，深入学习邓小平理论和“三个代表”重要思想，全面贯彻落实科学发展观，以发展为主题统领企业经济工作，抓好煤炭经营、销售供应工作，做好土地合作经营的后续工作，利用资源优势，搞好资产运营工作。2014年销售收入完成16001.18万元，全年销售煤炭19.31万吨，利润完成366.50万元，上缴税金完成469.12万元，增加值完成1381.41万元。

单位名称：北京市煤炭总公司顺义区公司
地址：北京市顺义区火车站西侧
电话：（010）69443986
邮编：101300

（煤炭公司）

【职工代表大会】1月，组织召开由全体员工参加的煤炭总公司顺义区公司第五届第一次职工代表大会，公司经理做经济工作报告，并对2014年的整体工作进行布署和安排。主管财务副经理做财务工作报告。

（煤炭公司）

【优质燃煤替代工程】为全面贯彻落实《北京市2013年–2017年清洁空气行动计划》，2014年，北京市顺义区全面实施优质燃煤替代工程。在区新农办的领导下，北京鑫顺京华煤炭经销中心负责北石槽、高丽营、后沙峪、马坡、南法信、牛栏山、仁和、天竺、赵全营等9镇、68村的优质燃煤替代工程的生产和配送工作。

（煤炭公司）

# 恒锋市政工程公司

【概　况】北京市恒锋市政工程公司始建于1986年，公司一贯坚持顾客至上的宗旨，通过现代化的经营管理，为顾客提供精益求精的技术和尽善尽美的服务，得到客户的认可、市场的承认和社会的尊重。公司坚持走“以优质树信誉，以精品拓市场”的质量效益型发展道路，狠抓安全意识、危机意识、质量意识、品牌意识和成本意识，提高工程品质，确保施工安全，为社会奉献优质精品，造福一方百姓。公司被首都绿化委员会评为首都绿化美化花园式单位。公司现为国家市政公用工程总承包一级资质，于2005年通过质量/环境/职业健康安全管理体系认证。主要承建城市道路、桥梁、隧道、公共广场、城市供水、排水、污水处理等工程。2014年公司实现产值1.58亿元，国有资产保值增值率为135.82%，被北京市建筑业联合会评为北京建设行业AAA诚信企业。

单位名称：北京市恒锋市政工程公司
地址：顺义区南门外军营村东军杜路6号
电话：（010）69444938
（010）69424889
邮编：101300

（恒锋市政）

【项目部和机械队改革】在项目部、机械队同步推进改革，通过自主管理、独立核算、自负盈亏的运营模式，将大家的工作投入、工作效果直接地体现在各自的收入上。通过全年实践，改革的优越性开始凸显，职工的加班时间缩短一半以上，收入稳步提高，工作效率明显提升，管理水平大大提升。

（恒锋市政）

【厂务公开】1月18日，公司召开厂务公开大会。代表认真审议并通过公司2013年工作报告、公司2013年财务工作报告、公司2013年工会工作报告、公司2013年党建工作报告等五个重要文件，充分尊重职工的知情权、监督权和决策参与权，为公司的改革发展各项工作营造和谐氛围。

（恒锋市政）

【三位一体认证审核】5月29日，公司顺利通过质量、环境、职业健康三位一体国际管理体系的认证审核。此次审核对照ISO9000、GB/T50430-2007等行业标准，对公司日常运营和工程管理做出全过程审核，确保公司的体系运行达到新标准、符合新要求。通过认证审核，公司检验体系运行的有效性，展示日常管理的特色与亮点，也查找缺点与不足，为公司的经营管理水平、工程质量提升奠定良好的基础，使公司生产经营的科学化、合理化、规范化程度明显提升。

（恒锋市政）

【裕安路（裕民大街——双裕街）道路工程】工程南起裕民大街，北至双裕街，全长约433.785米，设计时速50千米，规划为城市主干路。全程铺油面积为14276平米，人行步道铺砌4705平米，路缘石安装3800米。

（恒锋市政）

【顺烟东路（顺于路——晨光二号路）道路工程】工程南起顺于路，北至晨光二号路，全长约263.51米，设计时速50千米，规划为城市主干路。全程铺油面积为9630.96平米，人行步道铺砌1446.26平米，路缘石安装1689米。

（恒锋市政）

【顺烟东路排水工程】工程南起顺于路，北至晨光二号路，雨水管道总长度为359米，预留支管长度为141米；污水管道总长度为379米，预留支管长度为160米。

（恒锋市政）

【金街规划路（站前东街——府前街）道路工程】工程南起站前东街，北至府前中街，全长约464.527米，设计时速20千米，规划为城市支路。全程铺油面积为6247.02平米，人行步道铺砌2995平米，路缘石安装1789米。

（恒锋市政）

【金街规划路市政工程排水工程】工程北起府前中街，南至站前东街，雨水管道总长度为469米，预留支管长度为95米；污水管道总长度为384米，预留支管长度为93米。

（恒锋市政）

## 双峰建材集团

【概 况】北京双峰建材集团（以下简称双峰建材）系区属集体企业，成立于1995年5月，公司机关位于顺义区张镇，占地92.6亩，建筑面积1068平方米。双峰建材现有下属企业2家，职工45人。2013年5月，按照区政府专题会议精神，双峰建材由大龙公司实施整体托管经营。

单位名称：北京双峰建材集团
地址：北京市顺义区张镇赵四路侯庄段6号
电话：（010）61493763/61493238
邮编：101309

（曹 伟）

【土地资产盘活利用前期准备】双峰建材拥有工业出让土地657亩（其中庞山矿区土地406亩），出租土地151亩。大龙公司接管后，按照合理配置资源，实现企业间优势互补、国有资产保值增值的基本原则，首先从盘活土地资源入手，为今后招商引进项目做准备，2014年以来，双峰建材配合大龙公司进行几套可行性研究谋划。在研究谋划过程中，双峰建材参与土地、房屋资产的核实清点工作，债务的清理工作，方案中涉及的税费测算工作等，参与处理抵押给北京信达公司债务的58亩土地及地上物的评估、洽商等相关工作。

（曹 伟）

**【安全管理】**4月，双峰建材安全领导小组组织检查所属企业和承租人安全生产工作，检查防汛抗灾准备工作，检查中对发现的隐患安排专人负责进行整治；针对矿山盗挖盗采越来越猖狂现象，自2014年10月起，双峰建材加强对庞山石灰石矿山巡查和看护管理；此外，双峰建材还配合大龙公司进行4次生产安全、食品安全、消防安全联合检查，配合区国土局进行矿山防汛安全检查。

（曹 伟）

## 北京市顺义建筑工程公司

**【概 况】**北京市顺义建筑工程公司（以下简称工程公司）是建设部批准的房屋建筑施工总承包、装饰装潢双一级资质企业，成立于1974年，是一家具有土建施工、设备安装、房地产开发、装饰装潢、混凝土生产、新型建材生产、钢结构加工安装、市政工程等综合生产能力的经营体系。工程公司辖下属11个基层单位：其中6个分公司以建筑施工为主；市政工程处以承接市政工程为主。2个厂站分别以混凝土和钢结构加工安装为主；此外，公司还拥有一家一级资质的高辉汇能装饰公司和一家金瑞房地产开发公司。

单位名称：顺义区建筑工程公司
地址：北京市顺义区府前东街2号
邮编：101300
电话：69425902

（建筑工程公司）

**【各项指标完成情况】**2014年开复工面积达140万平米，同比2013年80万平米增长75%。其中，新开工项目28个，面积72万平米，复工项目20个，面积68万平米。完成总产值147737万元，完成销售收入67686万元，实现利润总额1166万元，上缴税金2990万元。

（建筑工程公司）

**【干部人才梯队建设】**2月，公司开展首次竞聘上岗和双向选择工作。全部过程仅历时12天，经历动员会、报名、审核、笔试、面试全部流程，涉及岗位包括公司15个正科级、22个副科级职位、基层单位科室负责人、项目经理和全体职工。在这12天中，竞聘上岗工作始终坚持方案合法合规、程序科学合理，操作规范有序，过程公开透明，结果群众满意，北京青年报和顺义网城给予了专题报道。

（建筑工程公司）

**【提升招投标软实力，增强企业核心竞争力】**公司加强专业技术人才的培训和开发。2014年全年新增一级建造师5人，二级建造师25人，新增各类技术职业资格证书46人，逐步提升企业招投标软实力。在规范业务流程的同时，提升投标文件的编制标准，提高资审能力，借鉴同行业先进单位的经验进一步扩充资审内容，确保投标工作的顺利进行。2014年全年，共报名241项招投标工程，编制《施工工程投标资格预审文件》78个标次。

（建筑工程公司）

【公司荣誉】被北京质协信用评价中心评为信用AAA级企业；被北京质协质量评价中心评为质量AAA级单位质量卓越单位；被中国质量评价协会评为全国重质量守信用企业；被中国质量协会评为北京市实施用户满意工程（企业类）先进单位；被顺义区总工会评为“六好工会”；承建的北京乐屋家具装饰设计有限公司1标段研发楼等14项工程被北京市优质工程评审委员会评为2014年度结构长城杯金质奖工程；承建的顺义区城南体育中心建设工程体育馆、体育场工程被评北京市优质工程评审委员会评为结构长城杯银质奖工程；承建的顺义区行政中心工程被北京市住房和城乡建设委员会评为北京市绿色安全样板工地。

（建筑工程公司）

## 顺义区建筑工程总公司

【概　况】北京市顺义区建筑工程总公司成立于1984年，1995年加称“北京鲁班建筑工程公司”。公司注册资金1亿元，拥有工业与民用建筑施工总承包二级资质，是一家集建筑施工、房地产开发、物业管理、机电设备安装、钢结构、装饰装潢和市政工程建设的经营实体。2014年，公司实现销售收入2.9亿元，同比增长11%，实现利润133万元，同比增长14%，上缴税金1162万元，同比增长2%。

单位名称：北京市顺义区建筑工程总公司（北京鲁班建筑工程公司）

地址：北京市顺义区府前东街9号鲁班大厦

电话：（010）69444802

邮编：101300

（建筑工程总公司）

【施工面积百万平方米】2014年，公司在施工程40项，施工面积100万平方米，同比增长11%。公司抓好区重点工程－文化中心建设，影剧院、博物馆、文化馆、图书馆四个场馆年内全部实现封顶；按时保质的建设好牛山一中分校餐饮楼工程，获得客户好评；完成港荣食品、木林、国门商务区等地的施工任务，树立公司良好形象；高效完成南航、普洛斯的建设项目，开发保定、唐山等地的外埠项目，使公司资源得到有效利用。

（建筑工程总公司）

【工程施工安全有序】按照管理体系要求，组织开展工程施工建设，质量、安全、环境和精神文明四套管理体系通过外部审核，运行持续有效。制订实施《内部招标管理办法》、《质量信息管理制度》等，进一步加大生产资金投入，落实工地安全防护、降尘和监控摄像等要求，规范劳务队伍管理，为绿色施工奠定坚实基础。公司成立由“一把手”带队、各部室负责人参加联合检查组，对工程项目进行月联检和不定期检查，看现场、排隐患、查资料、督进度，并在工地召开会议，通报检查结果，严格监督整改措施的落实，确保工程质量全部达标，全年未发生重大安全、环境等事故。

（建筑工程总公司）

【创建鲁班精品工程、满意工程】公司坚持高标准管理、高科技支撑、高水平建设区重点工程－文化中心。一标段影剧院工程克服深基础、大跨度、结构复杂等施工难题，率先引入BIM技术，取得良好应用效果，获得结构长城杯金奖。二标段博物馆、文化馆、图书馆工程坚持绿色施工、样板引路，被评为北京市绿色安全样板工地。

根据牛山一中分校餐饮楼改扩建项目工期紧、任务重的特点，公司精心策划施工方案，合理调配施工时间，在不影响甲方教学秩序的基础上，安全高效组织施工，工程按期保质完成。公司坚持以客户为关注焦点，采取合作共赢的方式，抓好港荣食品项目建设，赢得建设方赞誉，取得良好的经济和社会效益。

（建筑工程总公司）

【建立工作流程】 公司各部门根据职责业务范围，对全部管理内容进行梳理，细化工作步骤和标准，并以流程图的方式直观体现，各项管理工作从机关部门策划到基层实施作业，每个步骤都更加严谨规范。基层、项目部依据流程，监督机关部门管理行为，指导实际工作，具体事项参照流程，就知道该做什么、什么时候做、该怎么做。

（建筑工程总公司）

## 北京市天竺房地产开发公司

【概 况】北京市天竺房地产开发公司成立于1993年，为顺义区属国有企业，主要负责天竺房地产开发区及顺义国展产业园的开发建设，拥有天房绿茵园林绿化工程有限公司、北京顺祥玩具有限公司、北京市天房建筑工程公司等11家所属企业。2014年紧紧围绕“建设绿色国际港、打造航空中心核心区”的区域发展主题，紧紧围绕房地产全产业链的公司发展战略，统筹区域发展和公司发展，扎实开展群众路线教育实践活动，各项工作保持了\平稳健康的良好发展态势。公司实现销售收入117777万元，同比增长7%，完成利润总额12526万元，同比增长10%；属地上缴税金45067万元，同比增长7%。所属企业实现销售收入105214万元，同比增长3.87%，上缴税金4107万元，同比增长62.97%，完成利润总额2342万元。顺义国展产业园全年共引进企业33家，引进注册资金5333万元。

单位名称：北京市天竺房地产开发公司
单位地址：北京市天竺房地产开发区裕丰路东侧
电话：010-64560154
邮编：101312

（吕艳丽）

【“煤改气”工程启动】根据国家环保部及北京市政府关于节能、低碳、环保的工作要求，天房市政中心于2月24日正式启动清洁能源改造工程。一是清理施工现场，3000平米储煤库主体拆除和1000平米建筑房屋拆除工作，3月底全部完成施工作业面的清理工作。二是完成输煤装置改造，保障供暖。三是协调北京市燃气公司集团进行燃气主管线铺设工程，并全力保障居民正常供暖和生活热水，为燃煤锅炉供暖20年站好最后一班岗。12月已完成外框架浇筑以及三台散装锅炉的组装。

（吕艳丽）

【定向回迁安置房销售完成】7月18日北京恒信诚业房地产经纪有限公司参与“顺畅园”—洼子村定向安置房销售项目。协调开发商、村委会、国门商务区等单位，利用售房系统合理规划售房方案，集中力量做好现场销售工作，用时6天时间，完成157户449套回迁房的销售。

（吕艳丽）

【北京国际商品交易博览会】8月18日—20日，顺义区自主举办的大型展会即第二届北京国际商品交易博览会成功举办。本届展会为期3天，展览面积超过2.5万平方米，1000余家国内外展商参展，参观人数达4万余人。现场签约交易合同500余份，交易及意向合同金额2.11亿元。

（吕艳丽）

【定向安置房完工】顺义区规模最大的定向安置房项目—天竺村项目2号—21号楼、地下车库及公建楼内外工程12月完工。此项工程于2011年5月由天房建筑工程公司承建，施工面积288396平方米，投入资金16.5亿元。

（吕艳丽）

【绿茵公司】天房绿茵坚持“营造一流企业，争创一流工程，提供一流服务”的宗旨，今年，再次被北京市园林绿化行业协会评委“优秀园林企业”以及“园林绿化行业AAAA诚信企业。并荣获北京林业工程建设协会颁发的北京市造林造林单位施工甲级资质证书。全年共参加招投标总数74个，中标总数55个，中标率达74%。已圆满完成了共15个标段的万亩造林工程，约一万两千亩，总造价约四亿元。

（吕艳丽）

【展会保障】中国国际展览中心（新馆）年内共举办展会32场，总展出面积超过180万平方米，其中超过10万平方米大型展会11场。按照展会等级，圆满完成各项服务保障工作，共接待参展商和观众超过200万人次。特别是在第十三届北京国际汽车展保障工作中，建立市区融合机制，实行工作无缝对接，成功打造史上最安全、最干净、最畅通的汽车展。

（吕艳丽）

# 顺义区建筑企业集团公司

【概　况】北京顺义建筑企业集团公司成立于1989年7月，以建筑施工为主业，集设备安装、装饰装潢、建材、设备租赁、市政工程于一体，具有综合生产能力的国家一级建筑施工企业。下辖17个建筑工程分公司及装饰装潢公司、机械设备租赁公司、水泥构件厂等21家实体企业。年内完成开复工面积31万平方米，完成产值2.9亿元，完成销售收入3.8亿元，上缴税金1028万元，实现利润72万元。

单位名称：北京顺义建筑企业集团公司

地址：顺义区五里仓小区商业服务楼2号

电话：69442275

邮编：101300

（陈胜云）

【技术质量管理】9月4日住房和城乡建设部召开全国工程质量提升两年行动电视电话会议，全国工程质量专项治理两年行动正式启动。公司为贯彻住建部精神，在保证在施工程建设质量稳步提升的前提下，强化企业质量责任，把工程质量责任落实到具体人头上，让项目经理负起责任，终身负责所建工程质量责任。2014年公司竣工工程8项，建筑面积285406.08平方米，全部验收合格，其中北京市顺义区公安消防支队大孙各庄镇消防站工程质量较好。完成公司的质量目标：竣工工程合格率100%，争创优质工程，顾客满意度85%以上，符合工程合同确定的质量条款。预混料加工车间等5项（中粮（北京）饲料科技有限公司新预混料生产基地建设项目）工程的梁高架支模和悬挑脚手架均属于危险性较大的分部分项工程范围之内，因此项目部在施工现场组织专家论证会，经每位专家一致通过后方才实施，施工中加强现场管理，过程中未出现任何问题。

（孟凡征）

**【安全管理】** 公司安全生产未发生各类主要安全生产事故，职业健康安全和环境保护管理体系运行平稳。 6月18日下午，由总经理带队在绿友园林机械厂房建筑工地举行一次消防演练活动，参加此次活动的有公司机关、直属公司、项目部相关人员共计30人。演练结束后，一行人对该现场安全生产情况进行参观交流活动。

（许英伟）

# 金融·保险

## 金　　融

### 金融服务

【概　况】2014年，金融办在区委、区政府的正确领导下，以十八届三中全会精神为指针，全面贯彻区委四届七次、八次全会精神，结合党的群众路线教育实践活动，立足“把握三个阶段性特征、推动四个转型升级”的工作总要求，以政策为导向，以创新为动力，以服务为宗旨，全力推动首都新兴金融聚集区建设向纵深发展，为实现“建设绿色国际港，打造航空中心核心区”的发展目标发挥金融支持作用。截至2014年底，顺义区拥有银行、证券、保险、担保、基金等金融机构200家，从业人员突破万人。全区实现存款余额1660.9亿元，同比增长19.07%；贷款余额876.3亿元，同比增长16.64%，信贷规模均衡增长。小额贷款公司和村镇银行为区内中小企业累计发放贷款46.6亿元，融资性担保公司新增担保额24.48亿元，在保余额30.4亿元，有力支持了中小微企业发展。全年，区内上市公司通过首发融资、定向增发等方式新增直接融资152.7亿元，同比增长53%，累计直接融资突破1000亿元，直接融资规模持续扩大，极大提振企业发展实力。

单位名称：北京市顺义区金融服务办公室
地址：顺义区站前街3号顺鑫国际商务中心9层
电话：（010）61409858
邮编：101300

（金融办）

【银政合作逐步加强】顺义区政府与中信银行北京分行、浦发银行北京分行等机构签署战略合作协议，授信额度突破200亿元，银政双方拟在在重点领域、重点行业、重点项目等方面开展全面合作。

（金融办）

【金融产业贡献潜能开始放量】全区200家金融机构实现属地财税收入31.93亿元，同比增长39.10%。一是重点金融机构支柱地位明显。税收1000万元以上金融机构共计27家。二是新设立金融机构开始见效。民生银行新城支行纳税5249.46万元，国开金泰纳税2208.34万元。三是融资租赁公司显现后发优势。京城国际融资租赁等26家租赁公司纳税超1.25亿元，金融业贡献率突出。

（金融办）

【招商引资成果喜人】在服务先行、政策引导下，2014年成功引进中交基金、北京文化科技融资租赁公司等优质金融机构30家。截至2014年底，全区金融机构总数达到200家，总部（含功能性金融总部）、法人金融机构160家，分支机构40家，金融产业发展快中提质。

（金融办）

**【首都融资租赁产业园雏形初现】**1月7日，顺义区政府与北京市租赁行业协会举行战略合作对接会。区商务委、区金融办、北京临空经济核心区与北京市租赁行业协会签署四方战略合作协议。2014年，新引进北京文化科技租赁公司、融惠租赁公司等8家租赁公司，注册资本金突破19亿元。顺义区拥有融资租赁公司26家，成为继朝阳区之后全市又一重要融资租赁企业聚集地。

（金融办）

**【首都产业金融中心创新发展】**北京临空经济核心区隆重揭牌，科学整合原空港开发区、原空港物流基地和原国门商务区三个经济功能区，大力推进融合发展。截止2014年底，核心区成功引进中交投资基金、中融金控基金等优质金融类项目，累计注册资本共计222亿元。区内金融机构2014年财税收入突破10亿元，税收贡献连年几何增长。

（金融办）

**【重点金融项目建设】**民生银行总部基地投入使用，科技部、电子银行部已先期迁入办公。华夏基金办公大楼主体已完工，总建筑面积25631平方米。北京银行后台服务中心奠基仪式成功举行，中心项目立项获市发改委批复，总投资20亿元，建筑规模20万平方米。中信银行数据中心已获得立项批复。

（金融办）

**【双展连台凸显首都新兴金融聚集区】**6月1日，第三届京交会在国家会议中心圆满落幕。由顺义区人民政府、北京天竺综合保税区、北京临空经济核心区和国家对外文化贸易基地共同主办的航空服务板块以“国际航空中心核心区·中国的金丝雀码头”为参展主题，实现了由金融服务板块到航空服务·金融融合发展板块的成功转板。顺义区作为首都新兴金融聚集区的崭新形象，引起了广泛瞩目。10月30日至11月2日，第十届北京国际金融博览会在北京展览馆隆重举行。顺义新兴金融展区采用政府搭台、企业唱戏的参展方式，诚邀华夏基金等驻区金融机构参与展示，全方位进行品牌宣传，行业合作效果显著。

（金融办）

**【融资性担保公司现场检查】**在北京市金融工作局的统一安排下，金融办开展2014年度融资性担保公司现场检查工作。制定现场检查方案，并对辖区内融资性担保公司进行现场检查。

（金融办）

**【非融资性担保公司摸底工作启动】**7–8月，区金融办按照《北京市非融资性担保公司清理规范工作方案》（京金融〔2014〕73号）要求，在北京市金融工作局的统一指导和安排下，对本辖区非融资性担保公司开展了自查自纠、现场走访核查等清理规范工作，并根据各单位反馈的《北京市非融资性担保公司自查自纠说明书》编制报告。

（金融办）

**【应急打非工作有序推进】**金融办为认真贯彻落实国务院处置非法集资部际联席会议《关于开展防范打击非法集资宣传月活动的通知》精神，按照全市整体部署，结合本区实际情况，全面深入推动防范打击非法集资宣传教育工作。2014年金融办共参与两件涉嫌非法集资事件的善后处置工作，协助有关单位寻找辖区内的失联受害者和清退涉案资金，了解相关工作程序和处置原则、处置技巧，为以后此类工作的开展积累宝贵的经验。

（金融办）

【首都商业保理试点获批】11月20日，北京市商务委员会同意顺义区先行先试，在北京市开展商业保理试点工作。区商务委、区金融办、区工商分局积极与北京市商务委、商业保理专业委员会多次沟通，按照“入门从宽、管理从严；业务从宽、风险控制从严”的原则，加快制定出台《顺义区开展商业保理试点工作管理办法》，规范行业指导与管理。

（金融办）

【多层次资本市场建设】2014年，在外部环境频繁变化，新股发行节奏不断调整背景下，全区企业上市工作实现平稳较快发展。12月，北汽股份在香港联交所主板成功上市，募集资金110.25亿港元，一举成为IPO融资额最高的北京市属国有企业。同月，智创联合正式在全国股转系统（新三板）挂牌，顺义区企业赴海外上市和场外市场挂牌工作收获阶段性成果，两外市场交相辉映，发展迅速。截止2014年底，全区上市企业18家，累计融资1006.2亿元。证券行业发展持续向好，2014年区内4家证券营业部实现营业收入3187万元，同比增长61%。

（金融办）

【资本市场外部环境进一步完善】12月，重新修订的《顺义区推动企业上市工作办》正式实施，增加场外市场挂牌奖励内容，企业上市外部环境得到进一步优化。与此同时，针对场内市场发展现状，应势调整培训宣传重点，自7月份开始，先后邀请摩根斯坦利、中信建投、一创摩根等知名中介机构，先后举办了赴港上市、场外市场挂牌、媒体公关等多场专题培训。借力董秘联席交流平台，畅通企业上市挂牌通道。2014年共组织拟上市企业座谈会、董秘联席会等4场交流会，了解上市进展，问需企业诉求，为企业解决实际问题。

（金融办）

## 中国银行股份有限公司北京顺义支行

【概况】 中国银行股份有限公司北京顺义支行（简称中行顺义支行）正式成立于1988年07月11日，隶属于中国银行股份有限公司北京市分行。内设“六部一室”（计划财会部、业务监督部、公司业务部一部、公司业务部二部、个人金融部、营业部、办公室），下辖8个经营性支行（马坡支行、光明街支行、东兴支行、林河开发区支行、汽车城支行、天竺支行、裕翔路支行、空港万科支行），共有员工216人。中小企业贷款中心由公司业务一部负责管理。

单位名称：中国银行股份有限公司北京顺义支行
地址：北京市顺义区府前西街4号
电话：（010）69447455
邮编：101300

（李达宏）

【经营项目】个人业务（人民币和外币）：存取款， 境内外汇款、结售汇、外币现钞兑换；房屋贷款、抵质押贷款、大额分期、个人投资经营贷款小微企业贷款、出国留学贷款、信用卡分期；销售政府债券、个人理财、基金产品、贵金属销售、资金产品（黄金宝、双向宝、延期业务、期权业务）；保险兼业代理险种，保险法律法规和行政规章制度许可范围内的险种。公司业务（人民币和外币）：办理存取款、贷款、票据贴现、境内汇款等国内结算业务；办理信用证、汇入汇款、汇出汇款、出口跟单托收、进口代收、进/出口押汇、海外代付、协议付款、同业代付、供应链融资、保函业务、保理、跨境人民币、即期结售汇国际结算；同业存款、同业投资、非银行金融机构借款、代理同业业务；债券承销、债券分销、对公理财产品、远期结售汇、外汇期权交易、掉期交易。

（李达宏）

【业务发展】从源头项目抓起，关注区域经济变化，支持区内重大产业项目，为其提供融资、境内外支付结算等一系列金融服务。2月20日，支行通过内部银团贷款形式，成功为北京汽车集团有限公司发放支行首笔并购贷款8.24亿元。截止2014年底，支持北京燕京啤酒集团融资4.5亿元，支持顺义区土地储备中心9亿元融资贷款。依据现有区域资源，积极拓展中小企业负债和资产发展。在房地产方面，积极拓展商贷和公积金住房贷款，推广信用卡汽车分期与其他消费分期业务。

（李达宏）

【内控管理与安保工作】为确保支行稳健经营，支行内控工作有计划、有布置、有检查、有通报、有整改，逐级签订内控合规、安全保卫责任书，严格各项业务操作和内控管理规定，防范和控制风险，增强员工遵守和执行规章制度的自觉性，提高合规操作水平，有效杜绝了各类案件的发生。针对电信诈骗案件频发、手段不断更新的严峻形势，支行认真贯彻落实分行工作部署，及时采取应对措施，成功堵截诈骗汇款，确保客户资金安全。

（李达宏）

## 中国光大银行北京顺义支行

【概　述】中国光大银行成立于1992年8月，总部设在北京，是经国务院批复并经人民银行批准设立的金融企业，为客户提供全面的商业银行产品与服务。自成立以来，伴随着中国金融业的发展进程，中国光大银行不断开拓创新，锐意进取，在为社会提供优质金融服务的同时，取得了良好的经营业绩，在综合经营、公司业务、国际业务、理财业务、电子银行业务等方面培育了较强的比较竞争优势，基本形成了各主要业务条线均衡发展、零售业务贡献度不断提升、风险管理逐步完善、创新能力日益增强的经营格局。

单位名称：中国光大银行股份有限公司北京顺义支行
地址：北京市顺义区站前西街3号
邮编：101300
电话：个人业务 61409500
　　　公司业务 60406136

（光大顺义支行）

【年度荣誉】2014年度中国光大银行获得许多荣誉，表现出卓越的创新能力和实践能力。先后获得“最佳手机银行奖”、“最佳互联网金融创新银行”、“手机银行卓越品牌”、“年度最佳股份制银行”、“年度最佳电子银行”、“年度互联网创新银行”、“年度金牌收益力股份制商业银行”、“年度金牌发行力股份制商业银行”、“年度金牌品牌力财富管理银行”等许多奖项。

（光大顺义支行）

【支行发展情况】中国光大银行北京顺义支行于2010年1月正式成立。隶属于中国光大银行股份有限公司北京分行。顺义支行目前内设4个部室，下辖一个社区银行和一个二级支行，共有员工45人。自支行成立以来，始终坚持“以人为本”、“更有内涵的发展”的发展精神，以为客户提供全面、优质、专业、高效、贴心的金融服务为出发点，秉承着“让每一位客户都满意”的阳光服务理念，通过扎实有效的工作，业务发展迅速，客户规模持续扩大，经营规模不断迈上新台阶，赢得了顺义地区的良好口碑。

（光大顺义支行）

**【支行网点建设】**5月6日，中国光大银行顺义支行后沙峪二级支行正式开业，为后沙峪周边地区提供专业、贴心、便捷、多元化的金融服务。地址：北京市顺义区后沙峪镇安富街8号院1号楼1层103

（光大顺义支行）

**【支行经营重点】**光大顺义支行在2014年度，支持区域重大项目建设，把服务重大基础设施项目、重大产业项目和重大城建项目摆上土储摆上土储位置，持续为区域内重大发展企业提供生产经营和产业优化升级的资金支持。同时立足海关、首都机场地区、天竺综合保税区等外汇资源密集的重点区域，以航空、汽车、物流、高新技术行业为重点，为顺义区企业提供优质高效的外汇结算等金融服务。

（光大顺义支行）

**【支行发展方向】**凭借强大的股东背景，全国性的经营网络，高素质的员工队伍，卓越的创新能力以及高品质的服务，光大银行顺义支行正以自身的经营优势，按照“一年奋力起步，三年改变面貌，五年形成自身特色，十年勇争同业前列”的指导思想，努力成为顺义地区具有较强综合竞争力的全国性股份制商业银行。

（光大顺义支行）

# 保　险

## 中国人民财产保险股份有限公司北京市顺义支公司

**【概　况】**中国人民保险集团公司系1949年成立，中国内地经营历史最悠久的保险企业中国人民保险公司变更而来。其分支机构中国人民财产保险股份有限公司北京市顺义支公司（简称：人保财险顺义支公司）作为顺义地区最大的财产保险公司，经营除长期人身保险以外的所有保险业务，包括企事业单位财产保险、建筑和安装工程保险、货物运输保险、机动车辆保险、家庭财产保险、责任保险、信用保证保险、人身意外保险、健康保险、农业保险等险种。公司设有综合部、出单中心、理赔分中心及七个业务管理部全方位为客户服务，并拥有五十多家保监局批准的保险代理机构，方便客户就近投保。

单位全称：中国人民财产保险股份有限公司北京市顺义支公司

地址：顺义区新顺南大街1号

邮编：101300

电话：69441191

网址：http://www.picc.com.cn

http://www.e-picc.com.cn

（人保财险）

【经营理念】中国人民财产保险股份有限公司以“人民保险，服务人民”为使命，秉承“以人为本、诚信服务、价值至上、永续经营”的经营理念，奉行“求实、诚信、拼搏、创新”的企业精神，坚持以市场为导向、以客户为中心，积极履行优秀企业公民责任，为促进改革、保障经济、稳定社会、造福人民提供强大的保险保障。作为其分支机构人保财险顺义支公司一直全心全意服务好顺义区老百姓，“做人民满意的保险公司”。

（人保财险）

【保险业务】2014年保费29682万元人民币，其中顺义区民生保险保费660万元人民币。全年已决赔案支出20403万元人民币，其中民生保险赔款230余万元人民币；未决赔案赔款7098万元。纳税总额1357万元。

（人保财险）

# 中国人寿保险顺义支公司

【概 况】中国人寿保险股份有限公司北京市顺义支公司，是顺义地区规模最大、发展最快、实力最强、前景最好的保险公司，拥有最专业的寿险服务团队，向个人及团体提供人寿、意外和健康保险产品，涵盖生存、养老、疾病、医疗、身故、残疾等多种保障范围，全面满足客户在人身保险领域的保险保障和投资理财需求。本公司现有员工和销售人员521人，下设个险销售部、团体业务部、银行保险部、客户服务部和综合管理部。2014年，面对保险业经济大调整、社会大变革、技术大创新、市场大竞争的复杂环境，面对寿险业错综复杂的市场形势和日益激烈的市场竞争，本公司继续按着“标杆强管理、整合聚资源、创新谋突破以年度目标达成开启五年规划新篇章”的工作思路，全体员工用心经营、用智开拓、用力发展，共同建设生态、和谐、幸福的中国人寿保险股份有限公司北京市顺义支公司。

单位名称：中国人寿保险股份有限公司北京顺义支公司
地址：北京市顺义区府前东街2号顺建大厦
电话：个险销售部（010—69421011）
团体业务部（010—69444976）
银行保险部（010—81482474）
客户服务部（010—69445892）
综合管理部（010—69445704）
邮编：101300

（邵丽丽）

【品牌价值】中国人寿保险股份有限公司是中国最大的人寿保险公司，注册资本282.65亿元人民币。作为《财富》世界500强和世界品牌500强企业——中国人寿保险（集团）公司的核心成员，公司以悠久的历史、雄厚的实力、专业领先的竞争优势及世界知名的品牌赢得社会最广泛客户的信赖，始终占据国内保险市场领导者的地位，被誉为中国保险业的“中流砥柱”。经过长期的发展和积淀，中国人寿拥有比肩全球的雄厚实力。截至2014年，中国人寿保险（集团）公司已连续十一年入选《财富》“世界500强”，排名再创新高，位列第98位，是前100强中唯一的中国保险企业。自2003年首次入选《财富》世界500强排行榜以来，中国人寿排名由290位上升至2014年98位。同时，中国人寿11年来品牌价值翻两番，高达人民币1745.36亿元，排名稳中有进。

（邵丽丽）

【2014年经营情况】2014年，顺义支公司实现总保费收入39642.06万元。其中

首年期交保费4880.16万元，短险保费收入1598.29万元；全年支出短险赔款811.09万元。

（邵丽丽）

【深化社区经营】2014年本公司继续深化社区经营，入驻社区的保险社区代表为社区居民提供包括保险宣传、防灾防损、保险咨询、就近投保、保单查询、保单保全、代办理赔、安全检查等全方位的保险服务，让小区居民不出小区就能享受到风险保障和投资理财服务，实现“零距离”服务。从单兵作战的展业方式转型为社区保险服务室的团队服务，从重销售业绩转型为重售后服务，最终让社区居民享受到方便快捷的保险服务。

（邵丽丽）

【国寿合伙人】2014年国寿合作商户加盟计划正式在京启动。中国人寿诚邀具有经营意识，敢于挑战，同时又具备较强沟通能力以及对成功渴望的创业者加入国寿合作商户加盟计划。从2006年到2014年国寿累积8年大学生的创业经验，培养大量的讲师，因此对有创业需求的国寿合伙人，中国人寿给予专业的培训和沟通平台，对已经创业成功的商户，中国人寿给予资源共享及经验交流平台，从2014年8月份开始到年底顺义支公司共招募合作商户97人。

（邵丽丽）

【政府项目稳定发展】继2011年开展《计划生育家庭意外伤害保险》工作以来，2014继续得到区计生委及各乡镇政府的大力支持，承保覆盖全区20个乡镇及街道，计生家庭6万余户，总人数15万余人，保费收入188万元。并在计划生育家庭意外伤害保险的基础上2014年开展《女性两癌保险》的工作，承保覆盖全区18个乡镇及街道，保费收入达到109万元。顺义地区的居民都能得到相应的保障。

（邵丽丽）

【银保渠道业务】2014年，银行保险市场竞争依然激烈，中国人寿保险股份有限公司北京市顺义支公司最终实现规模保费16943.53万，达成全年规模预算的103.31%，期交保费实现1669.22万。2014年，银保渠道举办多场“主题网沙”活动，主题包括亲子和养老，亲子活动主要有儿童绘画、亲子游戏、以及教育金的规划等多种活动，养老活动主要有疾病防治、日常保健、养老金规划等，此次活动多姿多彩受到广大儿童、家长及老年人的欢迎。

（邵丽丽）

# 城乡建设及管理

## 城乡建设

### 综　述

2014年，区住建工作一是进行了住房和建设行业管理，二是承担了顺义区城市重点工程建设、保障性住房建设、老旧小区综合整治和重点镇建设等任务。两项工作都取得了一些成绩。

**一、建筑和房地产业平稳发展**

全区建筑业开复工面积1383.67万平方米、同比降低3.69%，其中新开工432.06万平方米、同比减少0.47%，竣工369.58万平方米、同比减少11.13%；完成建筑业产值202.49亿元、同比增长30%，实现利润5.87亿元、同比减少8.78%，缴纳税金9.17亿元、同比增长2.74%；登记核发房屋权属证书26748件，其中房屋所有权证19176件、他项权证7572件。

**二、重点工程稳步推进**

住建委共承担顺义区城市重点工程7项。目前，电子政务中心工程、劳动力实训基地工程、城南体育中心工程、区委党校迁建工程主体结构施工全部完成，职教中心一期已完成全部建安工程，文化中心工程包含的影剧院、文化馆、博物馆和图书馆工程主体结构已完工，区医院急诊病房综合楼工程已完成全部建安工程。

**三、保障性安居工程成绩显著**

建设、筹集保障性住房14965套，任务指标完成100%。有10个项目（6565套）开工建设，其中限价商品房项目8个（5000套），公共租赁住房项目1个（285套），定向安置房项目1个（1280套）。除新开工项目外，结转项目2个，筹集房源8400套。全年竣工保障性住房项目7个（10419套），完成全年竣工任务的102%。全年完成1675户保障性住房申请家庭的资格审核工作。全区累计审核通过限价商品房13807户、经济适用房1281户、廉租房105户、公共租赁住房1675户。全部配售型申请家庭已经实现1:1配售。

**四、推进重点镇和新农村建设工作**

一是顺延重点镇资金补助政策。经区政府审议同意，将重点镇上交的全部土地出让金和50%的政府土地增值收益用于镇级市政和公共服务设施建设的政策顺延至2016年3月底，返还方式采取以申请项目建设的方式。区住建委将会同区财政局抓好资金返还工作，支持重点镇建设。二是稳步推进重点镇基础设施建设。赵全营镇板桥村改造项目稳步推进，板桥回迁房项目顺利实施；高丽营镇中心区循环水务项目已完成河道主体工程；杨镇投资460余万元完成了燃煤锅炉改造及燃气市政管线铺设；李遂镇中心区市政燃气管线工程顺利竣工。三是配合区新农村办抓好新农宅工程建设。

新建翻建项目确户815户，555户主体完工；单项改造项目确户17492户，已全部完工。

**五、老旧小区综合整治顺利实施**

对双裕小区、滨河小区、石园东区、石园南区、石园西区5个老旧小区进行外窗改造、外保温改造、热计量改造和小区环境综合整治，涉及172栋住宅楼、70.59万平方米，居民9554户，市区两级财政按照1:1进行资金投入。同时实施东兴一区、东兴二区、东兴三区、胜利小区、义宾南、北区的环境整治工作，整治内容包括主路铺设沥青路面，更新修补人行步道，完善小区绿化等。截至2014年10月底，都已全部完工。

**六、村庄拆迁和棚户区改造工作稳步进行**

我区实施了后沙峪镇马头庄村、仁和镇平各庄村的整建制村庄拆迁工作。其中马头庄村涉及宅院382户，人口约1540人，拆除建筑面积约16万平米；平各庄村涉及宅院527户，人口约2638人，拆除建筑面积约12万平方米。我区共涉及3个棚户区改造项目，共包括35栋楼房，1607户，房屋总建筑面积约8.64万平方米。其中牛栏山原维尼纶厂涤纶厂生活区棚户区改造项目已正式纳入我市棚户区改造范围，由北京房地置业发展有限公司作为实施单位，目前正在办理相关手续，条件成熟后将择期启动。幸福西街和化肥厂家属院两个项目正在积极推进，近期已上报市住建委，争取列入我市2015年棚户区改造计划。

**七、物业服务行业监管力度不断加强**

在我区登记注册物业企业96家，其中一级企业5家，二级企业11家，三级企业80家。年内，共办理企业资质变更12家，注销2家无项目的物业公司资质。协助龙湖物业公司、利信伟业物业公司晋升一级企业，办理信卫物业公司、隆盛轩物业公司晋升二级企业；备案居住项目144个，非居住项目95个，管理面积3734余万平方米。其中新增16个居住项目，19个非居住项目，新增管理面积290余万平方米。根据“三规范，两积极”的检查要求，对2家物业公司进行了计分处罚，有效规范了物业服务企业服务行为，增强物业服务监管透明度。

**八、妥善化解各类信访纠纷**

通过各种途径受理和处理信件97件，其中区信访办在区领导接待日批转信件32件；市建委信访处信件38件；市长信箱信件27件。科室接待普通来访20人次；接待5人及以上集体访43批次734人次。处理便民电话1057件。上述来信来访均已及时妥善处理，一一给予回复。

**九、公共维修资金审批有序进行**

审批14个项目使用公共维修资金，涉及屋面防水、电梯、消防、安防等，共计1617.7万元，建筑面积约109万平方米，涉及13790余户；其中应急支取8个项目，共计456.5万元。落实政策法规，对物业企业进行了专题培训，进一步简化了审批手续，缩短了工作时限，更好的保障了业主的生命财产安全，消除了重大群体上访隐患。同时协助石园街道、旺泉街道共同请示区政府，申请公共维修资金共计260万元。

**十、安全监管措施取得扎实成效**

顺利完成173个建筑工程的安全监管工作，全年未发生较大安全生产事故和影响较大的群体事件，全年立案处罚35起，处罚金额37.5万元；健全安全监管模式，重点加强对危险性较大分部分项工程、重大危险源的安全监管，顺利完成两会、汛期、APEC等重要时期的应急保障工作；重点推进扬尘治理工作，实现全区施工现场扬尘治理达标率达92%以上，视频安装率达100%，增强了非现场执法能力，提高执法效率；继续加强市级绿色安全工地创建工作，成功创建北京市绿色安全工地43个；查处违法建设项目41个，违法建筑面积76.72万平方米，处罚金额115.89万元，违法建设项目与去年同比下降26%。

### 十一、质量监管不断加强

加强质量监督管理工作，提高建设工程监督管理水平和工程实体质量；安排混凝土专项检查活动，规范住宅工程验收制度，使住宅工程质量投诉明显降低；先后开展春季复工、建筑节能、老旧小区改造、保障房工程质量、校安工程质量等检查，严查违规行为，全年开展建设工程质量专项执法检查5次，共进行质量巡查1400余次，发现质量问题2500余条，下发质量监督执法记录1000余份。责令整改6项，行政处罚2项，罚款13.99万元。

单位名称：北京市顺义区住房和城乡建设委员会
地址：顺义区府前东街甲25号
电话：69444996
邮编：101300
网址：www.jianwei .bjshy.gov.cn

# 规划管理

**【概　况】**2014年，规划工作按照区“把握三个阶段性特征，推进四个转型升级”的战略要求，全面落实深化改革，积极探索适应新城规划引领发展的新思路、新方法，较好地完成全年各项工作任务。

单位名称：北京市规划委员会顺义分局
地址：顺义区府前西街11号
电话：（010）69444751
邮编：101300
网址：www.guihua.bjshy.gov.cn

（规划局）

**【规划编制】**一是深化新城规划实施评估成果。按照国家、市政府关于全面深化改革、推进新型城镇化的战略方针，以及新形势下做好北京发展和管理工作，推动京津冀协同发展的新要求，结合市政府关于开展北京市总体规划修改工作部署，进一步深化完善顺义新城规划实施评估成果。在区域整体发展的视角下，从新城发展特征、资源潜力、产业转型发展趋势等方面进行分析，提出新城发展思路、布局优化调整与实施建议。二是开展重点地区城市设计和规划研究。一方面为推进城市细节化管理工作，使城市设计内容能够有效指导城市建设。在原马坡组团城市设计的基础上，进一步完善马坡组团核心区城市设计；加强老城区城市更新改造前期研究，编制府前街沿线城市设计，明确管控重点和要素，并纳入地块控规编制之中；另一方面为加快临空经济区向首都国际航空中心核心区转型升级，提高机场周边道路通行能力，提升航空可视区域范围内的景观形象和机场周边产业发展能级，编制完成《首都机场周边地区规划研究》和天竺村址用地的概念性城市设计。三是推进试点研究统筹城乡发展。按照市政府关于推进二道绿化隔离地区城乡统筹发展的工作部署，开展第二道绿化隔离带内试点镇——高丽营规划方案及龙湾屯试点规划研究，探索新型城镇化形势下城乡一体化发展新思路，为集体建设用地整合、村庄整治改造和二道绿隔实施提供规划思路。同时，为充分发挥小城镇辐射和带动的作用，加快镇中心区的改造力度，在对各镇规划实施评估的基础上，结合发展现状和动力，探索镇区开发思路和模式，初步编制完成北石槽和高丽营镇区中心规划实施方案。

（规划局）

**【服务区域经济发展】**年内，分局共审批各类事项577件，其中市政项目65件，城镇建筑工程224件，乡村项目35件，规划监督162件，其他91件。一是加快推进政策性住房建设。高效服务，稳步推进全区计划开工12项建筑面积74万平方米保障性住房的前期规划服务工作。二是加快推进地块控规编制。结合土地储备供应计划和新出台的北京市产业发展禁止和限制目录的要求，完成29个地块控规编制工作。三是配合全国土地出让收支和耕地保护情况和调结构，保民生专项审计工作。共调阅审批案卷200余卷，检验业务水平，明确了风险防控点，强化依法行政意识。

（规划局）

**【完善市政基础设施】**一是开展京沈客专沿线村庄拆迁可行性和建设用地调整规划研究。通过对京沈客专沿线受影响村庄及建设用地情况进行梳理，提出村庄拆迁平衡及建设用地调整方案，为京沈客专启动建设做好前期准备工作。二是多措并举，积极推进“碧水蓝天”工程。深入开展水环境治理“三年行动计划”，积极推进河道治理工程前期规划研究、南水北调引水入潮白河方案和顺义区河道排污口治理方案研究，推进顺义区一、二期共八个镇BOT再生水厂规划审批工作和热源厂煤改气工程。三是加快推进重大基础设施建设。完成俸伯桥改建、减河北路东延及木孙路建设等区域重大交通基础设施前期规划审批及初步设计方案审查工作，协调推进东府英各庄220千伏、于庄110千伏变电站、李魏路燃气管线工程等市政设施的规划审批工作。

（规划局）

**【规划监督检查】**一是开展环境综合整治，依法查处各类违法建设。集中对南半壁店村、铁匠营村等重点地区和APEC会议主要交通干线两侧开展群租违法建设和环境整治工作。截至目前，现场下发责令停止建设通知书7件，违法建筑面积约2.1万平方米，认定各类违法建设368件，建筑面积约87万平方米。二是加强过程性监督，坚持预验收服务。截至目前，共完成规划验线10件，建筑面积32万平方米；规划验收143件，建筑面积约410万平方米，案卷合格率100%。三是积极化解社会矛盾，维护社会和谐稳定。面对网络、新闻电视等媒体日益关注城市建设的新形势、新要求，分局坚持依法行政和阳光规划，采取不同形式听取公众意见，有效化解社会矛盾。截至目前，共接待信访28批，同比下降15%；信息公开155件，同比增长231%。

（规划局）

# 新城建设

**【概　况】**2014年，新城管委会全力推进顺义新城（马坡组团）建设，随着民生银行总部基地项目和北京金蝶软件园项目的全面运营、北京银行和中储能源总部等项目相关税源企业的陆续注册成立和迁入。主要经济指标保持快速增长。

单位名称：顺义区新城建设管理委员

地址：顺义区顺泽大街65号

电话：(010)69448100

邮编：101300

网址：www.xincheng.bjshy.gov.cn

（顺义管委）

**【新城核心区市政基础设施建设】**6月，启动向阳1号路、向阳2号路道路建设，涉及总里程约1.5公里，年底已完成雨、污、中水管线施工；年内完成了丰乐路全路面油、步道砖铺设及道路验收；完成了丰乐路、顺生大街道路绿化工程。

（顺义管委）

【新城核心区住宅建设】年内，本辖区共5个房建项目已竣工，分别为合景香悦四季、鲁能7号院二期、民生银行生活公寓项目、中铁花溪渡、新城9号地城建兴华保障性住房项目。

（顺义管委）

【马坡组团防汛水务】年内，继续加大新城核心区水务工作，完善水务台账；加强新城核心区雨、污水和中水管线建设，实现系统化；深入开展节水创建、分类分级管理供、排水管网普查工作；进一步开展取用水专项整治工作。继续做好汛期防汛工作。

（顺义管委）

【新城招商引资】1、2014年，民生银行总部基地和北京金蝶软件园项目继续投入使用中。2、北京银行科技研发中心项目已于11月15日完成奠基仪式，正式开工建设。3、正德人寿总部基地项目取得土地证，积极推进规划方案设计，取得立项批复。4、中信银行信息技术研发基地项目取得土地证、获得立项批复，扎实推进规划方案设计深化和完善工作。积极开展中信银行旗下的信银振汇（北京）股权投资基金管理有限公司工商注册工作。此外，区政府为加强与中信银行的战略合作，扩大合作成果，双方已于2014年10月签订完成战略合作框架协议。5、已签约未取得土地项目进展情况：中储国际能源有限公司总部积极准备入市手续办理，已取得二级规划意见书、考古勘探等手续。中储银行股份有限公司总部筹建成立工作有序进行。京华基金管理有限公司总部项目用地土地一级开发于年内获得市政府征地批复。6、推进新疆百商投资集团有限公司总部、新晋商金融中心项目洽谈合作工作。加强“以商招商”，新引进楼宇注册型企业共11家，其中注册资金1亿元以上企业2个。

（顺义管委）

【马坡组团剩余地块土地一级开发项目】年内，10-06项目、4号地东侧（13-0806、13-0807）项目已取得征地批复。10号地征地手续在市国土局征地处正在审查；11、12号地征地工作正在区国土局完善审批手续。

（顺义管委）

【推动项目进展相关砍伐及拆迁工作】为配合马坡组团剩余地块征地上市工作进度，共完成10号地、10号地（10-06地块）、11号地、12号地范围内约12000棵各类树种的砍伐、移植工作；顺利腾退10-06地块5户非住宅。

（顺义管委）

# 新农村建设

【概　况】顺义区共有19个镇，426个行政村，部分村庄已完成城市化改造。截至2013年底，全区共有农户108534，261354人。根据顺义区统计局2014年农村常住户抽样调查资料显示：全年农民人均纯收入19629元，人均生活消费支出12453元，分别比上一年度增长10.9%和7.4%。2014年区新农办全面推进“减煤换煤、清洁空气”工程、农宅抗震节能建设等工程，启动美丽乡村试点建设工作，进一步完善农村公共基础设施，全区新农村建设不断深化、农村环境持续改善，农民收入稳中有升，为实现地区经济社会快速发展奠定坚实基础。

单位名称：北京市顺义区新农村建设服务中心
地址：顺义区站前西街3号
电话：（010）60406097
邮编：101300

【新型农村社区建设】南陈路新型农村社

区试点建设进展顺利，其中一期工程涉及马坡镇7个村庄。目前，石家营村183户，拥有宅基地140户，参与新民居改造110户，108栋已封顶，102户完成外墙保温，92户完成太阳能地热盘管，70户已安装完毕，室内装修54户，30余户已入住。庙卷村已建成新民居30户，村内天然气入户管线铺设已完工。其余5个村庄已完成农宅改造提升，村内绿化、美化工作取得阶段性成果。

（新农办）

**【农宅抗震节能建设】** 通过“市里奖一部分、区里补一部分、村民出一部分”的方式，推进农宅抗震节能建设工程，改善和提高农村居民的居住条件。全年共实施农宅抗震节能建设项目1.83万户，涉及16个镇、205个村，惠及村民6.3万人。其中，实施农宅单项改造1.75万户，改造外墙124.69万平方米、改造门窗7525户、改造面积21.11万平方米。实施农宅新建翻建项目789户，户屋均达到抗震、节能要求。

（空港建设管理服务中心）

**【“减煤换煤、清洁空气”行动】** 优质燃煤替代工程分三个批次在19个镇211个村中实施，占全区村庄数量的56.7%，惠及农户9.03万户、21.34万人。共销售优质燃煤25258.5吨，更换燃煤炉具18903台。取暖煤改电工程以整村为单位在木林、龙湾屯、等6个镇7个村中实施，共有2361户村民实施改造提升，占总户数的91%。液化石油气下乡工程基本实现全区现状村庄全覆盖，共为村民更换新钢瓶13万支，配送液化石油气32.9万瓶。

（空港建设管理服务中心）

**【公共基础设施建设】** 本区率先在全市实施连村路灯试点建设，新建节能路灯2000盏，实现村与区、镇级道路照明无缝对接，受到镇村与广大村民的欢迎。同时，本区站在就地城镇化的高度对太阳能浴室进行查遗补漏，新建太阳能浴室12座，全区累计新建太阳能公共浴室达到279座，基本实现重点村庄的全覆盖，解决村民冬季洗澡难的问题。

（空港建设管理服务中心）

**【美丽乡村建设】** 按照市委、市政府的统一部署，从2014年开始，在全区开展提升农村人居环境，推进美丽乡村建设工作，通过整治、建设与发展，使郊区农村成为农民和谐宜居的幸福家园和致富增收的就业田园，成为市民向往的休闲乐园。制定并下发《顺义区“提升农村人居环境，推进美丽乡村建设”实施意见（2014-2020年）》征求意见稿，并筛选出60个村庄进行试点建设。

（空港建设管理服务中心）

## 空港建设管理服务

**【概　况】** 2014年是全面贯彻党的十八届三中全会精神的开局之年，是顺义区步入新阶段、向“十二五”规划目标迈进的关键一年。站在新的历史起点上，空港中心全体干部、员工在区委、区政府的正确带领和指导下，创新工作方法、完善工作机制、提升队伍素质、强化队伍建设，科学谋划自身定位，坚持稳中求进、提质增效，紧紧围绕“建设绿色国际港，打造航空中心核心区”的奋斗目标，创造和利用机遇，努力在推进“四个转型升级”上取得新的实效，全力为推进顺义经济快速发展做出自身贡献。

地址：北京市顺义区首都机场四纬路2号绿港国际商务中心

电话：84169955
邮编：101300

（空港建设管理服务中心）

【樱花园小区飞机噪声治理工作】依照市政府专题会议提出的要求，顺义区政府组织相关单位开展樱花园小区房产置换安置用地的选址和房屋置换方案制定工作，方案经细化、完善，数次上报市政府审议。在此过程中，空港中心协调评估机构与相关部门合作，对产权置换资金进行测算，并着手对社会稳定风险评估、民意调查工作进行前期分析、准备。

（空港建设管理服务中心）

【机场外围排水保障工作】为确保机场外围汛期安全，汛期前本中心提前做好防汛物资的清点、补充工作，并组织成员单位对防汛沟渠进行全面排查，查出重点隐患9处，针对存在隐患和实际情况，制定防汛应急预案、整改台帐，做到及时上报、快速排除。汛期中对机场周边防汛重点地区进行动态监测、巡查，明确责任单位，保障排洪渠道畅通无阻，确保安全度汛。

（空港建设管理服务中心）

【机场净空工作】经多次沟通协商，空港中心最终于10月20日与首都机场西跑道北端林木所有者签订补偿协议，并在APEC会议召开前组织完成对787棵超高树木的修剪。

（空港建设管理服务中心）

【信访维稳】全年面对面接访16次、电话接访56次，有效缓解因飞机噪声引起的樱花园小区、沙坨村居民的不满情绪。定期召开联席会议，通报工作进度，听取居民诉求，传达领导关切之意。全年共撰写联席会议简报40余期，为各级部门及时了解工程进展情况并为推进下一步工作提供相应重要参考依据。同时，通过加强网络舆情监测以及樱花园小区巡查小组机制，做到发现问题及时排查，重点时段提前预案，有效确保了两会、十八届四中全会、APEC会议等期间的机场地区稳定。

（空港建设管理服务中心）

# 城管监察

【概　况】 2014年，顺义区城管执法监察局共查处案件4217起，累计拆除违法建设2659宗，拆除面积114.8万平方米，腾退土地2493.1亩；通过拆违，共解决环境卫生、安全隐患、违法经营、交通秩序等问题39363个，调控流动人口11万余人；在北小营、杨镇、木林等9个地区，治理非法盗采加工经营砂石行为101起。本年度各项城管执法监察工作取得新成效，我局在全市城管系统考核名列16区县第一，在全区72家区级国家行政机关及部分企事业单位考核名列第五。

单位名称：顺义区城市管理综合行政执法监察局
地址：顺义区府前东街6号
电话（010）81490007
邮编：101300
网址：http://shy.bjcg.gov.cn

（城管监察）

【拆违情况】 年内，全区共拆除违法建设2659宗、114.8万平方米，腾退土地2493.1亩，解决环境卫生、安全隐患、违法经营、交通秩序等问题1.29万个，调控流动人口11万余人。

（城管监察）

【治砂情况】 区城管执法监察局按照“综合治理、标本兼治、关口前移、严厉打击”的原则，协调国土分局、公安分局、水务分局等相关部门，共治理北小营、杨镇、木林、李桥等地区非法盗采加工经营砂石行为101起次，有力打击违法相对人的嚣张气焰，有效遏制非法盗采加工运输经营砂石土方行为。

（城管监察）

**【重大活动保障】** 年内，区城管执法监察局除完成元旦、春节、清明、五一等节假日环境保障工作外，还完成全国“两会”、国庆65周年、APEC会议等53次重大活动保障。

（城管监察）

**【机构改革】** 7月，按照区编办批复，区城管执法监察局圆满完成机构精简，实现机关科室、局直属队人员向基层执法队力量下沉。共撤销8个编外科室、2个编外执法队。局机关、直属队共计54人下派到镇、街道执法队，“瘦身率”达56.2%。此次岗位变动的人员共计143人。

（城管监察）

**【调研交流】** 6月3日至7日，区城管执法监察局牵头组织区编办、仁和镇政府、光明街道办主要领导及有关人员一行8人，前往山东青岛、烟台两地考察城管综合行政执法改革情况，经过实地考查、座谈讨论，梳理出《关于赴青岛、烟台考察综合行政执法改革的报告》。在此基础上，区政府经过反复上会研究，由区编办汇总多方意见，初步形成《顺义区环境管理和市场监管综合执法体制改革方案》。

（城管监察）

**【工作创新】** 区城管执法监察局创新理念，积极探索城管执法监察新方法，建立“指挥中心班组每周在基层工作一天”制度，不断改进工作方法，加强综合治理，实现群众举报量显著降低；建立“强拆促自拆”新模式，推进查违工作取得成效，即：一手抓强拆手续办理，不抱幻想，争取时间，做好随时动手的准备；另一手抓政策攻心，不放弃希望，多层面、多角度做工作，使相对人情绪稳、心态平，争取峰回路转。2014年，违建自拆率达92.13%；建立查违控违六大机制，保障拆违工作顺利开展，即：拉练检查（专题汇报）的推进机制、联合执法的拆除机制、挂账销账的目标机制、通报曝光的激励机制、移送约谈的问责机制、日查周报的发现机制。

（城管监察）

**【专项整治】** 区城管执法监察局与区住建委建立每周二、四开展联合执法机制。2014年，共开展联合执法90次，解决围挡不规范、车轮带泥、夜施扰民等问题100余个，查处违法行为105起；同时与区环保局建立每月第1周开展联合执法机制，2014年，开展联合执法20次，解决土方未苫盖、未采取降尘措施、道路遗撒等问题100余个，查处违法行为605起。

（城管监察）

**【网格化指挥中心】** 区网格化指挥中心（设在区城管执法监察局）运行以来，通过中心平台的集中调度，协调相关部门参与城市管理问题的协同处置，形成“大城管”工作合力，做到发现问题更及时、处理程序更规范。2014年，通过视频监控主动发现并处理城市管理类问题2401件，向市政市容委、石园街道、交通局、环卫中心等20个部门派发单据3293件，涉及12大类监管事项，已结单据1898件。

（城管监察）

# 市政管理

## 综　述

抓计划，强落实，市政基础设施建设有序推进。2014年，顺义区市政市容委共承担市、区两级政府市政重点工作项目68项，其中区政府市政重点工程30项，区政府折子10项，市政府折子3项，区政府重要实事4项，市政府重要实事2项，市政府清洁空气计划11项，区级清洁空气折子8项。此外，还与公路分局、供电公司等其他单位共同实施重点工程11项。一是市政重点工程建设进展顺利。完成顺平南线改造工程、中山东西街等9条道路工程，新老城区供电联络工程、顺安路10千伏架空线路入地工程、顺义区城东、城西、城南热源厂环保改造工程、2014年既有二三步供热计量改造工程顺利完工；下坡屯保障性住房红线外市政工程、现代三厂外部市政配套、站前北街及延长线改造工程等6项工程建设有序推进中。木孙路、减河北路东延等工程正在加快办理前期手续。据统计，2014年累计新改建道路总长约43公里，新建各类市政管网总长约135公里，拆迁面积约39万平米，绿化面积约60万平米，新安装路灯871盏，人行步道约16.5万平米，累计完成固定资产投资24.41亿元。二是折子工程顺利推进。大力实施APEC峰会环境整治方案，完成机场北线回民营桥周边环境整治。加强工程实施管理，推行重点工程工期承诺制。严格按照市政重点工程建设程序组织实施，加强工程组织实施阶段管理。启动18处非正规垃圾填埋场治理工作，推进农村地区生活垃圾运输管理体制改革。深入开展三大秩序专项整治，营造安全出行环境。加快推进生活垃圾焚烧二期工程、餐厨垃圾处理厂、河西地区垃圾转运站建设。抓好循环经济园规划，促进垃圾处理园区化、产业化发展。完成城东、城西、城南三座热源厂“煤改气”及290万平方米既有二三步节能居住建筑热计量改造工作。三是实事工程按时完成。老旧小区供热管网改造工程已完成前期调研，正在编制项目可研报告。20座公厕新改建工程正进行施工、监理招标。完成学校周边交通安全消隐工程。李桥馨港庄园、杨镇双阳、后沙峪裕祥花园燃气管网改造工程正进行招标工作。建立完善瓶装液化气配送服务体系，规划建设场地等配套设施，保障炊事用瓶装液化气供应，保障2014年顺义区基本实现农村炊事气化所需的液化气。四是清洁空气行动计划有序推进。加快燃气管网向周边乡镇延伸。随路铺设燃气管线，预计“十二五”末燃气管线将通至各镇中心区域。组织落实环卫车结构调整，新增清洁能源环卫车30辆。办理建筑垃圾运输企业经营许可，推进渣土运输企业车辆更新改造工作，组织开展多部门联合执法。制定《空气重污染日应急预案》和《空气重污染日道路应急保证工作台账》。大力推广“吸、扫、冲、收”清扫保洁新工艺，研究再生水冲洗道路的保障机制。加强市政工程工地扬尘的达标管控，确保扬尘污染得到有效控制。

抓重点，破难点，城乡环境建设水平进一步提升。2014年，在区委、区政府坚强领导下，全区各属地、各部门、各单位围绕“全面展开攻坚，治理重点难点，狠抓常态规范，构建长效机制”工作思路，按照“环境建设年”总体部署，聚焦APEC会议这一重大政治活动，大力实施各项任务，有效治理重点难点，完善创新管理办法，严格强化制度落实，全区环境建设与管理工作取得新成效，呈现新局面。一是加强机制制度建设，强化长效管理。实行区领导包片、各属地和单位一把手负总责制度，切实加强组织领导和督促协调力度。坚持每月开展“月检查、月排名、月通报”制度，下发《顺义区环境建设综合考核评价办法》、《顺义区环境建设问责办法》、《顺义区环境建设相关工作标准》，加大对属地的监督考核。制定环境建设资金使用管理办法，切实发挥专项资金的最大效应。二是加强宣传动员，发动群众积极参与。开展环境优美居民小区、街巷胡同环境创评活动，开展环境卫生大扫除工作，启动顺义区环境建设志愿者服务工作，及时解决群众反映问题，开展满意度调查工作。三是加强统筹协调，高标准完成APEC会议和市区两级环境建设任务。APEC会议途径沿线107处环境问题得到全面整治，并通过检查验收。市级31项、区级265项环境建设任务基本完成，累计拆除破旧建筑15.32万平米，补植、补栽以及新增绿化美化面积81.2万平米，规范广告牌匾5223块，粉饰外立面287.4万平米，新建景观墙23.3万平米等等。四是城镇和农村地区生活垃圾管理水平进一步提升。城镇地区垃圾分类覆盖工作面广。顺义区城镇地区涵盖6个街道办，81个小区，总人口数为20.7万人，截至2014年9月，顺义区已完成光明街道办等4个街道办辖区的65个生活垃圾分类试点小区的达标工作，覆盖人口15.22万人，小区达标率已达到81.5%，人口达标率已达到73.55%。农村地区生活垃圾规范化管理持续加强，加强农村地区生活垃圾区、镇两级检查考核，征集农村地区垃圾分类各镇实施方案和设施需求，257处垃圾乱倒点得到全面治理。五是强化建筑垃圾规范化管理。制定并发布《顺义区建筑垃圾土方沙石规范化管理工作实施意见》，开展常态化建筑垃圾运输联合执法检查工作，完成建筑垃圾运输车辆更新改造资金补助审核工作。严把渣土消纳行政许可审批关口。加快渣土消纳场建设，在木林镇东沿头村拟建一处500万方的区级渣土消纳场，正在完善场内设备、设施建设，待设施建设完成后进行现场勘查、审验。

抓基础，强规范，城市运行平稳有序。一是完善市政设施建设，管理养护水平有效提升。加强各类市政设施建设，完成非物业小区道路改造、老旧信报箱更新、井盖电子标识三期等7项工程。加强停车场行业管理，顺义区共有备案有效停车场60个，停车位22777个，经营企业40家。做好区属交通设施管护，目前区政府产权红绿灯共计421处、黄闪灯320套、道路硬隔离40505米、标线125970平米、标志4111块、闯红灯监控探头426套、超速监控探头48套、违法停车、涉牌、无牌等监控探头96套。做好区政府产权路灯及夜景照明设施管护，目前全区共有区政府产权路灯15573基，小区路灯284基，景观照明223处；完成区政府产权被盗路灯电缆及附属设施补装，共补装23万余米路灯电缆及12台变压器。做好地下通道运行管理，建立了地下通道长效管理机制。二是坚持问题导向，积极推动路灯运行管理体制改革。针对目前路灯管理方面存在着建管主体不统一、流程不清、建设和管理标准不统一等问题，进行了深入调研，起草了《关于顺义区城乡路灯一体化管理的报告》，拟从五方面推进城乡路灯一体化分级管理改革。三是坚持以人为本，燃气供热行业管理工作不断加强。加强燃气安全生产、使用宣传，累计发放液化石油气安全使用常识等宣传品共计35万份。开展液化石油气下乡便民服务，建立民用液化石油气服务便民配送体系。督促相关供热单位按规定要求实行热计量收费，做好供热、燃气补贴发放。每季度和重要时期、重大节假日前均对辖区46家燃气和35家供热企业开展针对性安全检查工作。四是规范户外广告、牌匾标识管理，景观效果明显增强。加强日常管理，提高登记比率。协调属地政府、执法单位加强户外广告、牌匾标识和临时标语宣传品监督管理工作，督促商户及时办理登记、许可手续。强化规划管理，完善规划方案。共对17条街道、公路的变化节点进行调整、补充、完善。积极协调配合，做好公益宣传。积极协调、配合相关单位，做好社会主义核心价值观、国家卫生区复检等宣传工作，确保各项公益宣传、大型活动户外宣传工作落实到位。落实环境任务，集中治理整顿。完善应急机制，做好安全保障。

单位名称：顺义区市政市容管理委员会
地址：顺义区府前西街9号
邮编：101300
电话：81492856

（市政市容委）

# 国土资源管理

【概　况】顺义位于北京市东北郊，城区距市中心30公里，地处北纬40° 00′ –40° 18′，东经116° 28′ –116° 58′东邻平谷，北连怀柔、密云，西接昌平、朝阳区，南界通州区、河北三河市。区境东西长45公里，南北宽30公里，总面积1020平方公里。地处燕山南麓，华北平原北端，属潮白河冲积扇下段。平原面积占95.7%。地势北高南低，坡度为6/10000，北部山地最高点海拔637米，平原海拔25–45米，平均海拔35米。

单位名称：北京市国土资源局顺义分局
地址：顺义区仓上街11号
电话：（010）69445125
邮编：101300

（国土局）

【坚守耕地红线】开展土地利用总体规划局部修改和指标落实工作，共调整面积96.42公顷；完成占补平衡12宗，补充耕地101.96公顷，收缴耕地开垦费3538.72万元。开展永久基本农田试点区县划定工作，完成13个镇涉及286个行政村内外业数据处理和调查工作。共办理宅基地审批41宗，批准面积8200平方米。高标准基本农田建设有条不紊进行；上报存量复垦项目验收3个，入库新增耕地面积412.25公顷。

（国土局）

【土地市场管理】累计完成土地入市交易17宗，总用地面积175.25公顷。总成交金额182.75亿元，实现政府土地收益122.41亿元，创历史新高。其中：经营性用地10宗，土地总面积142.2公顷，总成交金额179.26亿元，实现政府收益121.48亿元。工业项目用地7宗，土地总面积33.05公顷，总成交金额3.49亿元，实现政府收益0.94亿元。

（国土局）

【存量土地盘活】全年累计完成一级开发投资57.86亿元，一级开发面积176.54公顷

（国土局）

【用地审批效率和服务水平提高】全年共办理征地结案8宗，用地面积118.09公顷。共办理建设用地项目预审76件，涉及面积

839.84 公顷。完成集体土地征收前期工作 14 宗，上报征地面积约 152.62 公顷；办理国有建设用地使用权划拨 5 宗，划拨面积约 12.41 公顷；完成国有建设用地使用权工业用地出让 9 宗，出让面积约 33.24 公顷，签署合同地价款约 3.57 亿元；办理国有建设用地使用权转让 2 宗，转让面积约 4.21 公顷。加大催缴陈欠地价款力度，全年累计催收陈欠地价款 2492.24 万元。

（国土局）

**【土地登记规范化管理】** 全区农村集体建设用地使用权宗地 5838 宗、6253.78 公顷。全年共办理国有土地使用权登记 409 宗，登记总面积 658.31 公顷；办理土地抵押权初始登记 287 宗，抵押总面积 776.78 公顷，贷款总金额 417 亿元；办理国有土地使用权抵押权注销登记 252 宗，抵押注销总面积 647.47 公顷，抵押注销贷款总金额 234.78 亿元；办理宅基地使用权登记 445 宗。土地变更调查和地籍管理信息系统建设工作已完成变更上图、数据上报和数据库更新等各项工作。

（国土局）

**【严厉打击违法占地、违法建设、非法盗采砂石】** 2014 年度土地矿产卫片检查中，本区共计发现违法用地 352 宗，占地 183.15 公顷，其中耕地 73.52 公顷。矿产卫片 7 宗，占地面积 2.63 公顷。其中立案查处立案 42 宗，面积 11.22 公顷，其中耕地 1.7 公顷；2014 年一、二季度土地变更调查卫片共涉及我区的新增建设用地 149 宗，占地总面积 150.94 公顷。其中：违法项目 82 宗，占地 46.06 公顷。一、二季度的违法用地均已处理完毕，处理率 100%。第三季度土地变更调查涉及我区的新增建设用地共计 218 宗，占地面积 123.72 公顷，占用耕地 45.57 公顷，对违法用地上的违法建设已移交区拆违办督促各镇加强整改。2014 年共拆除 426 宗，腾退土地面积 98.8 公顷，其中耕地 44.75 公顷。执法监察队及四个国土所全年共发现区域内违法违规用地 98 宗，占地面积 59.1 公顷，其中占用耕地 26.02 公顷，全部下发了《责令停止土地违法行为通知书》。2014 年度我区收到 12336 电话举报事项共计 402 个，其中：属实 112 个，部分属实 43 个，不属实 247 个，反馈率 100%。治理盗采点 13 个，涉及土地面积 9.7 公顷，关停 48 个砂石加工点。

（国土局）

**【地质灾害防治，矿产资源年检】** 年内，分局会同区应急办、水务局、气象局等部门编制《顺义区 2014 年地质灾害防治方案》和《顺义区 2014 年地质灾害应急预案》。联系区气象局开展汛期地质灾害预报预警，加大防灾知识宣传普及力度，汛前及时完成高丽营镇西王路村和马坡镇庙卷村地质灾害隐患排查，在地质灾害隐患点设立警示标志，发放防灾、避险明白卡近 1500 份。围绕我市清洁空气行动，开展废弃矿山生态修复工程。对牛栏山镇史家营村的废弃矿山进行生态恢复，项目涉及面积 30 公顷，资金 1130 万元。顺利完成固体矿山、矿泉水年检工作，完成合格率均为 100%。

（国土局）

# 交通运输

**【概　况】** 年内，顺义区交通运输从业人员已达 3.2 万余人，运输经营者 8636 户，运营车辆 23055 辆，水域游船 274 艘，公交线路 95 条，轨道交通线路 1 条。全年累计完成客运量 2.35 亿人次、货运量 2827 万吨、交通运输收入44亿元。

单位名称：顺义区交通局
地址：顺义区府前西街7号
邮编：101300
电话：69444637

（白海鹏）

**【200部新能源电动出租车正式投入运营】** 1月8日，顺义区200部新能源电动出租车办理完成购置税、验车、上牌、保险、营运证等手续，正式投入运营，出租车运价标准为起步价10元，基价里程为3公里，超出部分每公里单价2元。市交通委主任刘小明，区领导王刚、卢映川、赵贵恒出席运营启动仪式。

（白海鹏）

**【部署出租旅游客运行业反恐工作】** 3月3日，区交通局召开“两会”期间出租汽车行业反恐安全保障工作会议，会议强调：一要提高动态管控能力，加强重点群体摸排；二要切实提升安全防范能力，强化重点部位防控；三要提升“三品”防范意识，严防被不法分子利用；四要把握工作主动，畅通渠道，加强涉恐信息报送；五要做好各项应急准备，提升反恐和处理突发事件的能力。

（白海鹏）

**【开展“春雷一号”专项联合治超行动】** 3月1日至4月30日，区交通局牵头组织开展“春雷一号”专项联合治超行动。行动共抽调执法人员64名，组成3支流动执法队伍，采取多部门联合执法的形式，坚持夜间突击与白天巡查相结合、分队单独出击与大队统一行动相结合等方式，对顺密路、昌金路、京密路、木燕路、龙塘路等路段超载超限行为进行集中整治。此次专项行动共开展夜间联合检查26次，依法查扣“双超”车辆131部、卸载货物5502吨，处罚非法改装及无证运输行为96起。

（白海鹏）

**【组织水运行业开航检查】** 3月，区交通局召开2014年水运行业工作部署会，会上与各水运游船运营单位逐一签订《安全生产责任书》，并对2014年水运工作进行统一部署。会后，海事执法人员对辖区顺义公园、汉石桥湿地等水运游船单位进行开航检查，重点检查游船单位的船容船貌、船舶安全技术性能、码头设施安全技术状况、救生及消防设施足额配备以及船员持证上岗等情况。

（白海鹏）

**【清明客运保障】** 一是开通祭扫公交专线。3月29日、30日、4月5日至7日，区交通局协调八方达公司顺义车队开通“东直门枢纽－潮白陵园”祭扫专线，满足扫墓客流乘车需求；二是提供常规公交运力保障。祭扫群众也可乘坐区内顺15、顺16、顺18、顺20、顺28、顺31、顺36路等10余条境内常规公交至潮白陵园；三是加强秩序维护管理。执法人员重点负责地铁俸伯公交站秩序维护管理，确保运营车辆安全进出车站。

（白海鹏）

**【安全生产标准化培训】** 4月23日，区交通局组织辖区内道路运输客运、货运、出租旅游、机动车维修行业的80家企业、100余名安全管理人员开展安全生产标准化知识培训。此次培训的重点是安全生产现场管理，共发放安全生产标准化创建材料100余份。

（白海鹏）

**【区间线路服务国际登山长走大会】** 5月3日，区交通局组织开通“地铁俸伯站—舞彩浅山（龙湾屯镇山里辛庄停车场）”、“地铁俸伯站—汉石桥湿地”等4条区间线路及各停车场之间摆渡专线，共发车79个班次，运送乘客1762人次。

（白海鹏）

**【完成“五一”小长假运输保障任务】** 5月

1日至3日，顺义区境内公交共投放运营车辆539部，发车2.02万班次，累计完成客运量135.36万人次；5家水运游船单位共投入游船247艘，出船3008次，运送游客1.09万人次，实现运营收入25.3万元。

（白海鹏）

**【公交专线服务天竺综合保税区】** 5月27日，服务北京天竺综合保税区的2条公交专线正式开通运营。1号线设后沙峪地铁站、管委会站、主卡口首末站、金岸东路站、检测场站、南法信站、航港大厦站、东行政卡口站8个站；2号线共设置后沙峪地铁站、花梨坎地铁站、三区南站、三区东站4个站。

（白海鹏）

**【开展辖区内出租汽车年度审验】** 6月，区交通局对辖区902辆营运出租汽车（含电动出租）及1463名驾驶员（含电动出租）进行年度安全审验，审验中重点检查：车辆外观、内饰、安全消防设施，从业人员仪容仪表、从业资质，公司管理制度建立健全、落实情况等。

（白海鹏）

**【开展水域游船行业安全应急实战演练】** 6月27日，区交通局组织区属水域游船单位在汉石桥湿地进行“示范性专项应急实战演练”。此次演练的内容包括救生演练、疏散演练和消防演练3个部分，共出动各类船（艇）20艘次、参演人员47人次。

（白海鹏）

**【开展轨道交通安全检查】** 7月9日，区交通局联合区安监局对辖区7个地铁站进行安全检查，按要求对车站、车厢内温度进行检测，全面排查空调设备功能，保证设备正常投入使用，为乘客创造良好的乘车环境。

（白海鹏）

**【严厉打击非法运输砂石车辆】** 7月，为坚决遏制超限超载行为，区交通局组织有关执法部门联合顺义区木林镇政府对非法拉运砂石车辆开展集中专项整治。执法过程中对所有违法车辆强制卸载，对擅自改装车辆进行拆解。

（白海鹏）

**【外勤执法人员配备执法记录仪】** 7月，为进一步规范现场执法、取证工作，提高执法工作效率，区交通局配备49部执法记录仪用于上路执法。执法记录仪投用，不仅方便执法人员的调查取证，而且有利于对执法行为开展有效监督，既实现了执法更加透明化、公正化，也保障了、执法人员自身合法权益，降低了其执法风险。

（白海鹏）

**【北务综合检查站组织开展治超夜查】** 9月24日22:00至25日凌晨4:00，北务综合检查站在辖区内李木路、木燕路、龙塘路开展治理超载超限专项夜查行动。执法人员依法检查车辆、人员有关资格证件以及车辆超载超限情况。夜查行动共检查货车60部，依法暂扣违规车辆12部，有力遏制上述道路超载超限运输行为，维护正常的道路运输秩序。

（白海鹏）

**【增加公交站点方便居民出行】** 9月，区交通局本着为民、便民的工作宗旨，积极协调北京八方达客运公司调整915路、915路（快）站点设置，新增西辛小学、四季花城、望泉桥东三个车站，此举极大方便西辛南区、牡丹苑、玉兰苑、澜西园等小区居民的日常出行。

（白海鹏）

**【国庆期间交通运输保障任务】** 10月1日至7日，区属公交客运企业投放运营车辆539部，发车4.05万班次，累计完成客运量230.72万人次；辖区内7家游船单位共投入运营游船268艘，出租船舶2558船次，运送游客 1.01 万人次，实现营业收入 23.63 万元；轨道交通 M15 号线花梨坎、后沙峪、石门、顺义、俸伯等 7 个站点发车 1840 列次，完成客运量 93.28 万人次；国庆长假期间累计派出执法人员 824 人次、执法车辆 136 辆次，检查客货运输车辆 2890 辆，劝返不符合进京条件车辆 14 部、转载货物 1240 吨。

（白海鹏）

**【125 辆新能源公交车年底前投运】** 10 月 25 日，41 辆液化天然气公交取得运营资格后正式“上岗”，这批车辆投放至顺 16 路、24 路、26 路、41 路 4 条线路。按照区交通局车辆更新计划，年底前还将有 84 辆新能源车投运，新能源公交车总数将达到 255 辆，占境内公交 45%。

（白海鹏）

**【1600 辆公租自行车投运】** 12 月，顺义区公共自行车项目启动试运行，站点主要围绕城区地铁站、公交站、商超集贸市场、居民小区等设置。项目一期设置 55 个站点，投用 1600 辆公租自行车。

（白海鹏）

## 公路建设

**【概　况】** 2014 年分局公路建设、养护任务共 15 项，完成投资 5.67 亿元，其中，新改建 6 项，完成投资 1.47 亿元；大修、预养、旧桥改造 6 项，完成投资 1.6 亿元；平改立 1 项，完成投资 1000 万元；部队进出口改造 2 项，完成投资 282 万元；日常养护工程完成投资 1.11 亿元；APEC 环境整治工程完成投资 700 万元；路网建设维护工程完成投资 437 万元；乡村公路完成投资 1.24 亿元。全年新增公路里程 31 公里，全区公路总里程达到 2864 公里。

单位名称：北京市交通委员会路政局顺义公路分局
地址：顺义区府前东街 8 号
电话：（010）69423587
网址：http://www.sygl.net

（顺义公路分局）

**【顺平南线七分干渠桥改建工程】** 4 月 30 日顺平南线七分干渠桥改建工程完工。该桥位于顺平南线上跨七分干渠处，机场东路在桥位处与七分干渠平行。桥梁全长 11 米，全宽 18 米。道路等级为城市主干路，设计车速为 30 公里 / 小时。该工程于 2013 年 9 月 15 日开工，由北京市交通委员会路政局投资，投资总额 687 万元。

（薛　萌）

**【龙塘路（机场东路—右堤路）预防性养护工程】** 10 月 20 日龙塘路（机场东路—右堤路）预防性养护工程完工。该工程位于顺义区南部，为东西向道路。第一段预防性养护路段起点为机场东路，终点至通顺路，道路长 2.39 公里；第二段预防性养护路段起点为通顺路，终点至右堤路，道路长 6.459 公里。该工程于 8 月 15 日开工，工程由北京市交通委员会路政局投资，投资总额 2943 万元。

（曹　松）

**【怀昌路（怀柔界 – 昌平界）大修工程】** 10 月 21 日怀昌路（怀柔界 – 昌平界）大修工程完工。怀昌路位于顺义区北石槽镇，本次大修起点位于李家史山村北，终点位于西赵各庄村南，路基宽度为 7 米，路面宽度为 6 米。道路全长 8.94 公里。技术等级为三级公路，设计车速 40 公里 / 小时。该工程于 8 月 15 日开工，工程由北京市交通委员会路政局投资，投资总额 2089 万元。

（王三军）

**【顺密路（魏家店村 – 中干渠路）大修工**

程】 11月20日顺密路大修工程完工。顺密路是连接顺义区和密云县的干线公路，本次大修南起魏家店村北，北止中干渠路，大修长度为5.7公里。技术等级为二级公路。设计车速为60公里/小时。一般路段路基宽度为15米，路面宽度为12米；穿村路段K14+070–K14+720段路基宽度为28米，路面宽度为25米；穿村路段K16+100–K17+660段路面宽度为27米，两侧人行步道宽4米。该工程于2014年7月4日开工，由北京市交通委员会路政局投资，投资总额4573万元。

（薛 萌）

**【左堤路（河南村闸桥–杨燕辅路）改建工程】** 11月20日左堤路(河南村闸桥–杨燕辅路)改建工程完工。左堤路位于潮白河东堤，工程起点为河南村闸桥，终点为杨燕辅路，道路长13.94公里。其中起点至顺平南线段，采用分离式断面，分离式断面在起点路口及顺平南线路口合并为整幅路断面。设计等级:起点–顺平南线段为城市次干道，设计速度40公里/小时；顺平南线–终点段为二级公路，设计车速为60公里/小时。该工程于2012年9月17日开工，由北京市交通委员会路政局投资，投资总额13690万元。

（薛 萌）

**【李魏路（龙塘路—顺平南线）大修工程】** 12月10日李魏路（龙塘路—顺平南线）大修工程完工。本次大修路段起点为龙塘路，终点至顺平南线，道路长3.87公里，道路等级为二级公路。设计车速为60公里/小时。该工程于2014年8月8日开工，由北京市交通委员会路政局投资，投资总额3126万元。

（曹 松）

**【裕安路北延新建工程】** 12月18日裕安路北延工程完工。本工程位于顺义区高丽营镇南，后沙峪地区北，是高丽营镇与后沙峪镇两个组团及区域路网之间的重要干道。工程南起机场北线，向北依次与顺于路、规划一路和六环路相交，北止顺沙路，道路长2.321公里。机场北线—顺于路段为一级公路，道路红线50米，设计车速60公里/小时，二幅路形式，路基宽24米。顺于路—顺沙路段为二级公路，道路红线30米，设计车速60公里/小时，一幅路形式，路基宽15米，路面宽12米。该工程于2013年12月20日开工，由北京市交通委员会路政局投资，投资总额3115万元。

（杨 霞）

**【路政管理】** 依法行政，全年共办理行政许可197件，收取补偿费138万元；实施行政处罚151件，收取罚款98.93万元；处理各类赔偿案件121件，收取赔偿费33万元。严厉打击涉路违法行为，拆除中国移动等单位违法设置的管线4.2公里，清除违法道口9处、占路经营和晒粮124处、非公路标志583块。协同区治超办开展“百日治超”、“春雷一号”等专项治超行动，全年累计检测车辆9.2万次，卸载2.1万吨。

（刘宝华）

**【路网管理系统外场设施建设】** 全年新增视频、激光交调等设备15套、水位监测预警系统3处，总投资200万元，提高了路网监控覆盖面和信息采集效率。现已建成公路路网信息化点位95处，包括视频监控、交通运行状态检测、轴载检测、交通量调查、可变情报板和水位雨量监测设备，为公路事业发展和公众出行提供服务。

（张孟培）

# 环卫服务

【概 况】顺义区城镇环境卫生服务中心为区属全额拨款事业单位，机关内设机构为办公室、业务科、政工科、设施科，基层科级事业单位为清洁一队、清洁二队、机械化作业队、镇村生活垃圾清运队。年内，全区新增道路清扫保洁面积11.36万平方米，环卫中心负责的道路清扫保洁面积达到351.82万平方米。其中，机械清扫面积134.69万平方米，车行道机扫率为85%。全年共清运生活垃圾26.1万吨，其中城区7.9万吨，农村18.2万吨，清掏粪便、污水8940吨。

单位名称：顺义区城镇环境卫生服务中心
地址：顺义区新顺南街5号
电话：（010）69444468
网址：http://www.bjshyhw.com

（王晶晶）

【扫雪铲冰】2月7日，顺义迎来首场降雪，环卫中心开展扫雪铲冰工作，保障雪天城市道路正常运转。一是提前部署，充分准备。紧急下发通知至各作业部门，密切关注天气，做好职守和相关人员、物资、设备准备工作；二是根据雪情，调整作业部署。早7点启动扫雪铲冰工作预案，出动融雪车、扫车、铲车和步道推雪车等对所属责任范围道路进行除雪融雪作业。道路清扫保洁人员全员上岗，开展辅路及人行步道的除雪融雪作业，并在降雪结束后清除道路黑冰积雪，恢复市容环境卫生；三是对城区58座公厕进行巡查和检修，出动保洁员清除门前积雪，并在卫生间门口铺设防滑垫，确保如厕人员安全。据统计，2月7日至8日，共出动工作人员2000人次，除雪车辆54车次，使用融雪剂120吨，用水360吨。

（王晶晶）

【应对空气重度污染日】2月20日，环卫中心参照“橙色”预警级别落实各项应急措施。一是出动6辆封闭式干吸车进行机扫作业，减少路面扬尘；二是白天温度达到5摄氏度以上时，出动2辆水车，对城区主要街道进行喷雾降尘作业；三是加强生活垃圾清运工作，确保垃圾日产日清，避免因垃圾暴露造成的二次污染；四是城区道路作业加大捡拾力度，减少使用扫把作业造成的扬尘污染。在“橙色”预警期间，中心每天出动工作人员1000人，各种作业车辆160辆，喷雾降尘面积达118万平方米。

（王晶晶）

【转运站会议召开】3月8日，环卫中心召开北小营转运站职工大会。北小营镇政府相关人员参会。会议围绕提高北小营镇生活垃圾清运效率提出具体的工作措施：一是重新修订考核方案。制定新的考核内容、考核标准、计分办法及奖励机制，激活内部活力；二是提高职工责任心，落实责任制。按照车辆现况调整清运路线，落实“三包”制：包线路、包桶站、包清运，提高职工责任心；三是调配清运设备。从城区清运车辆中调配一辆5吨压缩车，配备2名司机和1名装卸工，负责北小营镇东府村、西府村、政府院内、政府街共计136个桶的清运任务，缓解清运压力；四是增设垃圾桶站。北小营镇增加500个垃圾桶，确保生活垃圾全部进桶。

（王晶晶）

【非法小广告专项治理】一是增加小广告清理人员。清洁队各班增加小广告清理人员，集中清理作业区域内的小广告；二是重点路段巡回检查。对频繁出现小广告的路段，采取巡回式清除，遏制非法小广告的蔓延；三是提高小广告的粉刷清理标准。针对不同类型的小广告，购置各种粉刷涂料，恢复清除区域原貌。3月5日至31日，共清理粘贴广告纸12000张，清理喷涂广告字6650处。

（王晶晶）

【大风天气环境作业】一是喷雾降尘方面。

出动2辆水车进行全天候喷雾降尘作业，降低空气中的沙尘污染；二是道路保洁方面。保洁员不间断捡拾白色垃圾，确保大风天气下的环境卫生质量不下降；三是农村垃圾清运方面。增加城乡垃圾清运频次，避免风天垃圾飞扬造成二次污染；四是加大巡视力度，确保问题及时发现、及时解决。5月2日至4日，每天出动工作人员900人，清运生活垃圾1650吨，捡拾白色污染物130公斤。

（王晶晶）

**【城区部分街道实施快速保洁】** 年内，中心投入使用42辆电动快速保洁车，替代传统人力三轮车。快速保洁车主要投放于城区府前街、光明街、新顺街等主干道路，实行动态巡回保洁制度，减少路面垃圾滞留时间。

（王晶晶）

**【迎接市爱卫会创卫复审】** 年内，市爱卫会对本区落实国家卫生区长效机制进行第二次复审。环卫中心采取多项措施，迎接市爱卫会创卫复审工作：一是成立领导小组，制定复审实施方案，召开动员部署工作会，对迎复审工作的时间安排、重点工作、责任分工及工作要求进行安排部署；二是完善环卫基础设施，修缮农村转运站地面、安装淋浴设备等设备设施，购置移动卫生间23座，维修更换果皮箱千余个、垃圾桶两千个，累计投入资金1000余万元；三是巩固和提高创建成果，城市道路清扫保洁不断完善作业工艺，提升道路洁净度。城乡生活垃圾清运工作，利用现有人力物力，做好清运工作。四是重视病媒生物防治工作，先后投资购置和投放诱鼠盒360个、粘鼠板5箱、灭鼠腊块15桶、灭蚊蝇悬浮液44箱。结合消杀蚊蝇，加强对公厕、垃圾桶、果皮箱、垃圾清运车等环卫设施清扫、清洗和保洁工作。

（王晶晶）

# 环境保护

**【概　况】** 2014年，围绕改善环境质量的根本目标，以大气污染防治为重点，以污染减排为抓手，以环境监察网格化管理为平台，全面开展各项环保工作，全区环境质量得到进一步改善。

单位名称：顺义区环境保护局

地址：顺义区府前西街铁路桥西

电话：（010）69428152

邮编：101300

网址：http://www.syhbj.bjshy.gov.cn

（李新颖）

**【大气污染防治】** 年内，制定并实施《顺义区清洁空气行动计划2014年实施方案》，明确减排措施，区域内空气质量呈总体改善趋势。细颗粒物平均浓度为84微克/立方米，同比下降1.2%，二氧化硫、二氧化氮和可吸入颗粒物浓度同比平均下降1.5%。一是煤改气工作进展顺利。二是机动车污染控制持续加强。三是深入开展大气污染专项执法周。四是全面落实空气重污染应急预案。

（李新颖）

**【主要污染物减排】** 年内，顺义区大气污染物二氧化硫排放量为6111吨，比2013年(6240吨)下降2.06%、氮氧化物排放量为8232吨，比2013年（9102吨）下降9.56%，均超额完成1.5%的目标值；水污染物化学需氧量排放量为17449吨，比2013年（18135吨）下降3.78%，超额完成3.5%的目标值、氨氮排放量为2006吨，比2013年（2206吨）下降9.08%，超额完成2%的目标值；挥发性有机物削减720吨，超额完成65吨。

（李新颖）

【环境监察】 一是环保专项行动。对重金属企业、涉氨企业、危险化学品企业、危废产生企业、防水卷材企业等行业开展15次环保专项行动。二是地表水环境监管。严格查处重点河流两岸排污企业污染物超标排放、污染防治设施不正常运转等行为。三是饮用水水源地环境保护。检查水源地有无新建、扩建与供水设施和保护水源无关的建设项目等；完成水源地水质分析。四是污染隐患排查。定期对危险化学品、涉氨单位等重点企业进行检查；高效完成北六环外张喜庄收费站柴油罐车泄漏事件的应急处置工作。五是辐射监管。开展放射源安全专项检查、日常放射源监管、辐射安全应急演练等工作，年内未发生重大安全事故。

（李新颖）

【环境监测】 年内共形成报告1300份，获得监测数据25260个；完成92项检测项目计量扩项评审和122平方米的实验室改造，顺利通过环境监测标准化建设。

（李新颖）

【环评审批】 年内共审批建设项目771个，否决建设项目480个，先后办理顺义区职业教育中心市政配套工程、顺义区2014年农村水安全消隐工程等56个重点民生项目的环评审批。

（李新颖）

【创新管理】 开展环境监察网格化管理，全区19个镇、6个街道、12个经济功能区划分成4个四级网格和16个五级网格，每人牵头负责2-3个属地单位，全面负责网格内监察工作，形成责任到人的环境监管网络。

（李新颖）

【排污申报和收费】 年内完成排污申报3600家，排污费开单3050万元，是2013年征收额的近10倍，实际到账2005万。

（李新颖）

【环保宣传】 开展《北京市大气污染防治条例》启动仪式、“六·五”世界环境日主题宣传，发布“环环”和“宝宝”环保卡通形象大使；建立汉石桥湿地青少年环保法制宣传基地；在《顺义新闻》、《顺义时讯》等栏目开辟清洁空气专栏。

（李新颖）

# 园林绿化

【概　况】顺义区园林服务主要职责任务是承担园林、绿化等事务性、服务性工作，包括顺义城区、顺义新城、各中心镇、市区级开发区以及区政府指定绿地。直接管理园林绿地共计114处、588.05万平方米，所辖绿地特级32块，333.59万平方米，一级17块，112.36万平方米。区属注册公园8个，面积105.52公顷，其中，顺义公园为北京市重点公园，顺义公园、卧龙公园、减河五彩园、光明文化广场、仁和公园等5个公园为北京市精品公园。街头绿地65.8公顷，道路绿地430.87公顷。

单位名称：北京市顺义区园林服务中心
地址：北京市顺义区石园西路AMB大厦A座9层
电话：（010）89443205/89443753
邮编：101300
网址：http://www.yl.bjshy.gov.cn

（园林中心）

【中山东西街绿化移改工程】中山东西街道路移改绿化工程东起光明街，西至卧龙环岛，道路全长1028米，绿化总面积4677平米。绿化设计以铁路桥为界，铁路桥以西种植国槐为行道树，铁路桥以东种植银杏为行道树。道路的各节点以油松为骨干树种并种植卫矛、紫叶小檗、金叶女贞等色块植物，辅以西府海棠、碧桃等花灌木及宿根花卉。绿化工程共种植常绿乔木14株，落叶乔木195株，落叶灌木2089株，色块1836平方米，草坪1300平方米。

（园林中心）

**【机场北线回民营桥环境整治工程—绿化工程】**机场北线回民营桥环境整治工程位于京密路以东、顺于路以南、顺航路以西、顺平路以北，机场北线贯穿的地块内，绿化总面积135173平方米。绿化设计以生态为主、景观为辅的原则，植物选择滞尘、抗旱、节水、生态效果好的苗木，如：油松、金银木、连翘、丁香、锦带等，工程共计种植常绿乔木3160株，落叶乔木52854株。

（园林中心）

**【顺义区高速路出入口及周边环境整治工程】**顺义区高速路出入口及周边环境整治工程涉及4条高速路、6个出入口，工程总面积20380平方米，其中铺装面积586平方米，绿化面积19794平方米。绿化工程共种植常绿乔木158株，落叶乔木229株，落叶灌木9055株，色块4530平方米，宿根花卉2800平方米，草坪10710平方米

（园林中心）

**【潮白柳园、减河五彩园为民服务项目】**年内，区园林中心在潮白柳园、减河五彩园建篮球场三处，占地面积共1976平方米，免费为群众开放。

（园林中心）

**【仁和公园为民服务项目】**仁和公园应游客健身需求，结合自身条件，在园内健身器材北侧硬化地面240平米，安放三张乒乓球台，供乒乓球爱好者进行锻炼。

（园林中心）

**【国庆花卉布置工程】**花卉布置工程由区园林服务中心负责组织，按照“热烈、隆重、节俭、安全”的原则，分别在光明文化广场、顺义公园西门摆放“欢度国庆”、“圆梦中华”两座主题花坛，此外，调整城区主干道两侧，包括府前街、新顺街、光明街等原有花箱、花篮、花塔内花卉品种，同时在城区各公园营造不同氛围的花境，营造欢乐祥和、喜庆的节日氛围。本次节日花卉布置工程共计摆放鸡冠花、串红、海棠 、黄小菊等各色时令花卉40余万盆。

（园林中心）

**【城区公园文化活动】**1月25至2月10日，顺义区第十一届水仙花展在减河公园举行，共展出造型水仙近千盆。展览还配置色彩、形态优美的节日观赏花卉，设置水仙花知识牌示，营造浓郁的水仙文化内涵。4月20日至5月5日，顺义区第七届郁香展在减河公园举行，共展出20多个郁金香品种，配植各色时令花卉，共计20余万盆。6月26日，第十二届顺义公园荷花展共展出七十余个品种的各色荷花，并配以各色水生花卉如金叶芦苇、梭鱼草等数千盆。

（园林中心）

## 自来水公司

**【概　况】**2014年，以安全供水、服务经济、服务民生为主线；围绕安全生产、优质供水、优质服务的核心，年供水4963万吨，日最高供18.4水万吨，漏失率控制在8%以下；铺设直径75毫米以上管线69.18公里，新增用水单位107个，新增供水面积3平方公里，砌筑节门井638座、水表井683座、消防栓井319座，更新IC卡水表2.9万余块。

单位名称：北京市顺义区自来水公司
地址：顺义区府前东街10号
电话：（010）69444463
邮编：101300
网址：http://www.Shish.bushy.gov.cn

（自来水公司）

**【保障供水 服务社会】** 为保障正常供水，各供水部门对供水设备进行全面检修保养，水厂、水源地维修水泵30余次，应急抢修76次，查处违法用水3处，保证居民和社会的正常用水。

（自来水公司）

**【民生合作】** 自来水公司将向阳闸西北侧输水管道与北京市水务局潮白河管理处水源地的输水管道对接，在供水高峰期间正式并网通水，日调水能力为1万吨。

（自来水公司）

**【水厂建设】** 五水厂、七水厂、九水厂新建4个2000立方米清水池，在六、七水厂安装调试75KW和160KW变频软启动控制柜一套及为七水厂安装水泵2台，各水厂水源井潜水泵共计17台。

（自来水公司）

**【水源地建设】** 开凿完成18眼水源井，其中8眼水源井已经投入使用，完成45眼水源井的自控安装改造工作，实现对各水源井有线网络远程监测与控制，使有线和无线控制互为备用，对二水源地4个井更换电机水泵5套，为各水源地设计软启动柜和PLC自控柜各25套，完成和谐广场5眼水源井、忻州营2眼水源井、二水源1眼水源井、榆林村北4眼水源井光纤自组网互联工程，共铺设光纤6500米。开通和谐广场联通专线业务，使新水源井控制信号和视频信息回传到水厂，完成了和谐5眼井（7个监控头），三水源3眼井的监控安装工作（6个监控头）。

（自来水公司）

**【管线铺设】** 完成裕安路管线迁改、赵全营水厂扩建及水源地建设、城南水厂输配水管道等工程，铺设直径200毫米至800毫米给水管线9.5公里，国门商务区、天柱东路、望泉北街给水管线等工程铺设直径200毫米至600毫米给水管线10.4公里，天竺定向安置房、后沙峪农民再教育基地、胡各庄居民区给水、消防等工程铺设直径100毫米至200毫米管线33公里。

（自来水公司）

**【售水网点建设】** 9月，在杨镇双阳西区新建售水网点并投入使用，方便杨镇地区群众购水。

（自来水公司）

**【科技创新】** 为确保阶梯水价顺利实施，公司信息科、财务科和华旭公司技术人员重新设计售水系统，完成新旧水价的正常衔接，保证5月1日正式实施阶梯水价。

（自来水公司）

## 供电工作

**【概　况】** 顺义供电共负责顺义辖区内110千伏变电站22座，主变压器47台，容量2086.5兆伏安；35千伏变电站11座，主变压器22台，容量223.2兆伏安；110千伏线路49条，长度402.028千米；35千伏线路31条，长度214.254千米；10千伏架空线路208条，长度2159.42千米；10千伏电缆线路437条，长度852.3千米。实现全年安全生产无事故目标，累计安全生产长周期6561天。全年完成售电量59.1亿千瓦时，同比增长1.56%；完成线损率4.72%，较计划值降低0.8%；完成业扩报装接电容量42.9万千伏安；城网供电可靠率达到99.9804%，农网供电可靠率达到99.9697%；电费回收率100%。最大负荷115.2万千瓦。2014年，顺义公司荣获全国学习型企业创优工程实践功勋奖、首都文明单位标兵、北京市交通安全先进单位等荣誉称号。

单位名称：北京市电力公司顺义供电公司
地址：北京市顺义区顺达路6号
邮编：101300
电话：010-81483347

（供电公司）

**【电网规划与建设】**完成“网格化”配网规划修编及互倒互带能力分析，推进“网格化”配电网规划在业扩方案、市政工程等配网工程中的实际应用。开展老城区配网规划工作，为建成区域高可靠性配电网奠定基础。全面落实配网建设思路，组织梳理建设改造项目247项。66项配网改造工程在北京公司首批获得属地发改委立项核准。加大重点工程建设力度，米各庄110千伏主变增容工程、110千伏李桥站切入仁和工程和西府110千伏输变电工程建成投产。庄子营110千伏输变电工程、大孙各庄35千伏线路切改工程、军营及新城110千伏输变电工程开工建设。梁庄110千伏输变电工程土建完工，并获北京公司标准工艺应用示范项目荣誉称号。全年新增变电容量16.3万千伏安、线路39.2公里。

（供电公司）

**【安全生产】**开展“安全生产月”、安全大检查等专项活动，推进安全管理标准化建设。强化作业现场安全监督管理，主配网现场巡检率达到100%。落实电力隧道、管井断面管理要求，强化有限空间安全管理，有效提升安全防护水平。深入分析电网运行薄弱环节，强化安全校核与风险防控。完成地区电网备调建设工作，有效提高应急调度指挥能力。加强保护、自动化等二次管理工作，110千伏变电站实现综自率100%。实施重点线路差异化管控，强化特巡和定点看护，明确通道运维管理职责标准。健全电力设施保护协调工作机制，有效遏制外力故障，设备健康水平和运行环境明显改善，配网故障同比降低41%。深化应急管理，建立电网预警机制，组织开展防汛度夏、APEC保障等应急演练42次，有效提升应急处置和风险化解能力。累计梳理完成2014–2017年度配电网建设改造项目共计247项。配电自动化系统新建工程完成立项工作，部分物资完成协议库存招标，配电主站完成小系统搭建。开展输变电设备标准化整治工作。完成李桥站综自改造、米各庄站主变增容14项主网大修技改项目；完成17项配电线路专项技改工程。完成输电线路资产移交及线路通道属地化运维工作。完成36座配电站室的屋顶平改坡工作。完成变压器分换装56台，低压线路切改、改造40余公里。完成15个村低压线路改造工程。截至2014年底，公司未发生任何安全考核事件，成功经受115.2万千瓦历史最大负荷考验。圆满完成2014年APEC领导人峰会、全国“两会”等在内的政治供电任务33次，获得“APEC供电保障突出贡献单位”荣誉称号。

（供电公司）

**【农电工作】**加强农电精益化管理，全面开展供电所专业物资盘点。全面开展各类相关培训工作，使基层供电所人员业务素质得以提升。完成杨镇、后沙峪、李遂、北石槽、木林、南法信、高丽营等7个供电所的非生产性大修工程。完成供电所81辆北京电力公司户头车辆加装GPS工作。2014年顺义煤改电项目涉及顺义区6个镇7个自然村。截止目前，7个村已经全部完成变压器新装增容、低压线路改造任务，2616户居民的电采暖计量表换装任务，满足居民冬季电采暖的实际需求。深入分析农村地区购电特点，在原有的公司营业网点售电业务基础上，2014年率先全面开展农村购电“村村通”推广工作，全面完成顺义180个村充值卡代售点建设工作任务，占全区总村数46.15%，初步实现农村10分钟购电圈，得到农村用户的广泛赞誉。

（供电公司）

**【科技与信息化】** 年内顺义公司共开展群众创新项目1项，完成群创项目验收2项；完成专利申请23项，完成专利授权6项。开展设备线路巡视、缺陷处理工作，全年累计巡视7500公里，处理各类通信报修1100余次。完成2座配网开闭站的通讯网络建设工作，共敷设光缆26公里，安装设备4套。开展公司旧址网络及通信线路共计290余个网点的改造工程。加强VRV网管系统的应用，做到网管实时监控，发现问题当日处理。加强信息网络的接入审计管理工作，做好端口MAC绑定工作，做好网络授权接入管理。加强信息网络隐患排查工作及网络设备的运维管理，完成各类工单400余张。完成IT资产的核对录入工作，累计完成IT资产的核对及录入2500余条。

（供电公司）

## 北京顺义燃气控股有限责任公司

**【概　况】** 2014年，供销天然气27070万立方米，同比增长22%；销售液化气5288吨；实现营业收入101540万元，同比增长46%；上缴税金5618万元，同比增加45%。完成工业总产值98231万元，同比增长36%；实现企业增加值25357万元，同比增长61%；实现利润7965万元，同比增长62%。截至年底，区内燃气管网总长1485多公里，调压站、箱427座，居民用户17万户，公服用户981家。

单位名称：北京顺义燃气控股有限责任公司

地址：北京市顺义区仁和镇燕京街36号

电话：（010）89498078

邮编：101300

（顺燃控股）

**【气源保障持续稳定】** 城区高压站、文化营高压站两大气源站运行平稳，气源压力有效释放，确保北京现代、萨博汽车、首钢冷轧等大型工业用户的正常用气。顺义燃气首度承担为城区冬季供暖管网锅炉供气的任务，冬季单日全区供气量突破200万立方米，创历史新高。管网供气稳定，企业生产、居民生活用气得到有效保障。

（顺燃控股）

**【消隐改造工程持续推进】** 接管改造压缩天然气小区，完成馨港庄园3279户室内外燃气设施改造。完成仓上小区室外燃气管道改造工程。

（顺燃控股）

**【管线检测普查】** 地下燃气管线防腐层检测收效明显，发现、消除隐患2处，阳极检测同步推进，发现、修补破损阳极7处，延缓管道腐蚀，增强安全运行保障能力。管线、闸井基础信息缺失与不准问题有效改善，重新定位闸井350个，维修保养闸井520个，确保阀门开关自如，设施运行正常。开展室外架空管道锈蚀情况普查，完成25个小区8100米架空管道防腐层的更换；对20个小区的室内主管道进行安全评估，发现隐患635处，均已及时整改。

（顺燃控股）

**【服务保障得以提高】** 推行首问负责制，继续完善“一条龙”服务体系。按计划完成全年74148户户内燃气设施安全检查任务，居民用户入户率达71%，公服用户入户率达100%，确保隐患的及时发现和消除。完成6516户自采暖户的查表、统计、发放补贴工作，按时为20503户居民接通天然气。

（顺燃控股）

**【液化气送气下乡工程】** 完成既定任务，实现全区19个镇、369个村全覆盖，达到消隐惠民的目的，全年置换新钢瓶130401个，配送补贴气323555瓶，用户已达13万。

（顺燃控股）

**【完成公司制改造】** 搭建起以“北京顺义燃气控股有限责任公司”为母公司，下辖“北京顺义燃气有限责任公司”、“北京市顺义宏达液化石油气有限责任公司”等6家分、子公司的现代企业框架，由股东会、董事会、监事会、经理层组成的公司治理结构初步建立，各分、子公司的组织架构和人事安排进一步健全和完善。基本实现产权清晰，权责明确，政企分开，科学管理的现代企业的要求。扩大企业经营自主权。新公司具备投融资、兼并、重组、收购、对外合作等现代企业功能，为今后进一步完善现代企业制度，实现企业更好更快发展奠定坚实基础。

（顺燃控股）

**【企业战略稳步推进】** 战略合作项目按计划推进。成立北京顺燃新源燃气有限责任公司，与中石油昆仑燃气合作筹建木林制气厂项目，在增加全区气源保障的同时，生产销售清洁能源CNG、LNG，延伸公司产业链，形成新的利润增长点。目前，气源开口申请已获中石油批复，项目综合办公楼、CNG厂房主体结构已封顶，气源管线施工也基本完成。

（顺燃控股）

**【供气范围持续扩大】** 燃气管线进入天竺核心区，历时两个月圆满完成天竺燃气工程，现已发展天竺镇政府、天竺幼儿园、28地块商业楼等用户13家。完成火寺路燃气工程，增强后沙裕、天竺、南法信等地区的供气保障。完成顺白路燃气工程，打通文化营高压站回供城区的通道。供暖季前完成城东、城西、城南等供热中心及56家企事业单位、约1530蒸吨锅炉的煤改气工程，削减燃煤约229500吨，为净化空气质量，减少污染排放做出贡献。

（顺燃控股）

# 联通顺义分公司

**【概　况】** 联通顺义分公司是顺义地区主导电信网络运营企业，是顺义地区一家能够提供综合通信服务的运营商。现顺义地区已建成语音网、移动通信网、传输网、宽带接入网、IP核心骨干网等电信级专业通信网络。可为顺义地区广大用户提供全业务信息通信服务，包括2G、3G移动业务及4G自由组合套餐业务；沃家庭固移融合套餐业务；数据传输业务；互联网专线及中小企业光纤宽带业务；IPTV等基础业务，以及400企业热线、统一通信短信平台、视频监控、车辆定位、企业OA等增值业务，并可提供系统集成、工程设计施工等全方位的综合通信服务。

单位名称：中国联合网络通信有限公司北京市顺义区分公司
地址：顺义区石园南大街16号
电话：（010）69441001
邮编：101300
邮箱：dianxj@bjshy.gov.cn

（马 迪）

【经营管理】2014年公司继续以实现智慧顺义、社会信息化发展为己任，发挥企业优势，全面推进“三网融合”、“智慧顺义”建设进度以及社会信息化进程。依照北京公司精神，强化变革创新、与时俱进的观念，努力在体制机制创新、工作思路创新和工作方式创新等方面不断取得新突破，加快推进变革步伐，完善激励考核机制。经营方面，2014年采用日常宣传常态化，节假日宣传加强化的业务宣传推广方式，重点推介光纤入户改造“宽带升速不提价”和融合业务省钱省事的业务亮点，让更多的客户了解联通的优惠政策。实现入户宣传、受理、安装一条龙服务，将优质高效、安全稳定的产品带进客户家中，进一步推进了家庭信息化发展。同时进一步推进光纤入户改造，扩大光纤覆盖范围，50M/100M的家庭宽带产品已全面进入百姓家庭。2014年宽带用户新增2.55万户；4G用户新增3.49万户；3G用户新增19.78万户。针对企业客户，发挥在信息化资源和应用上的优势，为有需求的客户量身定制通信方案。目前已实现顺鑫集团企业信息化应用平台的使用，并为多家物流企业提供位信管家等行业应用服务。

（马 迪）

【窗口服务】公司始终坚持以客户为中心，加强服务管理，提升服务质量。营业厅转变传统经营方式，通过多种渠道建立与客户之间的沟通交流，利用微信、微博等网络平台发布最新优惠及办理信息，组成顾客与营业厅的关系网。2014年顺义分公司按照上级要求，成立客响中心，对线务人员的服务进行全面监督，包括催装、催修、投诉等，入户服务满意度明显提升，线务方面的投诉下降67%。全年共接到客户表扬70余件，表扬信3封，锦旗8面，用户满意度从去年的92%提升到98.7%。

（马 迪）

【网络维护】2014年联通顺义分公司网络运行安全稳定，有力的保障全区各类用户的通信服务需求。承担“1403”会议、国资委视频会议、新国际展览中心国际车展以及APEC会议等多项通信保障工作共计60余次，出动人员4895人次，车辆1618辆。为使光纤更快的进入家庭，提升宽带接入网水平，公司全力推进光纤改造工作，集中光纤改造以来，已改造2.9万户，顺义地区内公众住宅光覆盖率达到93.1%，同时已有超百村居民全面使用光缆开通电话和宽带。根据防汛指挥部和上级单位防汛工作要求，修订并发布《2014年顺义分公司防汛工作预案》，并成立防汛工作领导小组，提前做好防汛准备，汛期专业人员24小时值班，迅速发现、处理各种汛情，确保安全平稳度过。

（马 迪）

【网络建设】为满足高速数据业务需求和提高用户使用体验，顺义分公司在2014年3月份正式开始4G基站的建设，在多方配合下，4G业务已全面开通与使用，峰值网速可达到150Mbps。2014年顺义联通总体投资20622.77万元，其中固网项目7959.88万元；移动项目12662.89万元。固网建设规模：宽带共覆盖39个小区和98个村，安装分光器2794台，新增FTTH分光器端口数为39536线，覆盖用户68886户；移动网建设规模：安装室内外基站223套，载波扩容完成14套；室外宏站补盲40套。

（马 迪）

【安全生产】始终坚持“安全第一，预防为主，综合治理”的方针，深入地开展创无违章企业的活动，认真贯彻落实安全生产工作规定和上级文件精神，严格执行各项规章制度，签订各类安全责任书，强化安全管理，加大安全监督力度，广泛开展通信设施保护宣传，增强全员消防意识。对新员工进行灭火器使用、逃生方法的培训，张贴标语宣传、悬挂条幅8余幅，发放安全知识答卷256份，使员工教育率达到100%。2014年本单位荣获北京市“安康杯”竞赛优胜单位荣誉称号和“市级交通安全先进单位”荣誉。

（马 迪）

# 邮 政

【概 况】2014年，开展了金融业务、函件业务、报刊发行业务、集邮业务、电商业务、速递物业等业务工作，还策划实施了2014甲午马年生肖文化季、集邮文化进社区、集邮品鉴会等活动。配合《大闹天宫》邮票发行，在七彩蝴蝶园、焦庄户地道战遗址纪念馆及京港汽车城举办的北方房车精英赛三地进行营销活动。北京国际车展期间，在现场设立汽车主题邮局，向大众提供车展邮册、邮折、纪念封等邮政文化产品。结合顺义北务、大孙各庄、尹家府、李遂、沿河瓜果成熟季节，开展了“反假币宣传”、“理财业务知识讲座”、“名优产品下乡”等系列活动，

单位名称：北京市顺义区邮政局

地址：北京市顺义区新顺南大街7号

电话：（010）69444642

邮编：101300

网址：www.youzhj.bjshy.gov.cn

（郭小燕）

【企业经营成果】 全年累计实现业务收入12854.92万元，完成全年计划的101.01%；利润总额全年实现2687.56万元，完成全年计划的103.60%。

（郭小燕）

【金融业务】 2014年邮政局代理金融局深度开展项目营销，强化客户维护，加快邮储、保险、理财、电子银行、中间业务发展，全年累计完成8232.28万元，完成年计划的109.30%，同比增长981万元，同比增幅13.53%，金融收入占总收入比重达到64.04%，较上年提高19.45%，金融业务发展保持较快增长态势。特别是保险业务实现了超常规发展，全年累计代收保费42714.69万元，实现业务收入1171.91万元，完成全年计划的173.84%。

（郭小燕）

【函件业务】 邮政局加大商函业务发展，加强总部项目开发，稳步推进国内小包业务，发挥数据库名址营销支撑作用，全年累计实现业务收入1796.49万元，完成预算指标的130.37%，与去年同期相比增长16.54%。

（郭小燕）

【报刊发行业务】 邮政局发行专业依托校园、第三方订阅、数据库营销等深入开发收订市场，全年累计实现业务收入759.30万元，完成全年预算指标的100.44%。

（郭小燕）

【集邮业务】 邮政局集邮专业以邮票首发为抓手，生肖文化季为重点，创新邮品鉴赏会模式，全年累计实现业务收入1102.59万元，完成年计划的56.34%。

（郭小燕）

【电商业务】 邮政局电商专业以加办“三项短信”为龙头，抓好代收代缴和票务类业务，以“齐发展、保增速、上规模”为基本核心，巩固发展各项业务，重点培育邮政短信和邮政票务业务，实现电子商务及代理信息业务健康、持续发展，全年累计完成收入428.32万元。

（郭小燕）

【速物专业】 邮政局速物专业以“政策引领，窗口推进，项目带动，比增赶超”为工作方针，全面推进代理速递物业务发展，各网点全年普包和快包收寄总量为14.33万件，其中普包收寄量是8.27万件，占比为57.75%，快包收寄量是6.05万件，占比为42.25%。2014年累计实现收入123.61万元，完成预算比例的55.68%。

（郭小燕）

【生肖文化季项目】1月份，邮政局积极策划并顺利实施2014甲午马年生肖文化季、集邮文化进社区、集邮品鉴会等活动，共开展集邮文化讲座、集邮知识进课堂活动共计8场，实现业务收入100余万元。配合《大闹天宫》邮票发行，以“爱的传递”为主题，先后在七彩蝴蝶园、焦庄户地道战遗址纪念馆及京港汽车城举办的北方房车精英赛三地有针对性的展开不同的营销活动。

（郭小燕）

【国际车展项目】 4月份，北京国际车展期间，邮政局主动与区委区政府进行沟通协调，首次争取到了大会组委会服务保障团队成员的身份，建立与区委区政府相关部门“信息共通、资源共享、共赢发展”的良好合作格局。展会期间，邮政局在现场设立汽车主题邮局，面向社会大众提供车展邮册、邮折、纪念封、个性化明信片制作、世界杯专供纪念品等邮政文化产品，为组委会提供车展门票配送服务。

（郭小燕）

【服务三农项目】 邮政局结合顺义北务、大孙各庄、尹家府、李遂、沿河瓜果成熟季节，成立专门团队，开展服务三农活动，深入田间地头开展了“反假币宣传”、“理财业务知识讲座”、“名优产品下乡”等系列活动，得到农户广泛赞誉，期间营销余额2000万元。

（郭小燕）

# 防震减灾

【概 况】2014年，防震减灾加强科技投入，做好地震监测设备的数字化升级改造，强化监测手段，加密震情会商，提高震情预报的准确性，修订完善应急预案，督促指导各单位各部门开展疏散演练，深入开展防灾宣传活动。

单位名称：北京市顺义区地震局
地址：顺义区府前中街5号
电话：（010）69443890
邮编：101300
邮箱：dizhb@bjshy.gov.cn

（潘国榕）

【地震监测预报】 负责顺义区地震监测预报工作体系建设，组织开展地震次生灾害及其它人工诱发地震的监测和研究工作，负责全区宏微观地震监测、地震分析预报，观测点规划建设与管理、地震会商、地震信息交流、宏微观异常落实，制定顺义区地震监测预报方案并组织实施，负责对强震动观测设备的管理和维护，负责震情和灾情速报网的管理，对擅自向社会散布地震观测意见提出处罚建议，通过撰文及时澄清地震发生后种种谣传，负责震情跟踪的管理。

（柳茂林）

【区内地震监测台网】 2014年全区地震监测台点共有23个。其中，前兆台点2个，分别是板桥、龙湾屯政府安利隆山庄。测震台点2个，分别是杨镇政府、牛栏山台。强震台点13个，分别是板桥、杨镇政府、高丽营镇政府、南法信政府、赵全营镇政府、李桥政府、李遂政府、北务政府、大孙各庄政府、北小营政府、龙湾屯政府、奥林匹克水上公园、地震局机关。流动测震点5个，分别是奥林匹克水上公园、马坡镇政府、牛栏山镇政府、高丽营镇政府和杨镇一中。宏观观测点2个，分别是前鲁鸭厂、野生动物保护中心。以上台点同时兼职为我区地震速报台网。区内台点全部实现数字化，提高地震前兆观测资料水平。

（柳茂林）

**【地震目录】**2014年，顺义区地域内共发生大小地震30次，地震总的活动水平为1996年来最高水平。分别是：2月6日，M1.2;2月25日，M1.4；2月26日，M0.6；3月14日，M1.0；3月24日，M0.4；3月27日，M1.0;4月12日，M0.8;4月17日，M0.6；5月21日，M0.7；5月26日，M1.2;5月27日，M1.4；5月28日，M0.6；6月4日，M1.0；6月14日，M0.4；6月27日，M1.0;7月9日，M0.8;7月17日，M0.6；8月2日，M0.7；8月6日，M1.2;8月15日，M1.4；8月26日，M0.6；9月4日，M1.0；9月24日，M0.4；9月27日，M1.0;10月12日，M0.8;10月17日，M0.6；10月21日，M0.7；10月26日，M0.4；11月27日，M1.0;12月14日，M0.8。

（柳茂林）

**【震害防御】**会同有关部门建立震灾预防工作体系，对地震小区划工作进行技术指导和监督；管理建筑工程的地震安全性评价工作；管理以地震动参数和烈度表述的抗震设防标准；组织项目建设区域的地震烈度复核工作，监督生命线工程、重大工程、大型企业、重要城镇的抗震设防工作，破坏性地震发生后，根据灾情重新组织审定抗震设防要求，管理顺义区地震灾害预测工作，参与制定地震灾区重建规划；负责全区的工程建设场地地震安全性评价监督管理；负责全区建设工程抗震设防要求的监督管理；负责防震减灾法律法规和地震知识宣传。

（潘国榕）

**【中小学校舍安全改造】**积极配合区教委对全区中小学校舍抗震安全进行全面排查鉴定工作。落实全区中小学校舍安全工程实施方案。配合区教委等相关部门对全区学校校舍存在的安全隐患进行改造加固工作，使学校校舍达到重点设防类抗震标准。正确提供地震重点监视防御区、7度以上地震高烈度区及地震断裂带和地震分布情况，协助审定中小学布局调整规划和校园建设规划；全面改善全区中小学校舍安全状况，提高综合防灾能力。

（潘国榕）

**【应急救援】**年内积极推进应急避难场所建设工作。与区园林中心协作，按照GB 21734–2008以及DB11/224–2004相关标准制作并安装应急避难场所指示牌20余块，分布于城区主干道和相关公园。应急避难场所指示牌的设置，进一步提高群众的应急避险能力，引导人民群众在发生灾难时快速集聚应急避难场所，最大限度减少灾害造成的损失，保持社会秩序稳定，切实提高我区的防灾应急能力。

（鲍志国）

**【防震减灾科普宣传】**年内开展防震减灾宣传教育工作，进社区、进村庄宣传共35次，参与区内组织的大型宣传活动5次，发放材料八万余份。被评为“北京市防震减灾宣传工作先进单位”。

（柳茂林）

# 科技·教育

## 科　　技

### 科技工作

**【概　况】**2014年，顺义区科技工作认真贯彻落实区委四届八次全会、区四届人大三次会议、区政府全体会议的总体安排和确定的目标任务，围绕区委、区政府中心工作和市科委工作部署，依据“十二五”科技发展规划确立的工作重点，以实施创新驱动战略为目标，以构建科技创新体系为主线，以提高科技支撑能力为抓手，扎实推进各项重点科技工作。

单位名称：顺义区科学技术委员会
地址：顺义区光明南街24号
邮编：101300
电话：（010）69443483
网址：http://www.kw.bjshy.gov.cn/

（科　委）

**【高新技术企业发展喜人】**新认定国家级高新技术企业47家，全区高新技术企业数量达到186家，提前完成“十二五”科技发展规划指标。高新技术企业实现销售收入553亿元，同比增长18%，实现增加值191亿元，同比增长22%。东方虹雨、燕京啤酒获评北京市科学技术奖（公示期），东方虹雨被北京市科委向科技部推荐为国家重点实验室的企业（待批），北广科技、长城华冠等11家企业被市科委认定为“2014年度北京市设计创新中心”。

（科　委）

**【顺义区3家科技企业获评2014年北京市科学技术奖】**2014年，顺义区三家高新技术企业获评北京市科学技术奖。燕京啤酒获得二等奖，东方雨虹和数码视讯分获三等奖。

（闫兆东）

**【扎实推进“百家创新型科技企业培育计划”】**按照“百家创新型科技企业培育计划”实施进度要求，继续深入开展国家级高新技术企业认定工作，不断壮大区域自主创新主体规模。通过集中培训和深入企业一对一辅导，提高服务质量和水平，年内，顺义区获得科技部认定的国家级高新技术企业达到186家。

（闫兆东）

**【扎实开展农民实用技术培训】**年内，顺义区科委充分发挥基层科技组织、农民专业合作社、农村科技协调员的作用，通过集中授课、播放课件、邀请农业专家深入田间地头实地指导等多种形式，扎实开展农民实用技术培训。1～12月底，完成农民培训10000人次。

（闫兆东）

**【积极推动知识产权工作】**加强企业知识

产权申报工作的服务和管理，全区申请专利2674件，授权专利2252件，均创历史新高。

（闫兆东）

**【广泛开展科普宣传】**年内，全区围绕“科普之春”、“科技周”活动主题，积极协调各镇、街道及各学会，成功举办“2014年全国科普日”、“顺义区科普进社区”、“顺义区2014年家庭数字生活技能大赛”等科普宣传活动46场，科普展览3次，发放科普口袋书、低碳生活等宣传资料80000份。

（闫兆东）

**【科研机构建设取得新突破】**年内，申报市级研发机构、北京市重点实验室、北京市工程技术研究中心5家，全区累计发展市级研发机构25家，北京市重点实验室2家，北京市工程技术研究中心5家。

（闫兆东）

**【积极筹划运作科技项目】**围绕科技部、市科委科技资金支持重点，紧密结合顺义区情，深入研究航空、汽车、装备制造等主导产业、临空经济高端产业功能区建设、新城建设、五彩浅山建设等方面的科技需求，积极整合区域科技资源，筹划运作科技项目，强化区域重点领域和重点区域的科技支撑。1—12月，组织申报国家级、市级科技项目32项，获批立项12项，争取上级科技资金1468万元。首都科技条件平台顺义工作站2014年度建设与运营服务实施方案顺利推进，发展成员单位32家，凝练成员单位需求数76项，完成与领域中心或基地组织的供需对接3次，服务企业55家，促成成功合作5项。积极参与《北京科技成果转化（顺义三新创业）前孵化投资基金》项目建设，为实现前沿科技成果本地转化，推动顺义成为全市创新创业重要基地提供科技支撑。

（科　委）

**【科研机构建设取得新突破】** 加强专利行政执法工作，切实保护知识产权所有人的合法权益。围绕“加强知识产权运动和保护”的主题活动，开展了企业走访、知识产权讲座、知识产权宣传咨询日等一系列活动，区广电中心进行了专题报道，在顺义区引起了对知识产权保护的广泛关注，营造了良好的保护知识产权舆论氛围。中国核工业二三建设有限公司获评成为我区第7家专利示范企业。

（科　委）

# 教　育

## 综　述

2014年，教育系统干部教师深入贯彻党的十八届三中、四中全会精神及市、区深化改革的要求，各项工作稳步推进。

**一、更加关注顶层设计**

启动顺义教育“十三五”规划。探索管、办、评新机制，聘请21世纪教育研究院作为第三方，对我区联盟和组团工作绩效进行评估。成立教育资产管理服务中心和特殊教育支持中心。

**二、改革进一步深入**

一是城乡联动改革深入开展。组织“中小学干部领导力提升”培训，深入20余所实验校指导行动研究。二是深入探索教学改革。科研引领为抓手，开展“减负在教研”“减负在课堂”专题研究。观念转变为核心，组织高中校干部教师走进北大附中和十一学校考察自主排课，举行“生本教育理论与实践研修班”。自主进行课程改革为引领，开设ipad科技实验班课程、综合实验课程，满足不同层次学生需求。展示活动促推进，开展吴正宪儿童数学思想基地校”展示研究成果和攀登英语实验项目展示。三是科研工作成果丰硕。召开顺义区“十二五”中期教育科研工作会议暨教育学会第四届会员代表大会，表彰一批优秀科研成果、优秀会员。

## 三、党务工作深入开展

一是党的群众路线教育实践活动取得实效。组织召开全系统党的群众路线教育实践活动动员大会；全系统148家基层党组织3000多名党员参加教育实践活动。二是党风廉政建设扎实推进。着力解决“四风”问题，推动“廉政文化进学校”活动，9所学校被评为“顺义区廉政文化进学校联系示范点”。三是党建工作有效加强。在全区教育系统组织开展“好党员、好干部、好支部”评选及“我身边的共产党人”主题宣讲活动，评选优秀宣讲者16名、好党员164名、好干部100名、好支部100个完成187个基层党组织换届选举工作。

## 四、加强教师队伍建设

一是强化师德建设。评选60个师德群体，167名师德标兵；召开师德事迹交流会；组建由10位教师组成的师德演讲巡讲团；1名教师获全国劳动奖章和首都劳动奖章，1名教师获北京市“三八”红旗奖章。二是加强师能培训。组织幼儿教师“绘画与手工”、“边弹边唱”、展示活动；组织小学青年教师成长课大赛活动；组织学科课标考核；组织顺义区第一届“临空杯”教师基本功竞赛活动。参加“第七届全国中小学交互式电子白板学科教学大赛”、第二届北京市班主任培训与展示活动人获三等奖，获奖率达100%，一等奖获奖率全市第一。、北京市初中教师基本功培训与展示比赛，34人获一等奖，24人获二等奖，顺义区获团体一等奖，并作典型发言。、北京市科学教师实验技能培训与展示活动，4获基本实验操作一等奖，3获得创新实验展示一等奖，一等奖获奖率全市第一，并经验介绍。、第三届全国幼儿园优秀自制玩教具展评活动，6件作品分获一二三等奖均取得优异成绩。三是加强干部培养。公开招聘11名副园长、6名副校长，交流调整干部35名。362名干部参加国家、市级培训。

## 五、学生素质进一步提升

一是培育和践行社会主义核心价值观。出台《培育和践行社会主义核心价值观实施意见》；开展“唱响新童谣——弘扬和践行社会主义核心价值观”活动。确定2所学校为社会主义核心价值观行动研究实验校，并召开“培育和践行社会主义核心价值观”专题推进会。二是道德素养得到夯实。开展“红领巾相约中国梦”主题队日、“每日升国旗”等系列活动。开展“北京少年孝心榜样”评选活动。开展“社区文明小使者”志愿服务活动。组织中学生“个人自由与社会公德”主题演讲比赛。举办“彩虹诵读”大赛，39支中、小、幼代表队参加决赛。二是身体素质有所增强。实施《顺义区推进中小学校体育卫生工作三年行动计划（2014–2016年）》，出台《顺义区义务教育阶段推行中小学课外活动计划实施细则（试行）》《顺义区中小学体质健康测试实施方案》和《关于开展顺义区三大联盟校课外活动的实施意见》；组织区中小学生《国家学生体质健康标准》测试赛，将测试成绩纳入学生综合素质评价。召开“防近视、控肥胖”专家进校园科普知识讲座，学生视力不良率下降0.3个百分点。四是竞技体育成绩突出。参加全国中学生运动会、全国中学生田径锦标赛，取得金牌10枚、银牌5枚、铜牌10枚。参加第五十二届北京市中学生田径运动会上，获得奖牌总数、团体总分、初中组、高中组四个全市第一。参加北京市第十四届全运会田径比赛中，共获得金牌27枚，银牌25枚和铜牌19枚。五是艺术素养得到提升。启动农村艺术教育实验区工作；开展民族艺术进校园活动；举办第十三届学生艺术节；承办北京市第十七届中小学生艺术节；参加市艺术节比赛，获11个一等奖、17个二等奖、32个三等奖。六是科技素养得到加强。举办中小学生航空模型比赛、机器人大赛和科技创新大赛等20余项赛事。举办顺义区第32届科技节，开展知识讲座、科技周、植物认领等活动。组织参加各种比赛，成绩突出。七是学生社团活动蓬勃发展。举办小学生“彩虹假日炫”展示活动。举办第三届中学生“魅力社团，缤纷梦想”中学生社团展示活动。组织庆“六一”国际儿童节游园活动。

**六.进一步加强教育设施建设**

一是学前教育资源得到扩充。接收2所小区配套幼儿园；新建北务、木林、大孙各庄3所幼儿园；完成13所村办园建设，3所投入使用。二是职教中心建成投入使用。三是中小学布局调整稳步推进。完成20所学校校安工程的新建翻建；完成中小学建设三年行动计划5所学校5个项目建设；完成部分学校改造、资源扩充工作。四是装备水平逐步提升。采购各类教育教学设备共计60万件套，采购资金1.65亿元。完成20所村办幼儿园的家具、图书等设备装备工作。编制《资产管理员手册》。五是信息化建设不断加强。完成全区教育网升级改造，6所学校光纤接入，39所学校无线覆盖，5所学校视频融合，6所学校数字校园建设。利用视频系统直播与转播19次大型会议。

**七、其他教育稳步提升**

一是学习型顺义建设不断深化。通过北京市建设学习型城市工作示范区认定。评选出15家顺义区建设学习型学校先进单位。推进全民读书及学习网建设。编写第二套社区教育教材。二是31.职成教育服务区域社会。中高职毕业生实现一次性就业率100%。成人教育培训形式多样，办学条件得到改善。三是民办教育更加规范。受理并办结各种民办许可事项20件。审批4所学校（幼儿园）。批准牛栏山一中实验学校开设小学部。四是特殊教育再上新台阶。实现特教学生双学籍。召开区域融合教育推进会。参加北京市随班就读教学设计评优活动，收集作品100余件。

**八、他各项工作深入开展**

一是财务管理更急规范。制定《教育系统职工福利费管理办法（试行）》，规范职工福利费的使用范围。研发“教育预算管理系统”，落实内部控制管理规范。二是审计工作更加科学。印发《北京市顺义区教育系统领导干部经济责任审计实施办法》。实施校（园）长经济责任审计20项。受理合同1363份，完成备案1287份，其中重大合同395份。三是督导工作稳步推进。迎接北京市学前教育三年行动计划督导组专项督导，获得高度评价。修订《顺义区镇政府、学校全面实施素质教育评价方案》，迎接全面实施素质教育综合督导，受到好评。落实《顺义区中小学校责任督学挂牌督导实施方案》，将责任督学公示牌覆盖到全区所有中小学校；组织专兼职督学对全区所有义务教育学校开展专项督导；开展新建园综合督导，示范园、一级一类园开放式督导；对19个镇、6个街道教育法律法规执行情况进行考核。四是招生工作有序进行。出台《顺义区教育委员会关于2014年义务教育阶段入学工作的意见》；编制《小学入学一百问》《名额分配一百问》。小学入学首次采用电脑派位方式，幼儿园招生开发使用“顺义区学前儿童信息采集系统”，保障了学龄儿童顺利入学入园。五是考试工作保障有力。高考本科上线率达 76.05%，较 2013 年上升 8.87 个百分点；600 分以上考生 346 人，居全市第五；一文科考生总分（含加分）名列全市第二。中考 500 分以上 2124 人，比去年增加 751 人，单科满分达 361 人次。

单位名称：北京市顺义区教育委员会
地址：顺义区建新西街 1 号
电话：69444324
邮编：101300
网址：www.shyedu.gov.cn

（周君姝）

## 学前教育

**【概 况】** 2014 年，顺义区幼儿园 83 所（不含附设幼儿园数 3 所），其中教育部门办园 50 所、集体办园 18 所、民办园 13 所、其他部门办园 2 所。离园幼儿 5430 人，入园幼儿 7072 人，在园幼儿 19184 人；教职工 2357 人，其中，专任教师 1311 人。全区一级一类幼儿园 33 所，其中北京市示范园 7 所，市级早教基地 24 所，均为教育部门办园。3-6 岁幼儿入园率为 95.1%，学前三年教育普及率 98.1%，0-3 岁幼儿家庭受教育率为 90% 以上。

（教 委）

**【学前教育网络招生平台创建】** 5 月 3 日，顺义区教委创建“顺义区学前教育招生平台”。幼儿家长先在网络上进行信息登记，然后教委根据采集到的信息数据进行划片招生。招生平台的建立和使用，通过信息手段全面掌握适龄幼儿信息，合理进行划片和资源统筹协调，使今年招生工作有序进行，有效保障全区适龄幼儿合理分布、顺利入园。

（李淑芳）

**【幼儿园文化建设专题讲座】** 8 月 28 日，区教委聘请北京市学前教育专家连玉华，作幼儿园文化建设专题讲座。结合文化建设理论和幼儿园文化建设优秀案例，介绍幼儿园文化建设的背景、意义、内涵、具体内容及创建方法。讲座从理论和实践层面为进一步提升顺义区幼儿园文化建设的自觉性，增强园所文化建设能力和水平提供具体指导。区教委、区教育研究考试中心有关领导出席，全区各幼儿园园长、业务园长共计 100 余人参加。

（李淑芳）

**【开展项目合作推动专业化发展】** 7 月 12 日，在全区召开“园长专业领导力与新教师成长”培训项目的启动仪式。借助学习贯彻《3-6 岁儿童学习与发展指南》工作，顺义区教委学前科与北京市师范大学建立伙伴合作关系，启动顺义区“园长专业领导力与新教师成长”培训项目，以综合主题式课程实施为载体，以五段式教学法为具体抓手，以大学、行政教研、幼儿园三个层次构建的专业学习共同体为基本研究模式。9 月至 12 月霍力岩教授率领专业团队每周一次深入到实验园，现场观摩、研讨，指导课程实施。各项目实验园组织青年教师积极进行课程的实践与研究，在项目组相互学习和交流中干部、教师团队得到快速成长。

（李淑芳 李 娟）

**【首次开展区级示范园评选活动】** 11 月 20 日，顺义区启动区级示范园评选活动。11 至 12 月学前科联合教科室、妇幼保健院和示范园园长进行区级示范园的评选和指导活动。验收组分为办园条件和后勤管理组、管理和队伍组、保教工作组、卫生保健组四个组。通过观摩半日活动、查阅相关资料、分析评价园所质量后，与幼儿园进行交流、反馈。此次区级示范园的评选有效促进一级一类园教育质量的再提升，也为北京市示范园的评审做好准备。

（李　娟）

# 中小学教育

**【概　况】** 2014年，顺义区小学45所（不含一贯制学校小学部），全部为公办；另外有8所一贯制学校小学部，4所为公办一贯制学校小学部，3所为民办一贯制学校小学部。毕业5440人，招生7517人，在校生40994人；教职工2948人，其中，专任教师2111人。顺义区中学30所，初中16所、完中2所、高中4所、一贯制学校8所。毕业9270人，招生9449人，在校学生27907人，初中16530人，高中11377人。学校教职工4506人，其中，专任教师2943人（公办2871人），初中1839人，高中、完中、一贯制2667人。

（教委）

**【参加全国中学生田径锦标赛喜获佳绩】** 5月1至4日，全国中学生田径锦标赛在四川仁寿县第一中学举行，全国共有177所学校1900余名运动员参加，牛栏山一中、顺义一中、杨镇一中均派队参赛。经过4天紧张激烈的角逐，顺义区运动员取得金牌7枚、银牌4枚、铜牌8枚的优异成绩。杨镇一中荣获学校团体总分第二名，同时获得女子甲组团体第二名，男子乙组团体第二名。牛栏山一中荣获学校团体总分第四名，同时获得女子乙组团体第四名。杨镇一中刘一赛同学以11″77打破女子甲组100米赛会纪录，并夺得该项冠军。

（李广文）

**【中小学课外活动校外兼职教师资源库建立】** 5月，顺义区建立中小学课外活动校外兼职教师资源库。兼职教师主要来源：高等学校、具有资质的民办教育机构的教师；体育局、文委、科委、少年宫等校外机构的教练员及教师；具有专业特长的各类人才，例如：运动员、教练员、艺术家、科学家；符合条件的民间艺人、志愿者等。兼职教师有两种准入方式：一是学校自主申报，到教委备案；二是教委联合相关部门遴选。兼职教师薪酬从学校课外活动专项经费中划拨。学校按艺术、科技、体育三类上报用人需求。经审批后，用人学校与校外兼职教师签订工作协议。

（刘美坤）

**【教育系统资产产权登记】** 12月19日，教育系统各单位资产产权登记工作顺利完成。自2014年4月21日开始，教育系统资产产权登记工作由教育资产管理服务中心负责，组织全区141家单位的资产管理员，联系会计师事务所，并协调配合学校和会计师事务所完成此项工作。

（冯　辉）

**【中小学建设三年行动计划工程】** 年内，顺义区基本完成中小学建设三年行动计划工程，截至年末，已批复13个项目，其中，市级批复9个项目，区级批复4个项目。总建筑面积29.32万平方米，总投资18.38亿元，其中市级支持资金7.78亿元。其中2014年12月批复市级4个项目，总建筑面积18万平方米，占总比例的61.4%。总投资11.8亿元，占总比例的64.2%。2014年5个项目已完成，建筑面积43786平方米，占总比例的15%。

（田海洋）

【新疆内高班工作】 年内，顺义区积极做新疆内高班工作。一是学校强调大局意识，教职员工无私奉献，积极协作，发挥示范作用；二是加强思想教育。对学生进行维护祖国统一，维护民族团结教育，帮助学生认清“三股势力”的危害，旗帜鲜明地反对民族分裂。平时加强校园、网络舆情等方面监控。三是做好敏感节点摸排。暴恐事件发生后，及时摸清学生情绪变化，合理引导；侧面了解事件发生可能波及的学生家长情况。四是多部门协调配合。学校及时教委、公安、反恐支队等）相关部门沟通，介绍情况，与之形成合力。目前，全区内高班在校生870人，其中维吾尔族同学735人，分布在预科至高三，共四个年级段。

（刘加良）

【校安工程】 年内，顺义区完成校安工程。顺义区校安工程于2009年开始，计划改造总面积72万平方米，预计总投资25.7亿元，其中：市级6.6亿元，区级19.1亿元。2014年顺义区加固项目基本完成结算。新建、翻建项目涉及28所学校，34个项目。总面积48万平方米，总投资19.9亿元。已完成20所，建筑面积315355平方米，比例为66.4%；其中2014年完工4所，建筑面积64046平方米，占总完工面积的20.3%。

（田海洋）

【多方位保障特殊学生教育权利】 年内，顺义区多方位保障特殊学生教育权利。1. 经费保障，每年拨付50多万元作为各项活动经费。每年向承担随班就读工作教师、资源教师发放特教津贴。全额承担此类教师培训学习费用。2. 教师资源保障，各校选派副主任以上干部为负责人。在评职、评优、晋级方面，条件相同情况下，优先考虑承担随班就读工作教师。2011年起，在各项评比中设立特殊教育专项。3. 业务水平保障。目前区内共有资源教室10个，成立资源教室教研组，定期开展教科研活动。今年3月，成立区特殊支持教育中心，促进随班就读工作更加科学、规范。截至年末全区现有168名不同类型残障学生，在34所小学、17所中学随班就读，近千名干部教师参与此项工作。

（徐振阳）

【优化教育资源配置增强学位供给能力】 年内，顺义区优化教育资源配置增强学位供给能力。1. 扩大办学规模。接收三山小区、港馨B区小区配套幼儿园2所，增加学位720个；扩大西辛小学教育集团等3所小学幼儿园招生数量；前俸伯、大胡营等12所村办园基本建设完工，预计增加学位2900个。2. 鼓励民办教育发展。审批南彩四村联校、李桥半壁店学校，缓解外来务工人员子女入学难问题；批准牛栏山一中实验学校设立小学部，增加优质民办教育资源。3. 合理布局教育资源。制定《基础教育专项规划》，预留教育发展空间，调整规模过小农村中小学，本学期共撤并中小学6所。

（徐振阳）

# 职业及成人教育

【概　况】 2014年顺义区各级各类职业教育学校8所，其中，公办4所，民办4所，设置专业45个，开设教学班154个；毕业1427人，招生1249人，在校生4833人。教职工625人，其中，专任教师461人。各类成人学校4所，全部为公办4所，在校生11662人；教职工131人，其中，专任教师87人。

【“3+2”中高职衔接改革试点】 2月，北京现代职业技术学院汽车检测与维修技术专业与顺义区汽车技术职业高中汽车运用与维修专业被北京市教委批准成为“3+2”中高职衔接试点专业。9月开学，顺义区汽车技术职业高中迎来首批“3+2”中高职衔接班学生58人。12月，北京现代职业技术学院和顺义区汽车技术职业高中顺利通过市教委对“3+2”中高职衔接办学改革试验工作的中期检查验收。

（李建生）

**【职高综合高中班改革试点】** 3月，北京市顺义区第一职业学校物流服务管理与管理专业被批准成为2014年职高综合高中班改革试点专业。9月开学，顺义区第一职业学校综合高中班迎来首批学生30人。

（王乐欣）

**【电大顺义分校分校迁址】** 8月，北京广播电视大学顺义分校由原址北京市顺义区府前街贯通西路迁至北京市北京现代职业技术学院内。新址教学面积比原来校区的扩大近两倍，办学条件得到充分改善，学校布局更加科学合理，师生们教学、就读环境更加优质，教育教学资源配置得到大大提高。

（张静）

**【顺义区职业教育中心建成并投入使用】** 10月，顺义区职教中心正式建成并投入使用，北京现代职业技术学院迁入新址开学。顺义区职教中心位于杨镇地区，顺平路与木燕路交叉口，于2012年4月开工建设。中心规划占地481亩，建筑面积14.7万平方米。目前，一二期13.2万平方米建筑完工，包括教学办公综合楼1栋，现代服务、电子科技、汽车、现代制造都市农业、航空服务实训楼6栋，宿舍楼6栋和食堂、图书馆、报告厅共16个单体建筑，总投资达8.8亿元。

（李建生）

**【顺义电大社会化培训基地建设初见成效】** 年内，顺义电大分别对南彩镇机关干部和国际鲜花港中层领导干部开展2次管理干部素质能力提升培训；对北石槽诚济药业等三家企业职工3个班级5门课程企业职工通用能力培训；对食药局、国税等企事业单位和旺泉街道等社区居民以及在校生进行《职业价值观》《财税知识》《非财务人员财务知识》《摄影知识》《老年人保健与健康》《创业设计》《海外教育与投资》和《硬笔书法》等8次公益大讲堂活动；继续开展会计从业资格培训和成人高考培训共计培训等技能培训。全年培训共计4500人次。

（张　静）

**【顺义汽职高采取措施提高学生就业质量】** 年内，顺义汽职高采取措施提高学生就业质量。一是学校在实习分配前，先进行实习单位意愿摸底调查，签订实习意愿协议书，力争按照学生就业的意愿安排实习工作，把学生进行去汽车生产企业实习、汽车4S店实习、自谋岗位实习、继续升学等分类统计，进行针对性的安排。二是学校主动联系和甄选一些与学生所学专业对口的知名企业，向高效益、高薪岗位发展，提高分配质量。三是做好学生的就业指导工作，树立正确的择业观，理性对待就业，处理好就业期望值。四是高度重视学生实习实训期间的风险管理工作，学校拿出资金给实习学生全部上实习实训保险，有效的防范和妥善化解实习实训的责任风险。五是加强毕业生的跟踪管理工作。控制实习后的非正常离岗率。最终，安排就业学生83人，实习学生60人。分配率达到100%，对口率为91%，流失率大幅下降，截至年末流失率5%。实习学生平均月收入2600元。

（陈丽辉）

# 民办教育

【概　况】 2014年顺义区共有各级各类民办学校和教育机构98所，民办幼儿园14所，民办小学4所，民办普通中学6所（其中九年一贯制学校2所，十二年一贯制学校1所，十五年一贯制学校3所），民办职业高中4所；培训机构70所，主要培训内容为文化补习、外语、计算机、文体、艺术、汽车驾驶等。

（教委）

【强化政策支持民办教育发展】 年内，顺义区教委为鼓励区域内民办教育的发展，根据相关政策争取市区两级资金，为民办学校下拨随迁子女义务教育阶段专项资金450.3万元；义务教育阶段学生杂费补贴134.39万元，课本费补贴137.34万元；投资11.8万余元为7所民办学校、15所民办幼儿园配备了儿童读物和玩具；夏季来临，为引导民办学校做好卫生防疫工作，有效地避免食源性及其他传染病的发生，投资4千余元为各校配2000瓶“8.4”消毒液。

（陈　静）

【民办学校行政许可审批】 年内，顺义区共受理并办结各种民办许可事项20件，其中审批事项7件（中小学3所、幼儿园2所、培训学校2所），变更举办者、法人、校园长12件，变更办学地址1件。与人力社保局、外事局、出入境管理中心等部门通力合作，完成温莎幼儿园、鼎石学校等5家机构的申请外教资质的审核、验收工作，使顺义区民办教育机构具有申请外教资质的单位达到12家，促进和保障民办教育的规范发展。

（陈　静）

【民办教育年审】 2至5月，顺义区完成区域内民办教育机构的年检工作，年审合格的各级各类学校共80所，其中，中小学6所、职业学校4所、幼儿园13所、各类培训机构55所；学历教育在校生10488人，幼儿教育在园儿童1790人，培训学校在校学生19085人，毕（结）学生59768人；学历教育和幼儿园专兼职教师1542人，培训学校专兼教师1232人。

（陈　静）

【15所民办幼儿园年度考核】 12月11至18日，顺义区教委、区妇幼保健院、区民政局等部门组成考核小组，对全区15所民办幼儿园进行年度考核。考核内容涉及依法办园、财务管理、食堂及安全、教学管理、卫生保健、工会工作六个方面。考核结果表明：各民办园能够坚持依法办园、保障教职工的合法权益，财务管理规范，办园条件逐年改善，教育教学质量有所提高，保教活动丰富多彩，卫生保健符合要求，安全保卫方案详实、设施齐备。

（陈　静）

【民办学校评优评先工作】 9月，新英才学校、求实外语培训学校等5所民办学校被评2014年教育系统先进集体；6名教师被评为教育系统百优班主任；10名教师被评为顺义区教育系统骨干教师；30名教师被评为2014年顺义区优秀教育工作者。

（陈艳清）

【私办园清理取缔工作】 年内，顺义区未审批幼儿园187所，在园幼儿11908人，涉及全区各镇。为保障幼儿身心健康，10月，区教委配合赵全营镇政府，协同公安、工商等部门对该镇所辖8所私办园实施清理、取缔工作。

（陈　静）

# 特殊教育

**【概　况】** 特殊教育学校2所，结业36人、招生25人，在校生220人；教职工134，专任教师80人。实现特教学生双学籍,168名残障学生在34所小学、17所中学随班就读。

（教委）

**【综合课程改革启动】** 3月起，顺义特殊教育学校正式启动培智综合课程改革。把原来的生活语文、生活数学等学科课程合并为综合课程，实施主题教学下的综合课程，保留音乐、美术、体育三门专业性较强的学科课。班级综合课程教学和管理由一名教师变为两名教师共同承担，两名教师要合力制定学生的个别化教育计划，根据学生实际情况制定学期主题、月主题教学内容和目标，并根据教学目标对学生进行月、学期教学评估。目前已形成“情景化、游戏化、结构化、生活化”的综合课程教学模式，梳理出课堂教学“整体——小组——个别化——整体”教学流程和“整体——分化——统整”的教学结构。

（王向辉）

**【“名师献课”活动】** 4月14至17日，顺义区特殊教育学校开展“名师献课”活动。活动由“特殊教育名师工作室”全体成员集体献课，每天两节，特邀台湾特教专家鲍亦君教授参加评课指导，学校领导担任评委，并组织教师现场观摩。各位“名师工作室”成员结合学生实际情况，根据学科特点，精心设计教学内容和任务；授课过程中积极与学生互动交流、关注课堂生成，引导学生活动，较好完成教学目标，突显教学实效性。该活动，展示学校名师在综合课程改革中勇敢探索，努力提升自身业务水平的教学成果，同时也鼓励名师要引领学校综合课程改革方向，提升学校课堂教学整体水平。

（武红静）

**【随班就读教师培训】** 10月21日，顺义区教委，区特殊教育支持中心在东风小学西校区举办“融合性课堂教学”的讲座。北京市特聘专家周德林结合顺义区融合教育课堂教学的具体情况，介绍融合性课堂的基本原则、融合性教学的方案设计及教学中应注意的问题。相关学校教师60余人参加。

（武红静）

**【特教专家到校对学生进行跟踪评估指导】** 10月28日，资深特教专家、重庆师范大学脑瘫康复培训中心胡涵到顺义区特殊教育学校，对上期评估的学生进行跟踪评估指导。本次共对30余个学生进行跟踪评估，评估过程中，胡老师结合学生情况介绍相关康复训练的知识，对康复方法作指导，并根据学生程度制定新的发展目标。

（武红静）

**【举办区资源教室专题研讨活动】** 12月10日,在牛山三小开展资源教师学科补救研究课活动。本次活动一共有三项活动内容，听课、研讨、培训。与会人员听了牛山三小冯海燕老师的一节数学学科补救课。课后老师们进行研讨，明白资源教室学科补救学习活动是由资源教师按计划在适宜的时间、适宜的区域，选择适宜的方法与辅助设施进行具体的教育训练。通过评估方法的培训老师们明白了学科补救因人而异，每名学生的需求是不一样的，要通过评估为学生制定个别教育计划。

（刘　红）

**【第六届随班就读堂教学评优活动】** 12月24日，顺义区第六届随班就读堂教学评优活动表彰会在区东风小学西校区举行。会上，教委领导向获得随班就读堂教学比赛获奖的教师及获得优秀组织奖的学校颁发证书。获奖教师代表唐璐、王梦实、张琳进行现场说课展示。教委领导宣读《特教学校学生双学籍落实方案》，区教委信息中心教师陈曦讲解双学籍系统具体操作方法，要求各校切实做好特教学校学生双学籍落实工作。各中小学主管随班就读工作的领导及教师参加会议。

（武红静）

**【特殊支持教育中心成立】** 年内，顺义区特殊支持教育中心经区编办批准正式成立。具体制定特殊教育的培训、科研、教研计划，对随班就读学校进行教学指导和评价，组织全区随班就读教师特殊教育专业培训，组织开展全区随班就读课堂教学评优、随班就读教师基本功大赛、特教艺术节、专职教师评优课等大型活动；适当安排送教上门活动并组织送教上门教师的培训；面向残疾学生家长、教师开展政策、专业咨询；利用中心专业教育资源对全区重度残疾儿童进行康复训练；承担全区资源教室设计、建设、管理、开发和运作效果的检查和评估，承担全区资源教师培训和指导工作。

（周君姝）

## 教育督导

**【概　况】** 2014年顺义区人民政府教育督导室进行督学，其中，中学26所，小学46所，幼儿园42所；顺义区任命政府教育督导室进行督政，其中镇街道25个、委办局14个；进行的督导调研与科研项目（课题）有："加强校外教育工作，全面推进素质教育——顺义区校外教育情况调研报告"、"构建校外教育督导机制，促进青少年健康成长的研究"课题等2个。2014年顺义区教育督导有以下特点：牢牢把握住五个"抓手"，切实、有效地提高了教育督导实效。1. 以学习培训为抓手，队伍建设成为提高督导实效的支点；2. 以责任区建设为抓手，促进均衡成为义务教育督导的重点；3. 以督政报告书为抓手，依法治教成为督政工作切入点；4. 以召开挂牌督导现场会为抓手，完善机制成为改进督导工作的创新点；5. 以实施新方案为抓手，深入推进素质教育成为督导工作的根本点。

（教　委）

**【依法履行教育职责情况考核】** 1月13至16日，顺义区教育督导室参加由发改委牵头、各相关委办局参与的对全区19个镇、6个街道办事处集中进行的绩效考核工作。检查内容包括校园周边环境综合治理和维护校（园）安全稳定情况、满足适龄儿童入园情况、社区教育基地建设及社区教育活动（重点是青少年校外教育）开展情况等。

（王跃文）

**【市级学前教育专项督导】** 3月27日，市政府教育督导室副主任刘莉带领市学前教育专项督导评价组一行15人，专项督导顺义区学前教育发展情况和《北京市学前教育三年行动计划（2011–2013）》落实情况。督导组通过燕瑛副区长汇报、查看顺义区学前教育工作档案资料；召开相关委办局、教委科室、幼儿园园长代表座谈会；实地考察牛山镇政府、港馨花园小区、石北幼儿园、66055部队幼儿园、新英才幼儿园、美畦畦幼儿园六家单位，深入了解顺义区学前教三年行动计划的落实情况。刘莉副主任参加园长代表座谈和牛山镇政府的实地考察，充分肯定顺义区落实《北京市学前教育三年行动计划（2011—2013）》各项工作。

（王跃文）

**【北京市全面实施素质教育综合督导】** 12月17日，北京市政府教育督导室副主任刘莉、综合督导处长杨江林以及市教委领导、市督导室督学等一行16人到顺义区进行全面实施素质教育情况综合督导。市督导组首先听取顺义区委副书记、政法委书记周颖博作《依法履职办教育、提升品质惠民生》全面实施素质教育工作情况汇报，分别召开相关委办局、教委相关科室（部门）负责人和学校（教育机构）主要负责人三个座谈会，查阅相关档案资料。实地考察港馨幼儿园、木林中小、北京四中分校、现代职业教育园区、少年宫和马坡镇政府6家单位。市教育督导室副主任刘莉副充分肯定顺义区教育优先发展的良好氛围，并对未来顺义区教育发展提出希望。

（王跃文）

# 牛栏山第一中学

**【概　况】** 2014年，北京市顺义牛栏山第一中学占地面积181652.31平方米、建筑面积120943平方米，体育场（馆）面积35271平方米。图书馆（室）藏书9.81万册，电子图书9万册，订阅杂志、报刊448种。固定资产总值11240.86万元。全年教育经费投入11048万元，其中，国家拨款11048万元、自筹经费0万元。全年学校信息化经费投入810万元，拥有计算机897台，多媒体教室座位3105个，校园网出口总带宽200Mbps，数字资源量10000GB，“信息技术”课程2课时/周。普通教室69个、专用教室26个、实验室17个。教职工396人，其中，高级职称133人、中级职称119人。专任教师303人，包括特级教师4人、北京市骨干教师15人、北京市学科教学带头人3人；本科以上学历362人。开设高中班49个，毕业699人，招生640人，在校生1951人，其中寄宿生1910人。高中录取分数线540分（本区），应届高考本科上线率96.13%。

单位名称：北京市顺义区牛栏山第一中学
地址：北京市顺义区牛栏山镇育才大街1号
电话：69411142
邮编：101301
网址：www.nlsyz.com.cn/niulanshan/

（许　坤）

**【全国未成年人生态道德教育示范学校】** 1月3日，牛栏山一中获评2013年度“全国未成年人生态道德教育示范学校”。该评选由中国野生动物保护协会主办，面向全国中小幼学校，以申报的形式参评。本次评选全国62所中小学校获此殊荣。本校生命探索小组10年来在生物教学、生命课题研究、生态道德教育等领域开展30多项研究及探索，出版《飞翔的鸟》、《科技教育成果集》、《鸟类科技实践活动方案》、《化学与环境》书籍，在科技生态道德教育，科技育人等方面进行积极的探索，并取得成绩。

（许　坤）

**【“小院士”课题评选获奖】** 1月3日，牛栏山一中师生在第九届中国少年科学院“小院士”课题评选活动中获奖。高二年级学生罗力卓、高三年级学生秦欣和刘文志荣获“中国少年科学院小院士”称号；高一年级学生龚迪菲、高二年级学生李馨婷、康雪雯、宋彦蓉、陈彦锟荣获“中国少年科学院预备小院士”称号；高一年级学生刘启慧、陶然，高三年级学生王子祺、李言蹊荣获“中国少年科学院小研究员”称号。

李万成、林媛媛、龚志勇、杨晋科、杨西更、孙延涛老师荣获了全国优秀科技教师称号。该项活动由中国少年科学院主办，全国少工委、中国科学院等单位支持。来自全国各省市的800多件入围作品参加了展评，全国共评选出120位小院士。

（许 坤）

**【“名师堂”】** 2月26日，牛栏山一中成立“名师堂”。“名师堂”是校长张华礼倡导并组织实施的，旨在加强教师队伍建设，通过名师熏陶、研修培训、学术交流等方式，培养教育教学骨干，使教师由“经验型”教师向“专家型”教师跨越。来自北京市基教研究中心、北京市数学特级教师王燕春和首都师范大学张福彬教授成为入住“名师堂”的首批名师，并于2月26日成立“顺义区第三期名师工作室——王燕春工作室”，于11月4日成立“张福彬语文教学研究工作室”。

（许 坤）

**【数字校园工程竣工】** 3月25日，牛栏山一中数字校园工程竣工。数字校园工程以“立足资源共享，拓展教育空间，构建数字创新校园”为目标，整合校内、校外资源，创建以师生成长、管理为中心的“学园”；以家校、后勤管理为中心的“家园”；以体卫艺师生活动为中心的“乐园”；以一卡通、国际交流、行政管理为中心的“公园”，共计十二个中心，近80个系统平台。实现管理、学习、资源的融合。

（许 坤）

**【牛栏山一中实验学校宿舍楼竣工】** 8月26日，北京市牛栏山一中实验学校宿舍楼竣工。该宿舍楼占地面积1418平方米，建筑面积14496平方米，为框架结构，地上九层地下一层，有学生宿舍146间，教师宿舍78间，可供1080名学生和207名教师居住。该宿舍楼于2013年10月开工，总投资5378万元。北京市牛栏山一中实验学校隶属于北京市顺义牛栏山第一中学，为民办体制，寄宿学校，面向北京市招生。

（许 坤）

**【牛栏山一中实验学校小学部招生】** 9月1日，北京市牛栏山一中实验学校小学部招生。该年招收四、五、六三个年级的新生入学，开设12个教学班，共346名学生，教职工83人。该小学部隶属于北京市顺义牛栏山第一中学，为民办体制寄宿小学，面向北京市招生。

（许 坤）

**【创建IT育英班】** 9月1日，牛栏山一中IT育英实验班开课。该班为学校适应时代发展和教育发展的需求，结合IPAD及学校已经建立起来的数字校园系统，依托中科院在该校建立的“智能科学与技术”和“智慧家庭物联网及其DIY科学探索”两个重点实验室，实施互动课堂教学，随时记录教师的教与学生的学的状况。通过数字化的教学，增强学生对IT的兴趣、提高学生IT技术素养及探究能力。通过参与IT项目的实战和管理，使学生初步具备IT项目的策划、设计、开发、测试、推广、营销以及运维管理的能力和IT文化的独立、共享、互助、开放和创业创新意识，为学生未来从事IT方面的工作和自身发展搭建良好的平台。该班学生由经过选拔的45名2014级高一新生组成。师资包括校内、校外两部分，其中校外聘请了中国科学院自动化研究所、北京工业大学耿丹学院及其他合作高校研究员、教授等授课。该实验班实验周期截止到2017年8月。

（许 坤）

**【心理健康中心建成】** 12月20日，牛栏山一中心理健康中心建成。中心由心理教研组负责，包括动态心理教室、静态心理教室、心理辅导室等，建筑面积260平方米。由教学区、放松区、辅导交流区、仪器训练区和心理阅读自助区五大功能区组成。拥有音乐减压椅、跑步机、沙盘、沙画机、体感放松、注意力训练等心理放松与训练设备，及心理学相关的专业书籍3500册。可同时接纳120名师生开展心理教学、心理疏导等活动。该中心还开设了心理信箱，成立心理社团，建立“心声”心理微信平台供师生交流。

（许 坤）

## 顺义区第一中学

**【概 况】** 2014年，北京市顺义区第一中学占地面积66000平方米、建筑面积54396平方米，体育场（馆）面积23898平方米。图书馆（室）藏书11万册，电子图书480册，订阅杂志、报刊370种。固定资产总值9958万元。全年教育经费投入7255万元，其中，国家拨款7255万元、自筹经费0万元。全年学校信息化经费投入849万元，拥有计算机545台，多媒体教室座位4096个，校园网出口总带宽160Mbps，数字资源量2000GB，“信息技术”课程2课时/周。普通教室55个、专用教室30个、实验室16个。教职工289人，其中，高级职称100人、中级职称85人。专任教师219人，包括特级教师7人、北京市骨干教师15人、北京市学科教学带头人2人；本科以上学历277人。开设高中班42个，毕业613人，招生600人在校生1664人，其中寄宿生1008人。高中录取分数线521分（本区），应届高考本科上线率81.74%。

单位名称：顺义区第一中学
地址：北京市顺义区站前街6号
邮编：101300
网址：http://www.syyz.bjedu.cn/

（何雪莲）

**【艺术处走班分科课堂教学改革】** 2月10日新学年伊始，顺义一中艺术处进行走班分科模式课堂教学改革。音乐美术教师在学期初详细介绍自己开设的学习内容与具体要求，每班学生了解后根据自己兴趣爱好进行选课，教师根据学生选课情况将每班学生分成两个教学班进行授课。经过一年的改革尝试，课堂上关注学生的需求，为他们提供满足个性发展需要的更多机会，学生们的上课积极性明显提高。

（刘海辉 周林静）

**【“思辨·青春”第一届校园辩论赛】** 4月22日，顺义一中“思辨·青春”第一届校园辩论赛在报告厅激情开幕。辩论赛分为两场，第一场的辩题是人性本善还是人性本恶，第二场的辩题是外来文化对民族文化发展的利大于弊还是弊大于利；每一场均分为开篇陈词、盘问、自由辩论、总结陈词、观众看法、嘉宾点评等几个环节。最终，辩论赛的最佳辩手由高一6班赵爽、高一8班周昊摘得；团体冠军由高一2班卢可玥、杨成琳、高一7班孙崇阳、高一9班刘思怡、高一13班刘奥获得。

（申英利）

**【联盟干部教师参加国学经典师资研习营】** 7月，顺义一中教育联盟与北京四海孔子书院联合举办首届为期一周的国学经典教育师资研习营，顺义一中联盟的27位干部教师参加培训。本届师资研习营旨在贯彻落实教育部《完善中华优秀传统文化教育指导纲要》的精神，在顺义一中联盟开展传统文化经典诵读活动而举办的，采取公办学校与民办学校合作的方式培养国学经典教育师资。研习营培训期间，聘请中央教育行政学院何光荣先生担任总教习，指导学员研读《十三经》经文精要，书院的冯哲院长举办讲座《中国传统书院教育》《认识孔子》。台湾中国文化大学的易学、针灸研究资深专家赖一诚博士为学员讲解《黄帝内经》。

（辛加伟）

**【“高一英语 · 中澳交流”活动】** 12月16日，“高一英语·中澳交流”活动在顺义一中举办。本次交流活动从策划、筹备到举办历时四周。高一英语组10位教师在高一年级学生中广泛征集活动方案，最终形成“参观游览”“课堂会谈”“中澳才艺交流派对”“中澳学生篮球友谊赛”“颁奖典礼”五个部分的活动流程。

（夏晶莹　管　超）

## 杨镇第一中学

**【概　况】** 2014年，顺义区杨镇第一中学占地面积266800平方米、建筑面积95422平方米，体育场（馆）面积9418平方米。图书馆（室）藏书97721万册，电子图书10GB册，订阅杂志、报刊216种。固定资产总值14503.74万元。全年教育经费投入8548.94万元，其中，国家拨款8548.94万元、自筹经费0万元。全年学校信息化经费投入2500万元，拥有计算机765台，多媒体教室座位4800个，校园网出口总带宽160Mbps，数字资源量2000GB，“信息技术”课程2课时/周。普通教室79个、专用教室14个、实验室24个。教职工432人，其中，高级职称157人、中级职称135人。专任教师305人，包括特级教师1人、北京市骨干教师6人、北京市学科教学带头人2人；本科以上学历409人。开设高中班71个。毕业939人，招生1043人，在校生2727人，其中寄宿生2423人。高中录取分数线504分（本区），应届高考本科上线率68%。

单位名称：顺义区杨镇第一中学
地址：北京市顺义区杨镇
电话：61451520
邮编：101309
网址：http://www.bjyzyz.net

（李洪峰）

**【在2014年全国中学生田径锦标赛获学校团体第二名】** 5月1日，2014年全国中学生田径锦标赛在四川仁寿县第一中学拉开了帷幕。杨镇一中共有16名运动员参赛，获得金牌5枚，银牌2枚，铜牌3枚，其中刘一赛100米以11秒77打破11秒85的女甲100米纪录。杨镇一中以121分获学校团体第二名。同时杨镇一中还获得女子甲组第二名，男子乙组第二名，女子乙组第八名。常伟老师获优秀教练员称号，刘一塞获优秀运动员称号。

（陈连路）

**【全国航空特色校称号】** 6月30日，由中国航空学会主办的首届中国航空科普教育大会，在北京航空航天大学主楼报告厅举行。杨镇一中等一批为航空科普教育作出贡献的单位被授予“全国航空特色校”、“中国航空科普教育定点单位”和“中国航空科普教育基地”的称号，相关领导进行授牌仪式。

（王新生）

**【第12届全国学生运动会创佳绩】** 7月28日，第12届全国学生运动会在上海东方体育中心开幕，为期6天。本届运动会共有来自全国各省（区、市）三千多名教练员和中学生运动员参赛。杨镇一中有四名队员代表北京参赛，常伟老师所带的队员刘一赛夺得女子100、200米两枚金牌。另外，张帅同学在110米栏的比赛中获得铜牌，阿不都分获5000米第四名和1500米第七名。

（陈连路）

**【教学楼A建成投入使用】** 9月1日，杨镇一中A教学楼建成并投入使用。杨镇一中A教学楼为杨镇一中校舍安全工程项目，建筑面积14890平方米，投资6088万元，建设资金由市区两级承担。地下2482平方米，设土壤源热泵中央空调机房、通用技术专用教室、总配电室、消防水池；地上建筑面积12410平方米，设普通教室28个，教师办公室20个，舞蹈及形体教室、美术教室、书法教室各1个，计算机教室3个，录课室3个，全部按北京市办学条件标准设计建设，校园电视台、网络信息中心、学生电子档案中心设在此楼内，校园电视台设有录播室、编播制作室、音视频制作室、培训教室等。

（孙立东）

**【“杨镇一中杯”全国班主任高峰论坛】** 11月13日、14日，第四届“杨镇一中杯”全国班主任高峰论坛在杨镇一中举行。来自全国共计400多名中小学优秀班主任老师和各界教育专家参加活动。本次论坛分两天，13日为魏书生老师报告，14日上午，论坛在杨镇一中报告厅正式开幕，孙孟远校长及教委领导张海东分别讲话，希望大家借助班主任论坛的契机共同提高。并对获得北京市班主任基本功大赛一等奖的顺义区9名班主任进行表彰。班主任展示分中学组和小学组，由班主任展示和专家报告组成。中学组交流教师有：顺义区杨镇一中的樊晓龙、仁和中学的陈水莲、北京四中分校的韩亚茹、吉林省通榆县第七中学的徐晓明。小学组交流的有顺义区龙湾屯小学的解建影、芜湖师范附属小学的席绪岚。

（金　英）

**【第48届国际少儿田径运动会】** 12月8至10日，在悉尼市体育中心，杨镇一中初三学生肖天龙同学代表中国参加“第48届国际少儿田径运动会”。本次比赛共有50多个国家及地区的运动员参赛。此次中国代表团共获4金2银2铜。

（陈连路）

# 北京现代职业技术学院

**【概　况】** 2014年，北京现代职业技术学院完成校区搬迁，由原校区顺义区裕龙花园三街搬至顺义区杨镇三街木燕路。原校区占地面积13.0289万平方米，产权校舍建筑面积7.276万平方米；新校区占地面积31万平方米，校舍建筑面积13.7万平方米。全年教育经费投入6079.65万元，其中国家拨款4944万元、自筹1135.65万元。固定资产总值1.73亿元，其中教学、科研仪器设备总值5113.53万元。图书馆建筑面积8476平方米，纸质图书17.07万册、电子图书1000GB。拥有计算机1108台，多媒体教室座位4800个。学校信息化设备资产1500万元，网络信息点2000个，校园网出口总带宽100 Mbps，数字资源量1000GB，管理信息系统数据总量190GB。设有汽车工程系、机电工程系、经济管理系和基础部，开设汽车制造与装配技术、数控技术、民航商务、社区管理与服务等14个专业，建有航空服务、汽车、现代制造、电子科技、现代服务、都市农业等6栋理实教学一体化的实训楼。教职工226人，其中专任教师137人，教授

2人、副教授12人，博士7人、硕士51人。毕业生468人，毕业生一次就业率95%。招生519人（含五年一贯制学生40人）。高考北京地区提档线文科150分、理科150分。在校生1729人。

单位名称：北京现代职业技术学院
地址：北京市顺义区杨镇三街木燕路
电话：69449311
邮编：101300
网址：www.moderncollege.com.cn

（李跃谦）

**【校区搬迁】** 10月13日，现代职院完成校区搬迁，由原校区顺义区裕龙花园三街搬至顺义区杨镇三街木燕路。新校区占地31万平方米，总建筑面积13.7万平方米，建有教学办公综合楼1栋，现代服务实训楼、电子科技实训楼、汽车实训楼、现代制造实训楼、都市农业实训楼、航空服务实训楼等实训楼6栋，图书馆、报告厅、食堂各1栋，学生公寓楼6栋，共16个单体建筑，总投资6亿多元。

（李跃谦）

**【数字资源教学一体化平台建成】** 6月份，现代职院数字资源教学一体化平台建设完成。平台主要包括数字化资源总库管理平台、专业教学资源库管理平台、课程中心建设平台、个性化学习空间四大管理系统。数字化资源总库管理平台为底层资源库，为专业教学资源库、课程中心建设平台、个性化网络学习空间提供源素材，具有资源管理、资源检索、学习交流等功能。专业教学资源库管理平台为专业建设提供专业级资源，主要包括专业建设库、技能大赛库和职业资格考试库等。教师可通过引用资源总库的资源到本专业，也可以上传自己的资源。课程中心建设平台为课程建设提供课程级资源，用于建设精品课程和网络课程，主要包括工学结合课程、工学结合优质课程、精品资源共享课程、精品视频公开课程、公共必修课和顶岗实习管理平台等。个性化网络学习空间以学习者为中心，各类学习者能够在基于网络的学习情境下自主式、协作式学习。系统主要包括个人资源中心、资源上传、资源推荐、网上退课选课、课程学习、学习互动管理等管理子系统。该平台参照我国CELTS-31(教育资源建设技术规范)标准，资源建设符合网络课件的共享和流通标准。实现资源统一标准化管理，避免重复建设和各自为政，实现优质教学资源共享；具有优良的人机交互特性，智能化搜索，体现以学习者为中心，满足个性化学习需求，拓展学习的时间和空间，促进学生自主学习。至6月底，平台资源已有9个模块、1423条资源、14个专业资源库、70门课程、2门公开课程。

（李跃谦）

**【实训基地调整建设完成】** 10月份，现代职院完成校区搬迁后，即开展校内实训基地调整建设。新校区建有六栋实训楼，均为独立建筑，分别设计为现代服务、航空服务、电子科技、汽车、都市农业、现代制造六大项类。根据学院统一规划，其中，1号实训楼内建设酒店服务实训基地、艺术实训基地、会展实训基地，2号实训楼内建设物流实训基地、民航商务实训基地，3号实训楼内建设电气自动化实训基地、机电一体化实训基地，4号实训楼内建设汽车实训基地，5号实训楼内建设普通加工实训基地，6号实训楼内建设数控加工实训基地、模具实训基地；实训基地总数达11个，总使用面积40000余平方米，实训设备总数达2000台套、总值4545万元。至年底，各实训基地均完成设备安装调试，投入正常教学实训运行。调整建设中，除完成老校区原有设备重新安装外，还新增相关设备，包括：1）增加自动化生产线(FMS,即柔性制造系统)，实现全仿真企业生产线；2）建立工业机器人维修实训室；3）加工制造类实训基地面积扩大到4000平方米，新增普通车床30套、普通铣床12套、磨床6套、数控车床7套、立式加工中心2套，新建焊接实训室120平方米。新增设备均为目前国内相关行业高端设备，与北京现代汽车公司、北京第一机床厂等知名企业实际生产设备相一致。
社区教育中心

# 社区教育中心

**【概　况】** 2014年，中心系统中高等学历教育招生4248人，在校生达11000人。组织实施“惠企讲堂”、“创意设计大讲堂”和“兴农讲堂”，开展农村劳动力培训“阳光工程”和“文化驻乡工程”。全年开展各类短期培训11000人次，继续充实顺义学习网资源，满足市民多样化学习发展需求。举办“绿港书香”全民读书活动和“全民终身学习活动周”活动，评选出20个优秀组织奖和10个优秀项目奖，进一步营造了“全民学习，终身学习”氛围，成功创建北京市学习型城市工作示范区。圆满完成中考、高考、会考及自考、成考、计算机等级考试等各项考试任务。

单位名称：顺义区社区教育中心
地址：北京市顺义区前西街铁路西
邮编：101300
电话：69443449
网址：www.sheqjy.bjshy.gov.cn

（社教中心）

**【等级考试】** 3月22、23日和29、30日，全国英语等级考试、幼儿园教师资格考试、职称英语考试和全国计算机等级考试等4个不同规模和级别的考试顺利完成。其中，职称英语考试46场，全国计算机等级考试参考288人，开考一至三级。考办工作人员精心组织，周密安排，确保考试安全、平稳进行。

（贾变变）

**【南彩镇群众路线教育实践活动集中学习】** 5月5日，“南彩镇群众路线教育实践活动集中学习暨机关干部培训班”开班。此次培训由电大与南彩镇政府合作开展，南彩镇处级领导干部、全体机关干部共180余人参训。培训时间安排为10个半天，内容包括时事政治、素质能力提升两大模块，分为十个专题，涵盖习近平总书记系列讲话精神、有效管理与优秀团队建设、心理调适与压力管理、媒体宣传与应对、非财务人员的财务知识等不同方面，旨在全面加强南彩镇政府干部团队建设，切实提升干部综合素质及管理能力，打造一支业务精、能力强、素质高的乡镇机关干部队伍，从而推动顺义区新农村建设事业更好更快的发展。

（贾变变）

**【学习型组织创建工作专家指导会】** 7月10日，区学习办召开学习型组织创建工作专家指导会。邀请学习型组织指导组专家、北京师范大学谢浩老师到牛栏山一中、北京食品药品监察局顺义分局指导工作。谢浩老师听取两家单位学习型组织建设情况汇报，为牛栏山一中如何深入构建学习型组织网络提出建设性意见和建议，为食品药品监察局顺义分局今后如何拓展学习空间提出发展思路。通过专家指导，两家单位建立创建新思路和新方法，为促进学习型组织建设打下良好的基础。

（贾变变）

**【顺义电大迁新址】** 8月，顺义电大迁新址。电大由原址北京市顺义区府前街贯通西路迁至北京现代职业技术学院内。新址教学面积比原来扩大近两倍，学校布局更加科学合理，办学条件得到充分改善，教育教学环境焕然一新。

（贾变变）

**【残疾人青壮年扫盲培训】** 9月11日，农广校与区残联共同举办“残疾人青壮年扫盲培训”启动仪式。会上宣布《顺义区残疾人青壮年扫盲培训实施方案》，区残联与农广校签订培训委托协议书，扫盲培训领导小组向授课教师和辅导员颁发聘书。

（贾变变）

**【顺义学习网四项措施满足市民学习需求】** 一是多形式宣传，提高网站知晓率和使用率。深入各乡镇街道开展网站功能介绍和使用培训，发放宣传手册和学习卡，在各（村）居委会张贴3000张宣传海报。二是多方协调，提高网站访问速度。实现专线专网、内网外网访问分离，提高网站访问速度。三是完善子平台，促进组织学习有效管理。近40家单位建立学习管理子平台，各单位利用平台展示创建成果，实时查看本单位员工学习情况。四是培育引导学习团体，加强学习共同体建设。现有20个不同类型的学习圈子，共有7000多人参加。截至目前顺义学习网共拥有注册用户4.6万人，点击总量600万。在2014年11月《社区教育》杂志公布全国同类型网站点击增长量排名中居第2位。

（贾变变）

**【新型职业农民培育工程】** 12月3日，农广校举行2014年新型职业农民培育工程开班典礼。此次全区共培育新型职业农民200人，其中包括设施蔬菜生产经营型新型职业农民170人、社会服务型（全科农技员）新型职业农民30人。

（贾变变）

**【北京市建设学习型城市工作示范区】** 顺义区被评为北京市建设学习型城市工作示范区。12月11日，北京市学习办对本区建设学习型城市工作示范区进行全面检查评估。经专家组审议，12月17日市建设学习型城市工作领导小组最终发文认定顺义区为北京市建设学习型城市工作示范区。北京市学习办专家组认为，顺义区建设学习型城市工作示范区的主要成绩与特色有：一是认识到位，高度重视创建工作。二是规划引领发展，政策和组织保障有力。三是创新工作机制，推动创建工作可持续发展。四是创新建设模式，努力打造日益完备的终身教育体系和终身学习服务体系。五是发挥网络优势，数字化学习服务体系建设取得较大发展。六是创新模式，学习型组织建设富有成效。

（贾变变）

## 教育研究考试中心

**【概　况】** 2014年，顺义区教育研究考试中心坚持以人为本的管理思想，以科学发展观为指导，以促进干部教师专业发展为核心，以提高教育教学质量为主线，以“问题研究——实践引领——反思提升”为主要工作方式，以改革创新研训机制、构建完善服务体系为工作抓手，制定详细的工作计划和实施方案，各职能部门协同行动，认真落实，圆满完成工作任务。中心现有教职员工165名，其中副高级职称73名，中级职称41名。本年度1人次获得全国五一劳动奖章、首都劳动奖章称号，4人次获北京市特级教师、9人次获市级学科带头人、35人次获市级骨干教师等荣誉称号；中心先后获得“全国友善用脑及教学改革展评活动”优秀组织奖、顺义区教育系统先进集体、“学习型工作”先进单位、“一助一”工作先进单位、“敬老文明”先进单位、顺义区教育工会“文体活动”先进单位和“女工工作”先进集体等荣誉称号。

单位全称：北京市顺义区教育研究考试中心
地址：顺义区中山西街31号
电话：010--69443837
邮编：101300

（孙东昊）

**【“临空杯”青年教师“成长课”大赛】**为促进和提升本区青年教师的整体教学能力，提高教学的有效性，打造高效课堂，于4月2日至5月9日期间举行青年教师说课和现场课比赛活动。此次活动，一定程度上加速新入职教师进入岗位角色，促进对学科教学的整体感知与把握，同时搭建平台，带动学校教师队伍整体发展和提升。

（高东梅）

**【北京教育学院顺义分院挂牌】**8月28日，“北京教育学院顺义分院”挂牌仪式在教研中心举行。与市教育学院的合作将进一步强化我中心的教育科研及培训职能，为我区干部教师的专业发展搭建了更加广阔的平台。

（孙东昊）

**【顺义区首届汉字听写大赛】**为适应新的《中小学生学科改进意见》实施，激发学生热爱祖国文字的热情，弘扬祖国书法文化，改变提笔忘字的现实问题，本区语文学科开展顺义区第一届“中国汉字听写大赛”，比赛经历各学校对全体初二学生的海选，组队参加区联盟初赛，全区总决赛三个过程。最后由杨镇二中代表队参加北京市总决赛。

（柴米娜）

**【数字校园建设】**9月，中心启动对光明小学、十三中学的数字校园建设工作。两所学校数字校园建设以学生成长、教师专业发展两个主题为重点，重点做好学生成长平台及教师发展平台的建设。目前两所学校数字校园建设项目已经完成区级验收工作。

（王成效）

**【“减负”案例研究交流会召开】**11月21日，教育研究考试中心组织召开“提高课堂效率，减轻过重负担”案例研究研讨活动。东风小学、高丽营学校等五所学校代表，就如何通过不同策略提高课堂教学效率，减轻学生过重负担这一专题进行案例交流。市基教所单鹰研究员对五篇案例进行深入点评。北京师范大学丛立新教授就“减负背景下的教学方式”这一专题和与会者进行深度交流与研讨互动。顺义区教委、教研中心、各中小学主管教学领导共计120余人参加此次活动。

（张红梅）

**【学科骨干教师培训项目】**为全面提升本区骨干教师教育教学水平，更好发挥骨干教师的引领作用，促进中小学教师适应新课改要求，提高全区教育质量。2014年教育研究考试中心和首师大合作开办小学语文、数学，中学数学、英语、物理、音乐、美术区级骨干教师研修班9个，培训学员360人。

（陈偲）

# 文化·卫生计生·体育

## 文 化

### 综 述

2014年，开展了公共文化服务体系建设，多种形式的群众文化活动，保护非物质文化遗产，提升文化市场管理，推进浅山区文化建设与发展，文化创意产业等六项工作，完成了各项任务。

**一、积极完善公共文化服务体系建设**

一是加强区级文化中心建设。截至2014年底文化中心工程建设全部完成结构建设封顶工作。二是抓好基层文化设施建设达标。我区公共文化设施覆盖率达到100%，达标率在71.8%。三是文化惠民演出和电影公益放映工作稳步推进。积极开展农村“星火工程”演出活动，全年在各村演出850场；全区共420个农村数字电影放映厅和23辆流动放映车，共放映13268场。

**二、广泛开展多种形式的群众文化活动**

一是举办第二十一届“二月新春”、“五月的鲜花”、“十月金秋”三大活动。第一，“二月新春”通过举办群众性文艺演出、文化庙会、民间花会、电影放映等丰富多彩的文化活动，活跃了春节期间的节日气氛，丰富了群众的文化生活，共举办60项大型文化活动，有26万余人次参与了本次活动。第二，举办了“五月的鲜花”群众文化活动启动仪式、【唱响中国梦、放歌新顺义】顺义区青年歌唱家演唱会及33场基层汇报演出等重点文化活动，共组织文艺比赛和演出490场，演出文艺节目5300个，新创作品170个；参与活动人数达到9万人次，吸引观众32万人次。第三，举办“十月金秋”活动。共举办33个基层书法、美术、摄影作品集中性展览。本次活动共收到艺术作品3000余件，上报区组委会优秀艺术作品为219件，参加本次活动作者为3000余人，参观群众约为8万人次。

二是举办庆祝新中国成立65周年系列群众文化活动。根据区委、区政府总体部署，区文化委在“十一”期间，精心组织了文艺演出、戏曲欣赏、电影放映、相声小品、书画影展等80项群众喜闻乐见活动。第一，举办了“唱响中国梦·魅力新顺义”庆祝新中国成立65周年顺义区美术家优秀作品展、“辉煌历程”摄影展、“清风颂”庆祝建国65周年顺义区青年美术家刘彤画展；2014年“唱响中国梦”京津冀书法联展和国际鲜花港摄影展等活动。第二，举办第二届北京惠民文化消费季暨顺义区金秋演出季活动。时间从8月25日开始至10月25日结束，以“牵手文化 惠及民生”为主题，演出形式多种多样，涵盖专场演出30场。第三，举办“普天同庆共筑中国梦”顺义区庆祝建国65周年4场综合文艺演出。第四，举办全区2014年度“乡村大舞台”群众文艺会演初赛暨基层选优活动。

**三、非物质文化遗产保护工作成效显著**

一是举办的非物质文化遗产活动有赵全营杯民间花会大赛、药王节庙会、迎新春民俗手工技艺展示、组织北石槽镇良善庄村的鼓舞队参加了在大兴区举办的全市鼓舞比赛、清明节非遗项目在牛山广场展演展示和在延庆县举办的全市端午节非遗项目展演展示。

二是培育扶植马坡镇马卷村五虎棍与马坡二小进行传承，并积极申报市级非遗项目，非遗日期间积极组织顺义大孙各庄镇薛庄村根雕艺术节活动。上半年举办非遗活动8次，参加2万余人。

**四、文化市场管理不断提升水平**

一是安全生产标准化创建工作进展顺利。制定了《推进安全生产标准化建设工作实施方案》，对14家企业进行安全生产标准化的评定工作。 二是加强行业法规与政策宣传。共召开文化娱乐行业会议8次，其中全行业大会4次，通过季度例会和专题会议，我委向各文化经营单位及时传达并学习了国家有关行业管理、安全生产、防火、艾滋病防治和禁毒等法律法规和方针政策。三是积极营造“四个环境”，保障文化市场安全有序。截止10月底，文化执法以及成员单位间，共出动执法人员4324人次，执法车辆1365台次，检查文化经营单位2258家次；共办结文化市场违规经营案件33件，罚款7.71万元，收缴图书等非法出版物3282册（张）；取缔黑开场所4家；取缔无证照摊点17个，收缴非法出版物1300余册（张）；公安机关刑事拘留侵犯著作权嫌疑人5名；刑事拘留利用假冒杂志诈骗嫌疑人10名，查扣伪造杂志1000余册，电脑、打印机等设备30台。

**五、积极推进浅山区文化建设与发展**

一是举办北京顺义五彩浅山文化旅游资源大型书画摄影提名展。本次活动2月26日–3月4日在北京一得阁书画城举办，区领导王刚，朱家亮，于庆丰，肖承继等先后参观了本次展览，共展出58位书画家优秀作品151件、15名摄影家120件优秀摄影作品，以上作品主题鲜明、题材丰富，全面展示了浅山（五镇）文化资源风貌。

二是为基层办实事，扶持薛庄根雕与龙湾屯火绘葫芦项目。第一，是正在帮助薛庄村制定产业发展规划；第二，是主动与清华大学工艺美院与大孙各庄镇，北京工业大学与龙湾屯镇已经初步达成培训意向；第三，指导属地申报文化创意产业扶持资金项目，计划安排资金支持；四是积极指导属地申报非物质文化申报升级工作。

三是举办首届薛庄木雕文化艺术节。6月21日，顺义区第九届非物质文化遗产日暨首届薛庄木雕文化艺术节在大孙各庄镇薛庄村举办。区委常委、副区长于庆丰出席并为北京市薛庄木雕专业合作社揭牌。本次活动由区文化委员会主办，大孙各庄镇政府、顺义区文化馆承办，具体包括薛庄木雕作品展览、顺义区非物质文化遗产展及文艺演出等活动。

**六、文化创意产业势头良好**

一是产业运行总体情况良好。目前，全区共有文化创意企业近3000家，从业人员3万余人。1–8月，区文化创意产业规模以上法人单位（年收入500万元）114家，资产总计141.4亿元，同比增长12.9%；实现营业收入65.2亿元，同比增长13.7%；实现利润总额4亿元。

二是做好市级2013年专项资金支持项目的验收及资金拨付等工作。3月底旬至4

月上旬，按照市文资办安排，参与2013年市级支持的11个项目的终期检查，协助企业完成了项目的结题审计，目前2013年市级支持我区的项目资金已基本拨付到位。同时对2013年区级支持的26个项目单位进行为期5个月的项目后期绩效考评，深入企业21家，收集整理项目资料100余份，最终经项目绩效考评小组评议，2013年区级专项资金绩效评定为良好。

三是做好区级专项资金工作。做好2014年专项资金筹划安排，按照区政府的安排部署，3月份以来，围绕推进舞彩浅山旅游休闲产业开发，先后组织对大孙各庄镇薛庄木雕产业和龙湾屯镇火绘葫芦产业进行了调查摸底，初步拟定专项资金支持方案，开展了项目实施风险评估，目前正进行项目总投资财政评审。

单位名称：顺义区文学艺术界联合会
地址：顺义区拥军路3号
邮编；101300
电话：（010）69443669

（文委）

# 广播电视

**【概况】** 2014年，广电中心开展了多项工作。一是搭建中心新媒体部技术框架。二是为顺义时讯改版。三是推出民情访谈节目。四是广播电台节目实现直播。五是设置新栏目版块，增强可看性、服务性。六是承办顺义道德模范典礼。七是制造总结宣传片。八是搞好创收活动。

单位名称：顺义广播电视中心
地址：顺义区拥军路4号
电话：（010）69466677
邮编：101300
网址：http：//www.bjsytv.com

（广电中心）

**【新媒体部技术框架】** 年内，中心新媒体部技术框架搭建完成，两级项目申报成功，公众微信上线运营。

（广电中心）

**【顺义时讯改版】** 年内，《顺义时讯》改版，改版后《顺义时讯》大报变小报，对开变四开，四版变八版。

（广电中心）

**【政务·民声栏目播出】** 年内，顺义广电中心推出民情访谈节目《政务·民声》、《政务发布厅》。《政务·民声》栏目集全中心之力，聚焦大气、交通、教育、医疗、重点工程等民生热点，录制播出8期。卢映川区长批示：“《政务·民声》栏目的开办，在推进社会公共沟通，建立发现、回应和参与机制上进行了很好尝试。望不断总结提高，做成品牌栏目。”

（广电中心）

**【广播电台实现节目直播】** 顺义广播电台频率为FM 92.9，2013年改版，民生互助节目《大家帮助大家》爱心帮忙团扩军近千人，解决听众反映的各类问题500余个。2014年10月27日，《大家帮助大家》延时后实现有线广播和无线调频同时播出，顺义广播有线节目实现直播。

（广电中心）

**【设置资讯服务板块】** 从2014年5月开始，电视台新闻部在每天《顺义新闻》节目的最后，增加了《资讯服务》板块，通过主持人讲述，将一些最新的政策法规、生活提示告知观众。

（广电中心）

【增强栏目可看服务性】2014年，电视台专题部《健康有约》栏目设置了主持人，让市民代表走进演播间与专家现场互动，并将时长增加到20分钟。《师说日》栏目增加了观众及提问环节，为主讲教师配置了道具。《顺义时空》开办了村史系列，为顺义的史实增加了音像资料。

（广电中心）

【承办顺义第五届道德模范典礼】年内，广电中心中心承办了感动顺义——第五届“道德模范”颁奖典礼，筹备“颁奖典礼期间，中心各部门精诚团结、勇担责任、甘于奉献、不求回报，克服重重困难，挖掘潜能、推动工作开展。

（广电中心）

【制作总结大片】2014年是中心的“大片”年，创作了多部优秀的总结片。《我们走在大路上——顺义区党的群众路线教育实践活动掠影》在全区教育实践活动总结大会上播放；描述展现发展成就的《顺义脊梁四——2014年顺义区党建工作掠影》、《让青春飞扬在希望的田野上——顺义区大学生村官人才工作掠影》等在全区各类大会上播放。

（广电中心）

【中心创收】全年创收金额稳中有增，广告、电视、报纸、电台，各部门收指为掌，形成合力、统一沟通、打包服务，获取客户的认可与支持，一些客户加大了宣传经费的投入。全年中心完成4个大型活动的策划与执行，取得了良好的社会效益与经济效益。

（广电中心）

# 文化创意产业

【概　况】顺义区一直坚持以建设文化强区为目标，将文化创意产业作为构建现代产业体系、促进经济转型升级的重要内容，取得了显著的工作成效。经过几年的发展，我区已形成以广告会展、印刷出版、设计服务、时尚文体休闲为核心的具有区域特色的四大文化创意产业发展格局。这四大产业当中，规模以上企业有85家，占全区文创企业总数的70%以上，实现收入所占比重达83%。同时，吸引一批国际知名企业机构入驻我区，其中包括：世界首屈一指的高端印刷企业—雅昌；国内首个、亚洲最大的“文化保税区”-- 国家对外文化贸易基地；全市唯一一家以会展产业为主题的市级文创功能区 -- 顺义国展产业园；全球排名第二的设计服务公司—笔克 ... 同时还集聚以长城华冠、顺美服装、曲美家具、江河幕墙等为龙头的工业设计企业。建设了奥林匹克水上公园、国际鲜花港、乔波滑雪馆、汉石桥湿地等一批高端文体休闲景点。2014年1–11月，顺义区文化创意产业规模以上法人单位（年收入500万元）114家，资产总计143.8亿元，同比增长9.2%；实现营业收入90.9亿元，同比增长12.6%；实现利润总额5.2亿元；从业人员平均人数1.2万人。

单位名称：顺义区文化创意产业促进办公室
地址：顺义区拥军路顺义区文化委员会4楼
电话：010-69420217　010-69445143
邮编：101300
网址：www.shyci.bjshy.gov.cn

（区文化创意办）

【广告会展业成为文创支柱行业】2014年1–11月，34家规模以上广告会展企业资产达到58亿元，同比增长10.5%，占文化创意产业总资产的40%；实现收入47亿元，同比增长25%，占文化创意产业总收入的52%；实现利润总额5.67亿元，是文化创意产业总利润的1.1倍；成为九大领域中贡献最突出的行业。

（区文化创意办）

【时尚文体休闲产业发展态势喜人】2014年1-11月，31家规模以上旅游、休闲娱乐企业资产达到37亿元，占文化创意产业总资产的25.8%；实现收入17.9亿元，同比增长14.5%，占文化创意产业总收入的19.7%。

（区文化创意办）

【创意农业转型升级】 创意农业依托顺鑫农业、国际鲜花港、七彩蝶园、北郎中、意大利农场等企业的带动，花卉、农业种植、观光、体验休闲等特色产业快速发展，两季花展、采摘文化节、蝴蝶文化节、中意文化交流等成为顺义区特色农业节庆、展览、旅游活动的亮点。

（区文化创意办）

【市级文创功能区、人才培养基地认定】天竺文化保税功能区和新国展会展功能区被北京市确定为市级文化创意产业功能区；江河创建集团股份有限公司被北京市认定为第二批市级文化创意产业人才培养基地。

（区文化创意办）

【第二届北京惠民文化消费季】8月25日-10月25日举办文化消费季暨顺义区金秋演出季活动。以“牵手文化 惠及民生”为活动主题。共组织特色文化演出179场，观众达4万余人。演出收入38万余元，办理戏迷票优惠会员卡近1000张，发放惠民消费季大礼包1000余份、北京文化消费指南书籍和地图1000余册。北京国际鲜花港、汉石桥湿地、奥林匹克水上公园在消费季期间举办多场大型活动，吸引20万余游客参与，拉动文化消费收入逾千万元。

（区文化创意办）

【第九届北京文博会】12月10日至14日，第九届中国北京国际文化创意产业博览会在国展中心举办。顺义区以“创意顺义，绽放精彩”为主题，主展台位于3号馆，面积192平米。我区共有30余家文创企业参展，吸引超过12万观众来我区展台参观。同时还成功举办了“创意农业嘉年华”和“北方高端红木”两大主题的分会场，以及一场专题推介会。

（区文化创意办）

【区级专项资金扶持】2014年区级文创专项资金的投入方向由以往支持区内企业实施的文创项目变为支持区内传统产业和开发五彩浅山旅游休闲资源的项目。经考察评审，最终将龙湾屯吉祥八宝葫芦观光园项目、大孙各庄薛庄木雕产业化项目、龙湾屯柳庄户文化一条街升级改造项目3个项目纳入2014年专项资金支持范围。

（区文化创意办）

【市级专项资金申报】 按照市文资办安排，在全区范围开展市级文化创新发展项目征集工作。共向北京市推荐项目23个（其中补助类项目5个，奖励类项目10个，贷款贴息类项目10个），最终10个项目通过北京市初审，其中补助类项目4个，奖励类项目4个，贷款贴息类项目2个。

（区文化创意办）

# 卫生计生

【概 况】2014年10月15日第27次区政府常务会议决定，组建北京市顺义区卫生和计划生育委员会，为北京市顺义区人民政府工作部门，不再保留北京市顺义区卫生局、北京市顺义区人口和计划生育委员会。2014年，全区常住人口100.4万人，与2013年底相比，增长2.1万人；户籍人口609450人。常住人口出生11184人，其中，户籍人口出生8925人；常住流动人口出生2259人。户籍人口计划生育政策符合率97.4%，人口自然增长率7‰。全区有医疗机构639家，其中营利性244家、非营利性395家。实有床位2827张。有执业医师2899人、助理执业医师432人，共计3331人（其中西医2753人、中医578人），注册护士3045人。平均每千人口拥有床位2.9张、执业（助理）医师3.4人、注册护士3.1人。

单位名称：北京市顺义区卫生和计划生育委员会
地址：顺义区顺康路1号
邮编：101300
邮箱：weisjbgs @126.com
联系电话：89453176　89453191

（张红蕊　王凤忠）

# 卫　生

**【医疗工作】** 全年门诊717.20万人次，急诊60.03万人次，观察室留观9.52万人次，入院5.51万人次，出院6.07万人次，病床使用率：69.41%，全年住院手术例数1.81万人次。

（王凤忠）

**【对口支援】** 区医院、妇幼保健院与北京中日医院，中医医院与北京市中医医院，空港医院与北京天坛医院签订了市级对口支援关系。全年三级医院支援顺义区管理人员10人，支援99天，副主任及以上职称人员58人支援，支援1531天，主治及以下职称支援人数36人，支援1928天。门诊诊疗达11667人次，急诊116人次，送出进修11人次，进修706天。完成手术112例，手术示范教学68例，疑难病会诊211例，教学查房196次，健康查体238人次，新技术新业务13次，学术讲座44次，业务培训1048人次，义诊132人次。

（王凤忠）

**【采供血液管理】** 全年共采集血液19712单位，其中街头自愿无偿献血17022单位，占总采血量的确86.36%，团体无偿献血2690单位，占总采血量的确13.64%。2014年，各医疗机构共使用悬浮红细胞6801单位、使用血浆4125单位，使用血小板439个治疗量，达到了采供血平衡。

（王凤忠）

**【麻醉药品及特殊药品管理】** 年内验收新增印鉴卡管理医疗机构2家，参与销毁过期毒麻药品2次。完成37个医疗机构的换发工作，同时对医疗机构特药管理制度、填报记录、人员资质及使用情况进行了复核，确保医疗机构毒麻药品使用安全。

在巩固抗菌药物专项整治活动成果的基础上，年内二级综合医院平均住院、门诊、急诊患者抗菌药物应用比例分别为50.41 %、13.2%和20.18%，达到目标要求；I类切口手术预防使用抗菌药物比例为28.05%、微生物标本送检率为37.35%、抗菌药物使用强度为24.23DDD，较上年的40.13%、36.42%、38.02DDD有明显改善。

（王凤忠）

**【科研工作】** 科研立项7项，其中顺义区科技计划项目5项；北京市中医药科技项目1项，首都临床特色应用研究1项。获得科研经费43.5万元。全年共发表论文451篇。其中SCI1篇，核心中国科技论文统计源期刊、中国科技核心期刊195篇。

（王凤忠）

**【医疗设备管理】** 开展乙类大型医用设备和医用氧舱使用情况的专项检查，检查涉及所有配置乙类大型设备共8个医疗机构。检查过程中，对医疗机构存在的部分工作落实不到位、不规范的情况进行了现场纠正及指导，切实保障患者医疗安全。对二级医疗机构单次采购30万元以上，一级医院单次采购10万元以上医疗设备实行审批管理，健全采购申请、可行性分析报告及专业论证报告提交程序，年内共完成24个单位150余项设备的程序审批，其中包括全自动生化仪、CT机、心电监护仪、彩色超声多普勒、呼吸机等医疗辅助设备。

（王凤忠）

**【医学教育】** 区医院、中医医院、妇幼保健院、空港医院、疾控中心、卫生继教中心6家区级继续医学教育基地共举办继续医学教育项目505场，共培训卫技人员86252人次。其中市级继教项目13场，区级继教项目317场。全区共有卫技人员6048人，其中参加继续医学教育的6043人，参加率99.92%，合格人数达6029人，合格率为99.77%。

（王凤忠）

**【新型农村合作医疗】** 年内，全区参合总人数26.84万人，参合率达99.9%，实现了农村居民医疗保障的全覆盖。当年筹集资金总额2.68亿元。

全区当年医药费报销支出合计2.55亿元。支出资金中，住院及特殊病门诊支出1.71亿元，普通门诊8433.11万元。参合人员获得补偿受益37.05万人次。其中，住院及特殊病门诊2.35万人次，普通门诊34.7万人次。全区领取报销金万元以上4161人，较去年同期增加204人。其中1至5万元3698人，5至10万元398人,10万元以上的65人含18万封顶9人。

年筹资标准从每人680元提高到1000元。其中，农村居民个人出资和村集体支持资金标准不变，仍为每人每年100元和5元，市区、镇级政府补助资金标准分别从人年425元、150元提高到675元、220元。

将北京市远郊区（县）的区（县）级医院纳入顺义区定点医院范围，包括门头沟区医院、丰台医院、延庆县医院等共10家。

新增11家门诊实施结算试点医院。

启动新农合2013年度大病保险补偿工作，共有1576人享受到补偿，发放补偿款708.16万元。

引入商业保险参与新农合经办，与中国人民健康保险股份有限公司北京分公司合作，双方在“政府主导、商保辅助、长期合作、风险共担”的原则指导下，共同承担新农合的报销及相关服务管理工作，重点加强参合农民的就医全流程审核管理，增强新农合对定点医疗机构的监督管理能力，继而提高新农合基金使用效率。合作期限为2015年至2016年两年

（王凤忠）

# 疾病控制

**【传染病防治】** 年内，共报告乙丙类法定传染病18种，无甲类传染病，总报告发病数7625例，总报告死亡数11人，总报告发病率为807.44/10万，总报告死亡率为1.16/10万。乙类传染病共报告12种1005例，报告死亡11人，报告发病率为106.42/10万，报告死亡率为1.16/10万；与2013年相比报告发病率上升了7.05%，报告死亡率上升了168.88%。乙类传染病中的传染性非典型肺炎、脊灰、人感染高致病性禽流感、乙脑、登革热、炭疽、伤寒副伤寒、流脑、白喉、新生儿破伤风、钩体病、血吸虫病、

疟疾、人感染 H7N9 禽流感 14 个病种无发病、无死亡报告。丙类传染病共报告 6 种 6620 例，无死亡病例报告，报告发病率为 701.02/10 万；与 2013 年相比报告发病率上升了 41.95%。丙类传染病中的麻风病、斑疹伤寒、黑热病、包虫病和丝虫病 5 个病种无发病、死亡报告。

（王凤忠）

**【慢性非传染性疾病防治】** 在 5 个健康社区、7 个健康单位、6 个健康食堂、6 个健康餐厅和 5 个健康超市共计 29 家健康示范点开展全民健康生活方式行动工作，成功创建并通过北京市级验收。建设健康支持性环境。全年共建设 1 个健康主题公园、1 条健康知识一条街、2 面健康文化墙、3 条健康步道。开展慢病主题宣传。在各示范点举办慢病防控讲座 20 余场，覆盖 2000 余人；开展全民健康生活方式宣传月活动。全年累计举办各类大型主题宣传活动 8 次，覆盖居民 1600 余人。加强新闻媒体合作，利用电视、广播、报刊等各类新闻媒体平台，参与《健康有约》、《健康新生活》等节目录制 4 场次。

**【地方病防治】** 全年共定量检测居民户食盐 300 件，碘盐覆盖率为 92.3%，碘盐合格率为 97.5%。对 8~10 岁学龄儿童 200 人、208 名孕妇、200 名育龄妇女和 200 名成年男性尿碘进行监测，学龄儿童碘中位数为 170.0ug/l、孕妇 132.5ug/l、育龄妇女 212.8ug/l、成年男性 193.6ug/l。经分析认为，顺义区碘盐覆盖率及碘盐合格率较高，除孕妇外，其他人群碘营养状况良好。完成了 54 眼改水井水氟含量监测任务，共采水 108 件，合格率为 100.0%。完成北务中心小学部分 8–12 岁儿童氟斑牙患病情况调查工作，全年共调查 38 人，氟斑牙患者 10 人，患病率为 26.3%。

（王凤忠）

**【精神卫生管理】** 全区有在档重性精神病人 3864 人，其中精神分裂症 1797 人，癫痫所致精神障碍 92 人，持久的妄想性障碍 13 人，分裂情感障碍 15 人，精神发育迟滞伴发精神障碍 57 人，双相情感障碍 206 人，其它重性精神病人 1684 人。以世界精神卫生日为契机，开展入户慰问活动，为 58 名在档贫困精神病患者每人免费发放价值 1000 元新型药物，为 30 户贫困精神病患者家庭送去鸡蛋、油、牛奶及营养品等慰问品。年内，全区共有免费服药患者 903 名，其中原免费服药患者 572 人，新办理免费服药患者 331 人，发放药品价值近 84 万元。

（王凤忠）

**【学校卫生】** 全区中小学生有 64912 人，实际体检人数 62468 人，体检覆盖率为 96.23%。中小学生视力不良检出率为 61.55%，肥胖检出率为 23.20%（1985 年身高标准体重标准评价），营养不良检出率为 15.51%（1985 年身高标准体重标准评价），缺铁性贫血检出率为 17.67%，学生恒牙患龋率为 13.03%，恒牙龋均为 0.23，恒牙龋齿填充率为 36.74%。

（王凤忠）

**【计划免疫】** 全区共接种各种疫苗 514660 人次，基础免疫、加强免疫报告接种率均在 98% 以上，本市儿童出生 1 个月内和流动儿童居住 2 个月内建卡、建证率分别在 98% 和 95% 以上。年内，天竺卫生院 AAA 级免疫预防门诊建设成功，并顺利通过验收，由 AA 升级为 AAA。顺义区 27 家规范化接种门诊中，AAA 级门诊 3 家，AA 级门诊 10 家，A 级门诊 14 家。全年未出现疫苗质量事故和接种事故、未发生接种差错事故、安全接种率 100%。

（王凤忠）

**【职业卫生】** 辖区有机溶剂企业（苯及苯系物、正己烷、三氯乙烯）共有 87 家，接触苯及苯系物作业人员共2214人。年内完成哨点企业车间检测54家，体检1036人，完成调查问卷1036份。辖区涉及铬和砷两类金属的企业共计4家，重金属接触人员121人。年内3家企业进行了职业病危害因素检测，1家企业因停产未进行检测，其中2家涉及铬的重金属企业共设置2点，采集样品8件，结果均在正常范围；1家涉及砷的企业设置1点，采集样品4件，结果均超标。年内重金属接触人员接受职业健康检查人数为116人（女工24人），体检率为98.4%，较2013年92.4%有所增高，本年度体检人员结果均未见职业相关异常。

（王凤忠）

**【放射卫生】** 对全区67家单位398人进行了个人放射剂量检测和剂量笔更换，共换发剂量笔1223人次，发现15人次剂量超标，其中区医院10人、赵全营卫生院1人、核工业公司4人。

（王凤忠）

**【健康教育与健康促进】** 为做好恶性肿瘤防治工作，开展“防肿瘤、筑安康”健康知识进机关活动，针对机关干部开展肿瘤防治健康知识普及，全年完成专题讲座30场，直接受众6500余人次。在全区累计开展健康大课堂1349余场，直接受众7万余人。围绕世界卫生日、世界无烟日等主题宣传日开展大型宣传咨询活动217次。开展成人烟草流行监测现场调查工作，在2个乡镇共计10个村委会进行调查，完成调查问卷395份，问卷完成率98.75%。全年向学校、街道、社区、医院、社区卫生服务中心等部门提供有关疾病防治的宣传印刷资料43种38万余份，其中慢病相关宣传印刷资料42种37万份，慢病相关宣传栏模板8种、公众健康咨询活动核心信息8次、音像资料模板4个、健康知识讲座核心信息及参考教案18个，供各单位开展健康知识宣传普及工作使用。

（王凤忠）

# 卫生监督

**【公共场所卫生监督】** 全区公共场所1949户，监督7133户次，监督覆盖率99.95%%，合格率98.97%。公共场所抽检492件，合格483件，合格率98.17%。发放公共场所卫生许可证263个。公共场所行政处罚103起，警告62起，罚款41起，罚款金额共计7.41万元。

（王凤忠）

**【生活饮用水卫生监督】** 生活饮用水供水单位415户，监督412户1420户次。生活饮用水抽检7件，合格7件，合格率100%；涉水产品抽检4件，合格4件，合格率100%。发放生活饮用水卫生许可证125个。实施生活饮用水卫生行政处罚40起，警告40起，罚款13起，罚款金额20.5万元。未发生生活饮用水污染事故。

（王凤忠）

**【医政执法工作】** 全区有开展放射诊疗活动并取得《放射诊疗许可证》的医疗机构27户，放射工作人员178人，在册机器62台，进行检测设备62台。全年共实施行政处罚案件23起，其中，一般行政处罚案件2起，简易行政处罚案件21起。

（王凤忠）

**【行政处罚】** 年内共作出行政处罚278起，罚款金额共计20.6485万元；申请法院强制执行10起，移交公安机关3起。其中简易程序190起，罚款金额0.2万元；一般程序88起，罚款金额20.4485万元。88起一般程序处罚中，食品43起，罚款金额14.2万元；公共场所32起，罚款金额1.95万元；生活饮用水2起，罚款金额1万元；医政10起，罚款金额2.9985万元；职业卫生1起，罚款金额0.3万元。年内无行政复议和行政诉讼案件发生。

（王凤忠）

# 爱国卫生

【概 况】年内，有6个村和2个社区通过了市爱卫会的检查验收，获得“北京市健康促进示范村”和“健康社区”称号。

（王凤忠）

【爱国卫生月】出动人员15000余人次，车辆500余台次，排查、清理沟渠、下水道200余处，清除乱堆乱放700余处，清除垃圾、渣土70余吨，捡拾白色垃圾800余公斤，清除非法小广告3000余处，消灭卫生死角500余处。

（王凤忠）

【病媒生物防制】全年开展统一灭鼠活动2次，灭蚊蝇活动1次，灭蟑活动1次。共发放灭鼠蜡块15.5吨、粘鼠板450箱、鼠盒1.2万个、灭蟑套餐1万余套、高氯菊酯9吨、喷雾器200台，总计投入500余万元。

（王凤忠）

【禁控烟工作】5月，国家控烟办等单位组成专家组，对申报为“无烟单位”的6家单位进行了验收，6家单位均通过了验收，获得“北京市无烟单位”称号。5月，开展世界无烟日宣传活动，咨询400余人，发放宣传材料和宣传画500多份，为100余人次进行了血压测量。10月，区爱卫办与市疾控中心共同组织了有关专家对1所高等院校和2所中小学校控烟工作进行督导专项检查。

（王凤忠）

【国家卫生区复审工作】6月，市爱卫会复审国家卫生区检查团对顺义区进行综合检查。检查团依据《国家卫生区标准》采取听取汇报，现场抽查，查阅资料及走访群众等方式对“爱国卫生组织管理”等10个大项62个小项进行了检查复审，检查团对顺义区创建巩固国家卫生区所做工作及成效给予了充分肯定，认为所检查项目均符合《国家卫生区标准》，顺利通过市级检查团的验收。

（王凤忠）

【农村改水】年内完成了16个镇48个村52项改水工程。

（王凤忠）

# 妇幼保健

【妇女保健】辖区内本地户籍产妇总数为8196人，活产8270人，孕产妇系统管理率为96.17%；产妇建册8187人，建册率99.89%，产后访视率96.78%，住院分娩率99.99%；本地户籍围产儿8297人，死亡34人，本地围产儿死亡率4.10‰，本地户籍孕产妇死亡1人，孕产妇死亡率12.09/10万；共监测高危孕产妇4445人，高危孕产妇发生率为54.23%，高危妊娠管理率为99.94%。全区助产单位共接产10919人（围产儿数），剖宫产率为39.62%；发生围产儿死亡33例，产科围产儿死亡率3.02‰；全区围产儿出生缺陷169例，出生缺陷发生率为 15.48‰，其中本地围产儿出生缺陷 97 例，本地缺陷发生率为 13.24‰。

（王凤忠）

【儿童保健】本地户籍新生儿应访视 8270 人，实访视 8124 人，访视率 98.23%；出生低体重儿发生率 3.07%，0~6 个月母乳喂养 90.21%；上报高危儿 936 人，合格管理 910 人，合格管理率 97.22%，5 岁以下儿童死亡 25 例，死亡率 3.02‰；新生儿死亡 10 例，死亡率 1.21‰；婴儿死亡 20 例，死亡率 2.42‰。早期新生儿死亡 7 例，早期新生儿死亡率 0.85‰。全区助产机构新生儿听力筛查 10805 例，筛查覆盖率 99.22%；初筛未通过 442 人，未通过率 4.09%；42 天复筛 384 人，复筛率 86.88%，未通过 106 人，未通过率 27.60%；拒绝筛查 0 例，拒绝筛查率 0；新生儿疾病筛查应筛 10890 例，实筛 10801 例，筛查率 99.18 %，异常追踪 56 例，确诊 8 例。0 ~ 6 岁儿童 34397 人，保健覆盖率 98.10%；0 ~ 2 岁儿童 19941 人，系统管理率 92.37%。4 岁以上视力检查率 99.30%，3 岁以上口腔检查率 99.06%，龋齿矫治率 56.09%。

（王凤忠）

【女工保健】全区适龄妇女两癌筛查宫颈癌筛查 55868 人，宫颈细胞学阳性 1144 人，阳性检出率 2.14%。阴道镜检查 800 人，病理检查 511 人，检出 CIN Ⅰ 176 例，CIN Ⅱ 43 例，CIN Ⅲ 31 例；检出宫颈癌 3 例，原位癌 1 例；宫颈癌检出率 5.37/10 万，宫颈癌前病变检出率 134.25/10 万；乳腺癌筛查 59291 人，钼钯检查 1472 人，检出乳腺癌 15 例，乳腺癌前病变 4 例，乳腺癌检出率 25.30/10 万，乳腺癌前病变检出率 6.75/10 万。

（王凤忠）

【计划生育技术管理】全年节育手术共计 12565 例，其中本地 6326 例，外地 6239 例，节育手术并发症 0 例。计划生育手术管理率 100%。

（王凤忠）

【婚前保健】完成婚前医学检查 1045 人，婚检率为 8.01%，检出疾病 172 人，疾病检出率 16.46%。

（王凤忠）

# 人口与计划生育

【社会抚养费征收】年内下发社会抚养费征收决定书 179 例，其中非婚一孩 37 例；违法生育二孩 117 例；违法生育三孩 17 例；生育间隔不够 8 例，征收社会抚养费 2653 万元。

（张红蕊）

【奖励扶助、特别扶助工作进展顺利】全区共有奖励扶助对象 4933 人、伤残特别扶助对象 207 人、死亡特别扶助对象 342 人。奖励扶助金额提高到每人每年 1000 元，伤残（死亡）特别扶助金提高到每人每年 2000 元。

（张红蕊）

【兑现各种计生家庭奖励政策】年内，共有独生子女低保家庭 938 户，每户每年 500 元，兑现 469000 元。兑现独生子女费和 1000 元一次性奖励（6 个街道和牛山涤纶试验厂和维泥纶厂）42.71 万元。兑现独生子女意外伤残或死亡 1 万元一次性经济帮助 25 人，共计 25 万元。

（张红蕊）

【政府购买服务惠及死亡特扶家庭】投入 68.4 万元，按照每人 2000 元的标准，通过家政服务公司为全区 342 名死亡特扶家庭成员提供理发、家政、用餐、旅游等服务。9 月和 10 月，组织部分失独老人参观了鲜花港、七彩蝶园。80名失独老人享受了修脚、按摩、理发、用餐等服务活动。

（张红蕊）

**【执行“单独两孩”政策】**2月21日，北京市十四届人大常委会第九次会议表决通过《北京市人口与计划生育条例修正案》。新条例规定夫妻一方为独生子女且只有一个子女的，可以生育第二个子女。修正案自公布之日起施行。2月21日，全区召开镇街计生办主任培训会议，传达北京市“单独两孩”政策，解释相关问题，以便答复群众咨询。年内，全区再生育审批子女1873例，其中单独两孩审批1492例。

（张红蕊）

**【召开顺义区人口调控座谈研讨会】**3月14日，区委副书记、区长卢映川、区委常委、副区长于庆丰，副区长赵贵恒在区人口计生委（AMB大厦A座）主持召开顺义区人口调控座谈研讨会。区发改委、教委、人口计生委、经信委、商务委、流管办、人力社保局、统计局、李桥镇、南彩镇行政正职，公安分局主管副职参加座谈。会上，各部门汇报了相关人口情况和问题，并就如何控制人口规模提出了意见建议。

（张红蕊）

**【开展死亡特扶家庭慰问活动】**5月29日计生协会会员活动日，为225个失独家庭和123个独生子女伤残家庭购买慰问品，在全区范围内广泛开展走访慰问活动。

（张红蕊）

**【创建全国计划生育基层群众自治县级示范项目】**6月，区计划生育协会向国家计生协申请创建全国计划生育基层群众自治县级示范项目。围绕优生优育、生育保健、避孕节育、方便办证、奖励兑现等内容，规范村居计划生育群众自治工作，提高群众自我教育、自我管理、自我服务、自我监督水平，维护群众的合法权益。

（张红蕊）

**【三种保险工作进展顺利】**一是失独家庭暖心卡保险项目实施顺利。由北京市计划生育协会出资为2012年享受死亡特扶的家庭投保三年期医疗及意外伤害保险，2015年7月到期。二是推广计生家庭意外伤害保险工作，全区各镇共承保计生家庭5万余户，镇财政出资占89.9%，理赔113万元。三是群众投保女性两癌险109万元。

（张红蕊）

**【举办计生家庭劳动力全员就业工程专场招聘会】**全年共在南法信镇同心广场举办两场计生家庭劳动力全员就业工程专场招聘会。1200人进行了现场登记。

（张红蕊）

**【参加“最美北京人”宣讲活动】**7月3日龙湾屯镇柳庄户村计生专干左丽英作为全市卫生计生系统“最美北京人”宣讲团计生战线的唯一代表进行了事迹宣讲。

（张红蕊）

**【试点“流动人口电子婚育证”办理、核查工作】**全区共办理电子婚育证379个，通过padis系统查询试点省市电子婚育证13157个，查到5932个。

（张红蕊）

**【举办流动人口计划生育服务管理示范村居命名大会】**命名表彰了全区第一批25个流动人口计划生育示范村居。

（张红蕊）

**【开展关爱女孩行动】**延续开展“关爱女孩行动—扶助女孩成长”活动。2014年，扶助了100名成绩优秀、家庭困难的在读高中女孩，为每个女孩发放了1000元扶助金和学习用品。

（张红蕊）

**【开展计划生育优质服务】**为1.3万名农村户籍采取长效避孕措施的群众提供免费健康检查。为202名当年放置宫内节育器人员进行了意外妊娠干预随访。

（张红蕊）

【开展免费孕前优生健康检查】 年内，顺利完成1000对夫妇的免费孕前优生健康检查。

（张红蕊）

【拓宽药具服务】 年内，制作免费药具发放政策宣传公益广告，张贴在全区11条热点公交线路的25辆公交车上。在侯车站、购物点增设2个免费药具发放政策宣传栏，安装5台凭身份证领取药具的药具自取机。

（张红蕊）

【开展亲子阅读活动】 2014年市计生协开展了“宝贝计划”亲子阅读站工作，光明街道绿港家园社区作为首批10个宝贝计划亲子阅读站之一正式运行。

（张红蕊）

【为村居人口学校配备图书】年内，投入83万余元为全区520个村（居）人口学校配备了图书。图书类别包括健康、亲子育儿、旅游、人文社科等六大类49种。

（张红蕊）

【村级计生家庭养老保障制度平稳推进】 年内，全区农村养老补助金发放额达到3100余万元，惠及18000余人。发放额度最高的村为后沙峪镇枯柳树村每人每年13200元。

（张红蕊）

# 顺义区医院

【概 况】顺义区医院始建于1947年3月，是集医疗、教学、科研、预防保健为一体的辖区最大医疗中心。2013年12月30日，晋升为三级综合医院。医院拥有4个北京市住院医师规范化培训基地（内科、外科、神经内科和全科医师培训基地）。有职工1933人，拥有百万元以上设备47台件，设有临床、医技、行政、后勤71个科室。

（王凤忠）

【医疗工作】 全年门、急诊量193.02万人次，医院编制床位数为704张，实有床位771张，床位使用率为91.05%，出院人数为28515人，平均住院日为8.8天，手术例数11215例，介入例数1076例；药占比由年初的49.11%下降至47.42%。其中，妇儿部全年门急诊量27.99万人次，占全院14.50%；出院人数6061人次，占全院21.26%；手术例数3411例，占全院30.41%，床位使用率88.94%，和全院基本持平。作为区域急危重症孕产妇诊治中心，全年转诊、会诊急危重症孕产妇共计237人次，其中转入院46人次、向上级医院发、收会诊单99次。

（王凤忠）

【临床路径管理】 医院已全面实行临床路径的电子化管理，极大地提高了临床路径的工作效率，明显减少了医师的工作负担，为临床科室大力发展业务，奠定了坚实的基础。2014年，全院纳入到临床路径管理的病种达到46种，进入临床路径的病例数为7004例，完成病例数为6174例，入组率68.69%，完成率88.15%。上半年，在全市16家区县医疗中心临床路径管理工作的评比中，本院名列第3名；在北京市70家三级医院该项工作的评比中，本院名列第12位。

（王凤忠）

【预约挂号管理】 年初，医院将其定为院级考核指标，推出现场、诊间、出院复诊、电话、网络等多种预约方式，加大宣传力度，积极引导区域群众预约就医，并加大考核力度，提高医务人员对预约挂号的依从性。全年门诊预约挂号率平均10.58%，增长了8.72个百分点。其中出院复诊预约33.37%，专家预约率30.76%。同时，随着预约挂号激励机制的执行落实及群众对预约挂号方法、方式的认可，预约挂号率正在不断上升，下半年，平均预约率达13.16%，出院复诊预约率为42.31%，专家预约率为33.49%。

（王凤忠）

**【新项目】** 介入和内镜诊疗技术。一是经过认真组织和精心准备，心脏内科、综合外科和骨科通过了上级各项审核工作，市卫生计生委已经正式下文批准本院开展心脏介入、外周血管介入及人工髋关节置换诊疗技术。二是申报了呼吸内科、普通外科等7个专业的8项内镜诊疗项目，已全部通过了北京市卫生计生委组织的现场答辩工作，其中鼻内镜、关节镜、泌尿外科内镜、消化内镜申请了最高级别的四级内镜诊疗技术。上述专业介入和内镜诊疗技术的成功申请，为临床专业开展核心和尖端业务奠定了良好的基础，为医院开展三甲医院的诊疗技术提供了政策依据和法律保障。

临床科室新项目、新技术。一是骨外三科全年开展手术5783例，平均每人723例，每天16例；成功开创了全臂丛神经损伤的显微外科治疗手术，开展了组织游离移植手术60余例，进行断指再植手术72例，周围神经卡压48例，成活率及有效率均达95%以上；科室水平已到达或超越三甲医院水平。二是普外二科新开展腹腔镜胃癌、结直肠癌根治术32例，四级腹腔镜手术35例，其中腹腔镜腹膜后巨大畸胎瘤切除术与腹腔镜胃癌手术的成功开展，填补了区域空白，象征着我院腹腔镜技术水平已上升到全新高度。三是神经内一科成立了北京神经病学专家会诊中心，全年共外请专家16人次，对22种疑难病例进行了会诊，共有50名患者受益，多项病种填补医院诊疗空白，并提升了各级医师水平，使神内专业的医疗及教学水平上了一个新的台阶。四是神内二科借助北京市急性脑梗死溶栓中心顺义分中心这一平台，成功开展急性脑梗塞超早期动、静脉溶栓治疗106余例，其中动脉溶栓8例，溶栓的数量排在北京市前五位；全年完成介入手术139例，数量及质量均位于北京市前列；尤其是开展了国内只有天坛医院等少数三甲医院才进行的颈内动脉次全闭开通新手术，取得了很好的效果，并在顺义电视台进行了报道。五是呼吸科成立“哮喘之家”，指导患者进行哮喘的自我监测。提高了哮喘患者的自我管理能力，实现了医患之间的伙伴式、互助式关系，减少了疾病的急性发作、住院率和病死率，从而提高了哮喘患者的生活质量，产生了积极的社会影响。六是病理科创造性的开展了体液标本做石蜡切片，并进行免疫组化染色21例。此项工作的意义在于，原来体液标本的报告只能报告是否查到肿瘤细胞，目前可以做到对肿瘤细胞进行分类并可提示肿瘤来源，为临床治疗提供了更细致更全面的依据，受到临床科室的欢迎。

（王凤忠）

**【科研工作】** 2014年，共发表论文270篇（医疗、医技142篇，护理128篇）。

（王凤忠）

**【医疗支援】** 按照区卫生计生委的要求，医院积极组织对口支援顺义区第二医院（杨镇卫生院）的医疗工作。克服人员紧张、医疗工作任务繁重的困难，安排心内科、神经内科、呼吸内科、普外科、骨外科等5个学科主治医师以上人员每周到顺义区二院开展专家门诊、教学查房、疑难病历讨论、专题讲座、技术培训等工作。免费接受顺义区二院的医务人员到医院相关科室进修学习。为区二院业务水平的提高做出了贡献。

在援疆、援藏工作中，泌尿外科张春宇和放射科张郡作为援疆干部于2月初赴疆工作，已完成任务归来；综合内一科王云祥于8月初援藏归来；骨一科高志学，以其精湛的业务水平，在当地取得了良好的口碑，被藏族群众亲切地称为"高一刀"。经藏区人民的一再挽留，他主动申请再为当地群众服务一年，他的这种无畏奉献行为，充分弘扬了顺医人精神，为医院、顺义区乃至北京市都增添了荣耀，也因此当选了"顺义区第五届道德模范"、入围了"北京市十大健康卫士"评选，成为了全院职工学习的楷模。

（王凤忠）

## 北京中医医院顺义医院

**【概　况】**北京中医医院顺义医院（以下简称区中医院），隶属于顺义区卫生和计划生育委员会。坐落于区站前东街5号，始建于1985年11月，是顺义区唯一一所公立综合性二级甲等中医医院，承担着顺义中医医疗、教学、科研、预防和基层指导任务。1995年被北京市中医管理局评为"二级甲等中医医院"，1996年被国家中医药管理局评为"全国示范中医医院"，是北京市医保定点医院。2013年为北京市"公立医院托管"改革试点单位。有职工776人，医疗设备总价值10193.9万元，设置科室52个。

（王凤忠）

**【医疗工作】**　全年门诊91.52万人次，急诊49430人次，急诊危重症抢救1064人次，抢救成功率98.8%。编制床位300张，实有床位数307张，全年出院9951人次，床位周转次数32.5，床位使用率92.31%，平均住院10.4天。全年住院手术1812例。孕产妇出院2174人次，剖宫产595人，剖宫产率41.46%，孕产妇死亡0，新生儿死亡0，围产儿死亡0。

（王凤忠）

**【临床路径管理】**　实施临床路径的科室有20个20种病种，入经率60%，完成率>70%。

（王凤忠）

**【预约挂号】**　预约挂号方式分为网络、微信、现场、电话4种，预约挂号168549人次，占门诊18.41%。

（王凤忠）

**【新技术】**全年开展新技术、新疗法33个。

（王凤忠）

**【科研工作】**　本年度科研项目53项、在研43项、结题10项。无获奖课题。

（王凤忠）

# 体　育

**【概　况】**　2014年，顺义区体育事业紧紧围绕"建设绿色国际港、打造航空中心核心区"的战略目标，以深入践行党的群众路线为主线，抓住备战市运会和构建全民健身公共服务体系两项重点工作，推动群众体育、竞技体育和体育产业全面发展，为提高顺义人民的健康水平，为顺义经济社会事业全面发展做出贡献。

单位名称：顺义区体育局
地址：顺义区光明南街2号
邮编：101300
电话：（010）69443432
网址：www.tyj.bjshy.gov.cn

（体育局）

【全民健身服务体系日益完善】年内，顺义区共投入2200万元，用于加强体育设施建设，创建20个体育生活化社区、2个健身俱乐部和4个体育特色村，基本完成80片镇村篮球场地建设和浅山42处体育设施建设工程。全民健身活动广泛开展，共举办顺义区第二届五彩浅山国际登山大会、2014年春季北京顺义国际登山长走大会、2014年移动杯UCC运动自行车赛等群众性体育活动263场次，15万人次参与。积极传播科学的健身方法，完成3000人的市体质测试工作，举办了篮球、龙舟、柔力球等五期社会体育指导员培训班，培训体育骨干800余名，新发展社会体育指导员265人。

（体育局）

【竞技体育成绩优异】加大对基础业训的支持力度，全区共注册17个运动大项、939名运动员，梯队健全、人才项目丰富的业训队伍初步形成。广泛开展阳光体育进校园工作，投入292万元支持学校、青少年体育俱乐部开展以三大球为主的业训活动，举办全国校园足球北京赛区顺义分赛等4项球类比赛。北京市第十四届运动会成绩喜人，以59枚金牌、团体总分1845分的成绩位列市奖牌榜和总分榜第五名、代表团二等奖，取得历史性突破。

（体育局）

【产业环境进一步优化】城南体育中心项目于3月20日通过主体结构的验收。盘活场馆闲置资源，承办柔道教育中国行北京站活动、全国柔道裁判员新规则培训班等市级以上赛事活动。体育彩票销售稳步发展，共发展新兴网点10家，累计发展彩票站84家，年销售额突破8000万元。

（体育局）

【第六次全国体育场地普查】第六次全国体育场地普查结果，全区共有48类、2414处体育场地，用地面积8377339.7平方米，建筑面积412816.44平方米，使用面积4913277.1平方米，人均体育场地面积4.99平方米，人均场地面积位居全市第三名。

（体育局）

## 奥运水上运动中心

【概况】 2014年按照“四个转型升级”的战略部署，围绕“建设绿色国际港、打造航空中心核心区”的目标，发挥场馆各项优势，全面推进场馆赛后利用工作的有序开展。水上公园全年收入742.74万元，同比增加2.3%。属地财税收入555.86万元，同比增加13.7%，完成全年计划的104.1%。

单位名称：北京市奥运场馆管理委员会
地址：顺义区白马路19号
电话：（010）69405821
邮编：101300

（奥管委）

【招商引资】 2014年完成了4家企业在园区的注册，增加了园区税收。

（奥管委）

【开展各项活动，场馆运行平稳】举办“北京银行”杯2014年索道尾波滑水世界杯、第十四届全市运动会赛艇、皮划艇比赛等两大赛事活动；机场股份、中信旅游、民生银行等企业开展龙舟类商业活动11场，奔驰公司2014年系列体育活动、顺义区自行车协会自行车骑行活动、万科自行车赛以及草坪婚礼等非龙舟类商业活动11场；配合市、区有关部门，筹办了2014年舞彩浅山长走大会、顺义区端午龙舟赛、顺义区春季长跑赛、顺义区风筝赛、顺义区第二十三届燕京啤酒节等公益活动10余项。

（奥管委）

**【场馆赛后利用工作】** 4月19日至5月4日，场馆引进了恐龙游园活动。在为期16天的活动期间，共吸引超过6万人次游客入场，大客流为周边酒店以及相关饭店提供了展示平台。同时，吸引了多家公司联系场馆广告位销售事宜，为场馆后续利用提供了新思路；为普及水上运动，组织滑水俱乐部和奥帆航海俱乐部申报顺义区非营利性行业协会，协会申请成功，为场馆后续开展活动奠定良好基础；为推进奥林匹克水上公园赛后利用工作，经过长期筹备、精心策划，牛栏山一中赛艇队、皮划艇队于2014年9月17日上午，在顺义奥林匹克水上公园正式成立，标志着场馆赛后利用工作迈出了崭新的一步。

（奥管委）

# 社会生活

## 流动人口管理

**【概　况】** 区流动人口工作加强流动人口与出租房屋服务管理工作，行使区流动人口和出租房屋管理委员会办公室的工作职责。贯彻落实中央和北京市关于流动人口管理方面的法律、法规、规章和政策，制定本区流动人口管理服务工作规划与计划，并组织实施；组织、协调、指导有关部门落实流动人口管理服务的各项措施；指导、检查街道和镇流动人口管理工作；负责流动人口管理员队伍的建设工作。19个镇、6个街道、9个经济功能区均成立流动人口和出租房屋管理委员会，下设办公室。

单位名称：顺义区流动人口管理服务中心
地址：顺义区光明南街16号
电话：（010）69426412
邮编：101300

（吴彩云）

**【流动人口和出租房屋管理的工作职责】** 一是围绕"以产引人、以业控人、以房管人"。在实践中大胆创新，积极探索对流动人口、出租房屋和用工单位的管理办法和措施；二是接受行政主管部门的委托，负责辖区内房屋租赁登记备案、流动人口登记、办理《暂住证》以及出租房屋税收代征代缴工作；三是贯彻执行国家和北京市有关流动人口、出租房屋管理的法律、法规、规章和政策；四是建立本地区出租房屋、流动人口、用工单位、重点人员、出租房屋安全隐患、出租大院、矛盾纠纷隐患、重点场所和五小门店管理档案，实行一户一档、一人一表，对本地区流动人口实行周查月报制度；五是落实属地管理责任，协调公安、司法、民政、工商、劳动、房管、计生、教育等有关部门，对流动人口、出租房屋及用工单位综合管理；六是依法维护流动人口的合法权益；七是对各村（居）委会、用工单位流动人口服务站的工作进行日常管理和考核；八是加强流动人口和出租房屋管理员队伍建设。各村、居委会成立来京人员出租房屋服务站，现有服务站474个，专兼职管理员1896人。

（吴彩云）

**【推进人口调控工作】** 一是坚持源头调控。加强顶层设计，制定出台人口调控政策措施。发改委牵头，出台《顺义区人口调控工作任务分解》（顺政办发【2014】25号），明确任务和分工，制定人口调控指标，并具体量化到各镇、街道和经济功能区；严格落实项目准入制度；加强对低端产业的优化重组。加快对高能耗、高污染，破坏生态环境的低端产业以及低附加值的劳动密集型产业的升级淘汰步伐。关停退出的工业企业涉及电镀、铸造、沥青防水卷材、水泥制品、金属喷涂等污染行业，拓展了高端产业发展空间；商业服务业格局进一步规范。二是联合行动，发挥部门合力。

完善与计生委、民宗办、教委、人力社保局、公安分局等部门相关信息的沟通比对机制；配合经信委，建立经济功能区绩效管理考核指标体系，将流动人口用工、居住管理以及权益维护等情况纳入考核内容；配合工商分局，对全区98家房产经纪机构进行专项检查。重点检查无照经营、未取得资质证书、执业人员未取得执业资格证书、未登记备案及上墙公示等违法违规行为，坚决查处涉及群租房问题的房地产经纪机构违法行为。

（吴彩云）

**【规范出租房屋管理】** 一是违法出租治理工作稳步推进。按照市流管办提出的“摸清底数无遗漏、全面治理无死角、问题解决无遗留、长效管理无反弹”的“四无”目标，在全区的城市社区以治理群租房为主，农村地区以规范出租大院、职工公寓为主，本着属地负责、部门尽责、全面排查、认真整改的原则，广泛开展了群租房及违法出租治理行动。二是进一步规范全区的出租房屋管理。根据《商品房屋租赁管理办法》，《北京市房屋租赁管理若干规定》，《关于公布本市出租房屋人均居住面积标准等有关问题的通知》等法律法规的出台，对房屋出租标准、工作流程、租赁双方的责任与义务等内容作了进一步规范。三是出租房屋流动人口村民自治管理进一步深化。引导基层将出租房屋纳入村民自治管理，根据自身实际，采取切实有效的办法和措施，规范出租房屋管理，维护村（居）民及流动人口的切身利益。

（吴彩云）

**【特殊时期维稳安保】** 一是加大对重点地区的排查整治。对辖区内的各类出租房屋组织安全隐患大检查活动。联合公安、城管、工商、住建等多部门，全面发现出租房屋中存在的结构安全、消防、治安等各类安全隐患，及时发现利用出租房屋从事无照经营、非法宗教、非法办学、存储易燃易爆危险物品等违法行为。二是做好重点人的稳控工作。以社会面防控为重点组织开展重点人员的大核查，最大限度地配合公安等相关部门将流动人口中可能影响社会治安和稳定的各类重点人员查找出来。对发现的各类重点人员，全部登记建档，做到底数清楚、信息准确、内容详实，配合相关部门建立排查管控方案预案，落实“四位一体”管控措施，逐人逐件明确职责分工、细化责任，确保管理到位、控制到位。

（吴彩云）

**【基层基础工作】** 一是组织开展流动人口和出租房屋信息调查摸底工作。继续深化落实周查月报、五见面、一核查两发现、单登双录制度、督导检查等工作机制，确保基础信息准确完整。二是进一步推进流动人口各项服务工作。流动人口医疗卫生、劳动保障、计生服务等各项政策充分落实。三是流动人口宣传引导作用发挥充分。在全区范围内开展以“落实房屋租赁政策、规范房屋租赁行为”和“真爱家园，拒绝黑中介，远离群租房”为主题的系列宣传教育活动，向群众大力宣传违法群租房的现实危害和打击群租房和非法中介的坚定决心，为大家提供一个良好的租赁环境。

（吴彩云）

# 民政工作

**【概 况】** 2014年，民政工作深化“亲民、为民、利民”理念，完善“社会救助、和谐社区、社会福利、社会组织”四大平台，创新开展“数字、集约、政策、绩效、和谐”“五型”民政建设。年内民政事业资金收入88,714.3万元，民政事业资金支出89,776.2万元，主要用于抚恤事业费支出6,373.6万元；退役安置支出3,787.2万元；社会福利支出11,834.1万元；社会救助5,373.6万元；自然灾害生活救助342万元；民政管理事务2,378.4万元；行政事业单位离退休1,073.4万元；其他款项用于民政支出55,643.4万元。

单位名称：顺义区民政局

地址：顺义区石园北区东侧

电话：（010）69441631

邮编：101300

网址：www.minzj.bjshy.gov.cn

（民政局）

**【长效机制建设】** 一是创新工作体制，提高履职效能。充分发挥民政部门在保障和改善民生中的大统筹、大协调作用，通过整合政府社会资源，建立社会救助、和谐社区、社会福利、社会组织“四大平台”，实现市、区、镇上下联动，委办局横向对接，资源共享。为有效解决低保、优抚、超转等民政对象医疗报销周期长的问题，减少资金流通环节，在全市率先推出“民政一卡通”，并积极拓展金融功能，1.8万民政对象享受到高效便捷服务。二是创新管理方式，提高履职能力。建立目标量化双百考核、效能考核、折子督办等科学合理的管理制度，确保职责高效落实。对科室、单位、基层民政科的工作职责进行量化分解，采取周考核，月评比；主管副职每周必须参加科室会，监察科、办公室全程参与，掌握基层实际情况。将科室及个人创先创优情况纳入效能考核，作为年底评优的重要依据。三是细化分解民政职责。将责任落实到具体科室、具体人员，指定专人进行督办，确保按时完成工作。

（民政局）

**【民政法制】** 加强综合执法队建设，制定完善执法工作意见，提出法治工作理念，打造横向覆盖全局，纵向延伸到村居的行政执法网络体系，为做好依法行政工作奠定基础；重新制定完善各类规范性文件14件，合同备案登记28件，规范性文件备案审查5份；对36家未年检社团进行全面初查取证，按照自由裁量权标准有针对性的做出5起警告处罚，13家社会团体经过执法工作介入主动做出注销和年检行为，殡葬执法顺利完成全部处罚程序，并顺利移交法院执行。

（民政局）

**【信息宣传】** 2014年，顺义区民政局在各级各类新闻媒体刊登稿件3600余篇，其中市级以上媒体刊登1800余篇，促进民政事业全面发展。出版《顺义民政》12期，宣传民政的惠民政策、利民措施、重点工作和调研成果，深受民政对象好评。区民政局与区广电中心合办的“情动绿港”专题栏目，在社会引起较大反响，多次获得国家级和北京市的奖项。

（民政局）

## 社会救助

**【概况】** 2014年，顺义区城市低保标准由月人均580元调整为650元，提高幅度达到12%；农村低保标准由月人均580元调整为650元，比北京市农村低保最低指导标准高出90元，提高幅度达到12%。截止2014年底，全区共有城市低保对象385户506人，占全区城市户籍人口的0.14%，全年累计新增50户63人，撤销177户244人，发放城市保障金460.41万元；农村低保对象2646

户4325人，占全区农业户籍人口的1.68%，全年累计新增139户268人，撤销490户1095人，发放农村保障金2766.42万元。

（民政局）

【超转工作】 顺义区共接收超转人员736人。全年累计发放超转人员生活补助费2.1亿元。目前，顺义区在册超转人员12364名。区民政局积极落实《顺义区人民政府印发关于提高征地超转人员待遇有关意见的通知》（顺政发〔2007〕38号）及北京市人力社保局《关于北京市2014年调整企业退休人员基本养老金的通知》（京人社养发〔2014〕48号）精神，调整超转人员生活补助待遇，超转人员生活补助待遇自2014年1月1日起由月人均1330元提高到1463元，月增133元，调整幅度为10%。

（民政局）

【城乡医疗救助】 年内，本区落实市局医疗救助文件精神，扩大救助范围，提高救助标准。将原有的按季度开展医疗救助工作，缩短到按月开展工作，减少群众等待时间。全区共救助农村低保对象3345人次，发放救助金306.84万元；救助城市低保对象478人次，发放救助金50.05万元；救助低收入对象122人次，发放救助资金17.3万元；提高城乡特困人员重大疾病医疗救助比例，扩大患病病种到15类，救助比例由70%提高到75%，全年累计救助总额不超过8万元。2014年全区共救助患重大疾病的农村低保对象80人次，发放救助金36.7万元；城市低保对象34人次，发放救助金21.43万元；低收入对象33人次，发放救助资金24.73万元。

（民政局）

【大病救助】 深入开展城乡大病医疗救助，对经“一老一小”大病医疗保险、新农村合作医疗等医疗保障政策报销后，个人费用负担仍有困难且影响家庭基本生活的患大病人员，给予大病医疗救助，最高救助标准由14万提高到16万元。2014年共发放大病救助款364.17万元，救助家庭困难的大病人员507人次；在全市率先建立低收入家庭重症精神病人救助制度，设立专项救助经费增长机制。按照区、镇7：3比例给予救助，有力保障低收入家庭重症患者能够得到及时有效治疗，为维护社会和谐稳定贡献积极力量。全年累计救助535人次，拨付救助资金218.44万元。

（民政局）

【教育救助】 拓展教育救助范围、提高救助标准。目前教育救助覆盖全区低收入家庭的大一至大四学生。对低保、低收入家庭子女，当年考入大学的新生（三类本除外），给予当年全额学费救助，三类本学生给予6000元救助，同时给予一次性2000元的生活救助；对大二、大三、大四学生分别给予3600元、2400元、1800元的学费救助。全年共救助261名困难家庭学生，发放教育救助资金96.146万元，为保障低收入家庭学生顺利完成学业发挥实效。

（民政局）

【五保供养】 调整农村五保供养标准。2014年分散供养标准提高至年人均8970元，集中供养标准提高至年人均10470.6元。全区共有农村五保对象182户189人，其中集中供养101户106人，分散供养81户83人，全年累计救助五保老人2268人次，发放救助资金184.06万元。

（民政局）

【社救建房】 在全市率先尝试“以政府购买社会服务”方式建立专业机构危房鉴定机制，为本区农村社救建房工作提供科学理论支持。此项机制利用专业机构、专业队伍和专业鉴定仪器，对申请家庭房屋进行危旧程度鉴定和建后工程验收，为科学救助及救助成效奠定坚实基础。全年为93

户符合救助条件家庭进行房屋翻建维修，发放救助资金431.55万元。

（民政局）

**【临时救助】**提高困难人员临时救助标准，对一般救助对象给予500至1000元临时救助；对重点救助对象给予1000至5000元临时救助；对特殊救助对象给予5000至10000元临时救助。2014年发放临时救助资金20.92万元，累计救助375人。

（民政局）

**【民生保险】**年内，投入400万元为辖区内人员投保自然灾害公共责任险、行政区域公共责任险、低保人群意外险、见义勇为救助责任保险，其中5994名低保对象享受低保人群意外险、78名见义勇为人员享受见义勇为救助责任保险、96442户家庭享受农房家财保险。

（民政局）

**【流浪乞讨人员救助】**年内，共救助流浪乞讨人员1012人，继续保持救助合格率100%，确保全年安全无事故。一是深入开展专项救助。制定十八届四中全会期间和严寒天气集中救助方案和应急预案，开展联合集中救助巡视工作，加强重点区域的监控，维护区域稳定。二是做好日常救助工作。为救助人员提供理发、洗澡，换干净的衣物等热情周到的服务。三是做好卫生防疫消毒工作，制定火灾预警方案，定期演习，妥善处理各种突发事件。四是针对救助人员实际情况，分类施救，快速处理，做好流浪乞讨人员安置工作。五是积极争创国家三级救助管理机构。

（民政局）

# 社区建设

**【概　况】**一是顺利完成13个“六型社区”创建工作。各社区认真对照“六型社区”创建标准，查找不足，积极采取整改措施，通过开展“六型社区”创建工作，各社区社区环境、基础设施、社区服务得到全面提升。此外，区财政拨付750万元用于开展“六型社区”创建工作，完善社区软硬件设施，开展社区活动、购买服务项目，并给予2012年和2013年成功创建的36个社区每个社区5万元奖励经费，共计180万元，有效保证“六型社区”创建工作顺利开展。二是开展农村典型示范社区创建工作。2014年有7个社区成功争创北京市“农村典型示范社区”，涉及南法信、南彩、龙湾屯、赵全营、北务、木林、北小营7个镇。各申报社区着力创新管理体制，完善服务体系，发挥村民主体作用，切实解决一批农民最关心的问题。通过开展创建活动，农村社区基础设施日趋完善，制度更加规范，服务更加便捷，受到村民的好评。三是出台建居工作意见。在广泛征求基层和各部门意见的基础上，出台《顺义区关于建立城乡社区居民委员会的意见》，明确建居原则，建居主体，建居流程，建居措施等，有效保证建居工作主体明确，流程清晰，责任到位。

（民政局）

**【社区服务总中心】**截至2014年底，顺义区社区服务总中心共有服务对象670名，其中休养员220名，孤残儿童111名，救助服务对象339名。工作人员147人，2014年被共青团顺义区委评为“青年文明号”；

被顺义区妇联评为“巾帼文明岗”称号；有10名养老护理员在孝星评比活动中被命名为“孝星”。投资约5200万元新建一栋400张床位的休养楼，工程2014年3月正式开工，于2014年底顺利竣工。投资约598万元用于新休养楼设备设施的购置；投资约290万元对原休养楼和餐厅设备设施进行更换，满足服务对象文娱生活。同时积极争取市级福彩资金603万元用于2号休养楼卫生间和原休养楼维修改造工程。做好养老服务工作。打造结对尽孝心、服务见关心、交流做知心的“三心”服务。加强医养结合，提高服务水平，中心医务室作为北京市医保定点和新农村合作医疗机构，为老年朋友提供医疗保障。积极解决适龄儿童入托、入学问题。15名儿童上小学，3名儿童到幼儿园接受学前教育。

（民政局）

**【96156服务】** 一是完善本区社区服务平台标准。相继出台《顺义区96156服务队伍准入标准》、《顺义区96156社区服务队伍管理规定》、《顺义区96156服务商发展基本流程》、《服务商签约（协议）》等7项规章制度。二是提升社区服务信息化水平。积极督促各镇、街道完成网站信息录入工作，全区14家网站共采集信息10050条。及时更新政务咨询信息，完成区中心和13个街镇社区服务中心189系统政务咨询信息的更新工作，共更新信息100余项。三是推动公共服务进社区。开展2014年度“96156——温暖社区，乐游冬日”两节服务。组织13家社区服务中心在两节期间开展形式多样的两节服务活动。民政局社区服务办特申请专项资金开展便利服务送温暖和京郊旅游送欢乐两项主题活动，为特殊群体发放亲情服务卡450张，为优秀的社区义工办理“2015年京津冀旅游年卡”120张。四是丰富社区公益服务项目。发放调查问卷，充分了解社区居民需求，打造一系列精品课程，开展社区大课堂1630节次，受益人群约6万余人次。与链家地产合作开展“在您身边十万小时”大型社区公益项目之爱·满城—“爱心图书馆”图书募集活动，共捐赠图书500余册。五是扎实做好社区便利服务。拓展社区服务项目范围。经过积极运作和协调，帮助石园街道开通社区服务小呼叫。2014年，共有加盟服务商22家，96156社区服务热线共接单18216张，其中服务单2300张，咨询单15916张，回访率100%。

（民政局）

**【社区义工】** 截止到12月底，全区共发展注册社区义工40375人，全区现有义工分会25个，工作站359个，主题服务队伍1103支，受益群众89.6万人。我区4个义工组织、2个义工优秀项目、9名义工代表获得市级表彰，区义工联的六大主题活动项目获得首都学雷锋志愿服务特色项目荣誉称号。一是农村义工组织不断延伸。在全部镇建立义工分会和镇域内61.3%的村建立义工工作站，基本满足农村社区建设需求。二是六大主题服务项目建设。做好“春雨，春蕾，绿色，蓝盾，霞光，乐农”和“学雷锋”月、感恩母亲、迎八一拥军优属、庆中秋、“敬老月”、“志愿者日”等主题服务活动。三是专业队伍建设。9月初，举办社区志愿者服务管理培训活动，培训课程包括志愿者团队建设、项目管理体系、项目策划与文案、志愿服务记录办法解读等内容。

（民政局）

# 基层政权建设

【概　况】 一是做好第九届社区居委会选举筹备工作。采取民主测评、居民访谈、个别座谈等形式全面掌握社区居委会运行状况、“两委”干部思想动态、群众评价、居委会参选等情况。进一步规范选举流程，重点对推选居民代表、推选选委会、选民登记、提名确定候选人、正式选举等关键环节进行细化，确保居委会选举依法合规。加强选举宣传和培训，提高居民参与选举积极性，推进社区民主进程。二是招聘69名社区工作者。2014年面向社会招聘社区工作者54名；定向招聘军嫂15名，进一步充实基层社区工作力量，为社区储备人才。三是健全完善农村基层民主制度。根据《北京市村务监督委员会工作规则（试行）》（京民基发〔2013〕484号）文件精神，结合本区实际情况，联合纪检、组织部和农委出台《顺义区村务监督委员会工作实施细则》，系统规范村务监督委员会的组织设置、任职条件、工作职责、权利义务、监督内容、监督程序、工作制度和实施等要求，进一步推动村级民主监督工作法制化、制度化、规范化，提升民主建设水平。

（民政局）

# 优抚安置

【概　况】 2014年本区共接收退役士兵271人，其中城镇退伍义务兵131人（含18名进藏服役退役士兵），农村退伍义务兵105人，转业士官21人，自主就业士官14人。召开退役士兵安置动员会，邀请区人保局老师为退役士兵讲解就业形势；会后举办退役士兵专场招聘会，吸引北京首都航空有限公司、燕京啤酒、国美电器、可口可乐饮料有限公司、汇源果汁等15家企业参加，提供空中保卫、销售、驾驶员、叉车工、消防监控等50余个符合退役士兵特点的就业岗位，200余名退役士兵来到招聘现场，经过初步沟通了解，187人次与企业达成就业意向，为退役士兵迈入社会提供良好平台。2014年度应安置城乡退役士兵及转业士官共计271人，通过深入的讲解政策，32人选择政府安置工作，安排到23家区属企事业单位工作（18名进藏服役退役士兵全部安排到全额事业编制单位）；239人选择自主就业，发放自主就业补助费共计1302.8万元，安置率保持100%。加大宣传力度，鼓励退役士兵参加市、区两级学历教育，提高就业技能，2014年共有5人参加市级指定专科院校学习，13人参加区级指定院校学习。春节慰问28名生活困难退役士兵，每人发放800元慰问金，共计30400元。

（民政局）

【双拥工作】 2014年，春节和“八一”期间，区委书记王刚、区长卢映川亲自带队走访慰问驻顺部队，把总价值近100万元的猪肉、饮料、油等食物和电脑、电视等慰问品送进军营。加大为部队办实事力度，进一步改善驻区部队官兵训练、生活、学习条件，出资150万实施为部队办实事工程，帮助部队建设绿色生态营区，建造军营荣誉室，完善办公楼、礼堂、用电线路等基础设施建设等，出资684万元为武警顺义支队硬化训练场地、实施天然气改造工程。妥善安置随军家属260人，其中73人安排到企业单位工作，187人选择自谋职业，发放补助费908万元。坚持“入伍即入学、退伍即毕业”的宗旨，继续协调北京农业广播学院顺义分校，结合士兵的需求，有针对性地为400名现役士兵开办乡镇企业管理、会计等专业学历班。加强双拥文化建设，春节和八一期间送文艺演出进军营，丰富驻顺官兵文化生活。依托清明节、八一建军节、征兵等重点时段，广泛开展宣传教育活动，不断增强广大干部和社会群众的国家安全意识和忧患意识，进一步营造关心支持国防和军队建设的良好氛围。

（民政局）

**【优待抚恤】** 做好元旦、春节期间走访慰问活动，为全区4838名优抚对象发放慰问金387.04万元、发放慰问品价值154.8万元。全年共为优抚对象发放定期抚恤补助资金3747.6万元；为466名义务兵发放优待金1539.8万余元，为56名农村籍烈属发放优待金8.4万元；为全区1844名重点优抚对象发放冬季取暖补贴263.8万元。为全区1123名重点优抚对象进行免费健康体检。继续开展优抚对象危旧房屋翻建工程，共投入资金82.5万元，为15户农村籍优抚对象翻建房屋。按照顺义区优抚对象医疗减免办法，全年共办理3295人次优抚医疗减免手续，减免金额达565.95万元。开展民政“一卡通”即时结算工作，共为全区优抚对象即时结算医药费199人次，报销药费49.35万元，切实解决优抚对象医疗报销难题。2014年新认定参战、参试人员10人，使其享受相关优抚待遇。圆满完成首届烈士纪念日公祭活动和新中国成立65周年慰问；完成《残疾军人证》和《烈士证》换发工作；为民政科配备微机、精拍仪等设备；完成4800余名优抚对象档案整理和身份证扫描录入工作。

（民政局）

**【见义勇为】** 元旦春节期间，为全区78名见义勇为人员发放慰问金12.48万元，发放慰问品价值3.9万元。2014年，顺义区评定见义勇为人员4名，颁发证书及16.12万元奖励金。全年共为因见义勇为死亡人员遗属发放定期抚恤金2.35万元，为见义勇为伤残人员发放夏季慰问金5000元，为2013年评定的见义勇为人员补发奖励金16.2万元，为4名荣获“首都见义勇为好市民”“京华见义勇为奖”的人员发放奖励金6万元，为3名见义勇为家庭申请生活困难补助9000元。为全区78名见义勇为人员发放康复保健卡，提高见义勇为人员健康意识。为全区78名见义勇为人员进行免费体检。率先于全市成立区级见义勇为权益保护协会，保障见义勇为人员的正当权益。为全区70名符合条件的见义勇为人员免费办理乘车卡。在全区范围内开展见义勇为宣传进社区活动，发放宣传材料5000余份。

（民政局）

# 老龄工作

**【概　况】** 2014年共办理老年优待卡9386张，其中外埠老年人优待卡1985张。办理优待证1778张，其中外埠老年人347张。发放80周岁及以上老年人高龄津贴898.35万元，其中：80周岁及以上755.28万元，15.02万人次，90周岁及以上143.07万元；90–94周岁医疗补助86.48万元，534人次；95周岁（含百岁）及以上医疗补助23.63万元，154人次；高龄特困慰问10.8万元，180人次。

（民政局）

**【养老机构】** 截至2014年底，顺义区养老服务机构共有18家，其中区级政府办养老服务机构1家（区老年公寓）、镇办养老服务机构（镇敬老院）13家、民办养老服务机构4家，全区共有养老机构正式运营床位数3900张，在建床位数1100张，每百名老人拥有床位数3.42张；鼓励支持养老机构建设，为杨镇、龙湾屯、南彩、赵全营4所镇办敬老院的改建及购置设备争取市级资金113.6万元；为龚平生态养生园等3家社会办养老机构及2家"公办民营"养老机构下拨2013年度社会力量兴办社会福利机构市级运营资助金51.79万元，区级运营资助金34.48万元;12名低保家庭生活不能完全自理老年人入住定点社会福利机构，享受每人每月1100元的养老服务补贴;13家养老机构申报参评养老服务机构二星级评定,并全部通过评定,获得以奖代补资金共计52万元;养老服务机构综合责任保险覆盖率达100%,投保床位数为882张，申请财政补贴18.23万元。

（民政局）

**【"九养"政策】** 评选出区级516名"孝星"和500名区级"寿星"，在全国老龄办、民政部举办的全国敬老爱老助老主题教育活动中，本区三名"孝星"被评为"全国孝亲敬老之星"，区老龄办被评为"全国敬老模范单位"。全年共发放养老（助残）券1681.59万元，惠及1.6万80周岁以上老年人。发展服务商240家，实现城乡社区全覆盖。新建32个农村幸福院，全部顺利竣工并投入使用。与人保局联合招聘108名养老（助残）员。下发"小帮手"电子服务器7679部，方便老年人居家日常生活。

（民政局）

**【"敬老月"活动丰富多彩】** 一是邀请区委书记王刚、区长卢映川、副区长于庆丰等区领导，于重阳节前夕慰问养老照料中心的老人。二是由民政局长及各镇主要领导带队，对百岁老人进行上门走访慰问。三是建立百岁老人家庭无障碍设施改造工作方案及长效机制，让百岁老人及全社会感受到文明祥和的尊老敬老氛围。四是开展七彩重阳系列活动，采取政府购买服务的形式，在全区25个镇（街道）开展老年人文艺演出和健康知识讲座，直接受益人数达5000人以上，丰富老年人的精神文化生活。五是民政局、司法局以及石园街道办事处联合举办"敬老月"老年维权活动，现场发放宣传资料10大类,3000余册(张),现场解答、解决老年人维权问题13件，提高老年人维权意识。

（民政局）

**【为老服务社会化】** 两家养老照料中心建成并投入服务。一是木林养老照料中心。项目占地面积25亩,建筑面积4900平方米,项目改扩建投资414.81万元，增设70张养老床位，装修扩建厨房、餐厅、心理慰藉室、洗衣房、娱乐室，购置送餐车辆。二是杨镇养老照料中心。中心占地100亩，原有建筑3栋，建筑面积3500平方米，设有生活区和活动区用房,项目改扩建投资600万元,增设100张养老床位,装修扩建厨房、餐厅、活动室、娱乐室、图书室，安装一部电梯。出台《顺义区关于加快养老服务业发展的实施意见》（顺政发[2014]25号）。成立领导小组,召开专题会议,对北京市下发的《意见》进行分解，开展系列调研，出台配套文件，加快推进社会养老服务体系建设。90周岁以上老年人居家养老服务项项目投资486.6万元。总计为1120人提供上门服务2.5万人次，其中家政服务12.6万小时，理发5000人次，上门体检服务1100人次，对25个街、乡镇为老工作人员开展两轮共计50场精神慰藉培训，培训初级心理咨询员1200人。引入第三方评估机制，对服务质量、服务对象满意度、社会效果等进行定期评估，评估结果与购买服务结算挂钩，从而对实现服务商的管理与监督。

（民政局）

## 民间组织管理

【概 况】2014年，社会组织在发展环境、服务管理、能力建设、作用发挥等方面得到全面提升，直接登记、党建等工作取得突破进展，顺义区被民政部授予“全国社会组织建设创新示范区”荣誉称号。全区社会组织总数达1497家，其中区级登记的组织315家，各街道、镇共备案社区社会组织1182家。

（民政局）

【登记体制】 制定《顺义区社会组织直接登记管理办法》，对行业协会商会、科技、公益慈善、城乡社区服务等四类社会组织实行直接登记，完成直接登记18家，直接登记总数25家，为社会组织发展创造条件。

（民政局）

【品牌建设典型突出】评选出12家“学习型组织”、“创新型组织”、“公益型组织”等品牌，绿港社工所等4个服务站、5个服务岗被市级相关部门授予“首都学雷锋志愿服务站”、“首都学雷锋志愿服务岗”荣誉称号；京顺医院被北京市爱卫会授予全市首批无烟单位称号，形成一批可学、可看、可示范的优秀典型。

（民政局）

【政府购买社会组织服务】 购买资金大幅增加。全年共购买社会组织民生服务项目28项，支付购买服务资金达1145万元，购买服务项目内容更加全面。包括扶贫救助、扶老助残、社区建设、婚姻家庭建设、民生政策宣传等多个领域，服务居民达20余万人次。购买流程更加严谨。进一步完善购买程序、预算管理、绩效管理等环节，逐步建立购买服务的制度保障，规范购买服务工作流程，促进服务项目公示和招标程序公开。

（民政局）

【第六届社会组织人才专场招聘会】共有13家社会组织踊跃参加，提供办公室文员、教师、医生、研发、维修等120余个岗位，涉及行政、管理、服务等多个领域，招聘会当天共吸引约1730人踊跃应聘。专场招聘会连续6年累计提供工作岗位1960余个。

（民政局）

## 社会福利

【福利企业】 2014年，福利生产办公室以提高残疾人集中就业率为目标，以“保障残疾人职工合法权益”和“促进福利企业发展”为重点，发展1家福利企业，新增就业176人，办理职工变更382人次，落实福利企业优惠政策1283.77万元，全面推动福利生产工作再上新台阶。截至12月31日，全区共有福利企业71家，职工2979人，其中残疾人职工1089人。2014年，福利企业销售收入5.69亿元，利税总额3041.93万元，退税总额为2180.6万元。

（民政局）

【福利企业与国有大中型企业帮扶合作机制建立】 11月26日，国有大中型企业与福利企业帮扶合作启动仪式召开。北京顺鑫农业股份有限公司牛栏山酒厂与北京市板桥福利纸箱厂，北京鑫大禹水利建筑工程有限公司分别与北京潮白环保设备有限公司、北京富乐丰农机装备制造厂签订《国有大中型企业与福利企业帮扶合作意向书》，确立双方结对子关系。双方将根据生产经营需求，从管理、业务等多方面寻求契合点，促进福利企业集中安置残疾人的能力提升。

（民政局）

**【福利企业优惠政策】**2014年，落实福利企业优惠政策1283.77万元，包括：社会保险456万元，岗位补贴636万元，超比例安置奖励56万元，残疾人职工之家补贴135.77万元。

（民政局）

**【福利彩票】**2014年，顺义区认真贯彻中国福利彩票“扶老、助残、救孤、济困”的发行宗旨和“安全运行、健康发展”的工作方针，全年共发行福利彩票22177.42万元，其中电脑型彩票15469.09万元，即开型彩票6708.33万元，为国家和地方筹集公益金6755.85万元。区民政、财政部门立项申报29个福彩公益金项目，获批项目资金4490.895万元。

（民政局）

## 殡葬管理

**【概　况】**2014年，顺义区殡葬改革继续向纵深发展，殡葬管理体制机制更加健全，殡葬惠民服务体系初步建成，全区殡葬服务管理向“公益、绿色、惠民”迈进，取得良好社会效益。

（民政局）

**【殡葬管理体制】**一是建立三级殡葬改革管理组织。各镇、街道办成立殡葬改革组织；各村、居委会建立红白理事会。二是严格殡葬管理制度。全区统一《火化介绍信》格式，开展基层殡葬工作者的业务法规培训，提高其依法行政能力和责任意识，确保工作层层有人抓、有人管，各项工作落实到位。三是进一步规范本区农村公益性林葬公墓建设备案手续。出台《顺义区农村公益性林葬公墓建设资金补贴办法》，从公墓建设范围、建设标准、补贴金额、验收办法、完成时限等五方面予以规范。完善各镇村申报材料，增加公示一周、镇政府出具审核意见的要求。四是进一步规范本区农村公益性林葬公墓管理，出台《顺义区农村公益性林葬公墓管理资金补贴办法》，制定管理标准，给予管理达标资金补贴，解决公益性公墓后期运行缺少资金支持的问题。配合《顺义区城乡公益性骨灰安置设施管理办法》，进一步规范管理，与镇、村签定《公益性公墓监管责任书》，明确区、镇、村三级日常监管职责，确保不出现安全事故、不出现违规操作。

（民政局）

**【殡葬监管执法机制】**一是建立殡葬环境监管长效机制。建立起源头治理机制，实行丧葬补贴审批100%实地拍照核查。同时，结合治理散埋乱葬检查办法，每周对全区殡葬环境进行检查，发现问题及时整改，各镇、街道每月上报《散埋乱葬治理工作自查表》，坚持不懈抓好治理工作，形成治理长效机制。二是落实死亡火化三级核对机制。截止12月底，全区共死亡4362人。配合计生委、统计局和局优抚、社救、低保、老龄完成死亡人口数据共享工作。三是建立殡葬执法联运机制。殡葬管理所建立与公安、工商、城管等职能部门联合执法长态机制，开展清明节专项执法治理，清明群众祭扫活动安全有序。自3月23日至4月7日，全区共接待祭扫群众24.9万人次，疏导机动车3.6万辆，服务人员1.7万人次。

## 婚姻登记

【概 况】2014年，共办理结婚登记8026对，离婚登记2371对，补办结婚登记87对，补领结婚登记1720对，补发离婚证130件，为当事人和相关单位出具各种婚姻状况证明3584人次，查询档案912人次，办理收养登记15件，解除收养登记2件。自2014年3月1日起，全市免收婚姻登记工本费。2014年9月25日，涉外、涉华侨、涉港澳台婚姻登记下放区县民政局办理，截止2014年12月底，共办理涉外登记4对。积极开展结婚登记颁证服务，2014年免费为7300多对新人举行颁证仪式；12月初，开通“顺义幸福婚姻”公众订阅号，免费为71对新人制作“微喜帖”。免费提供心理咨询和法律咨询服务。全年为923对当事人提供婚姻辅导、法律咨询服务，成功调解离婚当事人79对。举办婚姻家庭进社区活动12次，参与群众达到1000余人次。成功举办首届单身青年相亲交友活动，150人报名参加。向顺义区档案馆移交2007年至2010年婚姻档案2415卷。

（民政局）

## 行政区划

【概 况】2014年，顺义区行政区划工作在抓好界线管理工作的同时，加快完善行政区划数据库建设工作，界线管理、界桩维护有序开展。一是开展行政区域界线联合检查。为加强重点行政区域界线管理，保证界线清晰完整，按照全市统一要求，开展第三次区县级行政区域界线联合检查工作。重新埋设顺怀3号界桩，完成了顺昌线、朝顺线、通顺线等五条界线的拐点坐标的测定工作。二是建立行政区划数据库。为加强行政区划信息化管理，提高行政区划管理水平，2014年，专门配置行政区划专用电脑、打印机、扫描仪、照相机、移动硬盘等设施，并安装国家地名数据库管理系统，将现有资料扫描入库，实施信息化管理，确保数据完整和正确。

（民政局）

## 民族宗教侨务

【概 况】2014年，民族宗教侨务努力维护民族团结、宗教和睦、侨界和谐的社会氛围，按照“围绕中心，服务大局，促进和谐，确保稳定”的指导思想和目标，完成了年初制定的各项工作任务，为全区经济社会建设做出了贡献。

单位名称：顺义区民族宗教侨务办公室
地址：顺义区石园北区东侧

电话：（010）69461734
邮编：101300
网址：http://www.minzqb.bjshy.gov.cn

（民宗侨办）

**【市民委领导调研】**1月21日，市民委副主任范宝、宗教四处处长丁希松、民族二处处长杨琳等5人先后到我区回民营清真寺、回民营村民特色产业街和寺上村农贸市场，调研伊斯兰教、民族村经济发展和清真饮食行业管理工作，对我区工作措施和成效给予肯定，并就加强基层骨干队伍建设、文化建设、提升民族村经济发展水平等方面提出意见和建议。

（民宗侨办）

**【参加市九届民族运动会】**区民宗侨办协调组织336人形成顺义区代表团，参加北京市第九届民族传统体育运动会的11个竞赛项目和3个表演项目，取得优异成绩。同时还被评为优秀组织奖和体育道德风尚奖。

（民宗侨办）

**【孙孟远荣获全国民族团结进步模范个人】**区杨镇一中校长孙孟远获得国务院第六次“全国民族团结进步模范个人”荣誉称号。

（民宗侨办）

**【民族村经济社会发展取得新进展】**5个民族村人均劳动所得17986.5元，同比增长8.3%，比全区人均劳动所得高1800元，比全市人均劳动所得高850元，提前完成“十二五”发展目标。北石槽镇政府被评为“乡镇主体作用发挥优秀奖”，后沙峪镇回民营村成为北京市首批国家挂牌命名的少数民族特色村寨。

（民宗侨办）

**【爱国主义教育参观活动】**6月17日，区民宗侨办组织民族宗教代表人士30人参观中国人民抗日战争纪念馆，重温抗战历史、缅怀革命先烈、弘扬抗战精神，教育大家珍惜来之不易的和平环境和安宁生活，维护社会和谐稳定。

（民宗侨办）

**【接待国宗局培训班学员】**8月8日，国家宗教局组织180名来自31个省、自治区、直辖市和新疆生产建设兵团的宗教工作干部以及伊斯兰教教职人员到回民营清真寺参观，组织接待工作安全有序。

（民宗侨办）

**【加强宗教活动场所安全监管】**区民宗侨办走访宗教活动场所13次，排查隐患8处，要求宗教活动场所及时整改。实行重要会议及宗教节日期间零报告制度，做到早发现早报告早处置。组织宗教场所负责人、教职人员、信教骨干共40余人举办消防安全知识培训会。

（民宗侨办）

**【走访慰问】**区民宗侨办在元旦、春节期间走访慰问民族、宗教界代表人士、60岁以上归侨及部分侨眷代表51户，发放慰问金共计4.37万元。

（民宗侨办）

**【60岁以上侨胞免费体检】**组织全区60岁以上华侨、归侨、侨眷、港澳同胞共计53人，其中男性29人，女性24人，在区妇幼保健院免费体检。

（民宗侨办）

**【顺义区侨务关爱资金】**区民宗侨办每年安排3万元侨务工作经费预算作为“侨务关爱资金”，用于重点节日走访慰问侨界人士、困侨帮扶救助、老年侨界人士体检及其它暖侨敬老活动支出。

（民宗侨办）

**【社区侨务工作获国家、市级称号】**双丰街道办事处马坡第一社区获得“全国社区侨务工作示范单位”及“北京市社区侨务工作示范单位”称号，空港街道办事处天房第一社区获得“北京市社区侨务工作示范单位”称号。

（民宗侨办）

**【侨务普法知识宣传月】** 11月4日至12月4日，在10个涉侨社区开展“侨法宣传月”活动。通过开展侨法宣传讲座、涉侨居委会自发编排的普法栏目剧演出、发放宣传海报、服务指南等活动扩大了侨法社会认知度及影响力。

（民宗侨办）

# 人力资源和社会保障

**【概　况】** 2014年，区人力社保以“民生为本、人才优先”为主线，坚持党的群众路线教育实践活动与年度重点工作齐抓共进，就业、社会保障、人事人才、劳动关系等工作平稳推进，促进了全区经济社会的和谐稳定发展，被授予“首都劳动奖状”荣誉称号。

单位名称：顺义区人力资源和社会保障局
地址：顺义区仓上街16号
电话：（010）89445703
邮编：101300
网址：http：//www.shyld.gov.cn

（人力社保局）

**【就　业】** 全年城镇新增就业2.3万人，完成市级指标（1.8万人）的127.97%；城镇登记失业率控制在1.5%以内；城乡劳动力二三产业就业率95%以上；连续第4年获评北京市充分就业区；开发绿色就业岗位2959个，促进2765人实现绿色就业；有就业意愿的就业困难人员实现就业578人，就业率85.25%；全区4139名高校毕业生实现就业4097人，就业率98.99%；全年累计扶持创业449人，带动就业1911人，分别完成市级指标的172.69%和238.88%，发放小额担保贷款共计584万元；开展“就业援助月”、“春风行动”、“民营企业招聘月”等专项行动，为1.6万人次提供就业服务；全年公共职业介绍机构走访跟踪服务用人单位1506户，完成市级指标（1500户）的100.4%。

（人力社保局）

**【职业技能培训】** 制定出台《顺义区关于加强高技能人才队伍建设实施意见》；试行弹性学分制和新学徒制人才培养模式；开展失业保险支持企业职工培训试点工作，认定燕京啤酒等5家企业作为首批试点单位，惠及职工1.5万人，批复专项补贴资金156万元；全年开展高级工、技师免费培训1000余人次；新增市级首席技师工作室1家，全区总数达到8家，4名优秀高技能人才获“享受市政府特殊津贴技师”称号；全年累计培训城乡劳动力1.23万人，完成全年指标（1.2万人）的102.16%。

（人力社保局）

**【社会保障】** 全年职工五项保险平均参保人数47.13万人，同比增长6%，其中养老、医疗、失业、工伤、生育保险参保人数分别达55.86万人、55万人、43.47万人、42.95万人、38.36万人；城乡居民养老保险、城镇居民基本医疗保险参保人数分别达到10.69万人和8.35万人；五项社会保险基金累计收入65.79亿元、支出33.28亿元，基金运行安全平稳；转非工作平稳开展，完成征地转非1906人、其中劳动力1174人，完成就业转非1505人；上调了养老金、伤残津贴、失业保险金等社会保障待遇标准，平均增幅10%左右；全区退休职工领取基本养老金5.08万人，月人均领取基本养老金2594元；城乡居民基础养老金、福利养老金每人每月分别达到490元和410元；

为 34 名困难职工申请一次性医疗救助金 51 万元；全年追回漏缴社保基金 133.14 万元，清理五项社会保险历年欠费 16.42 万元，未足额缴纳社会保险费追缴到位率 94.39%。

（人力社保局）

**【社保经办服务】** 全年发放社保卡 6.12 万张，出具社保权益记录 2.23 万份；推广社会保险业务网上申报系统，目前全区已有 8784 家参保单位开通网上申报业务，开通率 99.78%；推进社保缴费电子化进程，全区共完成银行缴费 6837 家。

（人力社保局）

**【高层次人才引进和培养】** 全年引进高级人才 20 人，引进非北京生源毕业生 272 人，解决专业技术人才夫妻分居 21 人，为 1145 人办理《北京市工作居住证》，引进海外高层次人才 2 人；全区创新实践基地达到 3 家，博士后科研工作站达到 7 家，市区两级资助博士后科研经费 60 余万元；开展北京市“百千万人才工程”推选工作，新增 1 名人选，全区累计达到 7 人；联合区委组织部出台《顺义区战略后备人才培养工程实施办法（试行）》，启动战略后备人才推选工作；出国培训和引智工作取得新进展，1 个出国培训项目获准立项，3 个引智项目获批列入北京市 2014 年度引智项目；全区新选聘大学生村官 254 人，合同期满大学生村官就业率达 98.2%。

（人力社保局）

**【公务员队伍管理】** 全区 31 家单位新录用公务员 105 人；规范科级干部任职管理，提拔科级干部 147 人，科级干部轮岗 288 人；开展初任培训 104 人，科级干部任职培训 86 人，开展公务员“每月一课”活动。

（人力社保局）

**【事业单位人事制度改革】** 全区 44 家事业单位新录用人员 662 人；开展事业单位科级干部培训，全区 58 家事业单位 97 名科级干部参训；开展完善事业单位管理岗位设置试点工作，重新调整岗位设置；平稳推进中小学教师职称改革和教育、卫生系统职称结构比例调整工作；与区财政局研究制定了《关于进一步完善我区事业单位绩效工资政策工作的意见》，完成 1.3 万名事业单位工作人员的工资补发及核增工作。

（人力社保局）

**【劳动合同制度】** 全区各类监控企业劳动合同签订率 99% 以上，劳动合同续订率 90% 以上；开展集体合同攻坚计划，推进工资集体协商，目前已签订集体合同 360 份，涉及职工 9.43 万人；为 82 家劳务派遣企业办理行政许可；审批实行特殊工时制度企业 298 家，涉及职工 10 万余人。

（人力社保局）

**【劳动关系调处】** 做好“无拖欠工资”工作，全年处理集体讨薪突发事件 53 起，涉及农民工 3121 人，追讨工资 5300 余万元；推行建筑施工企业劳动用工实名制管理，目前已覆盖全区 85% 的建筑企业；将调解仲裁工作关口前置、重心下移，全区建立 60 家基层调解组织，街镇覆盖率 100%；全年共受理劳动人事争议案件 4729 件，结案率 100%，调解率 50.84%。

（人力社保局）

# 人民生活

## 农村居民收入支出情况

【概 况】 根据顺义区2014年城镇居民家庭抽样调查资料显示：城镇居民人均可支配收入36428元，同比增长9.3%；城镇居民家庭人均消费性支出为20784元，同比增长10.0%。据顺义区2014年农村住户抽样调查资料显示：农村居民人均纯收入为19629元，比上年增加1926元，增长10.9%；人均生活消费支出为12453元，比上年增加819元，增长7.0%。

单位名称：顺义区统计局
单位地址：顺义区仓上街2号AMB大厦A座12层
电话：89445499
邮编：101300

（统计局）

【城市化推进农村居民就业增收】第一，工资性收入保持平稳增长是农村居民增收的主要来源。人均工资性收入为13592元，同比增长12.1%，占纯收入的69.2%。第二，家庭经营纯收入呈负增长。人均家庭经营纯收入为431元，同比下降19.1%。第三，财产性纯收入增速较快。人均财产性纯收入为2204元，同比增长25.0%，占纯收入的11.2%。第四，转移性纯收入小幅增长。人均转移性纯收入为3402元，同比增长3.5%，占纯收入的18.6%。

（丰艳婷）

【农村居民消费不断升级】顺义区农村居民八大类生活消费中，除居住、交通和通讯支出有所下降，其余六类均有不同幅度的提升，体现出本区农村居民生活质量和谐改善。其中食品消费支出4254元，增长10.3%，占生活消费支出的比重（恩格尔系数）为34.2%；衣着消费支出1013元，增长11.7%；居住消费支出2036元，下降6.3%；家庭设备、用品及服务消费支出982元，增长35.3%；交通和通讯消费支出1434元，下降5.7%；文教娱乐用品及服务消费支出1005元，增长10.3%；医疗保健消费支出1367元，增长13.3%；购买其他商品及服务消费支出363元，增长8.7％。

（丰艳婷）

## 城镇居民收入支出情况

【城镇居民收入持续增长】第一，投资环境进一步优化，经营净收入成为居民收入增长的新动力。年内顺义区城镇居民人均经营净收入3649元，同比增长18.1%。第二，网络理财产品不断推广，居民财产性收入渠道拓宽。人均财产性收入570元，同比增长1.8%。第三，最低工资标准不断上调，维持工资性收入稳步增长。人均工资性收入25747元，同比增长0.1%。

（刘艳萍）

【城镇居民消费】顺义区城镇居民八大类生活消费均呈现不同程度的增长态势，显示出顺义区城镇居民生活水平的不断提高。其中，食品类消费6916元，同比增长9.6%；衣着类消费2576元，同比增长5.9%；居住类消费1479元，同比增长1.2%；家庭设备用品及服务类消费1937元，同比增长4.1%；医疗保健类消费1764元，同比增长33.8%；交通和通信类消费3318元，同比增长12.8%；教育文化娱乐服务类消费2058元，同比增长7.1%；其他商品和服务类消费737元，同比增长13.2%。

（刘艳萍）

# 街道·镇

## 街　　道

### 光明街道办事处

【概 况】北京市顺义区光明街道办事处成立于1998年7月（其前身为城关街道办事处），是区政府的派出机构，在辖区内行使政府管理职能。对辖区内的地区性、社会性、群众性工作全面负责；对辖区内城市管理、社区建设、社会治安综合治理、精神文明建设等方面的工作行使组织领导、综合协调、监督检查的行政管理职能。管辖地域范围东至滨河南路，南至顺平快速路，西至光明南北大街，北至减河，占地面积4.12平方公里。下设15个居委会，总户数29064户，常住人口71090人，户籍人口27051人，流动人口8755人。

单位名称：北京市顺义区光明街道办事处
地址：北京市顺义区府前东街17号
邮编：101300
电话：（010）69442246
网址：http://www.guangm.bjshy.gov.cn

（光明街道）

【环境整治】制定环境建设考核办法，对社区环境建设进行“月检查、月考核、月通报”；对滨河二区400余平方米、东兴二区1万余平方米、阳光水岸1760平方米私自开垦绿地进行清理并及时补种；加大资金投入，对部分小区绿化缺失较为严重的绿地进行补种，补种面积达26787平方米；对部分社区破损设施进行集中改造，对金汉绿港商业街铁护栏及铁楼梯进行重新粉刷，并对辖区内14个公厕进行整修；依法拆除东兴二区私搭乱建60余平方米，滨河一区一层墙体自开的小门91个。

（光明街道）

【社区服务】积极推进公共服务、市场服务、社区社会组织服务三位一体服务体系。为居民提供就业、计生等13大类60余项优质高效的公共服务事项，编制完成一刻钟便民服务手册，培育了“一家亲”邻里互助服务社、小膏药志愿清理队等典型示范社区社会组织10余支并进行推广。

（光明街道）

【社区建设】完成裕龙四区办公活动用房826.37平方米改造装修；完成绿港家园、食药所、裕龙三区乐团排练室等13个社区、科室2243平方米办公活动用房改造装修工程；为东兴一区等四个社区更换护栏2000延米，维修粉刷2900平方米，为裕龙六区、裕龙四区新建总面积1167.5平方米的室外乒羽活动场地，为12个社区1410个单元门安装无障碍设施扶手，完成幸福东区车棚拆除和地面铺装工程，为社区安装路径椅92条、棋牌桌69套，粉刷维修路径椅110条，棋牌桌93套，新建、维修、更新健身器材132件；修订完善《社区居委会考核办法》、《社区工作者考核办法》和《社区工作者考勤管理办法》，编制完成《社区服务工作手册》，11个社区成功创建“七型社区”。

（光明街道）

【社区平安】一是认真做好安全生产标准化创建工作，辖区3家企业通过安全生产标准化三级创建评审工作，91家单位完成小微企业创建评审工作；扎实推进餐饮场所燃气安全、人员密集场所消防等十类安全生产专项整治行动，发现安全隐患200余处并全部整改。二是加大对辖区食品药品经营者的宣传、巡查和检查力度，120起投诉举报100%办结，行政处罚7起罚款5.5万元，行政许可受理110户，餐饮受理100余户，校园周边“魔爽烟”类食品的专项检查、违法生产经营儿童鱼肝油的工作等各项专项整治工作扎实到位。三是加强矛盾调解和信访工作力度，共处理群众来信来访12件，办理便民电话交办单86件，办理群众来电反映问题59件，开展信访矛盾隐患排查两次，调处各类矛盾纠纷321件，调解成功率为97%，未发生民间矛盾纠纷激化案件。

（光明街道）

【社区文化】认真搞好春节、元宵节等中国传统节日的庆祝活动，各社区纷纷举办邻里和谐百家宴、小车会进社区、居民同乐猜灯谜、包粽子等特色文化活动近600场；认真搞好二月新春、五月的鲜花、十月金秋、观优秀影片唱经典歌曲、残疾人体育运动会、两节期间“亲情陪伴咱爸咱妈”征文比赛、“三八”国际妇女节活动等街道特色活动，街道被评为区学习型社会工作先进单位；认真搞好对外宣传，在顺义电视台、时讯等区级媒体播发200余篇；重点培育金汉绿港“西点屋”、绿港家园“书画苑”、裕龙三民族管弦乐团等一批品牌项目和品牌团队；以4家青年汇为依托，成立双兴东区骑行俱乐部，组织梦想加油站之动漫基础课等活动192次；积极与市寸草春晖心理服务中心、京顺医院等多家社会单位合作，开设健康、科普、心理等各类内容市民大课堂200余节；新建绿港家园社区科普小屋，裕龙三区被评为全国科普社区；积极选派文体骨干参加区各类文体比赛并喜获佳绩，成功迎接首都文明区复查工作；继续深入开展家庭创建活动，向区妇联推荐和谐家庭标兵、和谐家庭、特色家庭共52户，1户入选首都最美家庭评选。

（光明街道）

# 胜利街道办事处

【概　况】顺义区胜利街道办事处成立于1998年7月，位于顺义城区中心地带，辖区范围东起光明街，西达京承铁路，南到顺平路，北至减河，辖区总面积3平方公里。辖区内有居住小区12个，设18个社区居委会。顺义区委、区政府就坐落在辖区内，还有区教委、区检察院、区财政局、仁和地区办事处等一批重要的行政事业单位。胜利街道辖区内商业、服务业、企业发达，云集了顺义鑫海韵通商场、国泰广场、顺义隆华商场、新世界百货商场等大型商场和市场，以及金百万、权金城、金兆福等大型餐饮业，同时还聚集着中国工商银行、中国建设银行、中国农业银行、太平洋保险公司等几十家大中型企业。胜利街道辖区内有东风小学西校区、建南幼儿园、义宾幼儿园、幸福幼儿园等一批重点学校。顺义区医院、顺义区中医院在辖区内。辖区内交通有“三竖”：光明大街、新顺大街、站前北街；“三横”：站前街、府前街、中山街纵贯东西南北。

单位名称：顺义区胜利街道办事处

地址：北京市顺义区新顺南大街27号

电话：（010）81484259

邮编：101300

（胜利街道）

**【清除城市“牛皮癣”】** 4月，胜利街道组建2个专项组，分片逐个清除辖区内的高空非法小广告，联系并出动高空升降车8次，铲除沿街高空非法小广告共计213条。胜利街道领导干部及18个社区的社区工作者、在职党员、志愿者、环境巡查员共计1940余人次共同参与到本次清除城市“牛皮癣”活动，共清理各社区小广告740余处，清除粘贴、喷涂式小广告81436条，社区环境整治成效显著。

（胜利街道）

**【首家“人大代表之家”挂牌】** 5月20日，顺义区首家“人大代表之家”在胜利街道办事处挂牌，区人大常委会主任胡尚云亲自授牌。“人大代表之家”的建立将充分发挥人大代表的作用，畅通代表与广大选民的联系渠道，为代表履行职责搭建平台。

（胜利街道）

**【节能宣传周活动】** 6月17日，胜利街道广泛开展以“携手节能低碳，共建碧水蓝天”为主题的节能宣传周活动。18个社区共张贴宣传海报40张，发放节能常识手册400本，发放节能灯泡400只，广大辖区居民进一步提高节能意识。

（胜利街道）

**【“志愿北京”环境志愿者注册】** 6月25日，胜利街道完成“顺义区胜利街道办事处环境建设志愿服务队”的注册，辖区18个社区完成“顺义区胜利街道办事处社区居委会环境建设志愿服务队”的注册工作。截止7月7日，各社区共有540名环境建设志愿者完成“个人志愿者”的注册。

（胜利街道）

**【清理楼门雨搭专项行动】** 6月，胜利街道组织物馨科技公司共清理辖区建北一、幸福西街、义宾街等8个社区楼门雨搭499个，清理各种杂物、垃圾6车。净化社区环境，清除 大风天气雨搭上杂物飘落砸人的安全隐患。

（胜利街道）

**【关爱流动人口】** 7月，胜利街道在辖区开展“关爱流动人口共筑和谐家园”主题宣传走访活动。18个居委会的计生专干通过上门走访的方式，针对不同对象分别讲解政策法规、优生优育、避孕节育、生殖保健等常识，共走访门店200余家，育龄流动妇女800余名。

（胜利街道）

**【粉刷老旧社区楼道墙壁】** 胜利街道投资40万元，分三期进行施工，完成辖区内7个社区548个楼门墙壁的粉刷，解决老旧小区楼道墙壁长年未粉刷，墙壁发黑、墙皮脱落等问题。

（胜利街道）

**【流动人口服务管理】** 对辖区流动人口和出租房屋进行登记备案、信息采集、信息核实、信息录入、信息注销，一是按照“谁租赁、谁负责”的原则，与房东签订责任书。二是按照“周查、月报、五见面”的工作要求，对重点出租房屋、重点居住场所、重点用工企业进行每周核查检查。三是对流动人口500人以上的服务站全部实行“一站式”办公，开设专门服务窗口，按照“一站式”办公服务标准，统一办公配置，统一公示内容，统一工作制度，统一管理台账，统一服务项目。

（胜利街道）

**【“党群 1+n”工作】** 通过建立街道、社区、党员和居民代表联系群众制度，把党员服务群众覆盖到全部社区居民，使各级党组织的工作更加近民心、合民意。活动中共建立工作组 498 个，发放联系卡 9000 余张，联系走访居民群众 8200 余次，收集意见建议 527 条，解决实际问题 372 个。

（胜利街道）

**【安装老年人便利设施】** 胜利街道出资 18 万元，为辖区 5 个无物业老旧小区的楼道一层楼梯左侧墙面安装不锈钢扶手，解决老年人上下楼不便的“一米之困”。

（胜利街道）

**【“六型社区”示范社区创建验收】** 胜利街道以创建“六型社区”为契机，在龙府、红杉一品和永欣嘉园 3 个社区，对照“干净、规范、服务、安全、健康、文化”六个方面的要求，将 222 项具体考核标准逐一落到实处。年内，3 个社区均以优异成绩通过全市“六型社区”示范社区的创建验收。

（胜利街道）

# 石园街道办事处

**【概　况】** 石园街道办事处成立于 2005 年 3 月，位于顺义城区南侧，距顺义中心区 2.5 公里，辖区总面积 9.6 平方公里。辖区东至燕京啤酒集团东侧，南至林河工业开发区南路，西至京承铁路，北至顺平快速路。石园街道办事处为顺义区政府派出机构，设 13 个社区居委会，辖区内总户数 2.23 万余户，常住人口 6.3 万余人，流动人口 1 万余人；辖区共有党总支 9 个，社区党支部 22 个，非公企业党支部机关党支部 1 个，共有党员 1735 人，是一个集党政办公、工业基地、为老服务、生活休闲于一体的综合区域，辖区有顺义区民政局、药品监督管理分局、老干部局、劳动社会保障局等单位；有燕京啤酒集团、现代汽车生产基地等企业；有老年公寓及分布于各个社区的老年活动站；有餐饮娱乐、银行、邮局、社区卫生服务中心、教育机构、大型购物中心等配套服务机构。

单位名称：顺义区石园街道办事处

地址：顺义区五中路北

邮编：101300

电话：81497750

网址：www.shiyuan.shy.gov.cn

（石园街道）

**【联勤联动百人巡防队启动仪式】** 1 月 28 日，石园街道“网格化”联勤联动百人巡防队正式启动，区综治办、区公安分局、区流管中心、区城管执法监察局、区住建委、仁和派出所、光明派出所、街道有关领导以及各社区治安巡防志愿者 200 余人参加启动仪式。五辆崭新的社区治安巡逻车逐一亮相，区综治办领导对百人巡防队的成立表示祝贺。随后，到场领导为网格长发放巡逻车钥匙，巡防队队长代表发言。

（石园街道）

**【社区服务中心新楼投入使用】** 石园街道社区服务中心主体楼工程是 2010 年市区两级为民办实事工程，位于石园东区北门西侧，2012 年 6 月开工建设，2014 年 2 月 21 日正式投入使用，为地上三层结构。一层为综合服务大厅，东厅为社会保障、食品药品、劳动监察服务大厅；西厅为民政、计生、住房保障服务大厅。二层主要设置为 96156 呼叫服务和社区家政服务、社区社会组织联合会、心理调查与咨询、职业指导、社区矛盾调解与信访接待等办公场所。三层为居民活动场所，包括计算机培训室、公共阅览室、图书阅览室、社民学校、多功能厅及电影放映厅。

（石园街道）

【“道德讲堂”系列活动启动】 石园街道作为区“道德讲堂”的示范点，以群众性精神文明创建为抓手，广泛深入宣传群众身边的道德人物先进事迹。5月9日，第一期“道德讲堂”正式开讲，通过宣讲石园东区献血名人皮宗成，以及五里仓一社区王耀青的感人故事，彰显居民身边道德榜样的力量。今后石园街道将继续开展“道德讲堂”系列活动，力争将该活动形式，推广成为精神文明发展常态化的有效载体。

（石园街道）

【石园街道心理咨询室正式运行】2014年初，石园街道在新建成的社区服务中心设置心理咨询室，配备心理沙盘、挂画、测量表等常用心理咨询工具。近日心理咨询室正式运行，街道与区教育心理咨询中心合作，聘请心理咨询师每周三、周四到咨询室坐班，为前来咨询的居民进行个别心理疏导，并详细记录，为有需求的居民建立心理健康档案。此外，还定期举办大众心理健康系列讲座，围绕青少年心理健康教育、老年人心理健康疏导、婚姻家庭、职业压力、人际关系等主题逐步开展活动。

（石园街道）

【综治文化百米宣传长廊】为加强综治宣传教育，有效促进综治工作的规范化、公开化建设，石园街道北三社区设立综治文化百米宣传长廊。长廊由概述、月月说法、全民参与综合治理、你要知道的小知识、志愿者风采、社区动态、综治魔方、平安之窗八个板块组成，以百姓喜闻乐见的照片、漫画等形式宣传综治知识，为丰富居民的安全文化生活搭建新的平台。

（石园街道）

【楼门文化进社区彰显多维效益】 石园街道首批确定北三、东苑、五里仓二、港馨一区4个社区作为试点推行楼门文化建设，在深入学习、调研和征求居民意见的基础上，将居民楼大厅、电梯间、楼道等场所重新设计和规划。经过整体策划、方案征集、专家指导等环节，目前，覆盖35个楼门的563块展板已安装上墙。展板以传统文化、心灵物语、道德榜样、低碳节能、魅力新城等20多个内容为主题，使普通的楼道成为引人驻足的文化园地、知识窗口。

（石园街道）

【“学习型城市示范区”评估验收】 12月5日，石园街道迎接“北京市学习型城市示范区”考察点评估验收。市级6位专家在区学习办及街道领导陪同下，对社区服务中心一站式服务大厅、多功能会议室、图书阅览室、计算机房、心理咨询室等处室进行参观考察，听取于建波主任关于“大力开展社区教育，努力建设文明和谐新石园”的工作汇报，之后参观石园东苑社区文化楼门和西点体验教室。此次评估考察过程中，专家团对我街道创建学习型社区工作给予了充分肯定，对一年来施行“社区教育助推城镇化建设”项目取得的成果表示认可。

（石园街道）

# 旺泉街道办事处

【概 况】 顺义区旺泉街道工委、办事处成立于2007年10月13日，目前管辖8个社区居委会（西辛社区、西辛第一社区、西辛北区社区、铁十六局社区、宏城花园社区、前进花园社区、牡丹苑社区、望泉家园社区），常住户数14845户，常住人口33677人。旺泉街道位于顺义城区西部，区域面积12.81平方公里。东至京承铁路与胜利街道办事处、石园街道办事处和仁和地区办事处接壤；南至顺义区西南二环路，与仁和地区办事处接壤；西至六环路和小中河，与仁和地区办事处、南法信地区办事处接壤；北至城北减河，与双丰街道办事处接壤。街道辖区交通便利，东有京承铁路；西有六环高速路、机场北线高速路；南有顺义南二环路；北有奥运大道直通京承高速。旺泉街道以服务社区为宗旨，以全面建设“活力旺泉、平安旺泉、优美旺泉、和谐旺泉”的各项目标、任务为根本。

单位名称：顺义区旺泉街道办事处
地址：顺义区顺西路22号
邮编：101300
电话：61409508
网址：wangqjdb@bjshy.gov.cn

（旺泉街道）

【“错时”消防安全检查】2月24日晚，由街道副主任张晓芳带队，联合胜利派出所、街道综治办、城建科、监察科、社区工作科、办公室组成消防安全检查组对辖区娱乐场所、饭店进行消防安全“错时”检查。重点检查各单位的消防安全负责人是否值守到位，是否设立消防安全标识，消防通道、安全出口是否通畅，消防设施是否完好可使用，消防工作人员是否会正确使用消防器材并掌握灭火常识和逃生自救知识。检查中，发现隐患可燃物4处，现场清除可燃物1处，其中1家单位存在灭火器过期、无安全检查记录，责令其三日内整改。

（旺泉街道）

【交通秩序整治】5月23日至29日期间，旺泉街道联合区治安支队、胜利派出所、旺泉城管分队、仁和工商所针对地铁石门站C口开展集中整治黑车、黑摩的波次整治“4号”行动。活动期间共劝解教育黑车司机26人、黑摩的8人，清除出租车占道经营10辆，有效地整治黑车占路趴活、非法经营、占道经营等行为，改善地铁石门站周边的交通环境。

（旺泉街道）

【社区老年餐桌启动】6月25日，旺泉街道社区老年餐桌正式启动运行。老年餐桌由铁十六局社区为主体提供平台，由金百万餐饮集团资助并参与运营。共提供3项为老服务项目：一是爱心公益餐卡关爱“80后”项目（“80后”指独居空巢老人、家庭困难老人及行动不便的残疾老人）；二是开展公益食疗讲座活动；三是为老惠民餐饮服务。社区老年餐桌的建立，有效改善铁十六局社区以及周边社区空巢、独居老人的就餐状况，已覆盖人数100余人，深受社区老年人的欢迎。

（旺泉街道）

【共产党员献爱心捐献】6月30日至7月11日，旺泉街道组织开展2014年“共产党员献爱心”捐款活动。此次捐款活动街道机关共产党员、入党积极分子、普通机关干部以及各社区党员和群众共计426人，以现金形式捐款29211元。

（旺泉街道）

【社区环境整治】此次整治行动从10月13日开始至11月底，街道每天安排一名领导带队，协同属地城管执法队、派出所及雇请专业保安人员6名，对辖区内的非法小广告、店外经营、无照商贩经营以及挤街占道等违法行为进行联合整治。共出动执法人员30人次、执法车10辆次，劝离流动商贩15人次，批评教育8人，暂扣经营物品13件。拆除违法广告牌匾20件，整治店外经营、无照流动商贩30起，教育处罚5起。

（旺泉街道）

【为社区困难人群上门服务】 10月21至22日，街道社区服务中心联合大篷车（北京）家居装饰有限公司为辖区70位65岁以上的特困、残障、空巢老年人进行上门免费家居维护活动。先后为15户更换破旧窗纱70张；为34户检修电路并更换破损的插座60个；为6户卫生间地面瓷砖进行了防滑处理；为15户老人提供自助型厨卫清洁用品并进行了操作辅导。

（旺泉街道）

# 双丰街道办事处

【概 况】 双丰街道办事处位于顺义新城马坡组团核心区，成立于2007年10月。街道办事处现有人员50人，下设6个行政科室和4个事业科室。辖区面积29.49平方公里，东至左堤路和潮白河，与北小营镇、南彩镇接壤；南至城北减河，与胜利街道办事处、光明街道办事处和旺泉街道办事处接壤；西至小中河，与马坡地区办事处、南法信地区办事处接壤；北至向前村、荆卷村、西丰乐村和奥运水上项目比赛场地北侧，与牛栏山地区办事处和北小营镇接壤。辖区现有4个普通社区（马坡一区、二区、泰和宜园、新马家园）和8个别墅区（龙苑、金宝、华中园、恒丰、阳光、富力湾、枫桥、高尔夫），共有住户2834户，常住人口8871人，流动人口1592人，户籍人口1627人；辖区共有外籍人员86人，涉及19个国家和地区，主要集中在龙苑别墅区。

单位名称：北京市顺义区双丰街道办事处

地址：顺义区马坡镇佳和宜园30号楼

电话：（010）69406262

邮编：101300

网 址 http://www.shuangfeng.bjshy.gov.cn/cn/index.asp

（赵 萌）

【重点工程】 一是街道服务中心建成并投入使用。街道办公大楼装修改造工程于2014年2月20日正式开工，12月15日建成并投入使用，总面积3140平方米，其中“一站式”综合服务大厅面积约为111.28平方米。二是新建社区居委会建设进展顺利。1.“两限房”新马家园居委会已完成1350平方米办公用房装修，于去年12月1日正式入驻。2.“两限房”顺悦居小区，涉及的居委会、室内活动中心、托老所、老年活动站等各类用房2770平方米，已经与开发商达成协议，将于年3月20日正式移交。三是社区居委会补充用房完成购买。参加区第二批社区居委会补充用房购买工作，为马坡二区补充购买社区用房两套共计346.11平米。

（赵 萌）

【党建工作】 一是夯实新建社区党建工作基础。2014年9月，新马家园居委会成立，与此同步，街道领导班子指派优秀街道干部到该社区进行工作指导，及时成立社区党支部。同时整合党员资源，将临近未建立党支部的社区（如香悦四季、鲁能七号院等）党员转入到新马家园党支部，充实其党员力量。二是发展党员工作完成出色。严格执行《中国共产党发展党员工作细则》，2014年，根据区委组织部下达发展党员计划人数，街道工委全年共发展党员10名。三是在职党员回社区发挥作用。2014年全年，街道共接收在职党员610名。全年共有在职党员干部659人次先后参加民事调解、扶贫解困、清理小广告等活动54次。

（赵 萌）

【便民服务】 一是便民服务制度化。建立

健全基层党组织、党员服务管理及考核激励机制、直接联系群众机制、社情民意直报点机制、服务群众保障等机制；广泛开展民情大走访活动；建立街道、社区居委会、居民代表三级意见收集平台；设立“党代表”工作室、“民心室”，定期梳理汇总反映群众意见，建立上下联动、相互贯通的代理服务网络。二是便民服务规范化。社保所对重点工作建立“消账制”，建立健全详细的个人、企业等5类14种台账，实现“六清”，即：未就业原因清、家庭情况清、生活状况清、个人技能情况清、择业意愿清、招聘岗位清。利用双丰“三群两信一邮”服务平台，实现了求职人员与招聘企业进行有效对接。制定了“1+1”服务企业促就业长效机制。三是便民服务人性化。全年共办理养老助残券496人次，老年证及乘车卡195个；开展“老年健康知识讲座”10次，节日慰问活动20余人次，96156“社区大课堂”开课90余次；组织街、居两级调解排查49次，排查出各类矛盾纠纷62件；开展法制宣传活动18场，发放宣传资料8000余份，解答法律咨询25人次。

（赵　萌）

【辖区环境】 一是环境整治工作效果明显。共粉刷楼道单元门156个，清理拆除闲置报废的报箱、奶箱237个、清除经市政管委市容科认定的11家违规设置的广告牌11块、电子显示屏1块，清理门窗贴字21块，清理小广告9万余张。二是以高压态势查处违法建设。建立“社区点上监控、城建科面上巡查”的点面联动工作机制，保持查违高压态势。截至目前，共查处私搭乱建23处，其中龙苑6处、金宝9处、富力湾3处、华中园5处。三是积极开展出租房屋安全隐患排查。彻底整改了泰和宜园社区居改商用存放化妆品问题，拆除违法建设100余平米。四是养犬服务管理工作不断延伸。完成220只犬只底数调查、分布分类和建档工作。协同马坡派出所、牛山畜牧站组成犬只防疫办证流动服务站。

（赵　萌）

# 空港街道办事处

【概　况】 空港街道成立于2007年10月，辖区面积26.98平方公里，东临首都国际机场，西临温榆河畔生态走廊，毗邻朝阳、昌平两区，M15号线沿途穿过。辖区总户数1.5万户，总人口约6.3万人，其中外籍人士8000余人。辖区有16个居委会，37个自然小区，分为四种类型，即以中央别墅区为代表的高档园区22个、拆迁回迁小区5个、普通商业小区9个、企业员工聚集小区1个。共有五大类社会单位，物业公司28家、中小型便民服务类企业28家、幼儿园和小学（包含双语幼儿园、外国语幼儿园）15所、社会组织103个、共建单位19家。

单位名称：顺义区空港街道办事处

地址：顺义区裕民大街6号

电话：（010）61468720

邮编：101318

网址：http://www.kgjd.bjshy.gov.cn/index.jsp

（王　淼）

【“心桥信箱”】 裕祥花园社区在居委会入口处明显位置摆放着社区工作人员精心设计的“心桥信箱”和《裕祥社区社会治理体系居民意见、建议表》，有需求或建议的居民只需将意见、需求填表后，投入信箱即可。居委会工作人员每日开箱收集，将居民反映的各类问题整理归纳，统一汇入社区服务管理创新指标体系当中，会同相关职能部门分类进行解决。

（王 淼）

**【母亲节活动】** 2014年5月7日，空港街道万科城市花园社区开展“馨香五月，浓情万科”母亲节插花活动。活动邀请到社区巾帼志愿者曹燕担任讲师，居民们亲自动手，怀着对母亲的敬意，插出一捧寓意深刻的花束。插花结束后，社区妇女之家人员将插花成品送到社区30户病愈、空巢妇女家中，在母亲节来临之际为她们送去节日的祝福。

（王 淼）

**【老旧小区综合试点改造】** 1.绿化美化。协调大龙物业新植果树81棵、黄杨900棵、月季花6550株，形成“月季园”新景观；大面补植绿地，安装绿化提示牌18块。2.基础设施。改造路灯165盏，修整破损路面1500平方米、步道砖及树木周边的路面砖坑洼不平660平方米，更换井盖12套，添置休闲座椅15套、分类垃圾桶15组，更换供暖井盖94个。3.安防设施。升级改造南北大门，安装出入口车牌识别道闸系统；在重点部位加装高清摄像头42个；创建“四元共治”模式为社区安装单元门禁，截至目前已经安装78个单元，其中已有47个单元门正式投入使用。4.社区环境。全面粉刷32栋住宅楼137个单元楼道墙壁，粉刷楼体外立面剥落严重的3栋楼，粉刷围栏1000延米，清除小广告2536处，修补、粉刷墙面近3万平方米；集中整治楼道杂物，清除破旧自行车113辆、堆积物368件。5.停车秩序。在各楼门前安装自行车泊车架90组，在社区各主要道路设置临时停车位，将原有直停式车位改为斜停式，新增及规划车位737个，实现车位扩容翻一番。

（王 淼）

**【4项措施推进大辖区环境建设】** 1.建立健全环境服务管理体系。街道将辖区道路维护、保洁和绿化养护进行招标，由优质企业统一进行管理服务。2.完善环境综合治理执法队伍。建立由公安、城管、交通、工商、安监、药监等部门组成的综合执法队，定期对辖区存在的建筑工地、违法建设、渣土倾倒、道路及两侧设施、绿植、小广告、白色污染等环境问题进行执法。3.改善道路环境。加大环境治理资金投入，修复辖区道路设施、步行道，补种道路两侧绿化断带、缺失，提升景观程度。4.建立环境权属单位联席会议机制。每月中旬由街道牵头组织环境权属单位召开环境负责人联席会议，集中会诊辖区存在的环境问题，并协调解决。

（王 淼）

**【五项措施做好APEC会议期间辖区社会面防控工作】** 1.社会面登记防控。分阶段启动社会面等级防控，1600余名社区治安志愿者在17名社区民警的指导下，在187名社区工作者带领下，每天在园区出入口、重点部位开展巡逻防控，确保辖区安全稳定。2.舆论引导。街道投入10万元在所辖15个社区安装警务宣传栏15个，政法综治宣传栏11个，夯实基层平安工程基础；在所辖别墅区悬挂中英文宣传条幅20条，做好境外人员临时住宿登记工作。3.联合执法。组织公安、工商、城管等职能部门，在国展、花梨坎地铁站周边开展联合执法，查扣黑摩的7辆，取缔无证无照经营商户15家，规范停车秩序9处。4.重点人员管控。安保6+X模式做好重点人管控工作，做好每日管控记录，掌握日常动态。5.落实督查检查工作。街道综治办每天对所辖15个社区志愿者上岗情况，重点人员、部位管控等情况进行督导检查，确保安保各项工作落到实处。

（王 淼）

**【街道管理体制改革成效初显】** 1.落实规划到位。对辖区内的人、地、事、物、组织全权行使相关管理和服务职能，管理范围由社区拓宽到区划全范围，实现统筹地区整体发展。2. 落实保障到位。一是优化内设机构和人员编制；二是补充工作和居民活动场所；三是完善财政保障体制。3. 落实职能到位。创新城市化管理模式，转变街道职能，探索建立社会治理机制、社区动员机制、物业管理机制、社工队伍激励机制、经济发展机制等“五个机制”，初步构建了与现代化重点新城相适应的城市管理机制，辖区干部群众共享了街道改革发展的红利。

（王 淼）

**【群租违法建设联合执法行动】** 9月24日，空港街道联合派出所、城管、工商、消防、食药所等执法部门，自9:00–15:00连续6个小时对三山小区东侧原蓝天工业区内的24万平米群租违法建设进行联合执法。执法当天，累计出动人员180人次，清运堆放物20车次，拆除灯箱广告牌匾24块，清理液化气罐12个，解答维权疑问70人次。

（王 淼）

# 镇

## 仁和镇

**【概 况】** 仁和镇位于顺义城区中心，地处临空经济功能核心区、顺义新城核心区和现代制造业基地核心区，与首都国际机场零距离对接，101国道、六环路、地铁M15号线、京平（谷）快速路和京承铁路穿境而过，镇域面积54平方公里，辖23个行政村、1个社区，户籍人口4.3万人，流动人口2.5万人。2014年，仁和镇实现属地财税收入28.0亿元，同比增长15%；公共财政预算收入实现6.3亿元，同比增长34%；农民人均劳动所得达到18403元，同比增长10%。

单位名称：顺义区仁和镇人民政府
地址：顺义区顺平西路9号
电话：（010）69448391
邮编：101300
网址：www.renhe.bjshy.gov.cn

（仁和镇）

**【产业结构优化】** 2014年仁和镇共引进项目57个，协议引资额14.31亿元，注册资本4.31亿元。前进新村M15号线C地块实现顺利上市，北辰当代前进新城项目成功入驻，瑞格奥尔能源、北京银行、中投侨商、联东U谷等新兴项目也相继落户；在“营改增”的背景下全镇营业税同比强势增长72.5%，三产占比进一步提升，产业结构进一步优化。

（仁和镇）

**【企业转型】** 推动镇属企业资源整合，新兴钢丝、中科天力、首诺电气3家老旧企业完成资产重组，华旺耐火、兴福机电资产回收及处置工作妥善开展，城关服装厂周边改造工作加快推动，顺美服装、盈星纤维、捷联汽修、中光探测器董事调整工作顺利完成，中北华宇承建项目获得“鲁班奖”和国家优质工程奖，特级资质申报工作取得重大进展；华邈中药、三立车灯等4家企业成功申报北京市企业技术中心，科技创新能力逐步提升，企业内生动力进一步增强。

（仁和镇）

**【城市化建设】** 完成平各庄村一期拆迁工作，515户民宅、24户非住宅全部拆除完毕；年内与太平、前进、望泉寺滞留公产房、民宅、企业共76户签署拆迁协议，完成全部滞留户总数的57%，推动了拆迁扫尾工作进度。杜各庄、胡各庄、吴家营、梅沟营4个村全部实现上楼安置；全区关注、停滞4年的前进、太平回迁房建设问题取得重大阶段性进展；望泉寺回迁房建设规划调整方案获得通过。石门苑小区全面实施封闭工程；石门市场东侧安全隐患点彻底根除，由顺鑫农业租赁并管理该处资产，村集体收入切实增加。

（仁和镇）

**【环境整治】**将环境建设列为政府一号工程，强化“网格、督导、巡查、考核”四位一体治理体系建设。投入资金2000余万元加强镇域环境治理，整修军杜路、老北京路、望泉西路，以及庄头村、沙坨村、河南村、窑坡村道路共8.6万平方米；修缮制作太平、望泉寺、平各庄、小中河沿岸围挡近5万平方米；购置、维修垃圾桶2760个，增配保洁员至343人，全年清理西北二环、京郊顺汽配城、小中河南岸、太平、前进、北兴、复兴等处积存垃圾7.2万方；始终保持对违法建设“零容忍”高压态势，全年拆除违法建设5282平方米。

（仁和镇）

**【生态保护】**积极贯彻落实清洁空气行动计划，调整退出工业企业2家，投资1600万元实施城南供热中心煤改气工作；加快推进污水处理工作，疏挖临河村东排水沟、减河北沟等4条排水沟共计3575米；推动液化石油气下乡服务，为全镇10个村、近3000户村民换购安全合格钢罐；扎实做好平原造林树木管护工作，2630.3亩平原造林树木管护工作运行良好。

（仁和镇）

**【社会保障】**2014年实现城乡劳动力就业2025人，城乡劳动力二三产业就业率继续稳定在98%以上，连续六年获得“充分就业镇”称号；出台《仁和镇新型农村合作医疗门诊和住院大额补充医疗政策》，全年为8212人次报销医药费949.6万元；超转人员生活保障不断提升，全年共发放超转生活费524.5万元；社会救助稳步开展，及时发放低保、临时、医疗等各类救助金；保障性住房管理稳步推进，受理住房申请85件，其中49件通过区住保办审核，23件通过市住保办审核。

（仁和镇）

**【社会管理】**　切实做好流动人口管理工作，稳控全镇流动人口规模；扎实开展安全生产专项整治，共检查生产经营场所390家次，排查隐患538项，有效遏制各类安全生产事故的发生；严格落实食品药品监管制度，对镇域内用餐、涉药等单位组织检查1800余户次，保障了辖区食品药品安全；深入开展全民教育活动，全镇人口道德素质、文化素质、健康素质进一步提高；继续完善“三级信访”代理、领导接访、领导包案等信访制度，强化信访分级分类管理，历史积案得到有效化解。贯彻落实《北京人口与计划生育条例》新政，2014年共批准单独二孩准生证191份；高质量完成第三次全国经济普查工作，全面准确掌握地区经济发展情况。制定出台村级合同、财务、固定资产管理办法，坚决整治村级工作不规范问题。

（仁和镇）

**【道德模范】**成功举办了第二届道德模范评选表彰活动，各村、各单位共推荐5大类道德模范共计66人，最终有10名代表登上“寻找最美仁和人，仁和镇第二届道德模范表彰大会”的领奖台。其中，2名道德模范获评顺义区道德模范，1名荣获道德模范提名奖。

（仁和镇）

**【文体赛事】**　全年共参加市、区12项文体赛事，荣获2项市级比赛一等奖，4项区级比赛一等奖。复兴村龙舟队，2014年喜获北京市端午龙舟大赛三项冠军，已连续3年荣获北京市端午龙舟大赛冠军。

（仁和镇）

# 马坡镇

**【概　况】** 马坡镇地处顺义新城核心区，毗邻奥运水上场馆，距北京市区30公里，距首都国际机场8公里。镇域面积35.1平方公里。下辖21个行政村（已拆迁8个村），全镇户籍人口2.8万。马坡镇以坚持新城、新农村建设双轮驱动，锐意进取，扎实工作。2014年完成属地财税收入11.73亿元，公共财政预算收入4.04亿元，农民人均劳动所得19566元，同比分别增长11%、19%和10%。

单位名称：顺义区马坡镇人民政府
地址：顺成大街15号
电话：010-69403524
邮编：101300
网址：http://www.bjshymp.gov.cn

（马坡镇）

**【产业结构不断优化】** 依托新城建设，坚持高端发展，逐渐形成以高新技术产业为主导，高端制造业为支撑，现代服务业全面发展的产业格局，成功引进民生银行新城支行、爱慕电子商务科技等90余家高端、新兴、环保、低耗企业，注册资金14.3亿元。其中，注册资金1亿元以上企业6家、5000万元以上5家、1000万元以上15家。

（马坡镇）

**【企业向“高精尖”发展】** 马坡镇有阿奇夏米尔工业电子有限公司、英迈特矿山机械有限公司等14家高新技术企业；朗姿、中卓时代、亿都川3家企业为北京市著名商标企业，并获评“北京市技术中心”，“朗姿”商标正在积极申报中国驰名商标。

（马坡镇）

**【新城建设】** 2014年完成大营、肖家坡、北上坡、东马坡、西马坡、向阳6个村近2000亩土地的协议和决议签订工作，保证了区中医院等一批重点建设项目的顺利实施。63万平米西马坡政策性住房项目结构封顶，与开发商首开中晟沟通协调，保证回迁房房屋质量。

（马坡镇）

**【新农村建设】** 贯彻实施新农村建设“5+3”工程，基础设施日趋完善，在石家营、庙卷启动新民居建设。按照村民自愿、原址原建原则，力争用三到五年，完成对试点村农宅、景观、环境及市政整体改造，两村已建成新民居122户，村内燃气、自来水管线铺设完成。

（马坡镇）

**【城乡环境】** 清洁空气行动计划落实得力，聚源工业基地及北卫药业已更换为燃气炉。完成12个村143台“减煤换煤”炉具配送工作。加大APEC峰会途径京密路沿线环境整治力度，打造“农村环境亮点村”。优化生活环境，构建环境管理新体系，提升垃圾清运体系规范化水平。加强违建巡查力度，有效遏制违法建设的滋生。

（马坡镇）

**【就业质量】** 落实《关于加强职业培训提高城乡劳动力就业质量的奖励办法》，建立企业、各村书记、工作人员等多维度就业培训激励机制，提升就业服务精细化管理水平，创新就业培训模式，开办叉车、库房管理、计算机等各类培训班，全镇就业人口8473人，就业率达98.9%，实现农民就地城镇化。

（马坡镇）

【社会保障】落实城乡居民养老保险、新型农村合作医疗、“一老一小”医疗保险及最低生活保障制度等惠民政策。在全区率先统筹城乡低保标准、实行新农合二次报销，全年累计报销门诊住院8100余人次682余万元，镇政府出资二次报销670人次128万元，投资73万元，为2900余户家庭缴纳农房家财险、为1690户独生子女家庭缴纳意外伤害保险、发放高龄老人生活补助。

（马坡镇）

【城乡文明】以提升群众满意度为宗旨，推动城乡互动协调、共同发展，引导农民向市民角色转换。扎实开展文明村镇创建、非遗文化传承、马卷村“五虎棍”和衙门村“秃尾巴老李的传说”成功列入区级非物质文化遗产名录；89户家庭被评为和谐家庭、和谐家庭标兵和特色家庭，以“美丽乡村，筑梦有我”公益活动在石家营村启动为契机，宣传村庄优势资源和风土民情，弘扬社会主义核心价值观，提高地区影响力和美誉度。

（马坡镇）

## 南法信镇

【概　况】南法信镇位于首都临空经济高端产业功能区的核心区，镇域总面积20.6平方公里，下辖16个行政村，其中整建制村9个，拆迁村7个，7个村已经完成回迁。全镇总人口31566人，其中户籍人口16534人，流动人口15032人。年内，全镇总产值实现184.26亿元，同比增长7.7%；总收入实现200.15亿元，同比增长7.1%；地方生产总值实现29.22亿元，同比增长6.1%；利润总额实现12.19亿元，同比增长14.4%；属地税收实现8.86亿元，同比增长13%；公共财政预算收入实现2.65亿元，同比增长19%；农村居民人均纯收入实现20933元，同比增长8.5%。全年共引进招商项目282个，同比增长60%；总注册资金17.94亿元，同比增长157%，其中注册资金1000万以上的项目42个，同比增长133%。

单位名称：顺义区南法信镇地区办事处、南法信镇人民政府

地址：顺义区南法信镇府前街47号

电话：69472495

邮编：101300

网址：www.nanfx.cn

（胡彩霞）

【“智慧顺义”顶层设计汇报会】1月10日，北京市经信委电子政务处处长潘峰、副处长刘旭，区经信委主任郭振江、副主任宋顺杰，区政务信息办副主任、信息中心主任王永宝，地区党委书记李衍、镇长徐志国、党委副书记杨登科参加会议，会议由区经信委副主任宋顺杰主持。会上，长城战略咨询莫祯贞项目经理汇报“智慧顺义”顶层设计具体内容，党委副书记杨登科汇报“智慧南法信”建设情况，北京天下图数据技术有限公司李蔚蔚介绍3D网格化城市管理平台系统及应用。

（张艳来）

【专场招聘会举办】3月26日，南法信镇举办2014年“春风行动”专场招聘会。共有中国平安保险、北京航港之佳大酒店、北京嘉和一品企业管理股份有限公司等25家用人单位参加招聘，就业岗位涉及信息补录员、英文督导、行政前台、司机、财务等工种共计490个岗位。当天共有400余人参加招聘，其中210人现场与招聘企业

达成初步录用意向。

（陈 巍）

【联合执法清理整治北法信村市场】 4月1日，镇长徐志国、党委副书记杨登科等领导牵头，综治办、流管办、城管执法队、安全科等部门开展联合执法，清理整顿北法信村市场商户挤街占道、违法经营等行为。共出动执法人员40余人，对固定商贩进行规范管理，清理非法流动商贩，查抄违法经营、露天烧烤等商户5家，并对商户进行思想教育。

（王德富）

【"村居法律顾问"下乡】 4月4日，南法信镇开展"村居法律顾问"结对服务对接活动。组织顺义区盛堂律师事务所、顺东律师事务所等5个律师事务所共8名律师和全镇16个村委会、2个居委会结对，担任法律顾问，并现场签订顺义区"村居法律顾问"结对服务协议书。根据协议，法律顾问将为村（居）委会和村（居）民直接提供法律服务，解决老百姓的实际问题。结对律师的服务内容是"讲询调训"。

（张雪梅）

【劳动力就业培训班】 5月19日—5月29日，南法信镇组织开展为期10天的仓库保管员初级培训。培训课程分仓库管理概述、商品出入库业务、商品的存储保管、仓库安全及养护基础知识等理论课与入库单证审核、记普通帐等实际操作两部分。共有68名城乡劳动力参加培训。今年以来，我镇已开设保洁员初级、家政服务员初级和仓库保管员初级培训，共培训城乡劳动力200余人。

（沈立军）

【征兵宣传】 7月16日，南法信镇在华英园社区组织开展2014年夏秋季征兵宣传活动。活动中，共发放征兵宣传手册1000余份，同时，还在全镇16个村设置征兵宣传站，悬挂宣传条幅16条、张贴征兵宣传画报30余张。

（陶 刚）

【公众满意度调查】 南法信镇引入第三方评估机构—拓索市场咨询（北京）有限公司，对全镇16个村、2个社区、54家企业和行政服务大厅办事人员，选取抽样调查样本，通过问卷调查、电话访谈、实地走访等形式开展评估，全面获取各类人群对本镇领导班子的工作评价，对地区党委、政府的工作期望，以及对处级领导班子的意见建议。

（秦 月）

【南法信地区第四届党员代表大会第四次会议】 11月21日，南法信地区第四届党员代表大会第四次会议在镇机关大会议室举行。全镇96名党代表参加会议，会议由镇长徐志国主持。会议共分六项议程。最终经过全体代表投票选举，选举李衔同志为顺义区第四次党代会代表。

（陈莎莎）

# 李桥镇

【概 述】 李桥镇位于顺义区南端，距北京市区20公里，东依潮白河，西邻首都国际机场，距T3航站楼1公里，北接顺义区仁和镇，南接通州区，镇域总面积75.18平方公里，户籍人口3.7万，下辖31个行政村和2个居委会。京平高速、六环路等多元化的交通路网汇集此地，京承铁路纵穿全镇，地理位置优越，交通极为便利。镇域内任李路、顺通路、机场东路上有多条公交线路。2014年全镇实现二三产业总收入166亿元；完成属地财税收入13.6亿元，公共财政预算收入1.53亿元；社会生产经营性总资产124.7亿元。获得“2014年度北京市安全生产先进乡镇”荣誉称号。

单位名称：顺义区李桥镇人民政府
地址：顺义区李桥镇头二营村东
电话：（010）89426100
邮编：101304
网址：www.lq.bjshy.gov.cn

（李桥镇）

【新农村建设】 完成庄子营、李桥两个村单项改造774户，其中完成外墙保温改造面积55572.24平米，门窗改造面积9671.64平米。完成官庄、堡子、南庄头三个村13户新建翻建工程。在8个村连村路间安装152盏连村路灯，安装线路总长5960米。完成南庄头、北庄头、临清、张辛、后桥、庄子营6个村减煤换煤工程，六个村涉及农户1400户共计订购2831吨优质燃煤，1351台炉具。完成南庄头、王家场两个村街坊路维修工程23446.16平米。

（李桥镇）

【环境建设】 镇村两级累计投资1700余万元，环境综合整治初见成效。完成头二营村南围拦、绿化及铺装工程500米。完成顺通路两侧清理乱堆乱放50处、绿化整理3000平米。完成李天路樱花园路口围挡整体修复504平米。完成样板整治工作，共清理乱堆乱放1000余处，根治污水溢流157处。完成京承铁路沿线环境整治及外立面粉刷3万余平方米。完成垃圾转运站改造工程。

（李桥镇）

【劳动就业】 年内共实现城乡劳动力就业843人，其中农村劳动力544人，城镇登记失业人员就业299人，共实现城乡困难劳动力就业416人，其中农村困难劳动力就业209人，失业人员困难劳动力就业207人。

（李桥镇）

【社会保障】 完成城乡居民养老保险参保缴费9407人，其中劳动力8743人，残疾人546人，低保户118人；完成城镇居民医疗保险（一老一小、无业）参保缴费603人，完成就业转非74人。

（李桥镇）

【医疗卫生】 卫生院体检中心、功能科、传染病门诊、职工餐厅、医疗垃圾暂存站改扩建工程顺利完成，并重新设置综合门诊、功能科、中医科、体检中心、慢病科、传染病接诊室等科室位置，使医院布局更具科学性合理性，改善患者就医环境。

（李桥镇）

【司法服务】 全镇31个村、2个社区居委会实现一村一居一顾问的法律服务格局，村居律师采取“讲、询、调、训”的方式定期为基层农村、农民，提供免费的法律咨询，解决村居委会日常工作中遇到的法律难题，定期对村（居）民开展法制宣传教育。

（李桥镇）

【燃气下乡】 开展液化石油气“送气下乡”工程暨农村液化钢瓶安全隐患专项整治工作。镇财政共出资305.25万元，聘请区燃气公司统一配送并维保，集中收储并销毁废旧“问题”钢瓶12210只，从源头极大消除安全隐患，此项工程惠及全镇12210户，27000余人，惠及率达97%。

（李桥镇）

【群众文化】 4月18日，李桥镇举办首届农民健身操舞展示活动，展示活动由各村、基层单位组建的13支展演队伍200余人组成，此次健身操舞舞展演活动，进一步丰富了农村百姓精神文化生活，提升农村群众的文明素质与幸福指数。

（李桥镇）

【回迁安置】 7月23日完成洼子村回迁工作，回迁工作参与单位包括国门商务区、李桥镇人民政府、首开亿信有限公司、恒信诚业有限公司、世纪金德物业公司和洼子村委会。共157户具有选房资格，涉及693口人，回迁面积38081.87平方米。

（李桥镇）

【低保救助】 城乡低保与低收入实现动态管理下的应保尽保。全镇享受城乡低保与低收入待遇的共计255户，394人。对符合要求的6户危旧房进行维修、翻建。

（李桥镇）

【家财保险】 年内为全镇9208户家庭（其中包括低保、五保165户）每户投保了一份“农房家财险”，镇政府共补贴资金90965元。

（李桥镇）

【双拥优抚】 年内慰问优抚人员369人，发放慰问金29.52万元；做好优抚人员建房补助工作，优抚建房4户，发放资金21.6万元。为2013年度退役士兵10人发放520902元安置费。

（李桥镇）

【合作医疗】年内，共24006人参加合作医疗，缴纳参合资金776万余元。其中个人出资236万元，村代缴资金12万元，镇支持资金528万元。

（李桥镇）

【农业休闲】北京顺沿特种蔬菜基地、北京世外苑农场、北京岐山果树种植园三家园区被评为北京市休闲农业三星级园区，李桥镇被评为北京市农产品安全师范镇。

（李桥镇）

# 天竺镇

【概　况】 天竺镇位于顺义区西南端，东经116°32′，北纬40°4′。南隔温榆河与朝阳区相望，东南与通州区相邻，距市区15公里，距顺义城区10.6公里，总面积13.24平方公里。首都国际机场、新国际展览中心坐落在境内，首都机场高速公路、首都机场南线高速公路、机场快速轨道、机场辅路穿境而过，西侧有101国道、地铁M15号线，天北路连接首都机场与101国道，东南部有李天路。1992年原国务院副总理田纪云为天竺镇题词“国门第一镇”。1998年顺义县撤县设区，天竺镇亦称天竺地区办事处。现辖8个行政村，其中4个自然村，4个拆迁村，另有2个社区居委会。常住人口14312人，其中农业人口2411人，非农业人口11901人，另有流动人口14649人。2014年加快推进产业结构转型升级，全年实现地区生产总值36.98亿元，同比增长9.14%。完成属地税收19.3亿元，同比增长35%。公共财政预算收入6.1亿元，同比增长23.3%。农民人均劳动所得18181元，同比增长10.2%。

单位名称：顺义区天竺镇人民政府

地址：顺义区天竺镇府右街6号

电话：（010）80462334

邮编：101312

网址：www.tzkgc.gov.cn

（杨春华）

【招商引资】 引进北京建川股权投资中心、中托融资租赁（北京）有限公司、北京英润投资管理有限公司等企业198家，实现注册资金25亿元，其中注册资金1亿元（含）以上企业5家。新引进企业主要集中在航空、金融、商业服务、文创四大产业。万达城市综合体、智能交通总部基地和三胞集团北京战略总部基地三个重点项目有序推进。

（杨春华）

【中共天竺地区第四届代表大会第三次会议召开】 1月21日，中共天竺地区第四届代表大会第三次会议在天竺镇政府召开，出席大会的代表101人。会议听取和审查了中共天竺地区第四届委员会报告；听取和审查纪律检查委员会报告；会上各位代表对党委领导班子及成员进行民主评议。

（杨春华）

**【第十六届人民代表大会第五次会议召开】** 2月21日，天竺镇第十六届人民代表大会第五次会议在天竺镇政府召开，出席会议的代表46人。会议听取和审查镇政府工作报告；听取和批准镇财政预算和预算执行情况的报告。

（杨春华）

**【劳动就业】** 全年采集空岗信息5069个，开展技能培训1107人次，实现城乡劳动力就业1034人。

（杨春华）

**【家庭医生式服务】** 天竺镇卫生院组建10支家庭医生式服务团队，为居民提供个人健康评估及规划、慢性病上门健康指导、健康讲座等六项服务，完成签约3652户、9615人。

（杨春华）

**【环境改造】** 投入专项资金5000万元，落实六项环境改造工程。“村居改造”工程，为村庄硬化胡同5.8万平方米、铺设沥青路面2.7万平方米、翻修下水道1.3万延米、粉刷外立面6.8万平方米，为南竺园社区硬化道路、增加停车位3万平方米。“便民出行”工程，在蓝天苑、蓝海苑、南竺园等小区周边及天柱东路建设人行步道4800延米，道路绿化6000平方米。

（杨春华）

**【综合整治】** “治理违建”工程，利用两个月时间集中开展村庄环境综合整治，群众自拆和执法拆除私搭乱建4650平方米。“APEC沿线整治”工程，在机场高速路杨林出口及T3航站楼周边增加绿化面积2000平方米、粉刷外立面2000平方米。“大气治理”工程，淘汰9台共计34蒸吨燃煤锅炉，新建1座燃气锅炉房和2座小型集中供热中心，为南竺园和8家单位提供热源，供热面积29万平方米，每年减少煤炭消耗2万吨。“垃圾治理”工程，新购置垃圾转运车厢3个、增设大型铁质垃圾桶600个、果皮箱150个、发放小型户用垃圾桶7000个，拆除废品回收站5个，清理废旧金属200吨、纸制品50吨、废旧塑料10吨。

（杨春华）

# 后沙峪镇

**【概　况】** 后沙峪镇位于顺义区西南部，东临首都国际机场，南接朝阳，西壤昌平，镇域总面积42.6平方公里，下辖16个行政村（9个村已拆迁），2个社区居委会，户籍人口2.5万，是首都国际航空中心核心区的重要组成部分。2014年，完成属地财税收入9.57亿元，同比增长52%；完成公共财政预算收入2.96亿元，同比增长41%；完成人均劳动所得17930元，同比增长5%。

单位名称：北京市顺义区后沙峪镇人民政府
地址：顺义区后沙峪镇双裕大街39号
电话：(010)80496875
网址：www.bjkgc.gov.cn

（后沙峪镇）

**【经济发展】** 在不断扩大经济总量中持续优化产业结构，积极推进产业发展由一业独大向多点支撑转型升级，产业结构进一步优化，三次产业比重实现1：10：89。通过协调发展五大产业来加快“一区四中心”建设目标，突出主导产业特色，加快推动中航信、海航综合配套基地、国门一号、绿地启航、东亚创展、鼎石学校等重点项目建设。

加大招商选商力度，合理利用有限土地资源，大力引进符合地区功能定位的战略性新兴产业和总部型三产服务业，提升区域核心竞争力。积极运用现代经营理念和管理方式培育发展新型业态，促进传统产业提档升级。加强生态环境保护，以罗马湖、温榆河生态环境建设为载体，规划发展各类商业服务设施，努力建设京郊时尚休闲旅游区。

（后沙峪镇）

**【基础设施】** 府前街、安富街景观提升工程基本完工，街道优美形象初步显现。裕丰路和双裕街西延两个市政工程正在办理前期手续。中航信外部电力工程已完成方案设计并获得区发改委立项批复。北师大附属实验中学顺义分校项目及周边环境整治工程已列入区重点实施计划。

（后沙峪镇）

**【教育事业】** 北京四中顺义分校、北京实验二小顺义分校合作办学深度继续加大，办学条件、师资水平显著增强。后沙峪第一、第二幼儿园和董各庄村办园招生能力、办学质量不断提升，学前教育入园压力得到有效缓解。北京鼎石学校、新京华学校、舞蹈学校等民办学校不断发展，满足地区群众不同的教育需求。

（后沙峪镇）

**【医疗卫生】** 扎实做好传染病防治工作，全年免费接种各类疫苗约5000针次。配合区疾控中心对各村养禽户进行禽流感病毒监测，未发现情况。为罗各庄村和董各庄村两眼井安装水质消毒设备，饮用水质量明显改善。组织各村、企业、双管单位无偿献血29000毫升。建筑面积19.3万平方米的友谊医院顺义院区选址本镇，拟设置病床1000张。

（后沙峪镇）

**【社会保障】** 新农合参合率连续八年达100%，为近8000人缴纳参合资金260万元，完成各类报销2.9万人次。连续三年对本镇劳动力缴纳社会保险进行补贴，累计投入近3000万元。为全镇低保家庭发放救助资金18万元，完成重特大病及大病救助650人次，发放救助资金150万元。全面落实“九养”政策，养老助残服务单位增至9家，全年为60岁以上农村经济组织成员发放灿烂夕阳生活补助金255万元。

（后沙峪镇）

**【就业工作】** 实现劳动力新增就业1112人，超额完成全年指标任务。对534人进行劳动力技能培训，发放奖励资金16万元。成功调解劳动纠纷45起，帮助追回拖欠工资400余万元。与70家企业签订“一企一卡”预约服务制合作协议书，西田各庄村、铁匠营村、枯柳树村被评为区级充分就业示范村。

（后沙峪镇）

**【文化生活】** 加强体育文化基础设施建设，改造董各庄村文化活动中心；为枯柳树、西田各庄和回民营3个村安装健身器材150件，新修建村级专业篮球场1800平方米。配合演出团体做好星火工程下乡演出，使群众不出家门就能欣赏到专业表演，全年共组织演出23场，5000余人到场观看。

（后沙峪镇）

**【社会治安】** 加强矛盾调处和信访积案化解，严格落实领导包案责任制，重点信访问题得到有效化解。深化“网格化”治安防控体系建设，辖区治安环境明显好转。全面完成企业安全生产标准化创建工作，全镇企业安全生产管理水平迈上新台阶，全年未发生一起重大安全生产事故。实施食品药品监督管理放心工程，共办理食品流通和餐饮服务许可133件，纠正违法行为500余起，取缔无证经营商户132家。

（后沙峪镇）

【生态环境】 结合迎接建国65周年和APEC会议保障等重点工作，深入开展环境专项整治行动，高标准完成机场北线回民营桥两侧和古城村北环境整治工程。城镇管理运营能力显著提升，环境难点问题有序解决，高质量完成市区挂账脏乱点整治192处。全面实施清洁空气行动计划和水污染治理工程，生态文明建设有效加强，对吉祥工业区、美驰门窗、国家发改委培训中心等不符合排放标准的燃煤设施进行拆除。

（后沙峪镇）

# 高丽营镇

【概 况】 高丽营镇是《北京城市总体规划》、《顺义新城规划》确定的重点镇，位于顺义西部，处于临空经济区和温榆河绿色生态走廊的延展区域。镇域面积61.1平方公里，下辖25个村和1个居委会，常住人口3.2万人，其中户籍人口2.7万人。2014年全年实现属地税收6.47亿元，同比增长29%，公共财政收入2.16亿元，同比增长41%。

单位名称：北京市顺义区高丽营镇人民政府

电话：69455951

邮编：101302

网址：www.gaoly.bjshy.gov.cn

（高丽营镇）

【精神文明建设】 立足促进地区和谐稳定，围绕全镇中心工作，在市级以上报刊等媒体刊发稿件445篇，在区级电视台等媒体刊发稿件125篇，镇办《高丽营时报》出版8期、印发8万份，有效发挥正确舆论的导向作用。隆重表彰13名在“孝老爱亲、诚实守信、爱岗敬业、助人为乐”方面表现突出的“最美高丽营人”、“和谐家庭”评比活动。南郎中、二村、六村、唐自头、北王路五个村获得“首都文明村镇”称号。

（高丽营镇）

【统筹推进产业转型】 雅昌文化项目即将竣工投产，新疆有色集团项目一期基建基本完成，圆通速递总部及电子商务项目和光华纺织改扩建项目加快推进。于庄一期商品房项目顺利开盘，二期高端住宅项目及配套设施已开工。产业用地开发取得新进展，首旅华龙和北控物业项目产业用地即将上市。

（高丽营镇）

【服务企业 资源整合】 金马工业园联盛路新建、污水处理站改造、锅炉房煤改气等工程全面竣工，协助企业争取文化创意等各类扶持资金1129万元。累计盘活闲置土地196亩，吸引投资5.2亿元，新注册企业131家，注册资金5.94亿元，建立园区资源管理台账，完成村级集体资产经营情况调查。

（高丽营镇）

【公共设施建设】 高丽营二中新建项目全面启动、高丽营第一幼儿园迁建项目获得市发改委批复、中心区滨河公园项目、供热中心项目手续进展顺利。

（高丽营镇）

【水系治理取得成效】 配合区级部门完成方氏渠河道治理项目，西北沟改造、南郎中雨洪利用工程通过竣工验收，高丽营循环水务项目（金马工业园－东马各庄村）获得区发改委批复。

（高丽营镇）

【环境治理】 投资1375万元完成区镇两级环境整治台账，“四项创评”机制更加完善，村级环境实现月检查季考核，累计投入奖补资金500万元；完成1246亩“平原造林工程”，年度完成绿化1273亩。

（高丽营镇）

【“新农村”惠民政策】 农宅节能改造、优质燃煤替代、“液化气下乡”等计划任务全面完成。村级文化广场、节能路灯安装、乡村公路大修等工程全面落实，群众生活更加便利。

（高丽营镇）

【民生保障】 劳动力二三产业就业率保持98%以上，职工权益切实维护，医疗保障机制不断完善，“新农合”参合率保持100%，镇级“新农合”二次报销实现门诊、住院全覆盖。养老救助切实加强，“新农保”、低保、优抚等各项政策全面落实，镇级无保障老年人生活补贴、高校新生助学奖励及时发放。保障性住房申请、群众体育工作扎实开展，农村独生子女家庭奖扶等政策全面落实。

（高丽营镇）

【社会治理机制】 综合巡控机制高效运行，多部门联合履职效率进一步提升，全年累计发现处置各类违法违规行为700余件次，清运垃圾渣土2330余立方。始终保持打击违法建设高压态势，国土部第14次卫片14宗违法占地全部拆除，新增违建、占压土地行为有效遏制。

（高丽营镇）

【群众文化活动】 围绕“中国梦”主题，坚持践行和弘扬“社会主义核心价值观”，以戏曲文化进校园、红歌传唱、书画笔会、广场舞等形式，创新开展“二月新春”等文化活动，群众文化生活进一步丰富。

（高丽营镇）

【循环水务项目推进】 项目总投资2000万元，对金马工业区及东、西马各庄村排水进行治理，实现污水收集、畅通排水和水资源高效集约循环利用，改善园区及周边村域防洪条件和生态环境。截至2014年底已取得规划、土地、环保等部门复函。

（高丽营镇）

【网格化信息机制】 综治办、流管办等职能部门共同参与设计制作电子化信息系统，以信息化手段对全镇129个网格的流动人口、出租房屋、矛盾纠纷、违法建设、安全隐患、治安警情等20余项重点工作信息进行实时采集、快速处理、整改追踪、分析监督，以达到“第一时间发现、处置、解决问题”的效能目标。

（高丽营镇）

【养老补助】 镇财政拨款为镇域内老人发放养老补助，70–79周岁以上老人每人每月50元，80–89周岁以上老人每人每月100元，90周岁以上老人每人每月200元。2014年1月至11月底，共有1555名老人享受到了此项政策。

（高丽营镇）

# 杨　镇

【概　况】 杨镇位于北京市顺义区潮白河以东，是顺义东部九镇中心，是北京市42个重点发展小城镇、顺义新城规划的重点镇之一；镇域面积96平方公里，下辖42个行政村和4个居委会；顺平路、白马路、木燕路纵贯杨镇区域，是华北地区主要的交通枢纽。驱车20分钟可到首都国际机场，15分钟可到六环路、M15号地铁线、顺义火车站及顺义城区，10分钟可达水上奥运场馆。2014年，杨镇围绕“打造经济新引擎、实现新型城镇化”的目标，扎实推进“一园、两区、三组团”建设，调结构、促改革、惠民生。

单位名称：顺义区杨镇人民政府
地址：顺义区杨镇府前街 3 号
电话：（010）61451287
邮编：101309
网址：www.yangzhen.bjshy.gov.cn

（虞天娇）

**【“送图书下乡”】** 1月16日，杨镇组织开展“知识给人力量 阅读引领未来”送万册图书下乡活动。此次活动共送出图书3300册，音像制品720份，内容涉及政治、安全、少儿科普、农业、科技等多个方面，基本满足广大农民朋友的读书需求。

（虞天娇）

**【第四届杨各庄“药王节”庙会】** 正月初六，北京市非物质文化遗产—杨镇一街龙灯会、曾庄大鼓、红寺小车会等精彩文化活动拉开顺义区第四届杨各庄“药王节”庙会的序幕。演员们技艺精湛，展非遗风采，丰富群众的业余文化生活，增添喜庆祥和的节日气氛。

（虞天娇）

**【“迎新春 促就业”春风行动专场招聘会】** 3月13日，杨镇在大市场开展“2014年春风行动”专场招聘会。来自顺义城区、李桥镇以及本镇等地的22家用人单位，为563位应聘者提供315个岗位，现场达成就业意向330人，促进杨镇的就业与再就业工作。

（虞天娇）

**【“新京报 绿行动”大型植树公益活动】** 3月30日，由新京报主办、杨镇协办的“新京报 绿行动”大型植树公益活动在杨镇举行。本次植树活动共有365人参加，其中，年龄最大的66岁，最小的3岁，栽植树木共计930棵。

（虞天娇）

**【全民健康徒步活动】** 9月18日，杨镇在汉石桥湿地开展以“我行动、我健康、我快乐”为主题的全民健康生活方式徒步活动，倡导和传播“日行一万步、吃动两平衡、健康一辈子”和“全民健身、人人参与、人人受益”的健康生活理念。全镇46个村（居）民共计320人参加。

（虞天娇）

**【副市长林克庆到杨镇调研】** 10月22日，副市长林克庆到顺义区调研农村地区减煤换煤工作开展、现代农业节水示范区建设实施方案制定情况。副市长林克庆一行来到杨镇北京天济亿龙煤炭经销中心，详细了解企业生产、销售、配送情况，听取杨镇党委书记姜蒙关于杨镇地区优质燃煤配送、炉具订购安装情况汇报，并给予充分肯定。

（虞天娇）

**【北京市非遗“杨镇一街龙灯会”得到传承】** 12月26日，“杨镇一街龙灯会”传承单位揭牌仪式在杨镇中心小学举行，并确定杨镇中心小学作为传承单位。为保护和传承好“杨镇一街龙灯会”，在顺义区文委的大力支持下，杨镇高度重视，认为杨镇中心小学师资力量雄厚，教学设备完善，决定将其作为“杨镇一街龙灯会”的传承单位。

（虞天娇）

## 赵全营

**【概　述】** 赵全营镇调结构、促改革、惠民生，全年主要开展了五项工作，一是大力推进环境治理与生态文明建设，城乡环境得到新的改善；二是结构调整与产业转型升级加快进行，经济发展质量和效益不断提升；三是坚持全面统筹、协调推进，新型城镇化承载力水平不断提升；四是各项惠民政策措施有效落实，民生服务持续改善；五是扎实深入开展党的群众路线教育实践活动，政府工作作风切实得以改善。全年实现属地财税收入4.5亿元、公共财政预算收入1.3亿元、社会经营性总资产94亿元，分别增长35%、50%、28%。农民人均劳动所得完成17000元，同比增长10%。

（瓮福文）

单位名称：顺义区赵全营镇人民政府
地址：顺义区牛板路101号
电话：60432871
邮编：101301
网址：www.zhaoqy.gov.cn

（赵全营镇）

【环境整治】 协调城管、公安、食药等部门开展联合执法，依法清退整治全镇11个村、130余户泔水猪养殖户。坚决治理违法建设，成立打非拆违巡查执法队，联合城管、派出所等部门，全年处理违法建筑219宗，实施拆除28宗、40954平米，恢复耕地157亩。针对集贸市场、背街小巷、主要街道等重点区域，清理乱堆乱放200余处、各类积存垃圾600吨、边沟3000余延米、非法小广告500余条。全面落实清洁空气行动计划，对企事业单位进行污染物排放检查，淘汰燃煤锅炉30吨。

（瓮福文）

【招商引资】 全镇引进注册资金50万元以上的项目70个，注册资金达4.7亿元，其中注册资金500万元以上项目25个，在数量、规模、质量上均比去年同期有很大提高。

（瓮福文）

【新农村建设】 板桥回迁房项目进展顺利，项目总占地11.74公顷，总建筑面积27.53万平米，总建筑26栋楼，目前全部完成主体施工。深入推进农村减煤换煤，液化石油气下乡惠及7019户、2万余人。完成7个村优质燃煤替代工程，共发放炉具846套、燃煤958吨，项目补贴202万元。完成630户农宅节能保温单项改造工程及45户新建翻建工程，农村居住环境进一步改善。加快路网改造，全年大修公路5条、总里程6400延米，修补破损路面3500平米，改建西水泉桥。农业发展能力持续提升，现代农业万亩示范区建设基本完成，成为首都现代农业发展新亮点。

（吕建超）

【就业服务】 有针对性地投放就业信息，实现推荐就业350人，完成全年任务的130%；创新与企业联系机制，建立“企业就业信息平台”，开发就业岗位1800个，完成全年任务的106%。征地转非、就业转非指标均全部完成。实现绿色就业100人，完成全年任务的100%。

（瓮福文）

【社会保障全覆盖】 农民参合率为101.7%。社会救助力度逐年加大，为低保、优抚等民政对象发放各类补贴306万元。为132户群众办理保障性住房审批手续。为解决学生上下学乘车问题，给予本镇户籍、在本镇学校就读的学生发放交通补贴12.8万元。

（吕建超）

【加大投入让孩子享受正规教育】 协同区教委及相关部门依法平稳清理全镇8家非法幼儿园，净化办学环境。完成去碑营、西小营、解放3所村办幼儿园建设，新建小官庄、豹房等4所村办园。同时深入开展校园周边环境整治行动，投资25万元在赵全营小学北面新建2400平米停车场，投资16万元整修中学周边道路。

（瓮福文）

【《村规民约》修订完善】 推广《北郎中村实行村民自治，营造和谐发展环境》的先进经验，目前全镇25个村已全部完成对《村规民约》的修订完善，实现村民的自我约束、自我管理，促进维护农村社会和谐稳定。

（瓮福文）

# 牛栏山镇

【概　况】牛栏山镇位于北京城东北部，东邻潮白河，北接怀柔区，距顺义城区9公里，距北京市区35公里，距首都机场15公里，是“京郊八大古镇”之一。101国道、昌金路和京承铁路贯穿全境，顺安北路、富北路、牛富路交织成网，交通便利。所辖20个行政村，总面积31.4平方公里，年内完成属地财税收入15.9亿元，同比增长41%；完成一般公共预算收入3.89亿元，同比增长25%；实现地区总产值232.6亿元，同比增长21%；完成人均劳动所得17030元，同比增长10.9%。年内荣获“首都城市环境建设样板单位”、“全国落实建会三年规划先进集体”、“北京市第三次经济普查先进集体”等荣誉称号。（牛栏山镇）

单位名称：顺义区牛栏山镇人民政府
地址：牛栏山镇府前街9号
电话：（010）69411036
邮编：101301
网址：//www.niulsh.bjshy.gov.cn/

（牛栏山镇）

【生态环境】年内，牛栏山镇投资1050万元完成康乐小区锅炉房煤改气项目和二三产业基地供热中心燃煤锅炉改造工程；完成10个村、5287户的“减煤换煤”工程。推进顺义区牛栏山（金牛山）生态修复景观提升项目。启动官志卷村、芦正卷、相各庄村污水改造工程；顺利完成南水北调工程水源引入潮白河水源地工程沿线地上物拆迁清理工作，并完成牛栏山段主要渠道施工。完成831亩平原造林工程圆满，栽种各类树木约44000株。

（牛栏山镇）

【城市管理】年内牛栏山镇投资1570万元，实施牛栏山市场升级改造项目和相各庄便民市场项目；继续开展“五项创评”活动，参评户达到5494户；对重点区域进行道路硬化、粉刷墙壁，规范广告牌匾、围挡，市容环境得到明显改善；整治游商散贩、“黑车”占道趴活、环境死角、无照经营等问题，累计出动执法车辆75辆、执法人员213名；拆除26处违法建筑；全面遏制盗采砂石行为。

（牛栏山镇）

【环境建设】在“四村一社区”推进生活垃圾户分类、保洁员统一入户收集、镇统一运输、区统一处理的农村生活垃圾规范处理试点工作；采取政府购买服务的形式，通过招投标聘用空港物馨科技有限公司，负责镇域道路清扫保洁、公厕管理和各村建筑垃圾、灰土清运。荣获首都城市环境建设样板单位。

（牛栏山镇）

【社会保障】牛栏山镇为城乡无社会保障老年人发放生活补贴85万元；救助款555.87万元。成立关爱启智职业康复站，完成111户残疾人无障碍改造指标；建设覆盖全镇的“一刻钟就业服务圈”，搭建招聘会、绿色就业、信息发布三个平台，城镇新增就业1882人，就业率99.3%，二三产业就业率达97%，人均工资性收入增长12%。

（牛栏山镇）

【社会事业】年内，牛栏山镇投资610万元，新建第三医院综合楼及康复中心，顺利完成与北京市中医医院顺义医院的紧密型医联体建设。为122名考入专科以上院校学生发放奖励资金共计40万元。

（牛栏山镇）

【项目建设】牛栏山镇工业区桃李二期、港荣二期标准厂房项目顺利竣工。14-04-

08(局部)工业用地已取得市政府征地批复；嘉民物流拟盘活海达尔，新设立“北京嘉顺物联网科技有限公司”，项目总投资6.4亿元，已获得北京市商务委批复。

（牛栏山镇）

**【基础设施建设】** 顺利推进下坡屯回迁社区电力管网工程。依托新城规划，着力抓好供热中心、110KV变电站、再生水处理厂工程前期手续办理。府前街道路及市政设施改造工程进展顺利，目前该段路线已实现通车。北木路平改立工程、站前北街延长线（牛栏山段）、牛山三路3条道路工程加快推进。

（牛栏山镇）

**【新农村建设】** 投资692余万元，实施先进村、官志卷村、龙王头村等7个村的田间路改造项目，道路总长9565米。圆满完成液化石油气下乡便民工程，涉及辖区内17个未拆迁村6503户，置换废旧钢瓶6459个。新建先进村太阳能浴室，现全镇太阳能浴室达9座。完成农宅新建翻建50户，单项改造保温1051户，门窗改造448户。

（牛栏山镇）

# 南彩镇

**【概　况】** 南彩镇西临潮白河，是顺义城区的东大门，居顺义区中心位置。镇域面积57.6平方公里，辖26个行政村和1个社区，总人口3.7万人。在北京市新城规划中，南彩镇不仅是北京市“两轴、两带、多中心”东部产业发展带的重要节点，同时也被定位为顺义新城河东新区和北京市新城规划预留地。2014年，各项经济指标快速增长，重大项目进展顺利，产业转型升级稳步推进，新农村建设不断深化，社会各项事业蓬勃发展。

单位名称：顺义区南彩镇人民政府

地址：顺义区府前东街延长路47号

电话：（010）89477031

邮编：101300

网址：www.nancai.bjshy.gov.cn

（刘海军）

**【重点项目引进】** 年内招商引资工作成效显著，共引进注册企业89家，总注册资金7.8亿元，实现税收5000万元。

（刘海军）

**【新农村建设】** 实施左堤路扩宽改造工程、九王庄公交首末站工程，对北彩路、顺义至王四营等6条道路的电力改造工程，完成2270户农村家庭外墙保温、门窗改造工程及农宅抗震改造工程。

（刘海军）

**【生态环境】** 高标准实施平原造林6056亩，林木覆盖率达40%。对彩园产业基地、南彩卫生院、南彩学校进行煤改气工程。

（刘海军）

**【就业培训工作】** 推荐农村劳动力就业、城镇失业人员就业达到1400人，举办各类就业培训班36次，培训人数达905人，全年就业率始终保持在98%以上，同时加大就业转非宣传力度，全年就业转非150人。

（刘海军）

**【社会保障】** 推进新型农村合作医疗，参保人员达21646人，报销8753人次，报销金额达1500万元，同时为8550名城乡居民办理养老保险。投入9.4万元，为全镇4660户独生子女家庭投保意外伤害险，为730名育龄妇女投保两癌保险，帮助90户镇内家庭申请公共租赁住房。

（刘海军）

**【人大建议落实处】** 人大提出《关于左堤辅路安装路灯的建议》被评为“2013年度

顺义区优秀代表建议”。左堤辅路位于镇西侧，紧邻潮白河，南起永久桥，北至奥林匹克水上公园，途径3个自然村。12月23日完成安装工作并并通电亮灯。至此，这条全长4300米的路，每35米处便设一盏灯，共有125盏。同时为保护林地，四个箱变站都安置于草地上。

（刘海军）

**【曲美家具荣获红星奖】** 2014年度中国设计红星奖”揭晓，南彩镇曲美家具参评的豌豆公主座椅和涟漪屏风2项作品获奖。

（刘海军）

**【河北村民俗园开园】** 民俗园于6月1日开园运营。该园占地200亩，是一所集休闲娱乐、观光采摘、传统教育、体验拓展为主的体验式游览场所。内含民俗文化展馆、红色教育基地，司法教育基地、动物养殖体验基地、传统农产品加工基地、青少年拓展健身基地项目。

（刘海军）

## 北小营镇

**【概　况】** 北小营镇位于顺义区东北10公里处，潮白河东岸，距北京城区35公里，距首都机场15公里，顺密路、昌金路贯穿镇域，白马路与京承高速相接，直通镇中心，是顺义新城河东新区的重要组成部分，是北京市首批社会服务管理创新工作试点镇之一。全镇总面积55.8平方公里，下辖17个村，2个居委会，常住人口4.1万，其中户籍人口3.6万。2014年全镇实现农村经济总收入68.5亿元，同比增长10.2%；完成属地财税收入6.26亿元，同比增长13.8%；完成公共财政预算收入1.32亿元，同比增长13.8%；人均劳动所得达到15946元，同比增长6.1%。

单位名称：顺义区北小营镇人民政府

地址：顺义区北小营镇府前街9号

电话：（010）60483190

邮编：101305

网址：http://www.beixy.bjshy.gov.cn/

（张乃迪）

**【重点项目建设】** 年内，新华联合物流中心项目主体建设基本完成，2015年7月可投入使用。万集科技项目已正式投产，双健新工厂项目，二期已完成主体结构建设。中粮项目车间大楼、办公室已经封顶，2015年5月建设完成。

（张乃迪）

**【招商引资】** 年内，引进实体企业95家，总部型企业61家，其中亿元以上注册企业4家，集中在金融、新能源、科技创新等行业。

（张乃迪）

**【基础设施建设】** 启动府前街道路改造工程，道路总长948米，投资2900万元，已完成电力、天然气等市政综合管线建设。完成西府110KV变电站项目建设，并已投入使用。完成农业综合开发项目和支农项目，惠及东府、后鲁等8个村，修建水泥路8.2万平方米，整修路边沟5600米，疏挖排水沟2000延米，疏通桥涵11座，为12个村更新农业机井15眼、饮水井2眼，铺设管线1380亩。修建7条镇村公路，总长5.18公里。完成北小营、上辇1.14万平方米街坊路硬化工程，为4条连村路新增路灯100盏，方便群众出行。

（张乃迪）

**【大气治理】** 完成北京汇源饮料食品集团有限公司45蒸吨煤改气工作，年均可削减燃煤1.6万吨。在APEC会议期间，全镇8家企业、4家工地按要求停产限产。推进优质燃煤替代工作，6个村、292户村民受益，共上报炉具840台、燃煤900吨。实施液化气下乡工程，惠及9673户。启动东府村取暖煤改电试点工作，涉及农户约900户。

（张乃迪）

**【环境建设】** 年内，对镇域主要公路沿线、河道两侧进行集中清理，清除杂草、垃圾渣土2290立方米，清运河岸垃圾210余吨。整治12个非正规垃圾场，启用5个镇级灰土场，用于消纳18个村（居）的建筑灰土。完成平原造林2874.4亩，栽植各类苗木13万株，三年来累计造林7979亩，栽植苗木36万余株。在榆林村试点实施“我的小院我作主”庭院绿化美化项目。开展违法建设专项整治，累计拆除违法建设27宗、约3.3万平方米。处理非法砂石盗采11起，对12家非法砂石筛分企业进行了查处。

（张乃迪）

**【社会保障】** 年内，新增就业人员195人，就业培训660人，就业转非154人，全镇18个村（居）全部成功创建充分就业村（居）。城乡居民养老保险参保人数达到8300人，新农合完成报销6992人次，报销金额1115.8万元，810人参加职工互助保障计划。新达标村级托老所2个，完成113户残疾人家庭的无障碍设施改造。完成18个村（居）的村规民约的重新修订，引导村民自治。

（张乃迪）

**【社会事业】** 大胡营的村办幼儿园完成各项基础设施建设，已具备开园条件。完成1.8万人次农民体检和两癌筛查工作。审核办理公租房、廉租房106件。完成农宅单项改造和新建翻建工程，惠及1843户。在榆林村开展“六型”社区创建试点工作。马辛庄、上辇等15个村完成新型农村社区创建工作。完成第三次全国经济普查、第六次全国体育场地普查工作。

（张乃迪）

**【“我的小院我做主”启动】** 9月24日，北京市妇联党组副书记、副主席陈玲，区委常委、组织部部长车克欣到北小营镇榆林村出席顺义区妇联“巾帼环境行动”暨北小营镇“我的小院我做主”推进会活动。

（张乃迪）

**【补选镇级党委委员】** 12月23日，中共北小营镇第十三届代表大会第三次会议召开，全镇共有88名党代表参加会议。大会补选了王宝成、韩松为北小营镇党委委员。

（张乃迪）

# 李遂镇

**【概　况】** 李遂镇位于顺义中部偏南。形成于辽代，距顺义城区10公里，距北京市五环路25公里，距首都国际机场5公里，距天津塘沽港90公里。辖区总面积40.22平方公里，下辖16个行政村，总人口2万，2014年完成属地财税收入2.07亿元，同比增长28%；公共财政预算收入6696万元，同比增长32%；农村居民人均收入1.55万元，同比增长10%。

单位名称：顺义区李遂镇人民政府
地址：顺义区李遂镇南孙路李遂段9号
电话：（010）89481680
邮编：101300
网址：http://www.lisui.bjshy.gov.cn

（李遂镇）

**【重大产业项目】** 北京松鹤温泉新村正式投入运营，易郡三期即将竣工；新华联温泉酒店项目已全部封顶。先后有北大资源控股有限公司顺义分公司、中航建开物业管理有限公司中航世纪分公司2家总部入驻。

（李遂镇）

【工业园区建设】 东方城钢构、加南模具、庆丰食品、佩尔哲等企业年税收均达到千万元。2014年，34家企业总产值达到12亿元，实现销售收入11.4亿元，完成属地财税收入4200万元，同比增长15%，直接提供就业岗位780个。

（李遂镇）

【企业经济运行】 24家规模以上企业年产值达到33亿元，同比增长21%，126家企业完成工商注册及税务登记。其中，注册资金亿元以上的2家、千万元以上的3家、百万元以上的11家。

（李遂镇）

【环境整治】 投资80万元，完成顺平南线环境提升工程；深入开展府前街、顺平南线环境秩序专项整治工作，共查处违规经营商户10家，监督整改14家，拆除私搭乱建5处。完成10处非正规垃圾坑治理，消除新增卫生脏乱点99处。累计拆除违法建设29宗，共计21500平方米，取缔非法加工砂石土方企业8家，依法处理破坏耕地行为2起，恢复土地170亩，土地利用环境更加规范有序。

（李遂镇）

【生态环境】 全年新增景观林地2000亩，积极推进中小河道环境治理和提升工程，完成蔡家河2.8公里疏浚工程和箭杆河2.66公里后营段绿道建设与环境提升工程。

（李遂镇）

【环境保护】 为5个村农户更换新型节能炉具1375台，替换优质燃煤1627吨。液化石油气下乡实现全覆盖，全镇6139户农户用上了“放心气”。顺利完成葛代子村“煤改电”试点改造，279户居民使用上更加清洁的电暖气。全年依法取缔排污企业3家。

（李遂镇）

【基础设施建设】 完成9条乡村公路及李魏路大修工程，全年累计新增公路里程16.4公里；投资1340万元，完成6.2公里镇中心区市政燃气管网建设工程，市政燃气管网初步成型。投资850万元，完成镇中心区循环水务工程；顺王线110千伏输电线路建设进展顺利，已完成6座塔基建设，占总工程量的85%。

（李遂镇）

【新农村建设】 投资110万元的后营村市级蔬菜集约示范化育苗场建成投产，年产优质种苗120万株；投资600万元，完成柳各庄、东营、李庄3个村农业综合开发工程，有效提升4200余亩农田生产能力；投资350万元，完成崇国庄村235亩老旧设施改造。完成魏辛庄、陈庄、牌楼、赵庄4个村745户农宅抗震节能改造。更新改造陈庄村沼气站及253户灶具管线。新建3条村级骨干排水沟，农村汛期抗涝排水能力明显提升。完成8个村级太阳能浴室设施设备改造，维修故障太阳能路灯110盏，为4条连村路安装路灯90盏。

（李遂镇）

【就业服务】 城乡劳动力二三产业就业率保持在93%以上。全年新增城镇就业1102人，实现城乡劳动力就业549人，占全年指标的249%和172%；完成就业转非94人。劳动监察力度不断加大，全年化解劳资纠纷17起，涉及资金57.72万元。

（李遂镇）

【社会保障】 城乡居民养老保险参保人数达到5362人，新农合参合人数共计12043人，参合率达到98.8%，全年办理医疗报销服务3.5万人次，报销金额突破一千万元。314名残障、低保等困难群众纳入城乡居民养老保障范畴，累计发放各类资金325.7万元，完成3户危旧房屋改造，低困群体生活得到有效保障。深入落实老年人优待政策，发放各类款物折合资金 90 余万元。加快养老设施建设，完成葛代子村托老所建设工程。

（李遂镇）

【公共服务】完成中学教学楼一期、小学操场软化及围墙改造、幼儿园外墙保温及内墙粉刷等工程，中、小、幼办学条件进一步改善。完成葛代子村办幼儿园建设，新增学位 270 个，学前儿童入学困难的问题将得到有效缓解。全区首家三甲医院—地坛医院顺义院区门诊正式开诊，医疗卫生服务能力明显增强。完成镇文化体育活动中心项目立项批复，即将开工建设；新建宣庄户、后营、赵庄村级篮球场 3 个，更新各类健身器材 80 余件，农村公共文体设施实现全覆盖。深入开展群众文体活动，全年组织开展各类主题文化活动和体育竞技比赛 10 余次。

（李遂镇）

【公共安全保障】 全镇安全生产形势保持总体平稳。加强食品药品市场监管，深入开展联合执法检查和专项整治行动，规范食品药品市场经营行为，全年食品药品抽检合格率达到 98% 以上，群众饮食、用药安全得到有效保障。强化社会治安防控，加强矛盾调处和信访积案化解，深入落实重点时期安保维稳责任，全镇治安形势良好，社会保持和谐稳定。

（李遂镇）

# 木林镇

【概 况】木林镇下设 26 个行政村。常住人口总数为 3.45 万人。年内，不断壮大经济实力、促进转型发展、积极改善民生、保持社会稳定。完成属地财税收入 2.04 亿元，同比增长 34%；完成公共财政预算收入 5137 万元，同比增长 19%；实现社会生产经营性总资产 24.2 亿元，同比增长 10%；实现农民人均劳动所得 12524 元，同比增长 10%。

单位名称：顺义区木林镇人民政府
地址：顺义区顺焦路木林段 71 号
电话：（010）60456216
邮编：101314
网址：www.mul.bjshy.gov.cn

（木林镇）

【发展环境有效提升】 继续完善产业基地基础设施和服务，招商引资空间进一步拓展。铺设完成基地一期地块雨、污水管线，稳步推进供水、燃气、电力、电信及道路等市政项目，积极协调办理二期土地征地手续，基地基础设施环境不断改善，区域发展承载能力不断增强。为入驻企业提供优质高效的政策咨询、信息指导、监督管理等全方位服务，招商引资服务环境进一步优化。

（木林镇）

【服务设施进一步完善】围绕浅山登山步道，完善步道配套设施和服务功能，步道吸引力进一步提升。逐步完善唐指山水库、十二涧、峪子沟和四合院 4 处接待服务中心设施，安装 10 个休息木屋、12 个移动卫生间，有效承载停车、人流集散、损伤救援、线路指引等功能，满足游客多样化需求。

（木林镇）

【农业重点工程】顺利完成 2014 年农田排水建设、西沿头村农业综合开发、田间道路建设等工程，农业生产条件得到有效改善。完成木林村等 4 个村“一事一议”项目，为村庄发展提供重要基础。实施茶棚村生态清洁小流域综合治理工程，沟域生态承载力有效提升。

（木林镇）

【农产品丰产丰收】坚持“按时、保质、保安全”，圆满完成“三夏”“三秋”工作，小麦收割面积1.9万亩，夏玉米播种面积2万亩；秋收面积3.07万亩，其中春玉米1万亩、夏玉米2.07万亩，冬小麦种植1.98万亩。完成果蔬基地设备更新、水果储藏保鲜库等项目建设，有效提高蔬菜科学化、集约化生产。

（木林镇）

【农村环境质量提升】逐渐下移环境治理重心，在长林庄等5个村实施垃圾分类处理、日产日清，推进实施村级垃圾集中清运机制，村容村貌整体档次获得提升。长林庄村休闲公园建设、茶棚村5000株月季种植等环境整治项目顺利完成，展现优美的村落环境。

（木林镇）

【新农村建设】圆满完成3048户农宅外墙保温单项改造及27户危旧房屋翻建，群众居住环境和条件进一步改善。高效落实优质燃煤替代工程，更换炉具2131台，配送低硫煤2600余吨，燃煤空气污染有效减少。完成魏家店和长林庄2个村煤改电试点工程，从源头上促进节能减排。

（木林镇）

【农村基础设施】完成业兴庄环村路等10条乡村公路大修工程及2座危桥改造，涉及陀头庙等7个村，镇村交通环境得到优化。开通“木林1路”镇域微循环公交线路，途经大林等11个村，镇村交通网络更加畅通。开通浅山旅游公交专线，公交站点由原茶棚村延伸至峪子沟停车场，外界与浅山景区的联络更加便利。铺设完成安辛庄等5个村主干道路及安茶路、贾茶路沿线9公里220盏市政照明路灯，村民出行条件进一步改善。

（木林镇）

【就业服务深化】建立就业供求信息登记制度，与镇域及周边乡镇企业联合搭建就业平台，及时对接就业供求，劳动力就业水平不断提高。实现城乡劳动力就业1125人，困难劳动力就业550人。扎实做好城乡劳动力培训，免费培训劳动力535人，劳动力技能得到有效提升。

（木林镇）

【社会保障】实现新型农村合作医疗基本覆盖，参合人数达到23216人。做好门诊、住院报销服务，完成直报11900人次。木林卫生院启动合作医疗直报系统，参合农民实现即看即报、即报即付，医疗服务能力增强。扎实推进转非工作，为111名征地转非劳动力补缴城镇职工社会保险、发放安置费等，办理失业手续，对于部分无就业的转非劳动力办理失业人员社会保险补贴，新完成就业转非115人。

（木林镇）

【公共服务】完成木林镇幼儿园改建和贾山、马坊两所村办园新建工程。顺义急救中心木林急救站、犬伤门诊等投入运营，作为顺义区首家试点的茶棚村卫生室纳入新农村合作医疗范畴。计生优质服务全年政策符合率达标，奖扶特扶工作落实到位，推进实施计生家庭意外伤害保险，惠及8950人。为前王各庄等7个村安装和更新室外健身器材，满足群众的体育活动需求。154人获得参加保障性住房摇号资格。完成小韩庄等6个村林葬公益公墓、潘家坟等4个村托老所和马坊村养老活动中心建设。城乡低保、教育、住房等基本生活救助到位，全年共救助960人次。

（木林镇）

# 龙湾屯镇

【概 况】 龙湾屯镇地处顺义东北部，位于顺义、平谷、密云三区交界，距北京市区60公里，顺义城区30公里，首都国际机场35公里。镇域面积56.6平方公里，下辖13个自然村，户籍人口1.6万。2014年，全年完成属地财税收入1.09亿元，同比增长19%；公共财政预算收入4541万元，同比增长42%；全年社会经营性总资产完成27.14亿元，同比增长20.2%；农民人均劳动所得完成13261元，同比增长9.26%。全年共引进14家注册企业，注册资金9220万元。

单位名称：顺义区龙湾屯镇人民政府
地址：顺义区龙湾屯镇府前街
电话：（010）60461634
邮编：101306
网址：http://www.longwt.bjshy.gov.cn

（龙湾屯镇）

【生态环境】 累计投入1200万元，完成34项市、区两级环境建设台账任务；完成府前街综合改造，实施木邵路、昌金路、龙尹路两侧绿化美化；镇级污水处理厂规划选址获市规委批复，2处河道排污口治理加快推进，4家畜禽养殖场污水排放改造如期完工；加大违法建设查处力度，严厉打击盗采砂石违法行为，累计拆除违法建设面积2800平方米；完成8562亩平原造林任务，全镇累计造林达1.5万亩，林木覆盖率达72%，比去年提高2个百分点。

（龙湾屯镇）

【安全监管】 完成安全生产三级标准化创建28家，小微达标企业178家；镇财政投入350万元，组建22人专职防火队，沿山防火监控实现全覆盖。

（龙湾屯镇）

【浅山开发】 建成木邵路架桥、知青部落2处联络线3000米，建设安装80公里登山步道配套设施，包括景观亭、休闲长廊、安全护栏、座椅、卫生间、垃圾桶等。全年共接待游客28.3万人次，实现旅游综合收入1120万元。柳庄户、大北坞慢生活主题小镇建设方案、登山步道5个等车场绿化美化方案已获批复，总投入近7000万元。

（龙湾屯镇）

【新农村建设】 完成七山路、丁大路乡村公路大修工程。完成1400余户农宅单项改造，安装太阳能路灯119盏，小北坞太阳能浴室建设完成，59户抗震节能房主体工程竣工。全镇1138户实施优质燃煤替代，柳庄户169户煤改电工程全部完工，小北坞、张中坞、山里辛庄3个村成功创建农村社区。龙湾屯水库实现24小时监管，完成排水沟疏挖、护坡工程。

（龙湾屯镇）

【社会保障】 城镇新增就业852人，培训城乡劳动力427人，城乡劳动力二三产业就业率达到96%。2014年，新农合报销医药费1193万元，受益群众2万人次。投入211万元，实现了178户城乡低保、农村五保户应保尽保。发放救助金29万元、残疾人生活补助149万元。完成9户家庭危房翻建。奖励考入大中专院校学生9.3万元，为39名学生发放助学款。5268户投保农宅保险，受理公租房申请审核378户。

（龙湾屯镇）

【文化建设】 举办群众文艺汇演、百姓宣讲等系列文化活动，完成50场农村“星火工程”演出，放映电影300余场。建设大北坞等4处灯光球场，新建张中坞、山里辛庄文体活动广场，为6个村更新健身器材 249 件。开展和谐家庭、特色家庭创建，全镇 87 户创建达标。

（龙湾屯镇）

# 张 镇

【概 况】 张镇位于北京市东北部，距北京城区 60 公里，首都机场 30 公里，距顺义城区 25 公里，处于平谷、天津、河北交汇地带，是顺义区的东大门。镇域南北长约 10.4 公里，东西宽约 6.1 公里，总面积 53.45 平方公里，辖 29 个行政村，1 个社区，户籍人口 2.3 万。 完成属地财税收入 1.38 亿元，同比增长 20%；实现公共财政预算收入 5730 万元，同比增长 45%；农民人均劳动所得达到 14845 元，同比增长 8%。

单位名称：顺义区张镇人民政府
地址：顺义区张镇府前街 3 号
电话：（010）61480550
传真：（010）61480609
邮编：101307
网址：http://www.zhangzhen.bjshy.gov.cn

（张 镇）

【区级重点工程顺利完成】 张镇区级环境建设任务为顺平路张镇段沿线及周边道路景观提升工程。涉及顺平路张镇段以及赵湘路、七大路沿线，全年顺利完成府前街绿化美化 28000 平方米，硬化铺装 23000 平方米，更换破旧牌匾 6600 平方米，形成“一横三纵”的环境整治体系（“一横”即府前街，“三纵”指赵湘路、七大路、龙凤路）。

（张 镇）

【环境建设分梯次进行】 建立镇、村任务台账，全年分梯次实施垃圾消纳、坑塘整治等 27 项重点任务。将 29 个村分为提升型、巩固型、完善型三类，因村制宜，分类管理，全年帮助 13 个村申报各类创评活动，其中，驻马庄村被评选为首都环境建设样板单位。实施进村路、坑塘、村级绿化整治、三项重点工作，现虫王庙、厂门口等村的垃圾坑塘经改建后已投入使用。

（张 镇）

【产业结构调整】 年内，申报市区两级落后产能关停淘汰政策扶持项目 3 个，获得市级扶持资金 100 万元。解决红榕服装辅料厂清欠工作和东宫建材、远建建筑公司等历史遗留问题。

（张 镇）

【小流域综合治理】 进行小流域排污治理工程，共投资 290 万元，用于厂门口村内小河道治理工程，清除河道的淤泥与污水，一改臭水沟旧面貌，形成新的排污系统。

（张 镇）

【镇中心再生水厂建设】 镇中心再生水厂的选址规划方案已得到市规委批复，位于张各庄村东南侧，总占地 2.97 公顷（约 45 亩），日处理能力 1.5 万吨，水务局、规划局正在进行划线定桩工作，下一步着手进行土地变更审批工作。中心区雨污收集、再生水利用管网规划设计工作基本完成，待其他乡镇的规划设计完成后，统一进行上报审批。

（张 镇）

【白马路拆迁】 年内，顺利完成 325 户白马路沿线拆迁腾退工作，此条市级公路现已完成全线通车。

（张 镇）

【市级农村社会服务管理创新试点建立】 驻马庄村于今年顺利通过测评，成为市级农村社会服务管理创新试点，并获得奖励资金 6 万元用来保证社会服务管理创新项目运转。

（张 镇）

**【村级公益性公墓建设】** 2014年新建7个公益性公墓，全部通过验收。尤其是张镇西营村为了舞彩浅山建设，把原有集体埋葬点的110个坟墓全部迁移到新建公墓。目前本镇共有17个公益性公墓。

（张　镇）

**【浅山开发建设】** 完成全镇共10901亩造林任务，并完成2012年平原造林1296亩的养护交接工作。完成良山浅山集雨、赵各庄老果树更新、高标准农田建设、聂庄、张各庄农田道路建设等工程；完成三条排水沟疏挖清淤、金鸡河老河套雨洪利用、无名河污水口治理及配合区水务局完成金鸡河整治地上物的评估、签订拆迁补偿协议104份；完成彩叶林种植500亩；播草盖沙2000亩。以上工程累计投资2400余万元。

（张　镇）

**【基层组织建设】** 基层服务型党组织创建试点工作开展顺利。按照建设基层服务型党组织的目标要求，确定大故现、驻马庄两个试点村。目前两个村已经完成试点创建工作，取得初步成果。经过深入调研、详细摸排，确定了赵各庄村、港西村等5个软弱涣散村。目前5个村已经整顿完成。

（张　镇）

**【健康活动室的建立】** 各村全部建立健康教育活动室，统一制作门牌及制度。利用活动室开展妇女生殖保健、老年人常见病、科学防癌、低盐膳食知识以及呼吸道、艾滋病等各类疾病预防知识讲座40次。

（张　镇）

## 大孙各庄镇

**【概　况】** 大孙各庄镇位于北京市顺义区东南部，距顺义新城约20公里，西南距北京市区东直门50公里，西连北务镇，北靠张镇，东依平谷区马坊镇，南接河北省三河市高楼镇。大孙各庄镇总面积74.3平方公里，辖区东西长12公里，南北宽9.5公里，其中农业用地76692.6亩，工业用地19060.1亩，下辖39个行政村，户籍人口2.3万，2014年开展了空港物流基地东区合作开发、实体项目投资，新农村建设、民生改善、社会管理服务创新等工作，全镇完成属地税收1.331亿元，其中公共财政预算收入5880万元。农民人均劳动所得1.43万元，同比增长10%。

单位名称：顺义区大孙各庄镇人民政府
地址：顺义区大孙各庄镇府前街11号
电话：（010）61432061
邮编：101308
网址：http://www.dsgzh.bjshy.gov.cn

（大孙各庄镇）

**【新农村建设】** 年内，新建翻建郭大路、孙塘路等7条共计6.21公里乡村公路，硬化、修补18个村共计1.2万平方米街坊路，辖区路网密度提升至2.89公里/每平方公里，路网结构不断优化。新装龙尹路、赵湘路、七大路3条主干道路路灯310盏，维修更换太阳能路灯、节能灯966盏，并以南聂庄、大石各庄、大田各庄等9个村4条连村公路为重点，新增连村路灯220盏。

（大孙各庄镇）

**【生态环境建设】** 年内，完成2014年平原造林工程，栽植各类苗木50万株，新增林地面积1.01万亩，辖区林木覆盖率提升至36%。积极开展环保专项整治活动，完成13家规模养殖企业排污治理，实现生态化达标排放。深入推进“清洁空气”行动，取缔1吨以下锅炉2台，配送优质燃煤3000余吨，节能炉具2000余台，置换液化石油气9000余个，地区空气质量不断改善。

（大孙各庄镇）

【社会保障体系】不断完善社会保障救助机制，对低保家庭实现应保尽保，并实行阳光评定、公开透明、动态管理。发放低保户医疗救助金、教育救助、残疾人、大病救助等救助资金200余万元，困难家庭生活状况得到改善。镇政府出资6.7万元继续为3300户独生子女家庭投保意外伤害保险，有效解决计生家庭后顾之忧。

（大孙各庄镇）

【文艺汇演】 4月25日，大孙各庄镇举办“唱响中国梦 放歌新顺义”2014年顺义区“五月的鲜花”启动仪式暨大孙各庄镇综合文艺汇演活动。来自全镇16支代表队的300余名选手参加此次汇演。精彩的文艺节目从不同角度展示大孙各庄镇明、和谐、向上的风貌，受到领导和现场社会各界群众的热烈欢迎。

（大孙各庄镇）

【“薛庄根雕”文化艺术节】 6月21日，在薛庄村，顺义区文化委员会、顺义区文学艺术界联合会和大孙各庄镇政府联合举办顺义区第九届非物质文化遗产日暨首届“薛庄根雕”文化艺术节。文化节上，设有薛庄木雕作品展览、顺义区非物质文化遗产展及文艺演出等活动。活动当天，吸引到百余名市民朋友和文玩爱好者前来参加。

（大孙各庄镇）

【东华山村获“最美乡村”称号】 9月，由北京市委农工委、北京市农委、北京市旅游委、首都文明办、北京市文化局、北京市园林绿化局联合主办的“寻找‘北京最美的乡村’宣传评选活动”经过网络票选、报纸票选、体验投票和专家评分四种方式综合评选，大孙各庄镇东华山村凭借新农村工程等各项建设后的生态美脱颖而出，获得2013—2014年度“北京最美的乡村”称号。

（大孙各庄镇）

【绿奥蔬菜品牌建设】 年内，大孙各庄镇“绿奥”品牌蔬菜成功入驻鑫海韵通、国泰等9家超市，与区内40余家学校、社区等建立供销关系，年新增销售量400吨。同时，绿奥蔬菜合作社对配送的每一棵蔬菜实行“身份”认证，通过特有的识别码，可以查看蔬菜从种植到采收的全过程，包括种植地块、种植时间，采收时间及用药情况等。

（大孙各庄镇）

【人大代表之家】 8月14日，大孙各庄镇在宗家店村举行“人大代表之家”启动仪式，建立人大代表之家3处，镇机关为总站，薛庄村、宗家店村为分站。新成立的代表之家，设有专门的选民接待室和选民意见箱，并落实专职人员对意见箱进行管理，专门收集群众反映的各种意见，全面了解一些辖区热点难点问题，为基层的人大代表提供一个活动平台，同时，把反映群众身边事、解决疑难问题的政府职能平台进一步前移，走进群众、贴近百姓，把反映群众诉求、解决身边矛盾落实到最基层。

（大孙各庄镇）

# 北石槽镇

【概 况】 北石槽镇位于顺义区西北部，居北京市行政区域中心地理位置，是顺义、怀柔与昌平三区的交界处。镇域面积32平方公里，下辖16个行政村，常住人口1.4万人，京密引水渠东西横贯全境9.2公里。2014年社会经营性总资产达到33.45亿元，同比增长19.1%；属地财税收入1.45亿元，同比增长28%；镇级财政收入4761万元，同比增长25%；农民人均劳动所得1.6万元，同比增长10%。

单位名称：顺义区北石槽镇人民政府
地址：顺义区北石槽镇府前街5号
电话：（010）60421658
邮编：101300
网址：http://www.beishc.bjshy.gov.cn/

（北石槽镇）

**【市领导到北石槽视察】** 3月13日，北京市政府党组成员、市平原造林工程建设总指挥夏占义率领市有关部门主管领导视察北石槽镇京密引水渠沿线造林情况。区、镇主要领导陪同介绍，先后视察京密引水渠北岸2013年下西市村造林地块和西赵各庄村2014年京密引水渠绿色通道造林地块。市、区领导对2013年造林工作给予肯定，并对造林工作及今后的养护、提升等工作提出要求。

（北石槽镇）

**【环境建设】** 全年镇村环境整治累计投入2000万元，镇域环境水平显著提升，取得全区生态类乡镇考核第一名的成绩。基础建设持续加强，高速外围及村庄粉刷、路面硬化、坑塘平整、空地绿化、广告牌拆除总面积达18.5万平米，修建遮挡院墙、铺设排水管道总长达4公里。平整废旧坑塘，逐步呈现"一村一景"，打造3个健身公园，利用闲置三角地安装健身器材共200件。推动5个村试行垃圾分类。投入各类奖励资金达220万元。

（北石槽镇）

**【生态环境】** 新增造林3700亩，林地提升2700亩，全镇造林面积突破万亩，林业覆盖率达到42%，绿地覆盖率达到67%，顺利通过首都绿化美化小城镇的市、区两级验收。北京养元兽药有限公司、北京世桥生物制药有限公司和卫生院完成煤改气14吨。加强燃煤企业锅炉运管监督，重点监管8家企业减少排放，保障APEC会议期间北石槽镇空气质量。

（北石槽镇）

**【劳动就业】** 落实各项就业援助政策，强化职业技能培训和就业指导，相继组织"春风行动"和民营企业招聘月等主题招聘会。共培训城乡劳动力263人，采集岗位信息867个，解决城乡劳动力就业357人，安置城乡就业困难人员267人，就业转非48人。

（北石槽镇）

**【社会保障】** 全镇新型农村合作医疗参合人员8936人，参合率达96.6%。发放幼儿入托费镇级补助10.25万元。投资20万元改造良善庄村生殖健康科普园。为60周岁以上老人发放节日慰问金、高龄津贴、养老助残券156万元；为低收入、低保等各类困难群体发放补助救助资金175万元。帮助5户社救、优抚对象翻建房屋。发放优抚抚恤金、烈士子女补贴及退役士兵安置补助金183万元。新建西赵各庄村、西范各庄村2座村级公益性公墓。帮助寺上村申请民族村经济发展项目资金120万元。为243名新农合参合对象二次报销医药费36万元。为211户残疾家庭进行无障碍改造。

（北石槽镇）

**【新农村建设】** 开展农村安饮、农田水利、村庄排水、农业综合开发、农业设施改造等9项工程，涉农投资2000万元。农宅新建翻建63户，农宅单项改造536户。完成良善庄村北浅山路、营尔村东路修建工作，总长约3.6公里。连村路灯安装6公里，在下西市村桥头设立红绿灯1座。新建太阳能浴室2座，实现16个村公共浴室全覆盖。优质煤推广1500吨，涉及1600户。实施液化气下乡惠民工程，完成液化气罐以旧换新4766个。扎实做好各项农业种植服务，争取补贴、补助约260万元。

（北石槽镇）

【安保维稳工作】 全面落实人防、技防、物防措施，实施网格化巡逻，立体化防控，确保全国两会、APEC会议期间等重大敏感时期安全稳定。强化了镇域内重点部位布控，增加防控点位，有效防范了各类治安案件的发生。及时掌握不稳定苗头，把矛盾纠纷化解在萌芽状态。开展流动人口联合检查11次，整治各类重点场所26处，排查出租房屋1500间，排查隐患39处，进行纠纷排查24次，调处矛盾纠纷136件。

（北石槽镇）

【集中办公区集中监管体制】 建立集中办公区集中监管体制，优化招商环境。1.建立电子档案。登记企业准确信息，提交企业备案材料，实地勘察实际经营地址以及租赁协议等。2.分级分类管理。将企业分为一类重点企业、二类发展企业、三类孵化中企业，及时跟进企业发展情况，帮企业争取扶持资金、解决难题。3.优胜劣汰。淘汰落后企业，争取新型企业入驻，逐步提高企业综合水平。

（北石槽镇）

# 北务镇

【概 况】 北务镇位于北京市东北部，顺义区东南部，首都机场东侧。镇域面积32平方公里，耕地面积2.8万亩。下辖15个行政村，常住人口12571人。镇内地势平坦，有龙塘路、木燕路等道路穿境而过，京平高速公路在北务设有出口。镇中距首都机场17千米、京哈公路10千米、六环15千米、天津新港100千米，主要公交线路有顺18路、顺29路，东直门——吴雄寺923路。2014年实现属地财税收入55973万元，公共财政预算收入13157万元。

单位名称：顺义区北务镇人民政府

地址：顺义区北务镇府前街1号

电话：（010）61421439

传真：（010）61421450

邮编：101300

网址：www.beiwu.bjshy.gov.cn

（北务镇）

【招商引资成效显著】 全年共引进企业77家，引进注册企业66家，注册资金1.69亿元，实地建厂企业10家，注册资金1300万元。截止目前全镇注册企业417家，实地投资企业103家。项目总投资8100万元的北京龙渊虹光科技有限公司和北京城建亚泰建设集团有限公司建筑项目已经竣工。日处理规模为2万立方米的北务镇中心区再生水厂项目选址规划已经批复。

（北务镇）

【新农村建设】 完成北务西路、林仓路、于地东路和兴务路4条道路的大修工程，完成1400平米乡村路病害小修工程。完成木燕路生态走廊建设工程和南辛庄户村南小广场等三处节点景观建设，京平高速北务出口达到预定景观效果。对木燕路北务段和珠宝屯、庄子两村共计349盏太阳能路灯进行维修，在道口路、王各庄东路、王闫路、于地北路4条连村路新安装100盏节能路灯，镇域内夜间公路照明效果明显提升。开展15个村液化石油气钢瓶补贴置换工作和5个村优质燃煤替代工程，在珠宝屯村推广“煤改电”试点工作。实施36户抗震节能房屋的新建翻建工程，完成单项改造外墙保温145户、门窗改造80户，完成15个村太阳能浴室设备的检修和公厕检查工作。

（北务镇）

【都市型现代农业】 利用农业综合开发项目，对马庄、东地、珠宝屯、南辛庄户、王各庄5个村，共计4000余亩农田进行农业改造，重点解决马庄与河北交界处排水隐患问题。顺利实施都市型现代农业农田培肥工程，完成有机肥8000余亩、配方肥培肥9000余亩；完成郭家务村、北务村1300亩老旧竹木大棚改造任务和仓上村、小珠宝村77亩日光温室改造工作，农业综合生产和综合效益得到增强；深入推进都市型高效农业示范镇创建工作，完成郭家务、陈辛庄、林上、仓上、道口五个村1972亩蔬菜农田和十个农产品的无公害认证工作。

（北务镇）

**【环境整治】** 开展镇域非正规垃圾填埋场整治工作，治理曝露垃圾填埋场11处，治理各类垃圾1500余吨。完成陈辛庄至郭家务，道口村至王各庄村，北务村至郭家务村三处较脏乱的区域卫生整治，清运处理各类垃圾600余吨。组建由20余人和5台专业垃圾清运车组成的专业队伍，实现镇域垃圾清运全覆盖。积极推动农村垃圾分类工作，全年更新垃圾桶200个，分3批检修破损垃圾桶270个，引导村民从源头做好垃圾分类工作。全年接到并奖励群众有效举报47次。

（北务镇）

**【生态环境建设】** 完成北京市平原造林工程518亩，栽植大规格乔木2万余株。其中，仓上村造林230亩，陈辛庄村造林108亩，庄子村造林180亩。对2013年农发项目区的道路两侧栽植丁香900株，镇内主干路两侧补植卫矛2.5万株，铺设草坪1000平方米，刷白林木2.5万株，镇内道路景观环境得到明显提升。积极做好林木病虫害防治工作，完成镇内3000亩林木的春尺蠖防治工作和6000亩林木的美国白蛾普防工作。

（北务镇）

**【劳动力就业】** 通过全镇劳动力年龄人口动态管理，结合市场需求，开展职业指导和职业介绍工作，实现全镇劳动力人口95%的就业率。完成珠宝屯10个劳动力和7个超转人员非整建制征地转非的后续工作。

（北务镇）

**【社会保障体系】** 全年完成低保人员门诊报销61人次4.14万元，住院报销8人次2.05万元，为2户建房救助低保户补助9万元。已累计为500余户残疾人家庭进行无障碍改造。镇内2个扶贫基地累计扶持残疾种植户70余户，基本满足了镇域内残疾种植户的技术扶持需求。镇总工会协助北京元一车饰公司为7个村的7名困难学生按月资助500元助学金。重阳节期间为80岁以上老人累计发放慰问金8万元。向优抚对象发放抚恤金37.34万元，为优抚对象二次报销医药费5.76万元。出资4.69万元为3128户家庭投保农房保险，为群众房屋财产安全提供了一份保障。

（北务镇）

**【教育卫生事业】** 北务中学和小学入学率、巩固率、升学率、毕业率继续保持100%；北务幼儿园4300余平米综合楼正式投入使用，极大改善地区幼教办学条件；继续开展彩虹假日社团活动，出资在中小幼开设内容多样的兴趣学习班，丰富学生课外生活。

（北务镇）

**【人口计生】** 深入推进人口计生优质服务工作，人口出生政策符合率达100%。投入66万元兑现目标管理奖、孕检奖、优质服务奖和重大活动奖，并支付手术费、意外保险补贴等费用，出资6.3万元为2124户独生子女家庭投保意外伤害险。新型农村合作医疗参合率达到100%，全年累计共报销1600人次，镇级报销金额230万元。为2013年住院病人开展二次报销工作，累计报销382人次，报销金额71万元，参合农民医疗负担进一步减轻。

（北务镇）

# 人　　物

## 组织机构负责人名单

### 一、区委机关

#### （一）中国共产党北京市顺义区委员会

书　记　王　刚
副书记　卢映川
　　　　闫立刚
　　　　周颖博
常　委　肖韵竹（女）
　　　　车克欣（女）
　　　　李国营
　　　　林向阳
　　　　于庆丰
　　　　于凤春（3月免）
　　　　陈卫明（3月任）
　　　　朱家亮
　　　　肖承继

#### （二）中国共产党北京市顺义区纪律检查委员会

书　记　肖韵竹（女）
副书记　胡小兵
　　　　王文荣（女）
　　　　贾崇彪（10月免）
常　委　隗和春
　　　　王玉美（女）
　　　　袁日晨（满族）
　　　　徐立松（女，满族）
　　　　李　浩

#### （三）区委工作部门

办公室主任　朱家亮
常务副主任（正处级）　王　颀
组织部部长　车克欣（女）
常务副部长（正处级）　刘庆顺
宣传部部长　肖承继
常务副部长（正处级）　李　黎
政法委书记　周颖博
统战部部长　周颖博
常务副部长（正处级）　王振林
研究室主任　柳亚辉
精神文明建设委员会办公室主任
　张守旺
社会管理综合治理委员会办公室主任
（维护稳定工作领导小组办公室主任）
　王金广
防范和处理邪教问题领导小组办公室主任
（政府防范和处理邪教问题办公室主任）
　杨虎明（9月免）
　李剑文（9月任）
直属机关工作委员会书记　朱家亮
常务副书记　胡明才

台湾工作办公室主任（政府台湾事务办公室主任） 李树新
皮志杰（女）
保密委员会办公室主任（保密局局长）
朱家亮
老干部局书记 王绍发
局 长 赵光国
社会工作委员会书记（社会建设工作办公室主任） 张友生（10月免）
张守旺（10月任）
机构编制委员会办公室主任 李金贵
巡视组（临时机构） 组长 计战桥
组长 张金林
组长 高 栓
巡视工作办公室（临时机构）主任 袁日晨

### （四）区委派出机构

临空经济核心区工作委员会副书记
张爱冬（9月任）
中关村科技园区顺义园工作委员会副书记
张友生（10月任）

## 二、人大机关

北京市顺义区人大常委会
主 任 胡尚云
副主任 冯庆森
赵贵恒
董占云
吴建国
李福成（不驻会）
白丽洁（女，不驻会）
办公室主任 龚玉友
研究室主任 王守明
代表联络室主任 刘永凤

教科文卫工作委员会主任 高学通
农村工作委员主任 张志海
城乡建设环保工作委员会主任 罗振文
财政经济委员会主任 周振涛
内务司法工作委员会主任 李国庆
信访接待室主任 李赛楠（女）

## 三、政府机构

### （一）顺义区人民政府

区 长 卢映川
副区长 林向阳
于庆丰
赵贵恒
燕 瑛（女，9月免）
李向英（7月任）
张晓峰
盛德利

### （二）区政府工作部门

办公室主任 吴耀新
政务信息化办公室（在区政府办挂牌子）
主任 吴耀新
政府外事办公室主任 欧阳华洲
政府对外联络办公室（副处级）主任
欧阳华洲
突发公共事件应急委员会办公室（副处级）主任（应急指挥中心主任） 郭崇峰
监察局局长 胡小兵
发展和改革委员会主任 董建华
临空经济办公室（在区发展和改革委员会挂牌子）主任 胡 杰
物价局局长 单 林
教育工委书记 冯义国
教育委员会主任 刘克祥
政府教育督导室（在区教委挂牌子）主任
李卫国

科学技术委员会书记　李国震（3月退休）
主任　李长勇
知识产权局（在区科学技术委员会挂牌子）
局长　范玉岭
民政局局长　单成刚
民族宗教侨务办公室主任　闫连恒
政府法制办公室主任　吕海燕
财政局书记　虞艳娟（女，11月退休）
局长　赵殿江
人力资源和社会保障局局长　张尚强
住房和城乡建设委员会主任　王　奎
政府住房保障和改革办公室
（在区住建委挂牌子）主任　王　奎
市政市容管理委员会主任　李国新（10月免）
赵振英（10月任）
城乡环境建设委员会办公室主任（在区市政市容委挂牌子）　（未任）

交通局局长　徐晓武
农村工作委员会主任　刘振河
农业局局长　刘振河
动物卫生监督管理局书记 局长　赵桂清（女）
商务委员会书记　秦拥军（满族）
粮食局（在区商务委员会挂牌子）局长
王　超（9月免）
秦拥军（满族，9月任）
文化委员会主任　王　颖
文化创意产业促进办公室（副处级）主任
张建国
卫生工委书记　单德智（9月免）
卫生局局　长　刘　峰（9月免）
人口和计划生育委员会主任　秦士友（9月免）
卫生和计划生育委员会书记　单德智（9月任）
局长　董杰昌（9月任）
审计局局长　刘福海
环境保护局书记　赵　川
局长　洪　全
统计局局长　解长春

水务局局长　李守义
经济和信息化委员会主任　郭振江
司法局局长书记　闻广平
局长　李国印
旅游发展委员会主任　商广清
体育局局长　李　成
园林绿化局局长　申荣文
绿化委员会办公室（在区园林绿化局挂牌子）主任　申荣文
安全生产监督管理局局长　孙书林
信访办公室主任　陈汉松
民防局局长　张希德
政府国有资产监督管理委员会主任　丁文强
金融服务办公室主任　周继武
城市管理综合行政执法监察局　张东民
北京天竺出口加工区管理委员会主任（副局级）　李友生（8月免）
顺义区政务服务中心筹备办公室（临时机构）主任　于长雷
北京顺义绿色生态产业功能区管理委员会
（北京市顺义区推进浅山区建设办公室）
书记、主任　管学文（10月任）
中关村科技园区顺义园管理委员会（科技创新产业功能区管委会）　副主任
张友生（10月任）

## 四、政协机关

政协北京市顺义区委员会
主　席　杨宝华
副主席　田建国
闫志广
孙桂祥
田家玉（不驻会）
李向英（女，不驻会，7月免）
刘　静（女，不驻会）
金泰希（女，不驻会，12月任）
秘书长　李景林

办公室主任　张存忠
专委会工作一室主任　陈福全
专委会工作二室主任　刘炳武（9月免）
刘　峰（9月任）
专委会工作三室主任　沈凤田
专委会工作四室主任　李树江
专委会工作五室主任　高金龙
专委会工作六室主任　王海荣（女）
研究室主任　金向东

## 五、综保区机关

### 北京天竺综合保税区管理委员会

主　任　卢映川
副主任　闫立刚
李友生（8月免）
庄　杰
李燕凌（女）
霍光峰
专职委员　杭金亮
兼职委员　宋建明
宋京雁
杨　杰
高世清
办公室主任　赵习文
政策法规处处长　任国峰
规划建设处处长　陈　红
经贸发展处处长　张其中
保障处处长　张廷军
信息处副处长　韩瑞军（主持工作）

## 六、群众团体

总工会主席　刘永发
常务副主席（正处级）　苏瑞峰
共青团顺义区委员会书记　郑晓博
妇女联合会主席　鲍晓芹（女）
残疾人联合会书记　李殿宗
理事长　王振军
工商业联合会主席　田家玉
书记　单晓梅（女）
红十字会会长　燕　瑛（女,9月免）
于庆丰（9月任）
书记、常务副会长　王新兵（女）
文学艺术界联合会主席　张中茂（9月任）
科学技术协会主席　李长勇
慈善协会会长　于庆丰
常务副会长（正处级）　李玉峰

## 七、政法军事

北京市公安局顺义分局局长　李国营
政委　刘　泽
检察院检察长　张守良（12月免）
张　豫（12月任）
法院院长　郭铁相
司法局书记　闻广平
局长　李国印
武装部部长　王子利
政委　于凤春（3月免）
陈卫明（3月任）

## 八、镇、街道办事处

### （一）街道办事处

光明街道办事处　书记　郭树文
主任　胡小刚
胜利街道办事处　书记　刘晨光（9月免）
贾崇彪（10月任）
主任　梁心愿
石园街道办事处　书记　赵金明
主任　于建波
旺泉街道办事处　书记　王俊忠
主任　黄学英（女）

双丰街道办事处　书记　郭士才（9月免）
赵靖宇（9月任）
主任　赵靖宇（9月免）
刘海丰（9月任）
空港街道办事处　书记　宋　鹏
主任　申志红（女）

## （二）镇（地区）

仁和镇（地区办事处）书记　赵洪涛
镇长（主任）　刘　洋
马坡镇（地区办事处）书记　贾文禹
镇长(主任)　董敬红(女)
牛栏山镇（地区办事处）书记　马朝龙
镇长（主任）　郝蔚泉
赵全营镇　书记　李在东
镇长　赵志勇
高丽营镇　书记　范学智
镇长　李　刚
北石槽镇　书记　王　江
王鉴远
南法信镇（地区办事处）书记　李　衍
镇长（主任）　徐志国
后沙峪镇（地区办事处）书记　王学武
镇长（主任）　金泰希（女，朝鲜族）
天竺镇（地区办事处）书记　宋　鹏
镇长（主任）　王　辉
李桥镇　书记　马云虎
镇长　王卫军
南彩镇　书记　黄永志
镇长　闫　岩（女）
杨镇（地区办事处）书记　姜　蒙
镇长（主任）　陈向东
张镇　书记　张香东(9月免)
刘晨光(9月任)
镇长　赵海波
北小营镇　书记　马　强
镇长　朱新生
木林镇　书记　王海松
镇长　李　健
龙湾屯镇　书记　史卫东
镇长　宋　森
李遂镇　书记　武　捷
镇长　李子腾
北务镇　书记　宋学农
镇长　张小军
大孙各庄镇　书记　卞云鹏
镇长　马卫国

# 九、事业单位

区委党校　校长　周颖博
书记　董大明
常务副校长　赵金荣（女）
行政学校　校长　林向阳
常务副校长　赵金荣（女）
农村合作经济经营管理站站长　焦庆海
地震局书记　张东生
局长　田福贵
水产服务中心书记　谢连海（10月退休）
主任　朱向国
经济发展服务中心主任　周福军
北京现代职业技术学院书记丁久库(9月免)
秦士友(9月任)
院长　杨凤辉(9月免)
秦士友(9月任)
汉石桥湿地自然保护区管理办公室主任
聂燕山
北京市板桥创意天承产业基地管理委员会主任　张克服(10月免)
流动人口管理服务中心主任王晓东
北京临空国际经济技术开发中心管理委员会主任　高春富(10月免)
政府招待所所长　宋奇良(9月免)
长青林场书记　张海泉
场长　李拥军

市场经营管理中心主任　**苏东海**

书记　**贺有余**

北京天竺保税区综合服务中心主任　**郭旭东（女）**

北京顺义三高科技农业试验示范区管理委员会主任　**史长生（10月免）**

奥运场馆管理委员会主任　**管学文（10月免）**

北京林河经济开发区管理委员会主任　**刘进奎（10月免）**

北京国门商务区建设管理委员会主任　**张爱冬（10月免）**

投资促进局局长　**李向英（女）（9月免）**

**杨凤辉（9月任）**

书记　**黄建民**

北京顺义空港物流基地管理委员会主任　**张东民（10月免）**

北京天竺房地产开发区管理委员会主任　**任建军**

北京北方印刷产业基地管理委员会主任　**牛玉江（10月免）**

北京汽车生产基地管理委员会主任　**赵洪峰（10月免）**

新城建设管理委员会主任　**赵振英（10月免）**

**史长生（10月任）**

书记　**杨家栋**

北京空港建设管理服务中心主任　**姚　颖**

档案局局长（档案馆馆长、党史区志办公室主任）　**梁　军**

书记　**霍保贵（7月退休）**

政府驻海南办事处主任　**于泉海**

广播电视中心主任　**黄海鹏**

信息中心（副处级）主任　**王永宝**

园林服务中心主任　**孙仲秀**

种植业服务中心主任　**李宏伟（女）**

农机服务中心主任　**屈宝成**

书记　**李福利**

社区教育中心主任　**陈成国**

书记　**李宝东**

城镇环境卫生服务中心主任　**单增友**

教育研究考试中心主任　**张　海**

牛栏山第一中学校长　**张华礼**

总部企业高管人员服务中心主任　**张忠伟**

北京花卉展览中心主任　**李瑞军（10月免）**

卫生局卫生监督所（副处级）所长　**侯　宁**

疾病预防控制中心（副处级）主任　**李印东**

区医院（副处级）书记　**黄建江**

院长　**王　飞**

中医院（副处级）书记　**魏　青**

妇幼保健院（副处级）书记　**张久越**

院长　**张树海**

人才服务中心（副处级）主任　**郭有斌**

劳动服务管理中心（副处级）主任　**梁　勇**

社会保险事业管理中心（副处级）主任　**解锡海**

物价检查所（副处级）所长　**张枫华**

## 十、企业单位

北京燕京啤酒集团公司　书记　**李福成**

总经理　**赵晓东**

北京市顺义区地方工业公司经理　**石振东**

北京市顺义区自来水公司经理　**康建龙**

书记　**马　成**

北京顺义燃气控股有限责任公司董事长　**杨文科**

书记　**张树广（5月退休）**

**姚仕松（11月任）**

北京市顺义区建筑工程总公司经理　**罗中义**

北京市顺义建筑工程公司书记　**李瑞福（11月退休）**

经理　**张殿友**

北京顺义建筑企业集团公司经理　**杨祥方**

北京通达实业总公司经理　**孔祥普**

北京市顺义区供销合作社主任　**方建华**

北京市煤炭总公司顺义区分公司经理

刘志新
北京国泰中百商业有限公司经理　刘树忠
书记　李会娟（女）
北京鑫海韵通百货有限公司经理　张福海
北京市顺义大龙城乡建设开发总公司经理
李绍林
北京顺鑫农业发展集团有限公司
董事长　王　泽
书记　王　泽
北京京顺轧辊厂厂长　陈　明
北京林河工业开发总公司经理　刘进奎
北京临空国际经济技术开发中心经理
高春富（10月免）
书记　赵　林（9月退休）
北京汽车城投资管理有限公司经理
赵洪峰（10月免）
书记　徐海松（10月免）
北京市天竺房地产开发公司经理　任建军
北京北方新辉印刷产业基地经理
牛玉江（10月免）
北京国际鲜花港管理委员会主任
赵善陶（9月免）
北京顺义水上公园投资发展中心书记
管学文（9月免）
北京市板桥创意天承投资发展中心经理
张克服（10月免）
北京国门空港经济技术开发中心经理
张爱冬（9月免）
北京市恒锋市政工程公司经理　刘宝春
顺义区国有资本经营管理中心经理
赵柏青
北京天竺保税区开发管理中心经理
张宏志（9月免）
北京鑫浩投资中心经理　董文利

## 十一、双管单位

北京市国土资源局顺义分局局长　韩凤桐
北京市药品监督管理局顺义分局书记
李长荣
局长　陈福刚
北京市规划委员会顺义分局书记　杨卫东
局长　杨卫东
北京市路政局顺义公路分局局长
张玉霞（女，4月免）
赵兴利（4月任）
北京市顺义区国家税务局局长　雷彤（回族）
北京市顺义区地方税务局局长　张　翅
北京市顺义区质量技术监督局局长　陈长旺
北京市工商行政管理局顺义分局局长　杨鸣
国家统计局顺义调查队队长　张自林
北京市顺义区烟草专卖局局长　张秀武
北京市共青林场书记　张海泉
场长　李拥军
北京市顺义区气象局局长　韩晓峰
北京市顺义区邮政局局长　李　勇（3月任）
北京农业生态工程试验基地书记　胡荣海
主任　张　涛

# 全国先进集体及先进个人

## 先进集体

**全国工会贯彻落实工资集体协商三年规划**
**顺义区总工会**
全国人民满意的公务员集体
**区人力社保局**
2013年中国政府网站优秀奖
**顺义网城**
2014年中国500强

**燕京啤酒股份有限公司**
**顺鑫农业股份有限公司**
2014 年度中国食品安全十强企业
**中国食品安全科技创新先进单位**
**中国食品安全百家诚信示范单位**
**中国食品安全突出贡献单位**
**燕京啤酒集团**
全国工人先锋号
**江河创建集团股份有限公司生产部**

### 先进个人

全国五一劳动奖章
**孔凡艳（女）**
全国工会落实建会三年规划先进个人
**衣晶（女）**
全国工会贯彻落实工资集体协商三年规划先进个人
**杨来福**

## 北京市先进集体及个人

### 先进集体

2014 年首都社会管理综合治理先进区县
**顺义区**
北京市充分就业区
**顺义区**
北京青少年科创大赛优秀组织奖。
**顺义区**
北京市充分就业示范社区（村）
**牛栏山镇下坡屯社区**
**双丰街道马坡花园第一社区**
**马坡镇庙卷村**
北京市重点总部企业
**顺鑫农业**
**鑫大禹公司**
**顺鑫佳宇房地产公司**
首都劳动奖状
**北京市顺义区生活垃圾综合处理厂**
**北京市顺义区人力资源和社会保障局**
北京市工人先锋号
**中国共产主义青年团北京市顺义区委员会志愿服务指导中心**
**北京市顺义区疾病预防控制中心免疫规划科**
**北京顺鑫石门农产品批发市场有限责任公司安全生产部**
**北京阿奇夏米尔工业电子有限公司物流部采购组**

### 先进个人

首都劳动奖章
**方建华**
**候凤生**
**焦慧**
**孔凡艳（女）**
**李娟（女）**
**马德生**
**牛佳雯（女）**
**王宏伟**
**谢广军**
**张锦茹（女）**
**赵长泉**
2013 年至 2014 年市优秀企业家
**曲美家具总经理傅辉**
**同辉珠宝董事长胡楚辉**
**澄通光电总裁康通博**

# 统 计 表

## 2014年顺义区国民经济和社会发展主要指标统计表

| 项目 | 计量单位 | 2014年 | 2013年 | 2014年为2013年% |
|---|---|---|---|---|
| **基本情况** | | | | |
| 土地面积 | 平方公里 | 1019.89 | 1019.89 | 100.0 |
| 街道办事处 | 个 | 6 | 6 | 100.0 |
| 建制镇 | 个 | 19 | 19 | 100.0 |
| 村民委员会 | 个 | 426 | 426 | 100.0 |
| 社区居委会 | 个 | 99 | 95 | 104.2 |
| 总户数 | 户 | 268523 | 266911 | 100.6 |
| 农业户 | 户 | 106853 | 108534 | 98.5 |
| 总人口 | 人 | 609450 | 600734 | 101.5 |
| 农业人口 | 人 | 256741 | 261354 | 98.2 |
| 非农业人口 | 人 | 352709 | 339380 | 103.9 |
| 常住人口 | 万人 | 100.4 | 98.3 | 102.1 |
| 地区生产总值 | 亿元 | 1339.7 | 1240.2 | 108.0 |
| 第一产业 | 亿元 | 25.5 | 25.1 | 101.6 |
| 第二产业 | 亿元 | 579.6 | 551.1 | 105.2 |
| 第三产业 | 亿元 | 734.6 | 664.0 | 110.6 |
| 地区生产总值构成 | % | | | — |
| 第一产业 | % | 1.9 | 2.0 | — |
| 第二产业 | % | 43.3 | 44.4 | — |
| 第三产业 | % | 54.8 | 53.6 | — |
| **农业** | | | | |
| 农林牧渔业总产值(现价) | 万元 | 684925.1 | 683390.3 | 100.2 |
| 主要农副产品产量 | | | | |
| 粮食 | 吨 | 110843.0 | 174458.4 | 63.5 |
| 夏粮 | 吨 | 40705.2 | 62551.7 | 65.1 |
| 秋粮 | 吨 | 70137.8 | 111906.7 | 62.7 |
| 蔬菜 | 吨 | 385562.4 | 426513.8 | 90.4 |
| 干鲜果 | 吨 | 56561.8 | 69408.8 | 81.5 |
| 出栏生猪 | 头 | 878250 | 951053 | 92.3 |

| 项目 | 计量单位 | 2014 年 | 2013 年 | 2014 年为 2013 年 % |
|---|---|---|---|---|
| 出栏肉牛 | 头 | 28270 | 41812 | 67.6 |
| 出栏羊 | 只 | 101005 | 125874 | 80.2 |
| 出栏鸡 | 万只 | 755.6 | 770.6 | 98.1 |
| 出栏鸭 | 万只 | 316.0 | 249.4 | 126.7 |
| 牛奶 | 吨 | 53166.5 | 56141.6 | 94.7 |
| 鲜蛋 | 吨 | 13339.2 | 14391.7 | 92.7 |
| #鸡蛋 | 吨 | 13157.2 | 14172.0 | 92.8 |
| 鲜鱼 | 吨 | 11000.0 | 11800.0 | 93.2 |
| **工业（规模以上）** | | | | |
| 工业总产值 | 万元 | 29836106.2 | 28606476.0 | 104.3 |
| 工业主营业务收入 | 万元 | 30684561.0 | 28961873.0 | 105.9 |
| 工业利润总额 | 万元 | 2771816.0 | 2514808.0 | 110.2 |
| **外经．外贸** | | | | |
| 三资企业签约项目 | 个 | 46 | 42 | 109.5 |
| 合同外资额 | 万美元 | 28984.4 | 105386.0 | 27.5 |
| 实际利用外资额 | 万美元 | 52179.6 | 36000.7 | 144.9 |
| 注册资本 | 万美元 | 47799.2 | 136093.0 | 35.1 |
| 投资总额 | 万元 | 51072.0 | 140546.6 | 36.3 |
| **固定资产投资** | | | | |
| 全社会固定资产投资 | 亿元 | 432.3 | 429.7 | 102.6 |
| 城镇固定资产投资（含房地产） | 亿元 | 355.6 | 371.7 | 95.7 |
| 农村固定资产投资（含农户） | 亿元 | 76.7 | 58.0 | 132.2 |
| 房地产开发投资 | 亿元 | 245.5 | 195.8 | 125.4 |
| **批发零售．住宿餐饮** | | | | |
| 社会消费品零售额 | 万元 | 3766618.0 | 3323510.0 | 113.3 |
| 网点数 | 个 | 17002 | 16865 | 100.8 |
| 营业人员 | 人 | 94821 | 95070 | 99.7 |
| **财政．金融** | | | | |
| 财政总收入 | 万元 | 6674455.0 | 4945326.0 | 135.0 |
| 地方财政收入 | 万元 | 3086427.0 | 1639133.0 | 188.3 |
| #公共财政预算收入 | 万元 | 1106151.0 | 980256.0 | 112.8 |
| 地方财政支出 | 万元 | 3541868.0 | 2289680.0 | 154.7 |
| #公共财政预算支出 | 万元 | 1678380.0 | 1466880.0 | 114.4 |
| 各项税收 | 万元 | 4705266.0 | 4327073.1 | 108.7 |
| 地税 | 万元 | 1586337.0 | 1359214.1 | 116.7 |
| 国税 | 万元 | 3118929.0 | 2967859.0 | 105.1 |
| 各项存款余额 | 万元 | 16609305.0 | 14755667.0 | 112.6 |
| #城乡居民储蓄余额 | 万元 | 6934756.4 | 6477483.0 | 107.1 |
| 各项贷款余额 | 万元 | 8762618.8 | 7656034.0 | 114.5 |

| 项目 | 计量单位 | 2014 年 | 2013 年 | 2014 年为 2013 年 % |
|---|---|---|---|---|
| **劳动工资** | | | | |
| 年末从业人员人数 | 人 | 474187 | 455047 | 104.2 |
| 第一产业 | 人 | 3446 | 4539 | 75.9 |
| 第二产业 | 人 | 199454 | 201858 | 98.8 |
| 第三产业 | 人 | 271287 | 248650 | 109.1 |
| 全年工资总额 | 万元 | 4167454.0 | 3610320.0 | 115.4 |
| 第一产业 | 万元 | 17202.0 | 20808.0 | 82.7 |
| 第二产业 | 万元 | 1456084.0 | 1324173.0 | 110.0 |
| 第三产业 | 万元 | 2694168.0 | 2265339.0 | 118.9 |
| **教育** | | | | |
| 学校数 | | | | |
| 普通中学 | 个 | 30 | 38 | 78.9 |
| 职业中学 | 个 | 5 | 7 | 71.4 |
| 小学 | 个 | 45 | 42 | 107.1 |
| 在校学生数 | | | | |
| 普通中学 | 人 | 27907 | 28484 | 98.0 |
| 职业中学 | 人 | 1964 | 1915 | 102.6 |
| 小学 | 人 | 40994 | 38146 | 107.5 |
| 毕业生数 | | | | |
| 普通中学 | 人 | 8952 | 9484 | 94.4 |
| 职业中学 | 人 | 505 | 542 | 93.2 |
| 小学 | 人 | 5493 | 5317 | 103.3 |
| **文化体育** | | | | |
| 文化馆 . 站 | 个 | 26 | 26 | 100.0 |
| 公共图书馆 | 个 | 1 | 1 | 100.0 |
| 公共图书馆藏书 | 万册 | 82 | 70 | 117.1 |
| 电影放映单位 | 个 | 4 | 3 | 133.3 |
| 农村放映单位 | 个 | 430 | 430 | 100.0 |
| 区级以上重点文物保护单位 | 个 | 9 | 9 | 100.0 |
| 体育场馆 | 个 | 6 | 6 | 100.0 |
| 旅游人数 | 万人 | 411.0 | 421.0 | 97.6 |
| 旅游收入 | 万元 | 569835.0 | 534808.0 | 106.5 |
| **卫生** | | | | |
| 医疗卫生机构数 | 个 | 593 | 366 | 162.0 |
| # 医院及卫生院 | 个 | 175 | 169 | 103.6 |
| 医疗卫生机构实有床位数 | 张 | 3122 | 3270 | — |
| # 医院及卫生院实有床位数 | 张 | 2850 | 2978 | — |
| 卫生技术人员 | 人 | 6663 | 6176 | 107.9 |
| # 执业（助理）医师 | 人 | 2860 | 2591 | 110.4 |

| 项目 | 计量单位 | 2014 年 | 2013 年 | 2014 年为 2013 年 % |
|---|---|---|---|---|
| 每千人口拥有执业（助理）医师数 | 人 | 2.8 | 2.6 | 107.7 |
| 每千人口拥有医院及卫生院床位数 | 张 | 2.8 | 3.0 | 93.3 |
| **人民生活（抽样调查资料）** | | | | |
| 城镇居民人均可支配收入 | 元 | 36428.0 | 33329.0 | 109.3 |
| 城镇居民人均生活消费支出 | 元 | 20784.0 | 18895.0 | 110.0 |
| 农村居民人均纯收入 | 元 | 19629.0 | 17703.0 | 110.9 |
| 农村居民人均生活消费支出 | 元 | 12453.0 | 11634.0 | 107.0 |
| **城市建设与环境** | | | | |
| 全区公路总里程 | 公里 | 2848.3 | 2833.1 | 100.5 |
| 天然气管道供应 | 万户 | 17.7 | 15.4 | 114.9 |
| 天然气供应量 | 万立方米 | 27069.8 | 22304.0 | 121.4 |
| 林木绿化率 | % | 34.51 | 30.85 | — |
| 城区生活污水集中处理率 | % | 97.9 | 97.8 | — |
| **能源消耗** | | | | |
| 能源消费总量 | 万吨标煤 | 1082.5 | 1045.9 | 103.5 |
| 全区用电总量 | 万千瓦时 | 591045.0 | 586043.6 | 100.9 |
| 第一产业 | 万千瓦时 | 27499.8 | 27605.0 | 99.6 |
| 第二产业 | 万千瓦时 | 276771.0 | 283304.5 | 97.7 |
| 工业 | 万千瓦时 | 261196.0 | 266695.4 | 97.9 |
| 建筑业 | 万千瓦时 | 15575.1 | 16609.1 | 93.8 |
| 第三产业 | 万千瓦时 | 192468.3 | 182954.2 | 105.2 |
| 城乡居民生活用电 | 万千瓦时 | 94306.0 | 92179.8 | 102.3 |

注：1. 每千人口拥有执业（助理）医师数和拥有医院及卫生院床位数，人口按常住人口计算；
2. 由于经济普查数据修订及居民煤炭消费调查方法调整等原因，2013 年能源消费总量数据进行调整。
3. 由于顺义区卫生和计划生育委员会床位数指标统计口径调整，因此本年与上年同期数据不可比。

# 附　录

## 中共北京市顺义区委文件

### 中共北京市顺义区委文件

京顺发〔2014〕1号　　中共北京市顺义区委关于转发《顺义区人大常委会党组关于加强镇人大工作的指导性意见》的通知

京顺发〔2014〕2号　　中共北京市顺义区委关于印发《中共北京市顺义区委关于在全区深入开展党的群众路线教育实践活动的实施方案》的通知

京顺发〔2014〕3号　　中共北京市顺义区委关于认真学习贯彻中央市委全会精神全面深化改革的意见（2014年3月7日）

京顺发〔2014〕4号　　中共北京市顺义区委关于印发《区委全面深化改革领导小组组成人员及办事机构设置方案》的通知

京顺发〔2014〕5号　　中共北京市顺义区委关于加强党管人才工作的意见（2014年6月5日）

京顺发〔2014〕6号　　中共北京市顺义区委关于开展区党代表任期制联系点工作的意见（2014年6月25日）

京顺发〔2014〕7号　　中共北京市顺义区委关于印发《中国共产党北京市顺义区第四届委员会常务委员会工作规则》的通知

京顺发〔2014〕8号　　中共北京市顺义区委关于印发《顺义区贯彻落实<建立健全惩治和预防腐败体系2013-2017年工作规划>的实施细则》的通知

# 中共北京市顺义区委办公室文件

## 中共北京市顺义区委办公室文件

| | |
|---|---|
| 京顺办发〔2014〕1号 | 关于印发《中共北京市顺义区空港街道工作委员会北京市顺义区空港街道办事处主要职责内设机构和人员编制规定》的通知 |
| 京顺办发〔2014〕2号 | 中共北京市顺义区委办公室北京市顺义区人民政府办公室关于印发《顺义区“法律服务村居行”活动长效机制实施方案》的通知 |
| 京顺办发〔2014〕3号 | 中共北京市顺义区委办公室北京市顺义区人民政府办公室关于印发《顺义区2014年重点信访问题区级领导包案具体安排》的通知 |
| 京顺办发〔2014〕4号 | 中共北京市顺义区委办公室关于严格组织纪律规范下级党组织向上级党组织报告工作的意见 |
| 京顺办发〔2014〕5号 | 中共北京市顺义区委办公室北京市顺义区人民政府办公室关于印发《顺义区关于进一步严格会议管理提高会议质量和效率的实施办法》的通知 |
| 京顺办发〔2014〕6号 | 中共北京市顺义区委办公室北京市顺义区人民政府办公室关于将重大决策社会稳定风险评估纳入区委常委会议、区政府会议决策程序的通知 |
| 京顺办发〔2014〕7号 | 中共北京市顺义区委办公室北京市顺义区人民政府办公室关于2013年改进工作作风密切联系群众“1+X”制度体系落实情况的通报 |
| 京顺办发〔2014〕8号 | 中共北京市顺义区委办公室北京市顺义区人民政府办公室关于印发《2014年顺义区环境整治实施方案》的通知 |
| 京顺办发〔2014〕9号 | 中共北京市顺义区委办公室关于印发《区委常委会2014年议题计划》的通知 |
| 京顺办发〔2014〕10号 | 中共北京市顺义区委办公室北京市顺义区人民政府办公室关于印发中共北京市顺义区委北京临空经济核心区工作委员会北京临空经济核心区管理委员会主要职责内设机构和人员编制规定的通知 |
| 京顺办发〔2014〕11号 | 中共北京市顺义区委办公室关于转发区“一助一”办公室《顺义区2014年“一助一”工作要点》的通知 |
| 京顺办发〔2014〕12号 | 中共北京市顺义区委办公室北京市顺义区人民政府办公室关于转发《顺 |

| | |
|---|---|
| | 义区关于进一步加强环境建设的工作意见》、《顺义区环境建设问责办法（试行）》、《顺义区环境建设综合考核评价办法》的通知 |
| 京顺办发〔2014〕13号 | 中共北京市顺义区委办公室北京市顺义区人民政府办公室关于印发《顺义区2014年五彩浅山开发实施计划》的通知 |
| 京顺办发〔2014〕14号 | 中共北京市顺义区委办公室北京市顺义区人民政府办公室关于2014年党政机关干部工作人员休假安排的通知 |
| 京顺办发〔2014〕15号 | 中共北京市顺义区委办公室北京市顺义区人民政府办公室关于印发区政府对外联络机构接待和讲解工作方案的通知 |
| 京顺办发〔2014〕16号 | 中共北京市顺义区委办公室北京市顺义区人民政府办公室关于印发《顺义区党政机关国内公务接待管理办法》的通知 |
| 京顺办发〔2014〕17号 | 中共北京市顺义区委办公室北京市顺义区人民政府办公室关于印发《顺义区关于迎接首都文明区复查工作的实施意见》的通知 |
| 京顺办发〔2014〕18号 | 中共北京市顺义区委办公室关于印发《区委文件管理办法》的通知 |
| 京顺办发〔2014〕19号 | 中共北京市顺义区委办公室关于调整区委议事协调机构和临时机构组成人员名单的通知 |
| 京顺办发〔2014〕20号 | 中共北京市顺义区委办公室北京市顺义区人民政府办公室关于印发《中共北京市顺义区纪律检查委员会机关北京市顺义区监察局北京市顺义区预防腐败局主要职责内设机构和人员编制规定》的通知 |
| 京顺办发〔2014〕21号 | 中共北京市顺义区委办公室北京市顺义区人民政府办公室关于做好2014年亚太经济合作组织会议期间机动车停驶工作的通知 |
| 京顺办发〔2014〕22号 | 中共北京市顺义区委办公室北京市顺义区人民政府办公室关于印发《顺义区关于加强高技能人才队伍建设实施意见》的通知 |
| 京顺办发〔2014〕23号 | 中共北京市顺义区委办公室关于印发《顺义区关于深化“四风”整治、巩固和拓展党的群众路线教育实践活动成果的工作安排》的通知 |
| 京顺办发〔2014〕24号 | 中共北京市顺义区委办公室关于印发《2014年顺义区党风廉政建设责任制检查考核工作方案》的通知 |
| 京顺办发〔2014〕25号 | 中共北京市顺义区委办公室关于印发《2014年顺义区党风廉政建设责任制检查考核工作方案》的通知 |
| 京顺办发〔2014〕26号 | 中共北京市顺义区委办公室北京市顺义区人民政府办公室关于做好2015年元旦春节期间有关工作的通知 |
| 京顺办发〔2014〕27号 | 中共北京市顺义区委办公室北京市顺义区人民政府办公室关于做好机关事业单位工作人员带薪年休假工作的通知 |

# 中共北京市顺义区政府文件

| 文件号 | 文　件　标　题 |
| --- | --- |
| 顺政发 [2014]1 号 | 北京市顺义区人民政府关于印发政府工作报告的通知 |
| 顺政发 [2014]2 号 | 北京市顺义区人民政府关于印发安全生产“一岗双责”实施办法的通知 |
| 顺政发 [2014]3 号 | 北京市顺义区人民政府关于印发顺义区 2014 年投资调控思路及重点工程安排计划的通知 |
| 顺政发 [2014]4 号 | 北京市顺义区人民政府关于印发顺义区 2014 年为群众拟办重要实事的通知 |
| 顺政发 [2014]5 号 | 北京市顺义区人民政府关于杨文科等同志任免职的通知 |
| 顺政发 [2014]6 号 | 北京市顺义区人民政府关于徐晓武等同志任免职的通知 |
| 顺政发 [2014]7 号 | 北京市顺义区人民政府关于印发 2014 年区政府工作报告重点工作分工方案的通知 |
| 顺政发 [2014]8 号 | 北京市顺义区人民政府关于印发顺义区新型农村合作医疗制度实施意见的通知 |
| 顺政发 [2014]9 号 | 北京市顺义区人民政府关于古丽仙·阿西木等同志任免职的通知 |
| 顺政发 [2014]10 号 | 北京市顺义区人民政府关于印发顺义区区级预算稳定调节基金管理办法的通知 |
| 顺政发 [2014]11 号 | 北京市顺义区人民政府关于印发顺义区加强工业产品质量安全工作意见的通知 |
| 顺政发 [2014]13 号 | 北京市顺义区人民政府关于马金等同志任职的通知 |
| 顺政发 [2014]14 号 | 北京市顺义区人民政府关于梁春山等同志试用期满任职的通知 |
| 顺政发 [2014]15 号 | 北京市顺义区人民政府关于印发区长副区长区政府党组成员工作分工的通知 |
| 顺政发 [2014]16 号 | 北京市顺义区人民政府关于取消和承接行政审批事项的通知 |
| 顺政发 [2014]17 号 | 北京市顺义区人民政府关于印发顺义区慢性非传染性疾病防控工作规划（2014—2020 年）的通知 |
| 顺政发 [2014]18 号 | 北京市顺义区人民政府关于印发顺义区推进经济功能区转型和创新发展的指导意见的通知 |

| | |
|---|---|
| 顺政发［2014］19 号 | 北京市顺义区人民政府关于张爱冬等同志任免职的通知 |
| 顺政发［2014］20 号 | 北京市顺义区人民政府关于成立北京天竺空港经济开发公司及韩剑等同志任免职的通知 |
| 顺政发［2014］21 号 | 北京市顺义区人民政府关于组建北京市顺义区卫生和计划生育委员会及万学志等同志任免职的通知 |
| 顺政发［2014］22 号 | 北京市顺义区人民政府关于成立北京市顺义区房屋征收事务中心及王方文等同志任免职的通知 |
| 顺政发［2014］23 号 | 北京市顺义区人民政府关于印发顺义区医疗卫生服务水平提升三年行动计划（2014—2016 年）的通知 |
| 顺政发［2014］24 号 | 北京市顺义区人民政府关于印发顺义区用水总量控制管理办法（试行）的通知 |
| 顺政发［2014］25 号 | 北京市顺义区人民政府关于印发顺义区加快养老服务业发展实施意见的通知 |
| 顺政发［2014］27 号 | 北京市顺义区人民政府关于印发顺义区推动企业上市工作办法的通知 |
| 顺政发［2014］28 号 | 北京市顺义区人民政府关于印发顺义区促进金融产业发展办法的通知 |
| 顺政发［2014］29 号 | 北京市顺义区人民政府关于划定本行政区域禁止露天烧烤范围的通告 |
| 顺政发［2014］30 号 | 北京市顺义区人民政府关于董杰昌等同志任免职的通知 |
| 顺政发［2014］31 号 | 北京市顺义区人民政府关于史长生等同志任免职的通知 |
| 顺政发［2014］32 号 | 北京市顺义区人民政府关于调整中关村科技园区顺义园管理机构设置及张友生等同志任免职的通知 |
| 顺政发［2014］33 号 | 北京市顺义区人民政府关于成立北京顺义科技创新集团有限公司及赵洪峰等同志任免职的通知 |
| 顺政发［2014］34 号 | 北京市顺义区人民政府关于设立北京顺义绿色生态产业功能区管理委员会及管学文等同志任免职的通知 |
| 顺政发［2014］35 号 | 北京市顺义区人民政府关于成立北京顺义生态旅游集团有限公司及付海波等同志任免职的通知 |
| 顺政发［2014］36 号 | 北京市顺义区人民政府关于组建北京市顺义区住房保障事务中心及刘哲同志任职的通知 |
| 顺政发［2014］37 号 | 北京市顺义区人民政府关于北京市顺义区行政学校更名及林向阳等同志任免职的通知 |
| 顺政发［2014］38 号 | 北京市顺义区人民政府关于赵越等同志任职的通知 |
| 顺政发［2014］39 号 | 北京市顺义区人民政府关于赵振英等同志任免职的通知 |

| 顺政发 [2014]40 号 | 北京市顺义区人民政府关于切实加强审计工作进一步建立健全审计监督整改工作机制的意见 |
|---|---|
| 顺政发 [2014]41 号 | 北京市顺义区人民政府关于印发顺义区产业项目全要素综合评价办法（试行）的通知 |
| 顺政发 [2014]42 号 | 北京市顺义区人民政府关于印发区级非物质文化遗产名录的通知 |

# 中共北京市顺义区政府办公室文件

| 文件号 | 文件标题 |
|---|---|
| 顺政办发 [2014]1 号 | 北京市顺义区人民政府办公室关于印发顺义区落实年度学法计划实施方案的通知 |
| 顺政办发 [2014]2 号 | 北京市顺义区人民政府办公室关于印发顺义区贯彻落实《机关事务管理条例》工作方案的通知 |
| 顺政办发 [2014]5 号 | 北京市顺义区人民政府办公室关于印发顺义区集中开展城乡结合部地区安全生产专项整治工作实施方案的通知 |
| 顺政办发 [2014]6 号 | 北京市顺义区人民政府办公室关于成立顺义区政务服务管理领导小组的通知 |
| 顺政办发 [2014]7 号 | 北京市顺义区人民政府办公室关于印发 2014 年区政府会议重要议题计划的通知 |
| 顺政办发 [2014]8 号 | 北京市顺义区人民政府办公室关于做好 2014 年区级部门预算公开有关工作的通知 |
| 顺政办发 [2014]9 号 | 北京市顺义区人民政府办公室关于本区行政审批制度改革有关事项的通知 |
| 顺政办发 [2014]11 号 | 北京市顺义区人民政府办公室关于印发顺义区新型农村合作医疗制度实施细则的通知 |
| 顺政办发 [2014]12 号 | 北京市顺义区人民政府办公室关于印发顺义区推进国际语言环境建设实施意见的通知 |
| 顺政办发 [2014]14 号 | 北京市顺义区人民政府办公室关于印发顺义区安全社区建设工作方案的通知 |
| 顺政办发 [2014]16 号 | 北京市顺义区人民政府办公室转发区教委关于推进中小学校体育卫生工作三年行动计划（2014—2016 年）的通知 |

| | |
|---|---|
| 顺政办发 [2014]19 号 | 北京市顺义区人民政府办公室关于印发顺义区加快卫生事业发展议案办理工作方案的通知 |
| 顺政办发 [2014]20 号 | 北京市顺义区人民政府办公室关于印发顺义区公共自行车服务系统建设实施方案的通知 |
| 顺政办发 [2014]23 号 | 北京市顺义区人民政府办公室关于印发北京市顺义区城市管理综合行政执法监察局主要职责内设机构和人员编制规定的通知 |
| 顺政办发 [2014]24 号 | 北京市顺义区人民政府办公室关于印发北京市顺义区机关事务管理服务中心主要职责内设机构和人员编制规定的通知 |
| 顺政办发 [2014]25 号 | 北京市顺义区人民政府办公室关于印发顺义区人口调控工作任务分解的通知 |
| 顺政办发 [2014]26 号 | 北京市顺义区人民政府办公室关于印发顺义区道路交通大型货车运行分流实施方案的通知 |
| 顺政办发 [2014]27 号 | 北京市顺义区人民政府办公室转发区园林绿化局关于顺义区新增森林资源管护实施方案（试行）的通知 |
| 顺政办发 [2014]28 号 | 北京市顺义区人民政府办公室转发区民政局关于顺义区建立城乡社区居民委员会意见的通知 |
| 顺政办发 [2014]29 号 | 北京市顺义区人民政府办公室关于做好 2013 年区级部门决算公开有关工作的通知 |
| 顺政办发 [2014]34 号 | 北京市顺义区人民政府办公室关于启动 2015 年有关重点任务和计划安排前期工作的通知 |
| 顺政办发 [2014]36 号 | 北京市顺义区人民政府办公室关于印发顺义区创建慢性非传染性疾病综合防控示范区实施方案的通知 |
| 顺政办发 [2014]37 号 | 北京市顺义区人民政府办公室关于印发进一步加强政务公开和信息发布工作积极推进社会沟通互动实施意见的通知 |
| 顺政办发 [2014]39 号 | 北京市顺义区人民政府办公室转发区质监局关于顺义区落实首都标准化战略纲要实施意见的通知 |
| 顺政办发 [2014]40 号 | 北京市顺义区人民政府办公室关于印发顺义区“十三五”规划研究编制工作方案的通知 |
| 顺政办发 [2014]41 号 | 北京市顺义区人民政府办公室关于印发顺义区中长期动物疫病防治规划（2014—2020 年）的通知 |
| 顺政办发 [2014]42 号 | 北京市顺义区人民政府办公室关于明确食品药品安全监督管理职责的通知 |
| 顺政办发 [2014]43 号 | 北京市顺义区人民政府办公室关于印发顺义区食品药品违法行为举报奖励办法的通知 |

# 顺义区社区居委会

## 光明街道办事处

| 名称 | 电话 | 名称 | 电话 |
|---|---|---|---|
| 东兴第一社区居委会 | 69442119 | 东兴第三社区居委会 | 81493785 |
| 东兴第二社区居委会 | 89403141 | 双兴东区社区居委会 | 69421796 |
| 幸福东区社区居委会 | 69448561 | 裕龙花园社区居委会 | 81485380 |
| 金汉绿港社区居委会 | 89420696 | 裕龙五区社区居委会 | 89408057 |
| 裕龙六区社区居委会 | 89497679 | 裕龙三区社区居委会 | 69420105 |
| 裕龙四区社区居委会 | 61490061 | 绿港家园社区居委会 | 81487795 |
| 双拥社区居委会 | 66380279 | 滨河第二社区居委会 | 69463926 |
| 滨河第一社区居委会 | 89493673 | | |

## 胜利街道办事处

| 名称 | 电话 | 名称 | 电话 |
|---|---|---|---|
| 建新北区第一社区居委会 | 69422437 | 幸福西街社区居委会 | 69424163 |
| 建新北区第二社区居委会 | 69424278 | 怡馨家园第一社区居委会 | 81490355 |
| 建新北区第三社区居委会 | 69447615 | 怡馨家园第二社区居委会 | 81490986 |
| 建新南区第一社区居委会 | 69441328 | 义宾南区社区居委会 | 81493064 |
| 建新南区第二社区居委会 | 69422257 | 义宾北区社区居委会 | 69422312 |
| 双兴南区社区居委会 | 69423702 | 义宾街社区居委会 | 69424515 |
| 胜利小区社区居委会 | 69422524 | 永欣嘉园社区居委会 | 81487224 |
| 前进社区居委会 | 69423441 | 龙府花园社区居委会 | 69438433 |
| 太平社区居委会 | 69421730 | 红杉一品社区居委会 | 61490786 |

## 石园街道办事处

| 名称 | 电话 | 名称 | 电话 |
|---|---|---|---|
| 石园东区社区居委会 | 89447283 | 五里仓第一社区居委会 | 69447164 |
| 石园西区社区居委会 | 89441202 | 五里仓第二社区居委会 | 81493575 |
| 石园北区第一社区居委会 | 81496697 | 港馨家园南区居委会 | 89449310 |
| 石园北区第二社区居委会 | 89443998 | 港馨家园北区居委会 | 89453519 |
| 石园北区第三社区居委会 | 89446819 | 燕京社区居委会 | 89496860 |
| 石园南区社区居委会 | 89443151 | 轻汽集团社区居委会 | 89491242 |
| 石园东苑社区居委会 | 89442147 | | |

## 旺泉街道办事处

| 名称 | 电话 | 名称 | 电话 |
|---|---|---|---|
| 西辛社区居委会 | 69468141 | 铁十六局社区居委会 | 69440361 |
| 西辛第一社区居委会 | 81495731 | 前进花园社区居委会 | 89433560 |

| 西辛北社区居委会 | 81490017 | 宏城花园社区居委会 | 69439360 |
|---|---|---|---|
| 牡丹苑社区居委会 | 60416837 | 望泉家园社区居委会 | 60416903 |

## 双丰街道办事处

| 名称 | 电话 | 名称 | 电话 |
|---|---|---|---|
| 马坡花园一区居委会 | 69402335 | 马坡花园二区居委会 | 69405086 |
| 富力湾社区居委会 | 60419223 | | |

## 空港街道办事处

# 各镇村民委员会名录

## 仁 和 镇

| 名称 | 电话 | 名称 | 电话 |
|---|---|---|---|
| 石门村委会 | 69448156 | 沙井村委会 | 69475516 |
| 望泉寺村委会 | 69448355 | 军营村委会 | 69448335 |
| 梅沟营村委会 | 69421966 | 沙坨村委会 | 69472947 |
| 复兴村委会 | 69422040 | 北兴村委会 | 69441925 |
| 前进村委会 | 69421887 | 太平村委会 | 69421610 |
| 庄头村委会 | 69443015 | 石各庄村委会 | 89446208 |
| 平各庄村委会 | 89498581 | 胡各庄村委会 | 89452430 |
| 杜各庄村委会 | 69448929 | 米各庄村委会 | 89407387 |
| 吴家营村委会 | 89496051 | 杨家营村委会 | 89401016 |
| 塔河村委会 | 60496172 | 河南村村委会 | 89498995 |
| 陶家坟村委会 | 89407014 | 窑坡村委会 | 89407062 |
| 临河村委会 | 89494682 | | |

## 马 坡 镇

| 名称 | 电话 | 名称 | 电话 |
|---|---|---|---|
| 向阳村委会 | 69401989 | 东丰乐村委会 | 57903496 |
| 小孙各庄村委会 | 13051139039 | 西丰乐村委会 | 69401179 |
| 大营村委会 | 69403455 | 西马坡村委会 | 69401813 |
| 北上坡村委会 | 69405902 | 肖家坡村委会 | 69401931 |
| 秦武姚村委会 | 69409819 | 东马坡村委会 | 69401759 |
| 向前村委会 | 69409710 | 白各庄村委会 | 69409307 |
| 荆卷村委会 | 69409397 | 良正卷村委会 | 69409138 |
| 庙卷村委会 | 69409465 | 衙门村村委会 | 69409908 |
| 泥河村委会 | 69401072 | 石家营村委会 | 69409915 |
| 毛家营村委会 | 69409726 | 姚店村委会 | 69409722 |
| 马卷村委会 | 69409659 | | |

# 南法信镇

| 名称 | 电话 | 名称 | 电话 |
|---|---|---|---|
| 南卷村村委会 | 69474545 | 三家店村委会 | 69473663 |
| 西海洪村委会 | 69472488 | 东海洪村委会 | 52130992 |
| 东杜兰村委会 | 69472534 | 西杜兰村委会 | 69473776 |
| 北法信村委会 | 69478657 | 大江洼村委会 | 69473300 |
| 焦各庄村委会 | 69473030 | 刘家河村委会 | 69473551 |
| 南法信村委会 | 69472483 | 马家营村委会 | 69472557 |
| 卸甲营村委会 | 69475128 | 哨马营村委会 | 89425329 |
| 冯家营村委会 | 69473605 | 十里堡村委会 | 89457293 |

# 李 桥 镇

| 名称 | 电话 | 名称 | 电话 |
|---|---|---|---|
| 李家桥村委会 | 81473143 | 后桥村委会 | 81472647 |
| 庄子营村委会 | 81473913 | 头二营村委会 | 89428868 |
| 三四营村委会 | 89428972 | 洼子村委会 | 81442124 |
| 南半壁店村委会 | 81463251 | 英各庄村委会 | 81478296 |
| 张辛村委会 | 89427188 | 临清村委会 | 89427969 |
| 西大坨村委会 | 69489427 | 西树行村委会 | 69481618 |
| 北河村委会 | 69485993 | 沙浮村委会 | 69489948 |
| 王家场村委会 | 69486015 | 沿河村委会 | 69486327 |
| 芦各庄村委会 | 69485978 | 史庄村委会 | 69481147 |
| 吴庄村委会 | 69488155 | 永青村委会 | 69486079 |
| 郭庄村委会 | 69486073 | 南河村委会 | 69485772 |
| 北桃园村委会 | 69486025 | 南桃园村委会 | 69486081 |
| 安里村委会 | 69486007 | 苏庄村委会 | 69486026 |
| 官庄村委会 | 69486010 | 堡子村委会 | 69485980 |
| 沮沟村委会 | 69486085 | 北庄头村委会 | 69486180 |
| 南庄头村委会 | 69486057 | | |

# 天 竺 镇

| 名称 | 电话 | 名称 | 电话 |
|---|---|---|---|
| 天竺村委会 | 64567559 | 楼台村委会 | 64563498 |
| 小王辛庄村委会 | 64575547 | 二十里堡村委会 | 52131101 |
| 杨二营村委会 | 52133600 | 岗山村委会 | 80477708 |
| 龙山村委会 | 52151030 | 桃山村委会 | 80498222 |

# 后沙峪镇

| 名称 | 电话 | 名称 | 电话 |
|---|---|---|---|
| 双裕西区居委会 | 80488614 | 香花畦居委会 | 80429789 |

| 江山赋居委会 | 80425770 | 古城村委会 | 80496381 |
|---|---|---|---|
| 西泗上村委会 | 69454089 | 西田各庄村委会 | 80485440 |
| 罗各庄村委会 | 80496770 | 西白辛庄村委会 | 80493957 |
| 燕王庄村委会 | 80496759 | 马头庄村委会 | 80496702 |
| 吉祥庄村委会 | 80482076 | 前沙峪村委会 | 80496760 |
| 后沙峪村委会 | 80499974 | 火神营村委会 | 80496753 |
| 东庄村委会 | 80495108 | 回民营村委会 | 80496553 |
| 铁匠营村委会 | 80492567 | 董各庄村委会 | 80496704 |
| 枯柳树村委会 | 80483888 | | |

## 高丽营镇

| 名称 | 电话 | 名称 | 电话 |
|---|---|---|---|
| 一村村委会 | 69455643 | 二村村委会 | 69455244 |
| 三村村委会 | 69455634 | 四村村委会 | 69455924 |
| 五村村委会 | 69455664 | 六村村委会 | 69454356 |
| 七村村委会 | 69455642 | 八村村委会 | 69455640 |
| 南王路村委会 | 69455734 | 北王路村委会 | 69455794 |
| 西王路村委会 | 69455843 | 唐自头村委会 | 69455884 |
| 于庄村委会 | 69455742 | 张喜庄村委会 | 69491445 |
| 东马各庄村委会 | 69493946 | 西马各庄村委会 | 69491477 |
| 水坡村委会 | 69491472 | 羊房村委会 | 69491478 |
| 前渠河村委会 | 69491435 | 后渠河村委会 | 69491476 |
| 闫家营村委会 | 69491475 | 夏县营村委会 | 69491473 |
| 河津营村委会 | 69491479 | 南郎中村委会 | 69491474 |
| 文化营村委会 | 69491193 | | |

## 杨　　镇

| 名称 | 电话 | 名称 | 电话 |
|---|---|---|---|
| 一街村委会 | 61451249 | 辛庄子村委会 | 61412910 |
| 二街村委会 | 61451367 | 高各庄村委会 | 61412842 |
| 三街村委会 | 61451377 | 王辛庄村委会 | 61412905 |
| 张家务村委会 | 61451641 | 沙子营村委会 | 61413758 |
| 齐家务村委会 | 61451634 | 松各庄村委会 | 61412854 |
| 杜庄村委会 | 61456101 | 李辛庄村委会 | 61412830 |
| 二郎庙村委会 | 61453358 | 沙岭村委会 | 61444026 |
| 东庄户村委会 | 61455731 | 于庄村委会 | 61444776 |
| 老庄户村委会 | 61450848 | 徐庄村委会 | 61442354 |
| 沟东村委会 | 61451437 | 西庞村委会 | 61441836 |
| 东町村委会 | 61451660 | 东庞村委会 | 61442454 |
| 红寺村委会 | 61451307 | 大三渠村委会 | 61442474 |
| 下坡村委会 | 61453996 | 良庄村委会 | 61444459 |
| 下营村委会 | 61451154 | 白塔村委会 | 61442216 |
| 汉石桥村委会 | 61452077 | 曾庄村委会 | 61442422 |
| 安乐庄村委会 | 61451915 | 周庄村委会 | 61443298 |

| 荆坨村委会 | 61412914 | 曹庄村委会 | 61443314 |
| --- | --- | --- | --- |
| 井上村委会 | 61412846 | 别庄村委会 | 61442404 |
| 侉子营村委会 | 61412901 | 破罗口村委会 | 61442518 |
| 田家营村委会 | 61412859 | 辛庄户村委会 | 61452455 |
| 小店村委会 | 61412904 | 焦各庄村委会 | 61441330 |

## 赵全营镇

| 名称 | 电话 | 名称 | 电话 |
| --- | --- | --- | --- |
| 西小营村委会 | 89422719 | 北郎中村委会 | 60432753 |
| 赵全营村委会 | 60432672 | 小高丽营村委会 | 60431159 |
| 去碑营村委会 | 60432662 | 豹房村委会 | 60431138 |
| 陈各庄村委会 | 60433500 | 小官庄村委会 | 60431592 |
| 大官庄村委会 | 60435396 | 马家堡村委会 | 60431941 |
| 白庙村委会 | 60432410 | 忻州营村委会 | 60431150 |
| 前桑园村委会 | 60432402 | 后桑园村委会 | 60432401 |
| 红铜营村委会 | 60435337 | 板桥村委会 | 60442124 |
| 西绛营村委会 | 60442125 | 东绛营村委会 | 60442175 |
| 稷山营村委会 | 89422783 | 东水泉村委会 | 60442178 |
| 西水泉村委会 | 60442132 | 联庄村委会 | 60442139 |
| 河庄村委会 | 60442181 | 解放村委会 | 60442103 |
| 燕华营村委会 | 60442129 | | |

## 牛栏山镇

| 名称 | 电话 | 名称 | 电话 |
| --- | --- | --- | --- |
| 北孙各庄村委会 | 69411181 | 龙王头村委会 | 69414002 |
| 富各庄村委会 | 69411799 | 芦正卷村委会 | 69414074 |
| 北军营村委会 | 69412679 | 相各庄村委会 | 60416156 |
| 官志卷村委会 | 69418228 | 范各庄村委会 | 89411083 |
| 后晏子村委会 | 69418353 | 前晏子村委会 | 69417989 |
| 兰家营村委会 | 69411373 | 姚各庄村委会 | 69411708 |
| 半壁店村委会 | 69419010 | 张家庄村委会 | 89411601 |
| 下坡屯村委会 | 69414064 | 史家口村委会 | 69411752 |
| 禾丰村委会 | 69411194 | 先进村委会 | 69411444 |
| 安乐村委会 | 69411081 | 金牛村委会 | 60411220 |

## 南彩镇

| 名称 | 电话 | 名称 | 电话 |
| --- | --- | --- | --- |
| 南彩村委会 | 89469015 | 桥头村委会 | 89421069 |
| 九王庄村委会 | 89469044 | 前郝家疃村委会 | 89477243 |
| 前薛各庄村委会 | 89469246 | 后郝家疃村委会 | 89479330 |
| 后薛各庄村委会 | 89469273 | 望渠村委会 | 89469234 |
| 于辛庄村委会 | 89468572 | 东江头村委会 | 89469296 |

| | | | |
|---|---|---|---|
| 太平庄村委会 | 89469263 | 西江头村委会 | 89469294 |
| 大兴庄村委会 | 89460420 | 前俸伯村委会 | 89470255 |
| 水屯村委会 | 89469265 | 后俸伯村委会 | 89477230 |
| 坞里村委会 | 89469257 | 河北村村委会 | 89477714 |
| 双营村委会 | 89469293 | 杜刘庄村委会 | 89477236 |
| 小营村委会 | 89469065 | 北彩村委会 | 89421634 |
| 洼里村委会 | 89469297 | 柳桁村委会 | 89421651 |
| 道仙庄村委会 | 89469278 | 黄家场村委会 | 89421620 |

## 北小营镇

| 名称 | 电话 | 名称 | 电话 |
|---|---|---|---|
| 北小营村委会 | 60483651 | 上辇村委会 | 60483652 |
| 北府村委会 | 60483166 | 东乌鸡村委会 | 60483617 |
| 西乌鸡村委会 | 60483810 | 榆林村委会 | 60482547 |
| 后礼务村委会 | 60483735 | 前礼务村委会 | 60480596 |
| 马辛庄村委会 | 60485895 | 前鲁村委会 | 60483657 |
| 后鲁村委会 | 60483654 | 仇店村委会 | 60483667 |
| 西府村委会 | 60483659 | 东府村委会 | 60489700 |
| 大胡营村委会 | 69416975 | 小胡营村委会 | 69416973 |
| 牛富屯村委会 | 60480296 | | |

## 李 遂 镇

| 名称 | 电话 | 名称 | 电话 |
|---|---|---|---|
| 宣庄户村委会 | 89481827 | 魏辛庄村委会 | 89481816 |
| 后营村委会 | 89481821 | 前营村委会 | 89481377 |
| 葛代子村委会 | 89481773 | 沟北村委会 | 89481370 |
| 柳各庄村委会 | 89481817 | 李遂村委会 | 89481088 |
| 西营村委会 | 89485058 | 东营村委会 | 89481813 |
| 李庄村委会 | 89481097 | 崇国庄村委会 | 89481373 |
| 陈庄村委会 | 69436839 | 赵庄村委会 | 69436820 |
| 太平辛庄村委会 | 89481815 | 牌楼村委会 | 89481823 |

## 木 林 镇

| 名称 | 电话 | 名称 | 电话 |
|---|---|---|---|
| 木林村委会 | 60456190 | 陈各庄村委会 | 60456377 |
| 蒋各庄村委会 | 60456121 | 魏家店村委会 | 60457189 |
| 东沿头村委会 | 60456253 | 西沿头村委会 | 60451099 |
| 长林庄村委会 | 60449256 | 孝德村委会 | 60459095 |
| 唐指山村委会 | 60456334 | 贾山村委会 | 60456139 |

| | | | |
|---|---|---|---|
| 茶棚村委会 | 60456123 | 安辛庄村委会 | 60456092 |
| 王泮庄村委会 | 60456013 | 大韩庄村委会 | 60448379 |
| 小韩庄村委会 | 60448350 | 马坊村委会 | 60448401 |
| 上园子村委会 | 60448153 | 大林村委会 | 60449193 |
| 陈家陀村委会 | 60492690 | 李各庄村委会 | 60492705 |
| 业兴庄村委会 | 60492696 | 陀头庙村委会 | 60492703 |
| 荣各庄村委会 | 60492706 | 前王各庄村委会 | 60492702 |
| 后王各庄村委会 | 60492691 | 潘家坟村委会 | 60492720 |

# 龙湾屯镇

| 名称 | 电话 | 名称 | 电话 |
|---|---|---|---|
| 龙湾屯村委会 | 60461278 | 丁甲庄村委会 | 60463453 |
| 大北坞村委会 | 60461277 | 山里辛庄村委会 | 60461392 |
| 焦庄户村委会 | 60461250 | 七连庄村委会 | 60461318 |
| 柳庄户村委会 | 60465999 | 南坞村委会 | 60463339 |
| 树行村委会 | 60465650 | 张中坞村委会 | 60462683 |
| 史中坞村委会 | 60461610 | 小北坞村委会 | 60461260 |
| 唐洞村委会 | 60461298 | | |

# 张　　镇

| 名称 | 电话 | 名称 | 电话 |
|---|---|---|---|
| 张各庄村委会 | 61480695 | 小曹庄村委会 | 61442038 |
| 柏树庄村委会 | 61443108 | 驻马庄村委会 | 61443689 |
| 白辛庄村委会 | 61491223 | 赵各庄村委会 | 61491319 |
| 侯庄村委会 | 61493183 | 行宫村委会 | 61493792 |
| 前王会村委会 | 61493897 | 后王会村委会 | 61491306 |
| 前苏桥村委会 | 61491327 | 后苏桥村委会 | 61491687 |
| 王庄村委会 | 61491181 | 朱庄村委会 | 61492518 |
| 聂庄村委会 | 61492788 | 良山村委会 | 61480697 |
| 小三渠村委会 | 61480705 | 麻林山村委会 | 61480706 |
| 李洼子村委会 | 61480707 | 贾洼子村委会 | 61480709 |
| 吕布屯村委会 | 61489814 | 港西村委会 | 61489045 |
| 雁户庄村委会 | 61481815 | 大故现村委会 | 61480715 |
| 刘辛庄村委会 | 61480719 | 厂门口村委会 | 61480701 |
| 虫王庙村委会 | 61483077 | 北营村委会 | 61480703 |
| 西营村委会 | 61482872 | | |

# 大孙各庄镇

| 名称 | 电话 | 名称 | 电话 |
|---|---|---|---|
| 大孙各庄村委会 | 61432149 | 客家庄村委会 | 61432148 |
| 西辛庄村委会 | 61432141 | 户耳山村委会 | 61432143 |

宗家店村委会 61432142
顾家庄村委会 61432184
小故现村委会 61432174
小宋各庄村委会 61432104
南聂庄村委会 61432084
龙庭侯村委会 61432114
大坝洼庄村委会 61432134
大塘村委会 61432144
薛庄村委会 61432145
后岭上村委会 61432164
西华山村委会 61472950
小段村委会 61472914
赵家峪村委会 61472932
四福庄村委会 61472919
前陆马庄村委会 61472930
东尹家府村委会 61471237
大石各庄村委会 61432876
大洛泡村委会 61472846
柴家林村委会 61432149
田各庄村委会 61432538
吴雄寺村委会 61432074
小塘村委会 61430523
王户庄村委会 61432124
老公庄村委会 61433054
小坝洼庄村委会 61433211
佟辛庄村委会 61433599
前岭上村委会 61432146
东华山村委会 61472820
大段村委会 61472917
谢辛庄村委会 61472927
湘王庄村委会 61472904
后陆马庄村委会 61472934
西尹家府村委会 61472925
大崔各庄村委会 61472921
大田庄村委会 61472849

## 北石槽镇

| 名称 | 电话 |
|---|---|
| 西赵各庄村委会 | 60422020 |
| 西范各庄村委会 | 60422108 |
| 南石槽村委会 | 60422287 |
| 东石槽村委会 | 60422105 |
| 寺上村委会 | 60422362 |
| 刘各庄村委会 | 60422507 |
| 大柳树村委会 | 60422392 |
| 李家史山村委会 | 60422117 |
| 下西市村委会 | 60422531 |
| 良善庄村委会 | 60422352 |
| 北石槽村委会 | 60425006 |
| 东辛庄村委会 | 60421596 |
| 武各庄村委会 | 60422501 |
| 中滩营村委会 | 60425240 |
| 二张营村委会 | 60422391 |
| 营尔村委会 | 60423328 |

## 北 务 镇

| 名称 | 电话 |
|---|---|
| 北务村委会 | 61421072 |
| 陈辛庄村委会 | 61421248 |
| 东地村委会 | 61424066 |
| 林上村委会 | 61421224 |
| 南辛庄户村委会 | 61421940 |
| 小珠宝村委会 | 61422234 |
| 于地村委会 | 61422759 |
| 庄子村委会 | 61421261 |
| 仓上村委会 | 61423007 |
| 道口村委会 | 61421262 |
| 郭家务村委会 | 61421967 |
| 马庄村委会 | 61421947 |
| 王各庄村委会 | 61421932 |
| 闫家渠村委会 | 61421506 |
| 珠宝屯村委会 | 61423035 |

# 顺义区教育机构名录

## 一、幼儿园名录

| 名称 | 地址 | 电话 |
| --- | --- | --- |
| 北京市顺义区龙湾屯镇丁甲庄村幼儿园 | 北京市顺义区龙湾屯镇丁甲庄村 | 60463227 |
| 北京市顺义区高丽营镇张喜庄村幼儿园 | 北京市顺义区高丽营镇张喜庄村北环村路南侧 | 69492195 |
| 北京市顺义区河北村幼儿园 | 北京市顺义区南彩镇河北村 | 81460246 |
| 北京市顺义区李桥镇王家场村幼儿园 | 北京市顺义区李桥镇王家场村 | 15601052676 |
| 北京市顺义区裕龙双语艺术幼儿园 | 北京市顺义区拥军路甲 19 号 | 61400648 |
| 北京市顺义区李桥镇后桥村幼儿园 | 北京市顺义区李桥镇后桥村 | 15010397151 |
| 北京市顺义区牛栏山镇龙王头村幼儿园 | 北京市顺义区牛栏山镇龙王头村 | 69414003 |
| 北京市顺义区李桥镇北河村幼儿园 | 北京市顺义区李桥镇北河村 | 13811082736 |
| 北京市顺义区顺和花园幼儿园 | 北京市顺义区仁和镇顺和花园一区 7 号楼 | 89419951 |
| 北京市顺义区杨镇三街村幼儿园 | 北京市顺义区杨镇三街村 | 61459722 |
| 艾德双语幼儿园 | 北京市顺义区空港工业 A 区天纬五街蓝庭苑 6 号楼 | 80427631 |
| 北京市顺义区港馨东区幼儿园 | 北京市顺义区仁和镇港馨东区 17 号楼 | 89457897 |
| 北京市顺义区澜西园四区幼儿园 | 北京市顺义区澜西园四区 4 号 | 60496218 |
| 北京市顺义区马坡第二幼儿园 | 北京市顺义区马坡镇马卷村西侧 | 69407480 |
| 北京市顺义区建南幼儿园 | 北京市顺义区建新南区 36 号楼 | 52945217 |
| 北京市顺义区裕龙幼儿园 | 北京市顺义区裕龙花园四区 13 号楼 | 89406136 |
| 北京市顺义区西辛幼儿园 | 北京市顺义区西辛南区 | 61408620 |
| 北京市顺义区馨港幼儿园 | 北京市顺义区李桥镇馨港庄园二区 2 号 | 81477269 |
| 北京市顺义区温莎双语幼儿园 | 北京市顺义区首都机场路 89 号 | 64560020 |
| 北京市顺义区杨镇中心幼儿园 | 北京市顺义区杨镇政府街 4 号 | 61451973 |
| 北京市顺义区仁和中心幼儿园 | 北京市顺义区仁和地区石园南区 4 号楼后 | 89446064 |

| | | |
|---|---|---|
| 北京市顺义区义宾幼儿园 | 北京市顺义区义宾南区甲 10 号 | 69422956 |
| 北京市顺义区采风幼儿园 | 北京市顺义区南彩镇前俸伯村附 4 路 9 号 | 89477510 |
| 北京市顺义区港馨幼儿园 | 北京市顺义区港馨家园西区 | 89448913 |
| 北京市顺义区北小营中心幼儿园 | 北京市顺义区北小营镇永利小区路北 | 60483603 |
| 北京市顺义区金汉绿港幼儿园 | 北京市顺义区金汉绿港三区 | 60417288 |
| 北京市顺义区怡馨幼儿园 | 北京市顺义区怡馨家园 27 号楼 | 69421015 |
| 北京市顺义区南法信中心幼儿园 | 北京市顺义区南法信政府北顺余西路 3 号 | 69473313 |
| 北京市顺义区石园幼儿园 | 北京市顺义区石园西区 20 号楼 | 89444844 |
| 北京市顺义区滨河幼儿园 | 北京市顺义区滨河小区 14 号楼前 | 69426048 |
| 北京市顺义区泛美幼儿园 | 北京市顺义区顺通路 29 号 | 89497758 |
| 北京市顺义区后沙峪第一幼儿园 | 北京市顺义区后沙峪镇政府东侧双裕街 31 号 | 61438058 |
| 北京市顺义区牛栏山第一幼儿园 | 北京市顺义区牛栏山镇相各庄村 | 69414003 |
| 北京市顺义区北务中心幼儿园 | 北京市顺义区北务镇政府街 4 号 | 61421717 |
| 北京市顺义区长颈鹿幼儿园 | 北京市顺义区裕龙花园二区 4 号楼 | 81482222 |
| 北京市顺义区万科城市花园幼儿园 | 北京市顺义区空港工业区 B 区万科城市花园 | 80482833 |
| 北京市顺义区赵全营中心幼儿园 | 北京市顺义区赵全营镇赵全营村 | 60431157 |
| 北京市顺义区南彩第二幼儿园 | 北京市顺义区南彩镇政府东侧 | 89477876 |
| 北京市顺义区天竺中心幼儿园 | 北京市顺义区天竺地区府前一街 20 号 | 64568509 |
| 北京市顺义区仁和镇庄头村幼儿园 | 北京市顺义区仁和镇庄头村 | 81493950 |
| 北京市顺义区幸福幼儿园 | 北京市顺义区幸福西街 6 号 | 69423143 |
| 北京市顺义区尹家府中心幼儿园 | 北京市顺义区大孙各庄镇四福通大街 82 号 | 61472812 |
| 北京市顺义区南彩第一幼儿园 | 北京市顺义区南彩镇南彩中大街 9 号 | 89469256 |
| 北京市顺义区马坡第一幼儿园 | 北京市顺义区马坡镇马坡花园西侧 | 69401653 |
| 北京市顺义区木林中心幼儿园 | 北京市顺义区木林镇顺焦路木林段 83 号 | 60459100 |
| 北京市顺义区李桥中心幼儿园 | 北京市顺义区李桥镇沿河村任李路沿河段 17 号 | 69485882 |
| 北京市顺义区木林镇大韩庄幼儿园 | 北京市顺义区木林镇大韩庄中路 29 号 | 60467830 |
| 北京市顺义区双兴幼儿园 | 北京市顺义区双兴南区 26 号楼东侧 | 81491161 |
| 中国人民解放军 66055 部队幼儿园 | 北京市顺义区拥军路 5 号 | 81492550 |
| 北京市顺义区北石槽中心幼儿园 | 北京市顺义区北石槽镇府前西街 2 号 | 60422127 |
| 北京市顺义区伊顿幼儿园 | 北京市顺义区后沙峪镇阿凯笛亚庄园 43 号楼 | 80472983 |
| 北京市顺义区木林镇王泮庄幼儿园 | 北京市顺义区木林镇王泮庄中街 53 号 | 60456013 |
| 北京市顺义区欢乐堡幼儿园 | 北京市顺义区高丽营镇张喜庄村南商业街东区 78 号 | 81746818 |
| 北京市顺义区龙湾屯中心幼儿园 | 北京市顺义区龙湾屯镇政府前街路南东侧 4 号 | 60461747 |
| 北京市顺义区张镇中心幼儿园 | 北京市顺义区张镇张各庄村建新二路 | 61483868 |
| 北京市顺义区李遂中心幼儿园 | 北京市顺义区李遂镇政府街南孙路李遂段 5 号 | 89481707 |

| | | |
|---|---|---|
| 北京市顺义区嘉德蒙台梭利双语幼儿园 | 北京市顺义区仁和镇顺福路 2 号御墅 42 号 | 89452591 |
| 北京市顺义区宏城幼儿园 | 北京市顺义区前进花园石门苑 22 号 | 89423350 |
| 北京市顺义区高丽营第一幼儿园 | 北京市顺义区高丽营镇张喜庄拓新区 14 号 | 69492195 |
| 北京市顺义区高丽营第二幼儿园 | 北京市顺义区高丽营镇高泗路 13 号 | 69455943 |
| 北京市顺义区汇佳东方幼儿园 | 北京市顺义区东方太阳城万晴园 54 号 | 89431740 |
| 北京市顺义区建北幼儿园 | 北京市顺义区建新北区 37 号 | 69442746 |
| 北京市顺义区石园北区幼儿园 | 北京市顺义区石园北区 20 号楼前 | 69443353 |
| 北京市顺义区牛栏山镇芦正卷村幼儿园 | 北京市顺义区牛栏山镇芦正卷村 | 69414003 |
| 北京市顺义区赵全营镇去碑营村幼儿园 | 北京市顺义区赵全营镇去碑营村 | 60438029 |
| 北京市顺义区龙湾屯镇山里辛庄村幼儿园 | 北京市顺义区龙湾屯镇山里辛庄村 | 60463227 |
| 北京市顺义区后沙峪镇董各庄村幼儿园 | 北京市顺义区后沙峪镇董各庄村中街 13 号 | 80478590 |
| 北京市顺义区赵全营镇西小营村幼儿园 | 北京市顺义区赵全营镇西小营村 | 60409885 |
| 北京市顺义区赵全营镇解放村幼儿园 | 北京市顺义区赵全营镇解放村 | 60432871 |
| 北京市顺义区丽思嘉洛德双语幼儿园 | 北京市顺义区天竺府前一街 58 号 | 58101708 |
| 北京市顺义区金翼德懿双语幼儿园 | 北京市顺义区天竺丽苑路 6 号美林别墅会所 | 64509712 |
| 北京市顺义区启明香醍漫步双语幼儿园 | 北京市顺义区牛栏山镇龙湖香醍漫步庄园三区 6 号楼 | 60428517 |
| 北京市顺义区吉祥幼儿园 | 北京市顺义区空港吉祥花园小区 13 号楼 | 60401940 |
| 北京市顺义区杨镇第三幼儿园 | 北京市顺义区杨镇双阳东区 13 号 | 61419380 |
| 北京市顺义区马坡第三幼儿园 | 北京市顺义区马坡镇佳和宜园 29 号楼 | 57620103 |
| 北京市顺义区澜西园二区幼儿园 | 北京市顺义区仁和镇澜西园二区 | 60496355 |
| 北京市顺义区高丽营第三幼儿园 | 北京市顺义区新于庄园小区 17 号楼 | 69451968 |
| 北京市顺义区牛栏山第二幼儿园 | 北京市顺义区牛栏山镇下坡屯家园三区甲 6 号 | 61421684 |
| 北京市顺义区空港第一幼儿园 | 北京市顺义区三山新新家园一区 15 号楼 | 61468902 |
| 北京市顺义区南彩镇后俸伯幼儿园 | 北京市顺义区南彩镇后俸伯村吉祥路北一巷北养殖小区南侧 | 60400296 |
| 北京市顺义区睿德双语幼儿园 | 北京市顺义区后沙峪名都园 8208 | 80474372 |
| 北京市顺义区仁和花园一区幼儿园 | 北京市顺义区仁和花园一区 22 号 | 15910383818 |
| 北京市顺义区旺泉幼儿园 | 北京市顺义区贯通东路西侧 | 81493699 |
| 北京市顺义区南彩镇小营村幼儿园 | 北京市顺义区南彩镇小营村 | 61478151 |
| 北京市顺义区后沙峪第二幼儿园 | 北京市顺义区后沙峪镇清岚西区 | 80496148 |

# 二、小学名录

| 单位名称 | 地址 | 电话 |
|---|---|---|
| 北京市顺义区牛栏山第二小学 | 北京市顺义区牛栏山镇下坡屯家园三区甲 10 号 | 61427791 |
| 北京市顺义区裕达隆小学 | 北京市顺义区空港工业区 A 区天柱西路 28 号 | 80489121 |
| 北京市顺义区澜西园小学 | 北京市顺义区澜西园二区 | 60496235 |
| 北京市顺义区李桥半壁店学校 | 北京市顺义区李桥镇半壁店村 | 81466388 |
| 北京市顺义区博华外国语学校 | 北京市顺义区京顺路 99 号 | 69403302 |
| 北京市顺义区南彩实验学校 | 北京市顺义区南彩镇柳桁村 | 60418001 |
| 北京市顺义区沙岭学校 | 北京市顺义区杨镇沙岭青年路 5 号 | 61443968 |
| 北京市顺义区建新小学 | 北京市顺义区建新南区 38 号 | 69433973 |
| 北京市顺义区北小营中心小学校 | 北京市顺义区北小营镇北小营村平安路 47 号 | 60483734 |
| 北京市顺义区龙湾屯中心小学校 | 北京市顺义区龙湾屯镇府前南街 8 号 | 60461289 |
| 北京市顺义区仁和中心小学 | 北京市顺义区望泉家园北 | 69447725 |
| 北京市顺义区沿河中心小学校 | 北京市顺义区李桥镇任李路 115 号 | 69486021 |
| 北京市顺义区南法信中心小学校 | 北京市顺义区南法信地区办事处顺三路 3 号 | 69473552 |
| 北京市顺义区张镇中心小学校 | 北京市顺义区张镇张孙路张镇段 2 号 | 61480604 |
| 北京市顺义区板桥中心小学校 | 北京市顺义区赵全营镇板桥村牛板路板桥段 1 号 | 60442174 |
| 北京市顺义区石园小学 | 北京市顺义区石园北区 | 69425729 |
| 北京市顺义区李各庄学校 | 北京市顺义区木林镇李各庄育才路 1 号 | 60492697 |
| 北京市顺义区赵全营中心小学校 | 北京市顺义区赵全营镇牛板路赵全营段 92 号 | 60434624 |
| 北京市顺义区马坡中心小学校 | 北京市顺义区马坡镇政府西侧 | 69402868 |
| 北京市顺义区木林中心小学校 | 北京市顺义区木林镇木林村 | 60456039 |
| 北京市顺义区仇家店中心小学校 | 北京市顺义区北小营镇仇家店村环村北路 25 号 | 60483729 |
| 北京市顺义区明德小学 | 北京市顺义区木林镇马坊村中心街 5 号 | 60448505 |
| 北京市顺义区大孙各庄中心小学校 | 北京市顺义区大孙各庄镇府前东街 6 号 | 61432073 |
| 北京市顺义区东风小学 | 北京市顺义区光明街拥军路 9 号 | 69445326 |
| 北京市顺义区牛栏山第一小学 | 北京市顺义区牛栏山镇牛富路 2 号 | 69411083 |
| 北京市顺义区河南村中心小学校 | 北京市顺义区仁和镇河南村幸福路 3 号 | 89492187 |
| 北京市顺义区李桥中心小学校 | 北京市顺义区李桥镇馨港庄园 38 号 | 81478405 |
| 北京市顺义区港馨小学 | 北京市顺义区港馨家园东区 | 89449872 |
| 北京市顺义区双兴小学 | 北京市顺义区光明北街 22 号 | 81493907 |
| 北京市顺义区空港小学 | 北京市顺义区空港 B 区三山新新家园南侧 | 80477515 |

| | | |
|---|---|---|
| 北京市顺义区裕龙小学 | 北京市顺义区拥军路1号 | 69468268 |
| 北京市顺义区高丽营第二小学 | 北京市顺义区高丽营镇张喜庄村拓新区13号 | 69491856 |
| 北京市顺义区南彩第二小学 | 北京市顺义区顺平路俸伯段4号 | 89477267 |
| 北京市顺义区尹家府中心小学 | 北京市顺义区大孙各庄镇四福通大街90号 | 61472814 |
| 北京市顺义区马坡第二小学 | 北京市顺义区马坡镇马卷村 | 69409805 |
| 北京市顺义区西辛小学 | 北京市顺义区顺西路12号 | 69461147 |
| 北京市顺义区仓上小学 | 北京市顺义区胜利街道办事处仓上小区 | 69441134 |
| 北京市顺义区光明小学 | 北京市顺义区东安路北 | 69422329 |
| 北京市顺义区北石槽中心小学校 | 北京市顺义区北石槽镇府前街11号 | 60422512 |
| 北京市顺义区杨镇中心小学校 | 北京市顺义区杨镇环镇东路12号 | 61451244 |
| 北京市顺义区小店中心小学校 | 北京市顺义区杨镇地区辛庄子村小学路4号 | 61412824 |
| 北京市顺义区后沙峪中心小学校 | 北京市顺义区后沙峪镇后沙峪村 | 80416056 |
| 北京市顺义区北务中心小学校 | 北京市顺义区北务镇商业街17号 | 61424311 |
| 北京市顺义区天竺中心小学校 | 北京市顺义区天竺地区府右街7号 | 64584338 |
| 北京市顺义区李遂中心小学校 | 北京市顺义区李遂镇南孙路李遂段17号 | 89484220 |
| 北京市顺义区牛栏山第三小学 | 北京市顺义区牛栏山镇香堤漫步庄园三区16号楼 | 60428983 |

# 三、中学名录

| 单位名称 | 地址 | 电话 |
|---|---|---|
| 北京市顺义区天竺中学 | 北京市顺义区天竺镇府前一街29号 | 80497213 |
| 北京市顺义区南法信中学 | 北京市顺义区南法信镇西海洪村 | 69476574 |
| 北京市顺义区第三中学 | 北京市顺义区府前东街27号 | 69422509 |
| 北京市顺义区第四中学 | 北京市顺义区光明南街2号 | 61409188 |
| 北京市顺义区李桥中学 | 北京市顺义区李桥镇李家桥村 | 81473876 |
| 北京市顺义区杨镇第二中学 | 北京市顺义区杨镇三街西 | 61451155 |
| 北京市顺义区北务中学 | 北京市顺义区北务镇商业街15号 | 61421946 |
| 北京市顺义区赵各庄学校 | 北京市顺义区张镇赵各庄村 | 61493151 |
| 北京市顺义区第十一中学 | 北京市顺义区顺平路俸伯段2号 | 89477257 |
| 北京市顺义区张镇中学 | 北京市顺义区张孙路张镇段5号 | 61480765 |
| 北京市顺义区大孙各庄中学 | 北京市顺义区大孙各庄镇府前东街8号 | 61432045 |
| 北京市顺义区第八中学 | 北京市顺义区光明北街18号 | 69429480 |
| 北京市顺义区李遂中学 | 北京市顺义区李遂镇南孙路沟北段38号 | 89481601 |
| 北京市顺义区沿河中学 | 北京市顺义区李桥镇平沿北河路137号 | 69480315 |
| 北京市顺义区北石槽中学 | 北京市顺义区北石槽镇府前西街4号 | 60422123 |

| | | |
|---|---|---|
| 北京市顺义区新京华实验学校 | 北京市顺义区后沙峪镇安富街 9 号 | 80416787 |
| 北京市顺义区高丽营学校 | 北京市顺义区高丽营镇四村南 | 69455654 |
| 北京市顺义区第十五中学 | 北京市顺义区双丰街道秦武姚村 | 57056628 |
| 北京市顺义区牛山第二中学 | 北京市顺义区牛山镇京密路牛山段 3 号 | 69412537 |
| 北京市顺义区仁和中学 | 北京市顺义区站前东街 6 号 | 89493698 |
| 北京市顺义区赵全营中学 | 北京市顺义区牛板路赵全营段 129 | 60431128 |
| 北京市顺义区第五中学 | 北京市顺义区石园西区 | 89441490 |
| 北京市顺义区木林中学 | 北京市顺义区木林镇顺焦路木林段 1 号 | 60457445 |
| 北京市海嘉双语学校 | 北京市顺义区裕民大街 5 号 | 80410390 |
| 北京市顺义区高丽营第二中学 | 北京市顺义区高丽营镇张喜庄村拓新区 12 号 | 69493610 |
| 北京市顺义区龙湾屯中学 | 北京市顺义区龙湾屯镇府南路 5 号 | 60461319 |
| 北京市顺义区南彩学校 | 北京市顺义区南彩镇南彩村中大街 7 号 | 89469285 |
| 北京市顺义区沙岭学校 | 北京市顺义区杨镇沙岭青年路 5 号 | 61443968 |
| 北京市顺义区第十三中学 | 北京市顺义区北小营镇府西路 1 号 | 60483730 |
| 北京市第四中学顺义分校（北京市顺义区第十中学） | 北京市顺义区后沙峪镇双裕街 45 号 | 80416138 |
| 北京市海嘉双语学校 | 北京市顺义区裕民大街 5 号 | 80410390 |
| 北京市鼎石学校 | 北京市顺义区后沙峪镇安富街 10 号 | 80496008 |
| 北京市顺义牛栏山第一中学 | 北京市顺义区牛栏山镇育才大街 1 号 | 69411142 |
| 北京市顺义区君诚学校 | 北京市顺义区后沙峪镇火沙路古城段 15 号 | 80490302 |
| 北京市顺义区杨镇第一中学 | 北京市顺义区杨镇地区三街村仿古商业街 43 号 | 61451055 |
| 北京市顺义区第二中学 | 北京市顺义区西二环北路前进花园南侧 | 69421643 |
| 北京市顺义区第一中学 | 北京市顺义区双河大街 15 号 | 69444448 |
| 北京市顺义区第九中学 | 北京市顺义区仁和镇河南村北 | 89498802 |
| 北京市牛栏山一中实验学校 | 北京市顺义区顺安路 99 号 | 81480932 |
| 北京市新英才学校 | 北京市顺义区安华街 9 号 | 80413037 |
| 北京市第二儿童福利院自强学校 | 北京市顺义区高丽营镇张喜庄村拓新区 15 号 | 69491330 |
| 北京市顺义区特殊教育学校 | 北京市顺义区仁和镇河南村 10 号 | 69423095 |

## 四、民办学校及培训机构、职业学校、教育机构名录

### 1. 民办学校及民办培训机构名录

| 学校名称 | 学校地址 | 电话 |
| --- | --- | --- |
| 北京市牛栏山一中实验学校 | 顺义区顺安路 99 号 | 81480932 |
| 北京市新英才学校 | 顺义区后沙峪镇安华街 9 号 | 80467115 |
| 北京市顺义区君诚学校 | 顺义区后沙峪镇火沙路古城段 15 号 | 80490307 |
| 北京市圣苑 - 美语实验学校 | 顺义区后沙峪镇万科城市花园北侧 | 80497460 |
| 北京市海嘉双语学校 | 顺义区后沙峪峪民大街 5 号 | 80410390 |
| 北京市顺义区民办大方职业学校 | 顺义区大孙各庄镇杜石路西尹段 3 号 | 61471503 |
| 北京市音乐舞蹈学校 | 北京市顺义区枯柳树环岛 1 号 | 51679555 |

| 幼儿园名称 | 学校地址 | 电话 |
| --- | --- | --- |
| 北京市顺义区温莎双语幼儿园 | 北京市顺义区首都机场路 89 号 | 64560020 |
| 北京市顺义区采风幼儿园 | 北京市顺义区南彩镇前俸伯村附 4 路 9 号 | 89477510 |
| 北京市顺义区泛美幼儿园 | 北京市顺义区顺通路 29 号 | 89497758 |
| 北京市顺义区长颈鹿幼儿园 | 北京市顺义区裕龙花园二区 4 号楼 | 69443333 |
| 北京市顺义区万科城市花园幼儿园 | 北京市顺义区空港工业区 B 区万科城市花园 | 80482833 |
| 北京市顺义区伊顿幼儿园 | 北京市顺义区后沙峪镇阿凯笛亚庄园 43 号楼 | 80472983 |
| 北京市顺义区欢乐堡幼儿园 | 北京市顺义区高丽营镇张喜庄村南商业街东区 78 号 | 81746818 |
| 北京市顺义区景福幼儿园 | 北京市顺义区仁和镇顺福路 2 号御墅 42 号 | 89452591 |
| 北京市顺义区汇佳东方幼儿园 | 北京市顺义区东方太阳城万晴园 54 号 | 89431740 |
| 北京市顺义区丽思嘉洛德双语幼儿园 | 北京市顺义区天竺府前一街 58 号 | 58101708 |
| 北京市顺义区金翼德懿双语幼儿园 | 北京市顺义区天竺丽苑路 6 号美林别墅会所 | 64509712 |
| 北京市顺义区启明香醍漫步双语幼儿园 | 北京市顺义区牛栏山镇龙湖香醍漫步庄园三区 6 号楼 | 60428197 |

| 培训机构名称 | 地址 | 联系电话 |
| --- | --- | --- |
| 顺义区育才文化培训学校 | 顺义区光明街路西 | 81499014<br>13611206421 |
| 顺义区巨人文化艺术培训学校 | 顺义社区教育中心院内 | 51608188-8451<br>13910301789 |
| 顺义区精诚文化学校 | 顺义社区教育中心电大楼 | 69422385<br>60893669 |
| 顺义区益民培训学校 | 顺义府前街亿汇洋进出口公司 | 69421055 |
| 顺义区心语语言培训学校 | 顺义西辛北区乙 10-1-201、202 | 13621346179 |
| 顺义区启明星文化培训学校 | 顺义区石园北区 22 楼甲 2, 甲 3 | 13716709668 |
| 顺义区博文鸿智文化艺术培训学校 | 顺义西辛南区 16 号楼 4 号 | 69460687 |

| | | |
|---|---|---|
| 顺义区博识培训中心 | 顺义区府前东街人才中心院内 | 69442549-8070 |
| 顺义区海澄文化培训学校 | 顺义幸福东区丁 19 号 202 室 | 69426723<br>13671347118 |
| 顺义区英才培训学校 | 北京首都机场京林大厦 5 层 | 64568963<br>13311398452 |
| 顺义区童馨诚文化培训学校 | 顺义区顺平路后沙峪段 17 号 | 13661012965 |
| 顺义区爱嘉励儿童双语培训学校 | 顺义区后沙峪嘉浩别墅 3056 号 | 80467082<br>13611334043 |
| 顺义区津桥培训中心 | 顺义区赵全营镇河庄村北 | 60441289<br>13910527630 |
| 顺义区兴华职业技术培训学校 | 顺义区南彩镇后俸伯村北 | 69422156<br>13801017792 |
| 顺义区杨名教育培训部 | 顺义区杨镇三街 | 13601228960 |
| 顺义区酬勤文化培训中心 | 顺义杨镇燕雄大厦 | 13371685988 |
| 顺义区圆梦文化培训中心 | 顺义区杨镇双阳小区 14 号楼 10 号 | 61455213<br>67461526 |
| 顺义区百华文化培训学校 | 顺义区杨镇双阳南区办公楼 | 13520169301 |
| 顺义区启航信息化培训学校 | 顺义区北小营镇永利小区商业楼 | 60488111<br>13522374073 |
| 顺义区成才育人英语培训学校 | 顺义区木林镇木林村 | 69442686<br>13611122710 |
| 顺义区东方英才培训学校 | 顺义区北小营前礼务村建业路 37 号 | 13801208740 |
| 顺义区育圣源培训学校 | 顺义区怡馨家园 32 号楼 3 层 | 69466352 |
| 顺义区方村培训学校 | 顺义区杨镇大街 | 86050653<br>13121016682 |
| 顺义区启智文化艺术中心 | 北京广播电视大学顺义分校院内 | 13911737182 |
| 顺义区科华培训学校 | | 13801072063 |
| 顺义区绿港培训学校 | 顺义区站前街商业 2 号楼 | 69468518 |
| 顺义区求实外语培训学校 | 顺义区光明南街 15 号 | 81491180<br>69433605 |
| 顺义区九日外国语培训学校 | 顺义区南彩九王庄 | 89469904<br>130310530319<br>（许） |
| 顺义区英美外语培训中心 | 顺义区文化馆内 | 86619550 |
| 顺义区育林外语培训学校 | 顺义区石园北区 68 号楼 4 门 202 | 69446117<br>13501229330 |
| 顺义区朝阳英语培训学校 | 顺义区石园北区 68 号楼 4 门 402 | 69463856<br>13466533366 |
| 顺义区神通外语培训中心 | | 13701213619 |
| 顺义区勤力富昌外语培训学校 | 顺义区北务镇敬老院内 | 13701028762<br>13801317921 |
| 顺义区明星外语培训学校 | 顺义区李遂镇潮华路沟北段 2 号 | 89484999<br>13331063833 |

| 顺义区阳光外语培训学校 | | 13511033575 |
|---|---|---|
| 顺义区顺发实用技术培训学校 | 顺义区电影院内 | 13161561431 |
| | | 69425003 |
| 顺义区现代电脑培训学校 | | 69464245 |
| | | 86172664 |
| 顺义区顺图计算机培训学校 | 顺义光明南街 20 号图书馆内 | 69447265 |
| | | 13691323894 |
| 顺义区金永大残疾人计算机培训学校 | 顺义区杨镇小店新街 7 号 | 61414522 |
| | | 13911579667 |
| 顺义区捷创网苑计算机学校 | 顺义区仁和镇沙坨工业区西街 31 号 | 69464500 |
| | | 13911623976 |
| 顺一汽车驾驶员培训学校 | 顺义区农机局院内 | 69444415 |
| 顺义区飞天驾驶学校 | 顺义区天竺镇府前西街粮库附近 | 80416379 |
| 顺义时星宇汽车驾驶学校 | 顺义区后沙峪镇泗上村 | 80416126 |
| 北京市安立汽车驾驶学校 | 顺义区后沙峪镇泗上村 | 69454563 |
| 顺义区维特汽车驾驶学校 | 顺义区后沙峪镇泗上村 | 13901009355 |
| 北京市京顺汽车驾驶学校 | 顺义区后沙峪镇泗上村 | 69454512 |
| 北京市京城汽车驾驶技工学校 | 顺义区后沙峪玉马教练场 | 80416739 |
| 北京恒通汽车摩托车驾驶培训学校 | 顺义区后沙峪镇泗上村 | 84328325 |
| | | 13911836177 |
| 顺义平安驾驶学校 | 顺义区南法信顺高路南侧 | 69472690 |
| 顺义区交通培训学校 | 顺义区南法信顺平路北侧 | 69478911 |
| 顺义区顺交通达汽车驾驶员培训中心 | 顺义区交通局运输队院内 | 69433970 |
| | | 13911605550 |
| 北京市五环汽车摩托车驾驶员培训学校 | 顺义区后沙峪镇泗上村 | 84913618 |
| | | 13901107598 |
| 顺义区农机汽车驾校 | 顺义区南彩镇后俸伯村 | 89477650 |
| 顺义区伟宁文化艺术培训中心 | 顺义区怡馨家园 32 号楼 2 层 | 69467266 |
| 顺义区春蕾文化艺术培训学校 | 顺义区石园东区居委会院内 | 89498534 |
| | | 13901191813 |
| 顺义区东方太阳城文体培训学校 | 顺义区东方太阳城中心会所 | 89431700 |
| 顺义区群星乒乓球培训学校 | 顺义区后沙峪镇铁杨路一号 | 80482538 |
| | | 13716257747 |
| 顺义区京奥国门乒乓球培训学校 | 顺义区车辆检测场东路 2 号 | 13311289621 |
| 顺义区威豪素质教育培训学校 | 顺义区武警十支队后院 | 13146795869 |
| 顺义区东方金子塔儿童潜能培训学校 | | 81674163 |
| 顺义区精灵花雨文化艺术培训中心 | 顺义区幸福西区甲 1—2 号 | 69463345 |
| 顺义区蓝天空港职业文化培训学校 | 顺义区高丽营二中（四楼）院内 | 69497040 |
| | | 13001016290 |
| 顺义区养元牧业培训示范中心 | 顺义区北石槽镇 | 60424717 |

## 2. 职业学校

| 学校名称 | 地址 | 联系电话 |
| --- | --- | --- |
| 现代职业技术学院 | 顺义区裕龙花园三街 | 81497745 |
| 北京广播电视大学顺义分校 | 顺义区府前西街南侧 | 81484548 |
| 顺义区第一职业学校 | 北京市顺义区裕龙花园三街 | 69444559 |
| 顺义区汽车技术职业高中 | 顺义区仁和镇河南村西 | 89451090 |

## 3. 教育单位

| 单位名称 | 地址 | 联系电话 |
| --- | --- | --- |
| 顺义区少年宫 | 顺义区府前东街 | 69436835 |
| 顺义区教师之家 | 顺义区光明南街 | 69443059 |
| 顺义区中小学卫生保健所 | 顺义区幸福西街 | 81493237 |
| 顺义区教育资产管理服务中心（教委教育技术装备部） | 顺义区仁和镇庄头村南 | 69433295 |
| 顺义区教育研究考试中心 | 顺义区石幢西 | 69443837 |
| 顺义区社区教育中心 | 顺义区贯通路 | 69443449 |
| 北京市顺义区特殊教育学校 | 顺义区仁和镇河南村西 | 69423095 |

# 五、驻顺高校

| 高校名称 | 学校地址 | 联系电话 |
| --- | --- | --- |
| 北京国际标准舞研修学院 | 顺义区后沙峪裕民大街甲 4 号 | 69453012 |
| 北京美国英语语言学院 | 顺义区京顺路 99 号 | 69409588 |
| 北京工业大学耿丹学院 | 顺义区牛栏山镇牛富路牛山段 3 号 | 60411788 |
| 北京人文大学顺义校区 | 顺义区天竺镇空港开发区裕东路 3 号 | 80497320 |
| 中央美术学院城市设计学院 | 顺义区后沙峪裕民大街 1 号 | 80410801 |
| 首都医科大学燕京医学院 | 顺义大东路 4 号 | 69443147 |
| 北京现代职业技术学院 | 顺义区杨镇 | 81497745 |
| 北京国家会计学院 | 顺义天竺开发区 | 64570088 |

# 顺义爱国主义教育基地

| 序号 | 基地名称 | 隶属关系 | 地 址 | 邮 编 | 联系人 | 联系电话（传真） | 命名时间 |
|---|---|---|---|---|---|---|---|
| 1 | 北京焦庄户地道战遗址纪念馆（国家级） | 区文化委 | 龙湾屯镇焦庄户村 | 101306 | 马 增 | 60465088 | 2001年6月（国家级） |
| 2 | 顺义区光荣院 | 区民政局 | 顺义区石园北区东侧 | 101300 | 李 静 | 69425224 | 2003年4月21日命名为顺义区青少年首批德育基地。 |
| 3 | 顺义区科技馆 | 区科委 | 顺义区光明南街24号 | 101300 | 刘全凤 | 69443483 | 2003年4月21日命名为顺义区青少年首批德育基地。 |
| 4 | 顺义区图书馆 | 区文化委 | 顺义区光明南街20号 | 101300 | 史红艳 | 81483527 | 2003年4月21日命名为顺义区青少年首批德育基地。 |
| 5 | 顺义区文物管理所 | 区文化委 | 顺义区拥军路2号 | 101300 | 李建林 | 69463542 | 2003年4月21日命名为顺义区青少年首批德育基地。 |
| 6 | 顺义区档案馆（2008年2月市级） | 区档案局 | 顺义区光明北街4号 | 101300 | 刘胜利 | 69420362 | 1997年4月命名为顺义县爱国主义教育基地；2003年4月21日命名为顺义区青少年首批德育基地。2008年4月被评为市级爱国主义教育基地； |
| 7 | 顺义区文化馆 | 区文化委 | 顺义区光明南街22号 | 101300 | 柴松林 | 69467503 | 2003年4月21日命名为顺义区青少年首批德育基地。 |
| 8 | 北京林河工业开发区 | 区直机关工委 | 顺义双河大街18号 | 101300 | 邢瑞红 | 89492488 | 2003年4月21日命名为顺义区青少年首批德育基地。 |
| 9 | 北京天竺空港经济开发区 | 自属 | 北京天竺空港经济开发区 | 101312 | 李媛 | 80489504 | 2003年4月21日命名为顺义区青少年首批德育基地。 |

| 10 | 北京汇源饮料食品集团有限公司 | 区工商联 | 顺义区北小营镇汇源路 | 101305 | 曾照虎 | 13321181069 | 2003 年 4 月 21 日命名为顺义区青少年首批德育基地。 |
|---|---|---|---|---|---|---|---|
| 11 | 北京燕京啤酒集团 | 区国资委 | 顺义双河大街 9 号 | 101300 | 郭立刚 | 89492241 | 2003 年 4 月 21 日命名为顺义区青少年首批德育基地。 |
| 12 | 北京顺义三高科技农业试验示范区 | 区农委 | 北京顺义三高科技农业试验示范区 | 101300 | 张海莉 | 60489550 | 2003 年 4 月 21 日命名为顺义区青少年首批德育基地。 |
| 13 | 北京顺沿特种蔬菜基地 | 李桥镇政府 | 李桥镇西树行村后 | 101300 | 田国相 | 69485876<br>13910398038 | 2003 年 4 月 21 日命名为顺义区青少年首批德育基地。 |
| 14 | 北京顺鑫绿色度假村有限责任公司 | 顺鑫集团 | 北京市顺义区李遂镇西 | 101300 | 闫立新 | 89485191 | 2003 年 4 月 21 日命名为顺义区青少年首批德育基地。 |
| 15 | 顺义区潮白烈士陵园（2008 年 2 月市级） | 区民政局 | 北京市顺义区潮白河永久桥东侧 1000 米 | 101300 | 王凤云 | 89470880–8008 | 1963 年顺义县委、县政府定名为顺义县革命烈士墓地。2003 年 4 月 21 日命名为顺义区青少年首批德育基地。2008 年 4 月被评为市级爱国主义教育基地。 |
| 16 | 北京顺义西单商场 | 区国资委 | 顺义区府前西街 | 101300 | 李作昌 | 69429492 或 69441522 | 2003 年 4 月 21 日命名为顺义区青少年首批德育基地。 |
| 17 | 北京市顺义国泰商业大厦 | 区国资委 | 顺义区府前西街 | 101300 | 岳庆亭 | 69447410 | 2003 年 4 月 21 日命名为顺义区青少年首批德育基地。 |
| 18 | 神笛陶艺村（2008 年 2 月市级） | 顺义区三高管委会 | 北京顺义三高科技农业试验示范区内 | 101300 | 张 专 | 60489273 | 2006 年底参评市委宣传部牵头组织的“市级爱国主义教育基地” 2008 年 4 月被评为市级爱国主义教育基地。 |
| 19 | 北京七彩蝶创意文化有限公司 |  | 北京顺义高丽营镇，白马路北侧 | 101300 | 周岩清 | 89422400 |  |

# 境域公交客运线路名录

| 序号 | 统编路号 | 起点至终点 | 途经主要站点 |
|---|---|---|---|
| 1 | 顺1路 | 河南村小区⟵⟶滨河小区 | 河南村小区、顺义九中、家具城、胡各庄、电信大楼、石园市场、石园南大街、人力社保局、五里仓、怡馨家园、检察院、隆华、西单、胜利小区、便民街东口、地铁顺义站、公路局、东大桥环岛、裕龙三区、裕龙一区、现代学院、裕龙五区、裕龙六区、滨河小区 |
| 2 | 顺2路 | 妇幼保健医院⟵⟶鲲鹏集团 | 鲲鹏集团、大江洼村、南法信小学、地铁南法信站、华英园、石门小区、供销大厦、社教中心、地铁石门站、西辛小学、西门、党校、西单、顺义区医院、东风小学、仓上小区、顺义五中、石园北区、石园小学、老干部局、妇幼保健医院 |
| 3 | 顺3路 | 澜西园 -- 马坡16号院 | 澜西园、澜西园东口、梅沟营、五里仓、人力社保局、石园南大街、石园市场、港馨家园北站、妇幼保健医院、老年公寓、裕龙路口、裕龙北站、顺义电视台、顺义公园、东风小学、顺义区医院、便民街东口、双兴小区、双兴桥、双兴桥北、牛山一中实验学校、龙苑别墅、马场西路、乡村赛马场、马坡政府、马坡车站、佳和宜园、马坡二区、香悦四季、新马家园、马坡16号院 |
| 4 | 顺4路 | 港馨东区 -- 南法信 | 港馨东区、港馨小学、顺义九中、港馨家园北站、仁和花园、滨河南口、妇幼保健医院、裕龙五区、现代学院、裕龙一区、顺义电视台、顺义公园、东风小学、顺义区医院、交通局、地铁石门站、西辛小学、前进花园、石门北站、东海洪、西海洪、东杜兰、鲲鹏集团、大江洼、地铁南法信站、骏马公司、南法信政府、南法信 |
| 5 | 顺11路 | 裕龙小区⟵⟶李家史山 | 裕龙小区、顺义电视台、顺义公园、东风小学、顺义区医院、西单、党校、西门、前进花园、石门北站、东海洪、西海洪、南卷、高炮二团、衙门村、庙卷、马卷、姚店、毛家营、石家营、马家堡、大官庄、小官庄、陈各庄、赵全营、小高丽营、晨光工贸、去碑营、忻州营、红铜营、二张营、中滩营、大柳树营、京承高速、李家史山 |

| | | | |
|---|---|---|---|
| 6 | 顺 12 路 | 航空配餐⟷ 安里 | 航空配餐、航空货运、航空食品、海关大楼、南法信、六环西、紫微星、木材市场、沙井、望泉寺、社教中心、地铁石门站、西辛小学、西门、党校、西单、隆华、中医院、东风小学、仓上小区、石园南大街、平各庄、石园东苑、港馨家园、啤酒厂北门、港馨东区、河南村西、河南村北、河南村、工业园、王家场北、王家场、北河、北河小学、吴庄、沿河卫生院、沿河村委会、沿河派出所、南河、北桃园、南桃园、安里 |
| 7 | 顺 13 路 | 河南村西 --- 于庄 | 河南村西、港馨东区、啤酒厂北门、港馨家园、平各庄东、顺义联通、石园北站、裕龙路口、裕龙北站、顺义电视台、顺义公园、怡园、检察院、隆华、交通局、地铁石门站、西辛小学、前进花园、石门北站、东海洪、西海洪、东杜兰、西杜兰、三北苗木、文化营、张喜庄市场、张喜庄、万万树、前渠河、羊房、闫家营、高丽营东、高丽营、高丽营小学、高丽营政府、西王路、北王路、南王路、于庄 |
| 8 | 顺 14 路 | 北孙各庄⟷南庄头 | 北孙各庄、龙王头、富各庄北、富各庄、北军营、嘉寓集团、禾丰、牛栏山、牛栏山东口、牛栏山小区、龙湖别墅、乔波滑雪场、西丰乐、顺丰大街、花溪渡、香悦四季、马坡花园、金宝花园、乡村赛马场、马场西路、龙苑别墅、牛山一中实验学校、双兴桥北、双兴桥、双兴小区、胜利小区、西单、隆华、中医院、东风小学、仓上小区、石园南大街、平各庄、林河开发区、林河西站、陶家坟、山子坟、窑坡、后桥、李桥中学、李桥、李天路口、沿河路口、针织厂、西大坨 沿河 南河、郭庄、永青、官庄、堡子、北庄头、南庄头 |
| 9 | 顺 15 路 | 西门⟷山里辛庄 | 西门、谊宾商城、顺义火车站、顺鑫农业、隆华、地铁顺义站、公路局、东大桥环岛、地铁俸伯站、南彩工业园、俸伯、南彩派出所、俸伯小学、河北村、前薛各庄、南彩车站、南彩市场、于辛庄、东江头、菜园子、汉石桥、下营、下坡村、仙泽园、杨镇三街、杨镇一中、顺鑫澜庭、东疃、红寺路口、沟东、陀头庙、李各庄、前王各庄、后王各庄、荣各庄、后王各庄北、前王各庄北、陈家坨西、陈家坨、树行、南坞、焦庄户路口、七连庄、山里辛庄西、山里辛庄 |
| 10 | 顺 16 路 | 顺义法医院⟷大林 | 顺义法医院、怡馨家园西门、永欣家园、顺义火车站、顺鑫农业、隆华、地铁顺义站、公路局、东大桥环岛、地铁俸伯站、南彩工业园、后俸伯村、农机驾校、银杏园、北彩、前郝家疃、柳行、黄家场、桥头、白马路口、马辛庄、前鲁、后鲁、后礼务、北小营、北小营小区、水色时光南、水色时光、西乌鸡、东乌鸡、构件厂、牛富屯、马坊、木林路口、上园子、小韩庄北、大韩庄、大林西、大林 |

| | | | |
|---|---|---|---|
| 11 | 顺17路 | 谊宾商城←→大坝洼 | 谊宾商城、西单、顺义区医院、东风小学、仓上小区、石园南大街、平各庄、林河开发区、城关一中、中核公司、临河北站、啤酒厂、河南村、九龙加油站、东方太阳城北门、柳各庄桥、葛代子、顺义地坛分院、沟北、牌楼、牌楼东、田家营、小店、辛庄子、高各庄、王辛庄西、王辛庄、井上、郭家务、大崔各庄、大田庄、大石各庄、佟辛庄、薛庄、龙庭侯西、大塘东口、龙庭侯、大坝洼 |
| 12 | 顺18路 | 顺义二中←→马庄 | 顺义二中、前进花园、西门、党校、西单、隆华、中医院、顺义区医院、地铁顺义站、公路局、东大桥环岛、地铁俸伯站、南彩工业园、俸伯车站、南彩派出所、俸伯小学、河北村、前薛各庄、南彩车站、南彩市场、于辛庄、东江头、菜园子、汉石桥、下营、下坡、仙泽园、杨镇三街、张家务北、张家务、沙子营北、沙子营、小店、辛庄子、高各庄、仓上、北务镇政府、北务中学、北务大集、于地新村、南新庄户、庄子村、小珠宝、珠宝屯、马庄 |
| 13 | 顺19路 | 龙府花园←→大故现 | 龙府花园、西单、隆华、中医院、顺义区医院、地铁顺义站、公路局、东大桥环岛、地铁俸伯站、南彩工业园、俸伯车站、南彩派出所、俸伯小学、河北村、前薛各庄、南彩车站、南彩市场、于辛庄、东江头、菜园子、汉石桥、下营、下坡、仙泽园、杨镇三街、杨镇车站、现代三厂、杜庄、焦各庄村、西庞里、沙岭、曾庄、大三渠、行宫、良山、莲花山滑雪场、浅山香邑、张镇小区、张镇、张各庄、张各庄南、白露山庄、刘辛庄、雁户庄、吕布屯、港西、大故现 |
| 14 | 顺20路 | 麻林山←→相各庄 | 麻林山、小段、大段、谢辛庄、赵家峪东街、赵家峪、石灰场、松各庄、垃圾处理场、辛庄户、果园、齐家务、杜庄、现代三厂、杨镇车站、杨镇三街、仙泽园、下坡、下营、汉石桥、菜园子、东江头、于辛庄、南彩市场、南彩车站、前薛各庄、河北村、俸伯小学、南彩派出所、俸伯、南彩工业园、地铁俸伯站、东大桥环岛、公路局、地铁顺义站、西单、党校、西门、庄头、庄头北、泥河、西马坡、白各庄、秦武姚、荆卷、向前、姚各庄、蓝家营、前晏子、后晏子、牛山二中、牛栏山环岛、范各庄、官志卷、相各庄 |
| 15 | 顺21路 | 大胡营←→陈庄 | 大胡营、大胡营东、小胡营北街、小胡营、榆林东、榆林、榆林西、牛山桥、下坡屯、牛栏山酒厂、牛栏山东口、牛栏山小区、龙湖别墅、乔波滑雪场、西丰乐、顺丰大街、花溪渡、香悦四季、马坡花园、金宝花园、乡村赛马场、马场西路、龙苑别墅、牛山一中实验学校、双兴桥北、双兴桥、双兴小区、便民街东口、顺义区医院、东风小学、仓上小区、石园南大街、石园市场、电信大楼、港馨家园、林河北口、啤酒厂、河南村、九龙加油站、东方太阳城北门、柳各庄桥、葛代子、顺义地坛分院、柳各庄、李遂镇政府、李遂、西营村、东营、崇国庄西、崇国庄、陈庄 |

| | | | |
|---|---|---|---|
| 16 | 顺 22 路 | 龙府花园←→三山小区 | 龙府花园、双兴小区、便民街东口、西单、隆华、检察院、怡馨家园、公安分局、梅沟营、澜西园东、澜西园、杨家营、吴家营、三四营、头二营、洼子村、翼之城、半壁店路口、半壁店四街、南半壁店、樱花园、岗山南站、岗山、国泰超市、机场路口、三五九车站、天竺供销社、天竺卫生院、天竺花园、蓝天大厦、马连店、新国展、嘉浩别墅、白辛庄 燕王庄、中央美院城市设计学院、莫奈花园、三山小区 |
| 17 | 顺 23 路 | 谊宾商城←→柳庄户 | 谊宾商城、西单、地铁顺义站、公路局、东大桥环岛、地铁俸伯站、南彩工业园、俸伯车站、南彩派出所、俸伯小学、河北村、前薛各庄、南彩车站、南彩市场、于辛庄、东江头、菜园子、汉石桥、下营、下坡、仙泽园、杨镇三街、杨镇车站、双阳小区、现代三厂、杜庄、周庄、大曹庄、梁庄南、破罗口东、柳庄户 |
| 18 | 顺 24 路 | 龙府花园←→东府 | 龙府花园、西单、地铁顺义站、公路局、东大桥环岛、地铁俸伯站、南彩工业园、俸伯车站、南彩派出所、俸伯小学、河北村、前薛各庄、南彩车站、南彩小学、坞里、双营、小营、洼里、道仙庄、望渠、菜市场、仇店、西府、东府市场、东府 |
| 19 | 顺 25 路 | 裕龙小区←→下西市 | 裕龙小区、东大桥环岛、公路局、地铁顺义站、西单、党校、西门、前进花园、石门北站、东海洪、西海洪、东杜兰、西杜兰、文化营、文化营西、张喜庄市场、张喜庄、张喜庄小学、张喜庄中学、丽喜花园、河津营、南郎中、蝴蝶园、西小营、稷山营、北郎中、前桑园、北汽东门、后桑园南、后桑园、三农研究会、东辛庄、刘各庄西口、寺上、北石槽政府东、东石槽、北石槽东、北石槽、南石槽、西范各庄东口、西范各庄、下西市桥头、西赵各庄、下西市 |
| 20 | 顺 26 路 | 裕龙小区←→京顺车管所 | 裕龙小区、东大桥环岛、公路局、地铁顺义站、隆华、检察院、怡馨家园、公安分局、梅沟营、望泉桥东、南法信、检测场、物流园、回民营、枯柳树村、地铁后沙峪站、火神营、华润超市、白露雅园、香花畦、后沙峪小学、空港医院、物美、香蜜湾、莫奈花园、中央美院城市设计学院、西田各庄、龙湾别墅、古城东大街、顺义古城、泗上桥、泗上村、京顺车管所 |

| | | | |
|---|---|---|---|
| 21 | 顺 27 路 | 国家会计学院⟷东府 | 东府、西府、仇店、仇店中学、后鲁、后鲁北、汇源果汁、北小营镇政府、北小营小区、水色时光、榆林东、榆林、牛山桥、下坡屯、牛栏山酒厂、牛栏山东口、牛栏山小区、龙湖别墅、乔波滑雪场、西丰乐、顺丰大街、花溪渡、香悦四季、马坡花园、金宝花园、乡村赛马场、马场西路、龙苑别墅、牛山一中实验学校、双兴桥北、双兴桥、双兴小区、便民街东口、西单、交通局、社教中心、供销大厦、石门小区、华英园、地铁南法信站、刘家河北、物流园东、物流园西、京密路口、天龙汽配城、东马各庄、西马各庄、水坡东口、清岚小镇、顺义十中、后沙峪小学、空港医院、后沙峪、白露雅园、华润超市、火神营、铁匠营、花梨砍地铁站、海关大楼、大田集团、蓝天大厦、天竺花园、薛大人庄新村、国家会计学院 |
| | | | 国家会计学院、薛大人庄新村、天竺花园、蓝天大厦、大田集团、海关大楼、二十里堡、天馨公寓、杨二营、铁匠营东、铁匠营、火神营、华润超市、白露雅园、后沙峪、空港医院、后沙峪小学、顺义十中、清岚小镇、水坡东口、西马各庄、东马各庄、天龙汽配城、京密路口、物流园西、物流园东、刘家河北、地铁南法信站、华英园、石门小区、供销大厦、社教中心、西单、便民街东口、双兴小区、双兴桥、双兴桥北、牛山一中实验学校、龙苑别墅、马场西路、乡村赛马场、金宝花园、马坡花园、香悦四季、花溪渡、顺丰大街、西丰乐、乔波滑雪场、龙湖别墅、牛栏山小区、牛栏山东口、牛栏山酒厂、下坡屯、牛山桥、榆林、榆林东、水色时光、北小营小区、北小营镇政府、汇源果汁、后鲁北、后鲁、仇店中学、仇店、西府、东府 |
| 23 | 顺 28 路 | 太平辛庄⟷吉祥庄 | 吉祥庄、南航、蓝星集团、空港小学、三山小区、物美、东庄、火沙路口、万科花园、铁匠营、火神营、地铁后沙峪站、枯柳树、回民营、物流园、检测场、南法信、南法信村委会、地铁南法信站、华英园、石门小区、供销大厦、社教中心、交通局、隆华、中医院、东风小学、顺义公园、顺义电视台、东大桥环岛、地铁俸伯站、南彩工业园、俸伯车站、南彩派出所、俸伯小学、河北村、前薛各庄、南彩车站、南彩市场、太平村、宣庄户北、宣庄户、魏辛庄、后营、前营、葛代子、沟北、顺义地坛分院、柳各庄、食品站、李遂镇政府、李遂环岛、太平路口、太平辛庄 |
| 24 | 顺 29 路 | 田各庄⟷顺义二中 | 田各庄、小故现村委会、小故现、港西路口、顾家庄、柴家林、宗家店、户耳山、大孙各庄、大孙各庄中学、西辛庄、东华山、西华山、湘王庄、四福庄、陆马庄、尹家府中学、尹家府、西尹家府、郭家务、陈辛庄、林上、北务路口、道口、北务市场、王各庄、闫家渠、李木路口、李庄、崇国庄、苏庄、沙浮路口、沙浮北、东方太阳城南门、王家场 工业园九龙加油站、望潮苑、河南村东、毓秀园 、滨河东门、滨河北门、裕龙五区、东大桥环岛、顺义电视台、顺义公园、东风小学、顺义区医院、交通局、社教中心、供销大厦、石门小区、顺义二中 |

| | | | |
|---|---|---|---|
| 25 | 顺 30 路 | 现代二厂←→河庄 | 现代二厂、米各庄、山子坟、陶家坟、林河西站、林河开发区、平各庄、石园南大街、仓上小区、东风小学、顺义区医院、便民街东口、双兴小区、双兴桥、双兴桥北、牛栏山一中实验学校、龙苑别墅、马场西路、乡村赛马场、马坡政府、白各庄、白各庄加油站、秦武姚、秦武姚西、马卷、姚店村、毛家营、石家营、马家堡、小官庄、白庙、白庙北、赵全营、苗圃、北郎中、食品厂、西绛州营、空港 C 区、板桥、板桥西、联庄、河庄 |
| 26 | 顺 31 路 | 焦庄户←→国家会计学院 | 焦庄户、焦庄户西、龙湾屯、史中坞、山丁路口、王泮庄东、王泮庄、王泮庄西、木林中学、木林、木林开发区、东沿头、东沿头南、魏家店北、魏家店、北府路口、上辇、北小营小区、北小营、后礼务、后鲁、前鲁、马辛庄、白马路口、桥头、黄家场、柳行、前郝家疃、北彩、银杏园、农机驾校、后俸伯村、南彩工业园、地铁俸伯站、东大桥环岛、公路局、地铁顺义站、顺义区医院、中医院、检察院、怡馨家园、梅沟营、南法信、检测场、物流园、回民营、枯柳树、地铁后沙峪站、火神营、铁匠营、喇苏营、地铁花梨坎站、花梨砍、地铁国展站、马连店、水木兰亭、天竺花园、翠竹新村、国家会计学院 |
| 27 | 顺 32 路 | 孝德←→顺义二中 | 孝德、长林小区、木林、陈各庄、蒋各庄北、蒋各庄、蒋各庄南、东府路口、魏家店、北府路口、上辇、北小营小区、北小营、后礼务、后鲁、前鲁、马辛庄、白马路口、三高科技园、水上公园、乡村赛马场、马场西路、龙苑别墅、牛栏山一中实验学校、双兴桥北、双兴桥、双兴小区、便民街东口、交通局、社教中心、供销大厦、石门小区、石门苑小区、顺义二中 |
| 28 | 顺 33 路 | 山子坟←→别庄 | 山子坟、陶家坟、林河西站、林河开发区、平各庄、石园南大街、仓上小区、东风小学、顺义区医院、地铁顺义站、公路局、东大桥环岛、地铁俸伯站、南彩工业园、俸伯车站、南彩派出所、俸伯小学、河北村、前薛各庄、南彩车站、南彩市场、于辛庄、东江头、菜园子、汉石桥、下营、下坡、仙泽园、杨镇三街、双阳小区、阳洲鑫园、二郎庙、徐庄、别庄 |
| 29 | 顺 34 路 | 下坡屯小区←→临清 | 下坡屯小区、下坡屯三区、金牛村、牛山一中、安乐村、牛栏山东口、牛栏山小区、龙湖别墅、乔波滑雪场、西丰乐、顺丰大街、花溪渡、香悦四季、马坡花园、金宝花园、乡村赛马场、马场西路、龙苑别墅、牛栏山一中实验学校、双兴桥北、双兴桥、双兴小区、便民街东口、顺义区医院、东风小学、仓上小区、石园南大街、平各庄、林河开发区、林河西站、陶家坟、山子坟、窑坡、后桥、李桥中学、李桥、李天路口、馨港庄园、英各庄、通顺物流、张辛、首钢公寓、临清 |

| | | | |
|---|---|---|---|
| 30 | 顺36路 | 大北坞←→顺义二中 | 大北坞、小北坞、丁甲庄、安辛庄、市场、木林中学、木林、木林开发区、东沿头、东沿头南、魏家店、北府路口、上辇、北小营小区、北小营、后礼务、后鲁、前鲁、马辛庄、白马路口、桥头、黄家场、柳行、前郝家疃、北彩、银杏园、农机驾校、后俸伯村、南彩工业园、地铁俸伯站、东大桥环岛、顺义电视台、顺义公园、东风小学、顺义区医院、交通局、社教中心、供销大厦、石门小区、石门苑小区、顺义二中 |
| 31 | 顺37路 | 北府←→澜西园 | 澜西园、顺平路口、石景苑小区、石门小区、供销大厦、社教中心、交通局、地铁顺义站、公路局、东大桥环岛、地铁俸伯站、南彩工业园、后俸伯村、农机驾校、银杏园、北彩、前郝家疃、柳行、黄家场、桥头、白马路口、马辛庄、前鲁、后鲁、后礼务、北小营、北小营小区、水色时光南、水色时光、构件厂、北府 |
| 32 | 顺38路 | 董各庄←→临河 | 董各庄、残奥会管理中心、庄园、玉马教练场、顺义十中、后沙峪小学、香花畦北站、双裕小区、华润超市、火神营、地铁后沙峪站、枯柳树、回民营、物流园、检测场、南法信、南法信村委会、地铁南法信站、华英园、石门小区、供销大厦、社教中心、交通局、隆华、中医院、东风小学、仓上小区、石园南大街、平各庄、林河工业区、城关一中、中核公司、环卫中心、临河 |
| 33 | 顺39路 | 龙府花园←→小曹庄 | 龙府花园、西单、隆华、中医院、顺义区医院、地铁顺义站、公路局、东大桥环岛、地铁俸伯站、南彩工业园、俸伯车站、南彩派出所、俸伯小学、河北村、前薛各庄、南彩车站、南彩市场、于辛庄、东江头、菜园子、汉石桥、下营、下坡、仙泽园、杨镇三街、杨镇车站、现代三厂、杜庄、焦各庄村、西庞里、沙岭、曾庄、大三渠、行宫、良山、莲花山滑雪场、张镇西、张镇、西营、前苏桥、后苏桥、朱庄、聂庄、王庄、前王会、后王会、赵各庄、白辛庄、柏树庄、驻马庄、小曹庄 |
| 34 | 顺40路 | 龙府花园←→王户庄 | 龙府花园、西单、隆华、中医院、顺义区医院、地铁顺义站、公路局、东大桥环岛、地铁俸伯站、南彩工业园、俸伯车站、南彩派出所、俸伯小学、河北村、前薛各庄、南彩车站、南彩市场、于辛庄、东江头、菜园子、汉石桥、下营、下坡、仙泽园、杨镇三街、杨镇车站、现代三厂、杜庄、焦各庄村、西庞里、沙岭、曾庄、大三渠、行宫、良山、莲花山滑雪场、张镇西、张镇、张各庄村 刘辛庄路口、贾家洼子、李家洼子村、客家庄、华山、大孙各庄、王户庄 |
| 35 | 顺41路 | 龙府花园←→东疃 | 龙府花园、西单、地铁顺义站、公路局、东大桥环岛、地铁俸伯站、南彩工业园、俸伯车站、南彩派出所、俸伯小学、河北村、前薛各庄、南彩车站、南彩市场、于辛庄、李木路口、东江头、西江头、望渠、望渠东街、红寺西、红寺一桥、东疃 |

| 36 | 顺 42 路 | 丽喜花园⟷滨河小区 | 滨河小区、裕龙六区、妇幼保健医院、老年公寓、胡各庄、电信大楼、石园市场、石园南大街、平各庄、林河开发区、林河西站、陶家坟、山子坟、窑坡、后桥北站、后桥、庄子营、李桥镇政府、洼子村、六经路口、机场服务中心、国航地服、中国航油、岗山、国泰超市、机场道口、三五九车站、天竺供销社、天竺卫生院、天竺花园、蓝天大厦、索爱电子、海关大楼、松下电子、地铁花梨砍站、喇苏营、铁匠营、万科南口、裕祥花园、东庄、空港医院、后沙峪小学、顺义十中、清岚小镇、火寺路、西马各庄、活动中心、张喜庄、高丽营二中、丽喜花园 |
|---|---|---|---|
| 37 | 顺 43 路 | 羊房——九王庄 | 羊房、水坡村委会、水坡、西马各庄、东马各庄、天龙汽配城、京密路口、物流园西、物流园东、刘家河北、地铁南法信站、华英园、石门小区、供销大厦、社教中心、交通局、地铁顺义站、公路局、东大桥、地铁俸伯站、南彩工业园、俸伯小学、河北村、前薛各庄、南彩车站、南彩市场、前薛各庄南、九王庄小区、九王庄 |
| 38 | 顺 45 路 | 西门 -- 木林 | 西门、谊宾商城、顺义火车站、顺鑫农业、隆华、地铁顺义站、公路局、东大桥环岛、地铁俸伯站、南彩工业园、俸伯、南彩派出所、俸伯小学、河北村、前薛各庄、南彩、南彩市场、于辛庄、东江头、菜园子、汉石桥、下营、下坡村、仙泽园、杨镇三街、杨镇一中、顺鑫澜庭、东疃、红寺路口、沟东、陀头庙、李各庄、前王各庄、后王各庄、荣各庄、蒋各庄、陈各庄、木林 |
|  | 顺 46 路 | 北汽基地北门——聚通嘉园 | 北汽基地北门、北汽基地东门、北郎中西、北郎中、赵全营、赵全营东、西陈各庄、小官庄、大官庄、马家堡、石家营、姚店、马卷、秦武姚、白各庄、泥河、南卷路口、衙门村、杜兰庄、金马开发区北、金马开发区、金马开发区南、地铁后沙峪站、火神营、火神营村、华润超市、万科花园、后沙峪政府、空港医院、聚通嘉园 |
| 39 | 顺 11 路区间 | 裕龙小区⟷刘各庄 | 裕龙小区、顺义电视台、顺义公园、东风小学、顺义区医院、西单、党校、西门、前进花园、石门北站、东海洪、西海洪、南卷、高炮二团、衙门村、庙卷、马卷、姚店、毛家营、石家营、马家堡、大官庄、小官庄、陈各庄、赵全营、小高丽营、豹房、中滩营、刘各庄 |
| 40 | 顺 11 路区间 | 裕龙小区⟷豹房 | 裕龙小区、顺义电视台、顺义公园、东风小学、顺义区医院、西单、党校、西门、前进花园、石门北站、东海洪、西海洪、南卷、高炮二团、衙门村、庙卷、马卷、姚店、毛家营、石家营、马家堡、大官庄、小官庄、陈各庄、赵全营、小高丽营、豹房 |

| | | | |
|---|---|---|---|
| 41 | 顺12路区间 | 南法信←→沙浮 | 南法信、六环西、紫微星、木材市场、沙井、望泉寺、社教中心、地铁石门站、西辛小学、西门、党校、西单、隆华、中医院、东风小学、仓上小区、石园南大街、平各庄、石园东苑、港馨家园、啤酒厂北门、职高、河南村北、河南村、工业园、王家场北、王家场、顺美、北河、北河小学、吴庄、沿河卫生院、沿河村委会、沿河派出所、沙浮 |
| 42 | 顺17路区间 | 谊宾商城 -- 大洛泡 | 谊宾商城、西单、顺义区医院、东风小学、仓上小区、石园南大街、平各庄、林河路口、啤酒厂、河南村、九龙加油站、东方太阳城北门、柳各庄桥、葛代子、顺义地坛分院、沟北、牌楼、牌楼东、田家营、小店、辛庄子、高各庄、王辛庄西、王辛庄、井上、荆坨、郭家务、郭家务村、大洛泡 |
| 43 | 顺17路区间 | 谊宾商城 -- 后岭 | 谊宾商城、西单、顺义区医院、东风小学、仓上小区、石园南大街、平各庄、林河路口、啤酒厂、河南村、九龙加油站、东方太阳城北门、柳各庄桥、葛代子、顺义地坛分院、沟北、牌楼、牌楼东、田家营、小店、辛庄子、高各庄、王辛庄西、王辛庄、井上、荆坨、郭家务、后岭 |
| 44 | 顺18路区间 | 顺义二中 -- 嘉都 | 顺义二中、前进花园、西门、党校、西单、隆华、中医院、顺义区医院、地铁顺义站、公路局、东大桥环岛、地铁俸伯站、南彩工业园、俸伯车站、南彩派出所、俸伯小学、河北村、前薛各庄、南彩车站、南彩市场、于辛庄、东江头、菜园子、汉石桥、下营、下坡、仙泽园、杨镇三街、张家务北、张家务、沙子营北、沙子营、小店、辛庄子、高各庄、仓上、北务镇政府、北务中学、北务大集、嘉都 |
| 45 | 顺28路区间 | 汉石桥 -- 吉祥庄 | 吉祥庄、蓝星集团、三山小区、东庄、火沙路口、万科花园、铁匠营、火神营、地铁后沙峪站、枯柳树、回民营、物流园、检测场、南法信、南法信村委会、地铁南法信站、华英园、石门小区、供销大厦、社教中心、交通局、隆华、中医院、东风小学、顺义公园、顺义电视台、东大桥环岛、地铁俸伯站、南彩工业园、俸伯车站、南彩派出所、俸伯小学、河北村、前薛各庄、南彩车站、南彩市场、大兴庄、水屯、汉石桥 |
| 46 | 顺28路区间 | 道口 -- 吉祥庄 | 吉祥庄、蓝星集团、三山小区、东庄、火沙路口、万科花园、铁匠营、火神营、地铁后沙峪站、枯柳树、回民营、物流园、检测场、南法信、南法信村委会、地铁南法信站、华英园、石门小区、供销大厦、社教中心、交通局、隆华、中医院、东风小学、顺义公园、顺义电视台、东大桥环岛、地铁俸伯站、南彩工业园、俸伯车站、南彩派出所、俸伯小学、河北村、前薛各庄、南彩车站、南彩市场、太平村、宜庄户、魏辛庄、后营、前营、葛代子、沟北、顺义地坛分院、李遂镇政府、李遂环岛 太平辛庄、道口 |

| | | | |
|---|---|---|---|
| 47 | 顺 30 路区间 | 现代二厂⟷东水泉 | 现代二厂、米各庄、山子坟、林河西站、林河开发区、平各庄、石园南大街、仓上小区、东风小学、顺义区医院、便民街东口、双兴小区、双兴桥、双兴桥北、牛山一中实验学校、龙苑别墅、马场西路、乡村赛马场、马坡政府、白各庄、白各庄加油站、秦武姚、秦武姚西、马卷、姚店村、毛家营、石家营、马家堡、小官庄、白庙、白庙北、赵全营、苗圃、北郎中、食品厂、西降州营、空港 C 区、板桥、板桥西、西水泉、东水泉 |
| 48 | 顺 31 路区间 | 唐洞 -- 新国展 | 唐洞、焦庄户西、龙湾屯、史中坞、山丁路口、王泮庄东、王泮庄、王泮庄西、木林中学、木林、木林开发区、东沿头、东沿头南、魏家店北、魏家店、北府路口、上辇、北小营小区、北小营、后礼务、后鲁、前鲁、马辛庄、白马路口、桥头、黄家场、柳行、前郝家疃、北彩、银杏园、农机驾校、后俸伯村、南彩工业园、地铁俸伯站、东大桥环岛、公路局、地铁顺义站、顺义区医院、中医院、检察院、怡馨家园、梅沟营、南法信、检测场、物流园、回民营、枯柳树、地铁后沙峪站、火神营、铁匠营、空港 B 区、空港 A 区、花梨坎、新国展、 |
| 49 | 顺 33 路区间 | 阳洲鑫园 -- 山子坟 | 山子坟、陶家坟、林河西站、林河开发区、平各庄、石园南大街、仓上小区、顺义公园、顺义电视台、东大桥环岛、地铁俸伯站、南彩工业园、俸伯车站、南彩派出所、俸伯小学、河北村、前薛各庄、南彩车站、南彩市场、于辛庄、东江头、菜园子、汉石桥、下营、下坡、仙泽园、杨镇三街、双阳小区、阳洲鑫园 |
| 50 | 顺 34 路区间 | 史家口 -- 临清 | 史家口、牛山酒厂、牛山税务所、牛栏山小区、龙湖别墅、乔波滑雪场、西丰乐、顺丰大街、花溪渡、香悦四季、马坡花园、金宝花园、乡村赛马场、马场西路、龙苑别墅、牛山一中实验学校、双兴桥北、双兴桥、双兴小区、胜利小区、西单、隆华、中医院、东风小学、仓上小区、石园南大街、平各庄、陶家坟、山子坟、窑坡、后桥、李桥中学、李桥、李天路口、馨港庄园、英各庄、通顺物流、张辛、首钢公寓、临清 |
| 51 | 顺 36 路区间 | 茶棚 -- 顺义二中 | 茶棚、峪子沟停车场、十二涧停车场、贾山、唐指山、唐指山景区、木林市场、木林中学、木林、木林开发区、东沿头、东沿头南、魏家店、北府路口、上辇、北小营小区、北小营、后礼务、后鲁、前鲁、马辛庄、白马路口、桥头、黄家场、柳行、前郝家疃、北彩、银杏园、农机驾校、后俸伯村、南彩工业园、地铁俸伯站、东大桥环岛、顺义电视台、东风小学、顺义医院、交通局、社教中心、供销大厦、石门小区、石门苑小区、顺义二中 |

| | | | |
|---|---|---|---|
| 52 | 顺39路区间 | 龙府花园←→ 驻马庄 | 龙府花园、西单、隆华、中医院、顺义区医院、地铁顺义站、公路局、东大桥环岛、地铁俸伯站、南彩工业园、俸伯车站、南彩派出所、俸伯小学、河北村、前薛各庄、南彩车站、南彩加油站、于辛庄、东江头、菜园子、汉石桥、下营、下坡、仙泽园、杨镇三街、杨镇车站、双阳小区、科技园、杜庄、焦各庄村、西庞里、沙岭、曾庄、大三渠、行宫、侯庄、白辛庄、柏树庄、驻马庄 |
| 53 | 龙湾屯1路 | 丁甲庄——柳庄户<br>北线：丁甲庄——龙湾屯小学<br>南线：柳庄户——龙湾屯小学 | 北线：丁甲庄、小北坞、大北坞、龙湾屯小学<br>南线：龙湾屯小学、龙湾屯政府、史中坞、张中坞、树行、南坞、七连庄、柳庄户 |
| 54 | 木林1路 | 大林——业兴庄 | 大林、长林庄、木林村、木林镇政府、木林中学、陈各庄、蒋各庄北、蒋各庄、蒋各庄南、搅拌站、荣各庄、后王各庄、前王各庄、李各庄、陀头庙、业兴庄北、业兴庄 |
| 55 | 空港1路 | 樱花园--T2航站楼 | 馨港车站、半壁店、樱花园、六区、管头（临时）、一经路（下行方向途径，上行方向不途径）、二号门（临时）、国泰广场、南平里、南平街、机场一小、花园路口、北平里、机场道口、航安路、飞行总队（临时）、武警总队、塔台、T2航站楼 |
| 56 | 空港2路 | 东大桥环岛--T2航站楼 | T2航站楼、塔台、BGS站坪、北库、大新华、天竺保税库（临时）、物流园、南法信、望泉桥东（临时）、东风小学、顺义区医院、便民街东口、金汉绿港、金汉绿港四区、东大桥环岛 |
| 57 | 空港3路 | 地铁后沙峪站--T2航站楼 | T2航站楼、塔台、BGS、国航货运、天竺村、天竺卫生院、天竺花园、临空假日酒店、新国展（临时）、花梨坎、地铁花梨坎（临时）、空港B区、铁匠营（临时）、万科城市花园、裕祥花园、东庄（临时）、后沙峪政府、农行、华润超市、火神营、地铁后沙峪站 |
| | 统编路号 | 起点至终点 | |
| 58 | 空港5路 | 西降营村--T3航站楼 | T3航站楼、六经路口、国门商务区、洼子村、头二营、三四营、吴家营、汽车基地总部、现代花园、梅沟营、怡馨家园、中医院、顺义区医院、双兴小区、乡村赛马场、马坡花园、西丰乐、牛栏山小区、牛栏山路口、富密路路口、范各庄、陈各庄、赵全营、北郎中、空港C区、西绛州营村 |

| | | | |
|---|---|---|---|
| 59 | 空港 6 路 | 李家史山 --T3 航站楼 | 李家史山 – 寺上 – 北石槽镇政府 – 北石槽 – 南石槽 – 良善庄 – 范各庄 – 下西市村 – 后营 – 河庄营 – 西水泉 – 高丽营 – 闫家营 – 前渠河 – 万万树小区 – 张喜庄路口 – 西马各庄 – 清岚小镇 – 空港医院 – 空港 B 区 – 地铁花梨坎站 – 空港 A 区 – 天竺花园 – 天竺卫生院 – BGS 货运站 – T2 航站楼 – T3 航站楼 |
| 60 | 空港 7 路 | 小曹庄 --T3 航站楼 | 小曹庄 – 赵各庄 – 行宫 – 沙岭 – 焦各庄 – 杜庄 – 现代三厂 – 双阳小区 – 杨镇三街 – 下坡 – 下营 – 菜园子 – 东江头 – 于辛庄 – 南彩车站 – 河北村 – 俸伯 – 地铁俸伯站 – 东大桥环岛 – 地铁顺义站 – 交通局 – 地铁石门站 – 梅沟营 – 南法信 – 检测场 – 物流园 – 综合保税 – T2 航站楼 – T3 航站楼 |
| 61 | 空港 8 路 | 山里辛庄 --T3 航站楼 | 山里辛庄 – 七连庄村 – 柳庄户 – 龙湾屯 – 焦庄户地道战遗址纪念馆 – 龙湾屯镇政府 – 王泮庄 – 木林 – 东沿头 – 魏家店 – 上辇 – 北小营 – 后鲁 – 马辛庄 – 黄家场 – 柳行 – 北彩 – 后俸伯 – 地铁俸伯站 – 东大桥 – 顺义区医院 – 仓上小区 – 石园南大街 – 林河路口 – 吴家营 – 苏活小区 – 三四营 – 头二营 – 国门商务区 – 六经路口 – T3 航站楼 |
| 62 | 空港 9 路 | 吴雄寺 --T3 航站楼 | 吴雄寺、小塘村、顾家庄、柴家林、宗家店、西辛庄、大孙各庄、尹家府、郭家务、陈辛庄、道口、王各庄、闫家渠、李庄、崇国庄、苏庄、东方太阳城、河南村、啤酒厂、林河开发区、陶家坟、窑坡、后桥、李桥、馨港庄园、国门商务区、六经路口、T3 航站楼 |
| 63 | 综保区公交专线 1 号线 | 地铁后沙峪站→综保区东行政卡口站 | 地铁后沙峪站、管委会站、主卡口首末站、金岸东路站、检测场站、南法信站、航港大楼站、综保区东行政卡口站 |
| 64 | 综保区公交专线 2 号线 | 地铁后沙峪站→综保区三区东站 | 地铁后沙峪站、地铁花梨坎站、三区南站、综保区三区东站 |

# 顺义区主要旅游景区（点）名录

## 2014 年顺义区旅游名录

| 类别 | 序号 | 名　称 | 地　址 | 电　话 | 星级或质量等级 |
|---|---|---|---|---|---|
| 星级酒店 | 1 | 和园景逸大酒店 | 顺义区后沙峪镇裕民大街 2 号 | 69457777 | 五星级 |
| | 2 | 国都大酒店 | 首都机场小天竺路 | 64565588（总机） | 四星级 |
| | 3 | 顺鑫绿色度假村 | 顺义区李隧镇西 | 89485588（总机） | 四星级<br>AAA 景区 |
| | 4 | 北京春晖园文化娱乐有限责任公司 | 顺义区高丽营镇于庄村西侧 | 69454433（总机） | 四星级 |
| | 5 | 金宝花园酒店 | 顺义区马坡<br>顺安北路 | 69406060 | 四星级 |
| | 6 | 嘉宾国际 | 顺义区仁和镇东方太阳城社区 | 89431700 | 四星级 |
| | 7 | 北京京林大厦 | 首都机场生活区南平东里乙 1 号 | 64572626（总机） | 四星级 |
| | 8 | 北京丰荣君华酒店 | 首都机场国门商务区李天路 27 号 | 81463366（总机） | 四星级 |
| | 9 | 北京临空皇冠假日酒店 | 顺义区天竺镇地区府前一街 60 号 | 58108888 | 五星待评 |
| | 10 | 瑞麟湾温泉度假酒店 | 顺义区南彩镇顺平铺路 39 号 | 89468899 | 五星待评 |
| | 11 | 怡生园国际会议中心 | 顺义区北小营镇后礼务 | 60485588（总机） | 五星待评 |
| | 12 | 金潮玉玛国际酒店 | 顺义区马坡向阳东路 10 号 | 69406868 | 五星待评 |
| | 13 | 中家鑫园温泉酒店 | 顺义区后沙峪镇古城村委会东 200 米 | 80495555 | 五星待评 |
| | 14 | 乔波国际会议中心 | 顺义区顺安路 | 69419999 | 四星待评 |
| | 15 | 北京顺义宾馆 | 顺义城区府前中街 3 号 | 69444815 | 三星级 |
| | 16 | 北京空港蓝天大酒店 | 北京空港工业区天柱路 28 号 | 80489017 | 三星级 |
| | 17 | 东航商务酒店 | 天竺镇小天竺路 1 号 | 64575588（总机） | 三星级 |
| | 18 | 望潮苑民俗度假村 | 北京市顺义区河南村村东 | 89491980 | 三星级 |

| 类别 | 序号 | 名称 | 地址 | 电话 | 等级 |
|---|---|---|---|---|---|
| 星级酒店 | 19 | 安利隆生态农业旅游山庄 | 顺义区龙湾屯镇山里辛庄村东石门 | 60463603 | 三星级 |
| | 20 | 天龙宾馆 | 北京市顺义区枯柳树环岛东南 | 80494540 | 三星级 |
| | 21 | 东竹园宾馆 | 顺义区顺平东路 3 号 | 69448440(总机) | 三星级 |
| | 22 | 北京豪雅商务宾馆 | 顺义区天竺镇府前二街 1 号 | 64533388 | 三星级 |
| | 23 | 金航线国际大酒店 | 顺义区四纬路 8 号 | 52139999 | 三星级 |
| | 24 | 花水湾磁化温泉度假村 | 高丽营镇水源九厂路 | 69456668 | 三星级 |
| | 25 | 北京国门商务酒店 | 顺义天竺地区天柱东路 1 号 | 64588866 | 三星待评 |
| | 26 | 财培中心 | 仁和镇河南村毓秀园别墅内 | 89498855 | 三星待评 |
| | 27 | 裕龙花园大酒店 | 顺义区裕龙花园 2 区甲 9 号 | 69445678 | 二星级 |
| | 28 | 北京市馨紫宸酒店有限公司 | 北京市顺义区天竺镇府前街 24 号 | 64570173 | 达标饭店 |
| | 29 | 北京裕龙花园大酒店(空港分店) | 顺义区后沙峪地区府前街裕祥花园北侧 | 80488881 | 达标饭店 |
| 景点区 | 30 | 北京五洲大地度假村有限公司 | 北京市顺义区李遂镇柳各庄桥北 300 米 | 89489318 | 达标饭店 |
| | 31 | 北京奥林匹克水上公园 | 顺义区白马路 19 号 | 69405821 | AAAA 级 |
| | 32 | 北京国际鲜花港 | 北京市顺义区杨镇红寺村北 1000 米 | 61417100 | AAAA 级 |
| | 33 | 焦庄户地道战遗址纪念馆 | 龙湾屯镇焦庄户村内 | 60461906 | AAA 级 |
| | 34 | 北京汉石桥湿地景区 | 北京市顺义区杨镇 | 61456099 | AAA 级 |
| | 35 | 北京乡村高尔夫俱乐部 | 马坡向阳闸潮白河西侧 | 69403368 | AA 级 |
| | 36 | 北京高尔夫俱乐部 | 顺义区南彩镇潮白河东岸 | 89470246/8 | 景区 |
| | 37 | 莲花山滑雪场 | 张镇良山村委会南 500 米 | 61483333 | 景区 |
| | 38 | 乔波室内滑雪馆 | 顺义区顺安路 | 69419999 | 景点 |
| 旅行社 | 39 | 北京春畅旅行社 | 顺义区光明南街 7 号 | 69421682 | 旅行社 |
| | 40 | 北京阳光假日旅行社 | 顺义区站前东街商业 2 号楼 316 号 | 81498700 | 旅行社 |
| | 41 | 北京星空国际旅行社 | 顺义区李桥镇四纬路 3 号 | 64590022 | 旅行社 |
| | 42 | 春晖旅行社 | 仁和地区拥军路 2 号 | 69443107 | 旅行社 |
| | 43 | 北旅假日旅行社 | 顺义区光明南街 4 号（工人文化宫） | 81498801 | 旅行社 |
| | 44 | 北京海阔旅行社 | 李桥镇庄子营村委会南 300 米 | 81471165 | 旅行社 |
| | 45 | 华信旅行社 | 新顺北大街 10 号中絮棉纺厂院内 | 81490506 | 旅行社 |

| | | | | | |
|---|---|---|---|---|---|
| 旅行社 | 46 | 鑫源旅行社 | 仁和地区双兴北区10楼8门101 | 69462040 | 旅行社 |
| | 47 | 华夏典藏旅行社 | 空港物流基地物流园八街1号 | 66034434 | 旅行社 |
| | 48 | 顺天鑫旅行社 | 顺鑫绿色度假村内27幢一层 | 89485679 | 旅行社 |
| | 49 | 北京钰鑫假日国际旅行社 | 顺义区宏城花园6号1门502 | 60480269 | 旅行社 |
| | 50 | 北京中航信旅行社 | 顺义区后沙峪镇双裕街80号1幢301室 | 52863397 | 旅行社 |
| | 51 | 北京新洲旅行社 | 顺义区新顺北大街东侧（纺织厂）1-4 | 61400169 | 旅行社 |
| | 52 | 天马国际旅行社顺义分社 | 顺义区裕龙花园六区20-2-102 | 89497800 | 分 社 |
| | 53 | 中国铁道旅行社顺义分社 | 顺义区新顺南大街路西（顺义电信局）8号楼301 | 69439525 | 分 社 |
| | 54 | 中国旅行社门市部 | 顺义区仁和镇幸福东区9-6-101 | 57039258 | 门市部 |
| | 55 | 神舟国旅旅行社顺义门市部 | 顺义区旅游局三楼 | 69421682 | 门市部 |
| | 56 | 铁道旅行社顺义门市部 | 仁和地区双兴南区33楼3门101 | 69423030 | 门市部 |
| | 57 | 中广国际旅行社顺义门市部 | 顺义区新顺北大街3号 | 69462434 | 门市部 |
| | 58 | 源丰通旅行社顺义门市部 | 顺义区建新南区17-2-103 | 69421157 | 门市部 |
| | 59 | 大唐国际旅行社顺义营业部 | 顺义区南法信镇华英园9号5016室 | 69462462 | 门市部 |
| 民俗村 | 60 | 焦庄户民俗村 | 顺义区龙湾屯镇 | 60461666 | 市级 |
| | 61 | 北郎中民俗村 | 顺义区赵全营镇 | 60434371 | 市级 |
| | 62 | 于地民俗村 | 顺义区北务镇 | 61422759 | 市级 |
| | 63 | 柳庄户民俗村 | 顺义区龙湾屯镇 | 60465999 | 市级 |
| | 64 | 田家营民俗村 | 顺义区杨镇 | 61412859 | 市级 |
| 工业旅游示范点 | 65 | 燕京啤酒厂 | 顺义区双河路九号 | 89495588 | 国家级 |
| | 66 | 北京顺鑫鹏程食品分公司 | 顺义区南法信地区顺沙路南侧 | 69472617 | 国家级 |
| | 67 | 北京顺鑫牵手有限责任公司 | 顺义区牛栏山工业区 | 69410081 | 国家级 |
| | 68 | 北京顺鑫牛栏山酒厂 | 顺义区牛栏山镇 | 69412531 | 国家级 |
| | 69 | 北京汇源饮料食品集团有限公司 | 北京市顺义区北小营镇汇源路 | 60487888 | 国家级 |
| | 70 | 北京现代汽车有限公司 | 北京市顺义区顺通路18号 | 89490070 | 国家级 |

# 顺义区律师事务所

| 序号 | 律所名称 | 地址 | 电话 |
|---|---|---|---|
| 1 | 北京市青天律师事务所 | 顺义区大东路 9 号 | 81483264 |
| 2 | 北京市扶正律师事务所 | 顺义区府前东街 9 号鲁班大厦 7 层 | 69432033 |
| 3 | 北京市顺新律师事务所 | 顺义区光明南街 | 69441913 |
| 4 | 北京市狄克律师事务所 | 顺义区双兴南区 22 栋 11 单元 102 室 | 81492373 |
| 5 | 北京市律港律师事务所 | 顺义区仁和地区裕龙花园六区 28-1-102 | 81496318 |
| 6 | 北京扬智勇律师事务所 | 北京市京顺路后沙峪双裕大街双裕小区 8-2-301 | 52361101 |
| 7 | 北京市玖典律师事务所 | 顺义区府前东街东兴路 9 号 | 52137927 |
| 8 | 北京智勇律师事务所 | 顺义区滨河小区律师楼 | 89492751 |
| 9 | 北京卞志忠律师事务所 | 顺义区府前东街 | 13910301028 |
| 10 | 北京市致知律师事务所 | 顺义区仓上街 8 号 | 89453862 |
| 11 | 北京刘明哲律师事务所 | 顺义区胜利小区物美超市北 | 69462821 |
| 12 | 北京朗泰律师事务所 | 顺义区光明北街甲 1 号 | 69446092 |
| 13 | 北京道盛律师事务所 | 顺义区新顺南大街 8 号院 | 81487767 |
| 14 | 北京盛堂律师事务所 | 顺义区石园南大街 18 号院 | 89453888 |
| 15 | 北京顺东律师事务所 | 顺义区毓秀园南园 B-19 号 | 89498839 |
| 16 | 北京冉午宁律师事务所 | 顺义区顺安路 33 号院 16-207 | 13910418143 |
| 17 | 北京朗空律师事务所 | 顺义区南法信镇东支路 6 号 | 13810083380 |
| 18 | 北京陆源律师事务所 | 顺义区仓上小区 33-2-102 | 13810606891 |
| 19 | 北京法驰律师事务所 | 顺义区石园南大街 18 号院 3-414 | 13911559649 |
| 20 | 北京首润律师事务所 | 顺义区 AMB 大厦 B 区 6 层 | 13701376786 |

# 公证处

| 序号 | 名称 | 地址 | 电话 | 备注 |
|---|---|---|---|---|
| 1 | 北京龙诚公证处 | 顺义区光明南街 18 号 | 69441820 | |

# 顺义区卫生机构

| 单位 | 负责人 | 单位电话 | 地址 |
|---|---|---|---|
| 区医院 | 王 飞 | 69444548/69423220 | 北京市顺义区光明南街 3 号 |
| 中医院 | 王 洪 | 69469671/69465025 | 北京市顺义区站前东街 5 号 |
| 妇保院 | 张树海 | 89449208/89449002 | 北京市顺义区顺康路 1 号 |
| 结防所 | 马增启 | 69443478 | 北京市顺义区府前东街大东路 |
| 传染病院 | 何 伟 | 61491609 | 北京市顺义区张镇侯庄村 |
| 监督所 | 侯 宁 | 69439356/81494422 | 北京市顺义区卫生局卫生监督所 |
| 疾控中心 | 李印东 | 69420876/69443268 | 北京市顺义区光明南街 1 号 |
| 器修所 | 孔凡岳 | 69421653 | 北京市顺义区府前中街 8 号 |
| 改水办 | 赵 志 | 69441897/69428009 | 北京市顺义区幸福东区 19#–1–201 |
| 卫 校 | 黄建刚 | 89470940 | 北京市顺义区潮白河大桥东卫生学校 |
| 输血站 | 苏占峰 | 89470804 | 北京市顺义潮白河东 |
| 人才中心 | 李 辉 | 89453181 | 北京市顺义区卫生局院内（顺康路 1 号） |
| 合作医疗 | 范润玲 | 89453183 | 北京市顺义区卫生局院内（顺康路 1 号） |
| 社管中心 | 刘 跃 | 89453162 | 北京市顺义区卫生局院内（顺康路 1 号） |
| 信息中心 | 李金福 | 89453307 | 北京市顺义区卫生局院内（顺康路 1 号） |
| 区二院 | 殷明岗 | 61455370 | 北京市顺义区杨镇环镇东街临 2 号 |
| 牛栏山社区卫生服务中心 | 刘文广 | 52135333 | 北京市顺义区牛栏山镇 |
| 北 务 | 蔡其冲 | 61421715–8015 | 北京市顺义区北务镇政府东侧 |
| 大孙各庄 | 栾福军 | 61432117 | 北京市顺义区大孙各庄镇府前东街 4 号 |
| 李 遂 | 李 娟 | 89481582 | 北京市顺义区李遂镇 |

| | | | |
|---|---|---|---|
| 沙 岭 | 王宪国 | 61444966 | 北京市顺义区杨镇沙岭 |
| 张喜庄 | 张宏宇 | 69491442 | 北京市顺义区高丽营镇张喜庄村南 |
| 李 桥 | 白春霞 | 69485961 | 北京市顺义区李桥镇沿河村西 |
| 木 林 | 王加强 | 60457195 | 北京市顺义区木林镇村西 |
| 张 镇 | 陈学志 | 61480647 | 北京市顺义区张镇大街 5 号 |
| 空港医院 | 房 宇 | 80496842 | 北京市顺义区后沙峪镇 |
| 高丽营 | 赵文芝 | 69456699 | 北京市顺义区高丽营镇 |
| 天 竺 | 冯善军 | 64566232 | 北京市顺义区天竺镇府前街 27 号 |
| 仁 和 | 梁佳颖 | 89442940 | 北京市顺义区石园南区东侧 |
| 南法信 | 陈丙利 | 69478565 | 北京市顺义区南法信镇顺榆路 9 号 |
| 马 坡 | 高效国 | 69404194 | 北京市顺义区马坡镇政府北侧 |
| 板 桥 | 古学军 | 60441203 | 北京市顺义区赵全营镇板桥村 |
| 北石槽 | 李彦生 | 60422508 | 北京市顺义区北石槽镇北石槽村 |
| 赵全营 | 李红新 | 60431136 | 北京市顺义区赵全营镇中板路 119 号 |
| 俸 伯 | 杨志刚 | 89477261 — 8019 | 北京市顺义区南彩镇俸伯村东 |
| 南 彩 | 赵雪田 | 89469280 | 北京市顺义区南彩镇 |
| 龙湾屯 | 王新田 | 60462200 | 北京市顺义区龙湾屯镇 |
| 北小营 | 段新刚 | 60483645 | 北京市顺义区北小营镇 |
| 小 店 | 何海涛 | 61412835 | 北京市顺义区杨镇小店村 |
| 城 区 | 陈四光 | 69448469 | 北京市顺义区胜利街办事处建新南街 |

# 区文物保护单位名录

## 北京市文物保护单位

| 名称 | 类别 | 时代 | 地地址 | 公布时间 |
|---|---|---|---|---|
| 焦庄户地道战遗址纪念馆 | 革命 | 近代 | 顺义区龙湾屯镇焦庄户村 | 1979 年 |
| 元圣宫 | 古建 | 元末明初 | 顺义牛栏山一中校内 | 1995 年 |
| 无梁阁 | 古建 | 元末明初 | 顺义区大孙各庄镇顾家庄村东 | 2001 年 |

## 顺义区文物保护单位

| 名称 | 类别 | 时代 | 地址 | 公布时间 |
|---|---|---|---|---|
| 烈士陵园 | 革命 | 近代 | 顺义区潮白河东 | 1984 年 |
| 胡奴县遗址 | 遗址 | 西汉初年 | 顺义区北小营镇狐奴山下 | 1984 年 |
| 古城遗址 | 遗址 | 元代 | 顺义区后沙峪镇古城村北 | 1984 年 |
| 顺义城垣 | 古建 | 唐代末年 | 顺义区仁和镇太平村 | 1984 年 |
| 孔庙元碑 | 古建 | 元代 | 顺义区文物管理所内 | 1984 年 |
| 和硕亲王碑 | 石刻 | 清代 | 顺义区李桥镇王家场村 | 1984 年 |

# 区域文物名录

| 名称 | 类别 | 时代 | 地址 | 公布时间 |
|---|---|---|---|---|
| 庞山烈士墓 | 墓地 | 近代 | 顺义区大孙各庄镇 | 2000 年 |
| 关帝庙 | 古建 | 清代 | 顺义区高丽营镇南郎中村 | 1984 年 |
| 关帝庙 | 古建 | 清代 | 顺义区杨镇一中 | 1984 年 |
| 关帝庙 | 古建 | 清代 | 顺义区北石槽镇武各庄村 | 1984 年 |
| 开元寺 | 古建 | 清代 | 顺义区仁和镇复兴村 | 1984 年 |
| 清真寺 | 古建 | 清代 | 顺义区高丽营镇高丽营村 | 1984 年 |
| 清真寺 | 古建 | 清代 | 顺义区后沙峪镇回民营村 | 1984 年 |

# 区域古树名木名录

| 序号 | 乡镇 | 地点 | 树种 | 级别 |
| --- | --- | --- | --- | --- |
| 1 | 牛栏山 | 卢正卷 | 侧柏 | 1 |
| 2 | 牛栏山 | 相各庄 | 侧柏 | 1 |
| 3 | 牛栏山 | 相各庄 | 侧柏 | 2 |
| 4 | 牛栏山 | 北孙各庄 | 银杏 | 1 |
| 5 | 牛栏山 | 北孙各庄 | 银杏 | 1 |
| 6 | 牛栏山 | 龙王头 | 国槐 | 1 |
| 7 | 牛栏山 | 下坡屯 | 侧柏 | 2 |
| 8 | 牛栏山 | 牛山一中 | 国槐 | 1 |
| 9 | 牛栏山 | 牛山一中 | 国槐 | 1 |
| 10 | 牛栏山 | 牛山一中 | 侧柏 | 1 |
| 11 | 牛栏山 | 牛山一中 | 侧柏 | 1 |
| 12 | 牛栏山 | 牛山一中 | 侧柏 | 2 |
| 13 | 牛栏山 | 牛山一中 | 侧柏 | 2 |
| 14 | 牛栏山 | 牛山一中 | 侧柏 | 2 |
| 15 | 牛栏山 | 牛山一中 | 侧柏 | 2 |
| 16 | 牛栏山 | 牛山一中 | 侧柏 | 2 |
| 17 | 牛栏山 | 牛山一中 | 侧柏 | 2 |
| 18 | 牛栏山 | 牛山一中 | 侧柏 | 2 |
| 19 | 牛栏山 | 牛山一中 | 侧柏 | 2 |
| 20 | 牛栏山 | 牛山一中 | 侧柏 | 2 |
| 21 | 牛栏山 | 牛山一中 | 侧柏 | 2 |
| 22 | 牛栏山 | 牛山一中 | 侧柏 | 2 |
| 23 | 牛栏山 | 牛山一中 | 侧柏 | 2 |
| 24 | 牛栏山 | 牛山一中 | 侧柏 | 2 |
| 25 | 牛栏山 | 牛山一中 | 侧柏 | 2 |
| 26 | 牛栏山 | 牛山一中 | 侧柏 | 2 |
| 27 | 牛栏山 | 牛山一中 | 侧柏 | 2 |
| 28 | 牛栏山 | 牛山一中 | 侧柏 | 2 |

# 区域古树名木名录

| 序号 | 乡镇 | 地点 | 树种 | 级别 |
| --- | --- | --- | --- | --- |
| 29 | 杨镇 | 白塔 | 国槐 | 2 |
| 30 | 杨镇 | 杜庄 | 国槐 | 1 |
| 31 | 杨镇 | 杨镇中学 | 银杏 | 1 |
| 32 | 杨镇 | 杨镇小学 | 侧柏 | 1 |
| 33 | 杨镇 | 杨镇小学 | 侧柏 | 1 |
| 34 | 杨镇 | 东疃 | 国槐 | 1 |
| 35 | 杨镇 | 田营 | 侧柏 | 1 |
| 36 | 仁和 | 京汉房地产公司 | 国槐 | 1 |
| 37 | 仁和 | 京汉房地产公司 | 国槐 | 2 |
| 38 | 仁和 | 胜利 | 国槐 | 2 |
| 39 | 仁和 | 军营 | 枣树 | 2 |
| 40 | 仁和 | 赵古营 | 国槐 | 2 |
| 41 | 仁和 | 临河 | 国槐 | 1 |
| 42 | 马坡 | 洼子 | 国槐 | 1 |
| 43 | 马坡 | 良正卷 | 国槐 | 1 |
| 44 | 马坡 | 衙门村 | 国槐 | 1 |
| 45 | 马坡 | 马卷 | 国槐 | 2 |
| 46 | 北石槽 | 寺上小学 | 国槐 | 1 |
| 47 | 北石槽 | 寺上小学 | 国槐 | 2 |
| 48 | 李遂 | 葛代子 | 国槐 | 2 |
| 49 | 龙湾屯 | 丁甲庄 | 侧柏 | 2 |
| 50 | 龙湾屯 | 山里辛庄 | 国槐 | 2 |
| 51 | 龙湾屯 | 山里辛庄 | 国槐 | 2 |
| 52 | 北务 | 王各庄 | 侧柏 | 2 |
| 53 | 南彩 | 九王庄 | 国槐 | 2 |
| 54 | 李桥 | 沿河村 | 国槐 | 2 |
| 55 | 北石槽 | 良善庄 | 国槐 | 1 |
| 56 | 李桥 | 南半壁店 | 枣树 | 2 |

# 顺义区国税纳税前 100 名企业

| 序号 | 纳税人名称 | 注册地址 | 联系电话 |
| --- | --- | --- | --- |
| 1 | 北京现代汽车有限公司 | 北京市顺义区林河工业开发区顺通路 18 号 | 89490151 |
| 2 | 北京现代摩比斯汽车零部件有限公司 | 北京市顺义区双河路 5 9 号 | 89448860 |
| 3 | 北京顺鑫农业股份有限公司牛栏山酒厂 | 北京市顺义区牛栏山镇（牛山地区办事处东侧） | 69411219 |
| 4 | 北京索爱普天移动通信有限公司 | 北京市顺义区天竺空港工业区 A 区天柱西路 | 80481188 |
| 5 | 北京首都国际机场股份有限公司 | 北京市顺义区北京空港物流园区绿生路 2 号 | 64545627 |
| 6 | 中国国际航空股份有限公司 | 北京市顺义区空港工业区天柱路 28 号蓝天大厦 | 61462186 |
| 7 | 北京燕京啤酒股份有限公司 | 北京市顺义区双河路 9 号 | 89492136 |
| 8 | 华夏基金管理有限公司 | 北京市顺义区天竺空港工业区 A 区 | 88066688 |
| 9 | 中国民生银行股份有限公司信用卡中心 | 北京市顺义区马坡地区顺安路 68 号 | 63628661 |
| 10 | 北京现代摩比斯汽车配件有限公司 | 北京市顺义区顺通路 21 号 3 幢 1 层 101 | 84539111 |
| 11 | 中国航空油料有限责任公司北京分公司 | 北京市顺义区北京首都国际机场中国航空油料华北公司办公楼（首都机场内） | 64567830 |
| 12 | 中国航空油料有限责任公司 | 北京市顺义区天竺空港工业区 A 区天柱路 28 号蓝天大厦 6 层 | 59890382 |
| 13 | 中国民用航空华北地区空中交通管理局 | 北京市朝阳区首都机场航安路 | 64595386 |
| 14 | 中国民航信息网络股份有限公司 | 北京市顺义区后沙峪镇裕民大街 7 号 | 84099934 |
| 15 | 北京牛栏山鑫鑫贸易有限公司 | 北京市顺义区牛山地区下坡村西 | 69411204 |
| 16 | 伟世通汽车空调（北京）有限公司 | 北京市顺义区南彩镇彩园工业区彩祥西路 6 号 | 13701154582 |
| 17 | 北京汽车股份有限公司北京分公司 | 北京市顺义区赵全营镇兆丰产业基地东盈路 19 号 | 13811194427 |
| 18 | 北京康仁堂药业有限公司 | 北京市顺义区牛栏山镇牛汇街 5 号 | 69418585 |
| 19 | 北京康捷空国际货运代理有限公司 | 北京市顺义区顺平路南法信段 9 号院 2 幢 | 64579779-257 |
| 20 | 日上免税行（中国）有限公司 | 北京市首都国际机场航安路机场商贸公司四楼 | 64542889 |
| 21 | 联邦快递（中国）有限公司 | 北京市顺义区首都机场航空货运基地快件中心 1 号库 27 至 37 轴及 27 至 37 轴夹层 | 64685599-3026 |
| 22 | 北京韩美药品有限公司 | 北京市顺义区天竺镇（北京天竺空港工业区内） | 80429898-171 |

| | | | |
|---|---|---|---|
| 23 | 首都机场地产集团有限公司 | 北京市顺义区北京空港物流基地物流八街1号 | 64596816 |
| 24 | 北京龙湖庆华置业有限公司 | 北京市顺义区牛栏山顺安北路8号 | 84661720 |
| 25 | 中国新华航空集团有限公司 | 北京市顺义区天竺镇府前一街1 6号 | 57818083 |
| 26 | 北京顺丰速运有限公司 | 北京市顺义区南法信地区物流园六街10号1幢等6幢 | 69470503 |
| 27 | 北京市顺义烟草公司 | 北京市顺义区中山南大街路东 | 69438820 |
| 28 | 北京现代海斯克钢材有限公司 | 北京市顺义区仁和镇顺平西路9号（顺通路西侧） | 89401540-122 |
| 29 | 北京北汽大世汽车系统有限公司 | 北京市顺义区北方印刷产业基地中心路16号 | 61423111 |
| 30 | 北京燕京啤酒股份有限公司一分公司 | 北京市顺义区向阳西街6号 | 69402745 |
| 31 | 北京首都机场动力能源有限公司 | 北京市顺义区天竺镇府右街6号 | 64593654 |
| 32 | 北京广厦富城置业有限公司 | 北京市顺义区天竺镇府前一街32号楼 | 66518008 |
| 33 | 国航进出口有限公司 | 北京市顺义区首都机场国航基地四号 | 61465485 |
| 34 | 北京东方雨虹防水技术股份有限公司 | 北京市顺义区顺平路沙岭段甲2号 | 59031861 |
| 35 | 北京长乐房地产开发有限公司 | 北京市顺义区天竺镇 | 8518666-1603 |
| 36 | 北京三立车灯有限公司 | 北京市顺义区林河大街32号 | 15010396587 |
| 37 | 北京朗姿服饰有限公司 | 北京市顺义区马坡镇向阳西路北侧6号 | 80493041-8031 |
| 38 | 金刚化工（北京）有限公司 | 北京市顺义区顺通路51号 | 89498181-104 |
| 39 | 北京世钟汽车配件有限公司 | 北京市顺义区北小营镇 | 60487755-206 |
| 40 | 延锋伟世通（北京）汽车饰件系统有限公司 | 北京市顺义区林河工业开发区顺通路55号 | 89407766--7326 |
| 41 | 威乐（中国）水泵系统有限公司 | 北京市顺义区空港工业区C区兆丰一街 | 15810545916 |
| 42 | 北京飞机维修工程有限公司 | 北京市顺义区首都国际机场 | 64561122-5030 |
| 43 | 民生国际通用航空有限责任公司 | 北京市顺义区空港工业区A区天柱路２８号 | 64457660 |
| 44 | 北京李尔岱摩斯汽车系统有限公司 | 北京市顺义区仁和镇河南村村委会南500米 | 89491121-6107 |
| 45 | 中粮地产投资（北京）有限公司 | 北京市顺义区天竺空港工业区A区天柱路28号蓝天大厦4层南侧 | 85005980 |
| 46 | 中恒国际租赁有限公司 | 北京市顺义区北小营宏大工业开发中心A区6号 | 67519143 |
| 47 | 凯菲克汽车系统（北京）有限公司 | 北京市顺义区马坡镇南环路2号 | 64606505 |
| 48 | 默克雪兰诺有限公司 | 北京市顺义区保汇一街7幢（天竺综合保税区F06库04-06号） | 59072688 |

| | | | |
|---|---|---|---|
| 49 | 首都机场集团财务有限公司 | 北京市顺义区首都机场四纬路9号B区三层66室 | 64564271 |
| 50 | 北京首都机场广告有限公司 | 北京市顺义区北京空港物流园区 | 64597660 |
| 51 | 北京平和精工汽车部件有限公司 | 北京市顺义区南彩镇二三产业基地1号 | 89475001 |
| 52 | 北京江森汽车部件有限公司 | 北京市顺义区林河工业开发区林河南大街路南 | 89407755--8103 |
| 53 | 北京汇源食品饮料有限公司 | 北京市顺义县北小营镇 | 60483388 |
| 54 | 北京航空食品有限公司 | 北京市顺义区南法信府前街47号 | 56936889 |
| 55 | 北京首都机场商贸有限公司 | 北京市顺义区北京空港物流园区 | 64556081 |
| 56 | 北京ABB四方电力系统有限公司 | 北京市顺义区天竺空港工业区B区安祥大街甲3号 | 80475588 |
| 57 | 中国航空器材集团公司 | 北京市顺义区空港工业区天柱路乙8号 | 89455041 |
| 58 | 北京东方华美房地产开发有限公司 | 北京市顺义区高丽营金马工业园区16号 | 13699149622 |
| 59 | 北京菲斯曼供热技术有限公司 | 北京市顺义区北京天竺空港工业区B区 | 80490888-8222 |
| 60 | 英瑞杰汽车系统制造（北京）有限责任公司 | 北京市顺义区杨镇地区纵二路7-1号 | 61418070 |
| 61 | 北京国泰平安百货有限公司 | 北京市顺义区天竺镇南平街南侧（天竺苗圃办公楼1-2层） | 89496077 |
| 62 | 中航复合材料有限责任公司 | 北京市顺义区顺通路25号 | 56515237 |
| 63 | 北京汇源食品饮料有限公司北京销售中心 | 北京市顺义区北小营镇府前街北侧（北京汇源食品饮料有限公司） | 13261862712 |
| 64 | 迈恩德（北京）电子有限公司 | 北京市顺义区天竺空港工业区A区 | 80420210 |
| 65 | 北京大昌庆镇汽车部件有限公司 | 北京市顺义区杨镇人民政府东侧600米 | 61450991-220 |
| 66 | 中国南方航空股份有限公司北京分公司 | 北京市顺义区空港工业区B区裕华路27号2号楼 | 64546140 |
| 67 | 北京韩一汽车饰件有限公司 | 北京市顺义区仁和镇林河南大街15号 | 18911448567 |
| 68 | 北京曲美馨家商业有限公司 | 北京市顺义区南彩镇彩园工业小区 | 84937626-8861 |
| 69 | 北京安泰和祥投资管理有限公司 | 北京市顺义区北小营镇府前街1 4号 | 69448599 |
| 70 | 北京株龙山汽车配件有限公司 | 北京市顺义区北小营镇北小营村 | 60489558-609 |
| 71 | SMC（北京）制造有限公司 | 北京市顺义区竺园一街7号（天竺综合保税区） | 67885566-16628 |
| 72 | 北京松下普天通信设备有限公司 | 北京市顺义区天竺空港工业区天柱东路19号 | 80480000 |
| 73 | 北京艾莱发喜食品有限公司 | 北京市顺义区金马工业区 | 69497500 |
| 74 | 天地国际运输代理（中国）有限公司 | 北京市顺义区空港物流基地八街9号 | 69477060-2259 |

| | | | |
|---|---|---|---|
| 75 | 北京龙湖置业有限公司 | 北京市顺义区牛栏山镇张庄村南 | 84661769 |
| 76 | 北京中都格罗唯视物流有限公司 | 北京市顺义区李遂镇龙太路 1–118 号 | 56767666 |
| 77 | 江河创建集团股份有限公司 | 北京市顺义区牛栏山镇东方路甲 2 号 | 60411166 |
| 78 | 中国民航信息集团公司 | 北京市顺义区后沙峪镇裕民大街 7 号 | 84099625 |
| 79 | 北京现工汽车部件有限公司 | 北京市顺义区北务镇杨燕路仓上段 9 号 | 61450377 |
| 80 | 中石油燃料油有限责任公司华北销售分公司 | 北京市顺义区林河工业开发区顺仁路 54 号 2 幢 3 层 310 | 56525973 |
| 81 | 北京京城国际融资租赁有限公司 | 北京市顺义区北京空港物流基地物流园八街 1 号 | 59772383 |
| 82 | 可附特汽车零部件制造（北京）有限公司 | 北京市顺义区南彩镇彩园工业区 | 89470429 |
| 83 | 北京长久物流股份有限公司 | 北京市顺义区顺平辅线 177 号 10 幢 | 89471419 |
| 84 | 北京汽车股份有限公司 | 北京市顺义区顺通路 2 5 号 5 幢 | 56635627 |
| 85 | 奥凯航空有限公司 | 北京市顺义区顺平路 579 号 1 幢 1 层 101 室 | 51750000 |
| 86 | 安泰科技股份有限公司北京空港新材分公司 | 北京市顺义区空港开发区 B 区裕华路东侧 | 80482720 |
| 87 | 曲美家具集团股份有限公司 | 北京市顺义区南彩镇彩祥东路 11 号 | 89478002 |
| 88 | 中国国际货运航空有限公司 | 北京市顺义区天竺空港工业区 A 区 | 61465772 |
| 89 | 北京首都机场航空安保有限公司 | 北京市顺义区北京空港物流基地物流园八街 1 号 | 64595240 |
| 90 | 首都机场集团公司 | 北京市顺义区天竺空港工业区 A 区天柱路 2 8 号楼 | 64595958 |
| 91 | 北京杜奥尔车饰有限公司 | 北京市顺义区杨镇人民政府东侧 700 米 | 61459202 |
| 92 | 中国航空传媒有限责任公司 | 北京市顺义区南法信镇顺畅大道 1 号 B–0311 室 | 64720562 |
| 93 | 北京中卓时代消防装备科技有限公司 | 北京市顺义区马坡镇聚源中路 1 8 号 | 52271170 |
| 94 | 约翰内斯 . 海德汉博士（中国）有限公司 | 北京市顺义区天竺空港工业区 A 区 | 18600347516 |
| 95 | 北京恩布拉科雪花压缩机有限公司 | 北京市顺义区北京天竺空港工业区 B 区裕华路 29 号 | 80485375 |
| 96 | 国药集团工业有限公司 | 北京市顺义区牛栏山镇牛汇南一街 6 号 | 61409099–6293 |
| 97 | 北京北一机床股份有限公司 | 北京市顺义区林河工业开发区 | 89451727 |
| 98 | 北京市邮政速递物流有限公司 | 北京市顺义区金航中路 1 号院 2 号楼 101 室（天竺综合保税区） | 84179033 |
| 99 | 中石油昆仑燃气有限公司 | 北京市顺义区仁和地区杜各庄村东 | 84836072 |
| 100 | 首安工业消防有限公司 | 北京市顺义区李桥镇南半壁店工业区 | 81463816 |

# 地税纳税前 100 名企业

| 序号 | 纳税人名称 | 注册地址 | 注册地址联系电话 |
|---|---|---|---|
| 1 | 北京现代汽车有限公司 | 北京市顺义区林河工业开发区顺通路１８号 | 89490151 |
| 2 | 中国民生银行股份有限公司信用卡中心 | 北京市顺义区马坡地区顺安路 68 号 | 66526688 |
| 3 | 北京通瑞万华置业有限公司 | 北京市顺义区牛栏山镇顺安路 8 号 | 84661726 |
| 4 | 中国国际航空股份有限公司 | 北京市顺义区天竺空港工业区 A 区天柱路 30 号 | 80489503 |
| 5 | 华夏基金管理有限公司 | 北京市顺义区天竺空港工业区 A 区 | 88066688 |
| 6 | 北京汽车集团有限公司 | 北京市顺义区双河大街 99 号 | 13811725140 |
| 7 | 北京广厦富城置业有限公司 | 北京市顺义区天竺镇府前一街 32 楼 | 64568955 |
| 8 | 北京首都国际机场股份有限公司 | 北京市顺义区北京空港物流园区绿生路 2 号 | 64507352 |
| 9 | 北京顺义新城建设开发有限公司 | 北京市顺义区马坡镇向阳西街 6 号 | 61403110 |
| 10 | 国开创新资本投资有限责任公司 | 北京市顺义区国门商务区机场东路 6 号一层１０６室 | 58878619 |
| 11 | 北京燕京啤酒股份有限公司 | 北京市顺义区双河路 9 号 | 89492136 |
| 12 | 北京牛栏山鑫鑫贸易有限公司 | 北京市顺义区牛山地区下坡村西 | 69411204 |
| 13 | 北京汽车城投资管理有限公司 | 北京市顺义区顺通路西侧 | 89495175 |
| 14 | 首都机场集团公司 | 北京市顺义区天竺空港工业区 A 区天柱路 28 号楼 | 64535535 |
| 15 | 国测地理信息科技产业园集团有限公司 | 北京市顺义区国门商务区机场东路 2 号１层２０２０室 | 65530806 |
| 16 | 北京仁和日升房地产有限公司 | 北京市顺义区仁和地区燕京街 9 号 | 89491507 |
| 17 | 北京龙湖兴顺置业有限公司 | 北京市顺义区牛栏山镇府前街 9 号 | 84661735 |
| 18 | 中粮地产投资（北京）有限公司 | 北京市顺义区天竺空港工业区 A 区天柱路 28 号蓝天大厦 4 层南侧 | 85005980 |
| 19 | 北京路桥瑞通养护中心有限公司 | 北京市顺义区北务工业区 | 88465555-8018 |
| 20 | 北京智地顺达房地产开发有限公司 | 北京市顺义区国门商务区机场东路 2 号 | 89410160 |
| 21 | 绿地集团北京京坤置业有限公司 | 北京市顺义区后沙峪镇安富街 6 号 | 65387388 |
| 22 | 北京现代摩比斯汽车零部件有限公司 | 北京市顺义区双河路 59 号 | 89448860 |
| 23 | 北京汽车股份有限公司 | 北京市顺义区顺通路２５号 5 幢 | 87664009 |

| | | | |
|---|---|---|---|
| 24 | 北京东方华美房地产开发有限公司 | 北京市顺义区高丽营金马工业园区16号 | 60791135 |
| 25 | 北京建升房地产开发有限公司 | 北京市顺义区仁和地区石门村东侧 | 69462855 |
| 26 | 中国新华航空集团有限公司 | 北京市顺义区天竺镇府前一街16号 | 57818083 |
| 27 | 北京首都航空有限公司 | 北京市顺义区后沙峪镇吉祥工业区5-1号 | 69615087 |
| 28 | 北京富饶房地产开发有限公司 | 北京市顺义区南彩镇彩园工业小区内 | 64858873 |
| 29 | 北京丽来房地产开发有限公司 | 北京市顺义区天竺镇 | 67081182 |
| 30 | 北京宝苑房地产开发有限公司 | 北京东城区东方广场w3-307 | 85185108-1607 |
| 31 | 北京顺鑫农业股份有限公司牛栏山酒厂 | 北京市顺义区牛栏山镇（牛山地区办事处东侧） | 69411219 |
| 32 | 北京飞机维修工程有限公司 | 北京市顺义区首都国际机场 | 64594860 |
| 33 | 北京合景房地产开发有限公司 | 北京市顺义区马坡镇聚源西路7号 | 59037111 |
| 34 | 北京中铁润丰房地产开发有限公司 | 北京市顺义区马坡镇聚源西路7号 | 51313755 |
| 35 | 北京首开中晟置业有限责任公司 | 北京市顺义区向阳西路北侧（马坡农工商联合总公司） | 87105821 |
| 36 | 北京顺鑫佳宇房地产开发有限公司 | 北京市顺义区杨镇府前街北侧100米 | 89471581 |
| 37 | 北京万科企业有限公司 | 天竺空港工业开发区B区北京万科城市花园梅花园4号楼 | 85873666 |
| 38 | 北京旭辉顺欣置业有限公司 | 北京市顺义区南法信镇南法信大街118号天博中心C座8层3804-1室 | 60230909 |
| 39 | 默克雪兰诺有限公司 | 北京市顺义区保汇一街7幢（天竺综合保税区F06库04-06号） | 59072688 |
| 40 | 中国民航信息网络股份有限公司 | 北京市顺义区后沙峪镇裕民大街7号 | 84099934 |
| 41 | 北京龙湖庆华置业有限公司 | 北京市顺义区牛栏山镇顺安北路8号 | 84663176 |
| 42 | 中国国际货运航空有限公司 | 北京市顺义区天竺空港工业区A区 | 84480067 |
| 43 | 中国工商银行股份有限公司北京顺义支行 | 北京市顺义区顺通路西侧（石园西路） | 69466598 |
| 44 | 北京汽车股份有限公司北京分公司 | 北京市顺义区赵全营镇兆丰产业基地东盈路19号 | 60444090 |
| 45 | 北京宏远航城房地产开发有限公司 | 北京市顺义区金航中路1号院2号楼401室（天竺综合保税区-016） | 64573388 |
| 46 | 北京东方雨虹防水技术股份有限公司 | 北京市顺义区顺平路沙岭段甲2号 | 13691181102 |
| 47 | 中国民生银行股份有限公司北京顺义新城支行 | 北京市顺义区顺安南路6 8号首层 | 18610693188 |
| 48 | 航港发展有限公司 | 北京市顺义区顺平路566号9层 | 69478166 |
| 49 | 北京长乐房地产开发有限公司 | 北京东城区东方广场w3-307 | 8518666-1606 |

| | | | |
|---|---|---|---|
| 50 | 中国农业银行股份有限公司北京顺义支行 | 北京市顺义区府前西街 | 69444843 |
| 51 | 中国航空油料有限责任公司北京分公司 | 北京市顺义区北京首都国际机场中国航空油料华北公司办公楼（首都机场内） | 64567830 |
| 52 | 北京顺丰速运有限公司 | 北京市顺义区南法信地区物流园六街10号1幢等6幢 | 69470503 |
| 53 | 北京中投创展置业有限公司 | 北京市顺义区天竺镇裕翔路8 8号2幢 3层 | 56765119 |
| 54 | 江河创建集团股份有限公司 | 北京市顺义区牛汇北五街5号 | 010-60411166 |
| 55 | 北京长久物流股份有限公司 | 北京市顺义区顺平辅线177号10幢 | 89478985 |
| 56 | 北京银行股份有限公司顺义支行 | 北京市顺义区站前街粮食局商办楼 | 81483210 |
| 57 | 北京仁和燕都房地产开发有限公司 | 北京市顺义区仁和镇顺通路2 5号5幢 | 85275061 |
| 58 | 中国南方航空股份有限公司北京分公司 | 北京市顺义区空港工业B区裕华路2 7号 | 64546140 |
| 59 | 北京恒昌利通投资管理有限公司 | 北京市顺义区李桥镇龙塘路李桥段１８１号４０２－３７ | 13911661992 |
| 60 | 北京市大龙房地产开发有限公司 | 北京市顺义区府前东街甲2号416室 | 69440513 |
| 61 | 中国民用航空华北地区空中交通管理局 | 北京市朝阳区首都机场航安路 | 64595386 |
| 62 | 民生国际通用航空有限责任公司 | 北京市顺义区空港工业区A区天柱路28号 | 64457660 |
| 63 | 空中客车（中国）企业管理服务有限公司 | 北京市顺义区天竺空港工业园区5号华欧航空支援中心１００３－１００８房间 | 80486161 |
| 64 | 中北华宇建筑工程公司 | 北京市顺义区顺通路38号 | 89407569 |
| 65 | 北京金宝房地产开发有限公司 | 北京市顺义区潮白河旅游开发区 | 69405066 |
| 66 | 北京市天竺房地产开发公司 | 北京市顺义区天竺镇政府街 | 64568379 |
| 67 | 首都公务机有限公司 | 北京市顺义区北京空港物流基地物流8街1号 | 64557312 |
| 68 | 北京天正华特房地产开发有限公司 | 北京市顺义区张镇大街21号 | 61480782 |
| 69 | 北京春晖园投资有限责任公司 | 北京市顺义区天竺空港经济开发区B区裕民大街9号 | 69454433-6012 |
| 70 | 北京英才房地产开发有限公司 | 北京市顺义区空港工业B区融慧园9-B | 80485585-8876 |
| 71 | 北京首都机场商贸有限公司 | 北京市顺义区北京空港物流园区 | 64556081 |
| 72 | 北京东君房地产开发有限公司 | 北京市顺义区高丽营镇中心区南侧高丽营小区1栋 | 84407008 |
| 73 | 北京顺力成电力设备安装维修有限公司 | 北京市顺义区南法信镇顺达路6号1幢 | 13810602011 |
| 74 | 北京顺义国际学校 | 北京市顺义区安华街10号 | 81492345-2040 |
| 75 | 北京中展投资发展有限公司 | 北京市顺义区裕翔路88号综合楼407室 | 80468617 |

| | | | |
|---|---|---|---|
| 76 | 国航进出口有限公司 | 北京市顺义区空港经济开发区 A 区天柱路 29 号 | 61465490 |
| 77 | 北京索爱普天移动通信有限公司 | 北京市顺义区天竺空港工业区 A 区天柱西路 | 80481188-203 |
| 78 | 朗姿股份有限公司 | 北京市顺义区马坡镇白马路 63 号 | 82283825 |
| 79 | 北京韩美药品有限公司 | 北京市顺义区天竺空港工业区 A 区天柱西路 10 号 | 80429898 |
| 80 | 首创天顺基础设施投资有限公司 | 北京市顺义区赵全营镇兆丰产业基地东盈路１９号 | 60662026 |
| 81 | 北京现代摩比斯汽车配件有限公司 | 北京市顺义区顺通路 21 号 3 幢 1 层 101 | 84539111 |
| 82 | 北京正华永顺房地产开发有限公司 | 北京市顺义区后沙峪镇安富街 6 号 | 67187128 |
| 83 | 北京市邮政速递物流有限公司 | 北京市顺义区金航中路 1 号院 2 号楼 101 室（天竺综合保税区） | 84179037 |
| 84 | 北京首钢冷轧薄板有限公司 | 北京市顺义区李桥镇任李路 200 号 | 81477822 |
| 85 | 北京天竺万科房地产开发有限公司 | 北京市顺义区天竺镇翠竹新村２０号楼Ｂ１０１－３ | 13693210622 |
| 86 | 北京银行股份有限公司绿港国际中心支行 | 北京市顺义区首都机场四纬路 2 号绿港国际商务中心 | 84169602 |
| 87 | 北京市顺义大龙城乡建设开发总公司 | 北京市顺义区府前东街甲 2 号 | 69440514 |
| 88 | 北京康仁堂药业有限公司 | 北京市顺义区牛栏山镇牛汇街 5 号 | 89498070 |
| 89 | 北京顺桥房地产开发有限公司 | 北京市顺义区石门街 6 号 | 64795506 |
| 90 | 北京城建北方建设有限责任公司 | 北京市顺义区牛栏山镇牛板路 2 号 | 89411826-8094 |
| 91 | 曲美家具集团股份有限公司 | 北京市顺义区南彩镇彩祥东路 11 号 | 89478380 |
| 92 | 北京宏顺兴房地产开发有限公司 | 北京市顺义区光明北街甲 1 号 | 81495632 |
| 93 | 中国航空油料集团公司 | 北京市顺义区天竺空港工业区 A 区天柱路２８号 | 59890048 |
| 94 | 北京农村商业银行股份有限公司顺义支行 | 北京市顺义区新顺南大街 15 号 | 69444575 |
| 95 | 北京德威英国国际学校 | 北京市顺义区首都机场路 89 号 | 64549101 |
| 96 | 北京东方太阳城房地产开发有限责任公司 | 北京市顺义区仁和镇东方太阳城社区中心 | 88096688 |
| 97 | 北京泓源投资集团有限公司 | 北京市顺义区樱花园三区甲 5 号楼 | 81478872 |
| 98 | 交通银行股份有限公司北京顺义支行 | 北京市顺义区仓上街 2 号ＡＭＢ大厦Ｂ区一层 | 89448373 |
| 99 | 北京顺鑫石门农产品批发市场有限责任公司 | 北京市顺义区仁和地区石门村 | 89423006 |
| 100 | 奥凯航空有限公司 | 北京市顺义区顺平路 579 号 1 幢 1 层 101 室 | 51750000 |

# 顺义区驰名商标名录

| 序号 | 企业名称 | 备注 |
|---|---|---|
| 1 | 北京燕京啤酒集团公司 | |
| 2 | 北京顺美服装股份有限公司 | |
| 3 | 北京顺鑫农业股份有限公司牛栏山酒厂 | |
| 4 | 雅昌企业（集团）有限公司 | |
| 5 | 北京美驰建筑材料有限责任公司 | |
| 6 | 北京嘉寓幕墙装饰工程（集团）有限公司 | |
| 7 | 北京汇源饮料食品集团有限公司 | |
| 8 | 北京世纪百强家具有限责任公司 | |
| 9 | 中国国际航空股份有限公司 | |
| 10 | 北京顺鑫农业股份有限公司鹏程食品分公司 | |
| 11 | 北京曲美家具集团有限公司 | |
| 12 | 北京顺鑫农业股份有限公司 | |
| 13 | 北京市全富木制品有限公司 | |
| 14 | 北京東兰国际服装有限责任公司 | |
| 15 | 中国国际航空股份有限公司 | |
| 16 | 北京康贝尔食品有限责任公司 | |
| 17 | 北京汽车集团有限公司 | |
| 18 | 北京顺鑫牵手果蔬饮品股份有限公司 | |
| 19 | 北京华卓餐饮连锁股份有限公司 | |
| 20 | 北京华卓餐饮连锁股份有限公司 | |
| 21 | 北京东方雨虹防水技术股份有限公司 | |
| 22 | 中国国际航空股份有限公司 | |
| 23 | 北京金百万餐饮管理有限责任公司 | 注：排名不分先后 |
| 24 | 北京顺鑫农业股份有限公司小店畜禽良种场 | 商标图样附后 |

▲ 北京市顺义区第四届人民代表大会第四次会议

▲区委书记王刚调研仁和镇平各庄村拆迁工作

▲北京临空经济核心区管理委员会挂牌

▲全国妇联书记处书记焦扬到顺义区调研开展寻找“最美家庭”活动工作

▲顺义区青年联合会二届一次全会

▲ 顺义区“向污染宣战”环境保护宣传月活动拉开帷幕

▲北京市妇联领导到北小营镇榆林村
出席顺义妇联"巾帼环境行动"
暨北小营镇"我的小院我做主"推进活动

▲副区长李向英到新世界百货调研

▲ 北京银行科技研发中心奠基仪式照片

▲顺义区地方税务局 2014 年工作会议

▲开展打击传销宣传

▲ 11 月 19 日 党校组织青干班学员参观中关村创新示范区

▲组织召开全区建筑施工现场安全生产会议。

▲北务镇龙狮舞大赛

▲顺义区总工会组织职工参加
北京市第九套广播体操暨自创编工间操交流展示

▲ 在全国中学生田径锦标赛上顺义区代表队获奖

▲北京现代职业技术学院新校区落成

▲五月的鲜花群众文艺汇演

▲第四届杨镇杨各庄“药王节”庙会

▲后沙峪镇第一幼儿园

▲顺义区好邻居颁奖晚会

▲助残日举办残疾人专场招聘会

▲顺义公司全力开展雨夜抢修工作

▲ 顺义区举办《条例》宣传活动

▲除雪作业

▲顺义区城市管理综合行政执法监察局
局长张东民组织空港街道拆违工作

▲举办大型招聘会

▲ 区武装部领导慰问南法信镇焦各庄村军属

▲开展集中整治黑车、黑摩的行动

▲ 北京市食品药品监督管理系统“庆七一教育培训成果展示”

▲ 联合 16 家单位召开年度调研联席会

▲大卖场抽检

▲ 4.26 知识产权宣传日

▲暑期机器人科普培训

▲五彩浅山鞑子沟大地花海

▲牛栏山镇慰问驻地部队官兵

▲张镇政府机关干部参加平原造林绿化工程

▲万亩示范区小麦收割打捆

▲京密引水渠北石槽段

▲顺义区和谐广场夏季景观

▲【鲜花港挂牌 AAAA 级景区】
北京国际鲜花港 AAAA 级景区正式挂牌

▲第燕京啤酒冠名赞助2014年中国足协杯签约仪式

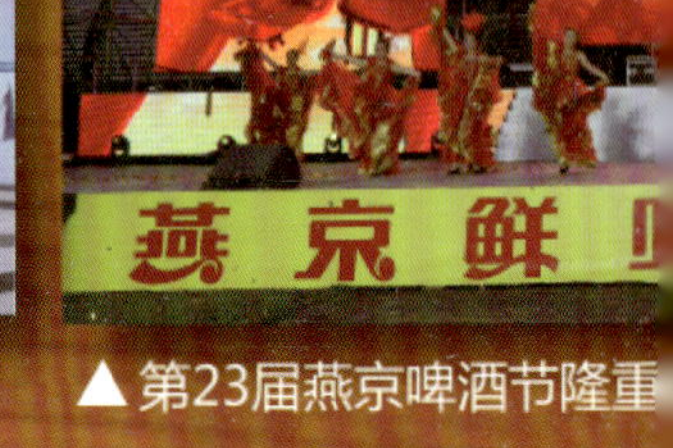

▲第23届燕京啤酒节隆重

京鲜啤

▲ 燕京纯生

▲ 燕京啤酒为中国女足颁发奖金